El mohicano
más alto

Kazuhiro Watanabe (Japón)
luce un peinado de copete
realmente alucinante,
al estilo mohicano,
de 113,5 cm de alto.
La altura del pelo se verificó
en la peluquería Bloc de
l'art de Tokio (Japón), el
28 de octubre de 2011.
El equipo de peluqueros
estilistas tardó cuatro horas
en esculpir este peinado
que desafía la gravedad.

HASTA EL LÍMITE

Explorando los extremos de los récords

Fueron necesarios más de 50.000 años de evolución para que un ser humano corriese una milla (1,6 km) en menos de cuatro minutos. En dos meses, ese récord ha sido batido... ¡dos veces!

¿Hay un límite para los récords mundiales? ¿Hay un punto más allá del cual un récord no puede mejorarse? Esa es una pregunta clave aquí en el Guinness World Records, porque uno de nuestros principios fundamentales es que los récords son batibles (y eso sin hablar de las «novedades», por supuesto). Sin embargo, seguramente hay un límite para cada récord...

Para el libro de este año, hemos pedido a nuestros consultores, consejeros y encargados de los récords que exploren los límites de algunas categorías populares. La pregunta, en cada uno de los casos, era: ¿hasta dónde puede llevarse un récord? O sea, ¿cuál es la mayor edad que puede alcanzar un ser humano?, o ¿cuál es el máximo peso que un atleta puede levantar en una competición?, o ¿cuánto mide la torre más alta que podemos construir?

Encontrarás estas preguntas al principio de cada capítulo. Lo que no encontrarás es una respuesta definitiva a cada una de ellas, ya que algunos récords son imposibles de predecir, pero por lo menos podemos explorar los fascinantes factores que nos ponen límites.

DATO:
En todo el universo, no hay nada que pueda ir más rápido que la luz; al menos en teoría...

¿Se puede vivir 130 años?

La gerontología es el estudio del envejecimiento (proviene del griego y significa «hombre viejo» y «estudio»). Para ayudarnos a comprobar la edad de las personas que se proclaman las más viejas del mundo, solicitamos la ayuda del gerontólogo Robert Young. Su tarea es asegurarse de que los candidatos proporcionen toda la documentación necesaria para respaldar sus historias.

En «¿Cuántos años podemos vivir?», en las pp. 66-67, Robert analiza los límites de la vejez. ¿Llegará algún hombre a vivir más años que Christian Mortensen (derecha), el **hombre más viejo de todos los tiempos** a sus 115 años y 252 días? *¿Alguien* superará alguna vez los 122 años y 164 días de Jeanne Calment (abajo), la **persona más vieja de todos los tiempos**? Y muy importante, ¿podrán demostrarlo?

¿A QUÉ VELOCIDAD PODEMOS CORRER?

DATO:
John D. Rockefeller, el hombre más rico que ha existido. ¿Podrá alguien ganarle en riqueza?

DATO:
Hace 13 años que Hossein Rezazadeh posee el récord de levantar pesas en la categoría de + 105 kg. ¿Es imbatible?

232 www.guinnessworldrecords.com

1895 (20 AÑOS)   **1915 (40 AÑOS)**   **1935 (60 AÑOS)**   **1988 (113 AÑOS)**   **1997 (122 AÑOS)**

GUINNESS WORLD RECORDS

Las grandes preguntas...

¿CRECEN LOS ANIMALES?

¿HASTA DÓNDE LLEGAMOS?

DATO: Los últimos 11 años se encuentran entre los 12 más calurosos. ¿Podremos sobrevivir al calentamiento global?

Las torres más altas
Con 828 m de altura desde su aguja, el Burj Khalifa es el **edificio más alto de la Tierra**. ¿Se podrá levantar la torre a 1 km de altura que se planea en Arabia Saudí?

¿Hasta dónde llegamos?

En marzo de 2012, el director de cine James Cameron (Canadá, en la foto) realizó la **inmersión en solitario a más profundidad.** Alcanzó el fondo de la fosa de las Marianas, en el Pacífico. Ahora, Richard Branson (R.U., abajo a la derecha) espera visitar los puntos más profundos de todos los océanos. ¿Pero cuál es el límite absoluto a nuestros sueños más profundos? El asesor de aventuras del GWR, Mike Flynn, nos enseña las últimas fronteras de la Tierra en las pp. 114-115.

Virgin oceanic

ISBN: 978-84-08-00865-1

Agradecimiento especial: Matthew White; Nigel Wright y Janice Browne de XAB Design.

Para una lista completa de créditos y agradecimientos, ver la p. 284.

Si deseas acreditar un récord, averigua cómo hacerlo en la p. 14. Ponte siempre en contacto con nosotros antes de emprender cualquier intento de récord.

Visita con regularidad el sitio web oficial **www.guinnessworldrecords.com** para conocer noticias sobre nuevos récords, así como vídeos con intentos de batirlos. También puedes unirte a la comunidad virtual del GWR.

Sostenibilidad
Los árboles que se talan para imprimir el *Guinness World Records* se seleccionan cuidadosamente en bosques controlados para así evitar la deforestación del paisaje.

El papel con que se ha impreso la presente edición fue fabricado por Stora Enso Veitsiluoto (Finlandia). La planta de producción ha recibido la certificación de Cadena de Custodia y funciona con sistemas de protección medioambiental que cumplen el estándar ISO 14001, cuyo objetivo es garantizar la producción sostenible.

Tipografía
Esta edición del *Guinness World Records* ha sido compuesta en Locator, un tipo de letra de palo seco de bellas proporciones y sumamente legible, diseñada a principios de la década de 1990 por Robert Slimbach y Carol Twombly (ambos de EE.UU.).

El tipo de letra de titulares y encabezamientos es la **Fargon** de palo seco, diseñada en 2001 por Robby Woodard (EE.UU.); fue seleccionada porque sus líneas evocan la ciencia ficción, en consonancia con el tema de la exploración y los descubrimientos científicos, abordado en la edición de este año.

En la fotografía de la página siguiente aparece el **monopatín más grande** del mundo; podrás averiguar más sobre este gigante en la p. 103.

OFFICIALLY AMAZING

EDITOR
Craig Glenday

EDITOR ADJUNTO
Stephen Fall

EQUIPO DE MAQUETACIÓN
Rob Dimery, Matthew Rake, Lucian Randall

EQUIPO EDITORIAL
Theresa Bebbington (revisión para EE.UU.), Chris Bernstein (índice), Matthew White (corrección de pruebas)

VICEPRESIDENTE EDITORIAL
Frank Chambers

DIRECTORA DE CONTRATACIONES
Patricia Magill

DIRECTOR EDITORIAL
Nick Seston

AYUDANTE EDITORIAL
Charlie Peacock

ASESORES DE PRODUCCIÓN
Jane Boatfield, Roger Hawkins, Dennis Thon, Julian Townsend

IMPRESIÓN Y ENCUADERNACIÓN
MOHN Media Mohndruck GmbH, (Gütersloh, Alemania)

PRODUCCIÓN DE LA CUBIERTA
Spectratek Technologies, Inc., Bernd Salewski (Günter Thomas)

DISEÑO
Paul Wylie-Deacon, Richard Page de 55design.co.uk

EDITOR FOTOGRÁFICO
Michael Whitty

EDITORA ADJUNTA FOTOGRÁFICA
Laura Nieberg

DOCUMENTACIÓN FOTOGRÁFICA
Fran Morales, Celia Sterne, Steven Lawrence

FOTOGRAFÍA ORIGINAL
Daniel Bazan, Richard Bradbury, Sam Christmas, James Ellerker, Paul Michael Hughes, Shinsuke Kamioka, Ranald Mackechnie, Prakash Mathema, Kevin Scott Ramos, Philip Robertson, Ryan Schude; Cliff Tan Anlong (ilustrador)

FOTOMECÁNICA
Resmiye Kahraman de FMG, (Londres, R.U.)

ASESORES EDITORIALES
Dr. Mark Aston, Rob Cave, Martyn Chapman, Dick Fiddy, David Fischer, Mike Flynn, Marshall Gerometta, Ben Hagger, David Hawksett, Christian Marais, Ocean Rowing Society, Paul Parsons, Eric Sakowski, Dr. Karl Shuker, Dr. Glenn Speer, Matthew White, World Speed Sailing Records Council, Stephen Wrigley, Robert Young

COORDINACIÓN EDITORIAL DE LA VERSIÓN ESPAÑOLA
EdiDe, S.L.

TRADUCCIÓN
Alberto Delgado, Olga Marín, Daniel Montsech, Noelia Palacios, Roser Soms

---

Director ejecutivo: Alistair Richards

Vicepresidenta financiera sénior: Alison Ozanne

Directores financieros: Neelish Dawett, Scott Paterson

Directora de cuentas por pagar: Kimberley Dennis

Directora de cuentas por cobrar: Lisa Gibbs

Director jurídico y comercial: Raymond Marshall

Director ejecutivo jurídico y comercial: Michael Goulbourn

Desarrolladores de aplicaciones web: Imran Javed, Anurag Jha

Asistencia técnica: Ainul Ahmed

Vicepresidente sénior América: Peter Harper
Vicepresidente sénior Japón: Frank Foley
Directora nacional (Japón): Erika Ogawa
Directora ejecutiva creativa y de marca (Japón): Momoko Cunneen
Presidente (China): Rowan Simons
Directora comercial (China): Blythe Fitzwiliam
Directora de recursos humanos: Jane Atkins
Directora de oficina (R.U.): Jacqueline Angus
Directora de oficina (Japón): Kazami Kamioka
Administrador de recursos humanos y oficina (EE.UU.): Morgan Wilber

TELEVISIÓN

Vicepresidente sénior de programas y ventas para televisión: Christopher Skala

Director de televisión: Rob Molloy

Directora de distribución para televisión: Denise Carter Steel

Director ejecutivo de contenidos para televisión: Jonny Sanders

GESTIÓN DE RÉCORDS

Vicepresidente sénior de récords: Marco Frigatti (Italia)

Directora de gestión de récords (R.U.): Andrea Bánfi (Hungría)

Director de gestión de récords (EE.UU.): Mike Janela (EE.UU.)

Director de gestión de récords (Japón): Carlos Martínez (España)

Directora de gestión de récords (China): Xiaohong Wu (China)

Directora de desarrollo empresarial: Hayley Nolan (R.U.)

Operaciones: Benjamin Backhouse (R.U.), Jack Brockbank (R.U.), Shaun Cunneen (Japón), Jacqueline Fitt (R.U.), Manu Gautam (R.U.), Johanna Hessling (EE.UU.), Freddie Hoff (Dinamarca), Olaf Kuchenbecker (Alemania), Aya McMillan (Japón), Anna Orford (Francia), Kimberly Partrick (EE.UU.), Vin Sharma (R.U.), Chris Sheedy (Australia), Athena Simpson (EE.UU.), Elizabeth Smith (R.U.), Kristian Teufel (Alemania), Louise Toms (R.U.), Carim Valerio (Italia), Tarika Vara (R.U.), Lorenzo Veltri (Italia)

Departamento comercial: Dong Cheng (China), Danny Girton, Jr. (EE.UU.), Ralph Hannah (R.U./Paraguay), Kaoru Ishikawa (Japón), Annabel Lawday (R.U.), Amanda Mochan (EE.UU.), Talal Omar (Yemen), Terge Purga (Estonia), Lucia Sinigagliesi (Italia), Seyda Subasi-Gemici (Turquía)

LICENCIAS

Vicepresidente comercial: Paul O'Neill

Directoras de licencias de marca: Chris Taday, Samantha Prosser

MEDIOS DE COMUNICACIÓN

Vicepresidenta sénior de comunicaciones globales: Samantha Fay

Director de marketing (EE.UU.): Stuart Claxton

Director ejecutivo sénior de relaciones públicas (EE.UU.): Jamie Panas

Ayudante de relaciones públicas y marketing (EE.UU.): Sara Wilcox

Director sénior de marketing: Nicola Eyre

Directora de marketing: Justine Bourdariat

Directora sénior de relaciones públicas: Amarilis Whitty

Directora de relaciones públicas: Claire Burgess

Director ejecutivo de relaciones públicas: Damian Field

Agente de prensa R.U. e internacional: Anne-Lise Rouse

Directora de medios digitales: Katie Forde

Director de contenidos en vídeo: Adam Moore

Administrador de comunidad virtual: Dan Barrett

Editor virtual: Kevin Lynch

Diseñador: Neil Fitter

Desarrollador inicial de web: Simon Bowler

Directora ejecutiva de contenidos digitales (EE.UU.): Megan Etzel

VENTA EDITORIALES

Directora de ventas editoriales y producto (EE.UU.): Jennifer Gilmour

Vicepresidenta de ventas editoriales (R.U. e internacional): Nadine Causey

Director sénior de contabilidad nacional (R.U. e internacional): John Pilley

Director ejecutivo de ventas y distribución (R.U. e internacional): Richard Stenning

---

GUINNESS WORLD RECORDS 2013

SUMARIO

ANIMALES SINGULARES

Nuevo diseño: Un diseño claro y fácil de leer organizado en secciones con códigos de color

Un viaje único: Visita el nuevo capítulo «De viaje por el mundo» en las pp. 126-139 y descubre algunos lugares turísticos que baten récords

Tamaño real: Busca este icono; significa que vas a ver poseedores de récords al 100% de su tamaño

LEGO: ¿Por qué bate récords el Juguete del siglo xx? Ve a las pp. 176-177.

EXTRAÑA BELLEZA

Infografía: Da un vistazo a las estadísticas y cifras ilustradas en la página de la derecha

4.000 entradas: Totalmente revisado con 3.000 increíbles proezas nuevas y actualizadas

Curiosidades: Datos de vértigo, sucesos divertidos y hazañas fantásticas en tamaño reducido

Fotografías fantásticas: Más de 1.500 imágenes impactantes, muchas de ellas mostradas aquí por primera vez

CAPÍTULO EXTRA

Averigua más sobre cómo se creó el libro de este año en el capítulo extra del GWR 2013, sólo disponible en edición digital.

Además de meterte en los entresijos de las oficinas del GWR y de que te mostremos algunas fotografías y récords nunca vistos hasta ahora, te presentamos a nuestros asesores deportivos.

Los responsables de los récords aprovecharán para ponerte al día sobre los récords batidos en los Juegos Olímpicos de Londres 2012. Para acceder a esta información exclusiva, visita **www.guinnessworldrecords. com/bonuschapter**, o, si tienes acceso a un lector QR, escanea el código de arriba.

REALIDAD AUMENTADA

Este año, los récords desbordan las páginas gracias a nuestra nueva realidad aumentada (RA). Se trata de una aplicación GRATUITA disponible para cualquiera que tenga un dispositivo iPhone/iTouch/iPad o Android con cámara. Descárgate la aplicación utilizando el código QR que aparece abajo o visita **www.guinnessworldrecords.com/seeit3d**. Después, cuando veas el logo **EN 3D** en el libro, orienta tu dispositivo hacia la página y verás cómo los récords cobran vida animados en 3D.

Vamos a necesitar un libro más grande...
Fíjate en los desplegables de RA:
Gran tiburón blanco: 48-49
La araña más grande: 54-55
Loro encestador: 62-63
El hombre vivo más bajo: 64-65
**Los perros de menor
longitud:** 144-145
El helicóptero más pequeño: 182-183

EN 3D

 BUSCA LAS REMISIONES A RÉCORDS RELACIONADOS

CARTA DEL EDITOR

Bienvenido al Guinness World Records 2013, el último compendio de hazañas protagonizadas por los más altos, los más fuertes y los más rápidos del mundo...

A lo largo de los pasados 12 meses, los directores de récords del GWR han procesado cerca de 50.000 peticiones. De ellas, menos de 5.000 consiguieron superar nuestro riguroso proceso de ratificación, por ejemplo desde el **perro más alto de la historia** (que mide 1,118 m), el **precio más alto pagado por una obra de arte en una subasta** (119,9 millones de dólares) hasta el **mayor número de conquistas del monte Everest** (21). En las páginas del GWR 2013 hallarás los detalles de todos estos récords.

Todos a una para mover un tren

En un impresionante ejemplo de la fuerza de la gente, el **mayor número de personas que han tirado de un tren** es de 301, récord conseguido por los empleados de ATEA (Dinamarca) en Copenhague (Dinamarca) el 2 de marzo de 2012. Remolcaron una locomotora (una DSB Litra MA 460, conocida como *La flecha de plata*) una distancia de 10 m.

Comunidad de donantes: La **mayor gota de sangre humana** estaba formada por 3.006 personas, un récord conseguido por la Cruz Roja Coreana y la Universidad de Baekseok (ambas de Corea del Sur) en el Bokwang Phoenix Park de Pyeongchang (Corea del Sur) el 23 de febrero de 2012. Los participantes eran estudiantes recién ingresados en la universidad y realizaron el intento en colaboración con la Cruz Roja coreana para promocionar el Día Mundial del Donante de Sangre, celebrado en Corea del Sur en junio de 2012.

Uno de los aspectos más gratificantes de trabajar con esta extraordinaria organización es que el entusiasmo por batir récords no decae nunca. Este año celebro mi décimo año en el Guinness World Records y puedo afirmar con conocimiento de causa que continúan llegando de forma masiva récords estimulantes e importantes, que superan los límites de lo humanamente posible.

Un periodista de prensa escrita me preguntó una vez por qué nos molestábamos en seguir supervisando los récords que se batían, puesto que todos los que eran dignos de ser batidos ya se habían conseguido. Tal vez debería plantear esta pregunta a personajes como el cineasta y explorador James Cameron, quien, cuando se redactaban estas líneas, acababa de realizar la **primera inmersión en solitario al punto más profundo del océano** (ver p. 114); a la tripulación del *Tûranor*, el **primer** barco en circunnavegar el planeta impulsado con **energía solar** (p. 117), o a Tom Schaar, un muchacho de 12 años que acababa de realizar el **primer 1080 en monopatín**, una figura que se resistía incluso a los patinadores más experimentados (p. 287).

Han pasado 100 años desde que Roald Amundsen realizara la **primera expedición al polo Sur** (p. 116), pero el deseo de explorar y descubrir está tan vivo como siempre, como demuestra nuestro capítulo «Aventura» (pp. 112-125). Allí encontrarás una cronología de los pioneros a lo largo de la historia, así como una impresionante colección de los recientes récords de exploradores, pioneros y trotamundos que personifican el espíritu de aventura y siguen ampliando nuestros horizontes.

Inspirado por esta cuestión de si los récords tienen límites, hemos incluido una sección al principio de cada capítulo donde se indaga en profundidad las conquistas humanas. Las preguntas son sencillas: ¿A qué velocidad máxima puede correr un

Triunfadora en las alturas: Tamae Watanabe (Japón) es la **persona de más edad en escalar el Everest.** Alcanzó la cima de 8.848 m de altitud el 19 de mayo de 2012, con 73 años y 180 días. Tamae batió su propio récord, pues había escalado la montaña por primera vez a los 63 años y 177 días, el 16 de mayo de 2002.

atleta? ¿Hasta qué altura se puede construir? ¿Cuántos años podremos llegar a vivir?... Pero las respuestas no son ni mucho menos fáciles. En las pp. 2-3 encontrarás un completo resumen del contenido de dichas secciones tituladas «Hasta el límite».

Y hablando de los límites de las capacidades humanas, en el GWR todos hemos sucumbido a la fiebre olímpica. En Londres se encuentra la sede del Guinness World Records, así que estamos entusiasmados al ver que la ciudad acogerá los Juegos por tercera vez en su historia y tendrá el récord de **más veces anfitriona de unos Juegos Olímpicos.**

Aventura en la Antártida

Cuando tenía 20 años, 4 meses y 29 días, Teodor Johansen (Noruega, nacido el 14 de agosto de 1991) se convirtió en la **persona más joven en cruzar la Antártida** como integrante de un grupo de expedicionarios polares dirigido por Christian Eide (Noruega). El grupo partió del glaciar Axel Heiberg el 26 de noviembre de 2011, llegó al polo Sur el 18 de diciembre de 2011 y finalizó la expedición en la bahía de Hércules el 12 de enero de 2012. El equipo cubrió una distancia de 1.665 km durante esta expedición; fue realizada con soporte y ayuda del viento.

Christian también posee un récord por derecho propio (más información en p. 118).

DATO: La expedición siguió los pasos del famoso explorador polar noruego Roald Amundsen.

GUINNESS WORLD RECORDS™

Equilibrio vertiginoso

El récord de **más tiempo en equilibrio sobre una bicicleta en las alturas** es de 4 horas y 2 minutos y lo consiguió Xavier Casas Blanch (Andorra) en el hotel Hespéria Tower de Barcelona (España), el 29 de septiembre de 2011.

Este pequeño mundo

Guinness World Records descubrió al **hombre vivo más bajo del mundo de todos los tiempos,** Chandra Bahadur Dangi (Nepal), en febrero de 2012. Dos meses después le presentamos a Jyoti Amge (India), la **mujer viva más baja,** en el plató de *Lo Show dei Record,* en Roma (Italia). ¿Cuánto miden? ¿Y qué relación guardan con otros poseedores de estos récords? Ver pp. 80-81.

DATO: Jyoti y Chandra aparecen en la foto inferior al lado de Marco Frigatti, del GWR, en el plató de nuestro programa en la televisión italiana.

DATO: Jyoti anteriormente poseyó el récord de la adolescente viva más baja.

Records, describió en una ocasión este proceso como seleccionar a los «más» entre los «muy», un proceso que tenemos el orgullo de continuar casi sesenta años más tarde.

Este año debemos dar las gracias especialmente a nuestro asesor en temas científicos David Hawksett, por su colaboración en el capítulo Planeta verde (pp. 32-43).

Continúa en la p. 10

Recaudar fondos...
con una maquinilla de afeitar: El **mayor número de personas afeitándose en un mismo lugar** es de 2.150, récord conseguido en un acto organizado por la cadena de supermercados Masoutis (Grecia) y patrocinado por Gillette (EE.UU.) en Tesalónica (Grecia) el 18 de marzo de 2012. El acontecimiento tuvo lugar en el nuevo almacén de Masoutis y se destinó a recaudar fondos para una fundación de ayuda a los niños necesitados.

Además de los centenares de solicitudes que atendemos cada día, también recibimos miles de récords nuevos y actualizados de un equipo de asesores y consejeros. Estos expertos se dedican activamente durante todo el año a buscar noticias dignas de récord que abarcan un amplio espectro de temas. Norris McWhirter, editor y cofundador del Guinness World

OFFICIALLY AMAZING

DATO: La **mayor colección de uniformes forestales** es propiedad de Jaroslav Pospíšil (República Checa). Poseía 510 uniformes el 31 de marzo de 2012, en Brno (República Checa).

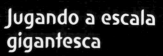

Jugando a escala gigantesca

El **tablero más grande de Monopoly** medía 216,97 m² y fue creado por q.media events durante la Doha Trade Fair, en el Doha Exhibition Centre de Doha (Qatar) el 4 de junio de 2011. Hecho con planchas de acrílico, era una reproducción exacta de la versión británica de este juego.

CARTA DEL EDITOR

Corre que te corre: Abhjeet Baruah (India), un agente de policía de 22 años, batió el récord de la **mayor carrera en 24 horas descalzo** cuando corrió 156,2 km en Jorhat (Assam, noreste de la India) entre los días 30-31 de enero de 2012. ¡Seguro que se ganó unas cuantas ampollas!

DATO: Channa Marron (Israel, nacida en 1923) tiene la **carrera más larga de una actriz teatral.** Empezó a actuar con cuatro años y también lo hizo en 2011, cuando tenía 87.

Manglares a millones: El **mayor número de mangles plantados en una hora (por un equipo)** es de 1.009.029, récord conseguido por Luis R. Villafuerte de El Verde Movement y los vecinos de San Rafael, municipio de Ragay, Camarines Sur (ambos de Filipinas), el 8 de marzo de 2012. Los manglares proporcionan madera, comida y medicinas y son el hábitat de muchos animales.

Continúa de la p. 9

Este capítulo se ocupa de lo bueno, lo malo y lo desagradable de nuestra forma de tratar el planeta y adopta una visión lo más objetiva posible, basada en nuestros conocimientos actuales sobre el tema.

Este año también damos la bienvenida a nuevos asesores, como el experto en ferrocarriles Martyn Chapman (ver su actualización sobre trenes en pp. 174-175), el periodista científico Paul Parsons (que aborda el apasionante tema de los números en pp. 198-199) y Rob Cave, cuyo entusiasmo por la cultura pop ha sido de gran valor para los artículos sobre el cómic y la novela gráfica (pp. 212-213) y los videojuegos (pp. 228-229). Tenemos que dar las gracias también a Dan Barrett, director de la comunidad on-line del GWR, por su inestimable ayuda en los artículos sobre los nuevos medios de comunicación social (pp. 164-165). Estamos viviendo una increíble revolución digital, en la que cada segundo se baten nuevos récords. Afortunadamente, Dan puede pasar todo el día hablando con nuestra extensa comunidad on-line y nos ayuda a estar al día de las últimas cifras del tráfico en la red.

El libro de este año posee una nueva y fascinante característica de «realidad mejorada» (RM) que hace que los récords cobren vida. Puedes bajarte la aplicación gratuita en www.guinnessworldrecords.com/seeit3d (o utilizar el código QR de la p. 7) y buscar el símbolo **EN 3D** que encontrarás a lo largo del libro. Coloca tu dispositivo sobre la página y aparecerá una animación en 3D relacionada con uno de los récords de la página.

Pero no te preocupes si no tienes un teléfono inteligente o una tableta, pues el libro está lleno de las habituales fotografías originales espectaculares que no hallarás en ningún otro sitio. El editor de fotografía Michael Whitty ha rastreado el mundo entero para ofrecernos las mejores y más avanzadas fotos. Entre sus plusmarquistas favoritos de este año se encuentra Abbie Girl (**la ola más larga surfeada por un perro,** p. 62), el gigantesco camión Westech (**el mayor camión minero,** pp. 166-167) y Darlene Flynn (**la mayor colección de zapatos,** p. 100). No te pierdas los informes de Michael entre bastidores, en los recuadros «Instantánea» que incorporan algunas de las fotos.

Los que no tengan la posibilidad de hacer los viajes de Michael, pueden darse una vuelta por el mundo sin levantarse de la butaca de su casa en la nueva sección de viaje por el mundo, a partir de la p. 126.

Como siempre, el libro incluye muchas más cosas, como nuestro capítulo dedicado a *Star Wars*, que conmemora el 30 aniversario de *El retorno del Jedi* (EE.UU., 1983), en pp. 226-227. También hemos realizado una incursión en la faceta

Aplastadas por un monstruo

El 6 de marzo de 2010, Ian Batey consiguió el récord del **mayor número de latas aplastadas por un vehículo en tres minutos.** Al volante de un monstruoso camión de 9.070 kg, Ian apisonó 61.106 latas para Burn Energy Drink (EAU) en la Jumeirah Beach Residence de Dubái (EAU).

Una bicicleta infinita La **bicicleta más larga auténtica,** es decir, la que sólo tiene dos ruedas y carece de estabilizadores, mide 35,79 m de largo y fue construida por miembros del Mijl Van Mares Werkploeg (Países Bajos) en Maarheeze (Países Bajos), el 5 de agosto de 2011.

DATO: La bicicleta es accionada por dos personas: una delante, en el manillar, y otra detrás, pedaleando.

Piensa en rosa

La **mayor cadena humana de concienciación** es un récord conseguido por S.A.R. la princesa Rima Bent Bandar (Arabia Saudí) y 3.952 mujeres sauditas. El acto tuvo lugar el 28 de octubre de 2010 en el marco del Mes de la Concienciación sobre el Cáncer de Mama en Yida (Arabia Saudí, EAU) en el estadio del Ministerio de Educación del distrito de Rawdah (Yida, Arabia Saudí).

DATO: Después de la hazaña, las gachas, que se cocieron en un fuego al aire libre alimentado con madera de abedul, fueron ofrecidas al público.

Algo grande se cuece en Rusia

El **cuenco de gachas más grande** pesaba 865 kg y fue realizado por Tula Produkt en colaboración con SuperSpa (ambos de Rusia) en Tula (Rusia) el 10 de septiembre de 2011. El intento estuvo dedicado al 865.º aniversario de la fundación de la ciudad de Tula. Las gachas se cocieron en una olla gigantesca de 1,69 m de diámetro y 0,9 m de altura.

Sin perder el ritmo: El récord del **mayor conjunto de percusión corporal** lo consiguieron 943 participantes en un acto celebrado en el Northgo College de Noordwijk (Países Bajos), el 15 de octubre de 2011. En la percusión corporal, el ritmo se crea dando palmadas, frotando o rascando.

Gran agitación: El mayor número de personas agitando abanicos es 15.000, récord logrado por la Coordinadora de Peñas de Valladolid (España), en Valladolid (España) el 4 de septiembre de 2011. Es el quinto récord que bate la Coordinadora de Peñas de Valladolid; entre los anteriores destacan el **mayor número de personas ondeando banderas,** la **cadena más larga de personas comiendo piruleta** y la **mayor batalla de pistolas de agua.**

Enredados todo el día

El **mayor tablero utilizado para el juego Enredos (Twister)** medía 52,15 × 42,7 m, un récord conseguido por los participantes del Kick-In 2011 en la Universidad de Twente en Enschede (Países Bajos), el 1 de septiembre de 2011.

---

más rara de los récords con la sección del «Mundo misterioso» del asesor Dr. Karl Shuker en las pp. 154-155, que consigue aglutinar temas como la combustión humana espontánea, el monstruo del lago Ness y una extensa colección de muñecas «embrujadas».

Confío en que estarás de acuerdo en que los records del libro de este año son más emocionantes, estimulantes y espectaculares que nunca. Por supuesto, si tú crees que lo puedes hacer mejor, por favor, ponte en contacto con nosotros. Hay muchas maneras de conseguir que tu nombre aparezca en las páginas del **libro con copyright más vendido del mundo** (ver p. 6). ¡Cuéntanos lo que tienes pensado! Con tu ayuda, los siguientes 10 años de récords serán tan fructíferos como los pasados.

Craig Glenday,
Editor jefe
Sígueme en
twitter.com/
@craigglenday

Un hombre de altos vuelos

Con el récord del **hombre vivo más alto del mundo,** Sultan Kösen (Turquía) hace amigos allá donde va. En la fotografía, visitando una escuela en el R.U. en marzo de 2012 y asegurando a los chavales que es bueno ser diferente. En las pp. 78-79 encontrarás la altura exacta de Sultan y descubrirás las medidas máximas conseguidas por los humanos en la historia reciente y quién es el más grande actualmente.

Trenes de alta velocidad

La línea entre las ciudades de Guangzhou y Wuhan, en China, es el **enlace ferroviario más rápido** del mundo. Sus trenes alcanzan velocidades medias de 350 km/h y cubren una distancia de 1.069 km en sólo tres horas.

Alguien especial: José Mourinho (Portugal) posee el récord del **período imbatido más largo de un entrenador de fútbol jugando en casa.** Durante ocho años y 362 días, desde el 22 de febrero de 2002 al 19 de febrero de 2011, no perdió un solo partido en casa siendo el entrenador del Porto (Portugal), del Chelsea (R.U.), del Inter de Milán (Italia) y del Real Madrid (España).

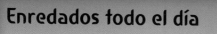

DÍA GWR

Cada año, a mediados de noviembre, miles de personas del mundo entero intentan establecer o superar récords en el Día de los Récords Guinness. Es una fiesta con tesón, ingenuidad, locura... ¡y mucha diversión! Tú también puedes ayudar a conseguir fondos y concienciación para la entidad benéfica de tu preferencia. Si quieres anotarte algún récord, en www.guinnessworldrecords.com, encontrarás los pasos que debes seguir. Quién sabe... tal vez el año que viene estés en estas páginas.

03

02

07

10

01

DATO:
Más de 300.000 personas intentaron batir récords en el GWR 2011.

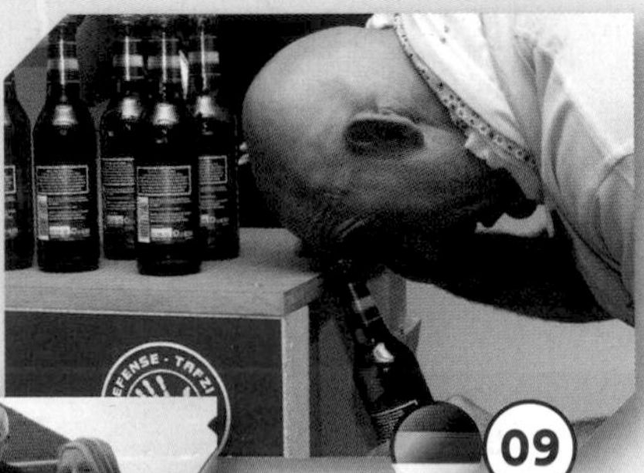

09

DATO:
No se necesitan dotes especiales para participar. Pants to Poverty reclutó a transeúntes para realizar su récord.

08

13

15

14

18

DATO:
Todos los récords batidos en el Día GWR se seleccionan para aparecer en la edición del año siguiente.

GUINNESS WORLD RECORDS

DATO:
2011 fue el séptimo año que tuvo lugar la fiesta mundial de los récords.

LO MÁS DESTACADO DEL DÍA GWR 2011...

País	Récord/acto	Descripción
1. Irlanda	La mayor reunión de duendes	262, en *The Mooney Show* (RTE1)
2. Japón	La torre más alta	634 m, Tokyo Sky Tree
3. Alemania	El programa de radio más largo presentado en equipo	73 h, Nora Neise y Tolga Aka para KISS FM Radio
4. Reino Unido	Más personas dentro de unos calzoncillos	57, Pants to Poverty
5. Reino Unido	Jugador de baloncesto más alto	231,8 cm Paul «Tiny» Sturgess
6. Países Bajos	Más cohetes de agua lanzados a la vez	443, estudiantes del Teylingen College de Noordwijkerhout
7. Japón	La mayor galleta de arroz	1,5 m de diámetro, Inzai City Tourism Association
8. Reino Unido	El carro de compra motorizado más rápido	69 km/h, Tesco plc y The Big Kick
9. Alemania	Más tapones de botella sacados con la cabeza (1 min)	24, Ahmed Tafzi
10. Alemania	La carrera más larga con el cuerpo en llamas (sin oxígeno)	120 m, Denni Düsterhöft
11. Reino Unido	Menor tiempo en envolver a una persona con periódicos	3 min 7 s, Francesca Librae para el *Daily Star Sunday*
12. Reino Unido	Menor tiempo en envolver a una persona con periódicos (equipo de ocho personas)	1 min 31 s, *First News*
13. EE.UU.	Profesora de yoga más anciana	Bernice Mary Bates, 91 años (nació el 30 de junio de 1920)
14. Reino Unido	La mayor fiesta de té con pastas	334, The English Cream Tea Company
15. Rumanía	La mayor moneda de chocolate	265 kg, centro comercial Sun Plaza
16. China	La cadena de besos más larga	351, Jiayuan.com
17. EE.UU.	El mayor entrenamiento de hula-hop	221, estudiantes de la Longleaf Elementary School
18. Reino Unido	Más flexiones de brazos (1 h)	993, Stephen Hyland
19. Líbano	La mayor colección de coches en miniatura	27.777, Nabil Karam
20. Alemania	Más tablas de pino rotas con un peso atado al pelo en 1 min	10, Janna Vernunft en el gimnasio Joe Alexander Entertainment Group de Hamburgo

¡BATE UN RÉCORD!

¿Tienes talento para batir un récord?

No hace falta que seas un gran atleta, un explorador mundialmente famoso ni un multimillonario para batir un récord Guinness. Estamos convencidos de que todos tenemos un récord mundial, así que, ¿por qué no lo intentas?

Si posees una habilidad excepcional, aunque creas que es de lo más estrambótica, ponte en contacto con nosotros. Puedes establecer o batir un nuevo récord mundial a través de Internet, en una de nuestras competiciones en directo o incluso por televisión. ¿Quieres saber cómo? Sigue leyendo...

CÓMO BATIR UN RÉCORD

Sigue los pasos de Jonny en su empeño de batir el Guinness World Record de más camisetas puestas a la vez. Todo aquel que desee presentar una solicitud debe seguir este proceso. Es importante hacerlo con la suficiente antelación, un mes como mínimo.

Servicios para los récords

Los aspirantes a poseer un récord pueden beneficiarse de varios servicios especiales:

- Tramitación rápida de la solicitud
- Invitar a un juez del GWR a la prueba
- Lanzar un producto que bata récords
- Dar publicidad al intento utilizando el logo oficial del GWR

Más información en **www.guinnessworldrecords.com**

Lee el libro, mira los programas de TV o visita la página web para saber el tipo de récords que aceptamos.

INICIO

1

Quiero batir un récord.

NO

¿Has pensado en algún récord?

SÍ

2

Si creemos que tu idea no es adecuada para un récord, te ayudaremos a adaptarla para que sea digna de él.

*Cuéntanos con todo detalle tu idea de récord en **www.guinnessworldrecords.com**. Si se trata de un récord existente, te enviaremos las normas oficiales seguidas por el anterior solicitante. Si es una idea nueva y nos gusta, redactaremos unas pautas nuevas para ti.*

NO

SÍ

¿Te hemos mandado las instrucciones para tu solicitud?

DATO: El récord que más se ha batido es el de la **mujer viva más mayor.**

DATO: El récord con más solicitudes es el **maratón más largo de visionado de películas,** actualmente en 120 h y 23 min.

Bate tu récord en televisión

Cuando realices la solicitud a través de nuestro sitio web, dinos si crees que tu intento podría funcionar bien por televisión. Buscamos récords con buen impacto visual para nuestros espectáculos internacionales en televisión. A la izquierda, el juez del GWR, Kristian Teufel fotografiado junto a la estrella de Bollywood Preity Zinta, presentadora del *Guinness World Records – Ab India Todega.* Arriba a la derecha, Marco Frigatti y Lorenzo Veltri del GWR con dos pequeños plusmarquistas en *Lo Show dei Record,* en Italia. Y Brendan Mon Tanner (Australia, a la derecha, bajo la atenta mirada de Chris Sheedy, del GWR), que batió el récord de **más antorchas apagadas con la boca en un minuto** (88), el 10 de enero de 2010 en el plató de *Australia Smashes Guinness World Records.*

Bate un récord en un programa en directo

Guinness World Records celebra competiciones en directo en supermercados, centros comerciales, campamentos de verano... en cualquier sitio donde tengamos cabida. Organizamos intentos de récord cada hora, a la hora en punto. Hay lugares de entrenamiento y jueces del GWR que los supervisan. Para informarte de los que se llevan a cabo en tu zona, visita www.guinnessworldrecords.com/live-event.

Arriba a la derecha, Talal Omar del GWR (primero por la derecha), en la entrega a Chris Wones y Stuart Aitken (ambos de EE.UU.) del certificado por el récord de **más pases de fútbol en un minuto por una pareja** (101). A la izquierda, el Science Show del GWR visita Butlins en Bognor (R.U.).

DATO: El **récord de camisetas puestas a la vez** es de 257, logrado por Sanath Bandara (Sri Lanka) en 2011.

Reúne las pruebas que solicitamos, como fotografías, imágenes de vídeo, recortes de prensa o declaraciones de testigos presenciales.

3

En las normas se explica cómo intentar el récord y recopilar las pruebas. Enviamos también la información detallada del récord actual: es la marca que hay que batir.

4

Ya puedes intentar batir el récord. No te olvides de seguir todas las normas. Si algo no te queda del todo claro, pregúntanos antes de empezar.

NO

¿Has recopilado las pruebas que te pedimos?

SÍ

Si crees que has batido el récord, envía todas las pruebas a nuestros árbitros. La fase de examen puede prolongarse varias semanas.

FINAL

5 Si has seguido las normas y has batido el récord vigente (o establecido un récord nuevo), recibirás una carta de confirmación. También te mandaremos el certificado oficial del Guinness World Records para darte la bienvenida a la gran familia de los récords. ¡Felicidades!

Pruebas

Éstas son algunas de las pruebas que necesitamos para demostrar que has seguido nuestras normas:

- Fotografías
- Vídeo completo sin editar
- Declaraciones de testigos
- Libro de registro
- Recortes de periódicos
- Títulos profesionales
- Lecturas de GPS
- Certificados de nacimiento

Cada récord es diferente; hay que leer detenidamente las instrucciones.

CHALLENGERS

Bate un récord en Internet

Si quieres empezar a batir récords *ahora mismo*, ¡conviértete en challenger del GWR! Basta con que nos visites en www.guinnessworldrecords.com/challengers y escojas un récord mundial que te gustaría intentar, o sugieras un récord nuevo que piensas que podrías establecer. Cuando te hayamos dado el visto bueno, puedes llevar a cabo el intento, pero no olvides grabarte en vídeo mientras lo realizas. A continuación, sube el vídeo y espera a tener noticias nuestras; cada semana proclamamos los mejores vídeos presentados. Quién sabe... tal vez pronto aparezcas en la sección Challengers del Guinness World Record, como Silvio Sabba (Italia, izquierda), que posee el récord de **más bombones Ferrero Rocher apilados** (12), y Stephen Kish (R.U., arriba derecha), el de **más monedas apiladas en una torre en 30 segundos** (44).

PAZ UN DÍA AL AÑO

21 de septiembre...

«Cuando construyes una casa, comienzas con un ladrillo. Si queremos construir la paz, comenzamos con un día. Ese día ha llegado.»
Jeremy Gilley, fundador de Peace One Day

Guinness World Records se siente orgulloso de apoyar Peace One Day, una iniciativa global que promueve un día al año sin violencia, el Día de la Paz (21 de septiembre), para que las organizaciones de ayuda humanitaria puedan realizar un trabajo esencial en comunidades castigadas por la guerra. La campaña ya ha supuesto la vacunación de millones de niños en Afganistán. Pero aún queda mucho por hacer... y tú puedes formar parte de todo ello.

Cuando leas esto, y si todo va según lo previsto, el mundo habrá experimentado la mayor reducción de violencia jamás registrada en un solo día. El día en cuestión, el 21 de septiembre de 2012, es el centro de atención de la campaña Peace One Day's Global Truce 2012, y forma parte de la iniciativa para establecer un día al año de alto el fuego y no violencia.

Cómo comenzó todo

Peace One Day fue el invento del actor británico, convertido en director, Jeremy Gilley. A finales de la década de 1990, «comenzaron a preocuparme cuestiones sobre la naturaleza fundamental de la humanidad y la paz», explica. Su idea era sencilla: lograr un día de alto el fuego en todo el mundo, tras el cual se rodaría un documental. A partir de ese audaz comienzo, Gilley ha encabezado una exitosa cruzada global para tener un día al año de alto el fuego y no violencia global con una fecha fija aprobada por todos los estados miembros de las Naciones Unidas. La película resultante, *The Day After Peace*, ha

inspirado a numerosos individuos, corporaciones, organizaciones y gobiernos para reconocer el 21 de septiembre como el día anual de la unidad global.

Resultados visibles

Los Días de la Paz han sido un éxito fantástico. En Afganistán, una iniciativa dirigida por Peace One Day ha logrado resultados increíbles: en el Día de la Paz 2008, la ONU registró un 70% de reducción de incidentes violentos en ese país. Y en el Día de la Paz 2010, más de 50.000 niños y mujeres en edad de tener hijos, en 23 lugares de alto riesgo en Kabul, fueron vacunados contra enfermedades como la polio,

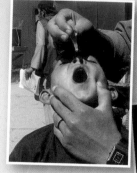

la meningitis, la difteria y el tétanos. Además, se lanzó una campaña de inmunización contra la polio en todo el país destinada a 8 millones de niños. Un total de 4,5 millones de niños ya se han beneficiado de vacunas contra la

la violencia en países afectados por la guerra. Apoyado por los embajadores de Peace One Day Jude Law y Thandie Newton (arriba a la derecha) y la Baronesa

polio como resultado de acuerdos del Día de la Paz desde 2007.

En todo el mundo

Las actividades del Día de la Paz no sólo han tenido impacto en Afganistán. En 2010, Peace One Day promovió un total de 88 actividades humanitarias por parte de 28 organizaciones en 31 países. Y el objetivo de la campaña no es sólo detener

Scotland de Asthal (arriba), Peace One Day se unió a Eliminate Domestic Violence Global Foundation (EDV) para el Día de la Paz 2012. La violencia doméstica afecta a personas de todo el mundo, y puede tener graves consecuencias en los niños que la ven y la oyen o que incluso la sufren en su hogar.

OTRAS INICIATIVAS DE PAZ QUE HAN BATIDO RÉCORDS

La campaña Peace One Day de Jeremy Gilley se une a muchas otras iniciativas dignas de récord para reducir la pobreza, promover el alto el fuego y reducir el desequilibrio de poder en nuestro planeta.

En efecto, el **mayor intento de batir un Guinness World Records jamás organizado** fue un programa mundial de las Naciones Unidas, «Stand Up Against Poverty», en octubre de 2008, en el que un total de 116.993.629 participantes en 7.777 eventos en todo el mundo se alzaron para concienciar sobre la campaña «Global Call to Action Against Poverty».

La mayor concentración contra la guerra

El 15 de febrero de 2003, se celebraron concentraciones contra la guerra en todo el mundo: la mayor se produjo en Roma (Italia), donde una multitud de 3 millones de personas se reunió para protestar contra la amenaza de EE.UU. de invadir Iraq (en la imagen). La policía informó que millones de personas se habían manifestado en casi 600 ciudades de todo el mundo. El mismo día, 1,3 millones de personas se manifestaron en Barcelona (España) y 1 millón participó en una marcha por la paz en las calles de Londres (R.U.).

El mayor libro de firmas

Amnistía Internacional reunió 10 millones de firmas de 125 países en su campaña «Get Up, Sign Up», de un año de duración, para pedir apoyo a la Declaración Universal de Derechos Humanos. Las firmas se reunieron en un libro y se presentaron a Kofi Annan, el secretario general de las Naciones Unidas en París (Francia), durante el 50.º aniversario de la Declaración Universal de Derechos Humanos el 10 de diciembre de 1998. En la imagen inferior aparece Dalai Lama firmando en el libro.

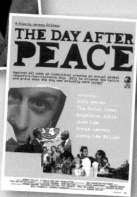

THE DAY AFTER PEACE

A film by Jeremy Gilley

DATO:
Tu propio evento Peace One Day podría ser digno de un récord mundial. Averigua cómo hacer la solicitud en la p. 14

Participa en el Día de la Paz

¿Cómo puedes participar? El 21 de septiembre de cada año, Peace One Day te invita a celebrar la paz en tu comunidad. Puede ser un partido de fútbol; en el Día de la Paz 2010, en una campaña titulada One Day One Goal, se celebraron más de 3.000 partidos de fútbol en los 192 estados miembros de las Naciones Unidas. También podrías organizar un evento en cualquier otro deporte o un espectáculo de danza, de teatro o de música. Según la ONU, 100 millones de personas han participado en el Día de la Paz hasta 2007, y tú puedes unirte contactando con la organización a través de su página web (www.peaceoneday.org).

También puedes animar a los docentes a que se descarguen recursos educativos gratuitos en la página web. La profesora Betsy Sawyer de Groton (Massachusetts, EE.UU.), usa estos recursos en su club de lectura extraescolar, llamado Bookmakers and Dreamers. Los adolescentes del club han contactado por Skype con otros chicos de zonas rurales de Afganistán y entienden la importancia de la paz en un país que lleva 30 años en guerra. Para los niños afganos, la paz no es un ideal grandioso; como todos los niños, tienen derecho a crecer sin temer por su seguridad.

JEREMY GILLEY EN SUS PROPIAS PALABRAS

Todos queremos respuestas a las grandes preguntas del mundo: ¿por qué hay tanta hambre, destrucción y matanza de personas inocentes? Pero como la mayoría, no pensé que pudiera hacer nada al respecto. No tenía cualificaciones (¡excepto un suficiente en cerámica!) y trabajaba como actor. Comencé a rodar películas y quería hacer un documental sobre la paz, pero tenía que ser algo más que una serie de fragmentos de entrevistas e imágenes. Tenía que haber una montaña que escalar. Fue entonces cuando se me ocurrió la idea, un punto de partida para la paz: ¿podría crear un día anual de unidad global, un día en que la humanidad se uniese y entendiese que todos estamos juntos en esto?

Quería que fuese el 21 de septiembre porque el 21 era el número preferido de mi padre. Combatió en la Segunda Guerra Mundial cuando yo tenía 11 años. En una expedición, 700 hombres de su regimiento se marcharon a luchar, 23 regresaron, pero dos murieron en el barco. sólo hubo 21 supervivientes.

El lanzamiento

Así que lancé Peace One Day en 1999: invité a cientos de agencias de prensa, ¡pero no se presentó ninguna! Había un total de 114 personas, pero la mayoría eran amigos y familia. No importaba; era un comienzo.

Poco a poco, después de escribir muchas cartas y hacer múltiples llamadas de teléfono, la gente comenzó a apuntarse. Mary Robinson, alta comisionada de las Naciones Unidas para los Derechos Humanos, dijo que era una idea cuyo momento había llegado. El secretario general de la ONU, Kofi Annan, dijo que el día contribuiría al reconocimiento de sus tropas de mantenimiento de la paz.

Así que el 7 de septiembre de 2001, los gobiernos de Reino Unido y Costa Rica patrocinaron una resolución, con 54 copatrocinadores, en la Asamblea General de las Naciones Unidas para intentar establecer el día anual sin violencia en el Día Internacional de la Paz de la ONU,

fijado en el calendario para el 21 de septiembre. Los estados miembros de la ONU la aprobaron por unanimidad; ¡todas las naciones del mundo! Yo estaba allí, en la parte superior de la Asamblea General, mirando hacia abajo, y vi cómo ocurría. Realmente, fue un momento magnífico.

Iba a estar presente en una conferencia de prensa con Kofi Annan la mañana del 21 de septiembre de 2001 para anunciar la creación del día. Pero, obviamente, después de que los aviones chocaran contra las Torres Gemelas, Kofi Annan no llegó y la conferencia fue cancelada. Sin embargo, para mí, los hechos del 11-S confirmaron por qué tenía que trabajar aún más duro. Marché de Nueva York ansioso pero fortalecido, y decidido a impedir que episodios como el 11-S volvieran a ocurrir.

Progreso notable

Al final de la década el progreso era notable. Nuestros esfuerzos y los de todas las partes en Afganistán, resultaron en acuerdos del Día de la Paz que condujeron a la vacunación contra la polio de millones de niños y a la reducción del 70% de la violencia en el Día de la Paz 2008. Sé que si podemos conseguir algo así en Afganistán, podemos lograr una tregua global.

DATO:
Una copia de la versión hitita del tratado se encuentra en el Templo de Karnak en Luxor (Egipto).

El primer tratado de paz

El tratado de paz más antiguo fue firmado hacia 1271 a.C. por el faraón egipcio Ramsés II y Hattusil III, Rey de los Hititas y gobernador de Hatti (la Turquía actual). Se hicieron dos copias del tratado, una en jeroglíficos y la otra en el idioma mesopotámico acadio (o babilonio-asirio). Ambas partes acordaron terminar con años de guerras y formaron una alianza en caso de agresión extranjera.

PREMIOS NOBEL DE LA PAZ

El Premio Nobel de la Paz es una de las cinco categorías concedidas por Alfred Nobel (Suecia), el inventor de la dinamita. Se concede anualmente «a la persona que más haya trabajado en favor de la fraternidad entre las naciones, la abolición o la reducción de los ejércitos y la promoción de los congresos de paz». Entre los ilustres premiados se encuentran:

Premiado	Año	¿Por qué?
Henry Dunant (Suiza) y Frédéric Passy (Francia)	1901	**Primeros Nobel de la Paz** (conjuntamente). Dunant (en la imagen) por ser el fundador principal de la Cruz Roja y Passy, por organizar el primer Congreso Universal de la Paz
Bertha von Suttner (Austria)	1905	**Primera mujer Premio Nobel de la Paz,** por su novela *Lay Down Your Arms* (1889) y por ayudar a Alfred Nobel en la instauración del Premio Nobel de la Paz
Aung San Suu Kyi (Birmania)	1991	Por su lucha no violenta por la democracia; soportó el **arresto domiciliario más largo** del siglo xx (5 años y 355 días)
Rigoberta Menchú Tum (Guatemala)	1992	**Nobel de la Paz más joven** (33 años), por su trabajo en defensa de los derechos de los pueblos indígenas
Barack Obama (EE.UU.)	2009	Por sus esfuerzos por reforzar la diplomacia y la cooperación internacional; América tiene el **mayor número de premios Nobel de la Paz por nacionalidad**, con 272.

EL ESPACIO

La mayor concentración de observatorios

Entre los 13 telescopios del Mauna Kea, en Hawái, se incluyen los mayores de infrarrojos y submilimétricos y algunos de los telescopios ópticos más grandes. Administrados por 11 países, los observatorios se encuentran cerca de la cima del volcán Mauna Kea, a 4.205 m de altitud. Como la atmósfera sobre la cima es seca, sin agentes contaminantes y con nubosidad infrecuente, los astrónomos pueden ver las estrellas más débiles del universo observable. Esta fotografía se tomó en la cima con exposición lenta para que, por efecto de la rotación de la Tierra, parezca que las estrellas dejan un rastro.

¿HASTA DÓNDE EXPLORAREMOS?

¿Cuáles son los límites del viaje espacial?

Las distancias entre las estrellas son enormes y se miden usando una unidad llamada «años luz». Un año luz es la distancia recorrida por la luz en un año. La velocidad de la luz es de 299.792.458 m/s, así que un año luz equivale a 9.460.730.472.580,8 km.

Nuestro Sol se encuentra a 8,3 «minutos-luz» de distancia (es decir, la luz del Sol tarda 8,3 minutos en llegar a la Tierra), y la Luna, el lugar más lejano que los humanos hemos visitado, tan sólo a 1,3 «segundos luz» de distancia. Si pensamos que la siguiente estrella más cercana se encuentra a 4,2 años luz de distancia, ¿qué posibilidades tenemos de llegar hasta ella? Aunque pensemos en la luz como nuestro límite de velocidad teórico, ¿a qué distancia de la Tierra *podemos* viajar? Nuestro viaje comienza en la parte inferior izquierda de esta página...

Clave

La historia de la exploración de objetos en puntos del espacio nos indica unas fases clave:

1. Estudio desde la Tierra usando telescopios

2. Breve estudio a poca distancia usando una sonda espacial

3. Estudio más profundo a poca distancia usando una sonda espacial en órbita

4. Aterrizaje en la superficie usando una sonda robot

5. Toma de muestras usando una sonda robot

6. Envío de humanos para explorar

La distancia en cada fase es la distancia media desde la Tierra expresada en unidades astronómicas (UA). 1 UA es la distancia entre la Tierra y el Sol (aproximadamente 149.597.870,7 km).

El objeto más remoto hecho por el hombre

El 12 de febrero de 2012, la sonda *Voyager 1* de la NASA, lanzada en 1977 para estudiar el sistema solar exterior, se encontraba a 17.960.000.000 km (120 UA) del Sol. Si los alienígenas la encontraran algún día, contiene un disco chapado en oro con datos sobre la raza humana, con fotografías y música.

El progreso de la humanidad en el desarrollo del vuelo fue tan rápido que, durante 18 años, ¡Orville Wright (coinventor del **primer aeroplano a motor**) y Neil Armstrong (**primer hombre que pisó la Luna**) estuvieron vivos al mismo tiempo!

OGLE-2005-BLG-390L *(fase 1)*
Cerca del centro de la Vía Láctea, orbitando esta estrella enana roja, se encuentra OGLE-2005-BLG-390Lb, **el planeta extrasolar más lejano** descubierto hasta la fecha. ¡Aunque pudiéramos viajar a 252.792 km/h, tardaríamos 92 millones de años en llegar!

1,3 × 10⁹ UA (21.500 años luz)

Gliese 581 *(fase 1)*
Este sistema estelar enano rojo alberga el planeta Gliese 581 d, que se encuentra en la «zona habitable» de su sistema solar, por tanto, es aspirante a albergar vida (véase el panel inferior). Una señal de radio enviada en 2008 llegará a 2029.

1,28 millones de UA (20,3 años luz)

El primer exoplaneta confirmado que podría albergar vida similar a la de la Tierra
La «zona habitable» es la región que rodea a una estrella en la que los planetas pueden sostener agua líquida. En dicha región de la estrella Gliese 581 hay al menos un planeta («d»); ésta es más pequeña que el Sol, pero por eso «d» se encuentra más cerca de su estrella.

Proxima Centauri *(fase 1)*
A 4,24 años luz de distancia, esta enana roja es **la estrella más cercana al Sol**. Aun viajando a la **mayor velocidad alcanzada por una sonda espacial** (*Helios 2* a 252.792 km/h) se tardaría 18.000 años en llegar hasta ella. Para ponerlo en perspectiva, hace 18.000 años nuestros ancestros creaban arte en las cavernas y usaban herramientas de piedra.

268.136 UA (4,24 años luz)

Plutón *(fase 2)*
A pesar de su recalificación de planeta a planeta enano, Plutón es el objeto más lejano del sistema solar en el que se realiza una misión espacial. La sonda de la NASA *New Horizons* se dirige hacia allí y sobrevolará Plutón y sus cuatro lunas en julio de 2015.

39,5 UA (5.900 millones de km)

Voyager 1
Actualmente a casi 18.000 millones de km (120 UA) de la Tierra

La simulación más larga de un vuelo espacial

Mars-500 fue una colaboración entre la Agencia Espacial Europea, Rusia y China para simular una misión tripulada de 500 días a Marte. La tripulación de seis hombres entró en su instalación hermética en Moscú (Rusia) en junio de 2010 y salió en noviembre de 2011. El proyecto incluía una demora de 20 minutos en las comunicaciones entre la tripulación y el mundo exterior, igual que ocurriría en una misión real a Marte.

La tecnología espacial actual

impide realizar un viaje a la estrella más cercana. Aunque pudiéramos desarrollar una nave interestelar (véase dibujo en la parte inferior), Albert Einstein nos enseñó que cuando dicha nave hipotética se acercara a la velocidad de la luz, ganaría masa, lo que dificultaría cada vez más la aceleración.

Una tecnología espacial más avanzada, como la nucleotérmica o la nuclear pulsada, podría en teoría enviar una misión tripulada a las estrellas más cercanas a una fracción significativa de la velocidad de la luz —aunque sería muy caro— dentro de un siglo. ¡Si alguien consigue inventar tecnología de ciencia ficción, como el empuje warp, podría suceder mucho antes!

DATO:
Para viajar a Próxima Centauri, nuestra estrella vecina más cercana, se necesitaría 100 veces más energía la que actualmente genera nuestra civilización.

Marte (fase 4)
Las misiones rusas *Mars 2* y *Mars 3* fueron las **primeras sondas espaciales en llegar a la superficie de Marte**, en 1971. Aún no se ha completado una misión de retorno de muestras con éxito, pero la primera visita de seres humanos ocurrirá en las próximas décadas.

1,5 UA (225 millones de km)

Asteroide Itokawa (fase 5)
El 13 de junio de 2010, la sonda espacial no tripulada *Hayabusa* (Japón) aterrizó en la Tierra con su cargamento de diminutos granos de material recogido de la superficie del asteroide Itokawa. Fue la **primera sonda en despegar de un asteroide** y la **misión de retorno de muestras más lejana** realizada.

0,706 UA (105,6 millones de km)

Luna (fase 6)
Apolo 11, que alunizó el 29 de julio de 1969, fue la primera misión en alcanzar la fase 6; también fue la primera misión de retorno de muestras (fase 5).

0,0027 UA (405.410 km)

El primer vuelo espacial tripulado
El astronauta comandante (más tarde coronel) Yuri Alekseyevich Gagarin (URSS) fue el primer humano que viajó al espacio, orbitando la Tierra en el *Vostok 1*, el 12 de abril de 1961.

Vostok 1
Alcanzó un apogeo (punto más lejano de la Tierra) de 327 km

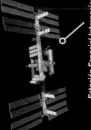

Europa (fase 3)
El orbitador *Galileo* (1995-2003) sugirió que, con su superficie helada y el potencial de océanos de agua líquida, esta luna joviana ofrece una de las mejores posibilidades de encontrar vida extraterrestre. Se está debatiendo la posibilidad de enviar una misión espacial a Europa, pero no se llevará a cabo hasta el año 2030.

5,2 UA (778 millones de km)

La mayor altitud alcanzada
La mayor distancia jamás recorrida por humanos desde la Tierra por la tripulación es 400171 km, por la tripulación del Apolo 13 (Jack Swigert, Jim Lovell y Fred Haise, todos de EE.UU.), el 15 de abril de 1970.

Apolo 13
Alcanzó 400171 km de distancia de la Tierra

APOLLO XIII
EX LUNA, SCIENTIA

Estación Espacial Internacional
Orbita a una altitud de 330-410 km

VENUS

DATO:
Después de la Luna, Venus es el objeto más brillante del firmamento nocturno, y puede generar sombras en la Tierra.

El planeta más caluroso

DATO:
Mercurio está más cerca del Sol, pero no tiene atmósfera para atrapar su calor. Venus sí, y por eso es más cálido.

La temperatura media en la superficie de Venus es de 480 °C. Este calor abrasador es suficiente para derretir el plomo y, junto con una atmósfera atroz, hace muy difícil la exploración de su superficie por medio de sondas. Las formas circulares y las grietas concéntricas que se ven en la fotografía de arriba reciben el nombre de aracnoides, por su parecido con las telarañas. Pueden haber sido causadas por procesos volcánicos. La fotografía más pequeña es una versión coloreada de una de las imágenes tomadas por los módulos soviéticos *Venera 13* y *14*, que aterrizaron en Venus en 1982.

El planeta más grande sin campos magnéticos

A diferencia de la Tierra, Venus no tiene campos magnéticos. Esto permite que las partículas del viento solar interactúen con su atmósfera, llevándose al espacio alrededor de 2×10^{24} átomos de hidrógeno cada segundo. La imagen fue elaborada a partir de los datos recogidos por la sonda de la NASA *Magallanes*, que empleó un radar para cartografiar su superficie.

El mayor planeta sin luna
De los ocho planetas principales del sistema solar, sólo Mercurio y Venus no tienen ningún satélite natural. Es posible que Venus hubiese tenido una luna alguna vez, pero ésta se habría estrellado contra su superficie. Con un diámetro de 12.103,6 km, Venus tiene un tamaño similar al de la Tierra.

El mayor cráter de Venus causado por un impacto
El cráter Mead, al norte de una zona de tierras altas conocida como Afrodita Terra, tiene un diámetro de unos 280 km. Es poco profundo, lo que sugiere que pudo llenarse de lava o de la misma materia fundida que se formó tras el impacto.

El planeta con el día más largo
Venus tiene el período de rotación (día) más largo de todos los grandes planetas del sistema solar. Mientras que la Tierra tarda 23 h 56 min y 4 s en completar una rotación, Venus necesita 243,16 «días terrestres» para hacer un giro de 360 grados. Al estar más cerca del Sol, la duración del año venusiano es menor que la del terrestre y se queda en 224,7 días, icon lo que, en realidad, un día en Venus es más largo que uno de sus años!

El planeta más brillante visto desde la Tierra
Desde la Tierra, el más brillante de los cinco planetas observables a simple vista (Júpiter, Marte, Mercurio, Saturno y Venus) es Venus, con una magnitud máxima de −4,4. El aspecto de Venus es así de brillante porque alrededor del 80% de la luz solar que le llega rebota en la capa de nubes que lo cubre (véase más abajo). En su momento de máxima elongación, es visible durante bastante tiempo antes y después del amanecer y del atardecer.

El planeta con la atmósfera más densa
A menudo se habla de la atmósfera de Venus como el lugar del sistema solar más parecido al infierno. Es más densa que la de cualquier otro planeta, con una presión que alcanza casi 100 veces la de la atmósfera terrestre a nivel del mar. Los gases que contiene son los causantes de un efecto invernadero que hace que la temperatura en la superficie alcance los 480 °C. La sonda espacial europea *Venus Express* se encuentra actualmente realizando el estudio más exhaustivo de la atmósfera de Venus que jamás se haya hecho (ver p. 23).

La lluvia más ácida del sistema solar
El color blanco sumamente reflectante de las nubes de Venus, que impiden la visión de su superficie desde el espacio, se debe a una capa de ácido sulfúrico situada entre 48 y 58 km de altura. De esas nubes cae una lluvia de ácido sulfúrico prácticamente puro que nunca llega a la superficie. A unos 30 km de altitud, la lluvia se evapora, vuelve a las nubes y se reinicia el ciclo.

La primera misión interplanetaria exitosa
El 14 de diciembre de 1962, la sonda *Mariner 2* (EE.UU.), pasó a 35.000 km de la superficie de Venus. Los resultados de la misión revelaron la naturaleza extremadamente calurosa de la superficie del planeta. La *Mariner 2*, que ya agotó toda su energía, sigue orbitando alrededor del Sol.

La zona montañosa más grande de Venus
Cerca del ecuador venusiano se encuentra Afrodita Terra, uno de los dos grandes «continentes» del planeta. El primer mapa detallado lo elaboraron en 1984 las sondas orbitales soviéticas *Venera 15* y *16*. Ocupa un área de unos 30 millones de km², que es aproximadamente el mismo tamaño que África. La apariencia fracturada de Afrodita Terra sugiere que ha sufrido enormes fuerzas de compresión a lo largo de su historia geológica.

DATO:
Esta imagen de la superficie del planeta muestra el Sapas Mons (derecha), un volcán de 1,5 km de altura.

La primera sonda europea en Venus

La montaña más alta de Venus

El monte Maxwell, en la meseta de Ishtar Terra, es el punto más alto de Venus; se eleva 11 km por encima de la altura media de la superficie del planeta.

La primera detección de relámpagos en Venus

El 26 de octubre de 1975, el espectrómetro de la sonda espacial soviética *Venera 9* detectó unos destellos –unos relámpagos– en la

Venus Express, la primera misión a Venus de la Agencia Espacial Europea (AEE), fue diseñada para realizar un estudio prolongado de la atmósfera venusiana. Se trata de una sonda espacial con un complejo instrumental a bordo. Entró con éxito en la órbita de Venus el 11 de abril de 2006, después de que su motor principal se mantuviese encendido durante poco más de 50 minutos, permitiendo que la sonda fuese capturada por la gravedad del planeta. Sigue operativa desde entonces, y hoy en día es la única sonda que estudia el planeta. Hasta la fecha, sus revelaciones incluyen las primeras imágenes nítidas del polo sur de Venus y el descubrimiento de una capa de ozono en la atmósfera superior.

atmósfera del lado oscuro del planeta. Se trata de la única ocasión en la que un rayo en la atmósfera de Venus ha sido detectado mediante instrumentos ópticos por una sonda espacial.

El 25 de diciembre de 1978, en su descenso a la superficie de Venus, el módulo de aterrizaje de la sonda soviética *Venera 11* registró un sonido que los científicos interpretaron como el primer trueno oído de otro planeta.

El canal más largo del sistema solar

Baltis Vallis mide alrededor de 7.000 km de longitud y tiene una anchura media de 1,6 km. Este canal fue descubierto por el radar cartografiador instalado en la sonda *Magallanes*, que orbitó Venus entre agosto de 1990 y octubre de 1994. Los expertos apoyan la hipótesis de que el canal lo pudo haber formado lava fundida.

Una mirada sobre Venus

Los datos principales de este planeta envuelto en una nube

- **Masa:** $4,8 \times 10^{21}$ toneladas
- **Volumen:** $9,38 \times 10^{11}$ km³
- **Radio ecuatorial (y polar):** 6.051,8 km
- **Diámetro:** 12.103,6 km
- **Gravedad en superficie:** 8,9 m/s² (0,9 g)
- **Principales gases atmosféricos:** 96,5% de dióxido de carbono; 3,5% de nitrógeno
- **Temperatura media en la superficie:** 480 °C
- **Distancia mínima a la Tierra:** 38,3 millones de km
- **Rotación:** Retrógrada. Venus y Urano rotan en dirección opuesta a la del resto de planetas del sistema solar. En ambos planetas, el Sol sale por el oeste y se pone por el este

Geología venusiana

DATO: Venus tiene una capa de ozono, pero es entre 100 y 1.000 veces menos densa que la de la Tierra.

La corteza

La corteza de Venus fue analizada por módulos de aterrizaje soviéticos y es de naturaleza basáltica, con un grosor de unos 50 km. Debajo se encuentra el manto, de aproximadamente 3.000 km de grosor.

El núcleo

Se trata, probablemente, de una masa metálica semifundida, como el núcleo de la Tierra.

La atmósfera

Está compuesta de dióxido de carbono (96,5%) y de una pequeña cantidad de nitrógeno (3,5%). Hay también trazas de dióxido de azufre, argón, agua, monóxido de carbono, helio y neón.

Nota: Su cielo cubierto de nubes y las condiciones extremadamente hostiles de Venus han hecho muy difícil a los científicos obtener datos útiles sobre su composición interna. El manto y el núcleo del planeta son todavía misterios sobre los que hay que seguir investigando.

Los mayores vórtices atmosféricos de Venus

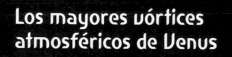

Unos enormes vórtices de doble ojo (similares a remolinos con forma de espiral) de hasta 2.000 km de ancho giran en la atmósfera de Venus sobre los polos norte y sur. El vórtice norte fue descubierto por la *Mariner 10* (EE.UU.) en 1974, y el vórtice sur en 2006 por la sonda orbital de la AEE *Venus Express*. Estos remolinos de nubes son muy dinámicos y cambian regularmente, presentando formas de «S», «8» y otros patrones más caóticos.

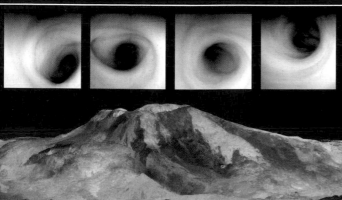

EL GEMELO MALVADO DE LA TIERRA

Si consideramos Venus un planeta gemelo de la Tierra, sin duda se trata de un gemelo *malvado*. Éstas son algunas de las amenazas que hacen de Venus el lugar más cercano al infierno en el sistema solar:

Perecerías asfixiado en su sofocante atmósfera de dióxido de carbono (CO_2)...

... frito por una temperatura en superficie de 480 °C...

... y aplastado por la presión, que es 92 veces mayor a la de la Tierra.

Las hermosas nubes blancas de Venus están hechas de cáustico ácido sulfúrico.

Y si la atmósfera no fuera ya lo bastante desagradable, también hay en ella trazas de dióxido de azufre, monóxido de carbono y cloruro de hidrógeno.

Vientos superrápidos soplan a velocidades de hasta 300 km/h en su atmósfera superior.

Hay una ausencia total de agua, que se evaporó hace ya mucho tiempo... Y para empeorar las cosas, si no fueras instantáneamente aplastado, ahogado o frito, ¡un solo día en este planeta infernal duraría el equivalente a 243 días terrestres!

EL SOL

El mayor número de manchas solares en el ciclo solar actual
El 21 de octubre de 2011, las observaciones del Sol mostraron un total de 207 manchas solares, el mayor número visto hasta la fecha en el ciclo solar actual –número 24–. A pesar de la cantidad de manchas, hasta la fecha tan sólo se ha producido una erupción de clase X.

El viento más rápido del sistema solar
El viento solar es un flujo continuo de electrones y protones que el Sol emite en todas direcciones. El componente más rápido del viento solar fluye hacia el exterior del Sol a unos 750 km/s y se origina en áreas abiertas del campo magnético, alrededor de los polos del Sol.

El eclipse solar total más largo

Un eclipse solar total ocurre cuando la Luna oscurece completamente el Sol. El eclipse solar total más largo desde el año 1001 ocurrió el 20 de junio de 1955, al oeste de Filipinas, y duró 7 min 8 s; la zona cuadriculada en la imagen de arriba muestra las zonas que fueron cubiertas por una oscuridad total o parcial. El eclipse solar total más largo posible es de 7 min 31 s; el 16 de julio de 2186 se producirá un eclipse de 7 min 29 s en mitad del océano Atlántico.

El mayor grupo de manchas solares
El 8 de abril de 1947 se encontró el mayor grupo de manchas solares que jamás se ha identificado en el hemisferio sur del Sol. Este peculiar grupo tenía un área de unos 18.000 millones de km², una longitud extrema de 300.000 km y una latitud también extrema de 145.000 km.

La parte más fría del Sol

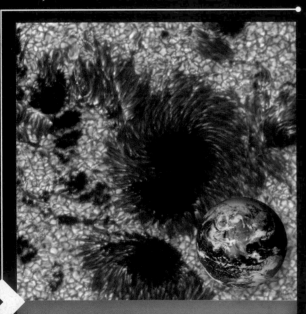

En la fotosfera del Sol se forman manchas solares a consecuencia de la actividad magnética que tienen una temperatura de unos 3.700 K, en comparación con los 5.700 K de la fotosfera circundante. (La fotosfera es el punto en que el Sol se vuelve opaco y se considera su «superficie».) Estas grandes manchas brillarían intensamente si pudieran verse sobre el fondo del espacio.

La mayor protuberancia solar
Las «protuberancias» son fuertes erupciones de plasma relativamente frío, o de gas ionizado, a aproximadamente 80.000 °C. Atrapadas dentro de las líneas del campo magnético del Sol, a menudo forman bucles y parece que se enroscan y se desarrollan alrededor de la fotosfera del Sol durante períodos prolongados de más de un mes. La mayor protuberancia solar descubierta hasta la fecha tiene unos 500.000-700.000 km de longitud.

Los mayores «tsunamis» solares

Capturadas por primera vez en 1959 usando imágenes secuenciales (Izquierda), y posteriormente confirmadas por las observaciones de las sondas espaciales, las ondas de Morton son el equivalente del Sol a los tsunamis. Generadas por erupciones solares, recorren la superficie solar como las ondas que se crean al lanzar una piedra al agua. Pueden alcanzar velocidades de 1.500 km/s en una onda fulgurante de plasma caliente y magnetismo que asciende a 100.000 km de altura.

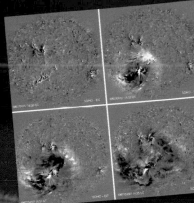

EVALUANDO EL SOL

El Sol empequeñece a los planetas del sistema solar. Pero nuestro Sol es un enano comparado con otras estrellas de la Vía Láctea, aunque éstas pesen relativamente poco en comparación con su colosal tamaño. Permite que GWR te lleve a un viaje interestelar:

Betelgeuse
Diámetro: 1.300 millones de km
(alrededor de 15-20 × masa solar, la masa de nuestro Sol)

Antares
Diámetro: 970 millones de km
(15-18 × masa solar)

Rigel A
Diámetro: 97 millones de km
(alrededor de 17 × masa solar)

Aldebarán
Diámetro: 59,77 millones de km
(alrededor de 2 × masa solar)

Arturo
Diámetro: 36 millones de km
(alrededor de 1,5 × masa solar)

Pólux
Diámetro: 11,12 millones de km
(alrededor de 2 × masa solar)

Sirio A
Diámetro: 2,335 millones de km
(alrededor de 2 × masa solar)

Sol
Diámetro: 1,392 millones de km
Masa: $1,98 \times 10^{30}$ kg

El mayor objeto en el sistema solar

El Sol domina el sistema solar. Con una masa de $1,98 \times 10^{30}$ kg, o 332.900 veces la de la Tierra, y un diámetro de 1.392.000 km, representa el 99,86% de la masa del sistema solar.

Las mayores explosiones en el sistema solar

Las eyecciones de masa coronal se asocian a menudo, aunque no siempre, con las erupciones solares. Son enormes burbujas de plasma contenido en las líneas del campo magnético, que se desprenden del Sol a lo largo de varias horas. Pueden contener hasta 100.000 millones de kg de materia que se mueve a 1.000 km/s, con una energía equivalente a 1.000 millones de bombas de hidrógeno. La próxima actividad máxima solar, en 2013, podría dar lugar a varias eyecciones cada día.

La mayor estructura magnética en el sistema solar

El campo magnético del Sol se tuerce en una enorme forma espiral, parecida al tutú de una bailarina, debido a la rotación del Sol y al movimiento del viento solar, y se conoce como «espiral de Parker». Se extiende hasta el extremo del sistema solar, una región conocida como «heliofunda». La estructura magnética de la espiral de Parker es de unas 160-200 UA, o 24.000-30.000 millones de km, de un extremo a otro.

Los campos magnéticos más fuertes en la superficie del Sol

Las manchas solares pueden tener fuerzas magnéticas de hasta 0,4 tesla, unas 1.000 veces la de sus zonas circundantes y unas 13.000 veces la fuerza del campo magnético de la Tierra en el ecuador.

Los datos científicos observacionales continuos más largos

Los astrónomos tienen acceso a un conjunto continuo de datos observacionales sobre el número de manchas solares en el Sol que datan de 1750.

El mínimo solar más largo

El «mínimo solar» es un período durante el ciclo solar del Sol en el que se ven pocas manchas solares y la actividad solar es baja. El Mínimo de Maunder duró de 1647 a 1715, y pareció como si el ciclo solar se hubiera roto totalmente. Correspondió con un período de fuertes vientos en el hemisferio norte de la Tierra que se conoció con el nombre de la «Pequeña Edad de Hielo».

La mayor erupción solar en el ciclo solar actual
El 8 de enero de 2008, el Sol comenzó su ciclo solar más reciente desde que comenzó a registrarse en 1755. El 9 de agosto de 2011, una erupción solar con una magnitud de X6,9 estalló en la región solar 1263, cerca del limbo oeste del Sol. La eyección de masa coronal asociada causó leves perturbaciones en radiofrecuencias de onda corta en la Tierra.

Los mayores gránulos solares

Las corrientes de convección dentro del Sol causan un fenómeno conocido como «granulación» en la fotosfera. Un gránulo se forma cuando el hidrógeno caliente se eleva en su centro y luego vuelve a caer alrededor de su extremo. Un gránulo típico tiene unos 1.000 km de ancho y puede durar menos de 20 minutos. Descubiertos en la década de 1950, los supergránulos miden unos 30.000 km de ancho y representan corrientes de mayor escala en el Sol, que tiene varios miles de ellos en un momento dado.

DATO:
El término «ciclo solar» se refiere a un periodo de flujo en el campo magnético del Sol. Dura unos 11 años.

La erupción solar más grande registrada
Las erupciones solares, que consisten en enormes explosiones de energía en el Sol, se clasifican en tres niveles: clase C (menor); clase M (media) y clase X. Las erupciones de clase M y clase X pueden tener repercusiones en la Tierra, tales como apagones de radio. El 4 de noviembre de 2003, se produjo una erupción en la superficie del Sol que fue clasificada como una X28 por el Space Environment Center de la National Oceanic and Atmospheric Administration (NOAA), en la ciudad de Boulder (Colorado, EE.UU.).

DATO:
Las manchas solares pueden ser enormes. La más grande puede alcanzar 80.000 km de diámetro.

VIVIR EN EL ESPACIO

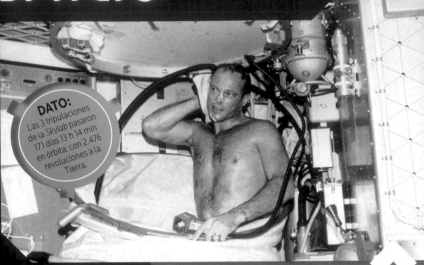

EL PRIMER...

Vuelo tripulado

El astronauta Yuri Gagarin se convirtió en el primer hombre en llegar al espacio exterior cuando completó la órbita de la Tierra, el 12 de abril de 1961, a bordo de la nave *Vostok 1*. El vuelo duró 108 minutos, como estaba previsto, y aterrizó en la Tierra 10 minutos después en paracaídas. La altitud máxima del vuelo de 40.868,6 km fue de 327 km, con una velocidad punta de 28.260 km/h. Gagarin, investido Héroe de la Unión Soviética y condecorado con la Orden de Lenin y la medalla de la Estrella de Oro, murió en marzo de 1968 en un accidente de avión.

Vuelo entre estaciones espaciales

La *Mir EO-1* fue la primera expedición a la nueva estación espacial soviética *Mir*. La tripulación, formada por Leonid Kizim y Vladimir Solovyov, despegó el 13 de marzo de 1986 y se acopló a la *Mir* dos días más tarde. Allí estuvieron seis semanas y cambiaron su órbita para coincidir con la de la estación *Salyut 7*. El 5 de mayo de 1986 completaron el primer vuelo entre dos estaciones espaciales, de la *Mir* a la *Salyut 7* en su nave, la *Soyuz*. Duró 29 horas. El 25 de junio se desacoplaron de la *Salyut 7* y volvieron a la *Mir*, transportando equipo de la estación vieja a la nueva.

La primera persona en ducharse en el espacio

La estación espacial estadounidense *Skylab* orbitó alrededor de la Tierra, desde su lanzamiento el 14 de mayo de 1973 hasta su regreso el 11 de julio de 1979. Acogió a tres tripulaciones de tres astronautas que pudieron disfrutar de la ducha: colocados de pie dentro de un aro, éste se subía con una cortina circular que se enganchaba al techo. De una manguera salían 2,8 litros de agua, que luego recogía una aspiradora especial.

Concierto en directo retransmitido al espacio

Paul McCartney (R.U.) fue el primer artista en sonar en el espacio, al establecerse una conexión en directo entre su concierto en Anaheim, California (EE.UU.), y la *Estación Espacial Internacional*, el 12 de noviembre de 2005. En 2008, el tema *Across the Universe* de los Beatles se convirtió en **la primera canción en transmitirse al espacio exterior**. La NASA la mandó a 300.000 km/s para celebrar el 50 aniversario de su fundación y el 40 de la canción.

Paseo espacial sin ataduras

Lo realizó el astronauta de la NASA Bruce McCandless II, el 7 de febrero de 1984, saliendo del transbordador *Challenger*. Se trató de la primera prueba de la Unidad de Maniobra Tripulada, una mochila cuyo desarrollo costó 15 millones de dólares.

Contrabando espacial de comida

Gemini III fue una misión orbital de 4 h 52 m, realizada el 23 de marzo de 1965 y tripulada por los astronautas estadounidenses Gus Grissom y John Young. Durante la misión, el único autorizado para comer alimentos espaciales previamente aprobados era Young. Pero éste, que sabía cuánto le gustaban a Grissom los bocadillos de ternera en salmuera, pasó uno de contrabando para su colega. La NASA los sancionó.

La primera persona en completar la órbita terrestre en bicicleta

Skylab 3 fue la segunda misión tripulada a la estación espacial estadounidense *Skylab*, del 28 de julio al 25 de septiembre de 1973. Durante el vuelo, Alan Bean, que pisó la Luna con el *Apolo 12*, pasó poco más de 90 minutos pedaleando en una bicicleta estática mientras se completaba la órbita de la Tierra.

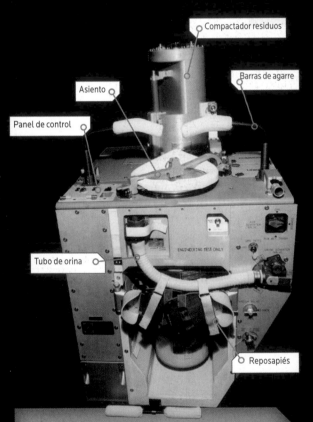

Compactador residuos

Barras de agarre

Asiento

Panel de control

Tubo de orina

Reposapiés

El retrete más caro

La nave *Endeavour* despegó el 13 de enero de 1993 con un lavabo unisex de 23,4 millones de dólares. El servicio, según la NASA «un sistema de recolección y tratamiento de aguas residuales completo», funciona por succión en vez de gravedad. Entre sus 4.000 piezas hay reposapiés y barras de agarre para fijar al usuario. De estropearse, la nave contaba con bolsas de recolección de orina y heces.

La primera tripulación en afeitarse en el espacio

Estaba formada por Thomas Stafford, John Young y Gene Cernan, de la misión de la NASA *Apolo 10*, realizada el 18-26 de mayo de 1969. Al no convencerles la máquina de afeitar desarrollada por la NASA, recurrieron a las cuchillas y a la espuma.

La mayor reunión en el espacio

Cuando el transbordador *Endeavour* se acopló en la *Estación Espacial Internacional* el 17 de julio de 2009, el número de personas en la estación ascendió a 13. El comandante ruso Gennady Padalka anunció con unas campanadas la llegada flotando de los nuevos siete astronautas.

La primera persona que durmió en el espacio
Gherman Titov (URSS) durmió en el vuelo del *Vostok 2*, 25 h, en agosto de 1961. Se despertó con los brazos flotando, poniendo en peligro los conmutadores.

La primera persona que vomitó en el espacio
Igual que nos mareamos en coche, podemos marearnos en el espacio por los cambios de la gravedad. La primera persona que se mareó fue el cosmonauta soviético Gherman Titov, que tuvo náuseas y vomitó en el vuelo del *Vostok 2*, el 6 de agosto de 1961. Más o menos la mitad de los astronautas que han viajado al espacio han sentido algún tipo de mareo.

Incendio en una estación espacial
El 23 de febrero de 1997 se declaró un incendio a bordo de la estación rusa *Mir* por unas «velas» de perclorato de litio que suministraban oxígeno a la estación. Aunque se apagó, poco faltó para que los seis tripulantes abandonaran la estación en su «bote salvavidas», el transbordador *Soyuz*, acoplado a la *Mir*.

DATO:
La tripulación del *Apolo 13* estuvo 21 días en cuarentena tras volver a la Tierra.

El menú más extenso en el espacio
La tripulación rusa de la *Estación Espacial Internacional* tiene acceso a más de 300 platos, como borscht (sopa de remolacha), *gnulash* (estofado picante), carne con arroz y cecina.

MÁS TIEMPO...

El hombre en el espacio sin interrupción
La *Soyuz TM-31* de la Expedición 1 despegó el 31 de octubre de 2000 rumbo a la *Estación Espacial Internacional*, donde sus tres miembros permanecieron 136 días. Supuso la mayor estancia seguida del hombre en el espacio, con más de 10 años de ocupación ininterrumpida de la estación espacial.

Un traje espacial en misión
El 3 de febrero de 2006, el cosmonauta ruso Valery Tokarev y el astronauta estadounidense Bill McArthur, arrojaron al espacio un viejo traje ruso Orlan M desde la *Estación Espacial Internacional*. Equipado con un radiotransmisor, el «SuitSat-1» envió casi 3.500 mensajes y datos sobre la temperatura dentro del traje que captaban los radioaficionados de la Tierra. La última transmisión se recibió el 18 de febrero de 2006, justo antes de acabarse la batería.

Anuncio grabado en el espacio
Fue el de la leche Tnuva, protagonizado por el cosmonauta Vasily Tsibliyev, bebiendo leche en la estación espacial rusa *Mir*. Lo grabaron el 22 de agosto de 1997.

Perro en el espacio
Fue *Laika*, en noviembre de 1957, a bordo del *Sputnik 2*, más de tres años antes que el primer hombre. Murió al principio de la misión – su vehículo no se diseñó para volver a la Tierra.

El programa espacial de envío de provisiones todavía activo
Los vehículos rusos *Progress* son naves no tripuladas diseñadas para suministrar agua, comida y oxígeno a los cosmonautas en órbita, además de material para los experimentos y recambios. Llevan usándose desde el lanzamiento del primero, el 20 de enero de 1978. Hoy transportan 1.700 kg de provisiones en un espacio de 6 m³. Tras acoplarse a la *Estación Espacial Internacional*, permanecen fijos unos meses mientras se llenan de basura de la estación; luego se desacoplan y se desintegran en una desorbitación controlada.

La primera persona que orinó en la Luna

Tras aterrizar en la Luna el 20 de julio de 1969, los tripulantes del *Apolo 11*, Neil Amstrong y Buzz Aldrin bajaron por una escalera hasta la superficie lunar. Aldrin, aún en la escalera, orinó en una bolsa de recolección especial incorporada en el traje.

USAR EL RETRETE EN EL ESPACIO
Según el manual de Operaciones de las Misiones de la NASA, para usar el sistema de recolección de desechos (WCS, en inglés) del transbordador espacial hay que seguir estas instrucciones:

Correas de los pies - abajo, cerradas
Sujetar correctamente los pies al WCS con las correas; el cuerpo y los muslos también pueden asegurarse.

VAC VLV - OP Válvula de aspiración - Abierta
Quitar el velcro de la manguera urinaria, colocarla en la horquilla.
Abrir la bomba aspiradora; sacar la manguera urinaria de su posición y montarla en la horquilla.

AUTO   1   2   AUTO
HORQUILLA   MODO
√HORQUILLA - AUTO
√MODO - AUTO
Selector de separación de residuos por ventilación - 1
√Levantar la manguera de la horquilla
(Flujo de aire)
Comprobar que la manguera urinaria funciona (con la mano se nota la succión); poner el WSC en automático y el «selector de separación por ventilación» en «1» (se separan los desechos líquidos y los almacena en un tanque aparte).

√**Luz del WCS - encendida**
Comprobar que la luz del WCS está encendida

Sacar e instalar contenedor, bolsa y manguera del WCS, espejo, dispensador de bolsas, conducto de ventilación en aux
√**Residuos húmedos**
Los residuos sólidos caen al inodoro; los líquidos al tubo urinario. Los residuos no humanos (papel, toallitas húmedas) van en una bolsa. Colocar la bolsa en el WCS; comprobar por el espejo ven que la posición es correcta y que el conducto de aire llega al de los residuos húmedos; orinar a la manguera.

GUERRA ESPACIAL

La primera arma de fuego en el espacio

Se dice que el cosmonauta soviético Yuri Gagarin, primer hombre que viajó al espacio, llevó consigo una pistola Makarov durante su histórico vuelo *Vodstok 1*, el 12 de abril de 1961. El arma era para usarla en defensa personal en caso de que, a su regreso a nuestro planeta, aterrizara en territorio hostil o en un paraje con animales peligrosos.

La primera estación espacial militar

La *Salyut 2* fue la primera de las estaciones espaciales militares Almaz de la Unión Soviética. Con 14,55 m de largo y un diámetro de 4,15 m, fue lanzada el 3 de abril de 1973; iba a estar tripulada y a realizar actividades militares, incluido el espionaje desde su órbita. Sin embargo, poco después de entrar en órbita recibió el impacto de los restos del cohete Proton, que la había lanzado. La estación permaneció en órbita 55 días antes de volver a entrar en la atmósfera, incendiarse y estrellarse en el océano Pacífico, sin que jamás la visitara tripulación alguna.

DATO: Los cohetes Atlas V han alcanzado un porcentaje de éxitos del 100% desde su primer lanzamiento, en 2002.

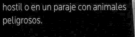

El primer satélite de vigilancia submarina con base en el espacio

El SEASAT fue un satélite de EE.UU. proyectado para utilizar un radar de apertura sintética que controlara los océanos. Lanzado el 27 de junio de 1978, sólo funcionó durante 105 días antes de averiarse. Una característica, desconocida hasta entonces, del sistema de radar instalado a bordo del SEASAT era su capacidad para detectar el movimiento de submarinos sumergidos viendo su «estela» en la superficie del océano. Esto ha llevado a algunos a conjeturar que el mal funcionamiento del satélite fue una tapadera; se cree que en realidad los militares de EE.UU. se lo apropiaron al descubrir su capacidad para detectar submarinos.

La primera misión militar de una lanzadera espacial

La STS-4, la cuarta lanzadera espacial de EE.UU., fue la primera que transportó una carga útil militar; lanzada el 27 de junio de 1982, regresó a la Tierra el 4 de julio de 1982. Su carga útil militar, conocida como P82-1, consistía en dos sensores diseñados para poder detectar lanzamientos de misiles desde el espacio; pero parece ser que ambos sensores fallaron. El comandante de la misión, Ken Mattingly, se refirió a la carga útil como una «colección de chatarra barata que querían que volara».

El mayor satélite espía

El 21 de noviembre de 2010, EE.UU. lanzó el satélite *NROL-32*, clasificado como de alto secreto, desde Cabo Cañaveral, en Florida (EE.UU.). Última unidad, según se cree, de la serie de satélites de la clase Mentor, el *NROL-32* pasaba por ser el más grande que jamás se había enviado al espacio, palabras del director de la National Reconnaissance Office, el organismo estadounidense responsable de los satélites espía. Aunque los detalles sobre el satélite y su misión se mantienen en secreto, algunos expertos creen que el *NROL-32* posee una antena principal que supera los 100 m de ancho.

El avión espacial robótico más pequeño

El Boeing *X-37B* de EE.UU. es un avión espacial no tripulado que se lanza desde un cohete Atlas V y regresa a la Tierra convertido en un planeador, al igual que las lanzaderas espaciales retiradas del servicio, antes de posarse sobre ruedas. Con 8,9 m de longitud, una envergadura de 4,5 m y un peso cargado que ronda los 4.990 kg, es el segundo tipo de vehículo espacial capaz de aterrizar sobre ruedas sin tripulación, después de la lanzadera soviética *Buran*. Existen dos *X-37B* hasta la fecha; el primero fue puesto en órbita el 22 de abril de 2010 y aterrizó el 5 de diciembre de 2010. La misión de un segundo vehículo empezó el 5 de marzo de 2011. La misión y la carga útil específicas de ambos vuelos son secretas. El proyecto X-37 fue iniciado por la NASA en 2004 y asumido por la Fuerza Aérea de EE.UU. en 2006; entre sus posibles aplicaciones militares se incluye el reconocimiento de fuerzas enemigas armadas y la interferencia de satélites enemigos.

El primer satélite invisible

Cuando la lanzadera espacial *Atlantis* fue lanzada el 28 de febrero de 1990, puso en órbita una carga secreta para uso del Departamento de Defensa de EE.UU. Dos días después, la *Atlantis* desplegó, según se supone, el primero de los satélites MISTY de EE.UU. Estos satélites espía utilizan, por lo visto, un revestimiento exterior inflable para reducir su detección por los radares.

El mayor satélite de combate

El satélite soviético *Polyus* fue una plataforma de armas orbital de 37 m de longitud, 4,1 m de diámetro y 80 toneladas de peso; podía ir equipado con un cañón antisatélite sin retroceso, un láser bloqueador de sensores para confundir a los satélites hostiles y un lanzador de minas espaciales nucleares. Sólo llegó a despegar uno, el 15 de mayo de 1987, pero no consiguió entrar en órbita y se estrelló en el Pacífico. No se sabe con certeza qué sistema de armamento llevaba.

La mayor arma de fuego transportada en el espacio

Desde 1986 hasta 2007, la Unión Soviética equipaba a sus cosmonautas con un arma de fuego denominada TP-82, una combinación de pistola, carabina, escopeta y pistola de bengala con tres cañones y una culata desmontable que escondía un machete. Los cosmonautas debían utilizar dicha arma, que pesaba 2,4 kg, para protegerse de las fieras si aterrizaban en territorio salvaje siberiano.

La mayor constelación de satélites militares

Iniciado en 1973, el Sistema de Posicionamiento Global (GPS) de EE.UU. es una constelación coordinada, de al menos 24 satélites, que orbitan en torno a la Tierra y proporcionan, mediante señales de radio, datos precisos en 3D que permiten a los usuarios localizar rápidamente su posición con un receptor. La constelación GPS depende de la Escuadra Espacial 50.ª de la Fuerza Aérea de EE.UU., y hasta 1996 sólo se utilizó con fines militares.

La explosión más larga detectada desde el espacio y sin aclaración

Los satélites *Vela* fueron lanzados por EE.UU. para vigilar la Tierra y detectar pruebas de armas nucleares ilegales que violaran el Tratado de Prohibición Parcial de Pruebas de 1963. El 22 de septiembre de 1979, el satélite Vela *6911* detectó un doble resplandor sobre el océano Índico, entre las islas Crozet y las Islas del Príncipe Eduardo. Se calculó que habría sido precisa una explosión nuclear de 2-3 kilotones para crear un doble resplandor de semejante magnitud. Sin embargo, jamás se detectó ningún residuo radiactivo que despejara por completo las dudas.

La explosión nuclear a más altitud

El 6 de septiembre de 1958 se hizo detonar un arma nuclear de 1,7 kilotones a 749 km sobre la Tierra, dentro de la serie de pruebas secretas de EE.UU., conocida como Operación Argus. La ojiva, de 98,9 kg, fue lanzada por un misil Lockheed X-17A, modificado de tres fases desde el barco de guerra USS *Norton Sound*, situado en el Atlántico sur; otras dos explosiones nucleares de la Operación Argus se produjeron a más baja altura. El objetivo era crear cinturones de radiación atrapada que destruyeran y alteraran el funcionamiento de los satélites y sistemas de comunicaciones del enemigo.

El primer supuesto disparo en una nave espacial tripulada

Según algunas fuentes, la Unión Soviética apuntó un láser a la lanzadera espacial *Challenger* (fotografía superior) durante la misión STS-41-G, en 1984. Mientras la *Challenger* estaba orbitando sobre la Unión Soviética, la tripulación, según parece, se sintió indispuesta, además de perder las comunicaciones y experimentar otras dificultades técnicas. La NASA ha negado con firmeza la teoría de que se utilizara el complejo militar de rayos láser Terra-3, con base en Kazajistán, para disparar a la lanzadera.

La estación espacial con armamento más pesado

La *Salyut 3* soviética, lanzada en 1974, es la única estación que ha orbitado la Tierra con armas; llevaba como defensa un cañón antiaéreo Nudelman de 23 mm.

El satélite destruido a mayor altura sobre la Tierra

El 11 de enero de 2007, el Gobierno chino lanzó un misil desde tierra a su satélite *Fegyun-1C*, que orbitaba a una altitud de 865 km. El misil, del tipo denominado «muerte cinética», alcanzó al satélite y lo destruyó utilizando su propia energía cinética en vez de una cabeza explosiva. Según la NASA, la colisión generó unos 2.841 fragmentos de chatarra espacial. A la NASA le preocupa que estos residuos pongan en peligro las naves espaciales que orbitan la Tierra a baja altura.

La primera arma en el espacio

Durante la Segunda Guerra Mundial, Alemania desarrolló una tecnología para construir cohetes militares cuya culminación fue la V2, que se utilizó para atacar a sus enemigos, principalmente en Londres (R.U.) y en Amberes (Bélgica). El cohete medía 14 m de largo y pesaba 12.500 kg, con un alcance operativo de 320 km. La primera vez que se disparó con éxito la V2 –el 3 de octubre de 1942 desde Peenemünde, en la costa báltica de Alemania– fue también la primera vez que un objeto creado por el hombre penetraba en el espacio. La velocidad de la V2 –unos 5.760 km/h– y su trayectoria –alcanzaba unos 100 km de altitud– la hacían invulnerable a los cañones antiaéreos y a los cazas.

DATO:
El primer ataque con V2 se lanzó sobre París el 2 de septiembre de 1944; el último, contra Amberes, el 28 de marzo de 1945.

LAS ARMAS EN EL ESPACIO ORBITAL

Durante la Guerra Fría se envió al espacio una cantidad ingente de material militar, desde estaciones espaciales de órbita baja hasta satélites ultrasecretos que daban vueltas a miles de kilómetros sobre nuestras cabezas.

SATÉLITES VELA
101.000-112.000 km

SATÉLITES DE COMUNICACIONES MILSTAR
35.786 km

SATÉLITE GPS
20.200 km

GLONASS
19.100 km

LACROSSE 5
715 km

STS -4
365 km

X37B
318 km

SATÉLITES KEYHOLE SPY
281-1.005 km

ESTACIÓN ALMAZ 2
257-278 km

CURIOSIDADES CÓSMICAS

El planeta extrasolar más oscuro

El 10 de agosto de 2011, los astrónomos norteamericanos anunciaron su descubrimiento del planeta TrES-2b, a unos 750 años luz de distancia, en la constelación de Draco. Comparado con la Tierra, que refleja el 37% de la luz que recibe, TrES-2b refleja menos del 1%, lo que lo hace más negro que el carbón. Del tamaño de Júpiter, tiene una temperatura estimada de 1.200 °C, lo que le confiere un brillo rojizo.

DATO: La oscuridad de TrES-2b puede deberse a materiales, como el sodio gaseoso, presente en su atmósfera.

La materia más rápida del universo

Los agujeros negros, situados en los núcleos de galaxias muy activas conocidas como *blazares*, expulsan unos chorros de plasma supercaliente que se mueven al 99,99% de la velocidad de la luz

DATO: La luz se mueve con más rapidez en un vacío, y alcanza 299.792.458 m/s.

y poseen la misma cantidad de masa que el planeta Júpiter.

La galaxia de aproximación más rápida

A pesar de la expansión global del universo, un pequeño número de galaxias se están acercando a la nuestra. La M86, una galaxia lenticular a unos 52 millones de años luz de distancia, en el Cúmulo de Virgo, se mueve hacia la Vía Láctea a una velocidad de 419 km/s.

La estrella más rápida de la galaxia

El 8 de febrero de 2005, un equipo de astrónomos del Harvard-Smithsonian Center for Astrophysics de Cambridge (Massachusetts, EE.UU.) anunció el descubrimiento de una estrella que viaja a más de 2,4 millones de km/h. Denominada SDSS J090745.0+24507, probablemente se aceleró tras su encuentro con el agujero negro supermasivo, situado en el centro de la Vía Láctea hace unos 80 millones de años.

La estrella que gira más rápido

La VFTS 102 es una estrella aproximadamente 25 veces más grande que el Sol y 100.000 veces más luminosa, situada en la Nebulosa de la Tarántula, en la Gran nube de Magallanes, a unos 160.000 años luz de distancia. Anunciada el 5 de diciembre de 2011, VFTS 102 rota unas 300 veces más rápido que nuestro Sol, a unos 2 millones de km/h. Si rotara más rápido, podría ser destrozada por las fuerzas centrífugas.

La estrella más plana

La estrella menos esférica, estudiada hasta la fecha en nuestra galaxia, es la estrella Achernar (Alpha Eridani). Las observaciones realizadas, usando el interferómetro VLT del European Southern Observatory's Paranal Observatory en Atacama (Chile) han revelado que Achernar está girando con tanta rapidez que su diámetro ecuatorial es un 50% mayor que su diámetro polar. Las observaciones se realizaron entre el 11 de septiembre y el 12 de noviembre de 2002 y los resultados se hicieron públicos el 11 de junio de 2003.

La estrella más luminosa de la galaxia

Las últimas observaciones de LBV 1806-20, que se encuentra a 45.000 años luz de la Tierra, indican que es entre 5 y 40 millones de veces más luminosa que el Sol. Tiene una masa 150 veces mayor que la del Sol y un diámetro 200 veces mayor.

Las estrellas de vida más corta

Menos del 0,1% de las estrellas de nuestra galaxia son supergigantes azules. Con masas 100 veces la de nuestro Sol, se queman con gran rapidez y pueden durar sólo 10 millones de años. Su color azul se debe a las altas temperaturas de su superficie, unos 20.000 a 50.000 °C. Una de las más conocidas es Rigel, en la constelación de Orión. Es la sexta estrella más brillante en el cielo, a pesar de que se encuentra a unos 900 años luz de distancia.

Las estrellas más pequeñas

Las estrellas de neutrones tienen una masa 1,5 veces la del Sol, y con sólo diámetros de 10-30 km.

El cúmulo de galaxias más lejano

«El Gordo» es el apodo de un enorme cúmulo de galaxias a unos 7.000 millones de años luz de distancia. En realidad, se trata de dos cúmulos de galaxias que están chocando a una velocidad de varios millones de kilómetros por hora. Su masa combinada es unas 2×10^{15} veces la masa de nuestro Sol. Su descubrimiento se anunció el 10 de enero de 2012.

El agujero negro supermasivo más cercano

Sagitario A* es un agujero negro supermasivo, situado en el centro de nuestra Vía Láctea, a unos 27.000 años luz de distancia. Con una masa 4 millones de veces la de nuestro Sol, este agujero negro es orbitado por varias estrellas masivas.

La primera colisión demostrada de estrellas enanas blancas

La SNR 0509-67.5 era una supernova de tipo 1a que se produjo hace unos 400 años. Se encontraba en la Gran Nube de Magallanes, una galaxia satélite de la nuestra. El remanente de la explosión es una burbuja de gas de unos 23 años luz de diámetro que se expande a más de 18 millones de km/h. En enero de 2012, los astrónomos que estudiaban el remanente demostraron que la supernova fue causada por la colisión de dos estrellas enanas blancas. El remanente está a unos 160.000 años luz de distancia.

SOL Y ESTRELLAS

Nuestra galaxia, la Vía Láctea, tiene unos 100.000 años luz de diámetro y una forma espiral. El Sol se encuentra a unos 30.000 años luz de su centro, situado en uno de los «brazos» de la espiral:

CLAVE
1. Disco   2. Núcleo
3. Protuberancia   4. Sol

Vista lateral

Vista superior

Brazo espiral

0 5 10 15 20 25 30

Escala en kiloparsecs
(1 kiloparsec = 3,26 años luz)

TAMAÑOS DE LAS ESTRELLAS

Las estrellas varían mucho de tamaño, desde las supergigantes masivas (de 900 millones de km de diámetro) hasta los remanentes estelares, conocidos como estrellas de neutrones (20-40 km de ancho).

Supergigante — Gigante roja

Gigante roja — Sol

Sol — Enana blanca

Enana blanca — Estrella de neutrones

---

mayor que nuestra heliosfera (la distancia de nuestro Sol al punto en el que su fuerza gravitatoria desaparece).

La galaxia enana más lejana

El 18 de enero de 2012, un equipo de astrónomos que utilizaba el telescopio Keck II, en Mauna Kea (Hawái, EE.UU.) anunció el descubrimiento de una galaxia enana que orbitaba una gran galaxia elíptica a unos 10.000 millones de años luz de distancia. La encontraron usando un método denominado lente gravitacional, en el que la masa de una galaxia en primer plano distorsiona y magnifica la luz de una galaxia mucho más lejana situada detrás.

El objeto más lejano del universo

En enero de 2011, los científicos anunciaron que el telescopio espacial Hubble había logrado captar la imagen de una galaxia tan antigua, que su luz ha tardado 13.200 millones de años en llegar hasta nosotros. Esto significa que la galaxia, tal como la vemos hoy, se formó hace menos de 480 millones de años después del Big Bang, lo que la convierte en el primer objeto que se formó en el universo.

Superestrella

¿Conoces bien esas luces brillantes del cielo nocturno?

• Las estrellas están formadas por plasma (materia supercaliente) y gas.

• Forman nubes de polvo y gas llamadas «nebulosas».

• Los científicos calculan que puede haber unos 400.000 millones de estrellas en nuestra galaxia, la Vía Láctea. Pero hay más de 100.000 millones de galaxias en nuestro universo. Y puede que haya más de 100.000 millones de estrellas en cada una...

• Las estrellas azules y blancas son más calientes que las naranjas y las rojas. La temperatura de una estrella azul puede alcanzar los 25.000-40.000 °C.

• Las estrellas de neutrones son el remanente de enormes estrellas que han explotado. Aunque sólo tienen unos 20 km de diámetro, su masa es unas 1,5 veces la del Sol.

Los objetos más densos del universo

Los agujeros negros son los remanentes de estrellas que terminaron su existencia como supernovas. Se caracterizan por una región del espacio en el que la gravedad es tan fuerte que ni siquiera la luz puede escapar. El límite de esta región se conoce como el horizonte de sucesos, y en el centro del agujero negro se encuentra la «singularidad», donde la masa de la estrella muerta se comprime en un único punto de tamaño cero y densidad infinita. Esta singularidad es la que genera el potente campo gravitatorio de un agujero negro.

El agujero negro más pesado

El 5 de diciembre de 2011, los astrónomos que utilizaban los telescopios Gemini North, Keck II y Hubble Space informaron que habían descubierto un agujero negro supermasivo en el centro de la galaxia elíptica NGC 4889, a unos 336 millones de años luz de distancia. Se calcula que su masa es unas 21.000 millones de veces la del Sol.

La mayor estructura del universo

En octubre de 2003, un equipo de astrónomos de la Universidad de Princeton (Nueva Jersey, EE.UU.), anunciaron que habían descubierto una enorme pared de galaxias de unos 1.370 millones de años luz de longitud. Utilizaron datos de Sloan Digital Sky Survey, que se dedica a comprobar la situación de un millón de galaxias en el universo.

El mayor disco circumestelar

El M17-SO1 es una protoestrella (primera fase de la formación de una estrella) situada en la Nebulosa de Omega, a unos 5.000-6.000 años luz de distancia. En 2005, se descubrió que la orbitaba un disco de material con un diámetro de 20.000 unidades astronómicas, o 30 billones de km, es decir, unas 100 veces

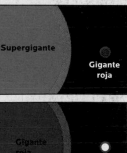

El objeto más lejano visible al ojo humano

Los brotes de rayos gamma, los precursores de los agujeros negros, son las mayores explosiones del universo. A las 2.12 EDT, del 19 de marzo de 2008, la explosión de un rayo gamma, en una galaxia a 7.500 millones de años luz de distancia, se vio 30 s y la captó un telescopio robótico.

VISITA LA CIENCIA MÁS VANGUARDISTA EN LA P. 194

PLANETA VERDE

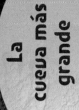

La cueva más grande

Hang Son Doong (la «cueva del río de la montaña») mide unos 200 m de alto, 150 m de ancho y por lo menos 6,5 km de largo. Situada en el parque nacional de Phong Nha-Ke Bang, distrito de Bo Trach, provincia de Quang Binh (Vietnam), esta cueva gigantesca podría ser incluso más grande de lo que en un principio se pensaba, pues en febrero de 2012 todavía no se había explorado por completo. Oculta por el bosque, fue descubierta en 1991 por un granjero local llamado Ho Khanh. En abril de 2009 guió a un equipo de espeleólogos británicos hasta la cueva, que realizaron su primer estudio.

DATO:
Entre la imagen de primer plano de esta fotografía y la imagen de fondo hay un kilómetro de distancia.

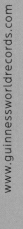

¿A CUÁNTO CAMBIO CLIMÁTICO PODEMOS SOBREVIVIR?

¿Tenemos futuro en la Tierra?

El cambio climático en la Tierra es uno de los sistemas estudiados más complejos. Resulta difícil refutar los datos recopilados por los científicos, en especial cuando métodos muy diferentes muestran la misma tendencia general. Las grandes preguntas son por qué el clima está cambiando, en qué medida la actividad humana es responsable de dicho cambio y si podemos sobrevivir como raza.

El clima de la Tierra ha cambiado con anterioridad. El planeta experimentó períodos de glaciación intensa (Edades de Hielo) sin la influencia humana. Hace unos 14.600 años, cuando las capas de hielo de la última Edad de Hielo retrocedieron, ocurrió una catástrofe: el derrumbe parcial de la plataforma de hielo antártica produjo un aumento de 20 m en el nivel del mar en menos de 500 años.

Pero, en aquel momento, no había grandes ciudades en la costa. En 2005, la ciudad norteamericana de Nueva Orleans resultó devastada por el huracán *Katrina*, que causó más de 1.500 víctimas mortales. Un aumento del nivel del mar de tan sólo 1 m podría inundar el 17% de Bangladesh, lo que crearía decenas de millones de refugiados. Algunas naciones insulares, como las Maldivas, podrían quedar completamente inundadas. El aumento del nivel del mar destruiría algunas de las ciudades más grandes del mundo y contaminaría el agua potable de muchas otras.

La siguiente ilustración muestra las tres influencias clave en el clima, con una prognosis de cómo pueden afectar a nuestra supervivencia futura en la Tierra.

El gráfico del palo de hockey

Publicado por el Grupo Intergubernamental de Expertos sobre el Cambio Climático de la ONU en 2001, este gráfico es de los más controvertidos en el mundo científico. Está basado en el que publicaron los científicos norteamericanos Michael Mann, Raymond Bradley y Malcolm Hughes en 1998. Usa datos de estudios sobre los anillos de los árboles, los núcleos de hielo, las perforaciones en los corales, registros históricos y datos instrumentales que muestran aumento general de la temperatura atmosférica en la Tierra después de 1900. Su nombre es por la forma de la línea.

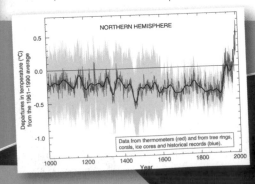

NORTHERN HEMISPHERE

Departures in temperature (°C) from the 1961–1990 average

Data from thermometers (red) and from tree rings, corals, ice cores and historical records (blue).

CAPAS DE HIELO

CAUSA

La temperatura media de la Tierra ha aumentado unos 0,5 °C en los últimos 100 años. Esto tiene un efecto en el tamaño de las capas de hielo del planeta. Como el hielo es blanco, refleja más radiación solar en el espacio. Cuando las capas de hielo disminuyen, reflejan menos y permiten que se absorba más radiación solar, lo que puede contribuir a un mayor calentamiento. Esto se conoce como «retroalimentación positiva».

EFECTO

DATO: El glaciar Pine Island, en la Antártida, disminuye al menos 16 m por año, y puede haber desaparecido en 100 años.

La Antártida es una masa de tierra cubierta por una vasta capa de hielo, pero el Ártico es un océano en el que el hielo flota. El hielo aumenta y disminuye con las estaciones, y en verano de 2007 el Ártico experimentó la mayor disminución en su capa de hielo, que se redujo a un área de 4,11 millones de km². En verano de 2011, la capa de hielo ártica disminuyó a 4,33 millones de km², la segunda más pequeña registrada.

FUTURO

Si la capa de hielo ártica desapareciera, no afectaría al nivel del mar. ¿Por qué? Porque el hielo ya está flotando en el océano. Pero los grandes cambios en la Antártida sí que podrían modificar los niveles del mar de forma considerable. Ésta tiene hielo suficiente para que el nivel de los océanos aumente unos 61 m, y la capa de hielo de Groenlandia contiene agua suficiente para provocar un aumento de 7 m. Un informe reciente predice un aumento de 1,4 m al final de este siglo. Esto podría tener efectos devastadores en las ciudades costeras.

CONOCE LOS PIONEROS EXPLORADORES POLARES EN LA P. 118

OCÉANOS ÁCIDOS

CO$_2$

Los océanos son un «sumidero» natural de dióxido de carbono atmosférico (CO$_2$); absorben unos 22 millones de toneladas de CO$_2$ cada día. El CO$_2$ de la atmósfera procede de varias fuentes naturales, entre las que se incluyen la actividad volcánica y la respiración de los animales, así como la actividad humana. La concentración de CO$_2$ en la atmósfera ha aumentado desde el comienzo de la Revolución Industrial (alrededor de 1750 en adelante).

El CO$_2$ es un componente natural de la atmósfera. Sólo representa una pequeña parte de ella, pero su efecto es significativo para que la Tierra atrape el calor del Sol. La mayoría de fuentes de CO$_2$ son naturales, pero el estudio de las burbujas de aire atrapadas en las capas de hielo de la Antártida muestra un aumento continuo de CO$_2$ desde 1832, que corresponde al incremento de las emisiones del hombre desde la Revolución Industrial. No se sabe con exactitud en qué medida la actividad humana ha contribuido a ello.

CAUSA

La absorción de CO$_2$ en los océanos está cambiando gradualmente su valor pH, que es una medida de su acidez/alcalinidad. (Un valor pH de 7 es neutro.) Entre 1751 y 1994, el pH medio del agua de los océanos disminuyó de 8,25 a 8,14. El ritmo actual de cambio en la acidez del océano es 100 veces mayor que en cualquier momento de los últimos 20 millones de años.

Desde la década de 1950 hasta 2011, la concentración atmosférica de CO$_2$ ha aumentado en volumen, de unas 315 a 391,1 partes por millón; es el nivel más alto de los últimos 800.000 años, y posiblemente mucho más. Después del vapor de agua, el CO$_2$ es el «gas de efecto invernadero» más abundante en nuestra atmósfera.

EFECTO

Si la acidez de los océanos sigue aumentando habrá varios efectos. Algunas especies, por ejemplo las praderas marinas florecen en agua con un elevado nivel de CO$_2$; otras especies, como algunos invertebrados, les resultará cada vez más difícil formar sus caparazones, y algunos estudios sugieren que a finales de siglo podrían verse amenazados hasta el 70% de los corales (imagen).

Si los niveles de CO$_2$ en la atmósfera siguen aumentando, se producirá un aumento del efecto invernadero natural en la Tierra, lo que, a su vez, calentará el planeta. Una atmósfera más caliente provocará no sólo un aumento del nivel del mar, sino también un clima más activo en general, con más ciclones tropicales, sequías, inundaciones y olas de calor.

FUTURO

CONTAMINACIÓN

El mayor proyecto de recuperación de un vertedero

El vertedero de Fresh Kills, en Staten Island, Nueva York (EE.UU.), entró en servicio en 1947 y fue clausurado oficialmente a principios de 2001 –se reabrió para recibir los escombros producto del ataque del 11 de septiembre contra el World Trade Center–. Con 890 ha, es tres veces más grande que Central Park, y en algunos puntos alcanza los 68 m de altura, más que la Estatua de la Libertad. En octubre de 2009 se comenzó a trabajar en un proyecto de 30 años que lo convertirá en un parque público.

El país con el aire más contaminado

Según un informe de 2011 de la Organización Mundial de la Salud, Mongolia tiene el aire más contaminado, con una producción anual media de 279 microgramos por metro cúbico de partículas en suspensión tipo «PM10». En Mongolia, muchas fábricas queman carbón y una gran cantidad de personas viven en *gers*, unas tiendas de campaña revestidas de fieltro con estufas centrales en las que se quema carbón o madera.

Ulan Bator, la capital mongola, cuyo nombre significa «Héroe Rojo», ha sido rebautizada por los lugareños como Utan Bator, o «Héroe de Esmog». Se trata de la segunda ciudad más contaminada después de Ahvaz (imagen principal y récord de más abajo).

Los niveles más altos de CO_2

Según la National Oceanic y Atmospheric Administration (EE.UU.), el nivel de dióxido de carbono en la atmósfera en enero de 2011 fue de 391,19 partes por millón (ppm).

La ciudad con el aire más contaminado

Según un informe de 2011 de la Organización Mundial de la Salud (OMS), que midió la calidad del aire en 1.100 zonas urbanas, Ahvaz (Irán) tiene el aire más contaminado (la foto principal muestra los campos petrolíferos de Ahvaz). La contaminación del aire se fija midiendo la cantidad de partículas de menos de 10 micras por metro cúbico. Ahvaz tiene un promedio anual de 372 microgramos de estas partículas tipo «PM10», casi 20 veces más de lo que la OMS establece como un nivel seguro. La **ciudad con un aire menos contaminado** es Whitehorse, en Yukón (Canadá), que presenta una media anual de tres microgramos por metro cúbico de partículas PM10.

Esto supera la media de 2010, que fue de 387,35 ppm.

El país que emite más CO_2

Según Naciones Unidas, en 2008 China fue responsable de la emisión de 7.031,9 millones de toneladas de dióxido de carbono. Esto representa el 23,33% del total mundial.
Completan el top 5:
2. EE.UU.: 18,11%
3. India: 5,78%
4. Rusia: 5,67%
5. Japón: 4,01%

La mayor emisión de SO_2 causada por un incendio

Un incendio en una planta de azufre cercana a Mosul (Irak), que comenzó el 24 de junio de 2003, lanzó una media de 21.000 toneladas métricas de azufre diarias durante cerca de un mes. En total, se liberaron 600.000 toneladas métricas, lo que representa la mayor emisión de dióxido de azufre causada por el hombre, superior a la que producen la mayoría de erupciones volcánicas.

El esmog más letal

Entre los días 4 y 9 de diciembre de 1952, de 3.500 a 4.000 personas, principalmente niños y gente mayor, murieron en Londres (R.U.) de bronquitis aguda. La causa fue un espeso esmog producido por la quema de combustibles fósiles, combinada con una inversión térmica que retuvo las partículas de humo cerca del suelo. La visibilidad en las calles era sólo de 30 cm y los cines tuvieron que cerrar porque era imposible ver las pantallas.

El mayor derrame de lodo rojo

El 4 de octubre de 2010, el derrumbe de una presa en la planta de aluminio Ajkai Timföldgyár, en Ajka (Hungría), dio como resultado la liberación de cerca de 1 millón de m^3 de lodo rojo tóxico. El barro inundó los pueblos cercanos, alcanzando una altura de hasta 2 m. Al menos cuatro personas murieron, hubo más de 100 heridos y el barro llegó a cubrir unos 40 km^2. La inundación también acabó con toda la vida del cercano río Marcal.

La lluvia ácida más ácida

En 1982 se registró un nivel de pH de 2,83 en los Grandes Lagos (EE.UU./Canadá), y en 1983 uno de 1,87 en Inverpolly Forest, Highland (Escocia). Éstos son los niveles más bajos de pH registrados en una lluvia ácida, lo que las convierte en las más ácidas.

El mayor derrame de petróleo

El 14 de marzo de 1910, se produjo una erupción incontrolable en el campo petrolífero de Midway-Sunset, California (EE.UU.). La erupción de crudo a presión destruyó la torre de extracción y produjo un cráter que impidió a los ingenieros controlar el géiser de petróleo. La fuga, conocida como la erupción de Lakeview, se prolongó durante 18 meses liberando alrededor de 9 millones de barriles de petróleo (1.430 millones de litros), hasta que el pozo se cerró de manera natural.

El mayor productor de DDT

El insecticida DDT ha sido prohibido para su uso agrícola, pero todavía se utiliza para controlar la malaria y la peste bubónica. India es el mayor productor. En 2007 fabricó 6.344 toneladas métricas.

DATO:
Los creadores de este mapa estiman que la contaminación lumínica crece todos los años el 5-10% en Europa y EE.UU.

El mayor vertedero oceánico

El Giro Central del Pacífico Norte es un vasto vórtice de aguas oceánicas de alta presión que giran lentamente en el sentido de las agujas del reloj, concentrando de modo natural basura flotante en su interior. En 2002, unos estudios medioambientales revelaron que en el centro del Giro hay unos 6 kg de plástico por cada kg de plancton natural.

El primer mapa de la contaminación lumínica global

La contaminación lumínica en las zonas urbanas no deja ver gran parte del cielo nocturno. Además de ser un derroche de energía, puede confundir a los animales nocturnos. En 2001, astrónomos italianos y estadounidenses publicaron el primer mapa mundial al respecto: alrededor del 20% de la población mundial ya no ve la Vía Láctea desde sus hogares. Las islas Malvinas, en el extremo sur del continente americano, sufren de esta contaminación por la luz de las flotas pesqueras y las llamadas de gas de las plataformas de gas y petróleo.

El mayor contribuyente a la Nube Marrón Atmosférica

Observada por primera vez en 1999 sobre diferentes puntos de Asia, la Nube Marrón Atmosférica es una compleja mezcla de elementos contaminantes que puede alcanzar los 3 km de espesor. Este tipo de contaminación está causada por las emisiones industriales, el tráfico rodado y la quema de madera. Su principal componente es el hollín resultante de combustiones incompletas, que supone alrededor del 55% de la nube.

DATO:
El problema de la Nube Marrón es común en el sur de África, la cuenca del Amazonas y en EE.UU.

El mayor sitio de residuos electrónicos

Guiyu, un conjunto de aldeas en la provincia de Guangdong (China), es la capital mundial de los residuos electrónicos. Cerca de 1,5 millones de toneladas de ordenadores, teléfonos y otros aparatos electrónicos se procesan aquí al año, en un área de 52 km². El área presenta altos niveles de contaminación ácida y por metales pesados.

El mayor vertido de petróleo al mar

Durante la retirada iraquí en la Guerra del Golfo de 1991, Saddam Hussein ordenó a sus tropas que vertieran el petróleo de las refinerías y buques cisterna de Kuwait. Entre 2 y 4 millones de barriles de petróleo (318 a 635 millones de litros) fueron a parar al mar.

El peor accidente con residuos nucleares

En diciembre de 1957, una explosión en la central nuclear de Kyshtym (Rusia), liberó radiación en un área de 23.000 km². Más de 30 aldeas de un área de 1.200 km² desaparecieron de los mapas de la URSS en los tres años que siguieron al accidente, y alrededor de 17.000 personas fueron evacuadas. Un informe de 1992 indicaba que 8.015 personas murieron como resultado directo de las emisiones.

La contaminación más duradera

Los residuos nucleares, que son un subproducto de la fisión nuclear, van perdiendo su radiactividad con el paso del tiempo, hasta que pueden ser considerados «seguros». El «período de semidesintegración» es el tiempo que tardan en desintegrarse la mitad de los núcleos de una cantidad de material radiactivo. El yodo-129, un inestable isótopo de yodo producto de la fisión en reactores de uranio y plutonio, tiene una vida media de 15,7 millones de años.

TOP 10 DE PROBLEMAS DE CONTAMINACIÓN TÓXICA

El informe de 2011 del Instituto Blacksmith sobre *Los peores problemas de contaminación tóxica en el mundo* revela las industrias más contaminantes, los contaminantes clave y las cifras de personas en riesgo directo:

1. Minería artesanal del oro
Elemento clave: Contaminación por mercurio
En riesgo: 3.506.600

2. Áreas industriales
Elemento clave: Contaminación por plomo
En riesgo: 2.981.200

3. Producción agrícola
Elemento clave: Contaminación por plaguicidas (considerando sólo el impacto local)
En riesgo: 2.245.000

4. Fundición de plomo
Elemento clave: Contaminación por plomo
En riesgo: 1.988.800

5. Curtidurías
Elemento clave: Contaminación por cromo
En riesgo: 1.848.100

6. Minería/procesamiento de minerales
Elemento clave: Contaminación por mercurio
En riesgo: 1.591.700

7. Minería/procesamiento de minerales
Elemento clave: Contaminación por plomo
En riesgo: 1.239.500

8. Reciclaje de baterías de plomo-ácido
Elemento clave: Contaminación por plomo
En riesgo: 967.800

9. Arsénico presente de modo natural en aguas subterráneas
Elemento clave: Contaminación por arsénico
En riesgo: 750.700

10. Fabricación y almacenamiento de plaguicidas
Elemento clave: Contaminación por plaguicidas
En riesgo: 735.400

Fuente: Instituto Blacksmith/Green Cross (Suiza)

ENERGÍA NUCLEAR

La primera central nuclear comercial

Calder Hall, de Cumbria (R.U.) fue la primera central nuclear en proporcionar electricidad comercialmente. La inauguró oficialmente el 17 de octubre de 1956 la reina Isabel II. Cada uno de sus cuatro reactores Magnox tenía una potencia de 60 MW (megavatios). Su función inicial era producir plutonio para armas nucleares; la generación de electricidad era un producto secundario. Fue desmantelada en 2003.

El país con el mayor porcentaje de uso de energía nuclear

Francia cubre actualmente más del 75% de sus necesidades de electricidad con energía nuclear. El país cuenta con 58 reactores, con una potencia total de 63 GW (gigavatios).

La primera central nuclear flotante

El MH-1A, un reactor de agua a presión, fue construido en el interior de un buque de carga adaptado para el ejército estadounidense y empezó a funcionar en 1967. El buque, cuyas máquinas se habían retirado para introducir el reactor, fue remolcado hasta el Canal de Panamá, donde generó electricidad para la Zona del Canal de Panamá entre 1968 y 1975. Era capaz de proporcionar 10 MW de potencia.

La central nuclear más tiempo en funcionamiento

El reactor nuclear de Obninsk (Rusia) funcionó desde el 27 de junio de 1954 hasta que fue desmantelado el 30 de abril de 2002. Fue el primer reactor nuclear civil que funcionó en el mundo. Obninsk es célebre por ser la primera ciudad de la ciencia, o *naukograd*, de Rusia.

El mayor detector de partículas

El detector ATLAS, que forma parte del gran colisionador de hadrones (GCH) de la Organización Europea para la Investigación Nuclear (CERN), mide 46 m de largo, 25 m de ancho y 25 m de alto. Pesa 7.000 toneladas y contiene 100 millones de sensores para medir las partículas producidas en las colisiones entre protones en el GCH. El ATLAS se utiliza para investigar las fuerzas que han dado forma al universo desde el inicio de los tiempos, incluyendo la forma en que las partículas aumentan de masa, las diferencias entre materia y antimateria y la posibilidad de otras dimensiones en el espacio.

El mayor programa de correo irradiado

En octubre de 2001 se descubrieron mortíferas esporas de ántrax en el correo enviado a destacados líderes del Congreso y periodistas de EE.UU., que causaron cinco muertes. La reacción del Gobierno de EE.UU. fue irradiar el correo enviado a una serie de direcciones. Entre noviembre de 2001 y abril de 2008, se irradiaron cerca de 1,2 millones de contenedores de correo federal. Se dice que todo el correo que llega a la Casa Blanca se sigue irradiando actualmente.

El primer marcapasos nuclear

A finales de la década de 1960, dos compañías, Alcatel (Francia) y Medtronic (EE.UU.), crearon un marcapasos nuclear que fue implantado a un paciente por primera vez en 1970. Anteriormente, los pacientes tenían que someterse a cirugía cada pocos años para sustituir el marcapasos, que funcionaba con pilas. El marcapasos nuclear funciona con una pequeña pieza de plutonio-238 y por fuera parece un disco de hockey. En la década de 1980 fue sustituido por los marcapasos que funcionan con baterías de litio, que duran unos 10 años.

TAMAÑO **REAL**

La primera irradiación comercial de comida

En 1957, en unas instalaciones nucleares de Stuttgart (entonces Alemania Oriental), se empezó a irradiar especias con un haz de electrones para alargar su tiempo máximo de almacenaje.

La mayor producción de energía por fusión nuclear

La mayor producción de energía obtenida empleando la fusión nuclear es de 16 MW. La consiguió el reactor de fusión nuclear Tokamak del Joint European Torus (JET) en Culham (Oxfordshire, R.U.) en 1997.

El mayor programa de construcción de reactores nucleares

China está construyendo 27 nuevas centrales nucleares, cerca del 40% del total que se están montando en todo el mundo. Sin embargo, las 13 centrales nucleares chinas en funcionamiento solamente proporcionan alrededor del 2% de la electricidad del país. El Gobierno chino suspendió los permisos para nuevas instalaciones nucleares después de que un terremoto y un tsunami destruyeran la central nuclear de Fukushima (Japón) en marzo de 2011.

El primer reactor nuclear en el espacio

El 3 de abril de 1965, EE.UU. lanzó el System for Nuclear Power (SNAP) 10A en una órbita polar alrededor de la Tierra. Diseñado para probar reactores nucleares operados a distancia, SNAP 10A empezó a producir electricidad a más de 600 W unas 12 horas después del lanzamiento. Tras funcionar 43 días, el reactor se apagó debido a un fallo en los componentes eléctricos. La aeronave se encuentra todavía en órbita, a unos 1.200 km de la Tierra, y no se espera que regrese a la atmósfera hasta dentro de unos 4.000 años.

El mayor programa de faros nucleares

Durante la Guerra Fría, la antigua Unión Soviética necesitó ayudas a la navegación para el transporte marítimo a lo largo de su extensa costa norte. La solución fue una cadena de faros que funcionaban con generadores térmicos de radioisótopos, más parecidos a unas «baterías nucleares» que a reactores. Estos generadores permitían a los faros aislados funcionar sin supervisión. La red, formada por unos 132 faros, empezó a fallar tras la caída de la URSS y algunos han sido saqueados por ladrones de metales.

El submarino nuclear de ataque más pequeño

Francia actualmente posee en funcionamiento seis submarinos de la clase Rubis, cada uno de los cuales tiene una longitud de 73,6 m y un desplazamiento sumergido de 2.600 toneladas. Su funcionamiento está basado en un reactor nuclear de agua a presión, poseen un alcance ilimitado y se diseñaron para tener una vida útil de unos 25 años. El 22 de diciembre de 2006, el Gobierno de Francia encargó seis submarinos Barracuda, que se prevé que empiecen a sustituir a los Rubis en el año 2016. Estos nuevos Barracudas medirán 99,4 m de largo.

La mayor central nuclear

Hasta que cesó su actividad en marzo de 2012, la central nuclear japonesa de Kashiwazaki-Kariwa tuvo una potencia total de 8.212 MW. Suministraba electricidad a 16 millones de hogares y era la cuarta mayor central del mundo que generaba energía eléctrica, por detrás de tres plantas hidroeléctricas: la de Itaipú (frontera Brasil-Paraguay), la presa de las Tres Gargantas (China) y el embalse de Guri (Venezuela).

FISIÓN Y FUSIÓN NUCLEAR

El núcleo de un átomo se mantiene unido por la acción de fuerzas muy potentes, por lo que el átomo contiene una gran cantidad de energía. La fuente de energía derivada de su aprovechamiento es más de un millón de veces más eficiente que la combustión del carbón. Hay dos medios fundamentales de liberar esta energía: la fisión y la fusión.

El funcionamiento más largo de un reactor de agua a presión

El 6 de octubre de 2009, apagaron el reactor TMI 1 de Three Mile Island (Pennsylvania, EE.UU.) para llenarlo de combustible tras 705 días de funcionamiento sin parar. En todo el mundo hay más de 200 reactores de agua a presión. Three Mile Island es famosa por el accidente de marzo de 1979, en que se produjo una fusión parcial del reactor.

El buque de carga de propulsión nuclear más potente

Diseñado para la ruta norte de Rusia, el soviético *Sevmorput*, es un rompehielos que transporta contenedores desde 1988. Provisto de un reactor de agua a presión KLT-40 con una potencia de 135 MWt, es el buque nuclear de carga más potente de los cuatro que se han construido en el mundo y el único que aún funciona.

La fuerza más potente

Las cuatro fuerzas fundamentales del universo responsables de todas las interacciones entre la materia y la energía son: la nuclear fuerte (que mantiene el núcleo unido), la nuclear débil (responsable de la desintegración radiactiva), la electromagnética y la gravitatoria. La más fuerte es la fuerza nuclear fuerte, que es 100 veces más potente que la electromagnética, la siguiente en potencia. La gravitatoria, la más débil, es 10^{40} veces más débil que la electromagnética.

Fisión

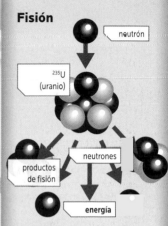

neutrón

^{235}U (uranio)

productos de fisión

neutrones

energía

Fundamento: división de los núcleos atómicos en fragmentos más pequeños.
Aparición: muy raramente en la naturaleza.
Residuos: muchos tipos de subproductos no deseados que exigen esfuerzos ingentes de eliminación y conllevan riesgos medioambientales a corto, medio y largo plazo.
Energía: cerca de un millón de veces la energía liberada por las reacciones químicas.
Requisitos: masa crítica del material fisible y neutrones de alta velocidad.
Primer uso: prueba de Chicago Pile 1 en 1942. Primer uso comercial en 1956.

La mayor dosis de irradiación en alimentos

Los alimentos se irradian para evitar la propagación de enfermedades, pero también se prolonga el tiempo máximo de almacenaje de los comestibles. En 2003 el Codex Alimentarius, creado en 1963 por la OMS y Naciones Unidas para asegurar la calidad de los alimentos, eliminó el límite máximo en la dosis de radiación recomendada para los alimentos. Hoy la dosis máxima general ronda los 70 kGy (kilograys); a ella se somete parte de la comida en los hospitales.
Una dosis de 0,0056 a 0,0075 kilograys sería letal para una persona.

La mayor zona de exclusión radiactiva

Debido al accidente en la central nuclear de Chernóbil (Ucrania) el 26 de abril de 1986, tuvo que delimitarse una zona de exclusión permanente de aproximadamente 30 km alrededor de la central. No se permite que nadie viva dentro de esta zona, aunque se cree que algunas personas han regresado a ella de forma ilegal.

Fusión

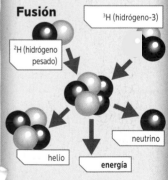

^{3}H (hidrógeno-3)

^{2}H (hidrógeno pesado)

neutrino

helio

energía

Fundamento: fusión de dos átomos entre sí para dar lugar a otro mayor.
Aparición: las estrellas se nutren de reacciones naturales por fusión en su núcleo: el hidrógeno se funde en helio y, más tarde, en elementos más pesados.
Desechos: ninguno, excepto cuando se usa un detonante por fisión.
Energía: entre tres y cuatro veces la energía liberada en la fisión.
Requisitos: temperaturas y densidades muy altas.
Primer uso: primera demostración en laboratorio en 1932. La fusión más larga mantenida artificialmente fue de 210 segundos. Aún no se usa comercialmente.

DATO: La fusión nuclear se produce constantemente en las estrellas, donde los núcleos se fusionan liberando energía en forma de luz y calor.

PARA ESTADÍSTICAS Y DATOS CIENTÍFICOS, VER P. 194

La reacción de fusión sostenida más tiempo

En 2002, los científicos del reactor experimental Tore Supra de Cadarache (Francia) mantuvieron una reacción de fusión nuclear de 3 MW durante 210 segundos. En la fotografía, un técnico comprueba el sistema de calefacción dentro del reactor. Cadarache albergará el International Thermonuclear Experimental Reactor (ITER). Cuando entre en funcionamiento (previsto para 2018), se espera que el ITER sea el primer reactor de fusión a gran escala que produzca más energía que la necesaria para iniciar sus reacciones de fusión.

BIOMAS

El bioma más joven

La tundra ártica, que rodea el polo Norte junto a las costas al norte de Rusia y Canadá, así como partes de Groenlandia, se formó hace tan sólo 10.000 años. No tiene árboles, es ventosa y solamente recibe unos 150-250 mm de precipitaciones anuales, la mayor parte en forma de nieve. Entre las 48 especies animales que la habitan se incluyen osos, osos polares, lobos, roedores, zorros y renos.

La zona geográfica con mayor biodiversidad

La región tropical de los Andes abarca 1.258.000 km² y recorre Venezuela, Colombia, Ecuador, Perú, Bolivia, Chile y una pequeña zona al norte de Argentina. Hasta la fecha, se han registrado 45.000 especies de plantas vasculares (15-17% de las especies en el mundo), así como 1.666 especies de aves, 414 especies de mamíferos y 1.309 especies de reptiles y anfibios.

El bioma que se deteriora con más rapidez

Las selvas tropicales son los biomas que se están perdiendo con más rapidez. Un estudio de 2002 realizado con imágenes satélite reveló que, entre 1990 y 1997, se perdieron unos 58.000 km² cada año. Entre 2000 y 2005, América Central perdió alrededor del 1,3% de sus selvas tropicales cada año, y desde 1950 unos dos tercios de las mismas se han convertido en pastos.

El ecosistema más pequeño

En octubre de 2008, los científicos descubrieron el primer ecosistema de la Tierra con tan sólo una especie. La bacteria *Desulforudis audaxviator* se encontró a 2,8 km bajo tierra en la mina de oro Mponeng (Sudáfrica). Vive en aislamiento total y en absoluta oscuridad, a temperaturas de unos 60 °C.

La mayor concentración de brezos

El ecosistema vegetal *fynbos* (afrikáans para «fine bush», matorral fino), exclusivo de la sudafricana región floral del Cabo, tiene más de 600 especies de brezo (*Erica*). En el resto del mundo sólo hay 26 especies de brezo.

MÁS GRANDE...

El bosque templado de caducifolios

Los bosques templados de caducifolios poseen árboles que pierden sus hojas cada año y reciben un promedio de 750-1.500 mm de precipitaciones anuales. Existen en el este de EE.UU., Nueva Zelanda y el este de China,

El bioma con mayor biodiversidad

Se desconoce el número total de especies de plantas y animales en las selvas tropicales del mundo. Sin embargo, los actuales cálculos de la biodiversidad de las selvas tropicales sugieren que tal vez el 50-75% de todas las especies vivas de la Tierra se concentren en las selvas tropicales, aunque sólo ocupen el 6-7% de la superficie terrestre. En el Parque Nacional Wooroonooran (Queensland, Australia), arriba, se encuentran algunas de las selvas tropicales más antiguas.

El mayor bioma

El océano abierto, que no está cerca de la costa o del lecho marino, se conoce como la zona pelágica. Su volumen global es de unos 1.330 millones de km². Este bioma contiene muchos de los animales más grandes de la Tierra, entre los que se incluye el *más grande*, la ballena azul (abajo), así como el atún de aleta azul y el calamar gigante.

La fuente hidrotermal más profunda

Las fuentes hidrotermales, descubiertas en 1977, expulsan agua caliente cargada de minerales del lecho marino. Las más profundas encontradas hasta la fecha son Beebe Vent Field, al sur de las islas Caimán, a una profundidad de 4.960 m. Las bacterias convierten los minerales encontrados en los fluidos de las fuentes en energía mediante la quimiosíntesis. Forman la base de la cadena alimenticia porque, a esas profundidades, no hay luz para que las plantas realicen la fotosíntesis.

DATO:
El gastrópodo *scaly-foot* (o caracol), a la derecha, vive cerca de las fuentes hidrotermales. Su pie tiene sulfuros de hierro.

DATO:
Cerca del 90% de la vida marina vive en la capa superior de agua del océano, a 200 m, donde llega la luz solar.

pero el mayor ejemplo abarca unos 9,06 millones de km² a lo largo de Rusia y Escandinavia.

La selva tropical

La selva tropical amazónica abarca un área de 5,5 millones de km² a lo largo de nueve países sudamericanos diferentes: Brasil, Colombia, Perú, Venezuela, Ecuador, Bolivia, Guayana, Surinam y Guayana francesa. La segunda selva tropical más grande es la cuenca del Congo, en África.

El bioma alpino

Los biomas alpinos se producen en las regiones montañosas del mundo; el más grande es la estepa alpina tibetana en China, que abarca unos 800.000 km². Comienzan a una altitud de unos 3.000 m y llegan hasta el límite de las nieves perpetuas. Debido a las duras condiciones de vida no hay animales de sangre fría, y las plantas tienden a crecer cerca del suelo a causa del frío y el viento. Los animales alpinos afrontan el frío hibernando, migrando o desarrollando capas de grasa aislante.

La reserva marina

El Papahānaumokuākea Marine National Monument abarca 356.879 km² del océano Pacífico que rodea el noroeste de las islas y atolones hawaianos. Los arrecifes de coral albergan más de 7.000 especies, de las cuales una cuarta parte son únicas de la región. Fue nombrado reserva marina el 15 de junio de 2006 y se convirtió en Patrimonio Mundial de la Unesco en 2010.

La reserva de selva tropical

La mayor reserva de selva tropical es el Parque Nacional Tumucumaque, en el estado amazónico de Amapá (norte de Brasil). Mide unos 38.875 km² y contiene perezosos, jaguares, tortugas de agua dulce, águilas y agouti (una especie de roedor). El presidente de Brasil, Fernando Henrique Cardoso anunció la creación del parque, el 22 de agosto de 2002.

El bosque de manglares costeros

El delta de Sundarbans (de la palabra bengalí «bosque hermoso») es una región boscosa que se extiende casi 15.540 km² a través de India y Bangladesh. Actúa como barrera natural contra los tsunamis y los ciclones que soplan desde el Golfo de Bengala. Con raíces que toleran el agua salada, estos manglares llegan a superar

Los biomas forestales

En términos generales, hay tres tipos de biomas forestales:

• **Bosque boreal o taiga,** en el gran norte, está dominado por coníferas de hoja perenne, en especial píceas y abetos. En los largos inviernos, muchos mamíferos hibernan y la mayoría de aves migra al sur.

• **Bosque templado de caducifolios.** Predomina en Europa y EE.UU. y tiene árboles que pierden sus hojas en otoño. Incluso en verano penetra una gran cantidad de sol en el dosel forestal para que las plantas puedan realizar la fotosíntesis y los animales de sangre fría, como las serpientes y las ranas, puedan sobrevivir.

• **Selvas tropicales.** Cerca del ecuador, tienen cientos de especies de árboles, y rara vez crecen las mismas especies juntas. Al ser vegetación densa, llega poca luz al suelo. Muchas enredaderas y epifitas (plantas que crecen sobre otras plantas) se agarran a las ramas.

los 21 m de altura sobre islas formadas por capas de arena y arcilla gris, depositadas por los ríos que fluyen 1.609 km desde el Himalaya hasta el Golfo de Bengala.

La estructura marina animal

La Gran Barrera de Coral, en Queensland (Australia), cubre un área de 207.000 km² y está formada por miles de millones de corales vivos y muertos (orden Madreporaria o Scleractinia). En la actualidad se localizan más de 350 especies de coral, formadas durante 600 millones de años. En el año 1981

DATO: Los árboles de la selva tropical son tan densos que la lluvia puede tardar 10 minutos en llegar al suelo.

El bioma terrestre más antiguo

Las selvas tropicales, como la selva amazónica (arriba), se establecieron hace al menos un millón de años. La última Edad de Hielo, que terminó hace unos 10.000 años, cubrió de hielo una gran parte de los bosques del mundo, pero dejó intactos los bosques ecuatoriales.

se convirtió en Patrimonio Mundial de la Unesco en 1981.

Las marismas intermareales continuas

El mar de Wadden se extiende aproximadamente unos 500 km por la costa norte europea, desde los Países Bajos hasta llegar a Dinamarca. Su área total, alrededor

de unos 10.000 km², contiene muchos hábitats, entre los cuales se incluyen estuarios, praderas marinas, bancos de arena, colonias de mejillones y marismas salinas. Cada año lo atraviesan alrededor de unos 10 a 12 millones de aves migratorias; en un momento dado puede llegar a haber hasta 6,1 millones de ellas.

CATEGORIZANDO LOS BIOMAS DEL MUNDO

Un bioma es un ecosistema caracterizado por flora y fauna que se ha desarrollado bajo condiciones específicas. No hay un acuerdo internacional sobre la forma en que deberían clasificarse los biomas, y existen muchas listas diferentes. Aquí te presentamos la que confeccionó la Universidad de California (Berkeley, EE.UU.).

TUNDRA	Ártica
	Alpina
BOSQUE	Boreal (taiga)
	Templado
	Tropical
PRADERAS	Templadas
	Tropicales (Sabana)
DESIERTO	Frío
	Costero
	Semiárido
	Cálido y seco
ACUÁTICO (AGUA FRESCA)	Pantanos
	Riachuelos y ríos
	Estanques
ACUÁTICO (MARINO)	Estuarios
	Arrecifes de coral
	Océanos

El clima tiene un gran impacto en los biomas. La temperatura y la humedad desempeñan un papel clave en los biomas terrestres, mientras que los biomas acuáticos están determinados por la disponibilidad de la luz solar y los nutrientes.

La emanación fría más profunda

Descubiertas por primera vez en el Golfo de México en 1983, las emanaciones frías son un bioma del lecho marino donde se producen filtraciones de fluidos ricos en metano y sulfuros. La más profunda descubierta hasta la fecha está a 7.326 m por debajo del nivel del mar, en la fosa del Japón, en la costa pacífica del archipiélago de Japón. Estos ecosistemas dependen de las bacterias que se alimentan de los fluidos que se filtran, que, a su vez, atraen animales como los mejillones, las almejas y el gusano de tubo *Lamellibrachia*, a la derecha. Se cree que los gusanos de tubo *Lamellibrachia* viven hasta 250 años.

Japón

Océano Pacífico

Fosa de Japón

ÁRBOLES

Ruler markings along top edge: 91,44 m · 83,83 m · 76,2 m · 68,58 m · 60,96 m · 53,34 m · 45,72 m

El nido en un árbol más alto: Pertenece a un mérgulo mármol (*Brachyramphus marmoratus*), un ejemplar pequeño del norte del Pacífico perteneciente a la familia de aves marinas de las alcas; se han hallado a 45 m de altura, normalmente en ramas cubiertas de musgo de viejas coníferas.

El árbol de madera dura más alto: Se trata de *Centurion*, un ejemplar de gomero gigante (*Eucalyptus regnans*) situado en Tasmania (Australia), mide 101 metros.

DATO: *Centurion no fue descubierto hasta 2008, aunque solo está a 75 km de Hobart, la capital de Tasmania.*

El árbol más peligroso

El tronco del árbol de la muerte (*Hippomane mancinella*), autóctono de los Everglades de Florida (EE.UU.) y de la costa caribeña, segrega una savia tan ácida que el simple contacto con la piel humana causa ampollas e incluso ceguera de entrar en contacto con los ojos. Además, un mordisquito de su pequeño fruto verde, parecido a una manzana, provoca un dolor virulento incluso mortal. Y si el árbol se incendia, el humo puede causar ceguera.

El árbol más caro

En 1959 se vendió un manzano (*Malus domestica*) Starkspur Golden Delicious, procedente de Yakima, Washington (EE.UU.), a una guardería por la sorprendente cantidad de 51.000 dólares (525.000 dólares de hoy).

El mayor número de árboles destruidos por tormentas

Las tormentas que azotaron Francia entre el 26 y el 27 de diciembre de 1999, abatieron o partieron un total de 270 millones de árboles aproximadamente.

El árbol más remoto

Se cree que el árbol más remoto es una picea solitaria noruega (*Picea abies*), de más de 100 años, situada en la isla de Campbell, en el Antártico, cuyo vecino más cercano está a 222 km, en las islas Auckland.

El árbol más parásito

A diferencia de las plantas normales, las secuoyas albinas (*Sequoia sempervirens*) no pueden alimentarse solas mediante la fotosíntesis por carecer de clorofila. Por eso siempre viven junto a las raíces de los árboles «padres», de los que absorben el sustento. Se trata de árboles blancos con hojas finas, blandas y cerosas, de ahí el apodo «secuoya vampiro». Solamente hay entre 25 y 60 árboles, todos ellos en California (EE.UU.).

La mayor deforestación

Entre 2005 y 2010, se deforestaron aproximadamente unas 12.626.000 hectáreas en Brasil, a una media de 2.525.000 hectáreas anuales. Los datos de la Organización para la Alimentación y la Agricultura de la ONU muestran que entre 2000 y 2010 el proceso de deforestación, en 121 países tropicales, avanzaba a una media de 9.340.000 hectáreas al año. A ese ritmo, en 2030 habrán desaparecido la mitad de las selvas tropicales.

El árbol trasplantado más grande

Fue el roble (*Quercus lobata*) *Old Glory*, de 180-220 años y un peso aproximado de 415,5 toneladas. La Senna Tree Company (EE.UU.) lo trasladó 0,4 km hasta un parque nuevo de Los Ángeles, California (EE.UU.), el 20 de enero de 2004. El árbol media 17,67 m de alto y sus ramas se extendían 31,6 m.

La piña de pino más larga

Steve Schwarz (EE.UU.) de Cuyahoga Falls, Ohio (EE.UU.) recogió una espectacular piña que media 58,2 cm, el 15 de octubre de 2002.

El primer árbol

La especie más antigua que aún se conserva es el árbol de los cuarenta escudos (*Ginkgo biloba*) de Zhejiang, que apareció hace unos 160 millones de años en China, en el Jurásico. Lo descubrió Engelbert Kaempfer (Alemania) en 1690. En Japón, llamado *ichou*, crece desde el año 1100 aproximadamente.

Los bosques más longevos

Los bosques de alerces (*Fitzroya cupressoides*), de la cordillera andina del sur de Chile y Argentina, tienen una media de 2.500 años.

El árbol de mayor volumen

La secuoya gigante (*Sequoiadendron giganteum*) *General Sherman* del Sequoia National Park de California (EE.UU.) tiene un volumen de 1.487 m³.

cubre necesidades de agua de la niebla, que las hojas absorben directamente.

Los árboles más altos

Las secuoyas, que son árboles de madera blanda, y los eucaliptus, a menudo llamados gomeros, son las especies más altas del mundo. Esta secuoya, del Prairie Creek Redwoods State Park de California (EE.UU.), fue fotografiada con una cámara que tuvo que ser suspendida de las ramas superiores del dosel forestal para poder sacar todo el tronco a una distancia de 15,24 m. Para crear esta imagen se tuvieron que montar 84 tomas. La secuoya mide 91,44 m, nada en comparación con el **árbol vivo más alto del mundo**, *Hyperior*, que es una secuoya (*Sequoia sempervirens*) del Redwood National Park, California (EE.UU.), que en septiembre de 2006 medía nada más y nada menos que 115,54 m.

El árbol vivo con el mayor contorno:
El diámetro del tronco del Árbol del Tule, un ahuehuete (*Taxodium mucronatum*) del estado de Oaxaca (México), era de unos 36 m cuando se midió en 1998.

El mayor número de anillos contados

Se llegó hasta un número de 4.867, pertenecientes a un pino longevo (*Pinus longaeva*), llamado *Prometheus* del monte Wheeler, Nevada (EE.UU.). Fue talado en 1963.

El árbol que crece más rápido

La paulonia imperial (*Paulownia tomentosa*) puede crecer 6 m el primer año y hasta 30 cm en tres semanas. Natural de China central y occidental, pero hoy arraigado en EE.UU., esta especie presenta flores parecidas a las *Digitalis* y produce hasta 3-4 veces más oxígeno que ningún otro árbol durante la fotosíntesis.

El árbol a mayor altura

Se ha descubierto a 4.600 m un ejemplar de abeto escamoso (*Abies squamata*) en el suroeste de China. Aproximadamente a esa altura también se han visto abedules del Himalaya (*Betula utilis*).

El árbol de crecimiento en volumen anual más rápido

Es el *General Grant*, una secuoya gigante (*Sequoiadendron giganteum*) de Grant Grove, en el Kings Canyon National Park, California (EE.UU.), cuyo tronco creció una media de 2,23 m³ al año: de 1.218 m³ en 1931 a 1.319 m³ en 1976.

Los árboles que mejor toleran el frío

Son los alerces (género *Larix*), entre ellos el alerce tamarack (*L. laricina*), originario de Norteamérica septentrional, principalmente Canadá, y que puede sobrevivir a temperaturas invernales de hasta –65 °C; suele encontrarse en la línea arbolada del Ártico, en el límite de la tundra.

El árbol que crece más lento

Es la tuya occidental (*Thuja occidentalis*). ¡Un ejemplar de un acantilado en los grandes lagos canadienses creció menos de 10,2 cm en 155 años! Su crecimiento medio fue de 0,11 g de madera al año.

El árbol vivo más longevo

El sistema de raíces del *Old Tjikko*, una picea de 910 m situada en la provincia de Dalarna (Suecia), lleva creciendo 9.550 años, según la datación por radiocarbono realizada en abril de 2008. Las raíces pueden engendrar nuevos árboles cuando otros mueren. El **árbol que lleva más tiempo en pie** es el *Methuselah*, un pino longevo (*Pinus longaeva*) de las White Mountains de California (EE.UU.), de 4.600 años, según cálculos de 1957.

El alcornoque más grande

Es el apodado *Whistler Tree*, por los pájaros que cantan en sus ramas, y se halla en la región portuguesa del Alentejo. La corteza se recolecta con hachas cada nueve años. En la última recolección, en 2009, produjo 825 kg de corcho puro, suficiente para 100.000 botellas de vino. Un alcornoque produce una cantidad media de corcho equivalente a 40.000 botellas.

DATOS DE LOS BOSQUES

La Comisión Forestal, de la Organización para la Alimentación y la Agricultura de la ONU, recoge datos de todo el mundo para ayudar a los países a gestionar sus bosques de forma sostenible.

SUPERFICIE: En 2010 cubrían alrededor del 31% del área terrestre, unos 4.033 millones de hectáreas, algo más que el tamaño de EE.UU. multiplicado por cuatro.

NATURALES O PLANTADOS: Alrededor del 93% es natural; el 7%, plantado.

DEFORESTACIÓN: Entre 2000 y 2010, 13 millones de hectáreas anuales han sufrido las consecuencias de la deforestación, más del doble del tamaño de Francia.

PÉRDIDAS NETAS: Los proyectos de reforestación y la expansión natural contribuyen a reemplazar los árboles perdidos a un ritmo de más de 7 millones de hectáreas anuales (el tamaño de Irlanda). Pero sigue habiendo una pérdida neta de 5,2 millones de hectáreas. Lo bueno, al menos, es que la cifra se ha reducido respecto a los 8,3 millones de la década de los noventa.

¿SORPRENDIDO?
VEA LA P. 244

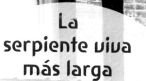

La serpiente viva más larga

Es *Medusa*, una pitón reticulada (*Python reticulatus*) propiedad de Full Moon Productions Inc. de Kansas City (Misuri, EE.UU.). Cuando fue medida el 12 de octubre de 2011, esta gigantesca serpiente medía 7,67 m de largo, con lo que es la **serpiente en cautividad más larga de la historia**. Se alimenta de animales vivos, desde ratas a ciervos. Y aunque no muerde, puede golpear a una persona y derribarla. *Medusa* es la atracción principal de la casa encantada The Edge of Hell (Kansas City), algunos de cuyos horripilantes inquilinos la muestran en la fotografía.

TIBURONES

Primer uso del término «shark» («tiburón», en inglés)

Los marineros ingleses se referían inicialmente a los tiburones como «sea dogs» («lobos de mar»). El primer uso del término «shark» («tiburón», en inglés) se estableció cuando los marineros de la segunda expedición del navegante inglés del siglo XVI Sir John Hawkins exhibieron un ejemplar en Londres en 1569, refiriéndose a él como «sharke»

(proveniente del alemán «schurke» y que vendría a significar «granuja» o «bribón»), y que pronto fue aceptado como nombre para la criatura.

El tiburón con más hendiduras branquiales

La mayor parte de las especies actuales de tiburones tienen cinco pares de hendiduras branquiales. Sin embargo, unas pocas tienen seis, y otras dos –el tiburón de siete branquias (*Heptranchias perlo*) y el

tiburón vaca de hocico corto (*Notorhynchus cepedianus*)– tienen siete. Estas especies están relacionadas con algunos de los tiburones más antiguos. Los fósiles de tiburones de época jurásica, de hace entre 200 y 145 millones de años, también muestran siete pares.

Las crías de tiburón más grandes

El tiburón peregrino (*Cetorhinus maximus*) es la segunda especie

El tiburón más grande

El extraño tiburón ballena (*Rhincodon typus*), que se alimenta de plancton, se encuentra en las zonas más cálidas de los océanos Atlántico, Pacífico e Índico. El ejemplar más grande del que existe registro científico medía 12,65 m de largo y se estima que pesaba entre 15 y 21 toneladas. Fue capturado el 11 de noviembre de 1949 en aguas de la isla de Baba, cerca de Karachi (Pakistán). Una hembra de tiburón ballena fue también la ponedora del **huevo más grande** que cualquier criatura viviente haya producido jamás. Se encontró el 29 de junio de 1953 en el Golfo de México y medía 30,5 × 14 × 8,9 cm.

El tiburón con los dientes más largos (con relación a su cuerpo)

El tiburón cigarro dentudo (*Isistius plutodus*) mide tan sólo 0,4 m de longitud. Sin embargo, los 19 dientes triangulares con base rectangular de su mandíbula inferior son proporcionalmente enormes. En relación con la longitud total del cuerpo, son el doble de grandes que los del gran tiburón blanco (*Carcharodon carcharias*) en relación con la del suyo. El tiburón usa los dientes para desgarrar la carne de peces más grandes.

TAMAÑO REAL

de tiburón más grande del mundo, y da a luz a las crías más grandes. Una hembra que haya alcanzado la madurez sexual puede dar a luz a una o dos crías en un parto, cada una de las cuales mide, aproximadamente, 1,7 m de largo.

El tiburón más venenoso

El tiburón de Groenlandia (*Somniosus microcephalus*) es la especie más venenosa. Aunque su carne es muy consumida en Groenlandia e Islandia, primero se debe hervir cambiando varias veces el agua. Eso elimina su veneno –una neurotoxina conocida como óxido de trimetilamina– que causa efectos parecidos a los de la embriaguez.

El tiburón más rápido

El marrajo (*Isurus oxyrinchus*), del que se han registrado velocidades de nado superiores a 56 km/h, es el tiburón más rápido. En comparación, el hombre más rápido nada a tan sólo 7,5 km/h. El marrajo es también **el tiburón que puede saltar más alto**. Puede elevarse hasta 6 m por encima del agua, lo que es más que la longitud media de un autobús escolar. Incluso ha llegado a saltar dentro de barcos de pesca.

El animal marino con el olfato más fino

Los tiburones tienen un sentido del olfato mejor que el de cualquier otro animal marino. Pueden detectar una parte de sangre de mamífero en 100 millones de partes de agua.

La última familia de tiburones descubierta

La familia zoológica de tiburones descubierta más recientemente es la de los *Megachasmidae*, que fue establecida en 1981 para una gran especie de tiburones radicalmente distinta, hallada en noviembre de 1976.

Ese año, un ejemplar de macho adulto, de 4,5 m de largo, intentó tragarse el ancla de un barco científico de la Marina de EE.UU. cerca de la isla de Oahu, en Hawai. Fue sacado del agua ante el asombro de los científicos. Debido a su enorme boca, la especie pasó a ser conocida como tiburones de boca ancha (*Megachasma pelagios*). Hasta agosto de 2011, solamente se han hallado 51 de estos tiburones.

El tiburón con la dieta menos variada

El suño carebado (*Heterodontus galeatus*) es el tiburón más quisquilloso cuando se trata de comer. A pesar de medir alrededor de 1,5 m de largo, esta especie se alimenta casi exclusivamente de erizos de mar rojos.

El tiburón con la dieta más variada

Apodado «tiburón cubo de basura», el tiburón tigre (*Galeocerdo cuvier*) come casi cualquier cosa que se mueva. Entre las presas confirmadas de este predador de 5 m de largo se cuentan focas, delfines, aves marinas como cormoranes y pelícanos, reptiles como tortugas y serpientes marinas, peces óseos, otros tiburones, invertebrados como langostas, pulpos y cangrejos y mamíferos terrestres que terminan en el mar, lo que incluye perros, ratas y hasta ganado.

DATO: Los tiburones martillo nadan tan cerca de la superficie que pueden sufrir quemaduras por el sol.

ATAQUES DE TIBURONES

Galeofobia

es el nombre que recibe el miedo a los tiburones, pero en realidad hay muy poco de lo que preocuparse. Películas como *Tiburón* (EE.UU., 1975) –la **primera más taquillera**– retratan injustamente a los tiburones como feroces devoradores de personas, pero la estadística demuestra que hay más probabilidades de morir alcanzado por un rayo o por la caída de un coco que por el ataque de un tiburón. Sin embargo, los tiburones son grandes depredadores y te atacarán si te confunden por una presa.

TOTAL DE TIBURONES **TIBURONES QUE ATACAN A HUMANOS**

Hay más de **360** especies de tiburón, pero sólo se sabe de **35** que hayan atacado a personas. De ésas, unas pocas son las causantes de la mayoría de incidentes.

El mayor predador marino

Los grandes tiburones blancos adultos (*Carcharodon carcharias*) miden de media entre 4,3 y 4,6 m de largo, y pesan en general entre 520 y 770 kg. Se ha afirmado muchas veces la existencia de enormes ejemplares de hasta 10 m de largo, pero eso pocas veces se ha demostrado debidamente. Sin embargo, hay un gran número de pruebas circunstanciales que sugieren que algunos grandes tiburones blancos crecen hasta superar los 6 m de largo.

La gestación más larga

El tiburón con volantes común (*Chlamydoselachus anguineus*), que habita todos los océanos, tiene un período de gestación (embarazo) de 3,5 años, el más largo que se conoce en cualquier especie animal.

El tiburón más bioluminiscente

El tiburón cigarro (*Isistius brasiliensis*), que habita en las regiones centrales del Atlántico y el Pacífico, es el tiburón más brillante. Recibe su nombre de Isis, una diosa egipcia asociada a la luz. Mide hasta 1,5 m de largo y su piel es de un color marrón opaco, aunque por debajo de ella está, a menudo, cubierto de fotóforos, unos órganos que emiten una luz verde muy brillante y fantasmal. El propósito de esta bioluminiscencia no está claro; puede servir para atraer a tiburones de su propia especie o a las presas, e incluso como camuflaje cuando se les ve desde abajo.

DATO: Gracias a la forma de su cabeza los tiburones martillo tienen una visión de 360º.

Top 5 de especies atacantes

Gran tiburón blanco: 10,6%
Tiburón tigre: 5,8%
Tiburón toro: 3,0%
Tiburón martillo: 0,9%
Tiburón limón: 0,5%

26 años la edad media de las víctimas de ataques de tiburones

Ataques de tiburones

AÑO	Total	Víctimas mortales
2000	80	☠☠☠☠☠☠☠☠☠☠☠
2001	73	☠☠☠☠☠
2002	65	☠☠☠
2003	53	☠☠☠☠
2004	65	☠☠☠☠☠☠☠
2005	59	☠☠☠☠
2006	56	☠☠☠☠
2007	69	☠
2008	53	☠☠☠☠
2009	63	☠☠☠☠☠☠
2010	79	☠☠☠☠☠☠

Cómo evitar los ataques

☠ No llevar joyas brillantes. Los tiburones pueden confundirlas con escamas de pescado

☠ Evitar las zonas situadas entre bancos de arena y orillas profundas y empinadas

☠ Permanecer fuera del agua durante las horas de oscuridad y al atardecer

☠ No entrar en el agua si se está sangrando o menstruando

☠ Permanecer en grupo

☠ Permanecer cerca de la orilla

DESCUBRE OTRAS CRIATURAS DE LARGOS DIENTES EN LA PÁG. 56

El tiburón martillo más grande

De las nueve especies actualmente reconocidas de tiburón martillo, el más grande es, con diferencia, el tiburón martillo gigante (*Sphyrna mokarran*). Sus ejemplares alcanzan una longitud máxima de 6,1 m, lo que supone por lo menos un tercio más que la longitud de cualquier otra especie de tiburón martillo. Habita en aguas costeras tropicales de todo el mundo y, a pesar de su tamaño, es posible encontrarlo en arrecifes a apenas 1 m de profundidad.

VIDA ANIMAL

APAREAMIENTO

La llamada de apareamiento más aguda

El macho del catídido colombiano *Arachnoscelis* (una variedad de grillo de matorral) frota las alas delanteras para producir un intenso chirrido que alcanza los 130 kHz. Esta llamada de apareamiento rebasa el umbral de audición del ser humano.

El pene más ruidoso

Para atraer a la hembra, el *Micronecta scholtzi* –una chinche de agua de tan sólo 2 mm de largo– frota el pene contra el abdomen en un proceso que se conoce como «estridulación». El ruido que crea puede alcanzar los 99,2 decibelios,

equivalentes a lo que se percibe escuchando en primera fila a una orquesta que toque con fuerza.

Las mayores enramadas

Los pájaros jardineros de Australia y Nueva Guinea construyen y decoran aparatosas «enramadas» para atraer a las hembras y aparearse. Las enramadas más grandes son las del pergolero pardo (*Amblyornis inornata*) de Nueva Guinea. Estas estructuras semejantes a chozas miden unos 160 cm de diámetro y unos 100 cm de alto, y a menudo las precede una especie de césped con una superficie de varios metros cuadrados. El macho limpia este «césped» de detritos forestales y lo decora después con objetos brillantes como frutas de color intenso, flores e incluso élitros de escarabajo.

Más guacamayos nacidos en un año

Desde el 26 de enero hasta el 30 de octubre de 2009, nacieron 105 guacamayos en el Xcaret Eco-Park de la Riviera Maya, en Cancún (México): un récord mundial de nacimientos en una institución. Xcaret posee también el récord de **más delfines nacidos en una sola institución en un año**, con 11 en 2008.

DATO: Las hembras de panda sólo se aparean entre dos y siete días al año, por lo general entre marzo y mayo.

Más frecuencia de apareamiento

Originario de los desiertos del norte de África, una especie de pequeño roedor al que se conoce como jird de Shaw (*Meriones shawi*), emparentado con el jerbo, ha sido observado apareándose 224 veces en tan sólo dos horas.

El mamífero semélparo más pequeño

El antequino marrón macho (*Antechinus stuartii*), un ratón marsupial de Australia oriental, es el mamífero «semélparo» más pequeño del mundo, lo que significa que sólo atraviesa un período reproductivo a lo largo de su vida. Todos los años, la totalidad de la población de machos adultos dedica dos semanas a aparearse con tantas hembras como pueden antes de morir. Se cree que la causa de su muerte es el esfuerzo que

les supone perseguir a las hembras y pelear con machos rivales, lo que desactiva su sistema inmunológico y los vuelve vulnerables a úlceras, infecciones o, puesto que dejan de comer, a la muerte por inanición.

ÓRGANOS

El pene animal más largo en relación con el tamaño del cuerpo

El cuerpo de un percebe sólo mide unos pocos centímetros, pero el pene puede ser hasta 40 veces más largo. La longitud de su pene permite a los percebes, que son criaturas inmóviles, aparearse con otros de su especie.

En términos absolutos, el **pene más largo** corresponde a la ballena azul, que alcanza los 2,4 m.

El báculo más largo

El pene de muchos mamíferos posee un hueso llamado báculo (pero no así el de los humanos, ballenas,

La cría placental más pequeña de un mamífero en relación con el adulto

El panda gigante (*Ailuropoda melanoleuca*) alumbra la cría más pequeña de todos los mamíferos placentales (es decir, todos los mamíferos salvo los marsupiales y los que ponen huevos). Un panda recién nacido es rosado, sin pelo, ciego y mide unos 12 cm de largo y pesa unos 100 g; su tamaño viene a ser 900 veces más pequeño que el de la madre.

marsupiales, conejos, hienas y algunas especies de ungulados). La morsa (*Odobenus rosmarus*) es el mamífero con el báculo más largo; puede medir hasta 75 cm, la longitud de un fémur humano.

Los testes más grandes

Los testes de la ballena azul (*Balaenoptera musculus*), el **animal más grande** del planeta, pueden superar los 75 cm de largo y pesar hasta 45 kg, lo que equivale al peso de un macho grande de perro alsaciano. En el caso de las ballenas, los testes suelen ser internos y, por consiguiente, sólo se hacen visibles en especímenes muertos.

Más huevos puestos por un dinosaurio

El mayor número de huevos puestos por un dinosaurio son 34, descubiertos por un equipo de paleontólogos junto al esqueleto fosilizado de un *Psittacosaurus*. Este dinosaurio con pico tenía en torno a 1 m de alto, caminaba sobre dos patas y vivió en Mongolia hace unos 105-115 millones de años, durante el período Cretácico.

La mayor cría de marsupial

Las crías de marsupial nacen en una fase muy temprana y continúan desarrollándose en la bolsa de la madre. El canguro rojo (*Megaleia rufa*) es el que pare los marsupiales más grandes, pero incluso en este caso el recién nacido no llega a sobrepasar los 0,75 g, o sea, menos que un clip; harían falta por lo menos 36.000 crías para igualar el peso de la madre.

Menos huevos de un pez en una puesta

El cíclido *Tropheus moorii*, endémico del lago Tanganika, en África oriental, pone como máximo siete huevos durante una reproducción normal; según va saliendo cada huevo, la hembra se lo lleva a la boca, donde es fertilizado por el macho.

El huevo de ave más pequeño

El huevo más pequeño puesto por un ave es el del colibrí zumbadorcito (*Mellisuga minima*) de Jamaica y dos islotes próximos. Dos especímenes de menos de 10 mm de largo pesaron 0,365 y 0,375 g; se necesitarían como mínimo 136 para igualar el peso de un huevo de gallina de tamaño medio.

La tortuga hembra más protectora

La tortuga marrón birmana (*Manouria emys*) permanece varios días cerca de su desovadero para proteger la puesta de potenciales ladrones. Otras tortugas, por el contrario, o bien no muestran ningún interés maternal por sus huevos después de la puesta o pasan como máximo una hora ocultando los huevos y el desovadero.

El insecto palo más fértil

El insecto palo más fértil del mundo es el *Acrophylla titan*, una especie del norte de Australia que alcanza los 30 cm; una sola hembra puede poner más de 2.000 huevos cada vez.

Huevos excepcionales

- El **huevo de gallina más pesado** fue de 454 g, con doble yema y doble cáscara, y lo puso una *leghorn* blanca el 25 de febrero de 1956.

- El **huevo de pato más grande**, puesto por un pato pequinés blanco en 1999, medía 14 cm de alto y pesaba más de 227 g.

- El **huevo de pez más grande** lo puso un tiburón ballena (*Rhincodon typhus*); sus medidas fueron 30,5 × 14 × 8,9 cm.

- El **huevo de oca más pesado** tenía 34 cm en torno al eje longitudinal y pesaba 680 g; lo puso el 3 de mayo de 1977 una oca blanca llamada *Speckle*.

El huevo de ave más grande en relación con su cuerpo

El kiwi marrón (*Apteryx australis*) de Nueva Zelanda es la especie que pone los huevos más grandes en comparación con su cuerpo. Una hembra de kiwi de 1,7 kg puso un huevo que pesaba 406 g, lo que supone casi una cuarta parte de su masa corporal. Se tienen referencias fiables de otros huevos de kiwi que pesaron 510 g.

HUEVOS, ETC.

La gallina más prolífica

La mayor puesta que ha podido certificarse son 371 huevos en 364 días, depositados por una *leghorn* blanca durante una prueba oficial que terminó el 29 de agosto de 1979 en la Universidad de Misuri, en Columbia (Misuri, EE.UU.).

El mayor nido de dinosaurio

El nido más grande de dinosaurio que se ha podido documentar medía 3 m de diámetro y contenía 28 huevos alargados y cilíndricos de unos 30 cm de largo cada uno. El nido y los huevos procedían de un *Macroelongatoolithus*, un dinosaurio que vivió en China hace unos 70-90 millones de años.

El huevo más grande de un insecto

El *Heteropteryx dilatata*, un fásmido que vive en Malasia, de 15 cm de largo, es el insecto que pone el huevo más grande; cada huevo, de 1,3 cm, es más largo que un cacahuete. Algunos insectos, en especial los mántidos y las cucarachas, ponen *cascarones* mucho mayores, pero contienen hasta 200 huevos.

TAMAÑO REAL

LAS MAYORES CAMADAS

Se conoce como camada –voz derivada de «cama», en su acepción de «sitio donde se acuestan los animales salvajes»– al conjunto de las crías de un mamífero nacidas en el mismo parto. He aquí una selección de los récords mundiales de camadas.

● = muertos
● = tamaño medio de la camada

Cerdos	●●●●●●●●●●		
	●●●		
	●●●●●●●●●●		
	●●●●●●●●●●		
Ratones	●●●●●●●●		
	●●●●●●●●		
	●●●		
Tenrecs*	●●●●●●●●●		
	●●●		
Hámsteres	●●●●●●●●		
	●●●●●		
Perros	●●●●●●●●		
	●●●●		
Conejos	●●●●●●		
Gatos	●●●●●		
	●●●●●		
Hurones	●●●●●		
Jerbos	●●●●●		
Humanos	●●		
Conejillos de Indias	●●●		
Tigres	●●●	●	
Cabras	●●		
Osos	●●		
Koalas†	●		

* Esta camada de 31 tenrecs sin cola (*Tenrec ecaudatus*) –mamífero insectívoro originario de Madagascar que se parece al puercoespín– es la **camada más numerosa de un animal salvaje**.

† Las camadas de dos koalas son raras porque el tamaño de la bolsa de la madre sólo permite la supervivencia de una cría. Los **primeros gemelos conocidos de koala** –*Euca* y *Lyptus*– nacieron en Queensland (Australia) en abril de 1999, y su huella genética confirmó que las dos crías eran idénticas.

ANIMALES LONGEVOS

El lagarto venenoso más longevo

El lagarto venenoso más longevo es el moteado mexicano (*Heloderma horridum*), una especie negra y amarilla que puebla los bosques y que puede llegar a medir hasta 90 cm. Un ejemplar vivió en cautividad 33 años y 11 meses.

El armadillo más longevo

El quirquincho bola (*Tolypeutes matacus*) es una especie de armadillo autóctona del norte de Argentina, el sudoeste de Brasil, Paraguay y Bolivia. En 1971 el Lincoln Park Zoo de Chicago, Illinois (EE.UU.) compró una hembra de esta especie que murió en 2005 a los 36 años, 9 meses y 18 días.

DATO: Si un armadillo se siente amenazado se enrosca. La dura cáscara correosa lo protege 360º.

ESPECIES LONGEVAS

El caimán
El récord de edad comprobada de un cocodrilo son 66 años, y lo consiguió una hembra de caimán del Misisipi (*Alligator mississippiensis*) que llegó al zoo de Adelaida, Australia meridional, el 5 de junio de 1914 con dos años. Murió el 26 de septiembre de 1978.

El anfibio
El zoo Artis de Ámsterdam (Países Bajos) tuvo en su haber dos salamandras gigantes de Japón (*Andrias japonicus*), ambas de 52 años, todo un récord de longevidad en un anfibio. La primera llegó al zoo en 1839 y vivió hasta 1881; la segunda llegó al zoo en 1903 y murió en 1955.

El molusco
En 2006, investigadores del Instituto de Oceanografía de la Universidad de Bangor (R.U.) desenterraron una almeja dura (*Arctica islandica*) del fondo marino de la costa norte de Islandia. El 28 de octubre de 2007, los esclerocronólogos (que son los expertos que examinan los patrones de crecimiento de algas e invertebrados) de la universidad anunciaron que, tras haber estudiado con detenimiento los anillos de crecimiento de la concha, habían determinado su edad en 405-410 años. La apodaron *Ming*, como la dinastía china que gobernaba cuando nació.

El quelonio
El récord de edad comprobada de un quelonio (tortugas y galápagos) es de al menos 188 años, en una tortuga radiada (*Astrochelys radiata*) de Madagascar, que el capitán Cook regaló a la familia real de Tonga en 1773 o 1777. Le pusieron por nombre *Tui Malila* y la cuidaron hasta que murió en 1965.

El molusco bivalvo de agua dulce
El molusco bivalvo de agua dulce más longevo es la ostra perlífera de agua dulce (*Margaritifera margaritifera*). En 2000, el malacólogo ruso Valeriy Zyuganov fijó en 210 a 250 años el máximo que podía vivir esta especie holártica en peligro de extinción, todo un descubrimiento que acabó confirmando en 2008 un equipo independiente de malacólogos finlandeses.

El insecto
El 27 de mayo de 1983, un bupréstido dorado (*Buprestis aurulenta*) apareció en una escalera de madera en casa del señor W. Euston en Prittlewell, Southend-on-Sea, Essex (R.U.). Llevaba viviendo como larva un mínimo de 47 años: la explicación puede ser que la escalera siempre había estado en esa casa y como ese escarabajo era una especie tropical, no autóctona del R.U., seguramente la madera guardaba una larva.

El pez pulmonado
La especie más longeva de pez pulmonado es el australiano (*Neoceratodus forsteri*). Vulgarmente considerado más primitivo que sus parientes sudamericanos y africanos, ha sobrevivido hasta 19 años, 8 meses y 12 días en cautividad.

El marsupial
El marsupial más viejo, cuya edad ha podido certificarse, fue un uómbat común (*Vombatus ursinus*) que tenía 26 años y 22 días cuando murió el 20 de abril de 1906 en el zoo de Londres. Aunque no se ha comprobado, es probable que las especies de canguro más grandes puedan vivir hasta 28 años en libertad.

El marsupial carnívoro más viejo
Un demonio de Tasmania (*Sarcophilus harrisii*) que vivía en cautividad en el zoo de Róterdam (Países Bajos) tenía al menos 13 años cuando murió, en 2005.

La esponja
La especie más longeva es la *Scolymastra joubini*. Se trata de una esponja vítrea o hexactinélida del Antártico, donde se desarrolla muy lentamente en sus aguas gélidas. Se calcula que un ejemplar de 2 m de alto, que fue hallado en el mar de Ross, tenía aproximadamente 23.000 años. No obstante, los niveles variables de estas aguas indican que no podría haber sobrevivido más de unos 15.000 años.

Pero incluso con esta premisa, la esponja seguiría siendo uno de los especímenes más viejos de todo el planeta, si no *el más* viejo.

El pájaro salvaje
El récord máximo registrado es de 50 años en un ejemplar de pardela pichoneta (*Puffinus puffinus*), una pequeña ave marina. La anillaron por primera vez en 1957 (tenía 5 años) y más tarde de nuevo en 1961, 1977 y 2002. Finalmente la capturaron el 3 de abril de 2002 en Bardsey, una isla próxima a la península de Lleyn, Gales (R.U.).

DATO: Las hembras de arao ponen los huevos uno a uno ¡en un acantilado! Su forma cónica evita que rueden.

El álcido más longevo

El arao común (*Uria aalge*) es una especie de álcido emparentada con los frailecillos. Según los datos obtenidos de los ejemplares anillados, vive hasta 38 años en libertad. Pasa casi todo el tiempo en el mar, menos cuando se reproduce.

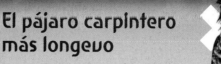

El pájaro carpintero más longevo

Es la especie del vientre rojo *(Melanerpes carolinus)*, natural de los bosques de hoja caduca y que se reproduce en el área del sur de Canadá y el noreste de EE.UU. Se sabe que en libertad vive más de 20 años y 8 meses.

DATO:
La agudísima vista del lince le permite reconocer un ratón a 75 metros.

El lince más longevo

El gato montés o lince rojo *(Lynx rufus)* se extiende desde el sur de Canadá por todo EE.UU. continental hasta el norte de México. Es más pequeño que el lince canadiense *(L. canadensis)*, que también puebla una parte de esa extensión, pero vive más tiempo: la edad máxima registrada son 32 años, 3 meses y 18 días, frente a 26 años, 9 meses y 18 días del lince canadiense.

El bóvido salvaje
La especie más longeva es el anoa de llanura o bóvido enano *(Bubalus depressicornis)* de Célebes (Indonesia). Es la segunda especie de bóvido más pequeña del mundo, cuya edad máxima registrada son 36 años, 1 mes y 6 días en cautividad.

ESPECIES DE VIDA BREVE

El pez
Los de vida más breve son varias especies de fartet, y varias de *Nothobranchius* de Sudamérica, que sólo viven unos ocho meses en libertad. Estos pececitos crecen en fuentes temporales de agua, como acequias e incluso huellas de animales con agua.

En cuanto se secan, los peces mueren, pero las huevas que hayan puesto sobreviven en el barro. Al llover y llenarse de nuevo, los huevos eclosionan, los peces crecen rápidamente hasta su tamaño normal y luego desovan antes de que sus hogares temporales vuelvan a secarse.

El chacal
Según los registros de longevidad máxima, la especie de chacal con la vida más breve es el rayado *(Canis adustus)*. El récord máximo de edad registrada son 13 años, 8 meses y 12 días, comparada con los 18 años, 9 meses y 18 días del chacal común *(C. aureus)*, y los 16 años, 8 meses y 12 días del de gualdrapa *(C. mesomelas)*.

El vertebrado
El que tiene una vida más breve es el gobio pigmeo de los arrecifes de coral *(Eviota sigillata)*, que según los registros vive una media de 59 días. En 2005, los investigadores de la Universidad James Cook de Australia lograron fijar su edad estudiando los otolitos de 300 gobios pigmeos, ya que recogen a diario anillos de crecimiento.

La cebra
Según los registros de longevidad máxima, la especie con la vida más corta también es la más grande: la cebra real *(Equus grevyi)*. Su edad máxima registrada son 31 años, frente a 33 años, 2 meses y 12 días de la cebra de montaña *(E. zebra)* y los 38 años de la de Chapman *(E. burchelli)*.

¡Conviértete en un experto en lagartos!
- Huelen a través de la lengua, como las serpientes.
- Algunos disparan sangre por los ojos como defensa.
- La lagartija vivípara *(Zootoca vivipara)* puede parir sus crías o poner huevos.
- En algunos, si los agarras de la cola, ésta se separa.

El tapir con la vida más breve
Se cree que el tapir andino *(Tapirus pinchaque)* de Colombia, Ecuador y Perú, que más ha vivido ha sido 28 años y 6 meses. Además, es el tapir más pequeño del mundo.

El lagarto más longevo

En 1950, el naturalista Ira Thompson capturó vivo, en Gran Caimán, un ejemplar macho adulto de iguana azul *(Cyclura lewisi)* que fue apodado *Godzilla* y que, por aquel entonces, debía de tener 15 años. En 1985, un tratante de animales compró la iguana y, finalmente, en 1990 la donó al Gladys Porter Zoo de Brownsville, Texas (EE.UU.), donde estuvo hasta morir en 2004. Vivió nada más y nada menos que 54 años en cautividad y un total estimado de 69 años.

DATO:
Según la Lista Roja de la IUCN de especies amenazadas, la iguana azul está en peligro crítico.

MASCOTAS VIEJAS
Ya conoces las especies más longevas; ahora sabrás más sobre algunas mascotas ancianas y otros animales que han entrado en el GWR:

PALOMA: *Methuselah* — 19 años

CABRA: *McGinty* — 22 años

KOALA: *Sarah*

PANDA GIGANTE: *Dudu* — 23 años / 37 años

SERPIENTE: *Popeye* — 40 años

CABALLO DE CARRERAS: *Tango Duke* — 42 años

PONI: *Sugar Puff* — 56 años

CABALLO: *Old Billy* — 62 años

ELEFANTE: *Lin Wang* — 86 años

ANIMALES SINGULARES

TAMAÑO REAL

El unicornio más grande

El mayor mamífero de toda la historia con un único cuerno central en la cabeza era el *Elasmotherium*, un rinoceronte de la prehistoria al que solían llamar «unicornio gigante». Superaba los 2,5 m de altura y, a veces, los 5 m de longitud y podía llegar a pesar unas 5 toneladas; vivió hasta hace sólo 50.000 años, a finales del Pleistoceno, en la zona del mar Negro de Rusia y llegó a instalarse incluso a Siberia. Se cree que el cuerno, supuestamente de al menos 2 m, era su herramienta para defenderse, atraer a otros animales de su especie y cavar en busca de raíces y agua.

DATO: En la imagen, un anfípodo «supergamba» de 28 cm, capturado en Nueva Zelanda en febrero de 2012.

DATO: Los anfípodos viven en el fondo del océano, donde la presión es 1.000 veces superior que a nivel del mar.

El mayor crustáceo anfípodo

Los anfípodos son un extenso orden zoológico de crustáceos que poseen un cuerpo delgado y que son parecidos por fuera a las gambas. La mayoría son muy pequeños, de menos de 2 cm de largo. Sin embargo, la especie más grande del mundo es la *Alicella gigantea*, un ejemplar de 34 cm.

La mayor colección de animales con dos cabezas

El productor Todd Ray (EE.UU.), ganador de un premio Grammy, posee 22 ejemplares distintos de animales con dos cabezas, como una serpiente hocico de cerdo albina, una cabra, una tortuga de agua dulce, una serpiente rey y un dragón barbudo (una especie de lagarto) llamado *Pancho* y *Lefty*, a los que suma la única criatura del mundo con tres cabezas: una tortuga llamada *Myrtle*, *Squirtle* y *Thirdle* (derecha). La cabeza más pequeña es la central, que sólo tiene los ojos y un pico que asoma del caparazón.

El pez con más ojos

Es el pez duende de seis ojos (*Bathylychnops exilis*), que vive a profundidades de entre 91-910 m en el Pacífico noreste y que fue descubierto por unos biólogos en 1958. Especie esbelta de 45 cm de largo, parecido a un lucio, posee un segundo par de ojos (llamados globos oculares secundarios) que están situados en la mitad inferior de los principales y apuntando hacia abajo. Cada globo ocular secundario posee cristalino y retina propios, y parece que incrementa la sensibilidad a la luz en los oscuros parajes donde suele habitar. Además, detrás de estos se localiza un tercer par que, pese a carecer de retina, tienen la capacidad de desviar la luz hacia los grandes ojos principales.

VER EN 3D

TAMAÑO REAL

TAMAÑO REAL

El camaleón más pequeño
Es el *Brookesia minima* de Madagascar, que mide entre 22 y 48 mm, de la cabeza a la cola.

La prenda de ropa más grande tejida con seda de araña
En 2011, tras ocho años de trabajo, 80 trabajadores consiguieron acabar de tejer una capa de señora con un pañuelo a conjunto de 4 m. Ambas prendas fueron realizadas con seda dorada, producida por más de un millón de arañas de seda de oro de Madagascar (*Nephila madagascariensis*). Todos los días los trabajadores se encargaban de recoger miles de arañas de sus telarañas, en plena naturaleza, y con unas máquinas manuales les extraían con el máximo cuidado la seda de las hileras; después, las liberaban sin hacerles daño. La capa contenía 1,5 kg de seda. Idearon el proyecto el diseñador de moda Nicholas Godley (EE.UU.) y el experto de tejidos, Simon Peers (R.U.).

El anfibio más caníbal
Varias especies de anfibios se comen a otros miembros de su propia especie, pero el más caníbal del mundo es la salamandra negra de los Alpes (*Salamandra atra*), originaria de esta cadena montañosa. La hembra lleva en el vientre hasta 60 huevos fecundados, pero la mayoría es pasto de los primeros embriones que incuba en su interior, de ahí que al final sólo nazcan entre uno y cuatro.

La res más colorida
El 17 de enero de 2012 se anunció el nacimiento de un ternero de color blanco y lila en la aldea de Jezdina, cerca de la ciudad serbia de Čačak. El dueño está pensando llamarlo *Milkan*, como la vaca morada del chocolate Milka. Sólo hay un precedente de vaca morada, una descubierta en Florida en 1948.

El mayor número de prendas en un nido de pájaro
En 1909, para evitar que la torre de la catedral de Colmar, en Alsacia (este de Francia) se desplomara, hubo que retirar un nido de cigüeña blanca (*Ciconia ciconia*) que pesaba nada más y nada menos que 600 kg. En el nido había objetos de lo más dispares: 17 pares de medias negras de mujer, cinco gorros de piel, tres zapatos, una manga de una blusa de seda blanca, un retal grande de cuero ¡y cuatro botones de un uniforme de mozo de trenes!

DATO: ¡En el test, el Dr. Beccaloni usó su antigua mascota de su mujer, una tarántula gigante hembra, llamada *Tracy*!

En la imagen aparece *Rosi*, la tarántula gigante de Walter Baumgartner (Austria). Esta especie tiene el récord de longitud total de patas: 28 cm.

El pájaro más sanguinario
El pinzón vampiro (*Geospiza difficilis septentrionalis*) –que sólo vive en la isla de Wolf y la isla de Darwin, en las Galápagos (Ecuador)– se posa sobre la cola de grandes aves marinas (principalmente piqueros de Nazca de patas azules), picotea la base de las plumas de las alas y luego se bebe la sangre que gotea de la herida. También se alimenta de semillas, huevos e invertebrados.

El pájaro con la molleja más fuerte
La molleja es el estómago muscular de las aves que se encarga de triturar los alimentos. La más fuerte registrada es la del pavo *Meleagris gallopavo*. Un ejemplar había conseguido desmenuzar 24 nueces con cáscara en cuatro horas y también unos bisturíes en 16 horas.

El mayor número de patas
Los ciempiés, a pesar de lo que indica su nombre, no tienen 100 patas y los milpiés tampoco tienen 1.000. Lo normal es que un milpiés tenga unos 300 pares de patas, si bien al *Illacme plenipes*, que fue descubierta en California (EE.UU.) en 1926, se le llegaron a contabilizar 375 pares (750 patas).

El gato Jano más longevo
Un gato Jano es un gato doméstico que tiene la cara duplicada a consecuencia de una rarísima malformación congénita, denominada diprosopia. En 2011, se determinó que el gato Jano más longevo es *Frank y Louie*, de Minnesota (EE.UU.), que tenía seis años en junio de 2006.

En otoño de 2011, su propietario Marty Stevens, hoy residente en Massachusetts, se puso en contacto con GWR para revelar que el famoso gato seguía vivo y con buena salud, ¡y en septiembre de 2011 celebró su 12 cumpleaños! Lo sorprendente de este hecho se explica porque normalmente un gato Jano no vive más de un día tras el parto. Desde la primera aparición de *Frank y Louie* el año pasado en GWR, es toda una estrella protagonista de infinitos artículos periodísticos y vídeos de noticias en la red por todo el mundo.

La rana más pequeña
La *Paedophryne amauensis*, de Papúa Nueva Guinea, mide una media de entre 7 y 7,7 mm de largo, del hocico al final del cuerpo, cuando ha acabado de crecer.

TAMAÑO REAL

690% más grande

La araña más grande
En julio de 2011, GWR por fin enterró la idea de que la araña mono *Hysterocrates hercules* era el mayor arácnido, gracias a la colaboración con el Natural History Museum (NHM), de Londres (R.U.). Según GWR, el récord es, y siempre ha sido, de la tarántula gigante (*Theraphosa blondi*, izquierda), hecho hoy confirmado por el Dr. George Beccaloni, conservador de insectos ortópteros. Con ejemplares del NHM, el doctor se valió del principio de Arquímedes para llevar a cabo un test volumétrico. Éste reveló que el tamaño de la tarántula gigante es más del doble que el de la araña mono. ¡Caso cerrado!

¿CUÁL ES EL ANIMAL MÁS RARO?
Uno de los aspirantes es el ornitorrinco (*Ornithorhynchus anatinus*). La primera vez que se expuso un ejemplar fue en Londres, en el siglo XIX y ¡muchos creyeron que era una broma por sus rasgos casi aleatorios!

Pico (¿pato?)
+
Cola (¿castor?)
+
Patas palmeadas (¿nutria?)
+
Espolones (¿gallo?)
+
Huevos (¿tortuga?)
+
Garras (¿reptil?)
+
Veneno (¿serpiente?)
=

¡Ornitorrinco!

DIENTES, COLMILLOS Y CUERNOS

TAMAÑO REAL

Los colmillos de gato más grandes

Los caninos del *Eusmilus*, un falso felino «dientes de sable», medían 15 cm, los más grandes de un felino en proporción al cuerpo –casi tan largos como su cráneo–. Vivió hace unos 37-29 millones de años.

DATO:
El lagarto cornudo dispara chorros de sangre por el ángulo del ojo, si se siente amenazado.

El mayor lagarto cornudo

Estos lagartos de América del Norte deben su nombre a las protuberancias de la cabeza, verdaderas prolongaciones de interior óseo. La mayor especie con esta característica es el gigante *Phrynosoma asio*, con una longitud total que puede llegar a los 20 cm. Vive en zonas desérticas de la costa del Pacífico mexicana.

El colmillo de ballena más largo

En el pasado se creía que el colmillo helicoidal de marfil del narval (*Monodon monoceros*) era el del legendario unicornio, al hallarlo con machos muertos en una playa. El colmillo puede alcanzar una media de 2 m, aunque a veces ha superado los 3 m, y pesa hasta 10 kg, con un contorno máximo de unos 23 cm. Los narvales viven en las aguas del Ártico.

El dinosaurio con más dientes

Es el *Edmontosaurus*, un hadrosáurido (dinosaurio con hocico de pato) que vivió al final del Cretácico, hace 65-61 millones de años, y que tenía más de mil dientes. Con forma de diamante, estaban dispuestos en columnas a «modo de batería».

El **mamífero terrestre con más dientes** es el armadillo gigante (*Priodontes maximus*) de Sudamérica, que suele tener hasta 100.

El numbat u hormiguero marsupial (*Myrmecobius fasciatus*), que vive en Australia occidental, es el **marsupial con más dientes,** hasta 52, incluida una singular muela situada entre los premolares y los molares.

Los dientes más grandes usados para comer

Los más grandes empleados para alimentarse (y no para defenderse, como los colmillos) pertenecieron al *Livyatan melvillei* –un cachalote prehistórico que vivió hace alrededor de 12 millones de años en el Mioceno. Los dientes medían hasta 36 cm.

DATO:
Los cuernos de un búfalo de agua salvaje asiático (*Bubalus arnee*), cazado en 1955, medían 4,24 m de punta a punta.

La mayor distancia entre cuernos de una res (viva)

JR, una *longhorn* de Texas, propiedad de Michael y Lynda Bethel (Australia), alcanza los 277 cm. La midieron el 2 de octubre de 2011, en Queensland (Australia).

La mayor cornamenta

Medía 1,99 m y pertenecía a un alce eurasiático (*Alces alces*) que murió cerca del río Steward (Canadá) en octubre de 1097. Hoy se conserva en el Field Museum de Chicago, Illinois (EE.UU.).

Los colmillos de elefante más largos (en proporción al cuerpo)

El *Anancus* era un gonfotérido prehistórico (una familia extinta de proboscídeos) que vivió de finales del Mioceno a principios del Pleistoceno, hace 3-1,5 millones de años. Sus dos largos colmillos rectos medían, cada uno, hasta 4 m, ¡casi como su cuerpo!

Los colmillos más largos de la prehistoria

La longitud media de los de un elefante adulto (*Hesperoloxodon antiques germanicus*), que vivió hace unos 2 millones de años, era de 5 m.

Los **colmillos más largos (no prehistóricos)** pertenecen a un elefante africano de sabana (*Loxodonta africana*) de la República Democrática del Congo, hoy conservados en la New York Zoological Society de Nueva York (EE.UU.). El colmillo derecho mide 3,49 m por el exterior de la curva; el izquierdo, 3,35 m.

Los colmillos de mamut más pesados

Un par de colmillos hallados cerca de Campbell, Nebraska (EE.UU.), en abril de 1915, pesan nada menos que 226 kg. Uno mide 4,21 m de largo y el otro, 4,14 m, y están en el University of Nebraska Museum (EE.UU.).

Los **colmillos más pesados (no prehistóricos)** son los de un elefante africano macho, que se encuentra en el Natural History Museum de Londres (R.U.), al que dispararon en Kenia en 1897; pesan 109 kg y 102 kg; en total suman 211 kg.

Los cuernos de carnero más largos

Medían 191 cm y eran de un carnero de Marco Polo (*Ovis ammon polii*), una especie endémica de la cordillera del Pamir, que delimita Tayikistán, Afganistán, Pakistán y China.

El escarabajo más largo con las mayores mandíbulas

Las gigantescas mandíbulas del *Macrodontia cervicornis*, gigante de cuernos largos macho, miden casi un tercio de su longitud total. El ejemplar más largo, hallado en Perú en 2007, medía 17,7 cm.

La oveja con más cuernos

Los ovinos de la raza de Jacob –una «oveja policerada» (con varios pares de cuernos) poco común– suelen tener dos o cuatro cuernos, e incluso a veces hasta seis. En las ovejas con dos pares, uno de ellos suele crecer en vertical, a menudo, hasta sobrepasar los 60 cm, y el otro forma una espiral a ambos lados de la cabeza.

La jirafa con más cuernos

Las jirafas suelen tener tres «ossicorns» (protuberancias subcutáneas muy similares a los cuernos): un par en lo alto de la cabeza y otro en el centro de la frente. Sin embargo, una jirafa de Rothschild (*Giraffa camelopardalis rothschildi*) que fue descubierta en Uganda en 1901 presentaba la insólita cantidad de cinco: poseía un par de más en la parte posterior de la cabeza, por detrás de las orejas.

El casco más pesado de un cálao

Los cálaos, del África y Asia tropical, son unas aves que presentan una especie de apéndice o «casco» sobre la parte superior del pico. Al ser hueca, esta protuberancia suele pesar muy poco, pero en el extraño caso del cálao de Borneo (*Rhinoplax vigil*) es sólido. El cráneo de esta especie (casco incluido) puede llegar a suponer el 10% del peso total del ave, que es de unos 3 kg.

DIENTES LARGOS

En cuanto a dientes, algunos animales sacan mucha ventaja a otros. GWR repasa los más largos del reino animal, desde la prehistoria hasta hoy:

CAIMÁN: 4 cm
LEÓN: 9 cm
CACHALOTE: 8 cm
VERRUGOSO: 23 cm
JABALÍ
TIRANOSAURIO REX: 30 cm
HIPOPÓTAMO: 50 cm
MORSA: 1 m

A ESCALA = 50 cm

NARVAL: 2 m

ELEFANTE AFRICANO: 3 m

MAMUT LANUDO: 5 m

GRANDES FELINOS

El jaguar más grande

DATO:
Las «panteras negras» –como *Boogie*, del zoo de Tbilisi (Georgia)– son jaguares con un exceso de melanina en su pigmentación.

El jaguar (*Panthera onca*) es la tercera especie más grande de felino (después del león y el tigre) y, por tanto, el mayor felino del Nuevo Mundo. La subespecie de mayor tamaño es el jaguar del Pantanal (*P. o. palustris*), originario de este inmenso humedal tropical del Brasil y Paraguay, así como del noreste de Argentina. Los adultos de esta subespecie pesan más de 135 kg.

El mayor felino no clasificado como gran felino «auténtico»

Existen cinco especies de grandes felinos «auténticos» (todos del género *Panthera*): el león, el tigre, el leopardo, el jaguar y el leopardo de las nieves; sin embargo, otras cuatro especies grandes –los leopardos longibandos, el puma y el guepardo– suelen clasificarse junto con ellas. El puma (*Puma concolor*) –también conocido como león de la montaña o león americano– es la especie de felino más grande aparte de los felinos auténticos (sólo el león, el tigre y el jaguar lo superan en tamaño), con hasta 2,75 m de largo, 0,6-0,9 m de alzada y 53-100 kg de peso. El puma posee también la **más extensa distribución norte-sur de todos los grandes felinos**; habita en el Nuevo Mundo desde Alaska (EE.UU.) y Yukón (Canadá) en el norte hasta Tierra del Fuego, archipiélago del extremo meridional de Sudamérica, lo que abarca una distancia de 14.400 km.

El primer gran felino de Europa

La primera especie de gran felino «auténtico» de Europa fue el jaguar europeo (*P. gombaszoegensis*). Mayor que los jaguares actuales del Nuevo Mundo, este superdepredador vivió hace unos 1,5 millones de años, durante el Pleistoceno inferior-medio.

El espécimen de gran felino a más altitud

El famoso esqueleto congelado de un leopardo (*Panthera pardus*) que se descubrió en 1926 en el cráter Kibo del monte Kilimanjaro (Tanzania), a una altitud de 5.700 m, es el ejemplar de gran felino auténtico encontrado a más altitud. De todas las especies de felinos, la que se ha documentado a más altitud fue un puma observado a principios de la década de 1990 a 5.800 m en la cordillera de los Andes, en Sudamérica.

La mayor población de tigres blancos

El zoológico de Nandankanan, en el estado de Orissa (India), alberga la mayor población de tigres blancos del mundo, con al menos 34 ejemplares. Esta institución ha criado muchos tigres blancos y los ha enviado a zoológicos de todo el mundo.

La mayor camada de tigres nacida en cautividad

Una tigresa de Bengala (*Panthera tigris tigris*) llamada *Baghdad* parió ocho cachorros el 15 de abril de 1979 en el Marine World/Africa USA (Redwood City, California, EE.UU.), hoy llamado Six Flags Marine World y ubicado en Vallejo (California).

El gran felino más pequeño

La especie más pequeña del mundo de gran felino «auténtico» es el leopardo de las nieves (*Panthera uncia*). Habitante de las cordilleras del centro y sur de Asia, esta especie rara y sumamente huidiza tiene una talla corporal de 0,75-1,3 m, una cola de 0,8-1 m y una alzada de 0,6 m; por lo general, pesa unos 27-55 kg, aunque un macho de tamaño superior al normal puede alcanzar los 75 kg.

El gran felino con menos diversidad genética

El gran felino con menos diversidad genética es el guepardo (*Acinonyx jubatus*). Los estudios realizados en la década de 1980 con dos poblaciones de guepardo sudafricano revelaron que el guepardo no sólo presenta menos diversidad genética que cualquier otra especie de felino, sino menos también que casi todas las demás especies de mamíferos grandes.

El gran felino más reciente

La especie más reciente de gran felino es el leopardo longibando de Borneo (*Neofelis diardi*). Considerado tradicionalmente una subespecie del leopardo

El mamífero más rápido en tierra

En distancias cortas, el guepardo puede mantener una velocidad constante máxima de, aproximadamente, 100 km/h sobre terreno llano. En una carrera cronometrada, *Sarah*, una guepardo de ocho años, corrió 100 m en 6,13 segundos en una pista diseñada al efecto en el zoológico de Cincinnati (Ohio, EE. UU.) el 10 de septiembre de 2009. Si Usain Bolt le hubiera disputado la carrera, el atleta apenas habría sobrepasado la mitad del recorrido cuando ella hubiese cruzado la línea de meta. Éstos son los motivos:

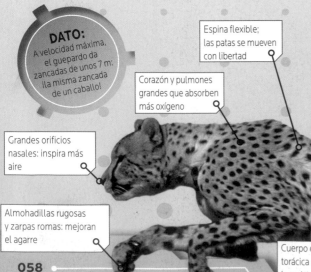

DATO:
A velocidad máxima, el guepardo da zancadas de unos 7 m: ¡la misma zancada de un caballo!

Espina flexible; las patas se mueven con libertad

Corazón y pulmones grandes que absorben más oxígeno

Grandes orificios nasales: inspira más aire

Almohadillas rugosas y zarpas romas: mejoran el agarre

Cuerpo esbelto con caja torácica plana que reduce la resistencia del aire

Patas largas, sueltas y fuertes: aumentan la velocidad

Cola larga y plana: favorece el equilibrio

El gran felino más extendido por el mundo

Todavía hoy, después de haberse extinguido en muchas partes del mundo durante el pasado siglo, el leopardo (*Panthera pardus*) continúa siendo el gran felino auténtico más extendido por todo el mundo. Morador de hábitats muy variados, aún existe en buena parte del África subsahariana y noroccidental, parte de Oriente Próximo y Asia occidental, casi toda Asia tropical y zonas aisladas de Rusia oriental, norte de China, península de Corea, Sri Lanka y Java.

longibando de tierra firme (*Neofelis nebulosa*), fue reclasificado en diciembre de 2006 después de que unos estudios demostraran que su ADN y aspecto externo se diferenciaban en grado suficiente.

El primer registro de un híbrido de león y tigre

Los híbridos de león y tigre se han criado con frecuencia en cautividad, y se les conoce como ligres si el padre es un león, y tiglones o tigones si el padre es un tigre. La primera documentación confirmada de un híbrido de león y tigre es una lámina en color realizada en 1798 por el naturalista francés Étienne Geoffroy Saint-Hilaire. El ligre es el **híbrido más grande de la familia de los felinos**; suele crecer más que sus progenitores y alcanza los 3-3,6 m de largo.

Los tigres híbridos más raros

En 1977 nació en el zoo de Southam, en Warwickshire (R.U.), un cachorro resultante del cruce de una tigresa con un leopardo negro o melánico (comúnmente llamado pantera negra). Los medios de comunicación lo denominaron «pantigre», aunque en rigor se trataba de un «leogre». Único ejemplar superviviente de un cruce entre tigre y leopardo, fue vendido a un zoo estadounidense

El leopardo más pequeño

La subespecie más pequeña de leopardo es el leopardo árabe (*Panthera pardus nimr*), identificado en época reciente y en situación de peligro crítico. Los machos pesan unos 30 kg, y las hembras, 20 kg, por lo que son notablemente más pequeños que cualquiera de las ocho otras subespecies de leopardo. En el pasado, el leopardo somalí estaba considerado el más pequeño, pero ya no se le reconoce como subespecie aparte. El leopardo longibando (*Neofelis nebulosa*) –originario de Asia– constituye una especie diferente del leopardo; un adulto pesa unos 15-23 kg.

GATOS «FRANKENSTEIN»

Se han cruzado varias especies de grandes felinos, casi siempre en zoológicos. *Hércules*, a la derecha, es un ligre de Carolina del Sur (EE.UU.) y en la ciudad de Haikou (China) nacieron cuatro cachorros de tiglón.

Cruce	Nombre del híbrido	Características
León/tigre	Ligre (de padre león)	Enorme, sociable
	Tiglón/tigón (de padre tigre)	Más pequeño que los padres
León/leopardo	Lipardo (de padre león)	Cabeza grande de león
	Leopón (de padre leopardo)	Mayor que los leopardos
León/jaguar	Liguar (de padre león)	Prueba no concluyente
	Jaglión (de padre jaguar)	Complexión de jaguar
Tigre/leopardo	Tigardo/tipardo (de padre tigre)	Prueba no concluyente
	Leogre (de padre leopardo)	Un caso registrado
Tigre/jaguar	Tiguar (de padre tigre)	Un caso registrado
	Jagre (de padre jaguar)	Sin pruebas
Leopardo/jaguar	Leguar/lepjag (de padre leopardo)	Más grande que los leopardos
	Jagupardo (de padre jaguar)	Pequeño, con tamaño de jaguar

siendo ya adulto. A pesar del manto negro de su padre, el pantigre se parecía mucho a un leopardo normal por el color del manto, pero la cara era claramente atigrada. Asimismo, sólo se ha conocido un híbrido de tigre y

jaguar. Nacido en el zoo de Altoplano, en San Pablo Apetatilán (México), en 2009, el padre de este «tiguar» fue un tigre siberiano o de Amur (*P. tigris altaica*), y la madre una jaguar de la jungla de Chiapas (México); se le llamó *Mickey*.

El mayor león cautivo

El león más grande fue un macho de melena negra llamado *Simba*, que tenía una alzada de 1,11 m en julio de 1970; vivió en el R.U. hasta su muerte el 16 de enero de 1973, con 14 años.

El período de gestación más largo de un felino

El período de gestación de un león (*Panthera leo*) fluctúa entre 100 y 114 días, con un promedio de 110 días. Lo sigue de cerca el tigre (*P. tigris*), cuyo período de gestación dura de 93 a 112 días. El elefante asiático (*Elephas maximus*) tiene el **período de gestación más largo de un mamífero**, pues tarda una media de 650 días en parir.

El mamífero con más nombres
El puma (*Puma concolor*) posee 40 nombres comunes –entre ellos tigre ciervo, gato fantasma y chillón de las montañas– tan sólo en inglés.

DATO: El león asiático (*Panthera leo persica*) sólo se encuentra hoy en estado salvaje en el bosque de Gir, en Gujarat (India).

FELINOS COMPARADOS

He aquí una selección de la familia de los felinos con su peso medio en orden decreciente:

Tigre
(*Panthera tigris*)
3 m; 200 kg

León
(*Panthera leo*)
3 m; 180 kg

Jaguar
(*Panthera onca*)
2,1 m; 100 kg

Puma
(*Puma concolor*)
2,27 m; 86 kg

Leopardo
(*Panthera pardus*)
2 m; 63 kg

Guepardo
(*Acinonyx jubatus*)
2 m; 46 kg

Lince euroasiático
(*Lynx lynx*)
1,2 m; 30 kg

Serval
(*Leptailurus serval*)
0,8 m; 13,5 kg

Ocelote
(*Leopardus pardalis*)
1,1 m; 13,5 kg

Gato doméstico
(*Felis catus*)
0,75 m; 4,5 kg

EN LA GRANJA

El mamífero de granja más común

El ganado doméstico más abundante en las granjas es el *Bos taurus*. Se calcula que hay 1.300 millones de reses en todo el mundo, es decir, que sólo existe un gran mamífero que es más numeroso, nuestra especie, el *Homo sapiens*.

La mayor población de cabras lecheras

Se halla en el condado de Fuping (China), con aproximadamente 320.000 reses. En todo EE.UU., en comparación, hay 310.000 cabras lecheras. Casi todas las de Fuping son cabras de Saanen, una raza grande y de pelaje blanco que ha tomado su nombre del valle homónimo suizo.

La raza caprina que más leche produce

La raza de cabra doméstica (*Capra hircus*) que más leche produce es la de Saanen, la más grande de las especies lecheras. Produce una media diaria de 3,8 litros.

La raza caprina con las orejas más cortas

Se trata de La Mancha, una raza originaria de Oregón (EE.UU.) de la que se diferencian dos tipos según la medida de las orejas. En las «de ardilla», los lóbulos de las orejas apenas se ven o no miden más de 2,54 cm, con poco cartílago o sin él; en las «de duende», las orejas miden 5,08 cm como mucho. A primera vista, al carecer de lóbulos exteriores normales, parece que no tengan orejas.

La cabra con el pelaje menos denso

Se trata de la cabra de Angora, de la que procede el *mohair*. Existen otras razas que tienen un doble pelaje, uno exterior más basto y otro por debajo que es más suave; la cabra de Angora, sin embargo, suele carecer del pelaje exterior y cuenta únicamente con una suavísima capa aborregada inferior.

La mayor reserva de asnos

Es Sidmouth Donkey Sanctuary en Devon (R.U.). Fundada en 1969 por la difunta Elisabeth Svendsen (R.U.), miembro de la Orden del Imperio Británico, se ha ocupado del cuidado de más de 13.500 asnos desde que se inauguró y cuenta con ocho granjas en el R.U.

También supervisa otras reservas, centros de acogida y refugios para asnos en otros siete países europeos, aparte de participar en muchos otros proyectos internacionales en distintos continentes como África, Asia y México.

La fibra animal más usada

La lana de la oveja doméstica (*Ovis aries*) es la fibra natural de animal que más se usa. De hecho, se utiliza en todas partes donde se cría este tipo de oveja, y, en la actualidad, existen en el mundo más de mil millones de cabezas.

El caballo más bajo

Charly, un poni alazán de cinco años, nacido en 2007, mide tan solo 63,5 cm hasta la cruz (entre los hombros). Aunque tiene muchos arranques de mal genio, es cariñoso con su dueño, Bartolomeo Messina (Italia), que lo ha entrenado para participar en múltiples concursos equinos.

INSTANTÁNEA

• El hijo del dueño de *Big Jake*, Morgan, quería una foto con su poni *Nemo* y *Jake*. Ni a Morgan ni a *Nemo* les asustó posar junto al gran caballo –¡*Big Jake* es un gigante con unas maneras impecables!

• Los caballos belgas de tiro son más famosos por sus capacidades atléticas que por su volumen.

• Actualmente, *Big Jake* está retirado, tras 11 años de duro trabajo. Podría ser una larga jubilación, ya que muchos caballos de esta raza viven 20 años o más.

El caballo vivo más alto

El 19 de enero de 2010, en Smokey Hollow Farms en Poynette, Wisconsin (EE.UU.), certificaron que el caballo belga de tiro capón de 9 años *Big Jake* medía 210,19 cm sin herraduras. Jerry Gilbert gestiona Smokey Hollow Farms y su hija Caley es la que aquí sujeta las riendas.

El **caballo más alto de todos los tiempos** fue un shire capón, llamado *Sampson* (luego *Mammoth*), criado por Thomas Cleaver (R.U.). Nacido en 1846, en 1850 medía 2,19 m.

DATO: *Big Jake* mide 7 cm más que el anterior caballo más alto del mundo, un Clydesdale llamado *Remington*.

El bovino más pequeño

El 22 de noviembre de 2011, *Archie* –un toro Dexter que consta en el registro de cabezas de ganado de Irlanda del Norte del condado de Antrim (R.U.)– medía 76,2 cm de la pezuña a la cruz, con 16 meses.

La **raza de ganado más pequeña** es la Vechur de Kerala (India). Del suelo a la giba próxima a los hombros (en algunas razas), la vaca mide una media de 81-91 cm y el toro, 83-105 cm.

DATO: Los padres de *Archie* también son reses Dexter, aunque sus otros terneros son bastante más grandes.

LO QUE PRODUCIMOS...

Para los productos de primera necesidad, confiamos en las granjas. En 2010, los agricultores de todo el mundo produjeron las siguientes cantidades de comida y bebida, unas cifras que dejan boquiabierto. En total, ¡más de 13.000 billones de calorías!

LECHE
Más de 760 millones de litros (o 304 piscinas olímpicas) como para llenar una botella dos veces más alta que la columna de Nelson (Londres, R.U.)

HUEVOS
68,9 millones de toneladas (como para cocinar una tortilla del tamaño de Irlanda del Norte)

CARNE DE AVES
97,9 millones de toneladas (unas 16,4 veces más pesada que la Gran Pirámide de Guiza, Egipto)

CARNE DE CERDO
109,2 millones de toneladas (unas 4.430 veces más que la **estatua más pesada** del mundo, la Estatua de la Libertad de Nueva York)

La raza caprina más pequeña
Según la Sociedad Caprina Americana y la Asociación Americana de Cabras Lecheras, los machos adultos de la cabra enana nigeriana no superan los 60 cm en la cruz, y las hembras, los 57 cm.

La raza más pequeña de cerdo doméstico
El cerdo kune kune es de Nueva Zelanda y su nombre, en maorí, significa «gordo y redondo». Crecen hasta los 76 cm y pueden pesar hasta 108 kg.

CARNE DE TERNERA Y DE BÚFALO
65,7 millones de toneladas (como para crear una hamburguesa con una superficie casi 2,5 veces más grande que la isla Mauricio)

Todo sobre los asnos

• Los asnos (*Equus asinus*) pueden vivir hasta 40 años en cautividad. Se domesticaron hace unos 4.000 años.

• Son descendientes del asno salvaje africano (*E. africanus*).

• Los asnos deben cobijarse de la lluvia; su pelaje, a diferencia del de los caballos, no resiste el agua.

• Los mulos nacen del cruce de un burro con una yegua; los burdéganos, de una burra con un caballo. Ambos animales suelen ser estériles.

El cerdo más peludo
El cerdo doméstico (*Sus scrofa*) con más pelo es el mangalica. A diferencia de las otras razas, le crece un pelaje parecido al vellón de las ovejas. El mangalica se divide en tres razas: el rubio (que es blanco), el golondrino (de capa negra y panza y pezuñas blancas) y el rojo (anaranjado). Proceden de Hungría.

La mayor población de ovejas
El país con más ovejas domésticas es China, con más de 136 millones. La mayoría es de la raza de cola gorda, criadas principalmente por la carne y los productos lácteos ya que su lana no suele ser buena. Australia ocupa el segundo lugar, con unos 79 millones de cabezas.

El asno más pequeño
El 26 de julio de 2011 certificaron que *KneeHi*, un burro miniatura mediterráneo de color marrón, que vive en Best Friends Farm de Gainesville en Florida (EE.UU.), medía 64,2 cm hasta lo alto de la cruz. Sus dueños son Jim y Frankie Lee (EE.UU.).

CARNE DE CORDERO Y DE CABRA
13,6 millones de toneladas (más de 40 veces el Empire State Building)

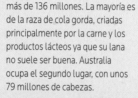

DATO: Algunos mammoth jackstock pueden crecer tanto como un caballo de tiro, así que, ¡cuidado, *Big Jake*!

PESCADO (de piscifactoría)
56 millones de toneladas (unas 560 veces más que el **crucero más grande** del mundo, el MS *Allure of the Seas*)

El asno vivo más alto

El 10 de diciembre de 2011 certificaron que *Oklahoma Sam*, un mammoth jackstock americano de cuatro años, medía 155,45 cm de alto. Su dueña es Linda Davis de Watsonville, California (EE.UU.). El asno pertenece a una raza criada por el expresidente de EE.UU., George Washington, quien abogaba por el uso de grandes mulos, en lugar de caballos para las labores de la granja.

Fuente: Anuario estadístico de 2012 de la Organización de las Naciones Unidas para la Alimentación y la Agricultura

DATO: Cada año, se pierde o se desperdicia un tercio de los alimentos que producimos –unos 250 kg por persona.

SI ERES AFICIONADO A LAS MASCOTAS, VE A LA P. 144

ANIMALÍMPICOS

El pez con mayor repertorio de trucos

Albert Einstein, un pez de acuario, puede realizar una gran serie de trucos, como comer de la mano de su propietario, nadar a través de un aro, pasar a través de un túnel, ir en busca de una pelota en el fondo de su pecera y nadar bajo una barra de limbo. Es incluso capaz de jugar al fútbol empujando una pequeña bola por el fondo de su pecera hasta introducirla en una portería. *Albert* fue amaestrado por su propietario, Dean Pomerleau (EE.UU.), en la Fish School de Gibsonia (EE.UU.).

distancia de 100 m en un tiempo de 19,678 segundos durante la decimoquinta edición de los X Games, en Los Ángeles, California (EE.UU.), el 30 de julio de 2009.

Un perro cazando ratas

A principios de la década de 1820, un bull terrier de 11,8 kg llamado *Billy* despachó 4.000 ratas en 17 horas, una hazaña notable teniendo en cuenta que estaba ciego de un ojo. Su gesta más notable fue la caza de 100 ratas en 5 min 30 s en un reñidero de Tufton Street, Westminster, Londres (Reino Unido), el 23 de abril de 1825.

Un perro zigzagueando entre 12 postes

Champion Mach Blazer, propiedad de Elaine Havens (EE.UU.), zigzagueó entre 12 postes en un tiempo de 1,87 segundos, en el plató de *Guinness World Records: Amazing Animals*, de Animal Planet, en Los Ángeles, California (EE.UU.), el 24 de septiembre de 2005.

El **menor tiempo empleado por un perro para zigzaguear entre 24 postes** es de 5,88 segundos, marca lograda por *Alma*, propiedad de Emilio Pedrazuela Cólliga (España), en el plató de *Guinness World Records* en Madrid (España), el 16 de enero de 2009.

Un ejemplar de tortuga

Una tortuga llamada *Charlie* recorrió 5,48 m en 43,7 segundos –a una velocidad de 0,45 km/h– en Tickhill (R.U.) el 2 de julio de 1977, durante el National Tortoise Championship. El recorrido tenía una pendiente de 1:12.

El salto más alto de un perro

Una galgo llamada *Cinderella May a Holly Grey*, propiedad de Kate Long y Kathleen Conroy, de Miami, Florida (EE.UU), saltó 1,72 m durante el Purina Incredible Dog Challenge National Finals en Gray Summit, Misuri (EE.UU.), el 7 de octubre de 2006. Su nombre deriva en parte del refugio de animales del que provenía, llamado Hollydogs. La palabra «gris» («grey») hace referencia a su raza («greyhound» en inglés).

DATO: Un galgo llamado *Bang* estableció el récord canino de salto de longitud con una marca de 9,14 m.

EL SALTO MÁS ALTO DADO POR...

Un delfín

Algunos delfines mulares (*Tursiops truncatus*) han sido entrenados para saltar hasta 8 m por encima de la superficie del agua.

Un perro (salto y escalada)

El récord canino de salto y escalada por una pared lisa de madera (sin elementos de ayuda ni puntos de apoyo) es de 3,72 m. La marca fue lograda por un lurcher de 18 meses llamado *Stag* durante la feria anual de Cotswold Country, en Cirencester, Gloucester (R.U.), el 27 de septiembre de 1993. El perro era propiedad del Sr. y la Sra. P. R. Matthews, de Redruth, Cornualles).

Un conejillo de Indias

Cuando se trata de saltos de altura, un conejillo de Indias se eleva por encima del resto. *Patch*, propiedad de Philippa Sale (R.U.) y de su familia, logró una marca de 22 cm el 11 de octubre de 2011.

EL MÁS RÁPIDO...

Un conejillo de Indias

Un conejillo de Indias con el adecuado nombre de *Flash* («relámpago», en inglés) tan sólo necesitó 8,81 segundos para recorrer 10 m el 27 de julio de 2009, en Londres (R.U.).

Un perro en monopatín

Tillman, un bulldog inglés, recorrió en monopatín una

¿LOCO POR EL DEPORTE? ¡ENTONCES CORRE A LA PÁG. 230!

La ola más larga surfeada por un perro (aguas abiertas)

Un kelpie de nombre *Abbie Girl* recorrió 107,2 m surfeando una ola durante el Ocean Beach Dog Beach, en San Diego, California (EE.UU.), el 18 de octubre de 2011. Los kelpies son una raza australiana de perros. Trabajan pastoreando ovejas, y de vez en cuando tienen que saltar sobre los lomos de las más rebeldes para dirigirlas al tiempo que mantienen el equilibrio, ¡exactamente las mismas habilidades necesarias para el surf! *Abbie* también disfruta del paracaidismo, que practica con su dueño, Michael Uy (EE.UU.).

DATO: *Abbie Girl* estableció su récord durante el Surf City Surf Dog, ¡batiendo a más de 20 competidores!

INSTANTÁNEA

• Esta sesión de fotos tuvo lugar en la playa de Del Mar, que estaba llena de perros de todas las formas y tamaños. Se les podía ver corriendo y persiguiendo pelotas, aunque, a menudo, dejaban lo que estaban haciendo para contemplar con asombro como *Abbie Girl* surfeaba las olas.

• Michael, el propietario de *Abbie Girl*, la adoptó hace cinco años cuando era una perra tímida. Para ganarse su confianza, la llevaba a una playa donde también acudían otros propietarios de perros. *Abbie* lo seguía hasta dentro del agua, donde se divertía saltando sobre su tabla de surf. Un día, Michael la dejó surfeando sobre una ola y *Abbie* no se cayó. Desde entonces, siempre le ha encantado este deporte.

DATO:
¡Lamborghini puede ser rápida, pero necesitaría correr 14 veces más rápido para ganar al coche del mismo nombre!

Cuando se trata de correr, una oveja llamada *Lamborghini* va muy por delante del resto del rebaño. Nacida en enero de 2011, este torbellino de lana ha ganado 165 de 179 carreras en Odds Farm Park, en High Wycombe (R.U.). La pista mide, aproximadamente, 250 m de longitud, e incluye obstáculos y curvas muy cerradas. Cada competidor carga con un jinete, aunque en el caso de las ovejas de carreras éstos son peluches. *Lamborghini* –un ejemplar de Friesland/Dorset Down– compite una vez al día desde mayo hasta finales de octubre, cuando se gana un bien merecido descanso.

Un caballo

Imbatido desde hace más de 60 años, el récord equino de salto de altura al aire libre es, según la Fédération Equestre Internationale, de 2,47 m, marca establecida por *Huaso* (anteriormente llamado *Faithful*), un caballo montado por el capitán Alberto Larraguibel Morales (Chile). El récord fue fijado en Viña del Mar (Chile), el 5 de febrero de 1949.

El **mayor salto en pista cubierta** fue de 2,4 m, marca lograda por *Optibeurs Leonardo*, montado por Franke Sloothaak (Alemania), en Chaudefontaine (Suiza), el 9 de junio de 1991.

Un caballo pigmeo

Un caballo pigmeo llamado *Lovebug*, propiedad de Krystal Cole (EE.UU.), realizó un salto de 61 cm de alto en el plató de *Guinness World Records: Amazing Animals* de Animal Planet. El salto tuvo lugar el 24 de septiembre de 2005 en Los Ángeles, California (EE.UU.).

Un cerdo

Un cerdo barrigón de 18 meses llamado *Kotetsu* realizó un salto de 70 cm de alto el 22 de agosto de 2004 en la granja de Mokumoku Tedsukuri, en Mie (Japón).

Fue entrenado por Makoto Leki (Japón).

Un conejo

El mayor salto dado por un conejo alcanzó una altura de 99,5 cm, y fue realizado por *Mimrelunds Tösen*, propiedad de Tine Hygom (Dinamarca), en Herning (Dinamarca), el 28 de junio de 1997.

EL SALTO MÁS LARGO DADO POR...

Una rana

La mayor distancia saltada por una rana de la que se tiene constancia es de 10,3 m, ¡casi media pista de baloncesto! El salto fue realizado por una rana sudafricana de nariz afilada (*Ptychadena oxyrhynchus*) de nombre *Santjie* durante una competición de ranas celebrada en Lurula Natal Spa, Petersburgo, KwaZulu-Natal, en el este de Sudáfrica, el 21 de mayo de 1977.

Un conejillo de Indias

Un conejillo de Indias de nombre *Truffles* dio un salto de 30 cm de largo en Rosyth, Fife (Reino Unido), el 27 de julio de 2009.

Un canguro

El salto más largo realizado por un canguro del que se tiene constancia tuvo lugar durante una cacería en Nueva Gales del Sur (Australia), en enero de 1951, cuando un canguro rojo realizó una serie de saltos entre los que se contaba uno de 12,8 m.

Más canastas logradas por un loro en un minuto

¿Quién es este chico tan listo y guapo? El loro *Zac*, del Happy Birds Performing Parrot Show, en San José, California (EE.UU.), que el 11 de noviembre de 2011 encestó 22 veces en 60 segundos, utilizando para ello un canasta de baloncesto especialmente adaptada.

DISFRÚTALO EN 3D

VELOCIDAD ANIMAL

La siguiente lista muestra las velocidades alcanzadas de una selección de animales. Como puedes ver, cuando se trata de correr los seres humanos simplemente no pueden competir con el reino animal...

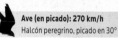

Ave (en picado): 270 km/h
Halcón peregrino, picado en 30°

Ave volando: 127 km/h
Albatros, durante 8 horas

Pez: 109 km/h
Pez Vela, en 91 m

Felino: 104,4 km/h
Guepardo, en 201,2 m

Ave (no voladora): 72 km/h
Avestruz, velocidad de arrancada

Caballo: 70,76 km/h
Winning Brew, en 402 m

Galgo: 67,3 km/h
Star Title, en 366 m

Insecto: 58 km/h
Libélula, aceleraciones breves

Ungulado: 56 km/h
Berrendo, en 6 km

Tiburón: 56 km/h
Marrajo, velocidad de arrancada

Humano: 37,58 km/h
Usain Bolt, en 100 m

Reptil: 34,9 km/h
Iguana, velocidad de arrancada

Serpiente (en tierra): 19 km/h
Mamba negra, velocidad de arrancada

Las imágenes de los animales no están a escala.

GRANDES FORZUDOS

¿Y qué hay de la fuerza de los humanos frente a la de los animales? Una vez más, el *Homo sapiens* no resiste la comparación...

× 850

Los **animales más fuertes**, en relación con el tamaño del cuerpo, son los escarabajos de la familia de los *Scarabidae*. Sus miembros pueden soportar hasta 850 veces su propio peso. ¡El equivalente para un humano promedio sería levantar 10 elefantes africanos adultos!

GUINNESS WORLD RECORDS

VER EN **3D**

TAMAÑO **REAL**

HUMANOS

El hombre vivo más bajo

El hombre más bajo del mundo, que de hecho es también la persona más baja que vive actualmente en el planeta, es Chandra Bahadur Dang i (Nepal), que medía 54,6 cm de altura cuando se le midió en el CIWEC Clinic Travel Medicine Center de Lanchaur (Katmandú, Nepal), el 26 de febrero de 2012. Esto significa que Chandra es también el hombre más bajo de la historia, con talla verificada de forma fiable.

Según su documento de identidad, Chandra tiene 72 años, hecho que le convierte en la persona más vieja en conseguir el récord del hombre más bajo. Nacido en la remota aldea de montaña de Reemkholi (distrito de Dang, Nepal) no había estado nunca en la capital nepalí, hasta que acudió para que su talla fuera comprobada por Guinness World Records.

¿CUÁNTOS AÑOS PODEMOS VIVIR?

¿Hasta qué edad podemos llegar?

El cofundador del *Guinness World Records*, Norris McWhirter, dijo una vez: «No hay tema más sujeto a la vanidad, la mentira, la falsedad y el engaño deliberado que los límites de la longevidad humana.» En los medios de comunicación aparecen continuamente nuevos récords de edad pero, siendo realistas, ¿cuál es el tope de edad en los humanos? No existen datos fiables de nadie con más de 122 años, edad que sólo ha alcanzado una persona. Pero, ¿es este el límite definitivo?

El gerontólogo del GWR, Robert Young, explica los factores que limitan la longevidad y pronostica la mayor edad posible...

¿Cuánto vivirás?

La siguiente tabla muestra las probabilidades de vivir hasta una cierta edad. A la izquierda, las probabilidades de que llegues a una determinada edad. A la derecha, el porcentaje de que *alguien en la historia* haya cumplido dichos años.

Edad	Probabilidad de que vivas estos años	Porcentaje de probabilidad de llegar a esta edad
120	1 entre 10.000 millones	48%
121	1 entre 20.000 millones	24%
122	1 entre 40.000 millones	12%
123	1 entre 80.000 millones	6%
124	1 entre 160.000 millones	3%
125	1 entre 320.000 millones	1,50%
126	1 entre 640.000 millones	0,75%
127	1 entre 1,28 billones	0,38%
128	1 entre 2,56 billones	0,19%
129	1 entre 5,12 billones	0,09%
130	1 entre 10,24 billones	0,05%

Los cálculos se basan en la esperanza de vida actual en el mundo y considerando que la tasa anual de mortalidad por encima de los 110 años es de 0,5.

El hombre más anciano de todos los tiempos

En los índices de supervivencia suelen aparecer pocos hombres (entre las diez primeras personas más ancianas vivas sólo hay uno; ver p. 68). El hombre más anciano cuya edad se haya podido verificar es el danés Christian Mortensen (1882-1998), que vivió 115 años y 252 días.

DATO: Los telómeros son indicadores de la esperanza de vida. ¿Podemos aumentarla usando la terapia genética para alargar nuestros telómeros?

Límites genéticos. Las células humanas suelen dividirse sólo 50 veces y vivir dos años, lo que fija un límite de 100 años. Incluso quienes envejecen el 15% más despacio de lo normal llegarían a 115 años. Por eso hoy resulta difícil superar esa edad, a causa del inevitable proceso de envejecimiento. Algunos estudios sobre cómo alargar la vida se centran en los «telómeros», los extremos moleculares de los cromosomas (imagen) que se acortan a medida que envejecemos.

Sobrellevar la vejez

A medida que envejecemos sufrimos cambios fisiológicos inevitables; algunos pueden contrarrestarse o, al menos, frenarse. Las personas más longevas suelen tener «un aspecto joven» porque los signos del envejecimiento aparecen más lentamente.

Juventud

La piel: De jóvenes, está muy hidratada y es muy elástica; para conservarla así, hay que usar productos hidratantes y evitar el sol.

El oído: Con los años, se reduce el abanico de frecuencias que percibimos, sobre todo los tonos más altos.

El olfato: Al envejecer, tendemos a perder el sentido del olfato y las papilas gustativas se vuelven cada vez menos sensibles.

Los huesos: El esqueleto, con el tiempo, pierde densidad y se vuelve quebradizo por la disminución de los niveles de calcio. Las dietas ricas en vitamina D y calcio frenan este proceso.

El sistema respiratorio: Al hacernos mayores los pulmones pueden perder elasticidad, lo que conlleva una falta de aliento, cansancio y mayor riesgo de infecciones. Hay que evitar el tabaco y practicar ejercicio con regularidad.

Mediana edad

25 Annie Jennings
Nacimiento: 12 de noviembre de 1884
Lugar: R.U.
Muerte: 20 de noviembre de 1999
Edad: **115**

24 Chiyono Hasegawa
Nacimiento: 20 de noviembre de 1896
Lugar: Japón
Muerte: 2 de diciembre de 2011
Edad: **115**

23 Marie Brémont
Nacimiento: 25 de abril de 1886
Lugar: Francia
Muerte: 6 de junio de 2001
Edad: **115**

22 Maud Farris-Luse
Nacimiento: 21 de enero de 1887
Lugar: EE.UU.
Muerte: 18 de marzo de 2002
Edad: **115**

21 Hendrikje van Andel-Schipper
Nacimiento: 29 de junio de 1890
Lugar: Países Bajos
Muerte: 30 de agosto de 2005
Edad: **115**

20 Susie Gibson
Nacimiento: 31 de octubre de 1890
Lugar: EE.UU.
Muerte: 16 de febrero de 2006
Edad: **115**

19 María de Jesus
Nacimiento: 10 de septiembre de 1893
Lugar: Portugal
Muerte: 2 de enero de 2009
Edad: **115**

18 Julie Winnifred Bertrand
Nacimiento: 16 de septiembre de 1891
Lugar: Canadá
Muerte: 18 de enero de 2007
Edad: **115**

17 Bettie Wilson
Nacimiento: 13 de septiembre de 1890
Lugar: EE.UU.
Muerte: 13 de febrero de 2006
Edad: **115**

16 Emiliano Mercado del Toro
Nacimiento: 21 de agosto de 1891
Lugar: Puerto Rico
Muerte: 24 de enero de 2007
Edad: **115**

15 Gertrude Baines
Nacimiento: 6 de abril de 1894
Lugar: EE.UU.
Muerte: 11 de septiembre de 2009
Edad: **115**

14 Margaret Skeete
Nacimiento: 27 de octubre de 1878
Lugar: EE.UU.
Muerte: 7 de mayo de 1994
Edad: **115**

13 Mary Ann Rhodes
Nacimiento: 12 de agosto de 1882
Lugar: Canadá
Muerte: 3 de abril de 1998
Edad: **115**

¿Quieres entrar en el club de las personas de más de 110 años?

En la siguiente tabla se indican las probabilidades de supervivencia de un supercentenario (persona de más de 110 años). Demuestra que la longevidad de Jeanne Calment, la **persona más anciana de la historia** (ver abajo) es una anomalía; por detrás de ella, una persona cumplió 119 años, dos cumplieron 117 y tres, 116.

ÍNDICE DE SUPERVIVENCIA DE LOS SUPERCENTENARIOS

Edad	Supervivientes	Fallecimientos	Índice de supervivencia		Índice de mortalidad	
			Anual	Acumulativo	Anual	Acumulativo
123	0		0,00%			
122	1	–1	50,00%	0,00%	100,00%	100,00%
121	1	0	100,00%	0,07%	0,00%	99,92%
120	1	0	100,00%	0,07%	0,00%	99,92%
119	?	–1	50,00%	0,07%	50,00%	99,92%
118	2	0	100,00%	0,15%	0,00%	99,84%
117	4	–2	50,00%	0,15%	50,00%	99,84%
116	7	–3	57,14%	0,30%	42,86%	99,70%
115	23	–16	30,43%	0,52%	69,57%	99,48%
114	78	–55	29,49%	1,70%	70,51%	98,30%
113	167	–89	46,71%	5,77%	53,29%	94,23%
112	354	–187	47,18%	12,36%	52,82%	87,64%
111	683	–329	51,83%	26,20%	48,17%	73,80%
110	1.351	–668	50,56%	50,56%	49,44%	49,44%

Demostrar la edad. Vivir muchos años es una cosa, pero demostrarlo es otra. Para merecer un certificado del GWR, es necesario proporcionar una prueba válida de nacimiento (mejor un documento original de la partida de nacimiento; los certificados posteriores no se admiten). Además, los solicitantes deben aportar otros documentos que los vinculen a ciertos momentos clave de su vida, como informes del censo, certificados de matrimonio, partes médicos, etc.
Atención: el pasaporte sólo prueba la nacionalidad, no la edad.

El pelo: Se vuelve gris al degenerar las células del pigmento presentes en los folículos del cabello. Cuando éstos se atrofian (se consumen), el pelo se cae. Los distintos patrones de calvicie en hombres y mujeres radican en sus diferencias hormonales.

El sistema nervioso: Los tiempos de reacción disminuyen porque la señal que va del nervio a los músculos tarda más en llegar.

Memoria: Las células del cerebro empiezan a degenerar a partir de los veinte años, de ahí que cuando se llega a la vejez, la memoria a corto plazo suele sufrir las consecuencias.

La vista: El cristalino de los ojos pierde paulatinamente su capacidad de «adaptarse», es decir, de enfocar. Cuando se reduce la distancia focal, hay que usar gafas para leer. Las pupilas también se contraen y cuesta más ver con poca luz.

DATO: Después de cumplir los 20 años se pierde aproximadamente un 1% de la visión cada año.

Vejez

La persona más anciana de la historia

Jeanne Louise Calment (Francia, 1875-1997) es la persona más anciana de la historia cuya edad ha podido verificarse: 122 años y 164 días. Llevó una vida de lo más activa, practicó esgrima hasta los 85 años y siguió montando en bicicleta hasta los 100. Las claves de su éxito fueron el aceite de oliva, el oporto y el chocolate; dejó de fumar, a los 120 años.

Para llegar a una edad de récord, hay que ser un «híbrido de la longevidad», alguien con una resistencia optimizada, igual que la fuerza en los atletas. Una dieta baja en grasas y calorías y rica en frutas y verduras contribuirá a estimular la mente y a adoptar una actitud vital positiva, así como el ejercicio moderado y frecuente. Pero también hay que saber prevenir o controlar las enfermedades y las discapacidades (y evitar las caídas debilitantes).

El creciente número de personas y las mejoras en los cuidados de la salud a lo largo de la vida permiten suponer que los humanos viviremos más en el futuro y que cumplir los 130 años será posible.

12 **Besse Cooper**
Nacimiento: 26 de agosto de 1896
Lugar: EE.UU.
Edad: 115

11 **Edna Parker**
Nacimiento: 20 de abril de 1893
Lugar: EE.UU.
Muerte: 26 de noviembre de 2008
Edad: 115

10 **Charlotte Hughes**
Nacimiento: 1 de agosto de 1877
Lugar: R.U.
Muerte: 17 de marzo de 1993
Edad: 115

09 **Christian Mortensen**
Nacimiento: 16 de agosto de 1882
Lugar: Dinamarca
Muerte: 25 de abril de 1998
Edad: 115

08 **Maggie Barnes**
Nacimiento: 6 de marzo de 1882
Lugar: EE.UU.
Muerte: 19 de enero de 1998
Edad: 115

07 **Elizabeth Bolden**
Nacimiento: 15 de diciembre de 1890
Lugar: EE.UU.
Muerte: 11 de diciembre de 2006
Edad: 116

06 **Tane Ikai**
Nacimiento: 18 de enero de 1879
Lugar: Japón
Muerte: 12 de julio de 1995
Edad: 116

05 **María Esther de Capovilla**
Nacimiento: 14 de septiembre de 1889
Lugar: Ecuador
Muerte: 27 de agosto de 2006
Edad: 116

04 **Marie-Louise Meilleur**
Nacimiento: 29 de agosto de 1880
Lugar: Canadá
Muerte: 16 de abril de 1998
Edad: 117

03 **Lucy Hannah**
Nacimiento: 16 de julio de 1875
Lugar: EE.UU.
Muerte: 21 de marzo de 1993
Edad: 117

02 **Sarah Knauss**
Nacimiento: 24 de septiembre de 1880
Lugar: EE.UU.
Muerte: 30 de diciembre de 1999
Edad: 119

01 **Jeanne Calment**
Nacimiento: 21 de febrero de 1875
Lugar: Francia
Muerte: 4 de agosto de 1997
Edad: 122

MÁS ANCIANOS...

El hombre vivo más anciano

Jiroemon Kimura (Japón) nació el 19 de abril de 1897, y celebró su 115 cumpleaños en 2012. Es el único hombre vivo del que se puede verificar que nació en el siglo XIX. Aquí aparece junto al representante del GWR, Frank Foley.

Los gemelos mixtos vivos

Pauline Shipp Love y Paul Gerald Shipp (ambos de EE.UU.) nacieron el 22 de abril de 1911. El 23 de marzo de 2012 tenían 100 años, 11 meses y 1 día.

El 16 de abril de 2012, la **mayor edad sumada de dos hermanas** era de 213 años, 3 meses y 27 días, cifra alcanzada por las hermanas Marjorie Phyllis Ruddle (nacida el 21 de abril de 1907) y Dorothy Richards (nacida el 15 de diciembre de 1903; ambas de R.U.). Dorothy vive en Stamford, Lincolnshire, y Marjorie, en Peterborough, en Cambridgeshire (ambas ciudades en R.U.).

El practicante de rápel

El 21 de mayo de 2011, con 97 años y 3 días, la intrépida jubilada y miembro de la Orden del Imperio Británico Doris Cicely Long (R.U., nacida el 18 de mayo de 1914) completó un descenso de 60 m desde lo alto de Millgate House, un edificio situado en Portsmouth (R.U.).

La bailarina de salsa acrobática

El 2 de diciembre de 2009, con 75 años, 5 meses y 1 día, la británica Sarah Paddy Jones (nacida el 1 de julio de 1934) ganó el primer premio en el programa de televisión español cazatalentos *Tú sí que vales*.

El intérprete en lanzar un nuevo disco

El artista australiano Smoky Dawson (1913-2008) lanzó un nuevo disco con canciones originales, *Homestead of My Dreams*, con 92 años, 4 meses y 14 días. El álbum salió a la venta el 22 de agosto de 2005.

El 17 de septiembre de 2011, con 87 años, 5 meses y 14 días, la estrella de cine de los años 50, Doris Day (EE.UU., nacida el 3 de abril de 1924, cuyo nombre de soltera era Doris Kappelhoff) se convirtió en la **intérprete de más edad en entrar en el Top 10**

El enano vivo más anciano

Lowell DeForest Mason (EE.UU.) nació el 14 de agosto de 1937 y reside actualmente en Missouri (EE.UU.). El 16 de febrero de 2012 tenía 74 años, 6 meses y 2 días.

---

del R.U. con un nuevo tema, alcanzando el número 9 con *My Heart*.

El álbum de estudio número 29 de la estrella contaba con ocho grabaciones nuevas, junto con cuatro canciones que ya habían aparecido en álbumes anteriores.

La escritora en publicar por primera vez

La obra de Bertha Wood's (R.U., nacida el 20 de junio de 1905) *Fresh Air and Fun: The Story of a Blackpool Holiday Camp* fue publicada el día que cumplía 100 años.

El saltador BASE

James Talbot Guyer (EE.UU., nacido el 16 de junio de 1928) se lanzó en paracaídas desde 148 m de altura del Perrine Bridge, cerca de Twin Falls, en Idaho (EE.UU.), el 2 de agosto de 2002, con 74 años, 1 mes y 17 días.

El culturista (hombre)

El culturista de competición Raymond «Ray» Moon (Australia, nacido en 1929) participó en el NABBA International Bodybuilding

Figure and Fitness Championships, en Melbourne (Australia), el 23 de mayo de 2010, con 81 años.

El bailarín de salón

Frederick Salter (R.U., nacido el 13 de febrero de 1911) superó con matrícula de honor los exámenes

El director de cine

Manoel de Oliveira (Portugal, nacido el 11 de diciembre de 1908) empezó a dirigir en 1931. Su película más reciente es *O Estranho caso de Angélica* (*El extraño caso de Angélica*, Portugal/España/Francia/Brasil, 2010).

---

de nivel 3 de baile latino y de salón del IDTA Gold Bar, a la edad de 100 años, 8 meses y 2 días, en Londres (R.U.), el 15 de octubre de 2011.

La jugadora de dardos

El 24 de febrero de 2012, Candy Miller (R.U., nacida el 21 de octubre de 1920) seguía participando

Las gemelas vivas de más edad

Evelyn Middleton (a la izquierda, en la foto superior) y Edith Ritchie (a la derecha, ambas de R.U.) nacieron el 15 de noviembre de 1909. Aquí aparecen celebrando su 102 aniversario y (en la foto inferior) cuando eran jóvenes.

en competiciones de dardos de la Bournemouth and District Ladies Darts League, en Parkstone, Bournemouth (R.U.) con 91 años, 4 meses y 3 días.

La persona viva más anciana

Besse Cooper (EE.UU., nacida el 26 de agosto de 1896) –aquí se la puede ver con el representante del GWR, Robert Young– se convirtió en la persona más anciana del mundo el 21 de junio de 2011, con 114 años y 10 meses. El 11 de mayo de 2012 había alcanzado los 115 años y 250 días. Al igual que Jiroemon Kimura, el **hombre más anciano** (izquierda), Besse atribuye su longevidad a seguir una buena dieta y no probar la comida basura.

La jugadora de bolos indoor

El 1 de marzo de 2012, a la edad de 94 años, 5 meses y 22 días, Jean Ella Cowles (R.U., nacida el 10 de septiembre de 1917) era miembro del Spalding and District Indoor Bowls Club de Spalding, Lincolnshire (R.U.).

El socorrista (en activo)

Louis Demers (EE.UU., nacido el 3 de septiembre de 1923), de Quincy, Illinois (EE.UU.), tenía 88 años, 6 meses y 4 días el 7 de marzo de 2012. Ha sido socorrista desde 1954.

El ganador del MOBO

En 1998, con 73 años, B. B. King (EE.UU., nacido el 16 de septiembre de 1925, cuyo nombre al nacer era Riley B. King) recibió el premio Music Of Black Origin (MOBO) a la obra de toda la vida. A lo largo de su carrera, que se remonta a 1949, King ha ganado 16 premios Grammy, entre los que se incluye otro premio a la obra de toda la vida en 1987. Su canción de 1969 *The Thrill is Gone* también recibió un premio Grammy Hall of Fame.

El premio Nobel

En 1966, con 87 años, el profesor Francis Peyton Rous (EE.UU., 1879-1970) compartió el premio de Fisiología o Medicina.

El paciente

Jeanne Calment (Francia, 1875-1997) –la **persona más anciana de todos los tiempos**– tenía 114 años y 11 meses

DATO: Durante su larga carrera, Ted ha repartido ¡unos 500.000 periódicos!

El repartidor de periódicos de más edad

El 22 de febrero de 2012, Ted Ingram (R.U., nacido el 18 de marzo de 1920) seguía repartiendo el *Dorset Echo* en Weymouth, Dorset (R.U.) a sus 91 años, 11 meses y 4 días.

La **repartidora de periódicos de más edad,** Joyce Pugh (R.U., nacida el 10 de septiembre de 1931) reparte el *Shropshire Star* en Shrewsbury, Shropshire (R.U.). El 13 de marzo de 2012 tenía 80 años, 6 meses y 3 días.

cuando se sometió a una operación de cadera en enero de 1990.

El tendero
Jack Yaffe (R.U.) regentó una ferretería en Prestwich, Greater Manchester (R.U.) durante 78 años. Se retiró en enero de 2012, el día de su 103 aniversario.

La persona en completar un maratón
El 10 de octubre de 1976, con 98 años, Dimitrion Yordanidis (Grecia) completó

La gimnasta de más edad

Johanna Quaas (Alemania, nacida el 20 de noviembre de 1925) participa regularmente en la competición para aficionados Landesseniorenspiele, que se celebra en Sajonia (Alemania).

Ejecutó una rutina sobre suelo y barra fija en el plató de *Lo Show dei Record*, en Roma (Italia), en abril de 2012, ¡y a sus 86 años todavía es capaz de dar volteretas laterales!

DATO: Johanna empezó relativamente tarde: antes de cumplir 30 años no había practicado gimnasia.

El auxiliar de vuelo en activo de más edad

El 21 de mayo de 2012, con 88 años y 14 días, Robert Reardon (EE.UU., nacido el 7 de mayo de 1924, arriba) seguía siendo auxiliar de vuelo en Delta Air Lines, donde empezó a trabajar en ese mismo puesto en 1951.

Ronald «Ron» Byrd Akana (EE.UU., nacido el 8 de septiembre de 1928, a la izquierda) ha disfrutado de la **carrera más larga como auxiliar de vuelo.** Ingresó en United Airlines el 16 de diciembre de 1949 y hasta el 22 de marzo de 2012 había trabajado durante 62 años, 3 meses y 6 días.

en 7 h y 33 min 42 km en un maratón, en Atenas (Grecia).

El 12 de diciembre de 2010, con 92 años y 19 días de edad, Gladys Burrill (EE.UU.) completó el maratón de Honolulu, en Hawái (EE.UU.), en 9 h, 53 min y 16 s, convirtiéndose en la **mujer de más edad en completar un maratón.**

La persona en cruzar a nado el canal de la Mancha
El 30 de agosto de 2011, Roger Allsopp (R.U., nacido el 6 de abril de 1941) cruzó a nado el canal de la Mancha entre Shakespeare Beach, Dover (R.U.) y Calais (Francia), en 17 h, 51 min y 19 s, con 70 años, 4 meses y 24 días de edad.

La **mujer de más edad en cruzar a nado el canal de la Mancha** es la británica Linda Ashmore (nacida el 21 de octubre de 1946), que el 19 de agosto de 2007 nadó desde Inglaterra hasta Francia en 15 h y 11 min, con 60 años, 9 meses y 29 días de edad.

El paracaidista en solitario
Milburn Hart (EE.UU.) hizo un salto en paracaídas en solitario cerca del Bremerton National Airport, Washington (EE.UU.), el 18 de febrero de 2005, con 96 años, 2 meses y 1 día.

Sylvia Brett (R.U.) tenía 80 años, 5 meses y 13 días cuando se lanzó en paracaídas sobre Cranfield, en Bedfordshire (R.U.), el 23 de agosto de 1986, convirtiéndose en la **mujer más anciana en realizar un salto en paracaídas en solitario.**

Caminar sobre alas
Con 91 años y 16 días, Thomas Lackey (R.U., nacido el 22 de mayo de 1920) cruzó el canal de la Mancha sujetado sobre las alas de un avión. El vuelo se realizó el 7 de junio de 2011, entre el aeropuerto de Lydd, Kent (R.U.), y el de Calais (Francia).

La culturista de más edad
El 20 de agosto de 2011, con 77 años, E. Wilma Conner (EE.UU., nacida el 9 de mayo de 1935) compitió en el certamen de culturismo NPC Armbrust Pro Gym Warrior Classic de 2011, en Loveland, Colorado (EE.UU.).

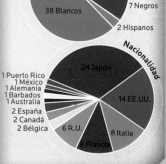

TOP 10 DE LOS ANCIANOS VIVOS

El 11 de mayo de 2012, éstas eran las 10 personas vivas más ancianas del mundo. La lista te permitirá darte cuenta de que tus posibilidades de vivir hasta una edad muy avanzada son mucho mayores si eres mujer...

1. **Besse Cooper (EE.UU.)**
nacimiento: 26 de agosto de 1896
edad: 115 años y 250 días

2. **Dina Manfredini (Italia/EE.UU.)**
nacimiento: 4 de abril de 1897
edad: 115 años y 28 días

3. **Jiroemon Kimura (Japón)**
nacimiento: 19 de abril de 1897
edad: 115 años y 13 días

4. **Misawo Okawa (Japón)**
nacimiento: 5 de marzo de 1898
edad: 114 años y 58 días

5. **Kame Nakamura (Japón)**
nacimiento: 8 de marzo de 1898
edad: 114 años y 55 días

6. **Marie-Thérèse Bardet (Francia)**
nacimiento: 2 de junio de 1898
edad: 113 años y 335 días

7. **Mamie Rearden (EE.UU.)**
nacimiento: 7 de septiembre de 1898
edad: 113 años y 238 días

8. **Hatsue Ono (Japón)**
nacimiento: 31 de octubre de 1898
edad: 113 años y 184 días

9. **Ichi Ishida (Japón)**
nacimiento: 15 de enero de 1899
edad: 113 años y 108 días

10. **Maria Redaelli-Granoli (Italia)**
nacimiento: 3 de abril de 1899
edad: 113 años y 29 días

Supercentenarios

El 11 de mayo de 2012 había 71 personas con más de 110 años. Estos «supercentenarios» están siendo estudiados por el Gerontology Research Group, que recoge datos como su edad, género, raza y nacionalidad:

Mujeres/Hombres
5 Hombres
66 Mujeres

Raza
24 Asiáticos del este
38 Blancos
7 Negros
2 Hispanos

Nacionalidad
24 Japón
14 EE.UU.
8 Italia
6 R.U.
3 Francia
1 Puerto Rico
1 México
1 Alemania
1 Barbados
1 Australia
2 España
2 Canadá
2 Bélgica

NACIMIENTOS

MÁS PESADOS...

Nacimiento

En febrero de 2012, Wang Yujuan (provincia de Henan, China) fue noticia por dar a luz a Chun Chun, que pesó al nacer la friolera de 7,03 kg, el doble del peso medio de un recién nacido. A pesar de lo extraordinario de este parto, no es nada comparado con el recién nacido de mayor peso de todos los tiempos: el 19 de enero de 1879, Anna Bates (Canadá, en la foto inferior derecha), de 2,27 m de altura, dio a luz a un niño que pesó ¡10,8 kg!

Mellizos

El 20 de febrero de 1924 Mary Ann Haskin de Fort Smith (Arkansas, EE.UU.) dio a luz a los mellizos más gruesos del mundo, cuyo peso conjunto fue de 12,58 kg.

Trillizos

Mary McDermott (R.U.) dio a luz a los trillizos más gruesos del mundo (10,9 kg), el 18 de noviembre de 1914.

Cuatrillizos

El 7 de febrero de 1989, Tina Saunders (R.U.) dio a luz a dos niñas y dos niños cuyo peso global fue de 10,42 kg, en el St. Peters Hospital de Chertsey (R.U.).

Quintillizos

Existen dos casos documentados de parto de quintillizos con un peso conjunto de 11,35 kg: el primero fue el 7 de junio de 1953, Liu Saulian (China) y el segundo se produjo el 30 de diciembre de 1956, Kamalammal (India).

MÁS LIVIANOS...

Nacimiento

El peso más bajo de un bebé superviviente al nacer es de 260 g, el de Rumaisa Rahman (EE.UU.), que nació en el Loyola University Medical Center de Maywood (Illinois, EE.UU.) el 19 de septiembre de 2004, tras una gestación de 25 semanas y 6 días.

Mellizos

El peso conjunto más bajo de un grupo de mellizos supervivientes es de 847 g. Fue el caso de Mahajabeen Shaik (India), que dio a luz a Hiba (580 g) y Rumaisa (260 g) Rahman en un parto que se realizó mediante cesárea.

La cesárea es un procedimiento quirúrgico por el que el bebé nace a través de una incisión en el abdomen de la madre.

Trillizos

Con un peso conjunto de 1.385 g, Peyton (585 g), Jackson (420 g) y Blake (380 g) Coffey (todos de EE.UU.) se convirtieron en los trillizos más livianos al nacer mediante cesárea en el University of Virginia Hospital (EE.UU.), el 30 de noviembre de 1998.

RÉCORDS DE...

Madre más prolífica

La esposa del campesino ruso Feodor Vassilyev dio a luz un total de 69 hijos. En 27 embarazos, desde 1725 hasta 1765, tuvo 16 partos de mellizos (récord del **mayor número de partos de mellizos**), siete de trillizos y cuatro de cuatrillizos (récord del **mayor número de partos de cuatrillizos**). *Más detalles en la columna derecha de la página siguiente.*

El **récord de más partos de trillizos** es de 15 y lo posee Maddalena Granata (Italia, nacida en 1839).

Más hermanos nacidos el mismo día del año

Hay sólo cinco ejemplos verificados de una madre que haya tenido dos pares de gemelos el mismo día de años diferentes. El caso más reciente es el de Tracey Bageban (R.U.), que dio a luz a Armani Jafar y Diego Mohamed el 27 de febrero de 2008 y a Elisia Christina y Dolcie Falimeh el mismo día, pero de 2011, al cabo de tres años.

Más partos de mellizos mixtos

La pareja mixta formada por Dean Durrant y Alison Spooner (ambos del R.U.) posee un récord extrañísimo desde que en marzo de 2009 Alison diera a luz a su segundo par de gemelos (Leah y Miya) con distinto color de piel. En el año 2001 ya había tenido gemelos mixtos: Hayleigh, de piel oscura, y Layren, de piel clara. La doctora Sarah Jarvis, del Royal College of General Practitioners del R.U., señaló que las probabilidades de que una mujer tenga dos partos mixtos seguramente «son de una entre millones».

Nacimiento de bebé con mayor peso y estatura
La giganta Anna Bates (Canadá), de 2,27 m de altura, dio a luz a un niño de 10,8 kg y 76 cm de estatura, el 19 de enero de 1879.

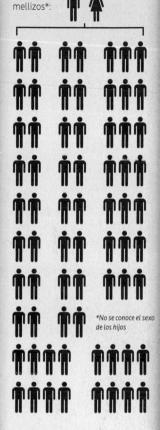

MÁS HIJOS NACIDOS DE UNA MADRE

El campesino Feodor Vassilyev de Shuya (Rusia), que vivió entre 1707 y 1782 (fechas aproximadas), tuvo 69 hijos de su primera mujer (cuyo nombre se desconoce) en un total de 27 partos: cuatro de cuatrillizos, siete de trillizos y 16 de mellizos*:

*No se conoce el sexo de los hijos

El caso fue notificado al Gobierno de Moscú el 27 de febrero de 1782 por el monasterio de Nikolsk, donde se registraron los nacimientos. Según el informe, Vassilyev se casó en segundas nupcias y tuvo otros 18 hijos en un total de ocho partos: dos de trillizos y seis de mellizos:

En la fecha del informe (1782), Vassilyev se hallaba en «perfecto estado de salud» a los 75 años y tenía un total de 87 hijos con vida.

Trillizos: datos y cifras

• Más del 90% de los trillizos son prematuros.

• Las mujeres que tienen hijos después de los 30 años, especialmente las que se someten a tratamientos de fertilidad, tienen más probabilidades de tener trillizos, así como las mujeres más altas o gruesas.

• Los trillizos idénticos comparten el 100% del ADN y el grupo sanguíneo, son del mismo sexo y tienen el mismo color de pelo y de ojos, aunque sus huellas dactilares son diferentes.

Los trillizos de mayor peso al nacer (récord actual)

En la fotografía superior, de izquierda a derecha, aparecen Gabriel James, Lilliana Mary y Nathan Andrew Kupresak (todos de Canadá), que pesaron en conjunto 7,7 kg cuando nacieron el 6 de noviembre de 2008 en el Mount Sinai Hospital de Toronto (Canadá). Nacieron tras una gestación de 37 semanas, cuatro más que la media para trillizos. Dos años después de su nacimiento todavía había una diferencia importante de talla entre los tres: Gabriel y Lilliana pesaban aproximadamente 10,8 kg cada uno y Nathan, cerca de 15,4 kg.

Niños nacidos en un solo parto

Geraldine Brodrick tuvo un parto nónuple en Sídney, Australia, el 13 de junio de 1971. Por desgracia, ninguno de los bebés sobrevivió más de seis días.

Niños supervivientes nacidos en un solo parto

Nadya Suleman (EE.UU.) dio a luz a seis niños y dos niñas en el Kaiser Permanente Medical Center de Bellflower (California, EE.UU.), el 26 de enero de 2009. Fueron concebidos con la ayuda de un tratamiento de fecundación in vitro (FIV). El parto fue prematuro, nueve semanas, y se realizó mediante cesárea.

Partos por cesárea

Entre el 15 de mayo de 1979 y el 20 de noviembre de 1998, Kristina House (California, EE.UU.) dio a luz a 11 hijos (seis niñas y cinco niños), todos por cesárea.

Prematuro

El hijo de Brenda y James Gill (ambos de Canadá), James Elgin Gill, nació el 20 de mayo de 1987. Fue 128 días prematuro y pesó 624 g.

MÁS RÉCORDS PRECOCES EN P. 106

MAYORES EN...

Ser padre

Les Colley (Australia, 1898-1998) tuvo a su noveno hijo con su tercera mujer a los 92 años y 10 meses. Colley conoció a la madre fiyiana de Oswald en 1991 a través de una agencia matrimonial.

Dar a luz

Después de un tratamiento de FIV, María del Carmen Bousada Lara (España, 1940-2009) dio a luz por cesárea a dos gemelos, Christian y Pau, a los 66 años y 358 días en Barcelona (España), el 29 de diciembre de 2006. Con ello María

también consiguió el récord de la **madre de más edad en dar a luz a gemelos**.

El 20 de agosto de 1997 Dawn Brooke (R.U.), de 59 años, tuvo un niño y se convirtió en la **madre más mayor en concebir naturalmente** (es decir, sin la ayuda de tratamientos de fertilidad). El embarazo fue accidental, pues la madre ovuló después de su última menstruación.

Dar a luz a sus nietas

Cuando tenía 56 años, Jacilyn Dalenberg, de Wooster (Ohio, EE.UU.), hizo de madre sustituta para su hija, Kim Coseno (EE.UU.), y gestó y dio a luz a sus propias nietas. Fueron trillizas prematuras por dos meses y nacieron mediante cesárea.

La mujer de mayor peso en dar a luz

Donna Simpson, de Nueva Jersey (EE.UU.), pesaba 241 kg cuando dio a luz a su hija Jacqueline el 13 de febrero de 2007 en el Akron City Hospital de Akron (Ohio, EE.UU.). Jacqueline nació tras una gestación de 37 semanas y 4 días, y pesó 4 kg. Donna, que usa la talla XXXXXXXL y, según dicen, consumía cerca de 15.000 calorías al día, sigue una dieta desde que nació su hija. En diciembre de 2011 había perdido unos 38,5 kg.

DATO: Las mujeres solo necesitan consumir una media de 2.000 calorías al día.

BODAS

TRAJES DE NOVIA

El traje de novia más caro

El joyero Martin Katz y el modisto Renee Strauss (ambos de EE.UU.) crearon un traje de novia de 12 millones de dólares, revestido con un total de 150 quilates en diamantes para el Luxury Brands Lifestyle Bridal Show, que se celebró el 26 de febrero de 2006, en el Ritz-Carlton de Marina del Rey (California, EE.UU.).

Más cristales en un traje de novia

Özden Gelinlik Moda Tasarım Ltd (Turquía) creó un vestido de novia adornado con 45.024 cristales, que fue presentado en el Forum Istanbul Shopping Mall, en Estambul (Turquía), el 29 de enero de 2011.

La cola más larga de un traje de novia

Creada por Lichel van den Ende (Países Bajos), la cola más larga de un traje de novia llegó a medir 2,48 km. En concreto, fue presentada y medida en Zoetermeer (Países Bajos), el 22 de diciembre de 2009.

El velo de novia más largo

En la boda de Sandra Mechleb y Chady Abi Younis (ambos del Líbano), celebrada en Arnaoon (Líbano) el 18 de octubre de 2009, Sandra lució un velo de 3,35 km de largo.

TARTAS

El trozo de tarta nupcial más caro

Una porción de la tarta de la boda de los duques de Windsor en 1937 se vendió en Sotheby's de Nueva York (EE.UU.) el 27 de febrero de 1998 por 29.900 dólares. La adquirieron Benjamin y Amanda Yin de San Francisco (EE.UU.).

La tarta nupcial más antigua

Dos trozos de la tarta nupcial de la reina Victoria y el príncipe Alberto, conservados desde el día de su boda, el 10 de febrero de 1840, se expusieron por vez primera el 27 de abril de 2007 en la Drawings Gallery del castillo de Windsor (Windsor, Reino Unido). El día que se inauguró la exposición, que versaba sobre matrimonios reales, la tarta tenía 167 años, 2 meses y 17 días de antigüedad.

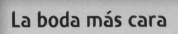

¡Díselo con flores!

En la boda de Arulanatham Suresh Joachim (Australia) y Christa Rasanayagam (Canadá), el 6 de septiembre de 2003, Christa llevó el ramo de novia más grande:

• 60,09 m de longitud

• 92 kg de peso

• 1.500 flores, entre las que había: 500 rosas, 400 claveles, 340 ramitos de gipsófilas, 200 margaritas y 60 azucenas

La ceremonia tuvo lugar en la King Catholic Church de Mississauga (Ontario, Canadá).

MÁS VIEJOS...

La novia

Minnie Munro, de 102 años, se casó con Dudley Reid, de 83 años (ambos de Australia) en Point Clare (Nueva Gales del Sur, Australia), el 31 de mayo de 1991.

El novio

Harry Stevens se convirtió en el novio de mayor edad al casarse a los 103 años con Thelma Lucas, de 84 (ambos de EE.UU.), en el Caravilla Retirement Home de Wisconsin (EE.UU.), el 3 de diciembre de 1984.

La dama de honor

El 31 de marzo de 2007, Edith Gulliford (Reino Unido, 12 de octubre de 1901-29 de abril de 2008) fue dama de honor en la boda de Kyra Harwood y James Lucas (ambos de R.U.) en Commissioner's House (Chatham, Reino Unido), a los 105 años y 171 días.

La boda más cara

En la boda de Vanisha Mittal, hija del multimillonario Lakshmi Mittal, con el banquero Amit Bhatia (todos de India), se tiró la casa por la ventana. La boda, que tuvo una duración de seis días y se celebró en Versalles (Francia) en 2004, incluyó una recreación del noviazgo de la pareja y una ceremonia de compromiso en el Palacio de Versalles por todo lo alto. Éste ha sido el único acto privado que se ha celebrado nunca en este lugar. Shah Rukh Khan y Kylie Minogue fueron algunos de los artistas que actuaron durante el banquete. La factura que pagó el padre de la novia ascendió a 55 millones de dólares.

El padrino

Gerald W. Pike (EE.UU., nacido el 12 de octubre de 1910) fue padrino en la boda de Nancy Lee Joustra y Clifford Claire Hill (ambos de EE.UU.), celebrada el 26 de marzo de 2004 en el condado de Kent (Michigan, EE.UU.). Tenía entonces 93 años y 166 días.

Los novios al casarse (suma de edades)

El 1 de febrero de 2002, François Fernandez (Francia, nacido el 17 de abril de 1906) y Berthe Andrée «Madeleine» Francineau (Francia, nacida el 15 de julio de 1907) contrajeron matrimonio en la residencia Le Foyer du Romarin de Clapiers (Francia), cuando tenían 96 años y 290 días, y 94 años y 201 días, respectivamente. La suma de sus edades en la fecha de la boda fue de 191 años y 126 días.

La mayor boda subacuática

A la ceremonia nupcial entre Francesca Colombi y Giampiero Giannoccaro (ambos de Italia) asistieron más de 261 buceadores. El acto fue organizado por la empresa Mares SpA (Italia), en la playa de Morcone (Capoliveri, Elba, Italia) el 12 de junio de 2010. Los novios pudieron comunicarse gracias a unos relojes proporcionados por Mares, con una función especial de «sí» y «no» en la pantalla. El alcalde de Capoliveri, que celebró la boda, se comunicó con la pareja empleando unas pizarras de plástico impermeables con los textos escritos previamente.

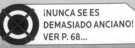

¡NUNCA SE ES DEMASIADO ANCIANO! VER P. 68...

El pastel de boda más pesado

6,8 toneladas

Con un apabullante peso de 6,818 toneladas, el mayor pastel nupcial se exhibió durante el New England Bridal Showcase, en el Mohegan Sun Hotel y Casino de Uncasville (Connecticut, EE.UU.), el 8 de febrero de 2004. La tarta tenía siete pisos, pesaba más que un elefante macho y habría podido alimentar a 59.000 personas. Fue creada por el chef Lynn Mansel del Mohegan Sun y un equipo de 57 chefs y artesanos pasteleros. Para levantar cada piso se necesitaron dos carretillas elevadoras.

Más parejas casadas bajo el agua simultáneamente

El día de San Valentín de 2001 (14 de febrero), 34 parejas de 22 países contrajeron matrimonio al mismo tiempo bajo el agua, a 10 m de profundidad, cerca de la isla de Kradan (sur de Tailandia). El servicio submarino fue organizado por Trang Chamber of Commerce y Thai Airways International.

La primera boda robótica

Un robot llamado *I-Fairy* dirigió la ceremonia nupcial entre dos aficionados a los robots, Tomohiro Shibata y Satoko Inoue (ambos de Japón), en Tokio (Japón), el 16 de mayo de 2010.

BODAS INSÓLITAS

Más invitados a una boda

El 7 de septiembre de 1995, más de 150.000 personas asistieron a la boda de V. N. Sudhakaran con N. Sathyalakshmi (ambos de India). La ceremonia, celebrada en una finca de 20 ha en Madrás (India) y retransmitida a través de pantallas, registró el **mayor número de invitados a un banquete de boda.**

La primera boda en gravedad cero

Erin Finnegan y Noah Fulmor (ambos de EE.UU.) estaban en las nubes cuando se casaron el 23 de junio de 2009. Su boda ingrávida se celebró a bordo del *G-Force One*, un Boeing 727-200 modificado.

Más bodas en una telenovela

En la telenovela británica *Coronation Street* se celebraron un total de 79 bodas. La primera, el 8 de marzo de 1961.

La boda más masiva en una cárcel

El 14 de junio de 2000, un grupo de 120 internos de la cárcel de Carandiru (São Paulo, Brasil) se casaron con sus novias, en una ceremonia masiva organizada por los funcionarios de la prisión y voluntarios de 19 iglesias de la zona.

Aunque las novias lucieron el traje blanco tradicional, los novios no pudieron llevar los pantalones del traje, sino los del uniforme de la prisión.

La mayor boda de perros

Algunas personas se empeñan en comprometer a sus perros. Un grupo de 178 parejas de chuchos se unieron en la gala «Bow Wow Vows», organizada por el Aspen Grove Lifestyle Center (Aspen, EE.UU.), el 19 de mayo de 2007.

DATO: La edad promedio a la que se casan las mujeres en el Reino Unido es actualmente de 30 años. En 1981 era de 23.

LA MAYOR TASA DE MATRIMONIOS

A algunos países les atrae más la idea del matrimonio que a otros. A continuación, se ofrece una lista de los índices de matrimonio más altos. (Número de bodas por 1.000 habitantes; cifras de 2009 o último año con datos.)

10 Barbados	10,1	
9 Jordania	10,4	
8 Bermudas	11,2	
7 Irán	11,3	
6 Mongolia	12,4	
5 Guam	13,3	
4 Tayikistán	13,7	
3 Islas Vírgenes Británicas	19,6	
2 Antigua y Barbuda	21,7	
1 Islas Vírgenes (EE.UU.)	35,8	

LA MENOR TASA DE MATRIMONIOS

El matrimonio no es para todo el mundo. He aquí una lista de los países que no prestan tanta atención a las campanas de boda...

1 Colombia	
2 Qatar	2,2
3 Botsuana	
3 = Venezuela	2,5
5 Perú	2,7
6 Santa Lucía	2,8
7 Argentina	3,0
8 Andorra	3,1
9 Chile	
10 Eslovenia	3,3

Fuente: The Economist

PARTES DEL CUERPO

BÍCEPS ENORMES · GRANDES PEINADOS MOHICANOS · PELO QUE NO DEJA DE CRECER

La lengua más larga

Stephen Taylor (R.U.) ostenta el récord de la lengua más larga, que alcanza los 9,8 cm desde la punta hasta el centro de su labio superior cerrado. Fue medida en el Westwood Medical Centre, en Coventry (R.U.), el 11 de febrero de 2009.

La **mujer con la lengua más larga** es Chanel Tapper (EE.UU.). Alcanza los 9,75 cm desde la punta hasta el centro del labio. Fue medida en California (EE.UU.), el 29 de septiembre de 2010.

El mayor número de dientes

El 17 de octubre de 2008, tanto Kanchan Rajawat (India) como Luca Meriano (Italia) contaban con un conjunto más que completo de 35 dientes de adulto.

La persona de más edad en crecerle un nuevo diente

Párate a pensar en Brian Titford (Australia, nacido el 14 de enero de 1933): en marzo de 2009, con 76 años, le nacieron las muelas del juicio superiores. Su dentista se las extrajo para restablecer la estabilidad de su prótesis dental.

La persona más joven en extraerle una muela del juicio

Matthew Adams (EE.UU., nacido el 19 de noviembre de 1992) tuvo que extraerse las dos muelas del juicio inferiores en el Midland Oral and Maxillofacial Surgery, en Michigan (EE.UU.), el 24 de octubre de 2002. Tan sólo tenía 9 años y 339 días.

Más dedos en manos y pies en una persona viva

El mayor número de dedos en manos y pies de una persona viva es de 25, repartidos 12 en las manos y 13 en los pies. Dos ciudadanos indios ostentan este récord: Pranamya Menaria (nacido el 10 de agosto de 2005) y Devendra Harne (nacido el 9 de enero de 1995). Esta abundancia digital es el resultado de los trastornos congénitos de polidactilia (multiplicidad de los dedos en manos o pies) y sindactilia (en la que los dedos de manos o pies se han fusionado).

Menos dedos de los pies

Algunos miembros de la tribu wadomo, del valle del Zambeze (Zimbabue), y de la tribu kalanga, de la zona oriental del desierto del Kalahari (Botsuana), nacen con sólo dos dedos en los pies. Los tres dedos centrales han desaparecido y los dos dedos exteriores están vueltos hacia el interior. Esta alteración se transmite por medio de un único gen mutado.

El pie más grande de todos los tiempos

Robert Wadlow (EE.UU., 1918-1940), el **hombre más alto de todos los tiempos**, calzaba una talla 37AA según el sistema norteamericano (en Europa sería aproximadamente una talla 75), lo que equivale a 47 cm de longitud.

Excluyendo los casos de elefantiasis, los **pies más grandes de una persona viva** son los de Brahim Takioullah (Marruecos), cuyo pie izquierdo mide 38,1 cm y el derecho 37,5 cm. Las mediciones se realizaron en Paris (Francia), el 24 de mayo de 2011.

El brazo más voluminoso (hombre)

¡Alerta, Popeye! El culturista Mustafá Ismail (Egipto) tiene un brazo derecho que mide 63,5 cm de circunferencia cuando está flexionado y 60,96 cm en reposo. Su brazo izquierdo mide 64,77 cm de circunferencia cuando está flexionado y 62,23 cm en reposo. La medición de sus músculos —el bíceps y el tríceps— se hizo en Franklin, Massachusetts (EE.UU.), y se verificó el 24 de noviembre de 2011.

Las uñas de las manos más largas de todos los tiempos (hombre)

Las uñas de las manos de Melvin Boothe (EE.UU., 1948-2009) sumaban 9,85 m de longitud cuando fueron medidas en Troy, Michigan (EE.UU.), en mayo de 2009.

La última vez que se midieron, en 2004, las uñas de la mano izquierda de

Shridhar Chillal (India) alcanzaban los 7,05 m de longitud: las **uñas más largas de una mano.**

Más tiempo con los globos oculares fuera de sus órbitas

Keith Smith (EE.UU.) mantuvo sus ojos fuera de sus órbitas durante 53,01 segundos. El escenario del récord se celebró en Madrid (España), el 28 de enero de 2009.

La familia más peluda

Víctor «Larry» Gómez, Gabriel «Danny» Ramos Gómez, Luisa Lilia De Lira Aceves y Jesús Manuel Fajardo Aceves (todos de México) son cuatro miembros de una familia de 19, que abarca cinco generaciones, en la que todos tienen el síndrome llamado hipertricosis generalizada congénita, caracterizada por un exceso de pelo en el rostro y en el torso. Las mujeres tienen una capa de pelo entre ligera y media y los hombres tienen un pelo grueso que abarca un 98% de sus cuerpos.

Inglaterra en la década de 1770, y fue miembro de un circo ambulante, tenía una nariz de 19 cm de largo.

La **nariz más larga de una persona viva** mide 8,8 cm y pertenece a Mehmet Ozyurek (Turquía).

La piel más elástica

Garry Turner (R.U.) tiene una extraña alteración genética llamada síndrome de Ehlers-Danlos. Es un trastorno de los tejidos conectivos que afecta a la piel, los ligamentos y los órganos internos. Garry es capaz de estirar la piel de su estómago hasta alargarla 15,8 cm.

La alteración afecta al colágeno que la fortalece y determina su elasticidad. Sus efectos incluyen la distensión de la piel y la «hipermovilidad» de las articulaciones.

Más sobre Mustafá...

- Mustafá comenzó a practicar culturismo cuando vivía en Egipto.
- A principios de 2011 se trasladó a EE.UU. para participar en competiciones de culturismo.
- Trabaja como encargado de una gasolinera, pero su sueño es convertirse en culturista profesional algún día.

El corte de pelo mohicano más alto

Cuando se trata de cortes de pelo al estilo mohicano, los logros de un hombre destacan por encima del resto. El 28 de octubre de 2011, Kazuhiro Watanabe (Japón) lucía un enorme peinado mohicano de 113,5 cm de altura. El elevado logro de Kazuhiro batió fácilmente su propio récord mundial: el 10 de enero de 2011 su corte mohicano había sido medido en Sapporo, Hokkaido (Japón), alcanzando «tan sólo» 105 cm de altura. Y con esa marca ya había superado en 25 cm al poseedor del récord anterior...

1,7 m de alto

El pelo más largo (mujeres)

La cabellera de Xie Qiuping (China) medía 5,627 m, el 8 de mayo de 2004.

La barba más larga de todos los tiempos

La barba de Hans N. Langseth (Noruega) medía 5,33 m en el momento de su entierro en Kensett, Iowa, en 1927, después de 15 años de residencia en EE.UU. Su barba de récord fue donada a la Smithsonian Institution, en Washington, DC (EE.UU.), en 1967.

La **barba más larga de un hombre vivo** mide 2,495 m. Pertenece a Sarwan Singh (Canadá), sacerdote del templo de Guru Nanak Sikh, en Surrey, Columbia Británica (Canadá).

La nariz más larga de todos los tiempos

Hay datos históricos que dicen que Thomas Wedders, que vivió en

Las uñas más largas de todos los tiempos (mujer)

Lee Redmond (EE.UU.) empezó a dejarse crecer las uñas en 1979, cuidándolas hasta alcanzar una longitud de 8,65 m, tal como pudo verificarse en Madrid (España) el 23 de febrero de 2008. Lamentablemente, a principios de 2009, Lee perdió sus uñas en un accidente de coche.

La actual propietaria de las uñas más largas es la cantante Chris «The Dutchess» Walton (EE.UU.). Sumadas las uñas de su mano izquierda, miden 309,8 cm y las de la derecha 292,1 cm, por tanto da un total de 601,9 cm. Se comprobó en Las Vegas, Nevada (EE.UU.), el 21 de febrero de 2011.

La cintura más grande

Con una dieta diaria que incluía múltiples hamburguesas, bistecs de cerdo, embutidos y pollos, no es de extrañar que el «rey barriga», Walter Hudson (EE.UU., 1944-91), tuviera la cintura más expansiva, con 302 cm. El peso máximo de Walter fue 545 kg.

La mayor rotación externa de pies

Moses Lanham (EE.UU.) hace que las miradas se vuelvan cuando él gira los pies. Los hizo rotar hacia el exterior, hasta alcanzar un ángulo de 120°, en el plató de *Lo Show dei Record*, en Milán (Italia), el 10 de marzo de 2011. Ese mismo día, Moses también batió el **récord de caminar 20 m con los pies encarados hacia atrás**, en un tiempo de 19,59 segundos.

INSTANTÁNEA

• A los 14 años, en la escuela, Moses cayó mal desde unas barras de gimnasia y, en apariencia, se rompió los pies. Sorprendentemente, no fue demasiado doloroso para él...

• Después de muchas pruebas y placas de rayos X, los médicos confirmaron que Moses tenía, seguramente de nacimiento, una configuración única de músculos y ligamentos, lo que significa que tiene la capacidad de girar completamente los pies.

• El hijo de Moses también puede doblar los pies hasta un grado inusual.

LOS PELOS HUMANOS MÁS LARGOS

Los pelos son finas hebras de proteínas (sobre todo queratina, de la que también están compuestas las uñas) que crecen por todo el cuerpo, excepto en zonas como las plantas de los pies, las palmas de las manos y los labios.

TAMAÑO REAL

22,8 cm
18,1 cm
16,51 cm
15,16 cm
14,61 cm
6,99 cm
0,00 cm

Pestaña
Pelo del brazo
Pelo del pezón
Pelo de la pierna
Pelo del oído
Ceja
Pelo del pecho

EXTRAÑA BELLEZA

Más *piercings* faciales

Axel Rosales, de Villa María (Argentina), tenía 280 *piercings* en su rostro el 17 de febrero de 2012. El día de la concesión del récord Guinness, el recuento situó su marca en 271, pero Axel quería un número redondo, por lo que invitó a un *piercer*, amigo suyo, para que le añadiera nueve más y alcanzar así el total de 280.

Las mayores escarificaciones

Las mujeres de los pueblos Tiv y Nuba, de Nigeria, en el oeste de África, pasan por rituales de extrema escarificación como parte de un rito de transición (en el caso de las nuba) o para acentuar su belleza. Las cicatrices se hacen utilizando un cuchillo o, de un modo más tradicional, piedras o fragmentos de vidrio o de corteza de coco. Esas profundas heridas se frotan con jugos de plantas venenosas para provocar la inflamación de las lesiones o «queloides».

Los mayores discos labiales

Para el pueblo etíope de los Surma, los discos labiales tienen una función económica. El proceso de inserción de estos discos (hechos por las propias mujeres con arcilla local) comienza alrededor de un año antes del matrimonio, y su tamaño final indica el número de cabezas de ganado que la familia de la chica requiere al futuro esposo a cambio de pedir la mano. Los discos pueden alcanzar los 15 cm de diámetro, lo que vendría a representar la entrega de unas 50 cabezas de ganado.

El cuello más largo

La máxima elongación conocida de un cuello humano llega a los 40 cm. Se provoca mediante la sucesiva colocación de aros de cobre, una práctica llevada a cabo por las mujeres de la tribu Padaung o Kareni de Myanmar, y es un signo de belleza.

TATUAJES

La persona más tatuada

El tragasables, malabarista con motosierras y equilibrista de monociclo, Lucky Diamond Rich (Australia, nacido en Nueva Zelanda) es la máxima expresión de la superposición de capas de tatuajes, tras más de 1.000 horas modificando su cuerpo. Comenzó con una colección de coloridos diseños de todo el mundo tatuados sobre su cuerpo. A continuación, optó por cubrirlo al 100% con tinta de color negro, incluyendo los párpados, la delicada piel que hay entre los dedos de los pies, el interior de las orejas e incluso sus encías. Ahora está siendo tatuado con dibujos blancos sobre la capa negra, y con dibujos de colores sobre los blancos.

El anciano más tatuado

Tom Leppard (R.U., nacido hacia 1934) tiene el 99,9% de su cuerpo cubierto de tatuajes. Tom optó por el dibujo de una piel de leopardo, con todo el espacio entre los puntos oscuros, tatuado de color amarillo azafrán. En 2008, después de haber vivido solo en una cabaña en la isla de Skye (R.U.), durante 20 años, se trasladó a uno de los pueblos de la isla, Broadford.

La **anciana más tatuada** es Isobel Varley (Reino Unido, nacida en 1938), que tenía el 93% de su cuerpo cubierto de tatuajes, según reveló en el plató de *Lo Show dei Record*, en Milán (Italia), el 25 de abril de 2009.

La sesión de tatuaje más larga (varias personas)

Michael Cann (EE.UU.) tatuó a varias personas en una sesión maratoniana de 35 h 8 min, durante el Skipass 2010, en Suffolk, Virginia (EE.UU.), los días 18 y 19 de noviembre de 2011.

La **sesión de tatuaje más larga de un equipo de dos** duró

Tatuajes increíbles

• **Más tatuajes de huesos:** El 27 de abril de 2011, Rick «Rico» Genest (Canadá) tenía 139 huesos tatuados en su cuerpo. En la misma fecha, también era quien tenía **más insectos tatuados:** 176

• **Más tatuajes de banderas:** Guinness Rishi (India) se tatuó 366 banderas, entre julio de 2009 y julio de 2011

• **Más tatuajes de piezas de puzle:** El 13 de abril de 2011, el artista The Enigma (EE.UU., también conocido como Paul Lawrence) tenía 2.123 tatuajes con forma de piezas de puzle.

La mujer más tatuada

Médicos colegiados confirmaron, el 31 de marzo de 2011, que algo más del 96% del cuerpo de Cynthia J. Martell (EE.UU.) estaba cubierto de tatuajes. Cynthia –de Parker, Arizona (EE.UU.)– fue tatuada con regularidad durante cinco años hasta alcanzar su récord.

DATO: Las palmas de las manos de Cynthia, y las plantas de los pies son las únicas zonas de su cuerpo que no tienen tatuajes.

La lengua con más *piercings*

El 17 de febrero de 2012, Francesco Vacca, de Belleville, New Jersey (EE.UU.), tenía 16 *piercings* en su lengua. De hecho, Francesco quiere quitarse todos los *piercings*... pero sólo para aprovechar mejor el espacio. ¡Espera que entonces pueda colocarse el doble!

50 horas y fue lograda por el tatuador Tyson Turk y el tatuado Chris Elliott (ambos de EE.UU.), en el Tyson Turk Body Mod Studio, Texas (EE.UU.), entre los días 9 y 11 de septiembre de 2011.

Más tatuajes en 24 horas por un único artista

Hollis Cantrell (EE.UU.) realizó 801 tatuajes en 24 horas en Artistic Tattoo, en Fénix, Arizona (EE.UU.), el 16 de noviembre de 2008.

El **mayor número de tatuajes realizados en ocho horas por un único artista** son 331, récord logrado por John McManus (EE.UU.) en el Joker's Tattoo Studio de Luisiana (EE.UU.), el 31 de octubre de 2008.

PIERCINGS

Más *piercings* en toda la vida (mujer)

Desde que se colocó su primer *piercing* en enero de 1997, y hasta el 8 de junio de 2006, Elaine Davidson (Brasil/R.U.) se hizo 4.225 *piercings*. Esta antigua dueña de un restaurante está constantemente añadiendo y sustituyendo piezas, sobre todo en la cara, y eso es lo que refleja dicha cantidad.

Elaine también ostenta el récord de **mayor número de *piercings* llevados de modo simultáneo**. En un recuento realizado el 4 de mayo de 2000, se constató que tenía un total de 462 *piercings*: 192 en el área facial, incluyendo las orejas, la frente, las cejas, la barbilla, la nariz y la lengua (30),

56 en el cuerpo, incluyendo el vientre, los senos y las manos, y 214 adornando su zona púbica.

El **hombre con más *piercings*** es Rolf Buchholz (Alemania). El 22 de febrero de 2012 Rolf tenía 453, incluyendo 158 alrededor de los labios.

Mayor número de *piercings* hechos con agujas quirúrgicas del calibre 18

El 2 de mayo de 2009, Jeremy Stroud (EE.UU.) tenía 1.197 *piercings* hechos con agujas quirúrgicas del calibre 18, que se colocó en su cuerpo, en el Tyson Turk Tattoo Studio, en Arlington, Texas (EE.UU.). Jeremy batió así su récord anterior, cuando se perforó la espalda con 901 agujas.

Más personas en hacerse un *piercing* en una hora

Rhonda Polley (Australia) colocó *piercings* a 64 personas, en el Body Pleasure Piercing Studio, en Melbourne (Australia), el 18 de septiembre de 2010.

DATO:
La lengua tiene más de 2.000 papilas gustativas, y todos tenemos una «huella lingual» diferente.

INSTANTÁNEA

• El piercer de Francesco, que también asistió a la sesión fotográfica, conoce a otra leyenda del GWR de la moda corporal: Lucky Diamond Rich.

• Francesco es cazador de recompensas autorizado en su estado natal, Nueva Jersey (EE.UU.).

Más modificaciones corporales

María José Cristerna (México) se ha sometido a un total de 49 modificaciones corporales, incluyendo una significativa cobertura de tatuajes, una serie de implantes transdérmicos en la frente, pecho y brazos, y múltiples *piercings* en las cejas, labios, nariz, lengua, lóbulos de las orejas, ombligo y pezones.

4 cuernos implantados en la frente

10 *piercings* en la ceja izquierda

2 implantes metálicos transdérmicos

3 perforaciones en la ceja derecha

Piercings expansores en ambos lóbulos de las orejas

4 barras en tabique nasal

Tatuajes que cubren cerca del 95% de su cuerpo

1 anillo interno en la nariz

3 *piercings* en el labio

5 implantes en el pecho

DATO:
María también es conocida como «La mujer vampiro mexicana».

CIRUGÍA ESTÉTICA

Los tatuajes, *piercings* y modificaciones corporales no son para todos, por supuesto. La búsqueda de la belleza ideal ve como cada vez más gente acude a la cirugía estética. GWR echa un vistazo a ese mundo.

TOP CINCO DE LAS OPERACIONES DE ESTÉTICA

En 2011, se realizaron más de 13 millones de operaciones de cirugía estética en EE.UU.:

1. Aumento de pecho: 307.180 (el 4% más que en 2010)

2. Rinoplastia: 243.772 (el 3% menos que en 2010)

3. Liposucción: 204.702 (el 1% más que en 2010)

4. Cirugía de párpados: 196.286 (el 6% menos que en 2010)

5. *Lifting* facial: 119.026 (el 5% más que en 2010)

Kristina Ray (Rusia) ha recibido más de 100 inyecciones de silicona para aumentar el tamaño de sus labios.

TOP CINCO DE LOS PROCEDIMIENTOS COSMÉTICOS «MÍNIMAMENTE INVASIVOS»

Cuando se trata de la cirugía menos agresiva, los implantes de botox son la intervención más solicitada:

1. Botox: 5.670.788 (el 5% más que en 2010)

3. *Peeling* químico: 1.110.464 (el 3% menos que en 2010)

2. Implantes de «tejidos blandos» (por ejemplo, colágeno): 1.891.158 (el 7% más que en 2010)

4. Depilación láser: 1.078.612 (el 15% más que en 2010)

5. Microdermoabrasión: 900.439 (el 9% más que en 2010)

(Fuente: American Society of Plastic Surgeons. Datos de 2011)

MÁS GRANDES...

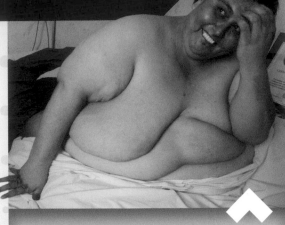

de cada hermano medía 213 cm de circunferencia.

MÁS ALTOS...

El actor

Matthew McGrory (EE.UU., 1973-2005) medía 229 cm. Su carrera cinematográfica empezó en 1999 con *The Dead Hate the Living!* (EE.UU., 2000), y también apareció en *Big Fish* (EE.UU., 2003), de Tim Burton, donde interpretó el papel de Karl el Gigante junto con Ewan McGregor.

Dos actores poseen el título del **actor más alto en un papel protagonista,** con una estatura de 194 cm. Christopher Lee (R.U.) ha encarnado a casi todos los personajes principales en películas de terror desde 1958. Vince Vaughn (EE.UU.) interpretó su primer papel protagonista en *Regreso al Paraíso* (EE.UU., 1998).

Cuatro mujeres comparten el récord de la **actriz más alta en un** papel protagonista. Margaux Hemingway (EE.UU., 1955-1996), Sigourney Weaver (EE.UU.), Geena Davis (EE.UU.) y Brigitte Nielsen (Dinamarca) miden 182 cm.

El jugador de baloncesto

Suleiman Ali Nashnush (1943-1991) medía 245 cm cuando jugó con la selección nacional de Libia, en 1962.

La persona más pesada que termina un maratón

Kelly Gneiting (EE.UU.), con un peso de 181,44 kg, concluyó el Maratón de Los Angeles (California, EE.UU.), el 20 de marzo de 2011, en 9 h, 48 min y 52 s.

MÁS PESADOS...

El hombre

La persona más pesada que registran los anales de la medicina, fue Jon Brower Minnoch (EE.UU., 1941-1983), quien había padecido obesidad mórbida desde la infancia; con 185 cm de estatura, pesaba 178 kg en 1963, 317 kg en 1966 y 442 kg en septiembre de 1976.

En marzo de 1978, Minnoch, ingresó en el University Hospital de Seattle (Washington, EE.UU.), donde el Dr. Robert Schwartz, especialista en endocrinología, le calculó un peso de más de 635 kg, consistentes en gran parte en una retención de líquidos causada por su cardiopatía congestiva.

La mujer

Se asegura que Rosalie Bradford (EE.UU., 1943-2006) registró un peso máximo de 544 kg, en enero de 1987.

La **mujer viva más pesada** es Pauline Potter (EE.UU.), de Sacramento (California, EE.UU.), que pesaba 291,6 kg, el 13 de mayo de 2010.

Los gemelos

Billy Leon (1946-1979) y Benny Loyd (1946-2001) McCrary, alias McGuire (ambos de EE.UU.), se mantuvieron en un peso medio hasta los seis años de edad. En noviembre de 1978, Billy y Benny pesaban 337 kg y 328 kg, respectivamente. La cintura

El hombre vivo más pesado

El hombre vivo más pesado del mundo es Manuel Uribe (México), que pesaba 444,6 kg en marzo de 2012. En enero de 2006, Manuel marcó un peso máximo de 560 kg; desde entonces –y con ayuda médica– ha ido perdiendo peso de manera paulatina. Aunque lleva postrado en cama desde el año 2002, Manuel se casó con su segunda esposa, Claudia Solis, en 2008.

La tribu más alta

Los tutsi (también conocidos como watusi) son la tribu más alta del mundo; los varones adultos alcanzan una estatura media de 180 cm. Los tutsi son oriundos de Ruanda y Burundi, en África Central.

Conoce el sumo

• Deporte favorito de Japón, el sumo es una variedad de lucha libre que se originó hace siglos.

• Los combates de sumo se desarrollan en un cuadrilátero elevado que se llama *dohyô.*

• El luchador (o *rikishi,* que significa «hombre fuerte») que pierde es el que abandona primero el cuadrilátero o el que toca el suelo con cualquier parte del cuerpo, salvo las plantas de los pies.

• A un campeón de sumo se le denomina *yokozuna;* los campeones nunca pierden sus títulos, pero tienen que retirarse cuando su rendimiento decae.

La deportista más pesada

La deportista más pesada que se dedica a la competición es Sharran Alexander, de Londres (R.U.), que pesaba 203,21 kg el 15 de diciembre de 2011. Sharran, compite en todo el mundo como luchadora de sumo *amateur,* y está reconocida por la British Sumo Federation (R.U.). Esta estrella del sumo, con 180 cm de estatura, piensa retirarse del circuito de competición en 2013, cuando cumpla los 48 años.

DATO:
Sharran cena pasta, pasteles, copos de maíz, pollo y mucho arroz; ¡5.000 calorías diarias!

DATO:

Los gemelos vivos más altos

Michael y James Lanier (EE.UU.) miden 223 cm de altura. Ann y Claire Recht (EE.UU.) son las **gemelas más altas,** con 201 cm. Ambos pares de gemelos son idénticos.

El boxeador

El boxeador profesional más alto fue Gogea Mitu (Rumanía, 1914-1936); en 1935 medía 223 cm de estatura y pesaba 148 kg. John Rankin, que ganó un combate en Nueva Orleans (Luisiana, EE.UU.), en noviembre de 1967, medía también 223 cm de altura. Jim Cully (Irlanda), «El Gigante de Tipperary», que boxeó y practicó la lucha libre en la década de 1940, alcanzaba, al parecer, la misma estatura.

El príncipe heredero

Actual heredero al trono de España, el Príncipe de Asturias, don Felipe de Borbón y Grecia (España), mide 197 cm.

El adolescente más alto de todos los tiempos

A los 17 años, Robert Wadlow (EE.UU., 1918-1940) medía 245 cm, y creció hasta ser el **más alto de todos los tiempos**, con 272 cm cuando se le midió, el 27 de junio de 1940. Fotografía superior, a los 18 años con su familia, y a la derecha, a los 10 años, con un chico de 11 años.

El hombre más alto

Sultan Kösen (Turquía) es la persona viva más alta del mundo; la última vez que se le midió fue en Ankara (Turquía), el 8 de febrero de 2011, con 26 años, y dio la increíble estatura de 251 cm. Esta fotografía se tomó en una cancha de baloncesto de Manhattan (Nueva York, EE.UU.). Es un gran aficionado al baloncesto; siendo adolescente, fichó por el Galatasaray, pero resultó ser *idemasiado* grande para jugar!

El jugador de hockey sobre hielo (NHL)

Con 205 cm de altura, el jugador Zdeno Chára (Eslovaquia), de los Boston Bruins (EE.UU.), es el jugador más alto de la historia de la National Hockey League.

La adolescente más alta

Anna Haining Bates, con el apellido de soltera Swan (Canadá, 1846-1888), había alcanzado los 241 cm a los 15 años de edad. Siendo ya adulta, estableció otro récord mundial; ver p. 70.

La modelo profesional

Amazon Eve (EE.UU.) dio una estatura de 201 cm cuando se la midió el 25 de febrero de 2011.

La tenista de Grand Slam

Ivo Karlović (Croacia) mide 208 cm, una estatura superior a la de cualquier otro jugador de Grand Slam de la historia.
Juan Martín del Potro (Argentina) medía 198 cm cuando triunfó en el Abierto de EE.UU., en Nueva York (EE.UU.), el 14 de septiembre de 2009, lo que lo convierte en el **tenista más alto que jamás ha ganado un Grand Slam**.

La mujer viva más alta

Yao Defen (China, a la derecha) medía 231 cm de estatura cuando se efectuó la última comprobación. Zeng Jinlian (China, 1964-1982) medía 248 cm cuando murió, lo que la convierte en la **mujer más alta de todos los tiempos**.

RÉCORDS MUNDIALES EN BALONCESTO, VER LA P. 250

PAÍSES POR ALTURA

Según Statistics Netherlands, los holandeses son, por término medio, los **ciudadanos más altos del mundo**, pues alcanzan los 181 cm de estatura; los **ciudadanos más bajos** son los camboyanos, con 160,3 cm.

Camboyanos: 160,3 cm.
Media: 168,1 cm
Holandeses: 181 cm

PAÍSES POR PESO

El índice de masa corporal (IMC) es un cálculo que resulta de dividir el peso de una persona por el cuadrado de su estatura; lo ideó Adolphe Quetelet (Bélgica) en el s. XIX para determinar el grado de obesidad en la población. Según el Global Burden of Metabolic Risk Factors of Chronic Diseases Collaborating Group, los naturales de la isla de Nauru, en el Pacífico sur, son los ciudadanos más pesados, con un IMC medio de 34,4, mientras que los de Bangladesh son los más livianos, con un promedio de 20,4.

Bangladesíes: 20,4
Media: 25,5
Nauruanos: 34,4

Fuentes: Interbasket; Global Burden of Metabolic Risk Factors of Chronic Diseases Collaborating Group

MÁS BAJOS...

Los hermanos más bajos

Bridgette y Brad Jordan (ambos de EE.UU.) miden 69 y 98 cm, respectivamente, lo que les confiere una altura conjunta de 167 cm. Su reducida estatura se debe a que nacieron con un tipo II de enanismo primordial osteodisplásico de Majewski. Ambos disfrutan de una vida plena y activa; Bridgette quiere ser modelo.

El hombre más bajo

En febrero de 2012, Guinness World Records viajó hasta Katmandú, la capital de Nepal, para investigar el caso de un hombre de 72 años al que se le atribuía una estatura 5 cm inferior a la del hombre vivo más bajo en este momento: Junrey Balawing (Filipinas), de 59,9 cm. Después de sucesivas mediciones (ver más abajo) realizadas en el CIWEC Travel Clinic Medicina Center del distrito de Lainchaur, Chandra Bahadur Dangi, natural de Reemkholi (Nepal), demostró en efecto ser aún más bajo, con un promedio de 54,6 cm. Esto lo convierte también en el **hombre más bajo jamás medido.**

La mujer más baja

El 16 de diciembre de 2011, la que fuera la **adolescente viva más baja**, Jyoti Amge (India), cumplió 18 años, con lo cual pasó a corresponderle el título de la **mujer más baja del mundo**. El Dr. Manoj Pahukar, especialista en ortopedia, llevó a cabo las mediciones oficiales en el Wockhardt Hospital de Nagpur (India) en presencia de Rob Molloy, representante de Guinness World Records. La estatura media de Jyoti fue de 62,8 cm: 6,2 cm menos que la anterior poseedora del récord.

Las mediciones de estatura

Al evaluar las aspiraciones a los récords absolutos de «más bajo» y «más alto», Guinness World Records exige efectuar varias mediciones en un día. El baremo principal es la altura en posición erguida –estatura–, entendiendo por tal la longitud del aspirante puesto en pie y en posición tan recta como sea posible, la cual se mide utilizando un estadímetro (una regla con un cabezal que se desliza verticalmente). Después de tres mediciones, se calcula la media.

Los gemelos más bajos

Matyus y Béla Matina (1903-hacia 1935), de Budapest (Hungría), que obtuvieron más tarde la nacionalidad estadounidense, medían 76 cm. Enanos del tipo primordial, aparecieron en la película *El mago de Oz* (EE.UU, 1939), en cuyos títulos de crédito figuraron con los nombres de Ike y Mike Rogers, respectivamente.

El récord de las **gemelas idénticas más bajas** lo tienen Dorene Williams y Darlene McGregor (ambas de EE.UU., nacidas en 1949), con 124,4 cm de altura.

El matrimonio más bajo

Douglas Maistre Breger da Silva y Claudia Pereira Rocha medían 90 y 93 cm, respectivamente cuando se casaron, el 27 de octubre de 1998 en Curitiba (Brasil).

El recién nacido más bajo

Nisa Juarez (EE.UU.) midió tan sólo 24 cm de largo, cuando nació el 20 de julio de 2002 en el Children's Hospital and Clinic de Minneápolis (Minnesota, EE.UU.). (La longitud media de un recién nacido en EE.UU. es de 43 cm.) Ella nació 108 días antes del plazo normal, y solamente pesó 320 g: 10 veces menos el peso medio de 3,5 kg. Recibió el alta el 6 de diciembre de 2002.

Los poseedores recientes del récord de «más bajo»

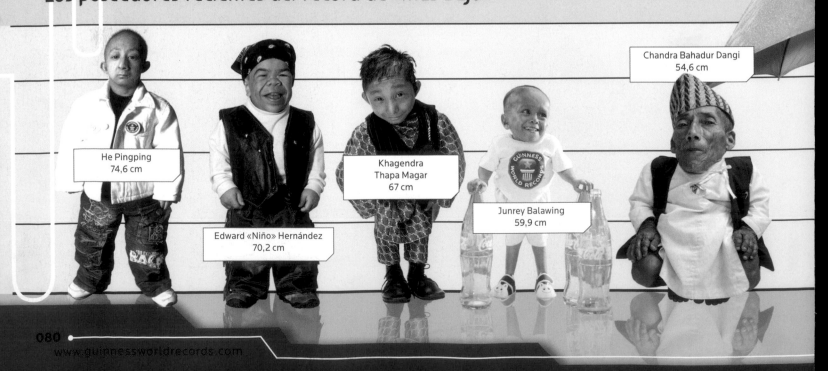

He Pingping
74,6 cm

Edward «Niño» Hernández
70,2 cm

Khagendra Thapa Magar
67 cm

Junrey Balawing
59,9 cm

Chandra Bahadur Dangi
54,6 cm

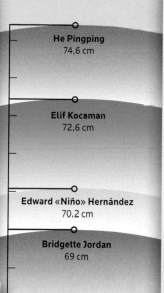

Los más bajos de todos los tiempos...

Mujer: Pauline Musters (Países Bajos, izquierda) medía 61 cm, en marzo de 1895. **Hombre:** Antes de que Dangi obtuviera el título, lo poseía Gul Mohammed (India, abajo a la izquierda), con 57 cm de altura.

DATO:
Musters, alias «Princesa Pauline», medía 30 cm al nacer: a los 19 años, tan sólo había doblado su tamaño.

BAJOS Y MÁS BAJOS

La diferencia de estatura entre He Pingping y Chandra Bahadur Dangi se ilustra aquí en tamaño real, incluyendo a efectos de comparación a otras personas que también han batido récords.

He Pingping
74,6 cm

Elif Kocaman
72,6 cm

Edward «Niño» Hernández
70,2 cm

Bridgette Jordan
69 cm

Khagendra Thapa Magar
67 cm

Jyoti Amge
62,8 cm

Junrey Balawing
59,9 cm

Chandra Bahadur Dangi
54,6 cm

Aumentos en incrementos de 1 cm

Enanismo

• Se considera enano toda persona adulta, hombre o mujer, cuya estatura sea igual o inferior a 147 cm.

• El crecimiento del cuerpo se estimula mediante la activación de diferentes hormonas; si este proceso se interrumpe, el crecimiento del individuo puede retrasarse o experimentar una lentitud extrema, lo cual deriva en enanismo.

• Existen unas 200 formas de enanismo.

• Los pigmeos –naturales de varias regiones del mundo, entre ellas África central, Filipinas y Brasil– también se caracterizan por su altura reducida, pero no se debe al enanismo: su menguado tamaño es hereditario.

La persona más liviana

Lucía Zarate (México, 1863-1889), de San Carlos (México), una enana etaliótica de 67 cm de altura, pesó 1,1 kg al nacer y tan sólo 2,1 kg a los 17 años de edad. Al cumplir los 20 años había engordado hasta alcanzar los 5,9 kg.

La estatura más variable

Adam Rainer (Austria, 1899-1950) medía 118 cm a los 21 años. Después, y de forma súbita, empezó a crecer con rapidez y en 1931 había conseguido alcanzar los 218 cm de estatura. Por desgracia, como consecuencia de su espectacular crecimiento, se debilitó hasta tal punto que tuvo que permanecer postrado en cama el resto de su vida.

El actor más bajo en un papel protagonista de adulto

El actor indio, Ajay Kumar, que interpretó el papel principal en la película con la cual también debutó, *Albhutha*

Junrey Balawing

En junio de 2011, poco después de que se cerrara la edición de *Guinness World Records 2012*, nuestros adjudicadores de récords visitaron la casa de Junrey Balawing, en Filipinas, para confirmarlo como el **hombre vivo más bajo**. Medido tres veces con ocasión de su 18.º cumpleaños, Balawing dio una talla de 59,9 cm y le arrebató el título a Khagendra Thapa Magar, de Nepal; sin embargo, su posesión del récord duró menos de un año, pues le cedió el título a otro nepalí, Chandra Bahadur Dangi, cuando se cerraba la edición de este año.

Dweep (India, 2005), mide 76 cm de altura.

Tamara de Treaux (EE.UU., 1959-1990) fue, con 77 cm de estatura, la **actriz más baja que ha interpretado un papel protagonista de adulto;** su papel más famoso (compartido) fue el del conocido y entrañable E.T., en la película de Steven Spielberg, *E.T. el extraterrestre* (EE.UU., 1982).

El especialista más bajo

Kiran Shah (R.U., nacido en Kenia) es el especialista profesional más bajo que trabaja en la industria cinematográfica, con 126 cm de estatura cuando se le midió el 20 de octubre de 2003; ha aparecido en 52 películas desde 1976 y ha realizado labores de especialista en 31 de ellas. Ha doblado a Elijah Wood, en la trilogía *El señor de los anillos*.

Datos «breves»

Aquí aparecen los ocho poseedores del récord de más baja estatura de los últimos cinco años.

• A lo largo de este período, el récord de varones ha caído nada menos que 20 cm.

• En la categoría femenina, la estatura ha caído casi 10 cm.

• Con una edad (no confirmada) de 72 años, Chandra Bahadur Dangi, el actual **hombre vivo más bajo**, es con diferencia la persona más vieja que posee este récord.

• Una estatura extraordinariamente baja suele ser por una enfermedad; todas las personas aquí mostradas presentan alguna forma de enanismo.

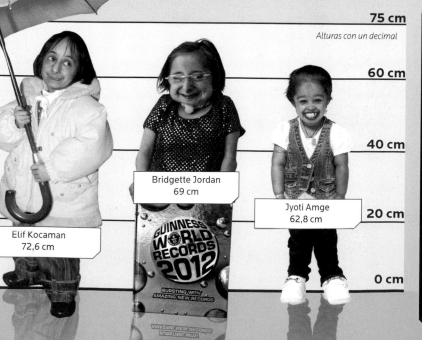

75 cm

Alturas con un decimal

60 cm

40 cm

Bridgette Jordan
69 cm

Jyoti Amge
62,8 cm

20 cm

Elif Kocaman
72,6 cm

0 cm

The shortest living man is Junrey Balawing (Philippines, b. 12 June 1993) as verified in Sindangan, Zamboanga del Norte, Philippines on 12 June 2011.

La más rápida en meterse en una caja

La extraordinaria contorsionista Skye Broberg (Nueva Zelanda) se introdujo en una caja de 52 × 45 × 45 cm en tan sólo 4,78 s, en el hotel Meliá Whitehouse de Londres (R.U.), el 15 de septiembre de 2011. Una vez que el cuerpo de Skye estuvo totalmente dentro de la caja, su tapa se cerró desde el exterior y se detuvo el reloj.

Junto a sus compañeros neozelandeses Nele Siezen y Jola Siezen, Skye también estableció el récord de **mayor tiempo de permanencia en una caja de tres contorsionistas**. El elástico trío se mantuvo dentro de una caja de 66 × 68,5 × 55,8 cm durante 6 min 13,52 s en el plató de *NZ Smashes Guinness World Records*, en el centro comercial Sylvia Park de Auckland (Nueva Zelanda), el 20 de septiembre de 2009.

¿CUÁNTO PESO PODEMOS LEVANTAR?

NUEVOS PLUSMARQUISTAS MUNDIALES EN LA CATEGORÍA DE PESOS SUPERPESADOS

472,5 kg
HOSSEIN REZAZADEH
(Irán)
Sidney, Australia (2000)

465 kg
RONNY WELLER
(Alemania)
Reisa, Alemania (1998)

462,5 kg
ANDREI CHEMERKIN
(Rusia)
Chiang Mai, Tailandia (1996)

457,5 kg
ALEXANDER
KURLOVICH (Belarus)
Estambul, Turquía (1994)

450 kg
ANDREI CHEMERKIN
*Sokolov, República Checa
(1994)*

442,5 kg
RONNY WELLER
Melbourne, Australia (1993)

*En 1993 y 1998, se
reclasificaron las categorías
de pesos; por tanto, el récord
de 475 kg logrado por Leonid
Taranenko en 1988 ya no está
reconocido.*

1. El envión es el levantamiento más pesado sobre la cabeza. Sostén la barra con las palmas hacia abajo y separadas a la anchura de los hombros.

2. La cargada –empujar la barra a la altura del hombro– tiene que hacerse en un movimiento continuo. Así que, no te detengas...

3. ...extiende el cuerpo y empuja la barra hacia arriba. Al mismo tiempo, dobla las rodillas, gira las muñecas y coloca la barra en la clavícula.

4. Desde la posición sentadilla, levántate con la barra, completando la parte de «cargada» del levantamiento en dos tiempos.

5. Dobla las rodillas para comenzar el «envión». (Hay varias opciones. La imagen muestra un «split» con los pies separados.)

6. Termina el levantamiento en posición erguida, levantando la barra y sujetándola por encima de la cabeza con los brazos bloqueados.

Altura: La altura media de los últimos levantadores que han batido récords (ver derecha) es 1,84 m. Cuanto más alto sea el atleta, más difícil le resulta poder levantarse desde la posición sentadilla (ver pasos 3-4, derecha).

Corazón: El levantamiento de pesas es anaeróbico, lo que quiere decir, no necesita oxígeno. Esto significa que el aspecto cardiopulmonar del entrenamiento es menos importante que el musculoesquelético.

Peso corporal: En la categoría +105 kg no hay límite de peso máximo para el atleta. Esto viene a significar que cualquier aumento de éste está justificado si resulta en un pequeño incremento del rendimiento, por pequeño que sea, en especial en el envión; podría significar la diferencia entre ganar la medalla de oro o la de plata. Idealmente, sería aumento de músculo, por supuesto, no de grasa.

Forma corporal: Forma de tonel fornida y gruesa; hay que desarrollar el músculo sólo en las zonas que lo necesitan.

Músculos de la espalda: Es necesario un fuerte desarrollo de los músculos de contracción rápida (tipo II) para los rápidos despliegues de energía anaeróbica necesarios para levantar la barra.

¿Cuál es el peso máximo que puede levantar un ser humano?

Podría afirmarse que la categoría de pesos superpesados es la prueba máxima de la capacidad humana para levantar pesos. Es posible que los levantadores de pesas discrepen, pero quienquiera que tenga el récord mundial total en la categoría +105 kg –el peso combinado de la arrancada más la cargada y el envión– puede considerarse el más fuerte del mundo. Pero no se trata sólo de fuerza bruta; la técnica es igualmente importante. Así pues, ¿cuál es el límite del levantamiento olímpico de pesas?

Hossein Rezazadeh

El impresionante atleta iraní Hossein Rezazadeh, apodado «el hombre más fuerte del mundo» por sus compañeros, es doble campeón olímpico y tiene el récord de levantamiento total en la categoría +105 kg (los atletas compiten en clases diferentes según su masa corporal). Logró este récord dos veces en los Juegos Olímpicos de 2000 y 2004 con arrancadas de nada más que 212,5 y 210 kg, y enviones de 260 y 262,5 kg.

**472,5
kg**

475 kg
LEONID TARANENKO (URSS)
Canberra, Australia (1988)

472,5 kg
ALEXANDER KURLOVICH
Ostrava, República Checa (1987)

467,5 kg
ANTONIO KRASTEV (Bulgaria)
Reims, Francia (1987)

465 kg
ALEXANDER GUNYASHEV (URSS)
Reims, Francia (1984)

Miembros: Brazos y piernas cortas resultan mejores palancas (pero si son demasiado cortos, la reducción de peso corporal correspondiente supone el riesgo de bajar una categoría en la competición).

Los cinturones de apoyo

Las normas del levantamiento de pesas permiten a los competidores usar un cinturón no más ancho de 12 cm por fuera de la ropa para lograr mayor protección y apoyo. El cinturón refuerza el torso y aumenta la presión intraabdominal, permitiendo a los músculos trabajar con mayor eficacia. También confiere al torso más elasticidad durante los levantamientos.

El récord total de 472,5 kg de Rezazadeh ha estado invicto más de una década (aunque su reinado de ocho años como plusmarquista mundial en la modalidad de arrancada terminó en noviembre de 2011 cuando su compatriota iraní Behdad Salimikordasiabi levantó 214 kg).

Sumar los mejores resultados de todos los tiempos en ambas clases de levantamiento –una arrancada de 216 kg y envión de 266 kg por Leonid Taranenko (URSS) en 1988, ambos considerados históricos tras la recategorización de las clases– resulta en un total teórico de 482 kg. A pesar de lo simplista del cálculo, sin duda, es algo a lo que aspirar.

Músculos de las piernas: Los cuádriceps y los tendones trabajan con los músculos de la espalda (erectores espinales) y los glúteos para proporcionar la mayor parte de la fuerza de levantamiento.

Postura: Una mala posición y una mala técnica pueden añadir peso a un levantamiento: separar la barra tan sólo 1 cm de la vertical (en lugar de levantarla derecha hacia arriba) añade una carga de hasta 4,8 kg al total.

Movilidad: Poner el cuerpo *debajo* de la barra durante la «cargada» es tan importante como colocar la barra sobre la cabeza. Los levantadores de peso tienen que ser flexibles y lo bastante ágiles para reaccionar con rapidez.

Pies: Se necesita flexibilidad para mover los pies a través de una serie de movimientos. Los «zapatos para el levantamiento de pesas» reglamentarios dan estabilidad, mantienen los pies en el ángulo óptimo y equilibran al levantador durante los agarres.

PARA MÁS ESTRELLAS DEPORTIVAS, VER PP. 230-277

Zhou Lulu

El levantamiento de pesas no es sólo para los hombres; las mujeres también compiten a nivel olímpico desde 2000. En la imagen aparece Zhou Lulu (China), la actual plusmarquista mundial del «total» en la categoría +75 kg, la clase femenina superior. Logró una arrancada de 146 kg y un envión de 182 kg, logrando un récord total de 328 kg en los Campeonatos del Mundo de Levantamiento de Pesas celebrados en París (Francia), el 13 de noviembre de 2011.

328 kg

FUERZA

MÁS PESADOS...

El vehículo levantado con la fuerza del aliento

El 23 de julio de 2011, en el Arrowhead Mall de Muskogee (Oklahoma, EE.UU.), Brian Jackson (EE.UU.) levantó un Ford Fiesta 2011 de 1.143 kg soplando en una bolsa que, al inflarse, alzó el vehículo del suelo.

El peso levantado con las cuencas de los ojos

Yang Guang He (China) levantó dos cubos de agua de 23,5 kg con las cuencas de ambos ojos en el plató de *Lo Show dei Record* en Milán (Italia), el 28 de abril de 2011. Yang enganchó unos garfios a los huesos suboculares y los fijó a los cubos.

El peso combinado de aviones arrastrados a la vez

Más de 200 ciudadanos de Hong Kong arrastraron cuatro aviones que pesaban 474,72 toneladas durante 50 m, en el Aeropuerto Internacional de Hong Kong (Hong Kong, China), el 17 de marzo de 2011. Los aviones eran un Boeing 747-400, un Airbus 330-343, un Airbus 300-200 y un Zlin Z-242 L; la proeza les llevó 2 min y 53 s.

El peso levantado con los pezones

Sage Werbock (EE.UU.), alias «The great Nippulini», levantó un peso de 31,9 kg enganchado a los pezones, en Hulmeville (Pensilvania, EE.UU.), el 26 de septiembre de 2009.

El vehículo arrastrado por una mujer con el cabello

Rani Raikwar (India) arrastró un camión de 8.835,5 kg en el plató de *Guinness World Records–Ab India Todega* en Lalitpur (Bhopal, India), el 3 de marzo de 2011. Ajit Kumar Singh (India) es quien posee el récord del **vehículo más pesado arrastrado por un hombre con el cabello**: un camión de 9.385 kg, en Nawada (Bihar, India), el 21 de septiembre de 2010.

El peso levantado con la lengua

Thomas Blackthorne (R.U.) levantó un peso de 12,5 kg fijado a un garfio que le atravesaba la lengua en el plató de *El Show Olímpico* en Ciudad de México (México), el 1 de agosto de 2008.

Más rapidez en arrastrar una avioneta 100 m

Montystar Agarawal (India) tardó 29,84 s en arrastrar una avioneta 100 m, en el plató de *Guinness World Records–Ab India Todega* en Baramati (Maharashtra, India), el 23 de febrero de 2011.

Más victorias de El Hombre más Fuerte del Mundo

5 victorias

Apodado «The Dominator», «Super Mariusz» y «Pudzian», Mariusz Pudzianowski (Polonia) ha ganado la competición «El Hombre más Fuerte del Mundo» en cinco ocasiones: 2002, 2003, 2005, 2007 y 2008. Magnús Ver Magnússon y Jón Páll Sigmarsson (ambos de Islandia) han obtenido el título cuatro veces cada uno.

DATO:
Una de las pruebas de El Hombre más Fuerte del Mundo es el «paseo del granjero», que se muestra aquí.

Los triunfos y casi triunfos de Mariusz...

• 2000: Termina en cuarto puesto, después de quedar primero en levantamiento de coche y segundo en las «escaleras de fuerza».

• 2001: No concursa al estar encarcelado por agresión.

• 2002: Conquista su primer título tras quedar segundo en su prueba clasificatoria.

• 2003: Gana con una puntuación récord de 66.

• 2006: Es primero dos días, pero Phil Pfister (EE.UU.) lo elimina en las «piedras de Atlas» el último día.

• 2008: Gana al vencer a Derek Poundstone (EE.UU.) en las «piedras de Atlas», para desilusión del público de Charleston (Virginia).

• 2009: Termina segundo y se retira; para iniciarse en artes marciales mixtas.

El peso muerto en una hora (hombre)

Nick Molloy (R.U.) levantó un peso muerto de 45.702 kg en una hora, en el *pub* White Swan de Londres (R.U.), el 25 de mayo de 2011. Para alcanzar este peso total, Molloy realizó 164 repeticiones con una haltera de 75,5 kg y 490 repeticiones con una haltera de 68 kg.

El peso muerto en un minuto (hombre)

Markus Rücker (Alemania) levantó un peso muerto de 4.680 kg, en la Marktplatz de Eilenburg (Alemania), el 13 de junio de 2011. Rücker levantó una barra con discos fijados a los extremos que pesaba en total 120 kg, efectuando 39 repeticiones del ejercicio.

MÁS...

Vehículos pasando sobre la barriga

Tom Owen (EE.UU.) hizo que le pasaran sobre la barriga nueve camionetas, cada una de las cuales pesaba entre 3.000 y 4.000 kg, en el plató de *Lo Show dei Record* en Milán (Italia), el 26 de abril de 2009.

Press de banca consecutivos bajo el agua

Marcello Paredi (Italia) realizó 20 press de banca consecutivos conteniendo la respiración bajo el agua, en el plató de *Lo Show dei Record* en Roma (Italia), el 25 de febrero de 2010; la haltera que utilizó pesaba 50 kg.

Menos tiempo en empujar un coche una milla (1,61 km)

El 28 de febrero de 2011, Konda Sahadev (India) empleó 11 min y 39 s en empujar una furgoneta Tata Winger de 2.700 kg de peso a lo largo de una milla (1,61 km), por la carretera del aeropuerto Shamshabad, en Hyderabad (India).

El avión de más peso arrastrado 100 m por un equipo en silla de ruedas

Un equipo belga de usuarios de sillas de ruedas de Blijf Actief (Mantente Activo) arrastró 100 m un avión de 67,19 toneladas en la base aérea de Melsbroek, en Bruselas (Bélgica), el 29 de mayo de 2011. El equipo lo formaban 84 personas entrelazadas que tiraron sin parar de un Hércules C-130 durante casi cuatro minutos.

MÁS PESO MUERTO

DOS BRAZOS
455 kg
Andy Bolton (R.U.)
4 de noviembre de 2006

UN BRAZO
301 kg
Hermann Goerner (Alemania)
29 de octubre de 1920

UN DEDO
116,90 kg
Benik Israelyan (Armenia)
11 de junio de 2011

MEÑIQUE
104,43 kg
Kristian Holm (Noruega)
3 de noviembre de 2008

Bancos apilados sostenidos entre los dientes
Durante 10 segundos, Huang Changzhun (China) sostuvo 17 bancos apoyados entre los dientes en el plató de *CCTV Guinness World Records Special* en Pekín (China), el 19 de agosto de 2011.

MÁS RÁPIDOS...

«Paseo del granjero» de 20 m
En el plató de *CCTV Guinness World Records* en Pekín (China), el 5 de diciembre de 2011, Laurence Shahlaei (R.U.) realizó un «paseo del granjero» de 20 m (ver p. 84) en 6,73 segundos, cargando un peso de 150 kg en cada mano. Laurence había ganado la competición de El Hombre más Fuerte del Mundo en 2009.

20 m llevando 300 kg sobre los hombros
Derek Boyer (Australia) cargó con un peso de 300 kg entre los hombros a lo largo de 20 m, en 6,88 segundos en la Gold Coast de Queensland (Australia), el 2 de septiembre de 2011.

20 m llevando un coche sobre los hombros
Žydrunas Savickas (Lituania) tardó 14,44 segundos en recorrer 20 m con un coche amarrado a los hombros, en el plató de *Lo Show dei Record* en Milán (Italia), el 10 de marzo de 2011.

Arrastre de un autobús 50 m por una persona
Jarno Hams (Países Bajos) arrastró un autobús de 17,2 toneladas a lo largo de 50 m, en 1 min y 13,12 s en el plató de *CCTV Guinness World Records Special* en Pekín (China), el 16 de agosto de 2011. Jarno ha ganado la competición de El Hombre más Fuerte de Holanda en seis ocasiones, la más reciente en 2010.

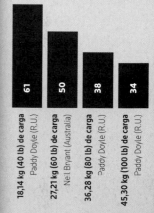

Peso levantado con flexiones de brazos en una hora
En Castlebar (Condado de Mayo, Irlanda), el 12 de noviembre de 2011, Keith Cresham (Irlanda) realizó flexiones de brazo para levantar 29.570,5 kg en una hora. Keith efectuó 1.253 repeticiones de 23,6 kg durante su intento de récord.

Flexiones de brazos en 24 horas colgado de una barra
Lucas Garel (Canadá) efectuó 5.045 flexiones de brazos colgado de una barra 24 horas, en el gimnasio Fitness Force de Keswick (Ontario, Canadá), el 17-18 de julio de 2011.

Flexiones de 90° consecutivas
En posición vertical y apoyando las manos en el suelo, Jesus Villa (EE.UU.) realizó 13 flexiones consecutivas, consiguiendo un ángulo de 90° en el codo cada una de las veces, en Las Vegas (Nevada, EE.UU.), el 18 de septiembre de 2011.

Victorias de La Mujer más Fuerte del Mundo
Aneta Florczyk (Polonia) ha ganado la competición de La Mujer más Fuerte del Mundo en cuatro ocasiones: 2003, 2005, 2006 y 2008; esta prueba anual la organiza la Federación Internacional de Atletas de Fuerza.

MÁS TIEMPO...

Sosteniendo un peso de 500 kg con los hombros
Kevin Fast (Canadá) sostuvo un peso de 500 kg sobre los hombros durante 1 min 1,4 s, en el plató de *CCTV Guinness World Records Special* en Pekín (China), el 19 de agosto de 2011.

Reteniendo dos aviones
Valiéndose de cuerdas, Chad Netherland (EE.UU.) impidió el despegue de dos aviones Cessna tirando en direcciones opuestas durante 1 min y 0,6 s, en el aeropuerto Richard I. Bong de Wisconsin (EE.UU.), el 7 de julio de 2007.

MÁS FLEXIONES EN UN MINUTO LLEVANDO...

Carga	Flexiones	Atleta
18,14 kg (40 lb) de carga	61	Paddy Doyle (R.U.)
27,21 kg (60 lb) de carga	50	Neil Bryant (Australia)
36,28 kg (80 lb) de carga	38	Paddy Doyle (R.U.)
45,30 kg (100 lb) de carga	34	Paddy Doyle (R.U.)

MÁS PESO LEVANTADO EN UNA HORA...

PRESS DE BANCA:	138.480 kg
SERIE DE HALTERAS:	36.384 kg
SERIE DE MANCUERNAS:	32.730 kg
LEVANTAMIENTOS LATERALES:	19.600 kg

Todos estos récords fueron establecidos por Eamon Keane (Irlanda).

POR FAVOR, NO INTENTES HACER ESTO CON UN AMIGO: SE NECESITA ENTRENAMIENTO ESPECIAL

Haltera de más peso levantada por una pareja
Matthias Steiner y Almir Velagić (ambos de Alemania) levantaron una haltera de 333,3 kg en Wiesbaden (Alemania), el 5 de febrero de 2011.

DATO: La pareja tenía que levantar la haltera a la vez por encima de la cabeza y mantener rígidos los brazos.

MÁS DOMINADAS

Tiempo	Dominadas	Fecha
1 h	= 993	16 de noviembre de 2011
6 h	= 3.288	23 de julio de 2011
12 h	= 4.020	23 de julio de 2011

Todos los récords fueron batidos por Stephen Hyland (R.U.) en Stoneleigh (Surrey, R.U.).

PARA HUMANOS PESADOS, VER P. 78

MULTITUDES

MAYORES CONCENTRACIONES

● **Guitarra de aire:** El 22 de septiembre de 2011, un grupo de 2.377 virtuosos de la guitarra de aire actuaron en un acto organizado por el San Manuel Indian Bingo & Casino (EE.UU.) de Highland (California, EE.UU.).

● **Cantantes de villancicos:** 15.111 personas interpretaron ocho villancicos en el Hong Myung-bo Charity Soccer Game de Seúl (Corea del Sur) el 25 de diciembre de 2010, en un acto organizado por la Hong Myung-bo Foundation (Corea del Sur).

● **Coro:** The Art of Living (India) reunió un coro de 121.440 personas que cantaron al unísono en Perungalathur (Chennai, India) el 30 de enero de 2011.

● **Coro de góspel:** Un total de 1.138 cantantes de góspel interpretaron 17 canciones en un acto que fue organizado por Mano Ezoh (Alemania) en el Olympiahalle de Múnich (Alemania) el 15 de octubre de 2011.

● **Cajas de ritmos humanas:** Un grupo de 2.081 cajas de ritmos humanas, entre los que se contaban artistas como Shlomo y Testament (ambos de R.U.), junto con empleados de Google (Irlanda), actuaron en el Convention Centre de Dublín (Irlanda) el 14 de noviembre de 2011.

● **Intérpretes de ukelele:** El 20 de agosto de 2011, un grupo de 1.547 intérpretes de ukelele tañeron el «Leende Guldbruna Ögon» de Vikingarna, en Helsingborg (Suecia), en un acto organizado por la ABF, la Folkuniversitetet y la Studieförbundet Vuxenskolan (todos de Suecia).

● **Violinistas:** 4.645 violinistas tocaron en el Changhua Stadium de (Tapei Chino, China) el 17 de septiembre de 2011, en una actuación organizada por el Gobierno del Condado de Changhua.

● **Silbadores (en un recinto):** 672 miembros del Make-A-Wish Club de la Nazareth Area Middle School silbaron «God Bless America» y «America the Beautiful» en el Andrew S. Leh Stadium de la Nazareth Area High School de Nazareth (Filadelfia, EE.UU.) el 27 de mayo de 2011.

Más personas sobre una motocicleta

El mayor número de personas montadas en una motocicleta en movimiento es de 54 y lo consiguió el Army Service Corps Motorcycle Display Team «Tornadoes» (todos de India) en la Air Force Station Yelahanka de Bangalore (India) el 28 de noviembre de 2010. Se montaron en una motocicleta Royal Enfield de 500 cc y circularon 1.100 m, hecho que fue supervisado por el mayor M. K. Jha. Havi Idar Ram Pal Yadav condujo la sobrecargada motocicleta, que había sido modificada conforme a las normas del GWR con una plataforma instalada en el borde del vehículo, donde iban los motoristas de pie. Ninguno de los participantes tocó el suelo durante la prueba.

Más personas dentro de un Mini Cooper

El número máximo de personas que han conseguido meterse en un Mini Cooper (modelo antiguo) es 21; la última vez fueron los miembros femeninos de la Caless Dance School (Japón) en el plató de *100 Beautiful Women Who Have Guinness World Records*, en los Shiodome Nihon TV Studios de Tokio (Japón) el 5 de mayo de 2011. ¿Y cómo caben 21 bailarinas en un Mini Cooper? Pues doce en la parte trasera, ocho delante y una en el maletero. Esta hazaña superlativa igualó un récord anterior, conseguido por 21 estudiantes del INTI College Subang Jaya en el campus del INTI College Subang Jaya de Selangor (Malasia) el 17 de junio de 2006.

MÁS PERSONAS...

En una atracción de parque temático (disfrazadas)
Un total de 330 personas disfrazadas montaron en la atracción Steel Force del Dorney Park & Wildwater Kingdom de Pennsylvania (EE.UU.) el 18 de agosto de 2011.

Afeitándose la cabeza simultáneamente
El 19 de septiembre de 2010, en Port Colborne (Ontario, Canadá), 57 personas se afeitaron la cabeza a la vez en un acto organizado por Nancy Salvage (Canadá).

En una pompa de jabón
Fan Yang, Deni Yang y Melody Yang (todos de Canadá) metieron a 118 personas en una pompa de jabón en el Discovery Science Center de Santa Ana (California, EE.UU.) el 4 de abril de 2011.

En ropa interior
Sólo en ropa interior, 2.270 personas (todas de EE.UU.) se congregaron en el Utah Undie Run de Salt Lake City (EE.UU.) el 24 de septiembre de 2011.

21 PERSONAS

DATO: En el nuevo Mini caben incluso más personas: el récord son 27 y se consiguió en Eastbourne (R.U.) el 18 de noviembre de 2011.

MÁS PERSONAS DISFRAZADAS DE...

Categoría	Personas	Organizador/acto	Lugar	Fecha
Pirata	8.734	Angie Butler y la ciudad de Penzance (ambas del Reino Unido)	Penzance (Cornualles, Reino Unido)	26 jun 2011
Zombi	4.093	New Jersey Zombie Walk (EE.UU.)	Asbury Park (Nueva Jersey, EE.UU.)	30 oct 2010
Wally/Waldo	3.872	Street Performance World Championship (Irlanda)	Dublín (Irlanda)	19 jun 2011
Abeja	2.176	Campus universitarios de Yateley y Westfield (Reino Unido)	Hampshire (Reino Unido)	6 abr 2011
Esqueleto	2.018	Jokers' Masquerade (Reino Unido)	Swansea (Reino Unido)	8 oct 2011
Personajes de cómic	1.530	Ceremonia inaugural de International Animation CCJOY LAND (China)	Ciudad de Changzhou (prov. de Jiangsu, China)	29 abr 2011
Personajes de *Star Trek*	1.040	Official Star Trek Convention	Las Vegas (Nevada, EE.UU.)	13 ago 2011
Vampiro	1.039	Kings Dominion (EE.UU.)	Doswell (Virginia, EE.UU.)	30 sep 2011
Pavo	661	44th Annual Capital One Bank Dallas YMCA Turkey Trot (EE.UU.)	Dallas (Texas, EE.UU.)	24 nov 2011
Supermán	437	Nexen Inc. (Canadá)	Calgary (Alberta, Canadá)	28 sep 2011
Personajes de videojuego	425	BUYSEASONS, Inc. (EE.UU.)	New Berlin (Wisconsin, EE.UU.)	5 oct 2011
Gnomo de jardín	331	Bayview Glen Day Camp (Canadá)	Don Mills (Ontario, Canadá)	19 jul 2011
Vaca	250	Bel Nederland BV, Maud Peters y John Smit (todos de los Países Bajos)	Wassenaar (Países Bajos)	10 sep 2011
Girasol	229	Thorndown Community Infant School y Junior School (ambas del Reino Unido)	St. Ives (Cornualles, Reino Unido)	27 may 2011

PARTICIPACIÓN MASIVA

Los récords de participaciones masivas pueden reunir a cientos de miles o incluso millones de personas, como atestiguan estas multitudinarias asistencias, las mayores en los archivos del GWR.

El área de los círculos es directamente proporcional a la cantidad de participantes.

116,9 millones
La mayor campaña benéfica «stand-up» en una semana
«Stand Up Against Poverty», 17-19 de octubre de 2008

70 millones
La mayor reunión espiritual religiosa en el festival hindú de Kumbh Mela en Allahabad (Prayag, Uttar Pradesh, India), 30 de enero de 2001

>8 millones
La mayor reunión de sijs en el 300 aniversario de la fundación de la orden Sikh Khalsa, en el gurdwara (templo sij) de Anandpur Sahib (Punjab, India), 13-17 de abril de 1999

2,5 millones
La mayor concentración anual de mujeres en el festival Attukal Pongala en Kerala (India), 10 de marzo de 2009

2 millones
La mayor peregrinación musulmana del hajj a La Meca, anualmente

559.493
Más personas saltando (en múltiples lugares) para inaugurar el Science Year (R.U.), el 7 de septiembre de 2001

Más personas disfrazadas de Gandhi

El 29 de enero de 2012, un grupo de 485 niños se vistieron como «Mahatma» Gandhi en Kolkata (India) en un acto organizado por la organización benéfica Training Resource and Care for Kids (TRACKS). Los niños, todos de entornos desfavorecidos, tenían entre 10 y 16 años y antes del evento habían recibido enseñanzas sobre la filosofía de Gandhi. TRACKS se dedica desde 1991 a la rehabilitación de mujeres jóvenes necesitadas y a sus hijos.

DATO: Andrea y Lucía, del GWR, comprobaron que todos los niños se mantuvieran ataviados como Gandhi durante 10 minutos.

ARTES CIRCENSES

DATO:
El recorrido duró 15 minutos; ¡no resulta una hazaña sencilla cuando el mar no deja de mover el barco!

Más distancia sobre una cuerda floja (sin soporte)

La mayor distancia recorrida sobre una cuerda floja sin soporte es 130 m y la logró el funambulista Bello Nock (EE.UU.), quien recorrió un cable atado a los palos del crucero *Majesty of the Seas*, de la compañía Royal Caribbean International, en Coco Bay (Bahamas), el 10 de noviembre de 2010.

y Maurizio Zavatta (Australia) caminaron por una cuerda floja dispuesta en un ángulo de 36° en Changzhou City (China), el 28 de noviembre de 2011.

«Caballito» en moto más rápido sobre una cuerda floja

El 13 de agosto de 2005, Johann Traber (Alemania) realizó un «caballito» en moto a 53 km/h sobre una cuerda floja en Flensburg (Alemania).

La persona de más edad sobre una cuerda floja

En 1948, William Ivy Baldwin (EE.UU.) cruzó el cañón Eldorado, en Colorado (EE.UU.), sobre una cuerda floja el día que cumplió 82 años.

CUERDA FLOJA

Más distancia sobre una cuerda floja (con soporte)

El recorrido más largo que ha realizado un funambulista fue 3.465 m, y lo logró Henri Rochetain (Francia) caminando sobre un cable suspendido a lo largo de un barranco en Clermont Ferrand (Francia), el 13 de julio de 1969.

El recorrido más largo en una cuerda floja en bicicleta

Nik Wallenda (EE.UU.) atravesó una cuerda floja de 71,63 m en bicicleta en Newark (EE.UU.), el 15 de octubre de 2008.

La cuerda floja más empinada

Aisikaier Wubulikasimu (China)

ACRÓBATAS

Más tiempo colgados por el cuello

Rebecca Peache (R.U.) y Donovan Jones (EE.UU.) realizaron un número acrobático en el que se colgaban por el cuello que duró 1 min y 12,29 s para *CCTV – Guinness World Records Special* en Pekín (China). Realizaron este número el 14 de agosto de 2011.

Mayor distancia en trapecio volante

El líder del equipo ruso de acróbatas «The Tur», Sergei Tur, voló 19 m entre dos trapecios y fue recogido por un compañero acróbata. Realizó la hazaña en Anaheim (California, EE.UU.) el 29 de julio de 1998.

Primer...

- **número de trapecio volante**
Jules Léotard (Francia) realizó la primera actuación en trapecio volante en el Cirque Napoleon de París (Francia), el 12 de noviembre de 1859.

- **triple salto mortal en el trapecio**
Esta hazaña se realizó por primera vez en público en el Chicago Coliseum de Illinois (EE.UU.) en 1920.

- **doble salto mortal hacia atrás en el trapecio volante**
Eddie Silbon (R.U.) realizó esta hazaña por primera vez en el Hipódromo de París (Francia) en 1879.

- **triple salto mortal hacia atrás en el trapecio volante**
El primer triple salto mortal hacia atrás en el trapecio volante lo realizó Lena Jordan (Letonia), quien saltó hacia Lewis Jordan (EE.UU.) en Sidney (Australia), en abril de 1897.

TRAGAFUEGOS

Más llamas expulsadas de una sola vez

Ambika Niraula (Nepal) expulsó un total de 129 llamas consecutivas sin reabastecerse de combustible en Katmandú (Nepal), el 27 de febrero de 2012.

Más antorchas apagadas en 30 segundos

El 21 de febrero de 2011, Hubertus Wawra (Alemania) apagó 39 antorchas en 30 segundos usando sólo la boca en el plató de *Guinness World Records – Ab India Todega* en Mumbai (India).

Mayor distancia de una llama expulsada por un tragafuegos

Reg Morris (R.U.) expulsó una llama por la boca a una distancia de 94 m en The Miner's Rest de Chasetown (Staffordshire, R.U.), el 29 de octubre de 1986.

Menos tiempo en escapar de una camisa de fuerza

0,74   1,22   2,13   3,36   4,69 S

Sofia Romero (R.U.) escapó de una camisa de fuerza Posey en 4,69 segundos en el Aylestone Leisure Centre (Leicester, R.U.), el 9 de junio de 2011.

La llama más alta de un tragafuegos

Antonio Restivo (EE.UU.) se coló en los libros de récords con una llama de 8,05 m de altura expulsada en 2011. De hecho, ¡Antonio (Nevada, EE.UU.), el 11 de enero de 2011, la llama de 8,05 m alcanzó el techo del almacén con el fuego!

DATO:
Antonio usó parafina líquida como combustible para encender la llama. ¡Definitivamente, no lo intentes en casa!

MALABARISTAS Y MALABARES

100 m más rápidos haciendo malabares con tres objetos (mujer)

En julio de 1990, Sandy Brown (EE.UU.) corrió 100 m en 17,2 s, mientras hacía malabares con tres objetos, en International Juggling Association's Joggling Championships, celebrados en Los Ángeles (California, EE.UU.).

Más tiempo haciendo malabares con tres objetos con los ojos vendados

El 11 de agosto de 2011, Niels Duinker (Países Bajos) hizo malabares con tres objetos con los ojos vendados durante 6 min y 29 s, en Rotterdam (Países Bajos).

Más cuchillos lanzados alrededor de un blanco humano en un minuto

El Dr. David R. Adamovich (EE.UU.) lanzó 102 cuchillos a su acompañante, que era Tina Nagy (EE.UU.) en tan sólo un minuto en Freeport (Nueva York, EE.UU.), el 26 de diciembre de 2007.

DATO: El Dr. Adamovich (alias «El Gran Lanzadini») practicó durante cinco años antes de lanzar sus cuchillos a un blanco humano.

Más tiempo haciendo malabares con cuatro objetos

Zdeněk Bradáč (República Checa) hizo malabares con cuatro objetos sin que se le cayeran durante 2 h, 46 min y 48 s, en Jablonec nad Nisou (República Checa), el 30 de noviembre de 2010. ¡El prolífico Zdeněk posee otros 15 récords GWR!

¡Más de 2 horas!

¿TE APETECEN MÁS EMOCIONES DE RIESGO? CONSULTA LA P. 110

ESCAPISTAS

Menos tiempo en escapar de una camisa de fuerza (suspendido en el aire)

Peng Deming (China) escapó de una camisa de fuerza suspendido en el aire en 25,37 segundos en el plató de CCTV – Guinness World Records Special en Pekín (China), el 17 de agosto de 2011.

Menos tiempo en escapar suspendido en el aire y encadenado

Lucas Wilson (Canadá) lo logró en 19,2 segundos en Simcoe (Ontario, Canadá), el 8 de octubre de 2011.

Menos tiempo en escapar de unas esposas con los ojos vendados

Zdenek Bradáč (República Checa) escapó de unas esposas con los ojos vendados en 4,06 segundos en Jablonec nad Nisou (República Checa), el 29 de noviembre de 2010.

Más distancia recorrida en un monociclo haciendo malabares con tres objetos

El 25 de abril de 2011, Chayne Hultgren (Australia) recorrió 1.005 m en un monociclo, mientras iba haciendo malabares con tres objetos, en el Royal Easter Show de Sidney (Australia).

Más capturas de malabares en un minuto (tres antorchas encendidas)

Johan Eklund (Suecia) atrapó tres antorchas encendidas 48 veces en un minuto en Skyttorp (Suecia), el 5 de enero de 2011.

HISTORIA DEL SALTO DE TRAMPOLÍN A BAJA PROFUNDIDAD

Centímetro a centímetro, el récord de salto de trampolín a baja profundidad más alto se acerca cada vez más al cielo. Según las normas GWR, los temerarios saltadores deben aterrizar en una superficie de agua de 30 cm de profundidad, protegidos por un colchón de tan sólo 25 cm de grosor...

GWR actual – 11,2 m
Darren Taylor, EE.UU. (2011)
Changzhou City (Jiangsu, China)

10,99 m
Darren Taylor (2010)
Louisville (Kentucky, EE.UU.)

10,9 m
Darren Taylor (2009)
Atlanta (Georgia, EE.UU.)

10,83 m
Darren Taylor (2008)
Tokio (Japón)

10,75 m
Darren Taylor (2007)
Colonia (Alemania)

10,65 m
Darren Taylor (2006)
Madrid (España)

10,3 m
Darren Taylor (2005)
Denver (Colorado, EE.UU.)

Mayor incremento en récord de todos los tiempos (1,35 m)

8,95 m
Danny Higginbottom, EE.UU. (2004)
Twickenham (Middlesex, R.U.)

8,86 m
Danny Higginbottom (2000)
Therme Erding Spa (Alemania)

8,83 m
Danny Higginbottom (1999)
Metairie (Louisiana, EE.UU.)

El actual plusmarquista de Guinness World Records, Darren Taylor, alias Profesor Splash, ¡se zambulle en el agua a una velocidad estimada de 53 km/h!

Tamaño de una piscina hinchable según la normativa: 30 cm de profundidad, 1,82 m de ancho, 3,65 m de largo.

30 cm

DIVERSIÓN GASTRONÓMICA

CONTRARRELOJ

Lasaña (30 s): Rafael Bujotzek se comió 358 g de lasaña en 30 segundos en un evento organizado por Twentieth Century Fox (Alemania) en el Theatre Cinedom de Colonia (Alemania), el 3 de agosto de 2006.

Puré de patatas (30 s): El 23 de noviembre de 2011, Hasib Zafar (R.U.) consumió 266 g de puré de patatas en la British Potato Conference celebrada en Harrogate (North Yorkshire, R.U.).

Coles de Bruselas (1 min): Linus Urbanec (Suecia) se tragó un récord de 31 coles de Bruselas en un minuto en Rottne (Suecia), el 26 de noviembre de 2008.

Galletas Jaffa (1 min): Gustav Schulz (Alemania) se zampó ocho galletas Jaffa en un minuto en Essex (R.U.), el 9 de octubre de 2009. Connor Whiteford (R.U.)

igualó su hazaña en Hull (R.U.) el 6 de octubre de 2011.

Nubes (1 min): El prolífico plusmarquista Ashrita Furman (EE.UU.) consumió 12 nubes en un minuto en el Panorama Café de Nueva York (EE.UU.), el 13 de enero de 2011.

Pastel de fruta y especias (1 min): Catherine Jones, Michael Xuereb y Luke Chilton (todos de R.U.) se comieron dos pasteles de fruta y especias cada uno en un minuto en las oficinas de la revista *Real People* (Londres, R.U.), el 22 de noviembre de 2010.

Naranjas peladas y comidas (3 min): Ashrita Furman (EE.UU.) peló y se comió seis naranjas en el Panorama Café de Nueva York (EE.UU.), el 14 de julio de 2010.

Salchichas (1 min): El 22 de julio de 2001, Stefan Paladin (Nueva Zelanda) devoró ocho salchichas enteras en el Ericsson Stadium de Auckland (Nueva Zelanda).

***Dumplings* (2 min):** Seth Grudberg (EE.UU.) se atiborró de 18 *dumplings* en tan sólo dos minutos en el Third Annual Tang's Natural NYC Dumpling Festival celebrado en Nueva York (EE.UU.), el 17 de septiembre de 2011.

Judías en salsa de tomate (3 min): Nick Thompson (R.U.) consumió 136 judías en salsa de tomate usando un palillo en tres minutos, en un evento organizado por la agencia de publicidad Claydon Heeley Jones Mason (R.U.) en Harrow School de Harrow-on-the-Hill, (Middlesex, R.U.), el 18 de agosto de 2005.

Uvas (3 min): Ashrita Furman (EE.UU.) engulló 186 uvas en tres minutos en el Sri Chinmoy Center de Nueva York (EE.UU.), el 31 de mayo de 2011.

Donuts rellenos de mermelada (3 min): Lup Fun Yau se comió seis donuts rellenos de mermelada sin relamerse en tres minutos en las oficinas de *The Sun*

(Londres, R.U.), el 2 de mayo de 2007. Igualó el récord logrado por Steve McHugh (R.U.) en 2002.

Ostras (3 min): Colin Shirlow (R.U.) se zampó la ingente cantidad de 233 ostras en sólo tres minutos. Lo hizo en el World Oyster Eating Championship anual, celebrado en Hillsborough (County Dow, R.U.), el 3 de septiembre de 2005.

Langostinos (3 min): El 26 de febrero de 2003, William E. Silver

(EE.UU.) se comió 272,1 g de langostinos en solamente tres minutos. Logró esta proeza en el restaurante Calabash West de Asheville (Carolina del Norte, EE.UU.).

Judías en salsa de tomate (5 min): Gary Eccles (R.U.) consumió la cantidad total de 258 judías en salsa de tomate con tan sólo un palillo en cinco minutos, el 18 de marzo de 2011.

● INSTANTÁNEA

• Patrick batió la increíble cantidad de 11 récords, e igualó otro, ¡en tan sólo un día!

• Compite en concursos gastronómicos que se realizan por todo el mundo. Su pasión lo ha llevado recientemente a Tailandia, Australia y Reino Unido.

• De todos los récords que Patrick ha batido hasta el momento ¡sin lugar a dudas el más nauseabundo para él fue el de tener que comerse dientes de ajo!

Más puré de patatas comido en un minuto

Amy Varney (EE.UU.) se comió 365 g de puré de patatas en un minuto en Sierra Studios de East Dundee (Illinois, EE.UU.), el 14 de enero de 2012.

Apetito por batir récords

Patrick Bertoletti (EE.UU.) ha acumulado una apetitosa variedad de récords relacionados con la comida, entre los que se incluye el **mayor número de nuggets de pollo comidos en un minuto** (12) en Sierra Studios de East Dundee (Illinois, EE.UU.), el 14 de enero de 2012. Y en el plató *Live with Regis & Kelly* del canal ABC en Nueva York (EE.UU.), Patrick logró el récord de la **mayor cantidad de helado comido en 30 segundos** (382 g). Pero esto es sólo el comienzo. ¡Descubre los otros récords que Patrick ha logrado en tan sólo un minuto!

Uvas: 40

Donuts de mermelada: 3

Yogur: 1,272 kg

Galletas rellenas de crema: 7

Tabletas de chocolate: 3. Récord compartido con Joey Chestnut (EE.UU.)

Olivas: 30

Plátanos pelados y comidos: 8

Pepinillos pequeños: 16

Dientes de ajo: 36

Sándwiches de mermelada y manteca de cacahuete: 6

Langostinos: 167 g

Bombones Ferrero Rocher: 9. Récord compartido con Peter Czerwinski (Canadá).

Más perritos calientes comidos en tres minutos

Takeru Kobayashi (Japón) se comió seis perritos calientes en tres minutos para *Bikkuri Chojin 100 Special #2* (Fuji TV) en Kashiwanohakoen Sogokyogijo (Kashiwa, Japón), el 25 de agosto de 2009. El buen apetito de Takeru le ha valido algunos récords GWR y lo han convertido en un pez gordo de la competición gastronómica (véase a la derecha)...

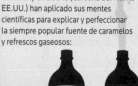

¡Takeru ganó el concurso Nathan's Annual Hot Dog Eating Contest, un récord de seis veces consecutivas! Otras hazañas gastronómicas de Takeru incluyen:

Más hamburguesas comidas en tres minutos: 10

Más albóndigas comidas en un minuto: 29

Más Twinkles (pastelito relleno de crema) comidos en un minuto: 14

Menos tiempo en comer 100 g de pasta: 45 s

Menos tiempo en comer una pizza de 30 centímetros: 1 min y 9,36 s

MENOS TIEMPO EN COMER...

Una cebolla cruda
Peter Czerwinski (Canadá) consumió una cebolla cruda en 43,53 segundos en Mississauga, (Ontario, Canadá), el 2 de noviembre de 2011.

Un limón
Ashrita Furman (EE.UU.) peló y se comió un limón en 8,25 segundos en las oficinas de Songs of the Soul (Nueva York, EE.UU.), el 3 de mayo de 2010.

Tres pepitos de crema
Jonathan Coull (R.U.) se zampó tres pepitos de crema en 1 min y 11 s en las oficinas de la revista *Zoo* (Londres, R.U.), el 17 de noviembre de 2011 en la celebración del día GWR.

Tres chiles (Bhut Jolokias)
Birgit Tack (Alemania) se comió la cantidad de tres chiles Bhut Jolokias en 1 minuto y 11 segundos en *Guinness World Records: Wir holen den Rekord nach Deutschland* en Berlín (Alemania), el 2 de abril de 2011.

Más gelatina comida con palillos chinos en un minuto

Ashrita Furman (EE.UU.) se zampó 610 g de gelatina en un minuto usando unos palillos chinos en el Panorama Café de Nueva York (EE.UU.), el 7 de diciembre de 2010.

Bollo (50 calorías); mayonesa (150 calorías); rodaja de tomate (20 calorías); lechuga (0 calorías)

Queso Mozzarella (100 calorías); lonchas de bacón (300 calorías)

Aros de cebolla (100 calorías)

Hamburguesa (1.150 calorías)

Pechuga de pollo (200 calorías)

Gofre de patata (100 calorías)

Pechuga de pollo (200 calorías)

Aros de cebolla (100 calorías)

Lonchas de bacón (300 calorías)

Hamburguesa (1.150 calorías)

Pepinillo en rodajas (20 calorías); cebolla picada (10 calorías)

Bollo (50 calorías); lechuga (0 calorías)

Queso Mozzarella (100 calorías)

La hamburguesa con más calorías

Desde febrero de 2012, Oscar's Diner en Telford (Shropshire, R.U.) sirve una hamburguesa de 1,1 kg de 4.200 calorías que vale 24 dólares. Si te lo acabas todo en 45 minutos (más un batido, patatas fritas y ensalada de col), ganarás una comida gratis, una camiseta y una foto para recordar el evento. ¡Un cliente lo hizo en siete minutos!

MÁS...

Competidores en un concurso de comer perritos calientes
Un total de 3.189 personas tomaron parte en un concurso de comer perritos calientes en un evento organizado por Oscar Mayer (España), en el Puente de las Flores (Valencia, España), el 12 de marzo de 2011.

Sandías partidas con la cabeza (1 min)
Tafzi Ahmed (Alemania) partió 43 sandías con la cabeza en un minuto en el Rose Festival (Sajonia-Anhalt, Alemania), el 27 de mayo de 2011.

Manzanas partidas (1 min)
El mayor número de manzanas partidas en un minuto es 40, una hazaña lograda por Ashrita Furman (EE.UU.) en Nueva York (EE.UU.), el 31 de diciembre de 2011.

Ashrita, que recientemente se ha centrado en la comida para satisfacer su hambre de récords, también posee récords del **mayor número de plátanos partidos con ambas manos (1 min):** rompió 99 plátanos en el Sri Chinmoy Center (Nueva York, EE.UU.) el 4 de mayo de 2010, y del **mayor número de pepinos partidos (1 min):** 118 en el Smile of the Beyond Luncheonette (Nueva York, EE.UU.), el 24 de marzo de 2011.

Fuentes de Mentos y refrescos gaseosos
Se lanzaron un total de 2.865 fuentes de Mentos y refrescos gaseosos en un evento organizado por Perfetti Van Melle (Filipinas), en el SM Mall of Asia Complex de Manila (Filipinas), el 17 de octubre de 2010 (imagen inferior).

LA FÍSICA DE LAS FUENTES DE MENTOS Y REFRESCOS GASEOSOS

Los físicos de la Appalachian State University en Boone (Carolina del Norte, EE.UU.) han aplicado sus mentes científicas para explicar y perfeccionar la siempre popular fuente de caramelos y refrescos gaseosos:

1 Para lograr óptimos resultados, use Mentos de menta. No son tan lisos como parecen: están cubiertos de capas de azúcar líquido, que crean una superficie de agujeros microscópicos.

2 Los refrescos carbonatados son efervescentes porque se disuelve dióxido de carbono (CO_2) en el líquido. Las burbujas de CO_2 se liberan cuando las moléculas entran en contacto con baches diminutos, por ejemplo pequeños rasguños en un vaso de agua o motas de polvo, conocidos como «puntos de nucleación».

3 Las burbujas de CO_2 se forman rápidamente en los millones de puntos de nucleación de los Mentos, creando una fuerte espuma cuando las pastillas de menta se hunden en el fondo del vaso. ¡Esta liberación de la presión impulsa el líquido espumoso hacia arriba y hacia fuera!

4 El refresco carbonatado que mejor funciona es la Coca-Cola Light, pues contiene el edulcorante aspartamo, que disminuye la tensión del líquido, lo que permite que el CO_2 escape con mayor facilidad. (¡La Coca-Cola Light sin cafeína también funciona muy bien!)

ENCONTRARÁS MÁS RÉCORDS SUCULENTOS EN LA P. 94

COMIDA GIGANTE

MAYOR...

- **Porción de queso:** Long Clawson Dairy (R.U.) elaboró un trozo de queso Stilton de 110,5 kg. Lo presentaron y pesaron en Long Clawson (Leicestershire, R.U.) el 20 de septiembre de 2011.

- **Huevo de chocolate:** Tosca (Italia) hizo un huevo de Pascua que medía 10,39 m de altura el 16 de abril de 2011.
- **Doner:** El 26 de agosto de 2011, el restaurante Doner (EAU) preparó un *doner* de 468 kg en Jumeirah Beach Road (Dubái, EAU).

La piña más pesada

La piña (la de la derecha) que recogió la jardinera aficionada Christine McCallum (Australia) en noviembre de 2011 pesa 8,28 kg y mide 32 cm de largo. La prodigiosa piña tiene un contorno de 66 cm y tardó dos años y medio en crecer en el jardín de Christine en Bakewell (Territorio del Norte, Australia).

El mayor perrito caliente comercializado

Elaborado por Gorilla Tango Novelty Meats (EE.UU.), el Big Hot Dog pesa 3,18 kg y cuesta 89,95 dólares. En la foto aparece el director ejecutivo de Gorilla Tango Novelty Meats, Dan Abbate (EE.UU.), con uno de los incomparables tentempiés entre las manos. El perrito caliente, que está hecho de ternera, buey y cerdo, mide 40,64 cm de largo y tiene un diámetro de 10,16 cm. ¡Sólo uno de estos enormes tentempiés equivale a 40 raciones de tamaño normal!

DATO:
Los norteamericanos aficionados al béisbol se zampan 26 millones de perritos calientes cada temporada.

INSTANTÁNEA

- El plan original de Dan era crear un perrito caliente rectangular que no se saliera del pan al apretarlo. La idea no llegó a cuajar, así que decidió apostar fuerte e intentar un Guinness World Record.

- Durante la sesión de fotos, un perrito llamado *Dorian*, pasó por allí relamiéndose. Terminó comiéndose un buen trozo de un extremo del enorme tentempié. *Dorian* es un teckel, también conocido como «perro salchicha»...

- **Cóctel:** El Margaritaville Casino de Las Vegas (Nevada, EE.UU.) hizo un cóctel margarita con un volumen de 32.176 litros el 14 de octubre de 2011.
- **Falafel:** El Santa Clarita Valley Jewish Food and Cultural Festival (EE.UU.) preparó un *falafel* de 23,9 kg en College of the Canyons en Valencia (California, EE.UU.) el 15 de mayo de 2010.
- **Lasaña:** La mayor lasaña pesaba 3,71 toneladas, medía 21,33 × 2,13 m, y la creó Food Bank for Monterey County en Salinas (California, EE.UU.) el 14 de octubre de 1993.
- **Empanada:** El 19 de agosto de 2010, Proper Cornish Food Company preparó una empanada que pesaba 728 kg en Fowey (Cornwall, R.U.).
- **La mayor arepa** (un pan sin levadura hecho de masa de maíz o harina) pesa 493,2 kg y la preparó HARINA P.A.N. —parte de Empresas Polar (Venezuela)— en Caracas (Venezuela) el 23 de marzo de 2011.

Comida larga

- ¿Te apetece picar algo? Prueba el salami más largo, de 16,09 m, hecho por Fratelli Daturi snc (Italia).

- ¿Algo de verdura, tal vez? El pepino más largo mide 107 cm y lo cultivó Ian Neale (Reino Unido).

- Y para terminar, ¿qué tal el helado más largo? Una copa de 45,72 m hecha por los padres y madres de Parent and School Association of St Anne School en Bethlehem (Pennsylvania, EE.UU.)

MAYOR RACIÓN DE...

- **Patatas al horno:** El centro comercial El Mirador (España) asó 1.116 kg de patatas en Las Palmas de Gran Canaria (España) el 28 de mayo de 2011. Las *papas arrugadas* es un plato típico en las Islas Canarias.

- **Chile con carne:** El 19 de julio de 2003, el Keystone Aquatic Club (EE.UU.) cocinó una olla de chile con carne que pesaba 652,4 kg en el Broad Street Market de Harrisburg (Pennsylvania, EE.UU.).

- **Pescado y patatas fritas:** La mayor ración de pescado y patatas fritas pesaba 45,83 kg y la preparó el Wensleydale Heifer Hotel (Reino Unido) en West Witton (Yorkshire, Reino Unido) el 2 de julio de 2011.

- **Pollo frito:** La mayor ración de pollo frito pesaba 1.076 kg y la cocinó NOAS FM (Japón) en el Fourth Karaage Festival en el AEON Mall Sanko de Nakatsu City (Oita, Japón) el 23 de septiembre de 2011.

- **Ensalada de patata:** Spilva Ltd (Letonia) exhibió una ensalada de patata de 3,27 toneladas en el International Exhibition Centre de la Riga Technical University en Letonia, el 1 de septiembre de 2002.

- **Risotto:** El 26 de noviembre de 2004, la Ricegrowers' Association of Australia se las arregló para servir una ración de *risotto* de 7,51 toneladas en First Fleet Park (Sídney, Australia).

- **Salsa:** Un equipo dirigido por Bob Blumer (Canadá) creó y cocinó una salsa de enorme tamaño que pesaba 1.212 kg en el 26th Annual Tomato Festival en Jacksonville (Texas, EE.UU.) el 12 de junio de 2010.

- **Caracoles:** La Câmara Municipal de Loures (Portugal) preparó una ración de caracoles de 1.111 kg en Loures (Portugal) el 11 de julio de 2009.

- **Salteado chino:** El 5 de septiembre de 2011, los University of Massachusetts Dining Services (EE.UU.) se organizaron para cocinar un salteado chino de 1.818,91 kg en Amherst (Massachusetts, EE.UU.).

- **Potaje:** El Ayuntamiento de la localidad de Tudela (España) se las ingenió para cocinar un potaje de 2.040 kg en Tudela (España) el 30 de abril de 2011. La receta incluía, entre otros ingredientes, alcachofas, guisantes, judías, judías verdes, espárragos, cebollas y ajo de la región.

La mayor albóndiga

Esta montaña de carne pesa 503,71 kg (unas 5.926 veces más que una albóndiga convencional, que suele pesar 85 g) y tiene un diámetro de 1,38 m. La preparó el Columbus Italian Club (EE.UU.) en el St John's Italian Festival de Columbus (Ohio, EE.UU.) entre el 5 y el 8 de octubre de 2011. Mezclaron la carne y las especias en bolas de 22,5 kg, luego las refrigeraron, las trasladaron a otra ubicación, las metieron en un recipiente en forma de cápsula y las cocinaron en un horno especial.

LAS FRUTAS Y VERDURAS MÁS PESADAS

El mayor producto cultivado en un huerto es la calabaza; la mayor de ellas es un monstruo de 821,23 kg cultivado por Chris Stevens (EE.UU.) de Wisconsin (EE.UU.). La calabaza pesa 10 veces más que su gran rival, la col, tal como revela ésta lista de gigantes del huerto...

Col	57,61 kg
Boniato	37 kg
Rábano	31,1 kg
Melón Cantaloup	29,4 kg
Calabacín	29,25 kg
Apio	28,7 kg
Coliflor	24,6 kg
Remolacha	23,4 kg
Nabo	17,7 kg
Brócoli	15,87 kg
Pepino	12,4 kg
Puerro	9,2 kg
Zanahoria	8,61 kg
Col de Bruselas	8,3 kg
Piña	8,3 kg
Cebolla	8,15 kg
Chirivía	7,8 kg
Limón	5,26 kg
Patata	4,98 kg
Tomate	3,51 kg
Mango	3,43 kg
Pomelo	3,21 kg
Pera	2,94 kg
Aguacate	2,19 kg
Manzana	1,84 kg
Ajo	1,19 kg
Melocotón	725 g
Pimiento	290 g
Fresa	231 g
Cereza	21,69 g
Arándano	11,28 g

En esta foto aparece el plusmarquista cultivador de verdura Peter Glazebrook (R.U.) con su cebolla ganadora, que fue pesada en el Harrogate Flower Show celebrado en Yorkshire (R.U.) el 16 de septiembre de 2011.

Mayor caja de palomitas de maíz

52,73m³
51,51m³
50,03m³

47,91m³

45,57m³

Cineplexx International (Austria/Serbia/Croacia) hizo una caja de palomitas de 52,59 m³. La llenaron en 1 h 57 min en un evento cerca de Avenue Mall en Osijek (Croacia) el 16 de abril de 2011, para celebrar la apertura de dos nuevos centros comerciales junto con dos cines Cineplexx en Croacia.

DATO: ¡Los nativos norteamericanos hacían palomitas de maíz hace 5.000 años!

DULCES DELICIAS

Menos tiempo en clasificar 30 caramelos de goma

Alfie Binnie (R.U.) clasificó 30 caramelos de goma por color, usando unos palillos chinos en un tiempo récord de 40 segundos, en Londres (R.U.), el 17 de febrero de 2012.

DATO:
Michael Patrick Buonocore (EE.UU.) sobrevivió a una subida de azúcar de 147,6 mmol/l en 2008, ¡una cifra 25 veces superior a la normal!

DATO:
La **primera tableta de chocolate** del mundo la fabricó Joseph Fry & Son, de Bristol (R.U.), en 1847.

Pez
En mayo de 1998, David Welch (EE.UU.) vendió tres dispensadores Pez por 6.000 dólares cada uno (un total de 18.000 dólares), convirtiéndolos en los **dispensadores de caramelos más caros**. En aquel momento tenían 50 años de existencia y tres diseños distintos: un elefante de oro brillante de una sola pieza, una cabeza de Mickey Mouse y un dispensador sin cabeza grabado con las palabras «PEZ-HAAS». Los tres fueron comprados por un comerciante anónimo.

Galletas Oreo
La **galleta más vendida del mundo** es la famosa Oreo, con un total de más de 500.000 millones desde que se introdujo en el mercado de EE.UU. allá por el año 1912. Si apiláramos cada Oreo que se ha fabricado en toda su historia, el montón llegaría a la Luna y volvería más de seis veces.

DATO:
¡Podríamos dar la vuelta a la Tierra más de cinco veces con todas las gominolas que se consumieron el año pasado!

Monedas de chocolate
La **mayor moneda de chocolate** de todo el mundo se presentó en el centro comercial Sun Plaza de Bucarest (Rumanía), el 17 de noviembre de 2011. Esta enorme moneda de aproximadamente 1.325.000 calorías tenía las siguientes proporciones: medía 14 cm de grosor, con un diámetro de 1,35 m y pesaba la friolera cifra de 265 kg. Si hubiera estado hecha de oro, ¡habría costado 15 millones de dólares!

KitKat
KitKat es la **tableta de chocolate con mayor variedad de sabores**. Hasta la fecha, la KitKat estándar de cuatro barritas se encuentra disponible en más de 120 sabores, entre los que se incluye pepino, wasabi, sandía y sal y, por supuesto, la tradicional tableta de chocolate con leche.

Algodón de azúcar
El **algodón de azúcar más largo** mide 1.400 m y lo hizo Kocaeli Fuar Müdürlüğü (Turquía) en Izmit (Kocaeli, Turquía). La fecha que se eligió para hacerlo fue el 10 de julio de 2009.

Chocolate Cadbury
La **tableta de chocolate más vendida** es Cadbury´s Dairy Milk que, en la actualidad, genera unas ventas anuales de aproximadamente 852 millones de dólares en todo el mundo. Es especialmente popular en el R.U.: los británicos suelen comer un promedio de 8,6 kg de chocolate por persona cada año.

Caramelo de coco
El 28 de febrero de 1998, se fabricó un caramelo de coco de 140,14 m de longitud para celebrar el Festival del Coco, en Tecolutla (México).

Ferrero Rocher
Silvio Sabba (Italia) apiló 12 bombones Ferrero Rocher en Pioltello (Milán, Italia), el 30 de enero de 2012.

After Eights
Anthony Falzon (Malta) batió el récord comiéndose 10 After Eights de menta en un minuto sin usar las manos, en Sliema (Malta), el 14 de diciembre de 2011.

FERRERO ROCHER

DATO:
Las primeras muestras de chocolate, encontradas en Honduras (América Central), datan del año 1150 a. C.

M&M's
El **caramelo más popular del mundo** es el M&M's, que consiguió unas ventas anuales de 1.800 millones de dólares tan sólo en EE.UU. en 2007. Estas famosísimas perlas de chocolate cubiertas de caramelo fueron introducidas en 1941 por los americanos Forrest Mars y R. Bruce Murrie, quienes le pusieron su nombre al producto.

La mayor tableta de chocolate

La mayor tableta de chocolate pesaba 5.792,50 kg y medía 4 × 4 × 0,35 m. La elaboró Thorntons plc (R.U.) en Alfreton (Derbyshire, R.U.), el 7 de octubre de 2011. La gigantesca tableta se fabricó como parte de las celebraciones por el centenario de Thorntons.

DELICIAS DESCOMUNALES

Bote de gominolas — 3 m de altura

Trozo de toffee — 2,5 m

Tira de regaliz — 244 m de longitud

Huevo de Pascua de chocolate — 10,3 m de altura

Tableta de chocolate — 4 m de altura, 4 m de ancho

Osito de goma — 81 cm de altura

Hershey´s Kiss
El **mayor bombón** jamás elaborado ha sido un Hershey's Kiss que llegó a pesar 13.852,71 kg. Se fabricó para celebrar el centenario del icónico bombón, y, una vez hecho, estuvo expuesto en Chocolate World en Hershey (Pennsylvania, EE.UU.) el 7 de julio de 2007.

DATO:
¡La tableta de chocolate más grande del mundo (véase arriba) pesa más que un elefante!

Chucherías
Una bolsa de 800 g de chucherías, entre las que se incluían gominolas con forma de botella de cola, ratoncitos de chocolate blanco y gusanos de goma se vendió por 23.653 dólares en una subasta benéfica para Retail Trust (R.U.), el 21 de febrero de 2009. Fue la última bolsa de chucherías que vendió la ya desaparecida cadena Woolworths. La recaudación fue a parar a una línea telefónica de ayuda para los trabajadores y sus familias afectados por el despido.

DATO:
Los chinos han usado las plantas de regaliz como medicina durante miles de años.

Smarties
Kathryn Ratcliffe (R.U.) se comió un récord de 170 Smarties en tres minutos usando unos palillos chinos, en el Guinness World Records 2005 Roadshow, en Trafford Centre (Manchester, R.U.), el 27 de noviembre de 2004.

Mayor consumo de chocolate
Suiza tiene el **mayor consumo de chocolate per cápita**. Cada ciudadano suizo consume un promedio de 10,55 kg de chocolate al año, lo que no resulta sorprendente teniendo en cuenta la legendaria calidad del chocolate suizo.

DATO:
¡La fábrica británica de la empresa Mars produce más de 10.000 millones de Maltesers cada año!

Fudge
El **trozo más grande de** *fudge* (caramelo de dulce de leche) pesaba 2,61 toneladas y lo elaboró Northwest Fudge Factory (Canadá) en Levack (Ontario, Canadá), el 23 de octubre de 2010.

DATO:
Se tardó una semana en fabricar este gigantesco trozo de *fudge* con sabor a vainilla, chocolate y arce.

Maltesers
La **mayor distancia recorrida por un Malteser soplado con una pajita** es 14,07 m, y lo logró Ashrita Furman (EE.UU.) en el gimnasio Jamaica YMCA (Nueva York, EE.UU.), el 29 de noviembre de 2010.

Chicle
El **globo de chicle más grande hecho con la nariz** llegó a tener un diámetro de 27,94 cm. Su artífice fue Joyce Samuels (EE.UU.) y el lugar elegido fue el plató de *Guinness World Records: Primetime* en Los Ángeles (EE.UU.), el 10 de noviembre de 2000.

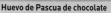

ÉL COLECCIONA...

Tarjetas de embarque de avión

Miguel Fernández Díaz (España) tenía una colección de 1.020 tarjetas de embarque de 54 compañías aéreas en mayo de 2009.

Vehículos blindados

El 3 de febrero de 2007, Jacques Littlefield (EE.UU.) tenía 229 vehículos de combate blindados desactivados, entre ellos un tanque Panzer IV alemán en su rancho de California (EE.UU.).

Pelotas de béisbol dedicadas

Hasta agosto de 2011, Dennis M. Schrader (EE.UU.) había coleccionado 4.020 pelotas de béisbol dedicadas por diferentes jugadores de béisbol profesional.

Libros dedicados

Con fecha 11 de marzo de 2011, Richard Warren, de Lake Forest (California, EE.UU.), había coleccionado 2.381 libros firmados por sus autores originales.

Recuerdos de Harry Potter

Steve Petrick, de Pittsburgh (EE.UU.), posee la mayor colección de recuerdos de Harry Potter, que hasta el 30 de octubre de 2011 comprendía 608 artículos. El enorme tesoro de Steve incluye figuras de cartón de tamaño natural de todos los personajes principales, versiones infantiles y para adultos de los libros, trofeos de Quidditch, gafas protectoras y *snitches*, así como una gran variedad de búhos y varitas mágicas de juguete. También tiene numerosos peluches, entre los que se incluye *Fluffy*, el perro de tres cabezas de Hagrid.

Rascadores de espalda

Manfred Rothstein (EE.UU.) ha acumulado 675 rascadores de espalda de 71 países, que almacena en su clínica dermatológica de Fayetteville (Carolina del Norte, EE.UU.).

Recuerdos de los Beatles

Rodolfo Renato Vazquez (Argentina) tenía 7.700 artículos sobre los Beatles en agosto de 2011.

⊙ INSTANTÁNEA

- Steve mide 1,66 m, la misma altura que Daniel Radcliffe, el actor que encarna a Harry Potter. Tiene 23 años y estudia Bellas Artes en la universidad.

- Steve hizo una prueba para el papel de Harry en la primera película, y su acento británico es bastante bueno.

- Colecciona recuerdos de Harry desde que se publicó el primer libro en 1997.

- Cuando J. K. Rowling le firmó el brazo, Steve se hizo un tatuaje encima para que le durara para siempre.

Recuerdos de Supermán

Con fecha 22 de febrero de 2012, Herbert Chavez (Filipinas) tenía en su haber una colección de 1.253 artículos relacionados con el héroe Supermán, entre los que se incluyen estatuas de tamaño natural, figuritas, ropa, fundas de cojines y edredones, cómics y pósteres. Herbert ha llevado su obsesión por el Hombre de Acero hasta extremos inimaginables: se ha sometido a cirugía estética en la nariz y la barbilla, se ha puesto inyecciones de silicona en los labios e implantes en los glúteos para parecerse al máximo a su superhéroe favorito.

Velas

Lam Chung Foon (Hong Kong) tenía 6.360 velas diferentes el 23 de diciembre de 2011. Las guarda en cuatro salas de exposición a temperatura regulada.

Recuerdos de *Los Ángeles de Charlie*

Jack Condon (EE.UU.) tiene 5.569 artículos de *Los Ángeles de Charlie*, que colecciona desde 1976.

Dioramas

Nabil Karam (Líbano) tiene 333 dioramas únicos (maquetas tridimensionales de una escena). Nabil también posee la **mayor colección de coches en miniatura**, con 27.777 artículos únicos (ver p. 13). Ambas colecciones se contabilizaron el 17 de noviembre de 2011.

Señales de «No molestar»

Jean-François Vernetti (Suiza) ha coleccionado 11.111 señales diferentes de «No molestar» de hoteles en 189 países desde 1985.

Cámaras de cine

Richard LaRiviere (EE.UU.) posee 894 cámaras de cine diferentes que colecciona desde 1960.

Proyectores de cine

Christos Psathas (Grecia) tenía 1.919 proyectores de cine el 29 de julio de 2011.

Insignias de bombero

Bob Brooks (EE.UU.) tiene 8.158 insignias de bombero, que exhibió en Albany Fire Department en Albany (Oregon, EE.UU.) el 22 de junio de 2011. Bob fue bombero durante 35 años.

Sombreros

El 2 de marzo de 2010, Roger Buckey Legried (EE.UU.) tenía 100.336 sombreros, que colecciona desde 1970.

Artículos relacionados con los caballos

Edgar Rugeles (Colombia) tenía 2.149 artículos relacionados con los caballos, el 26 de agosto de 2011.

Botellas de champán en miniatura

Christoph Bermpohl (Alemania) tenía 1.030 botellas de champán en miniatura diferentes en julio de 2011.

Botellas de Moutai

Zhang Jinzhong (China) tenía 423 botellas diferentes de licor Moutai en mayo de 2011. Las colecciona desde 2003.

Placas de matrícula

Los hermanos Péter y Tamás Kenyeres (ambos de Hungría) tenían 11.345 placas de matrícula diferentes de 133 países en abril de 2011. Las coleccionan desde 1990.

Artículos relacionados con las pizzas

Brian Dwyer (EE.UU.) tenía 561 artículos diferentes relacionados con las pizzas el 31 de julio de 2011. Sólo los colecciona desde 2010. Su colección incluye juegos, puzles y cajas de cerillas.

TAMAÑO REAL

Libros en miniatura

Jozsef Tari (Hungría) posee 4.500 libros en miniatura, entre los que se incluye uno que tan sólo mide 2,75 cm de alto y 1,75 cm de ancho (casi el mismo tamaño que la «H» de Hungría en esta frase). Jozsef, impresor de profesión, colecciona libros en miniatura desde 1972, e incluso ha hecho él mismo algunos de ellos. Tiene una estantería especial para su colección: la altura de cada estante es la mitad de una caja de cerillas.

DATO:
La compañía aérea alemana Hapag-Lloyd Express tenía bolsas para el mareo en las que ponía: «¡Gracias por tus críticas!»

Bolsas para el mareo

El 28 de febrero de 2012, Niek Vermeulen (Países Bajos) tenía 6.290 bolsas para el mareo de 1.191 compañías aéreas diferentes de más de 160 países, que ha acumulado desde la década de 1970. Todas las bolsas para el mareo llevan el nombre o el logo de la compañía aérea. Pero su bolsa preferida no es de una compañía aérea, sino de la lanzadera *Columbia*, de la NASA.

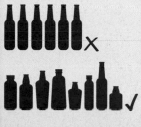

TUS COLECCIONES

¿Tienes una colección que puede batir un récord? Si ves que puedes batir uno de estos récords o tienes una colección que aún no ha aparecido en el libro, infórmanos: ¡puede que tu nombre salga en la próxima edición!

1. Una colección merecedora de un récord comprende un número de artículos determinados que son de algún modo distinguibles (es decir, no puede haber dos artículos iguales).

2. Todos los artículos tienen que haber sido acumulados personalmente (no por una organización).

3. Debes confeccionar un inventario de todos los artículos en presencia de dos testigos independientes. Los testigos no pueden ser miembros de tu familia, amigos, ni profesores y sería preferible que uno de ellos fuera un experto en colecciones (por ejemplo, el conservador de un museo o un bibliotecario). El total final tiene que incluirse en las declaraciones enviadas por ambos testigos (sin parentesco) independientes.

4. Debido a la gran cantidad de artículos que se pueden coleccionar, daremos prioridad a los que susciten mayor interés general.

5. Te pediremos fotografías o un vídeo de toda la colección.

Para más detalles sobre la forma de registrar tu solicitud de récord, visita www.guinnessworldrecords.com

ELLA COLECCIONA...

Recuerdos de Hello Kitty

Asako Kanda (Japón) había acumulado 4.519 artículos diferentes de Hello Kitty hasta el 14 de agosto de 2011. Su casa está llena de una enorme variedad de productos relacionados con la gata blanca de cola corta, cuyo nombre completo es Kitty White, entre los que se incluye una sartén, un ventilador eléctrico, iy hasta un asiento de váter de Hello Kitty!

Ángeles
Desde 1976, Joyce y Lowell Berg (ambas de EE.UU.) han coleccionado 13.165 objetos angélicos, entre los que se incluyen figuritas de ángeles y querubines, cajitas de música e incluso un detector de incendios con forma de ángel.

Campanas
Myrtle B. Eldridge (EE.UU.) ha reunido una colección de 9.638 campanas desde la década de 1980.

Mariposas
En septiembre de 2011, Nina Merinova (Rusia) poseía un total de 735 adornos de mariposa diferentes. Comenzó la colección en 1996, y muchos de los adornos los hace ella misma.

Gatos
Carmen de Aldana (Guatemala) tenía 21.321 artículos diferentes relacionados con los gatos el 14 de marzo de 2011. Comenzó su colección en 1954 con tres gatitos de cerámica, de los cuales todavía conserva uno.

Recuerdos de Coca-Cola
Rebecca Flores (EE.UU.) comenzó a coleccionar artículos de Coca-Cola en 2005. El 15 de diciembre de 2008 tenía 945 objetos diferentes.

Recuerdos del Pato Donald
Mary Brooks (EE.UU.) tenía 1.411 objetos relacionados con el Pato Donald en marzo de 2011. Comenzó su colección hace más de 35 años, y ahora ocupa toda una habitación de su casa.

Flamencos
Sherry Knight (EE.UU.) poseía 619 artículos relacionados con los flamencos el 19 de febrero de 2011. Su colección se exhibe en Path Shelter Store en Lecanto (Florida, EE.UU.).

Imanes de nevera
Louise J. Greenfarb (EE.UU.) ha acumulado un total de 35.000 imanes de nevera no duplicados. Su colección se remonta a la década de 1970.

Gnomos y elfos
Ann Atkin (R.U.) tenía 2.042 gnomos y elfos de jardín distintos en marzo de 2011.

Muñecas hechas a mano
Isabel Romero Jorques (España) ha hecho 500 muñecas de trapo a mano, de 10 cm de altura cada una. Aunque las hacía de niña, no fue hasta los 69 años, animada por sus nietos, cuando comenzó a crear su fabulosa colección.

Zapatos

Darlene Flynn (EE.UU.) tenía 15.665 artículos únicos relacionados con los zapatos el 20 de marzo de 2012, en una colección que se remonta al año 2000. Y sigue creciendo: Darlene recibe zapatos de admiradores de todo el mundo. Sus películas preferidas son *Cenicienta* y *El Mago de Oz* y, como es de esperar, posee réplicas tanto de los zapatos de cristal de Cenicienta como de los zapatos rojos de Dorothy. Darlene vive muy cerca de Denise Tubangui, la propietaria de la mayor colección de vacas (2.429 en marzo de 2011). A menudo hablan de su pasión común por el coleccionismo.

DATO: El **zapato de piel más antiguo** data de hace 5.500 años. Se encontró en Armenia en 2008.

Recuerdos de Mickey Mouse

A fecha 11 de diciembre de 2008, Janet Esteves (EE.UU.) poseía 2.760 artículos de Mickey Mouse.

Pandas

Miranda Kessler (EE.UU.) había reunido una colección de 1.225 objetos únicos relacionados con los panda en marzo de 2011.

Cerdos

Anne Langton (R.U.) posee una colección de 16.779 artículos relacionados con los cerdos, que ha reunido durante más de 40 años.

Muñecas Barbie

Bettina Dorfmann comparte su casa en Düsseldorf (Alemania) con 15.000 muñecas Barbie distintas. Recibió su primera muñeca en 1966, pero sólo las colecciona desde 1993. Barbie fue lanzada por Mattel, el gigante norteamericano de los juguetes, en 1959. Su nombre completo es Barbara Millicent Roberts, el nombre de la hija de los fundadores de Mattel, Elliot y Ruth Handler (EE.UU.).

Recuerdos de Pokémon

Lisa Courtney (R.U.) era la orgullosa propietaria de 14.410 artículos diferentes de Pokémon con fecha 14 de octubre de 2010, tras más de 14 años coleccionando.

Patos de goma

Charlotte Lee (EE.UU.) tenía 5.631 patitos de goma distintos el 10 de abril de 2011.

Recuerdos de Spice Girls

Hasta abril de 2011, Elizabeth West (R.U.) tenía 2.066 artículos diferentes de Spice Girls.

DATO: Según Mattel, hay más de 100.000 coleccionistas de muñecas Barbie en todo el mundo.

INSTANTÁNEA

• Bettina posó para esta foto en octubre de 2011, cuando su colección superaba las 15.000 muñecas.

• Recibió su primera muñeca cuando tenía cinco años de edad, pero no fue una Barbie, sino Midge, la mejor amiga de Barbie.

• Ahora es la orgullosa propietaria de una original (y rara) Barbie de 1959.

• ¿Tienes una Barbie rota? Bettina dirige un hospital para muñecas. ¡En él repara piernas rotas, les desenreda el pelo enmarañado y sustituye miembros perdidos!

COLECCIOMANÍA
13.788.795

Número total de artículos coleccionados por coleccionistas de Guinness World Records*

* sólo plusmarquistas actuales; no incluye colecciones públicas reunidas por bibliotecas o universidades

Las 10 colecciones más grandes

Cubiertas de cajas de cerillas	3.159.119
Dientes humanos	2.000.744
Libros (propietarios privados)	1.500.000
Etiquetas de cajas de cerillas	1.054.221
Cromos coleccionables	1.000.000
Botones	439.900
Etiquetas de cerveza	424.868
Tarjetas «rasca y gana»	319.011
Bolígrafos	285.150
Vitolas	211.104

10

artículos en la colección *más pequeña*: instrumentos musicales hechos de cerillas. ¡Se usaron un total de 106.000 cerillas para hacer, entre otros instrumentos, un violín, una mandolina, una flauta dulce y un ukelele! La colección pertenece a Tony Hall (R.U.).

LOS 10 PAÍSES QUE MÁS COLECCIONAN

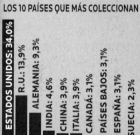

ESTADOS UNIDOS: 34,0%
R.U.: 13,9%
ALEMANIA: 9,3%
INDIA: 4,6%
CHINA: 3,9%
ITALIA: 3,9%
CANADÁ: 3,1%
PAÍSES BAJOS: 3,1%
ESPAÑA: 3,1%
SUECIA: 2,3%

Coleccionistas hombres contra mujeres

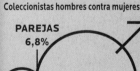

PAREJAS 6,8%

M 21,6%

H 71,6%

Las colecciones más disputadas

Ciertos artículos atraen más a los coleccionistas. Aquí figuran los objetos que más se coleccionan; cada récord ha sido batido cinco veces en los últimos 10 años:

Botellas de cerveza | Puntos de libro | Coches en miniatura | Lápices

MAYOR...

Muro artificial de escalada

¿Miedo a las alturas? El muro artificial de escalada más alto mide 41,89 m y fue construido en Historic Banning Mills, en Whitesburg Georgia (EE.UU.). El 9 de diciembre de 2011, el experimentado escalador, Kalib Robertson, lo subió en 12 minutos.

Carillón

Compuesto por 1.221 piezas, el carillón más grande que se puede tocar alcanza los 19,58 m de longitud. Fue construido por la Universal Percussion Inc., TreeWorks Chimes, Tom Shelley y Mitch McMichen (todos de EE.UU.); fue presentado y sonó en el Drum Festival de Columbiana, Ohio (EE.UU.), el 28 de agosto de 2011.

Cama

El 28 de mayo de 2011, el Commissie Zomerfeesten St. Gregorius Hertme (Holanda) presentó la cama más grande en Hertme (Holanda). Mide 26,5 m de largo y 16,44 m de ancho.

Taza de café

Con una capacidad de 12.847,69 litros, la mayor taza de café contiene unas 54.304 dosis normales.

La preparó PuertoRicoIsCoffee.com y fue servida en la Puerto Rico Coffee Expo 2011, celebrada en San Juan (Puerto Rico), el 9 de octubre de 2011.

Tambor

El gobierno local de Yeong Dong-Gun y Seuk Je Lee (ambos de Corea del Sur) montaron una batería de 5,54 m de diámetro, 5,96 m de altura y un peso de 7 toneladas, en Simcheon-Meon (Corea del Sur), el 6 de julio de 2011.

Bandera (ondeando)

El 2 de diciembre de 2011, la ciudad de Piedras Negras, en Coahuila (México), se las ingenió para izar una bandera que medía 34,3 m × 60 m.

La **bandera plegada más grande**, presentada en Rayak (Líbano) el 10 de octubre de 2010, en honor al ejército libanés, mide la friolera de 325 m × 203 m.

Gnomo de jardín

Un enorme gnomo de jardín, obra de Ron Hale (Canadá), en 1998, logró alcanzar la altura récord de 7,91 m. Fue medido de manera oficial el 19 de agosto de 2009.

El guante más grande

Confeccionar el guante más grande llevó la friolera de 128 horas. Mide 2,82 m de alto y 93 cm de ancho y fue obra de Held GmbH (Alemania). Se presentó en Burgberg im Allgäu (Alemania), el 20 de abril de 2011.

Chaqueta

El 29 de junio de 2011 se confeccionó, en la iglesia de St. George de Stockport (R.U.), una chaqueta de 12,95 m desde el cuello hasta la cintura y de 15,32 m de extremo a extremo de sus mangas.

Rompecabezas

Cuando se mide por el número de piezas, el mayor rompecabezas tiene 551.232. Lo completó el 24 de septiembre de 2011 1.600 estudiantes de la Universidad de Economía de Ciudad Ho Chi Minh (Vietnam), en un estadio local. Su tamaño total era de 14,85 m × 23,20 m.

El **mayor rompecabezas en cuanto a tamaño se refiere** tiene 21.600 piezas y mide 5.428,8 m². Fue ideado por Great East Asia Surveyors & Consultants Co. Ltd., y tuvo que ser montado por 777 personas en el antiguo aeropuerto de Kai Tag, en Hong Kong, el 3 de noviembre de 2002.

DATO: Mark es sacerdote y algunos feligreses lo describen como «el batería de Dios».

La batería más grande

La batería más grande la componen 340 piezas y es propiedad del Dr. Mark Temperato (EE.UU.). Las piezas se contaron en Lakeville, Nueva York (EE.UU.), el 31 de octubre de 2011. Cuando el Dr. Temperato está de gira se emplea un enorme camión adaptado para transportar la batería por EE.UU.

DATO: Mark guarda el gong gigante de su batería en un compartimento en la parte baja de su camión.

GRANDES COSAS CON BIGOTES, EN LA P. 58

El teléfono más grande

El teléfono operativo más grande del mundo fue presentado el 16 de septiembre de 1988 con motivo de la celebración del 80 aniversario de Centraal Beheer, una compañía de seguros de Apeldoorn (Países Bajos). Mide 2,47 m de alto y 6,6 m de largo, y pesa 3,5 toneladas. El auricular, de 7,14 m de largo, tiene que levantarse con una grúa para poder hacer una llamada.

Revista

Una edición de *Veronica Magazine* fue la revista más grande de la historia, con 190 cm × 270 cm. Fue medida en Hilversum (Países Bajos), el 31 de octubre de 2011.

La tabla de skate más grande

Con 11,14 m de largo, 2,63 m de ancho y 1,10 m de alto, la tabla de skate más grande es obra del presentador de la *MTV* Rob Dyrdek, Joe Ciaglia y un equipo de California Skateparks (todos de EE.UU.). Hizo su gran aparición el 25 de febrero de 2009 en la serie de la *MTV Rob Dyrdek's Fantasy Factory.*

Navaja

Abierta, la mayor navaja del mundo mide 6,2 m y tiene una hoja de acero de 2,46 m. Fue diseñada y fabricada por Garima Foundation y Pankaj Ojha (ambos de India) y fue presentada en el Pink Square Mall de Jaipur (India), el 21 de diciembre de 2010.

Destornillador

Biswaroop Roy Chowdhury (India) fabricó un destornillador gigante que fue presentado en Nueva Delhi (India), el 20 de abril de 2011. Mide 2,27 m de largo, tiene un mango de plástico acrílico de 24,13 cm en su punto más ancho y de 71,12 cm de longitud. La barra de acero mide 8,89 cm de espesor y puede extenderse hasta más de 1,55 m.

La pala más grande

Con 3,90 m de altura y una hoja de 64 cm de ancho, la pala más grande es obra de Yeoman Quality Garden Products (R.U.), presentada el 4 de octubre de 2011, en Droitwich (R.U.).

Calcetín

El 2 de diciembre de 2011 se presentó un calcetín de 9,93 m × 6,86 m × 2,49 m en el Rhode Island Convention Center, en Providence, Rhode Island (EE.UU.). Fue confeccionado por Project Undercover Inc. (EE.UU.), y diseñado para parecerse a una marioneta.

Bolsa de té

Suficiente para preparar más de 50.000 tazas de té, la mayor bolsa de té pesa 120 kg y fue elaborada por All About Tea (R.U.), a bordo del HMS *Warrior* en Portsmouth, Hampshire (R.U.), el 16 de noviembre de 2011. La bolsa mide 2,48 m de anchura y longitud.

Bastón blanco

El bastón blanco más largo mide 23,55 m. Lo creó la Swiss Federation of the Blind and Visually Impaired Fribourg Section (Suiza) y fue presentado en Friburgo (Suiza), el 27 de agosto de 2011.

Copa de vino

Con 3,37 m de alto y 1,73 m en su parte más ancha, la copa de vino más grande fue presentada por el municipio de Limassol (Chipre), el 8 de septiembre de 2011, con motivo del 50.º aniversario del Festival del Vino de Limassol. Allí se llenó con cinco botellas de vino.

INSTANTÁNEA

- Joe Ciaglia y su equipo (EE.UU.) hicieron en menos de tres meses esta tabla de skate, que es 12,5 veces más grande que una estándar.

- No dejan de diseñar y ayudar a construir pistas de skate por todo el mundo, incluyendo una nueva en Arad (Israel).

- La tabla ha sido expuesta en Times Square, en Nueva York (EE.UU.).

MODA FANTÁSTICA

Para caballeros y damas con las figuras más gruesas, aquí está la colección Guinness World Records de prendas enormes.

PANTALONES 7,92 m / 12,9 m

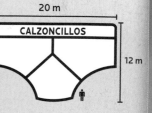

GORRO DE PUNTO 6,9 m

CALZONCILLOS 20 m / 12 m

ZAPATO 5,5 m

PAR DE CALCETINES 13,72 m

¿PERO ESTO ES ARTE?

MAYOR...

Dibujo (de un único artista)

Un dibujo a lápiz obra de Ashok Nagpure (India), de 98,75 × 2,43 m, que representa la vida del cineasta indio Dadasaheb Phalke, fue mostrado en Nashik, Maharashtra (India), el 24 de mayo de 2010.

Pintura hecha con los dedos

El 26 de noviembre de 2009, un total de 3.242 estudiantes hicieron una pintura con los dedos de 2.101,43 m². El evento fue una iniciativa del comité organizador de Anti Youth Drug Abuse Campaign y tuvo lugar en el Victoria Park de Hong Kong (China).

La mayor pintura panorámica

Una pintura panorámica de 3.012,36 m² titulada *Splendid Central Plains* fue presentada al público por la Henan Administration of Radio Film and Television (China), en la Torre de la Fortuna de la ciudad de Zhengzhou, provincia de Henan (China), el 26 de abril de 2011.

El mayor cuadro de arena

Más de 2.500 participantes crearon un cuadro de arena de 9.028 m² basado en el tema de la «paz», el 26 de noviembre de 2010. El evento fue organizado por la Brahma Kumaris (India) en la Firodia School de Ahmednagar, Maharashtra (India).

Pintura de huellas de manos

Hasta 5.000 niños hicieron una pintura con las huellas de sus manos de 5.893 m² –mayor que un campo de fútbol americano– en un evento creado por la Agencia de Naciones Unidas para los Refugiados de Palestina en Oriente Próximo. Tuvo lugar en el estadio Khan Younis, en el sur de Gaza, Entidad Palestina (Cisjordania y Gaza) el 21 de julio de 2011, y mostraba el logotipo de Naciones Unidas como si se tratara del sol levantándose sobre la Franja de Gaza.

Pintura por números

Durante la celebración del día de GWR de 2010, se presentó al público una pintura por números de 3.130,55 m², obra de la Ecole de Dessin, en el Estado de Lagos (Nigeria).

Pintura con huellas de pies

El 29 de mayo de 2011, 200 personas emplearon sus pies para hacer una pintura de 1.489,45 m², en un evento organizado por el Creative Campus en Ealing, Londres (R.U.).

Pintura con la boca

R. Rajendran (India) pintó con la boca un cuadro de 9,14 × 6,10 m en homenaje a la Madre Teresa. Fue medido el 30 de octubre de 2007.

Pintura hecha con espráis

Hecha por 580 estudiantes turcos para Coca-Cola Içecek, mide 760,28 m² y se acabó en el aeropuerto de Hezarfen, Estambul (Turquía), el 16 de agosto de 2004.

DATO: Sólo cerca del 10% del volumen de un pulmón humano es tejido sólido. El 90% restante es aire.

El mayor modelo de un órgano humano

Pfizer Japan Inc. creó un modelo de un pulmón humano de 5,02 × 5,78 m en Ario Sapporo, Sapporo, Hokkaido (Japón), el 2 de octubre de 2010. Un lado mostraba un pulmón sano, el otro el de un fumador.

Pintura bajo el agua

Alexander Belozor (Ucrania) creó una pintura submarina de 0,8 m² en El Mina, un punto de inmersión en el mar Rojo, frente a la costa de Hurghada (Egipto), el 18 de diciembre de 2010.

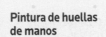

El mayor certamen artístico
Un total de 4.850.271 niños de 6.601 escuelas de toda la India, participaron en el All India Camel Colour Contest, cuyo resultado se decidió el 8 de diciembre de 2011.

2.975 globos

La mayor escultura de globos modelados

Adam Lee (EE.UU., abajo) hizo una escultura con globos con la forma de una araña gigantesca de 6,76 m de largo y 13,77 m de ancho. Empleó 2.975 globos y fue medida en la Grand Mound Great Wolf Lodge de Washington, DC (EE.UU.), el 6 de octubre de 2011.

OBRAS MÁS LARGAS...

La tira cómica (equipo)

La tira cómica más larga, obra de un equipo, midió 1.012 m. Fue elaborada por los estudiantes de la Ecole Emile Cohl, la ECAM y la Centrale de Lyon (todas francesas) durante un evento organizado por la Lyon BD Organization, en Lyon (Francia), el 28 de mayo de 2011.

El grafiti

Almeersegraffiti (Holanda) coordinó a 300 participantes en la creación de un enorme grafiti en un rollo de papel de 1.576,3 m –más largo que 22 jumbos 747–, en Almere (Holanda), el 2 de julio de 2011.

La pintura

Estudiantes de 3.000 escuelas locales de todo México pintaron una obra de 6 km de longitud que trataba el tema de la transparencia del Gobierno. El evento fue celebrado en el parque Tangamanga de San Luis Potosí (México), el 28 de mayo de 2010.

La **pintura más larga hecha por una sola persona** midió 2.008 m y fue obra de Thommes Nentwig (Alemania). Fue terminada, presentada y medida en Vechta (Alemania), el 10 de julio de 2008.

La **pintura anamórfica más larga** –es decir, una imagen que está deformada y que cuando se ve desde el ángulo correcto tiene un aspecto tridimensional– mide 128,7 m y es obra de Qi Xinghua (China). Con el título de *Macao's One Impression*, fue presentada al público en el centro comercial One Central Macao, en China, el 6 de diciembre de 2011. *(Más abajo puede verse un claro ejemplo de arte anamórfico pintado sobre pavimento.)*

La pintura por números

Con el título de *Birds and Wetlands*, la pintura por números más larga mide 959,35 m. Fue obra de las 2.041 personas que participaron en un evento organizado por el Hong Kong Wetland Park en sus instalaciones en Hong Kong (China), el 17 de octubre de 2009.

Grandes esculturas

¿Quién necesita la arcilla o el mármol? GWR presenta las mayores esculturas hechas de:

- **Palitos de helado**
Wall's (Tailandia) empleó 840.000 palitos para dar forma al mapa de Tailandia

- **Botellas de plástico**
Wing Lee (China) empleó 3.528 botellas para hacer una pieza con forma de árbol.

- **Blu-Tack**
Elizabeth Thompson (Reino Unido) empleó 4.000 paquetes de Blu-Tack, con un peso de 200 kg, para crear una pieza con forma de araña.

Más bolsas de plástico empleadas en una obra de arte
Miha Artnak (Eslovenia) creó *Plastic Bag Monster* en noviembre de 2010 con 40.000 bolsas de plástico (y 7.500 vasos de plástico).

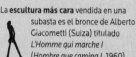

DATO: Esta escultura con forma de calavera denuncia las enormes cantidades de desperdicios que producimos.

La mayor pintura anamórfica sobre pavimento

Joe Hill, de 3D Joe y Max (ambos de R.U.) crearon una pintura anamórfica sobre pavimento de 1.160,45 m². Esta sensacional obra de arte callejera fue presentada al público en el West India Quay, Londres (R.U.), para celebrar el Guinness World Records Day, el 17 de noviembre de 2011.

La impresión con piezas de madera

Un grupo de 80 estudiantes de la De Eindhovense School (Holanda) elaboraron una obra impresa con piezas de madera de 151,5 m de largo. Fue exhibida en su escuela en Eindhoven (Holanda) el 30 de enero de 2009. Con el título de *Holanda y Nicaragua*, la obra fue creada para dar a conocer a Chinandega, ciudad hermanada con Eindhoven.

EL ARTE MÁS CARO

El arte es un gran negocio. Y el negocio se está haciendo cada vez más grande...

 La **ilustración de un libro más cara vendida en una subasta** es una acuarela de Beatrix Potter (R.U.), titulada *The Rabbit's Christmas Party*. Creada en la década de 1890, fue adquirida el 17 de julio de 2008 por un coleccionista británico por 579.232 dólares.

 La **fotografía más cara** es una imagen del Rin tomada por el artista alemán Andreas Gursky (nacido en 1955). Se vendió por 4.338.500 dólares, incluyendo la prima del comprador, en la sala de Christie's en Nueva York (EE.UU.), el 8 de noviembre de 2011. *(Véase p. 149.)*

Danseuse au repos (hacia 1879), una pintura al pastel de una bailarina de ballet, obra del artista francés Edgar Degas, fue vendida por 27.854.400 dólares en la sala de Sotheby's en Londres (R.U.), el 28 de junio de 1999, convirtiéndose en la **obra de arte sobre papel más cara**.

El **dibujo más caro de un maestro antiguo** es la *Cabeza de una musa* de Rafael (Italia), que fue vendido por 47.788.400 dólares, el 9 de diciembre de 2009, en la sala de Christie's en Londres (R.U.).

 La **escultura más cara** vendida en una subasta es el bronce de Alberto Giacometti (Suiza) titulado *L'Homme qui marche I* (Hombre que camina I, 1960). Fue vendida a un comprador anónimo en la sala de Sotheby's en Londres (R.U.), por la cantidad récord de 103.676.000 dólares, el 3 de febrero de 2010.

 Damien Hirst (R.U.) ganó 200,8 millones de dólares durante una subasta, los días 15 y 16 de septiembre de 2008, la **mayor cantidad de dinero ganada en una subasta por un artista**. De las 167 obras que salieron a la venta en la sala de Sotheby's en Londres (R.U.), sólo tres no se vendieron.

 La **venta privada más cara de una pintura** corresponde a la obra del artista francés Paul Cézanne, *Los jugadores de cartas*. Parte de una serie de cinco, fue vendida en 2011 a la familia real de Qatar por más de 250 millones de dólares. La revista *Vanity Fair* dio la noticia de la venta en febrero de 2012.

Todas las conversiones de moneda han sido calculadas en base a las cotizaciones del día de la venta.

MÁS JÓVENES...

Es increíble lo jóvenes que llegan a ser algunos poseedores de récords Guinness. Aquí presentamos una selección de jóvenes talentos ordenados de menor a mayor edad.

La estrella de cine más taquillera

La estrella de cine Shirley Temple (EE.UU., nacida el 23 de abril de 1928) tenía siete años cuando fue la actriz más taquillera en 1935, récord que conservó hasta 1938.

La gran popularidad de Temple la convirtió en la **millonaria más joven (no por herencia)**. Ganó más de 1 millón de dólares antes de cumplir los 10 años.

El **millonario más joven (no por herencia)** fue el actor infantil Jackie Coogan (1914-1984), nacido en Los Ángeles (California, EE.UU.). En 1923-1924 ganaba 22.000 dólares por semana y conservó aproximadamente el 60% de los beneficios obtenidos. A la edad de 13 años, Coogan se había convertido en millonario por derecho propio.

El DJ de discoteca

Jack Hill (Reino Unido, nacido el 20 de mayo de 2000) actuó en el CK's Bar and Club de Weston-super-Mare (Somerset, Reino Unido) el 26 de agosto de 2007, a los 7 años y 98 días.

El director de cine

El director más joven de un largometraje profesional es Kishan Shrikanth (India, nacido el 6 de enero de 1996), que a los 9 años dirigió el filme *C/o Footpath* (India, 2006), sobre un niño huérfano que quiere ir a la escuela.

El licenciado

Michael Kearney (EE.UU.) se licenció en antropología por la Universidad de South Alabama (EE.UU.) en junio de 1994, cuando contaba sólo con 10 años y 4 meses. Más tarde obtuvo un máster de bioquímica: fue el 9 de agosto de 1998, y sólo había cumplido 14 años y 8 meses.

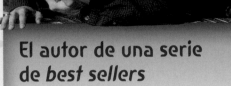

El autor de una serie de *best sellers*

Nacido el 17 de noviembre de 1983, Christopher Paolini (EE.UU.) es el autor de la serie *El Legado*. En mayo de 2011 había vendido más de 20 millones de ejemplares y sigue despertando una gran admiración entre los aficionados a la literatura fantástica del mundo entero.

El gran maestro de ajedrez

El niño prodigio Sergey Karjakin (Ucrania, nacido el 12 de enero de 1990) obtuvo el título de gran maestro internacional de ajedrez el 12 de agosto de 2002, cuando tenía 12 años y 212 días. El título se creó en 1950.

El doctorado

El 13 de abril de 1814, Carl Witte de Lochau (Austria) se convirtió en doctor en filosofía por la Universidad de Giessen (Alemania), a los 12 años.

El medallista de oro olímpico

La campeona olímpica más joven fue Kim Yun-mi (Corea del Sur, nacida el 1 de diciembre de 1980), a los 13 años y 85 días, en la carrera de relevos de patinaje de velocidad en pista corta de 3.000 m femeninos de 1994.

El compositor de un musical

Adám Lörincz (Hungría, nacido el 1 de junio de 1988) tenía 14 años y 76 días cuando se representó su musical de 92 minutos de duración, *Star of the King*, el 16 de agosto de 2002 en Székesfehérvár (Hungría).

El batería más joven

El batería profesional más joven es Julian Pavone (EE.UU., nacido el 14 de mayo de 2004). El 24 de enero de 2012 tenía 7 años, 8 meses y 10 días. Julian empezó a aprender a tocar la batería a los tres meses, sentado en las rodillas de su padre, y lanzó su primer CD, *Go Baby!*, con sólo 23 meses. Toca una batería de 22 piezas que incluye 17 platillos.

DATO: Las primeras baterías se remontan al s. XIX, cuando se inventó el pedal para el bombo.

INSTANTÁNEA

- El padre de Julian solía poner música junto a la barriga de su madre embarazada y Julian respondía con unas paताditas rítmicas increíblemente melodiosas.

- El roquero Tom Petty ha estado en contacto con Julian y ya lo considera un importante talento en el futuro.

- Cuando Julian recibió el título del récord, tenía cuatro años menos que el anterior batería más joven, Tiger Onitsuka (Japón).

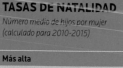

El jugador profesional de póquer

Joe Cada (EE.UU., nacido el 18 de noviembre de 1987) se convirtió en el más joven ganador del evento principal de la Serie Mundial de Póquer a la edad de 21 años y 357 días, el 10 de noviembre de 2009. Joe ganó 8.547.044 dólares.

El goleador en la final de la Copa del Mundo de la FIFA

Pelé (Edson Arantes do Nascimento) tenía 17 años y 239 días cuando marcó para Brasil contra Gales en Gotemburgo (Suecia), el 19 de junio de 1958.

El jugador de la NBA

Jermaine O'Neal (EE.UU., nacido el 13 de octubre de 1978) debutó con los Portland Trail Blazers en un partido contra los Denver Nuggets, el 5 de diciembre de 1996, cuando tenía 18 años y 53 días.

El productor de Hollywood

Steven Paul (EE.UU.) tenía 20 años cuando produjo y dirigió *Volver al amor* (EE.UU., 1980), protagonizada por Elliott Gould y Susannah York, y en la que debutó la actriz Michelle Pfeiffer. Posteriormente ha producido otras 28 películas y ha dirigido la serie de televisión *NYPD Blue* (1993).

El jugador de la Super Bowl

Con 21 años y 155 días, Jamal Lewis (EE.UU., nacido el 26 de agosto de 1979), de los Baltimore Ravens, es el jugador más joven de la historia en participar en la Super Bowl. Lewis corrió 102 yardas y anotó un ensayo en un partido ganado por 34-7 a los New York Giants en la Super Bowl XXXV, el 28 de enero de 2001.

La ganadora de un Oscar (mejor actriz)

El 30 de marzo de 1987, con 21 años y 218 días, Marlee Matlin (EE.UU., nacida el 24 de agosto de 1965) ganó el premio a la mejor actriz por interpretar a Sarah Norman en *Hijos de un dios menor* (*Children of a Lesser God*, Estados Unidos, 1986).

El **ganador más joven de un Oscar al mejor actor** es Adrien Brody (EE.UU., nacido el 14 de abril de 1974). Recogió el premio el 23 de marzo de 2003 por su papel de Wladyslaw Szpilman en *El pianista* (*The Pianist*, Francia/Alemania/Reino Unido/Polonia, 2002), cuando tenía 29 años y 343 días.

El campeón mundial de Fórmula 1

Sebastian Vettel (Alemania, nacido el 3 de julio de 1987) ganó su primer campeonato mundial de Fórmula 1 cuando tenía 23 años y 134 días. Obtuvo el título el 14 de noviembre de 2010, en el Gran Premio de Abu Dhabi (Emiratos Árabes Unidos).

Vettel es también el **piloto más joven en ganar una carrera del campeonato de Fórmula 1.** Tenía 21 años y 72 días cuando ganó el Gran Premio de Italia el 14 de septiembre de 2008, conduciendo un Toro Rosso.

El primer ministro

William Pitt (1759-1806) tenía 24 años y 205 días cuando tomó posesión del cargo el 19 de diciembre de 1783. Anteriormente, ya había declinado el cargo, cuando tenía 23 años y 275 días. (De hecho, el término «primer ministro» no se utilizó oficialmente para describir este cargo hasta 1905.)

El astronauta

El mayor (más tarde, teniente general) Gherman Stepanovich Titov (URSS, nacido el 11 de septiembre de 1935) tenía 25 años y 329 días cuando fue puesto en órbita en el *Vostok 2*, el 6 de agosto de 1961.

La **mujer astronauta más joven** fue Valentina Tereshkova (URSS, nacida el 6 de marzo de 1937), que tenía 26 años y 102 días cuando se convirtió en la **primera mujer en el espacio,** el 16 de junio de 1963, en el *Vostok 6*.

El expedicionario en solitario en la Antártida

El 20 de diciembre de 1998, el sueco Ola Skinnarmo, de 26 años, llegó por sus propios medios y sin ayuda a la Base Scott de la Antártida, después de recorrer sobre esquís 1.200 km durante 47 días a través del continente helado. Ola tiraba un trineo que pesaba aproximadamente 120 kg con la carga máxima, y aun así llegó 10 días antes de lo previsto.

El jefe *scout*

El jefe *scout* más joven es Edward «Bear» Grylls (Reino Unido). Tenía 34 años cuando recibió el nombramiento del Consejo del Movimiento Scout de Londres, en 2009.

La medallista de oro de los X Games

Lyn-z Adams Hawkins (EE.UU., nacida el 21 de septiembre de 1989) se convirtió en la mujer más joven en ganar una medalla de oro en los X Games en cualquier disciplina, cuando venció en la competición Skateboard Vert a los 14 años y 321 días, en los X Games 10, Los Ángeles (California, EE.UU.), el 7 de agosto de 2004.

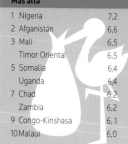

TASAS DE NATALIDAD

Número medio de hijos por mujer (calculado para 2010-2015)

Más alta

1	Nigeria	7,2
2	Afganistán	6,6
3	Mali	6,5
	Timor Oriental	6,5
5	Somalia	6,4
	Uganda	6,4
7	Chad	6,2
	Zambia	6,2
9	Congo-Kinshasa	6,1
10	Malaui	6,0

Más baja

1	Hong Kong	1,0
	Macao	1,0
3	Bosnia	1,2
4	Hungría	1,3
	Japón	1,3
	Malta	1,3
	Polonia	1,3
	Rumanía	1,3
	Singapur	1,3
	Eslovaquia	1,3
	Corea del Sur	1,3

DATO: Se calcula que, en 2010, el 52% de la población mundial era menor de 30 años.

PLANETA JOVEN

Las cifras de la Oficina del Censo de EE.UU. para 2010 revelaron que en la Tierra había más de 2.400 millones de personas menores de 19 años:

0-4	5-9	10-14	15-19
♂ 320.032.992	♂ 306.710.315	♂ 306.644.307	♂ 309.742.265
♀ 299.175.551	♀ 288.524.929	♀ 285.899.964	♀ 288.768.476

CONCURSOS CURIOSOS

Más campeonatos mundiales de lucha en salsa

El campeón más prolífico de los campeonatos mundiales de lucha en salsa, que se celebran anualmente en el pub Rose 'n' Bowl de Stacksteads (Lancashire, R.U.), es Joel Hicks (R.U.). De los cuatro torneos celebrados hasta hoy, ha ganado dos veces: en 2009 y 2011.

MÁS VICTORIAS EN...

Los campeonatos mundiales de *conker* (hombres)

El mayor número de campeonatos mundiales de *conker* (juego de toques con castañas), en categoría masculina es tres, conseguido por P. Midlane (R.U.), que ganó en 1969, 1973 y 1985, y por J. Marsh (R.U.), que lo hizo en 1974, 1975 y 1994. Esta competición anual se empezó a celebrar en Ashton (Northamptonshire, R.U.), en 1965.

Los campeonatos mundiales de muecas (mujeres)

Entre 1977 y 2010, Anne Woods (R.U.) ganó 27 campeonatos mundiales femeninos de muecas, en la Egremont Crab Fair de Cumbria (R.U.).

Tommy Mattinson (R.U.) tiene el récord de **más victorias en los campeonatos mundiales masculinos de muecas,** con 12. Su flexible rostro consiguió el máximo galardón en el mismo campeonato mundial, celebrado en la Egremont Crab Fair (R.U.), en 1986 y en 1987 y 10 veces entre 1999 y 2010.

Los campeonatos mundiales de lanzamiento de herradura (mujeres)

Vicki Chappelle Winston (EE.UU.) ganó 10 campeonatos mundiales femeninos de lanzamiento de herradura. Consiguió el primer título en 1956 y el último en 1981.

Los campeonatos mundiales de *logrolling* (hombres)

Entre 1956 y 1969, Jubiel Wickheim (Canadá) triunfó en 10 campeonatos mundiales de *logrolling* (dos adversarios, sobre un tronco flotante, que hacen rodar hasta que uno cae al agua).

Los campeonatos mundiales de tiro de guisante (hombres)

Mike Fordham (R.U.) consiguió el récord sin precedentes de siete campeonatos, en 1977-1978, 1981, 1983-1985 y 1992.

Sandra Ashley (R.U.) posee el récord de **más campeonatos mundiales de tiro de guisante (mujeres),** con tres victorias consecutivas en 2005-2007.

Los campeonatos mundiales de sauna

Timo Kaukonen (Finlandia) ha ganado los campeonatos mundiales de sauna de Heinola en cinco ocasiones: 2003, 2005-2007 y 2009.

Los campeonatos mundiales del juego de las pulgas (parejas)

Larry Kahn (EE.UU.) ha obtenido el mayor número de títulos por parejas, en los campeonatos mundiales de juego de las pulgas. Consiguió 16 victorias, entre 1978 y 2011.

del adversario para que salga de un *ring* llamado «toerack», empleando únicamente los dedos del pie.

Karen Davies (R.U.) ganó cuatro veces consecutivas, en la categoría femenina, entre 1999 y 2002, por lo que posee el récord de **más campeonatos mundiales femeninos de lucha con los dedos del pie.**

Los campeonatos mundiales de carrera con la esposa a cuestas (hombres)

Margo Uusorg (Estonia) ganó cinco veces: en 2000-2001, 2003 y 2005-2006.

El **mayor número de campeonatos mundiales de carrera con la esposa a cuestas ganados por una mujer** es de dos. El récord lo comparten cuatro estonias: Annela Ojaste (1998-1999), Birgit Ullrich (2000-2001), Egle Soll (2003 y 2005) e Inga Klauso (2004 y 2007).

Más jugadores de damas bajo el agua

El mayor número de personas jugando a damas bajo el agua a la vez es de 88, récord que se logró en un acto organizado por Normunds Pakulis (Letonia), en Riga (Letonia), el 21 de mayo de 2011.

DATO:
Unos 60 buceadores participan en estos campeonatos en Letonia. Las partidas duran máximo 6 minutos.

Más campeonatos mundiales de juego de las pulgas

El extraordinario Larry Kahn (EE.UU.) ganó 21 títulos del campeonato mundial individual, entre 1983 y 2011. Descubrió este juego en 1971, cuando estudiaba en el Massachusetts Institute of Technology (MIT), EE.UU.

Los campeonatos mundiales de lucha con los dedos del pie (hombres)

Alan Nash (R.U.) ha ganado seis campeonatos mundiales, en 1994, 1996-1997, 2000, 2002 y 2009. Nash, apodado «Nasty», también posee el honor de haber sido nombrado caballero por Su Majestad el rey Leo I, de Redonda (Antillas).

La competición se celebra anualmente en el Ye Olde Royal Oak de Wetton (Staffordshire, R.U.). Los participantes deben empujar el pie

Los campeonatos mundiales de carrera en *wok* (equipo)

Dos equipos han ganado dos veces los campeonatos mundiales de carrera en *wok*: ProSieben (Alemania), en 2004-2005 y TV Total (Alemania), en 2009-2010.

MÁS DEPORTES EN PÁG. 230

Los campeonatos mundiales de *conker* (mujeres)

Dos mujeres han ganado en dos ocasiones los campeonatos mundiales de *conker*: Sheila Doubleday (R.U.) venció en el certamen inaugural femenino en 1988 y repitió título en 1993, en una competición organizada por el Ashton Conker Club. Tina Stone (R.U.) ganó el campeonato en 1994 y 2007.

Los títulos mundiales de hockey en monociclo

Los UNICON, campeonatos mundiales de monociclo, se celebran cada dos años, desde 1984. El hockey en monociclo se añadió al programa de pruebas deportivas en 1994. Desde entonces se han disputado nueve torneos. El Swiss Power Team (Suiza) ostenta el récord por haber ganado el título tres veces: en 2004, 2006 y 2010.

Más campeonatos mundiales de lanzamiento de herradura

Alan Francis (EE.UU.) posee el récord del mayor número de campeonatos masculinos: 15, entre 1989 y 2009.

Más campeonatos mundiales de carrera en wok

En la carrera en wok, los participantes realizan descensos cronometrados por una pista olímpica de bobsleigh sobre woks chinos modificados. Georg Hackl (Alemania) ha ganado seis campeonatos mundiales de carrera en wok, en 2004-2005 y 2007-2010. Pero Georg también es bastante bueno en deportes más convencionales: ha obtenido cinco medallas, en cinco juegos olímpicos consecutivos, en la modalidad de luge, por lo que posee el récord de **más medallas consecutivas ganadas en una competición olímpica individual.**

El arte del *logrolling*

• Los dos contrincantes (llamados «birlers», o madereros) saltan de un muelle a un tronco que flota en el agua. Los ayudantes les dan unas pértigas para que puedan mantener el equilibrio.

• Ambos se impulsan para separarse del muelle. Cuando están en equilibrio, abandonan las pértigas y hacen rodar el tronco rápidamente.

• Cada participante intenta aminorar la velocidad o detener el tronco para desplazar al rival y lanzarlo al agua («wetting»). Si ninguno de los dos se cae en un tiempo establecido, siguen compitiendo sobre un tronco más pequeño.

MENOS TIEMPO EN...

Los campeonatos mundiales de buceo en ciénaga (hombres)

Andrew Holmes (R.U.) terminó el recorrido en 1 min y 24,22 s, en Llanwrtyd Wells (Powys, R.U.), el 28 de agosto de 2011.

Los campeonatos mundiales de buceo sobre bicicleta de montaña en ciénaga (hombres)

Graham Robinson (R.U.) ganó en la categoría masculina el campeonato mundial de buceo sobre bicicleta de montaña en ciénaga de 2010, celebrado en Llanwrtyd Wells (Powys, R.U.), con un tiempo de 51 min y 37 s.

Los campeonatos mundiales de atornillar tejados

Este «deporte» vocacional pone a prueba la precisión y la destreza de los participantes, con una empernadora de techo. Brian McArdle y Les Bentlin (ambos de Australia)

DATO:
Los Campeonatos Mundiales de Madereros, que se celebran en Wisconsin (EE.UU.), empezaron en 1960.

Más campeonatos femeninos de *logrolling*

Tina Bosworth (EE.UU., de soltera Salzman) ha conseguido 10 campeonatos internacionales de *logrolling*. Ganó la competición, incluida en los Campeonatos Mundiales de Leñadores, en 1990, 1992 y 1996-2003.

vencieron en el campeonato mundial de 1998, al terminar las tareas exigidas en 1 min y 50,85 s, en Fingal Valley (Tasmania).

Los campeonatos de carrera con la esposa a cuestas

El 1 de julio de 2006, Margo Uusorg y Sandra Kullas (ambos de Estonia) finalizaron la carrera de obstáculos de 253,5 m, en los campeonatos con la esposa a cuestas en 56,9 segundos. Es el mejor registro desde que en 2002 se fijara un peso mínimo para la esposa.

La carrera con saco de lana (hombres)

Pete Roberts (R.U.) logró el tiempo más rápido en la categoría individual masculina, 45,94 segundos, en los campeonatos mundiales de carrera con sacos de lana de 2007. La carrera se celebra anualmente en Tetbury (Gloucestershire, R.U.), y en ella los participantes suben y bajan corriendo la Gumstool Hill, con una gradiente del 25%, con un saco de lana de 27,21 kg sobre los hombros.

La **carrera más rápida en mujeres** del encuentro la realizó Zoe Dixon (R.U.) en 2009, con 1 min y 6,3 s. Las participantes corren con un saco de lana de 13,6 kg sobre los hombros.

LOS COTSWOLD OLIMPICKS

Los Juegos Olímpicos modernos fueron una idea del barón francés Pierre de Coubertin, a finales del s. XIX. Pero 284 años antes del resurgimiento de los Juegos, se celebraron por primera vez en Gloucestershire (R.U.), los Cotswold Olimpicks. Esta competición, descrita un día como una «combinación única de historia, excentricidad, amateurismo y entusiasmo que raya en lo obsesivo», engloba unas disciplinas bastante curiosas:

DANZA
El equivalente de *Mira quién baila* de danza medieval Morris

AJEDREZ
No todo es esfuerzo físico: éste es un juego mental

PELEAS DE GALLOS
Un gallo enfurecido y agresivo se lanza a muerte contra otro

SALTOS EN SACOS
Consiste en dar saltos dentro de un saco

EJERCICIOS CON PICA
Empuñar una lanza larga con gracia y aplomo

PATADAS EN LA ESPINILLA
Derribar al adversario a base de patadas en la espinilla

LANZAR LA BARRA
Versión inglesa del lanzamiento de tronco de los Highland Games escoceses

CARRERA DE BALAS DE HENO
Desplazar una bala de heno con una carretilla a gran velocidad

ACTIVIDADES PELIGROSAS

MENOS TIEMPO EN...

Cambiar una rueda en un coche que gira

Terry Grant (R.U.) tardó 3 min y 10 s en cambiar una rueda a un coche que daba vueltas en el plató de *Lo Show dei Record* en Roma (Italia), el 4 de marzo de 2010.

Beber una pinta de cerveza negra cabeza abajo

Peter Dowdeswell (R.U.) se bebió una pinta de cerveza negra en 5,24 s, mientras lo sostenían cabeza abajo en el plató de *Lo Show dei Record* en Milán (Italia), el 21 de abril de 2011.

Comerse un vaso

El menor tiempo en comerse un vaso quedó establecido en 1 min y 27 s por Patesh Talukdar (India) en el plató de *Guinness World Records –Ab India Todega* en Mumbai (India), el 10 de marzo de 2011.

Más flechas agarradas al vuelo con los ojos vendados (dos minutos)

Joe Alexander (Alemania) agarró cuatro flechas al vuelo con los ojos vendados, en el gimnasio del Joe Alexander Entertainment Group de Hamburgo (Alemania), el 16 de noviembre de 2011; estaba situado a 8 m del arquero, Peter Dubberstein (Alemania). Joe posee también el récord de **más flechas agarradas (dos minutos)** –43 en total–, que batió el 17 de noviembre de 2010.

Agujerear cuatro cocos con un dedo

Ho Eng Hui, alias «Master Ho» (Malasia), empleó sólo 12,15 s en perforar cuatro cocos con un dedo en el plató de *Lo Show dei Record* en Milán (Italia), el 21 de abril de 2011.

Escalar el Burj Khalifa

El menor tiempo en trepar por el **edificio más alto** del mundo (ver p. 170) fue de 6 h, 13 min y 55 s y se lo anotó Alain Robert (Francia). «Spiderman», como se le conoce, lo escaló con las manos desnudas (y sin más ayuda que unos zapatos con suela de goma) entre las 18.03 horas y las 0.17 horas del 29-30 de marzo de 2011.

MÁS PESO LEVANTADO CON...

La cuenca del ojo

Manjit Singh (R.U.) levantó un peso de 14 kg con la cuenca del ojo en el Punjab (India), el 7 de julio de 2011.

La barba

El 18 de diciembre de 2010, Antanas Kontrimas (Lituania) alzó un maniquí de mujer de 63,4 kg de peso a 10 cm del suelo, utilizando tan sólo su barba, en el plató de *Zheng Da Yong Yi – Guinness World Records Special*, en Pekín (China).

Los meñiques

El máximo peso levantado con los meñiques son 67,5 kg, récord fijado por Kristian Holm (Noruega) en Herefoss (Noruega), el 13 de noviembre de 2008.

El cuello

Frank Ciavattone (EE.UU.) alzó un peso de 366,5 kg sujetado en el cuello, en el New England Weightlifting Club de Walpole (Massachusetts, EE.UU.), el 15 de noviembre de 2005.

94 capturas

Más patadas en la cabeza (a sí mismo) en un minuto

El mayor número de patadas autopropinadas en la cabeza durante un minuto son 115, y se las dio Joshua William Reed (EE.UU.) en el plató de *Guinness World Records Gone Wild*, en el Staples Center de Los Ángeles (California), el 28 de septiembre de 2011.

Más capturas en malabarismos con una motosierra

Ian Stewart (Canadá) demostró que no se cortaba un pelo al efectuar 94 capturas con una motosierra, mientras hacía juegos malabares en la Hants County Exhibition, celebrada en Windsor (Nueva Escocia, Canadá), el 25 de septiembre de 2011.

⚠ **¡NO INTENTES HACER** ninguno de estos récords en tu casa! Han sido establecidos por profesionales debidamente entrenados y entrañan riesgos para las personas.

Más tiempo con el cuerpo entero ardiendo (sin oxígeno)

Jayson Dumenigo (EE.UU.) aguantó 5 min y 25 s con el cuerpo entero ardiendo y sin oxígeno, en Santa Clarita (California, EE.UU.), el 27 de marzo de 2011. Tras haber fijado un nuevo récord mundial, Jayson interrumpió su intento antes de lo previsto para permitir que los asistentes le quitaran las capas protectoras y así poder respirar libremente de nuevo. Jayson ha trabajado en películas tan taquilleras como *Los cuatro fantásticos*, *Ocean's Eleven*, *Ocean's Twelve* y las tres primeras entregas de *Piratas del Caribe*.

MÁS...

Botellas de champán degolladas a la vez con un sable

Hasta 196 participantes degollaron sendas botellas de champán a la vez, con un sable, en un espectáculo organizado por el Centro Empresarial e Cultural de Garibaldi (Brasil) para el festival del champán Fenachamp 2011, en Garibaldi (Rio Grande, Brasil), el 8 de octubre de 2011.

Bloques de hormigón apilados y rotos con la cabeza

Wasantha De Zoysa (Sri Lanka) rompió una pila de 12 bloques de hormigón usando sólo la cabeza en Anuradhapura (Sri Lanka), el 23 de agosto de 2009.

Bloques de hormigón rotos sobre la cabeza con una bola de bolos

John Ferraro (EE.UU.) apiló 45 bloques de hormigón sobre la cabeza y encargó a su ayudante que los destrozara dejándoles caer encima una bola de bolos de 7,3 kg, en el plató de *Lo Show dei Record* en Milán (Italia), el 14 de abril de 2011.

Tazas derribadas de la cabeza a patadas (un minuto)

David Synave (Francia) derribó en un minuto 89 tazas de plástico de la cabeza de su ayudante, en Nord-Pas-de-Calais (Francia), el 17 de septiembre de 2011.

Nacidos para quemar

En lo que a ardiente valor se refiere, Jayson no está solo...

· El **mayor número de antorchas humanas simultáneas** son 17, y este récord se consiguió durante un espectáculo montado por Ted Batchelor y la «Ohio Burn Unit» (todos de EE.UU.), en South Russell (Ohio, EE.UU.), el 19 de septiembre de 2009.

· Ted posee además el récord de la **distancia más larga corrida con todo el cuerpo ardiendo** –150,23 m–, que estableció en el King's Home de Chelsea (Alabama, EE.UU.), el 4 de diciembre de 2011.

· La **distancia más larga recorrida con todo el cuerpo ardiendo y tirado por un caballo** fueron los 472,8 m de Halapi Roland (Hungría), en Kisoroszi (Hungría), el 12 de noviembre de 2008.

JAYSON SUPERÓ EL RÉCORD PRECEDENTE POR 40 SEGUNDOS

Más rapidez en saltar sobre tres coches en movimiento

El menor tiempo en saltar de frente sobre tres coches en movimiento quedó establecido en 11,79 s y lo consiguió Aaron Evans (EE.UU.). Esta gran hazaña se produjo en el plató de *Guinness World Records Gone Wild*, en el Staples Center de Los Ángeles (EE.UU.), el 28 de septiembre de 2011. Con los coches viniéndole de frente a una velocidad de 40 km/h, Aaron tomó carrerilla y, ejecutando una voltereta frontal, saltó limpiamente sobre cada uno de los vehículos sin tocarlos en ningún momento.

DATO: Aaron se inspiró para su proeza en un video en el que la estrella de la NBA Kobe Bryant parece saltar sobre un Aston Martin en movimiento.

MÁS DIFÍCIL TODAVÍA: BAJO EL AGUA

Si un récord no parece lo bastante meritorio, ¿por qué no intentarlo bajo el agua? Así lo hicieron estas personas...

Descenso en bicicleta a más profundidad bajo el agua
· 66,5 m
· Vittorio Innocente (Italia)
· Santa Margherita Ligure (Liguria, Italia)
· 21 de julio de 2008

Más distancia en bicicleta bajo el agua
· 3,04 km
· Ashrita Furman (EE.UU.)
· Complexo Olímpico de Piscinas de Coimbra (Coimbra, Portugal)
· 22 de septiembre de 2011

Más distancia en un saltador bajo el agua
· 512,06 m
· Ashrita Furman (EE.UU.)
· Nassau County Aquatic Center de East Meadow (Nueva York, EE.UU.)
· 1 de agosto de 2007

Más rapidez en quitarse una camisa de fuerza bajo el agua
· 15,41 segundos
· Matthew Cassiere, alias «Matt el Navaja» (EE.UU.)
· *Zheng Da Zong Yi – Guinness World Records Special*, estudios de la CCTV (Pekín, China)
· 13 de septiembre de 2007

Más rapidez en soltarse las esposas bajo el agua
· 4 segundos
· Zdeněk Bradáč (República Checa)
· Piscina de Jablonec nad Nisou (Jablonec nad Nisou, República Checa)
· 15 de febrero de 2011

Inmersión más larga en un entorno controlado
· 4 días y 4 h (100 horas en total)
· Ronny Frimann (Noruega)
· Estación Central de Oslo (Noruega)
· 14-18 de junio de 2007

Más tiempo conteniendo voluntariamente la respiración bajo el agua
· 21 min y 33 s
· Peter Colat (Suiza)
· Ebikon (Suiza)
· 17 de septiembre de 2011

Escapada bajo el agua a más profundidad utilizando equipo
· 183 m
· Norman Cooke y Hamish Jones (ambos de R.U.)
· Desde el submarino HMS *Otus* en Bjørnefjorden, en aguas de Bergen (Noruega)
· 22 de julio de 1987

Viaje más largo en *quad*

Los miembros de la expedición Quad Squad, Valerio de Simoni, Kristopher Davant y James Kenyon (todos de Australia) salieron de Estambul (Turquía) el 10 de agosto de 2010, para batir el récord del viaje más largo en *quad*: un total de 56.239 km. Terminaron el viaje en Sídney (Australia), escoltados por un grupo de 500 motocicletas, el 22 de octubre de 2011, tras viajar 437 días 19 h 9 min. El equipo atravesó 37 países.

¿HASTA DÓNDE LLEGAMOS?

¿Cuál es la mayor profundidad que podemos alcanzar?

Con su proyecto del Virgin Oceanic, Richard Branson (R.U.) espera realizar un viaje en solitario a los puntos más profundos de los distintos océanos. ¿Pero cuánto será capaz de descender con su sumergible *Deep Flight Challenger*? ¿Dónde se encuentra el límite cuando se trata de sondear las profundidades de nuestro planeta?

DATO:
La profundidad del agua se mide tradicionalmente en «brazas» - la longitud de un hombre con los brazos extendidos (1,8 m).

DATO:
La presión del agua es el peso del mar sobre ti, siendo 1 bar = 1,19 kg/cm².

Nivel del mar
(1 bar)

318,2 m Buceo a mayor profundidad
Nuno Gomes (Sudáfrica) descendió la quinta parte de una milla en el mar Rojo, frente a la costa de Dahab (Egipto), el 10 de junio de 2005.

1 km. Mayor profundidad operativa de un submarino de combate:
Ningún submarino militar ha descendido a más profundidad que el ruso K-278.

212 m
El medio maratón a más profundidad:
Una competición de 11 corredores en la mina de sal de Bochnia (Polonia), celebrada el 4 de marzo de 2004.

2 km. Inmersión de un mamífero a mayor profundidad:
Un cachalote (*Physeter macrocephalus*) fue avistado frente a la costa de Dominica, en el Caribe, en 1991.

2,4 km. Presentación en directo de un programa de TV a mayor profundidad: Alastair Fothergill (R.U.) presentó *Abyss Live* para la BBC, el 29 de septiembre de 2002, desde el interior de un sumergible Mir, mientras recorría la dorsal Mesoatlántica frente a la costa este de EE.UU.

1,3 km. Concierto a más profundidad:
Agonizer (Finlandia) tocó en la Pyhäsalmi Mine Oy, de Pyhäjärvi (Finlandia), el 4 de agosto de 2007.

2,191 km. La cueva más profunda: En septiembre de 2007, unos espeleólogos ucranianos establecieron un nuevo récord de profundidad en la cueva de Krubera, en el macizo de Arabika (Georgia).

4 km. Restos del RMS *Titanic*
El orgullo de la White Star Line (R.U.) se hundió el 15 de abril de 1912, frente a las costas de Newfoundland (Canadá) y fallecieron, 1.517 personas.
La **persona más joven en descender hasta el *Titanic*** es Sebastian Harris (R.U.), que tenía 13 años cuando visitó sus restos a bordo del sumergible Mir 2, el 2 de agosto de 2005.

1,3-3,6 km
La criatura que vive a más profundidad:
Un gusano nematodo de 0,5 mm de longitud (*Halicephalobus mephisto*) –también conocido como «el gusano del infierno»– fue encontrado en una mina de oro sudafricana, en 2011.

3,9 km
La mina más profunda: La mina de oro TauTona, cerca de Carletonville (Sudáfrica), comenzó a funcionar en 1962 y en 2008 había alcanzado los 3,9 km de profundidad. El trayecto en ascensor puede durar una hora.

–1.000 m (101 bares)	–1.000 m
–2.000 m (202 bares)	–2.000 m
–3.000 m (302 bares)	–3.000 m
–4.000 m (403 bares)	–4.000 m
–5.000 m (503 bares)	–5.000 m

En tierra: Con sus 12,3 km, el agujero más profundo que se ha logrado perforar (véase más abajo) es apenas un rasguño en la superficie de la Tierra. La corteza exterior del planeta está compuesta por 35 km de roca sólida. Dando por supuesto que fue a posible evitar las filtraciones de agua en nuestro agujero –un problema constante en las minas– también se tendría que lidiar con la temperatura, que se eleva a medida que se profundiza. Al nivel de los 3.900 m de profundidad de la mina TauTona (arriba), el punto más profundo al que se ha llegado en tierra firme, la temperatura asciende a 55 °C.

Tras perforar la corteza terrestre, tendríamos que hacer frente al desafío del manto: 3.000 km de ardiente roca entre 400 y 900 °C, dependiendo de la profundidad. Aquí las temperaturas van mucho más allá de los límites operacionales de cualquier traje resistente al calor que se conozca. ¿Aún quieres seguir profundizando?

En el océano: Los seres humanos evolucionaron para vivir en tierra. Bajo el agua, pronto descubrimos los límites que ésta nos supone. No podemos respirar, nuestros sentidos se adormecen, y la presión ejercida por el agua a medida que descendemos se hace cada vez más peligrosa.

Ahí somos poco más que hombres de las cavernas bien equipados que usamos la tecnología para sumergir en el abismo nuestros cuerpos de la Edad de Piedra.

Sin embargo, protegiendo nuestros frágiles cuerpos de los efectos de la presión, de la narcosis del nitrógeno a presión y de la toxicidad del oxígeno, podemos viajar a los más profundos y oscuros recovecos de nuestros océanos. Como los humanos ya han viajado a su punto más profundo conocido, este récord ya ha alcanzado su límite absoluto. El equipo Virgin se enfrenta ahora al reto añadido de hacer las primeras inmersiones en solitario a los puntos más profundos de los océanos. ¡Buena suerte!

5,8 km
El barco hundido a más profundidad:
El buque rompebloques alemán SS *Río Grande*, de la Segunda Guerra Mundial, fue descubierto en el fondo del océano Atlántico sur, el 30 de noviembre de 1996.

Profundidad máxima de los océanos
Ártico: 5,60 km
Antártico: 7,23 km
Índico: 8,04 km
Atlántico: 8,38 km
Pacífico: 11,03 km

10,1 km
Pozo de petróleo a más profundidad:
La *Deepwater Horizon*, una plataforma de perforación semisumergible, trabaja a esta profundidad en el yacimiento petrolífero Tiber, en el golfo de México.

12,3 km
Perforación a más profundidad en la corteza de la Tierra:
Un pozo de exploración geológica cerca de Zapolyarny, en la península de Kola, en el Ártico ruso. Su construcción se inició el 24 de mayo de 1970, alcanzando esta profundidad récord en 1983, cuando los trabajos se detuvieron por falta de fondos.

DATO:
A esta profundidad, es raro que el agua de los océanos supere los 4 °C, ni en las regiones tropicales más cálidas.

10,9 km
Descenso a más profundidad de un vehículo tripulado
Jacques Piccard (Suiza) y Donald Walsh (EE.UU.) pilotaron el batiscafo *Trieste* hasta la «sima de Challenger», en la fosa de las Marianas (véase más bajo), el 23 de enero de 1960. El 25 de marzo de 2012, James Cameron (EE.UU.) hizo el mismo trayecto en solitario –el **descenso en solitario a más profundidad** (en la imagen), un «torpedo vertical» en el *DEEPSEA CHALLENGER* (en la imagen)– que le permitió hacer la primera exploración de la fosa de todos los tiempos.

6,5 km
Sumergible en servicio a más profundidad
Construido en 1990, el *Shinkai 6500* es un submarino de investigación japonés para tres personas, con un casco de 7,35 cm de grosor. Hizo su inmersión número 1.000, en 2007.

8,4 km
Pez a más profundidad: Una especie de brótula de 20 cm de largo (*Abyssobrotula galatheae*) fue hallada en la fosa de Puerto Rico, en el océano Atlántico.

Profundidad que alcanzaría sumergido el monte Everest

DATO:
Para alcanzar el centro de la Tierra tendrías que cavar a través de unos 6.370 km de roca sólida y de magma.

11 km
Punto más profundo del océano:
La fosa de las Marianas, en el océano Pacífico, es el punto natural más profundo de la superficie terrestre.

-6.000 m (604 bares) -7.000 m (704 bares) -8.000 m (805 bares) -9.000 m (905 bares) -10.000 m (1.006 bares) -11.000 m (1.106 bares) -12.000 m (1.207 bares)

114 www.guinnessworldrecords.com

VUELTAS AL MUNDO

La vuelta al mundo más rápida en bicicleta

La vuelta al mundo más rápida en bicicleta duró 106 días, 10 h y 33 min, récord fijado por Alan Bate (R.U.), que recorrió a pedales una distancia de 29.467,91 km y cubrió 42.608,76 km, con transbordos incluidos. El viaje duró desde el 31 de marzo hasta el 4 de agosto de 2010, con principio y final en el Grand Palace de Bangkok (Tailandia).

La vuelta al mundo más rápida en yate

A su llegada a Ushant (Francia) el 6 de enero de 2012, Loïck Peyron (Francia) y los 13 tripulantes del *Banque Populaire V* se convirtieron en poseedores de un récord: habían dado la vuelta al mundo en su yate en 45 días, 13 h, 42 min y 53 s, con lo cual superaban en dos días el récord anterior, que estaba en posesión de Franck Cammas (Francia). La increíble hazaña les reportó el Trofeo Jules Verne –por la circunnavegación más rápida en yate–, galardón que el hermano de Peyron, Bruno, ha ganado en tres ocasiones.

PRIMERAS...

Vueltas al mundo por mar

La primera vuelta al mundo por mar de la historia se realizó el 8 de septiembre de 1522, cuando la nave española *Victoria*, mandada por el navegante español Juan Sebastián Elcano, arribó a Sevilla, en España. La nave había zarpado de Sanlúcar de Barrameda, en Andalucía (España), el 20 de septiembre de 1519, junto con otras cuatro en una expedición encabezada por el explorador portugués Fernando de Magallanes. Doblaron el cabo de Hornos, cruzaron el Pacífico por las Filipinas y regresaron a Europa después de rodear el cabo de Buena Esperanza. *Victoria* fue la única nave que sobrevivió a la expedición.

A pie

La primera persona que supuestamente dio la vuelta al mundo caminando fue George Matthew Schilling (EE.UU.), de 1897 a 1904; pero quien primero pudo acreditar tal hazaña fue David Kunst (EE.UU.), que recorrió 23.250 km atravesando cuatro continentes del 20 de junio de 1970 al 5 de octubre de 1974.

En avión sin repostar

Richard G. «Dick» Rutan y Jeana Yeager (ambos de EE.UU.) dieron la vuelta al mundo hacia el oeste desde la base de la fuerza aérea en Edwards (California, EE.UU.) en nueve días, del 14 al 23 de diciembre de 1986, sin repostar.

Pasando por los dos polos en avión

El comandante Elgen M. Long (EE.UU.) realizó el primer vuelo circumpolar en un bimotor Piper PA-31 Navajo, del 5 de noviembre al 3 de diciembre de 1971, y cubrió una distancia de 62.597 km en 215 horas de vuelo.

Pasando por los polos en helicóptero

Jennifer Murray y Colin Bodill (ambos de R.U.) dieron la vuelta al mundo sobrevolando los dos polos, entre el 5 de diciembre de 2006 y el 23 de mayo de 2007, en un helicóptero Bell 407. El viaje empezó y concluyó en Fort Worth (Texas, EE.UU.).

DATO: El *Banque Populaire V* navegó 21.600 millas náuticas (40.030 km).

Vuelta al mundo

Polos

Alpinismo

Tierra y aire

Mar

←**17 de enero de 1912:** El capitán Robert Scott (R.U., izquierda) y cuatro compañeros llegan al polo Sur con 34 días de retraso para proclamarse la **primera expedición que llegaba al polo Sur**. Este mérito le corresponde a Roald Amundsen (Noruega) y su equipo, que habían llegado al polo, el 14 de diciembre del año anterior.

→**7 de marzo de 1912:** Roald Amundsen llega a Hobart, en Tasmania (Australia), tras confirmar el éxito de su viaje polar.

29 de marzo de 1912: Scott y su tripulación perecen en su viaje de regreso desde el polo Sur.

→**1914-1915:** Ernest Shackleton (R.U.) intenta atravesar la Antártida por el polo Sur, pero su barco, el *Endurance*, se queda atrapado en un banco de témpanos y se hunde.

↑**14 de junio de 1919:** John Alcock y Arthur Brown (R.U.) vuelan desde Terranova (Canadá), hasta Connemara (Irlanda), en el primer vuelo transatlántico sin escalas; aterrizan al día siguiente y obtienen un premio de 10.000 libras esterlinas (equivalentes a 570.000 dólares de hoy día).

| 1912 | 1913 | 1914 | 1915 | 1916 | 1917 | 1918 | 1919 | 1920 | 1921 |

DATO: EL TÛRANOR PlanetSolar tiene 31 m de eslora y desplaza 85 toneladas; el **barco más grande propulsado por energía solar.**

La primera vuelta al mundo en un catamarán con energía solar

El MS *TÛRANOR PlanetSolar* (Suiza) dio la vuelta al mundo con rumbo hacia poniente partiendo de Mónaco en 1 año 7 meses 7 días, desde el 27 de septiembre de 2010 hasta el 4 de mayo de 2012. La superficie del catamarán estaba cubierta por 537 m² de paneles solares, para así navegar propulsándose sólo con energía solar.

MÁS RÁPIDAS...

Navegación en solitario

Francis Joyon (Francia) circunnavegó el planeta sin escalas en 57 días, 13 h, 34 min y 6 s, desde el 23 de noviembre de 2007 hasta el 20 de enero de 2008, a bordo del maxitrimarán *IDEC II*, con 29,5 m de eslora. La travesía, de 21.600 millas náuticas (38.900 km), empezó y terminó en Brest (Francia).

La **vuelta al mundo más rápida en solitario de una mujer** la hizo Ellen MacArthur (R.U.), que dio la vuelta al mundo en 71 días, 14 h, 18 min y 33 s, desde el 28 de noviembre de 2004 hasta el 7 de febrero de 2005, en el trimarán *B&Q.*

En un avión de pasajeros

La vuelta al mundo más rápida en avión según las reglas de la Fédération Aéronautique Internationale (FAI), que dan por válidos los vuelos que superen la longitud del trópico de Cáncer o de Capricornio (36.787,6 km), duró 31 h, 27 min y 49 s. El avión era un Concorde de Air France, pilotado por los comandantes Michel Dupont y Claude Hetru (ambos de Francia). El vuelo duró del 15 al 16 de agosto de 1995, y a bordo viajaban 80 pasajeros y 18 tripulantes.

En globo en solitario

Steve Fossett (EE.UU.) dio la vuelta al mundo en solitario en 13 días, 8 h y 33 min en el *Bud Light Spirit of Freedom*, del 19 de junio al 2 de julio de 2002; despegó de Northam (Australia occidental) y tomó tierra en Eromanga, en Queensland (Australia).

En helicóptero

Edward Kasprowicz (EE.UU.) y su tripulante Stephen Sheik dieron la vuelta al mundo hacia el este, a bordo de un helicóptero AgustaWestland Grand en 11 días, 7 h y 5 min; su hazaña concluyó el 18 de agosto de 2008. El viaje empezó y terminó en Nueva York (EE.UU.), viajando, entre otros muchos lugares, por Groenlandia, R.U., Italia, Rusia, EE.UU. y Canadá.

Reglas de juego

Éstas son las normas actuales de una vuelta al mundo «verdadera», según se han definido en las directrices oficiales de GWR:

• Una vuelta al mundo debe pasar por dos antípodas (puntos opuestos de la superficie terrestre)

• El viajero debe empezar y concluir en el mismo punto, y sólo se desplazará en una dirección

• Deben cruzarse todas las líneas de longitud

• Debe cubrirse una distancia mínima de 40.000 km, o 21.600 millas náuticas

• Los aspirantes deben tener como mínimo 16 años.

En coche

El récord de la primera y más rápida vuelta al mundo en coche establecido por un hombre y una mujer, atravesando seis continentes según las reglas de 1989 y 1991, y con un recorrido superior a la longitud del ecuador (40.075 km), lo poseen Saloo Choudhury y su esposa Neena Choudhury (ambos de la India). El periplo duró 69 días, 19 h y 5 min, desde el 9 de septiembre hasta el 17 de noviembre de 1989, y empezó y terminó en Delhi (India). La pareja conducía un Hindustan «Contessa Classic» de 1989.

La primera vuelta al mundo en un coche con motor de hidrógeno

Mercedes Benz (Alemania) fue el primer fabricante de automóviles que dio la vuelta al mundo con un vehículo con «pila de combustible», propulsado por hidrógeno. Tres coches idénticos (basados en la Clase B con cinco puertas) hicieron el viaje de 125 días para conmemorar el 125.º aniversario de la compañía. Empezaron y concluyeron el viaje en Stuttgart (Alemania).

1924: Se concede **la primera medalla olímpica de alpinismo** (escalada de montaña), en los Juegos de Invierno de Chamonix, al equipo del general de brigada, Charles Bruce (R.U.) por la (fallida) expedición al monte Everest en 1922.

↓**4 de junio de 1924:** Dos británicos intentan ser los primeros escaladores que coronan el Everest, pero desaparecen. George Mallory (en la foto) y Andrew Irvine fueron vistos por última vez a unos cientos de metros de la cumbre; nunca se sabrá si llegaron a la cima. El cadáver de Mallory apareció en 1999.

⊙ **28 de septiembre de 1924:** Dos hidroaviones Douglas DWC del Ejército de EE.UU. completan la **primera vuelta al mundo en avión**, en una serie de 57 «saltos» con principio y fin en Seattle, (Washington, EE.UU.)

↗**20 de mayo de 1927:** Charles Lindbergh (EE.UU.) emprende su **primer vuelo en solitario a través del océano Atlántico** en su monoplano *Spirit of St Louis.*

⊙ **31 de mayo de 1928:** Charles Kingford Smith (Australia) capitanea el **primer vuelo transpacífico** de EE.UU. a Australia.

↗**29 de noviembre de 1929:** Richard Byrd (EE.UU.) capitanea el **primer vuelo sobre el polo Sur** en el trimotor Ford *Floyd Bennell.*

⊙ **26 de julio de 1930:** Charles Creighton y James Hargis (ambos de EE.UU.) parten de Nueva York para hacer el **viaje en coche más rápido marcha atrás a través de EE.UU.**; llegan a Los Ángeles (California) sin haber parado el motor ni una sola vez.

| 1922 | 1923 | 1924 | 1925 | 1926 | 1927 | 1928 | 1929 | 1930 | 1931 |

EXPEDICIONES POLARES

MÁS RÁPIDOS...

El viaje en solitario al polo Sur (sin soporte ni asistencia)

El 13 de enero de 2011, Christian Eide (Noruega) completó una expedición en solitario y sin soporte al polo Sur en 24 días, 1 h y 13 min. Partió hacia esta aventura de 1.150 km, el 20 de diciembre de 2010 y recorrió una media de 47 km al día. Eide pulverizó el récord anterior, de Todd Carmichael (EE.UU.), de 39 días, 7 h y 49 min, y fijó una referencia que muchos exploradores polares consideran casi imposible de superar.

Ray Zahab, Kevin Vallely y Richard Weber (todos de Canadá) alcanzaron el polo Sur desde la ensenada de Hércules (Antártida), el 7 de enero de 2009, después de 33 días, 23 h y 30 min. Completaron el **viaje más rápido de un equipo al polo Sur (sin soporte ni asistencia).**

La expedición al polo Norte

David J. P. Pierce Jones (R.U.), Richard Weber, Tessum Weber (ambos de Canadá) y Howard Fairbanks (Sudáfrica) llegaron caminando al polo Norte en 41 días, 18 h y 52 min, del 3 de marzo al 14 de abril de 2010. El equipo partió desde la posición 82°58'02"N, 77°23'3"O y fue recogido tras alcanzar el polo Norte, 90°N, el 14 de abril de 2010.

La expedición de una mujer al polo Norte (sin soporte)

Cecilie Skog (Noruega) realizó sin soporte una expedición al polo Norte en 48 días y 22 h. Salió de la isla de Ward-Hunt con sus compañeros de equipo, Rolf Bae y Per Henry Borch (ambos de Noruega), el 6 de marzo de 2006 y llegó al polo Norte el 24 de abril de 2006.

Por esta expedición, Skog es también la **mujer más rápida en conseguir el reto de los Tres polos** (ambos polos y el Everest), pues tardó solamente 1 año y 336 días.

PRIMEROS...

La persona en llegar al polo Norte

La cuestión de quién llegó primero al polo Norte ha sido largo tiempo debatida. Robert Peary, que viajaba con Matt Henson (ambos de EE.UU.), afirmó haber llegado al polo Norte el 6 de abril de 1909. Frederick Cook (EE.UU.) aseguró haberlo logrado un año antes, el 21 de abril de 1908.

La primera mujer en esquiar en solitario a través de la Antártida

Felicity Aston (R.U.) se convirtió en la primera mujer en cruzar en solitario la Antártida en esquíes, cuando llegó a la ensenada de Hércules, en la plataforma de Ronne, el 23 de enero de 2012 tras un viaje de 1.744,5 km durante 59 días. Lo hizo tirando de dos trineos y sin el soporte de cometas u otro medio de propulsión.

Ninguno de los dos pudo probarlo de forma convincente.

La persona en llegar al polo Sur

Un equipo de cinco hombres noruegos, dirigidos por el capitán Roald Amundsen, alcanzó el polo Sur a las 11.00 h del 14 de diciembre de 1911 después de 53 días de marcha con trineos de perros, desde la bahía de Whales (Antártida).

La travesía terrestre de la Antártida

Un grupo de 12 personas, conducido por Sir Vivian Ernest Fuchs (R.U.), terminó la travesía de la Antártida el 2 de marzo de 1958, tras una expedición de 3.473 km durante

La persona más joven en llegar esquiando al polo Sur

Amelia Hempleman-Adams (R.U., nacida el 1 de junio de 1995) tenía sólo 16 años y 190 días cuando consiguió llegar al polo Sur el 9 de diciembre de 2011, después de esquiar durante 156 km. Ella y su padre David pasaron 17 noches en la Antártida, en las que tuvieron que soportar nieblas blancas y temperaturas de hasta –50 °C.

99 días, desde el 24 de noviembre de 1957. Cruzaron desde la base de Shackleton a la de Scott pasando por el polo.

La persona en pisar ambos polos

El Dr. Albert Paddock Crary (EE.UU.) llegó al polo Norte en un avión Dakota, el 3 de mayo de 1952. El 12 de febrero de 1961 alcanzó el polo Sur en *Sno-Cat*, en una travesía científica en grupo, desde la estación de McMurdo.

La persona en llegar andando a los dos polos

Robert Swan (R.U.) condujo una expedición de tres hombres, llamada «Tras los pasos de Scott», que llegó al polo Sur el 11 de enero de 1986. Tres años después, lideró una expedición de ocho hombres, «Icewalk», que alcanzó el polo Norte, el 14 de mayo de 1989.

La persona en llegar andando a los dos polos en solitario y sin soporte

Marek Kamiński (Polonia) llegó al polo Norte desde la isla de Ward Hunt, el 23 de mayo de 1995, tras un viaje de 880 km durante 72 días. También recorrió 1.400 km hasta el polo Sur, desde la isla de Berkner (Antártida) en 53 días (llegó el 27 de diciembre de 1995).

La aeronave que sobrevuela el polo Norte

El primer vuelo verificado sobre el polo Norte lo efectuó el 12 de mayo

Más expediciones al polo Sur en un año

En 2011 hubo 19 a la Antártida, en su mayoría para conmemorar el centenario de la carrera al polo Sur, entre Roald Amundsen y el capitán R. Scott.

Vuelta al mundo									
Polos									
Alpinismo									
Tierra y aire									
Mar									

→21 de mayo de 1932: La aviadora Amelia Earhart (EE.UU.) se convierte en la primera mujer que cruza volando en solitario el Atlántico.

↓22 de julio de 1933: Wiley Post (EE.UU.) es la primera persona en dar la vuelta al mundo volando en solitario, en el Lockheed Vega *Winnie Mae*, con inicio y llegada en Nueva York (EE.UU.).

15 de agosto de 1934: William Beebe y Otis Barton (ambos de EE.UU.) descienden 923 m en una batisfera atada a un cable, la **primera inmersión a las profundidades del océano.**

20 de febrero de 1935: Caroline Mikkelsen (Dinamarca), esposa de un capitán ballenero noruego, hace historia al convertirse en **la primera mujer en pisar la Antártida.**

2 de julio de 1937: Amelia Earhart desaparece en el océano Pacífico, mientras intentaba dar la vuelta al mundo en avión.

24 de julio de 1938: Un equipo austro-germano resolvió «el último gran problema de los Alpes», al completar la primera ascensión a la cara norte del Eiger, en Suiza.

| 1932 | 1933 | 1934 | 1935 | 1936 | 1937 | 1938 | 1939 | 1940 | 1941 |

de 1926 la tripulación de un dirigible de 106 m, bajo el mando del explorador noruego, Roald Amundsen y Umberto Nobile (Italia), diseñador y piloto de la nave.

Ivan André Trifonov (Austria) sobrevoló durante 1 km el polo Norte geográfico en un globo aerostático individual Thunder and Colt Cloudhopper, a las 18.30 (Greenwich Meridian Time) del 20 de abril de 1996. Fue el **primer globo aerostático en sobrevolar el polo Norte.**

El vuelo en globo aerostático sobre el polo Sur

Ivan André Trifonov sobrevoló el polo Sur geográfico, a una altitud de 4.570 m, con dos miembros españoles de la tripulación, el 8 de enero de 2000.

La expedición invernal al polo Norte

Matvey Shparo y Boris Smolin (ambos de Rusia) iniciaron la primera expedición invernal al polo Norte

el 22 de diciembre de 2007, día del solsticio de invierno, desde el cabo Arktichesky, punto más septentrional del archipiélago de Zevernaya Zemlia. Llegaron al polo Norte el 14 de marzo de 2008, ocho días antes del equinoccio de primavera, inicio oficial del «día» polar.

El viaje sin soporte al polo Norte

Tina Sjögren y su esposo Thomas (ambos de Suecia) realizaron el viaje en 68 días, del 22 de marzo al 29 de mayo de 2002. La pareja no recibió ningún soporte externo en su expedición.

Tina es también la **primera mujer en completar un viaje al polo Sur sin soporte.** Con su esposo, realizó el viaje desde la ensenada de Hércules en 63 días, del 30 de noviembre de 2001 al 1 de febrero de 2002.

El viaje por tierra más rápido al polo Sur

Para conmemorar el centenario del épico viaje polar de Amundsen (ver p. 118), Jason De Carteret y Kieron Bradley (ambos de R.U.) viajaron al polo Sur en un tiempo récord de 1 día, 15 h y 54 min. Partieron de Patriot Hills el 18 de diciembre de 2011, en el Thomson Reuters Polar Vehicle, conduciendo a una velocidad media de 27,9 km/h, con lo cual también batieron el récord de **la velocidad media más alta en un viaje al polo Sur.**

DATO:
Aleksander viajó sin recibir comida desde el aire, sin motonieve, cometas ni otro tipo de soporte.

DATO:
El polo Sur no ve el Sol durante 182 días al año. En el polo Norte son 176 días.

Antes de sus expediciones polares, Tina había coronado el monte Everest el 26 de mayo de 1999; esta montaña se considera un «polo» por su inaccesibilidad. Al haber conseguido llegar a estos tres puntos, Tina se convirtió en la **primera mujer que culmina el reto de los Tres polos.**

El matrimonio en llegar a ambos polos

Mike y Fiona Thornewill (R.U.) llegaron esquiando al polo Sur el 4 de enero de 2000, y al polo Norte el 6 de mayo de 2001. En ambos viajes contaron con soporte aéreo y con la compañía de Catharine Hartley (R.U.). Ella y Fiona fueron las primeras mujeres británicas en llegar andando a los polos Norte y Sur.

La persona en culminar el reto de los Tres polos

Erling Kagge (Noruega) se convirtió en la primera persona en culminar los tres retos: el polo Norte (el 8 de mayo de 1990), el polo Sur (el 7 de enero de 1993) y la cima del monte Everest (el 8 de mayo de 1994).

La persona en completar el grand slam de los exploradores

Park Young-Seok (Corea del Sur) llegó andando al polo Norte el 30 de abril de 2005, convirtiéndose en la primera persona en culminar el grand slam de los exploradores, que consiste en escalar los picos más altos de los siete continentes (las «Siete Cumbres») y los 14 picos de más de 8.000 m, y llegar andando a los polos Norte y Sur.

Contrastes polares

• Además de los polos geográficos (los puntos más septentrionales y meridionales de la Tierra), existen también los polos Norte y Sur magnéticos. Son los puntos más septentrionales y meridionales del campo magnético de la Tierra.

• La Antártida es bastante más fría que el Ártico. En 1983 registró la **temperatura más baja de la historia:** -89,2 ˚C.

• A diferencia del polo Sur geográfico, el polo Norte está cubierto por un casquete de hielo flotante, sin tierra debajo.

Recorrido más largo en esquíes en solitario y sin soporte

Aleksander Gamme (Noruega) recorrió 2.270 km en esquíes por la Antártida, desde la ensenada de Hércules hasta el polo Sur y regresó a un punto que distaba 1 km del inicio. Allí esperó casi cinco días para cruzar la línea de llegada, el 24 de enero de 2012, junto con James Castrission y Justin Jones (ambos de Australia), que habían hecho una ruta similar.

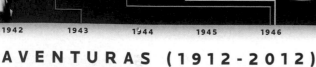

↓**1943:** Jacques Cousteau (en la foto) y Émile Gagnan (ambos de Francia) crearon el Aqua-Lung, que permite a los buceadores un grado de libertad sin precedentes para explorar.

1946: El alpinismo no es aceptado como deporte olímpico.

1946-1947: La Operación Highjump se considera **la mayor expedición a la Antártida.** En ella 4.700 miembros de la Marina de EE.UU. se establecieron en el continente.

↑**14 de octubre de 1947.** El piloto de pruebas estadounidense, Chuck Yeager, a bordo de su Bell X-1 atraviesa la barrera del sonido y realiza el **primer vuelo supersónico.**

↓**1949:** Otis Barton (EE.UU.) bate su propio récord de la inmersión más profunda al bajar 1.372 m en su bentoscopio sumergible. Sigue siendo el **descenso más profundo en solitario en sumergible sujeto a un cable.**

19 de julio de 1950: Ben y Elinore Carlin (ambos de Australia) iniciaron la **primera –y única hasta hoy– vuelta al mundo conseguida por un vehículo anfibio.** Elinore abandonó el jeep Half-Safe –y a su marido– durante un descanso del viaje.

1942   1943   1944   1945   1946   1947   1948   1949   1950   1951

ALPINISMO

La montaña más mortífera

Según la Base de Datos del Himalaya, entre 1950 y 2009 el número de víctimas mortales en el Annapurna I fue de 62 entre 1.524 intentos (en 169 expediciones), lo que confiere al pico una tasa de mortalidad del 4,07%. (La tasa media de mortalidad en el Himalaya se sitúa en el 1,55%.) Los últimos fallecimientos se produjeron en octubre de 2011, cuando Young-Seok Park, Dong-Min Shin y Gi-Seok Gin (todos de Corea del Sur) perecieron durante el descenso.

La primera persona que sube todos los *ochomiles*

Reinhold Messner (Italia) se convirtió en la primera persona que escalaba los 14 picos del mundo con más de 8.000 m de altura cuando coronó el Lhotse (8.501 m), en la frontera entre Nepal y Tíbet, el 16 de octubre de 1986. La dificultad de su hazaña, que había empezado en junio de 1970, queda demostrada por el hecho de que, hasta la primera mitad de 2012, tan solo 27 personas la habían igualado.

Messner, que fue el primero en subir a los tres picos más altos del mundo, está considerado el mejor escalador de todos los tiempos; realizó sus 14 ascensiones, lo que lo convierte en la **primera persona que corona todos los *ochomiles* sin oxígeno**, una proeza que, hasta la fecha, sólo han conseguido 12 escaladores.

Más rapidez en escalar todos los *ochomiles*

Jerzy Kukuczka (Polonia) conquistó los 14 picos que superan los 8.000 m en 7 años 11 meses 14 días.

La primera persona que asciende a las «Siete Cumbres»

Las Siete Cumbres –los picos más altos de los siete continentes– se clasifican según dos criterios. La lista de Messner establece que el punto más alto de Oceanía es el Puncak Jaya, en Indonesia. La lista de Bass, por el contrario, reconoce como tal al monte al Kosciuszko, en Nueva Gales de Sur

(Australia). Patrick Morrow (Canadá) fue la primera persona que completó la lista de Messner al coronar el Puncak Jaya, el 5 de agosto de 1986.

La mujer más longeva que corona las Siete Cumbres

Caroline (Kay) LeClaire (EE.UU., nacida el 8 de marzo de 1949) concluyó la última de sus ascensiones a las Siete Cumbres al coronar el Everest el 23 de mayo de 2009, con 60 años y 77 días de edad.

La primera persona que escala el Annapurna I en solitario

El 28 de octubre de 2007, Tomaž Humar (Eslovenia) culminó su primera ascensión al Annapurna I en solitario. Eligió un ruta nueva por el lado derecho de la cara sur y al más puro estilo «alpino», es decir, llevando consigo el equipo y la comida. En el estilo «expedición», por el contrario, el escalador cuenta con la ventaja de porteadores y cordajes fijos.

Más rapidez en escalar El Capitan

La ascensión más rápida de la «The Nose» de El Capitan, en California

El hombre más longevo que sube al monte Kilimanjaro

Richard Byerley (EE.UU., nacido el 26 de marzo de 1927) alcanzó la cima del monte Kilimanjaro (Tanzania) el 6 de octubre de 2011, con 84 años 71 días. Este granjero de Washington (EE.UU.) comenzó a escalar la montaña al mediodía del 2 de octubre de 2011 a través de la ruta Machame y acompañado por sus nietos, Annie, de 29 años (arriba a la izquierda), y Bren, de 24 años (arriba a la derecha).

(EE.UU.), la realizaron Hans Florine (EE.UU.) y Yuji Hirayama (Japón) en 2 h, 48 min y 50 s en septiembre de 2002.

La **ascensión más rápida en solitario de la «The Nose» de El Capitan** la llevó a cabo Hans Florine en 11 h y 41 min, el 30 de julio de 2005.

La primera mujer que sube al K2

Wanda Rutkiewicz (Polonia) alcanzó la cima del K2 –la segunda montaña más alta del mundo, con 8.611 m– el 23 de junio de 1986.

La primera subida al K2 (cara oeste)

Andrew Mariev y Vadim Popovich, ambos de Rusia, culminaron la primera ascensión exitosa de la cara oeste del K2. La expedición –dirigida por Viktor Kozlov (Rusia)– coronó el pico, a 8.500 m de altura,

el 21 de agosto de 2007 después de una extenuante ascensión de 10 semanas. Por increíble que parezca, ningún miembro del equipo utilizó oxígeno para la escalada.

Más rapidez en escalar el Everest y el K2

Karl Unterkircher (Italia) coronó el Everest (8.848 m) el 24 de mayo de 2004, y el K2, el 26 de julio de 2004; los dos picos se encuentran en el Himalaya. En ambos casos remató su logro sin utilizar oxígeno extra. Entre sus dos ascensiones pasaron 63 días.

La primera ascensión al Everest en solitario

Reinhold Messner (Italia) alcanzó la cima del Everest en solitario el 20 de agosto de 1980. Tardó tres días en realizar la ascensión desde su campamento base, a 6.500 m de altitud.

La primera mujer que escala todos los *ochomiles*

El 17 de mayo de 2010, Edurne Pasaban Lizarribar (España) se convirtió en la primera mujer que coronaba los 14 picos de más de 8.000 m; su conquista de los *ochomiles* empezó al alcanzar la cumbre del Everest el 23 de mayo de 2001, y terminó al hollar la cima del Shishapangma, en el Tíbet, que es el más bajo de los 14 picos.

DATO:
Los lugareños llaman al monte Everest Qomolangma, que significa «madre sagrada».

Vuelta al mundo

Polos

Alpinismo

Tierra y aire

Mar

→29 de mayo de 1953: Edmund Hillary (Nueva Zelanda) y el sherpa Tenzing Norgay (Nepal) se anotan con éxito la **primera ascensión al Everest**, el **pico más alto** del mundo.

31 de julio de 1954: primera ascensión al K2

↘Noviembre de 1956: Un equipo de la Marina de EE.UU. empieza a construir la estación científica Amundsen-Scott en el polo Sur, que pasa a ser la **estación polar más tiempo en servicio**, ocupada ininterrumpidamente hasta hoy.

23 de enero de 1960: Jacques Piccard (Suiza) y Don Walsh (EE.UU.) consiguen la **inmersión submarina tripulada a más profundidad** al descender 10.911 m por la fosa de las Marianas, en el océano Pacífico.

1952   1953   1954   1955   1956   1957   1958   1959   1960   1961

UN SIGLO DE

Más rapidez en escalar las Siete Cumbres por una pareja casada

Rob y Joanne Gambi (R.U.) se anotaron la ascensión más rápida (y la **primera**) a las Siete Cumbres llevada a cabo por un matrimonio, tras escalar el pico más alto de cada continente en 404 días, según la lista de Bass (que considera el monte Kosciuszko el pico más alto de Australasia). La pareja coronó después la pirámide de Carstensz, o Puncak Jaya (el punto más alto de Australasia, si se incluye Indonesia), en 799 días.

Su escalada resultó más dificultosa si cabe porque no utilizó oxígeno.

La persona más longeva que escala el Everest (hombre)

Según la Senior Citizen Mount Everest Expedition, Min Bahadur Sherchan (Nepal, nacido el 20 de junio de 1931) llegó a la cima del monte Everest el 25 de mayo de 2008, a la edad de 76 años y 340 días.

Tamae Watanabe (Japón, nacida el 21 de noviembre de 1938) se convirtió en la **mujer más longeva que coronaba el Everest** cuando alcanzó la cima a las 9.55 h del 16 de mayo de 2002, a la edad de 63 años y 177 días.

La primera ascensión al Everest (mujer)

Junko Tabei (Japón, nacida el 22 de septiembre de 1939) conquistó la cima del Everest el 16 de mayo de 1975.

Más ascensiones al Everest por una mujer

Lakpa Sherpa (Nepal) coronó el Everest por quinta vez el 2 de junio de 2005; llevó a cabo la ascensión con su marido, George Dijmarescu (EE.UU.), quien a su vez culminó en aquella ocasión su séptima ascensión al Everest.

El primer matrimonio que llega a la cumbre del Everest

Phil y Susan Ershler (EE.UU.) fueron el primer matrimonio que consiguió coronar el Everest; alcanzaron la cumbre el 16 de mayo de 2002, el mismo día en que se batía otro récord cuando 54 personas ganaron la cima.

Más conquistas del monte Everest

Apa Sherpa (Nepal), líder de la expedición Eco Everest en 2011, estableció un récord al alcanzar la cima del Everest por vigésima primera vez el 11 de mayo de 2011. Apa había ascendido por primera vez al Everest en mayo de 1990 (véase a la derecha). En la fotografía aparece recibiendo su certificación oficial GWR, en Gyalthum (Sindhupalchowk, Nepal) en febrero de 2012, mientras recorría el Gran Sendero del Himalaya, de 1.700 km de largo.

Las 21 ascensiones de Apa

Fecha	Nombre de la expedición
10 mayo 1990	International
8 mayo 1991	Sherpa Support
12 mayo 1992	New Zealand
7 octubre 1992	International
10 mayo 1993	USA
10 octubre 1994	International
15 mayo 1995	American on Sagarmatha
26 abril 1997	Indonesian
20 mayo 1998	EEE
26 mayo 1999	Asian-Trekking
24 mayo 2000	Everest Environmental
16 mayo 2002	Swiss 50th Anniversary
26 mayo 2003	Commemorative US expedition
17 mayo 2004	Dream Everest
31 mayo 2005	Climbing for a Cure
19 mayo 2006	Team No Limit
16 mayo 2007	SuperSherpas
22 mayo 2008	Eco Everest
21 mayo 2009	Eco Everest
21 mayo 2010	Eco Everest
11 mayo 2011	Eco Everest

3 de septiembre de 1966: John Ridgway y Chay Blyth (ambos de R.U.) navegan a remo desde Cape Cod (EE.UU.) hasta las islas de Arán (Irlanda) en el *English Rose III*, realizando así la primera travesía oceánica a remo del siglo XX. La proeza acontece 70 años después de la **primera travesía oceánica a remo**, llevada a cabo por los noruegos George Harbo y Gabriel Samuelsen, en junio-agosto de 1896.

↓22 de abril de 1969: Robin Knox-Johnston (R.U.) llega a Falmouth siendo el único participante que queda de la Sunday Times Golden Globe Race, con lo que se erige en la **primera persona que navega alrededor del mundo en solitario y sin paradas**.

↓19 de julio de 1969: John Fairfax (R.U.) regresa triunfante después de la **primera travesía transoceánica a remo en solitario**. Cruzó el Atlántico de este a oeste, en el *Britannia*.

21 de julio de 1969: Neil Armstrong y Edwin «Buzz» Aldrin (ambos de EE.UU.) se convierten en los **primeros seres humanos que pisan la Luna.**

↓30 de julio-1 de agosto de 1971: Alfred M. Worden (EE.UU.), del *Apolo 15*, se convierte en el ser **humano más aislado de la historia.** Mientras sus compañeros astronautas exploran la superficie lunar, Worden se queda solo en el módulo de mando a 2.596,4 km de distancia de la persona más próxima.

6 de agosto de 1971: Chay Blyth (R.U.) se convierte en la **primera persona que da la vuelta al mundo sin escalas navegando hacia el oeste**, a bordo del *British Steel*.

1962	1963	1964	1965	1966	1967	1968	1969	1970	1971

VIAJES ÉPICOS

EL VUELO MÁS LARGO...

En dirigible

Tanto en distancia como en duración, el vuelo más largo sin escalas realizado por un dirigible fueron los 6.384,5 km que recorrió Hugo Eckener (Alemania), pilotando el *Graf Zeppelin*, en noviembre de 1928. Este vuelo de 71 h unió las localidades de Lakehurst, Nueva Jersey (EE.UU.) y Friedrichshafen (Alemania).

En autogiro

El teniente coronel Kenneth H. Wallis (R.U.) ostenta el récord de la mayor distancia recorrida medida en línea recta. Cubrió 874,32 km a bordo de un autogiro WA-116/F, un vuelo sin escalas entre Lydd, Kent (R.U.) y Wick, Highland (R.U.), realizado el 28 de septiembre de 1975.

En avión comercial

Entre el 9 y el 10 de noviembre de 2005, un Boeing 777-200LR Wordliner recorrió 11.664 millas náuticas (21.601,7 km), sin realizar escalas ni recargar combustible, desde Hong Kong hasta Londres (R.U.). Con sus 22 h y 42 min se convirtió en el vuelo más largo realizado nunca por un avión comercial sin modificar. El 777-200LR es propulsado por dos motores General Electric GE90-115Bs, los **motores de avión más potentes** del mundo. El primer modelo de este aparato fue entregado a una compañía aérea a principios del año 2006.

En parapente (hombre)

La mayor distancia medida en línea recta cubierta en parapente por un hombre son los 502,9 km que Nevil Hulett (Sudáfrica) recorrió en Copperton, Sudáfrica, el 14 de diciembre de 2008.

Kamira Pereira (Brasil) realizó el **vuelo en parapente más largo de una mujer**, al recorrer 324,5 km medidos en línea recta al oeste de Quixada (Brasil), el 14 de noviembre de 2009. Con ese vuelo batió su propio récord de 323 km, establecido seis días antes.

EL TRAYECTO MÁS RÁPIDO...

En bicicleta por Canadá

Arvid Loewen (Canadá) cruzó Canadá en bicicleta en 13 días, 6 h y 13 min, entre el 1 y el 14 de julio del año 2011.

En bicicleta por Europa (de cabo Norte a Tarifa)

Entre el 20 de junio y el 29 de julio de 2011, Glen Burmeister (R.U.) cruzó Europa de norte a sur, en bicicleta y solo, en 39 días, 11 h, 24 min y 24,71 s.

En bicicleta por el desierto del Sáhara

Reza Pakravan (Irán) cruzó el desierto del Sáhara en bicicleta en 13 días, 5 h, 50 min y 14 s. Partió el 4 de marzo desde un punto en Argelia situado a 30°00'5"N, 2°57'2"E, y acabó en Sudán en un punto situado a 17°59'2"N, 30°59'4"E, el 17 de marzo del año 2011.

Sobrevolando el océano Atlántico

El récord de vuelo transatlántico se sitúa en 1 h, 54 min y 56,4 s. Los comandantes de la Fuerza Aérea de EE.UU., James V. Sullivan y Noel F. Widdifield (ambos de EE.UU.) volaron en un Lockheed SR-71A Blackbird en dirección este el 1 de septiembre de 1974. La velocidad media del trayecto entre Nueva York y Londres, de 5.570,80 km, fue de 2.908,02 km/h. Los pilotos redujeron la velocidad solamente una vez, para repostar en un avión cisterna especialmente modificado.

El viaje más largo en un scooter de 50 cc

La mayor distancia cubierta por un scooter de 50 cc son los 12.441,29 km que Claudio Torresan (Italia) recorrió entre Shumen (Bulgaria) y Almaty (Kazajstán), entre el 25 de mayo y el 25 de noviembre de 2010.

El viaje más largo con muletas

Guy Amalfitano (Francia) recorrió con muletas 4.004,12 km a través de Francia. Acabó en Orthez, el 27 de julio 2011.

El viaje más rápido en bicicleta de El Cairo a Ciudad del Cabo

Robert Knol (Holanda) pedaleó desde El Cairo (Egipto) hasta Ciudad del Cabo (Sudáfrica) en 70 días 3 h 50 min, entre el 24 de enero y el 4 de abril de 2011. Durante el trayecto no disfrutó de ningún tipo de ayuda. Su bicicleta sólo se tuvo que reparar una vez, en Zambia. En Sudán, con temperaturas próximas a 45 °C, bebía unos 15 litros de agua cada día.

Vuelta al mundo			
Polos			
Alpinismo			
Tierra y aire			
Mar			

22 de abril de 1972: Sylvia Cook (R.U.) se convierte en la **primera mujer en cruzar un océano remando**, cuando ella y John Fairfax (R.U.) cruzan el Pacífico de este a oeste. En términos absolutos, fue la **primera vez que se cruzó el Pacífico remando**.

7-19 de diciembre de 1972: La tripulación del *Apolo 17* participa en la **misión lunar más prolongada**. Permanecen en la superficie de la Luna 74 h, 59 min y 40 s. El comandante Eugene Cernan (EE.UU.) fue el último hombre en pisar la Luna.

←16 de mayo de 1975: Junko Tabei (Japón) se convierte en la **primera mujer en encumbrar el monte Everest.**

↓8 de mayo de 1978: Reinhold Messner (Italia, debajo) y Peter Habeler (Austria) son los **primeros en encumbrar el Everest sin oxígeno.**

↓29 de agosto de 1982: Sir Ranulph Fiennes y Charles Burton (ambos de R.U.) regresan de la **primera vuelta al mundo que pasó por ambos polos**, un viaje de 56.000 km que partió de Greenwich, Londres (R.U.).

1972	1973	1974	1975	1976	1977	1978	1979	1980	1981

UN SIGLO DE

DATO: Los seres humanos no pueden sobrevivir durante periodos prolongados en altitudes de más de 6.000 m.

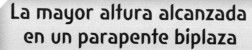

La mayor altura alcanzada en un parapente biplaza

Despegando desde la cima del Everest el 21 de mayo de 2011, Babu Sunuwar y Lakpa Sherpa (ambos de Nepal), alcanzaron una altura de cerca de 8.878 m, la mayor que se haya logrado en un parapente biplaza. Viajaron 31 km alrededor del monte Nuptse antes de aterrizar sanos y salvos en el aeropuerto de Namche Bazaar (Nepal).

Corriendo entre John o'Groats y Land's End

La carrera más rápida entre John o'Groats y Land's End duró 9 días, 2 h y 26 min, marca lograda por Andrew Rivett (R.U.), entre el 4 y el 13 mayo de 2002.

El **viaje más rápido confirmado entre John o'Groats y Land's End realizado por una mujer** duró 12 días, 15 h, 46 min y 35 s, marca lograda por Marina Anderson (R.U.), entre el 16 y el 28 de julio de 2008.

EL VIAJE MÁS LARGO...

En coche

Emil y Liliana Schmid (Suiza) han recorrido 665.712 km en su Toyota Land Cruiser desde el 16 de octubre de 1984. En sus viajes han pasado por 172 países y territorios. Aunque durante su aventura los Schmid han regresado varias veces a Suiza durante cortos períodos de tiempo, no tienen casa permanente en el país.

En helicóptero

Robert Ferry (EE.UU.) pilotó su helicóptero Hughes YOH-6A desde Culver City, California (EE.UU.) hasta Ormond Beach, Florida (EE.UU.), recorriendo sin repostar una distancia de 3.561,6 km. El vuelo finalizó el 6 de abril de 1966.

En motocicleta

Emilio Scotto, de Buenos Aires (Argentina), completó el viaje más largo jamás realizado en motocicleta, cubriendo más de 735.000 km y pasando por 214 países y territorios, entre el 17 de enero de 1985 y el 2 de abril de 1995.

El **viaje continuo en motocicleta más largo dentro de un país** son los 18.301 km que Mohsin Haq (India) recorrió por los 28 estados de la India, entre el 2 de octubre y el 26 de noviembre de 2011.

En silla de ruedas motorizada controlada con la boca

El viaje continuo más largo en silla de ruedas motorizada controlada con la boca son los 28.000 km que hizo Chang-Hyun Choi (Corea del Sur) entre el 10 de mayo de 2006 y el 6 de diciembre de 2007. Choi, con parálisis cerebral y sin movilidad de cuello para abajo, viajó a una velocidad máxima de 13 km/h por 35 países de Europa y Oriente Medio.

Caminando hacia atrás

El mayor exponente de todos los tiempos de la marcha de espaldas fue Plennie L. Wingo (EE.UU.), que completó un recorrido transcontinental de 12.875 km entre Santa Mónica, California (EE.UU.) y Estambul (Turquía), entre el 15 de abril de 1931 y el 24 de octubre de 1932.

La mascota de juguete más viajera
El oso de juguete Raymondo, propiedad de ISPY (R.U.), voló 636.714,8 km, entre el 27 de septiembre de 2009 y el 3 de septiembre de 2010, pasando por 35 países.

DATO: Dixie y Sam aprovecharon la fuerza del viento para cubrir parte del recorrido de la expedición.

La expedición en números

- 74 días en el hielo
- 68 km recorridos de promedio, cada día de viaje
- 24 días en los que se cubrieron más de 100 km
- 11 días de descanso forzado, debido a las inclemencias del tiempo
- 3.147 m de altitud media
- ~30,4 °C de temperatura media
- 10,77 km/h de velocidad media (en los días activos)

La marcha más larga sin soporte en snow-kite en la Antártida

El 3 de febrero de 2012, Dixie Dansercoer y Sam Deltour (ambos de Bélgica) completaron la Antarctic ICE Expedition, que pasó por todas las regiones inexploradas del este de la Antártida. Completaron su viaje de 5.013 km, sin ningún tipo de soporte externo, ni uso de vehículos motorizados.

→**14 de junio de 1983:** Peter Bird (R.U.) se convierte en la **primera persona en cruzar el Pacífico solo remando**; viajó de este a oeste a bordo del *Hele-on-Britannia*.

↓**5 de agosto de 1986:** Patrick Morrow (Canadá), añade el Puncak Jaya, en Indonesia, a su cuenta de montañas, convirtiéndose en la **primera persona en escalar las Siete Cumbres** (los picos más altos de cada continente).

5 de junio de 1988: Kay Cottee (Australia) pasa 189 días en el mar. Se convierte en la **primera mujer en dar la vuelta al mundo sin escalas y sola**.

↙**14 de mayo de 1989:** Robert Swan (R.U.) completa la Icewalk Expedition al polo Norte, convirtiéndose en la **primera persona en alcanzar ambos polos caminando**. Swan había llegado al polo Sur, el 11 de enero de 1986.

↘**4 de mayo de 1990:** Børge Ousland (en la foto) y Erling Kagge (ambos de Noruega) se convierten en los **primeros en alcanzar el polo Norte sin soporte**; un tercer miembro del equipo —Geir Randby— fue evacuado por aire tras sufrir una caída.

1982 | 1983 | 1984 | 1985 | 1986 | 1987 | 1988 | 1989 | 1990 | 1991

VIAJES POR MAR

La travesía más rápida del Canal de la Mancha en canoa (kayak)

Paul Wycherley (R.U.) tardó sólo 2 h y 28 min en cruzar el Canal de la Mancha en kayak, entre el puerto de Dover (R.U.) y Cap Gris Nez (Francia), el 2 de octubre de 2011. En el canal hay rutas de navegación muy concurridas, y Paul se encontró remando entre ferris y petroleros. Pero no le importó; ¡de hecho, las olas que los barcos creaban rompían con la monotonía de tener que remar sin parar!

Más travesías por el océano en solitario

En 2000, Emmanuel Coindre (Francia) se convirtió en la primera persona en cruzar el océano Atlántico de este a oeste en una barca de pedales. Luego cruzó el Atlántico a remo de este a oeste en 2001, de oeste a este en 2002, y de este a oeste en 2004, antes de lograr un récord de velocidad, también en 2004, por volver a cruzar el Atlántico a remo, de oeste a este, en 62 días, 19 h y 48 min. Para rematarlo, cruzó el Pacífico a remo de oeste a este, desde Chōshi (Japón) a Coos Bay, en Oregón (EE.UU.) en 2005, y tardó 129 días, 17 h y 22 min.

Más travesías por el océano a remo

Simon Chalk (R.U.) ha atravesado diversos océanos a remo seis veces, incluida una travesía en solitario por el océano Índico en 2003. Completó las travesías restantes como miembro de equipo de varios grupos. Como parte de un dúo, cruzó el Atlántico de este a oeste en 1997; como parte de un equipo de cinco, volvió a cruzar el Atlántico de este a oeste en 2007-2008; en un octeto, cruzó el océano Índico de este a oeste en 2009; en un equipo de 14, cruzó el Atlántico de este a oeste en 2011, y, finalmente, en otro octeto, cruzó el Atlántico de este a oeste en 2012.

La primera travesía a remo de un océano en solitario (hombre)

John Fairfax (R.U., 1937-2012) atravesó a remo el océano Atlántico de este a oeste en el *Britannia*, entre el 20 de enero y el 19 de julio de 1969.

Además, su travesía del Pacífico con Sylvia Cook (R.U., ver arriba) lo convirtió en la **primera persona en cruzar dos océanos a remo.**

La persona más joven en cruzar a remo un océano en solitario

El 14 de marzo de 2010, Katie Spotz (EE.UU., nacida el 18 de abril de 1987) completó una travesía de 70 días por el océano Atlántico de este a oeste, desde Dakar (Senegal) hasta Georgetown (Guyana). Partió el 3 de enero de 2010, a los 22 años y 260 días de edad.

El **hombre más joven en cruzar a remo un océano en solitario** es Tommy Tippetts (R.U., nacido el 26 de marzo de 1989) tenía 22 años y 301 días de edad al empezar su travesía del Atlántico de este a oeste, desde San Sebastián, en La Gomera (Islas Canarias) a Barbados (Indias Occidentales), del 21 de enero al 12 de abril de 2012 en el *Ked Endeavour*. En total, Tippetts pasó 82 días, 8 h y 40 min en el mar, recaudando dinero para Mind, una organización benéfica de salud mental.

La persona de más edad en cruzar a remo un océano en solitario

Tony Short (R.U., nacido el 28 de marzo de 1944) tenía 67 años y 252 días de edad cuando cruzó el Atlántico de este a oeste desde La Gomera hasta Barbados en el *Spirit of Corinth*. La travesía duró desde el 5 de diciembre de 2011 al 22 de enero de 2012, un total de 48 días, 8 h y 3 min.

La primera travesía a remo del océano Pacífico

Las primeras personas que cruzaron el océano Pacífico a remo fueron John Fairfax y Sylvia Cook (ambos de R.U.) en el *Britannia II*, entre el 26 de abril de 1971 y el 22 de abril de 1972.

El primer piragüista en atravesar un océano en canoa

Gábor Rakonczay (Hungría) atravesó el océano Atlántico de este a oeste en su canoa de 7,5 m de largo en 76 días. Partió de Lagos (Portugal) el 21 de diciembre de 2011. Tras detenerse en Las Palmas (Islas Canarias) para descansar y comprar provisiones, prosiguió su viaje el 25 de enero de 2012, y llegó a la isla caribeña de Antigua (Islas Leeward, Indias Occidentales) el 25 de marzo de 2012.

DATO: La canoa de Gábor volcó dos veces, dejándole sin comunicación desde el 6 de febrero de 2012 hasta el final de la travesía.

- Vuelta al mundo
- Polos
- Alpinismo
- Tierra y aire
- Mar

Mayo de 1996: Las inesperadas condiciones atmosféricas son la causa del **mayor número de muertes en el Everest en un día,** cuando ocho escaladores sucumben a ventiscas y vientos de 112 km/h; 1996 se convierte en el **año más mortífero** en la historia del Everest.

←15 de octubre de 1997: Andy Green (R.U.) conduce el primer coche que rompe la barrera del sonido, con una velocidad media de 1.236 km/h al volante del *Thrust SSC*.

20 de marzo de 1999: Bertrand Piccard (Suiza) y Brian Jones (R.U.) completan la primera circunnavegación en globo sin escalas en el *Breitling Orbiter 3*.

→2 de julio de 2002: Steve Fossett (EE.UU.) se convierte en la primera persona en circunnavegar el planeta en globo y en solitario en el *Bud Light Spirit of Freedom*, de 42,6 m de alto.

| 1992 | 1993 | 1994 | 1995 | 1996 | 1997 | 1998 | 1999 | 2000 | 2001 |

La circunnavegación más rápida de Australia en catamarán

Bruce Arms (Nueva Zelanda) recorrió Australia en su catamarán de 14 m en 38 días, 21 h, 40 min y 42 s, logrando el récord a la circunnavegación más rápida de Australia. Completó su viaje circular en Mooloolaba (Queensland), el 18 de agosto de 2011 a las 9 h, 41 min y 06 s AEST (hora estándar oriental australiana).

La travesía más larga de un océano en solitario

Del 10 de julio de 2007 al 17 de mayo de 2008, Erden Eruç (Turquía) atravesó el océano Pacífico a remo en solitario, de este a oeste, desde California (EE.UU.) hasta Papúa Nueva Guinea a bordo del *Around-n-Over* en un tiempo de 312 días y 2 h.

La travesía más rápida del Atlántico en solitario

La travesía más rápida en solitario de este a oeste del Atlántico en un barco clásico la realizó Fyodor Konyukhov (Rusia), quien hizo el viaje de 4.678 km entre San Sebastián (La Gomera, Islas Canarias) y Port St. Charles (Barbados) en 46 días y 4 h, del 16 de octubre al 1 de diciembre de 2002.

Andrew Brown (R.U.) hizo la travesía en solitario más rápida por la misma ruta, en un barco con casco modificado: la **travesía más rápida del Atlántico de este a oeste en un barco de remos de clase «open»**. Andrew partió de San Sebastián el 5 de diciembre de 2011 y llegó a Port St. Charles el 14 de enero de 2012, tras haber pasado 40 días, 9 h y 41 min en el mar.

La **travesía más rápida del Atlántico en solitario de este a oeste en la ruta «Trade Winds II»** la logró Charles Hedrich (Francia), quien remó 4.035 km entre Dakar (Senegal) y Ponta do Guara (Brasil) en 36 días, 6 h y 37 min, del 18 de diciembre de 2006 al 23 de enero de 2007.

La primera persona en navegar y remar por el océano Índico

James Kayll (R.U.) navegó de Tailandia a Djibouti a bordo del *Ocean Song*, del 8 de enero al 13 de febrero de 2005; luego remó de Geraldton (Australia Occidental) a Mauricio a bordo del *Indian Runner 4*, del 21 de abril al 6 de julio de 2011.

El trimarán *Groupama 3*, capitaneado por Franck Cammas (Francia), cruzó el océano Índico en 8 días, 17 h y 40 min, del 15 al 23 de febrero de 2010, la **travesía más rápida del océano Índico**.

La **primera persona** y **más joven en cruzar a remo el Índico en solitario** es Sarah Outen (R.U., nacida el 26 de mayo de 1985). Comenzó a los 23 años y 310 días de edad, entre el 1 de abril y el 3 de agosto de 2009.

Menos tiempo en atravesar el golfo Pérsico a nado

La natación en aguas abiertas se hace en océanos, mares, ríos, canales y demás. La primera y, por tanto la más rápida, a lo largo del golfo Pérsico la realizó Mohammad Kobadi (Irán), de 34 años. En 84 días, entre el 21 de diciembre de 2011 y el 13 de marzo de 2012, Kobadi nadó 1.051 km en etapas, desde el estrecho de Hormuz hasta Arvandkenar en la costa del sudeste de Irán, un promedio de 11,7 km diarios. La hazaña fue ratificada por Open Water Source.

Menos tiempo en nadar alrededor de Manhattan

El 28 de septiembre de 2011, Oliver Wilkinson (Australia) nadó alrededor de la isla de Manhattan (Nueva York, EE.UU.) en 5 h, 44 min y 2 s, batiendo el récord de 5 h, 44 min y 47 s logrado el mismo día por Rondi Davies (EE.UU./Australia). La hazaña fue ratificada por NYC Swim, el consejo de administración del Manhattan Island Marathon Swim.

DATO: Al final de su 3.ª travesía, Roz había pasado 510 días en el mar, el **mayor n.º de días de una remadora oceánica femenina**.

rozsavage.com

La primera mujer en cruzar a remo tres océanos

La remadora británica Roz Savage conquistó el océano Atlántico de este a oeste desde las Islas Canarias (España) a Antigua (Indias Occidentales) en 2005-2006, el océano Pacífico de este a oeste desde San Francisco (EE.UU.) a Madang (Papúa Nueva Guinea), vía Hawái (EE.UU.) y Tarawa (Kiribati) en 2008-2010 y el océano Índico de este a oeste desde Perth (Australia) a Mauricio en 2011.

↓**30 de abril de 2005:** Park Young-Seok (Corea del Sur) alcanza el polo Norte a pie; se convierte en la **primera persona en completar el gran slam de los exploradores**: escalar las Siete Cimas y los 14 picos de más de 8.000 m, llegar a ambos polos a pie y escalar el Everest.

→**Noviembre de 2005:** Olivier de Kersauson (Francia) logra el récord a la **travesía más rápida en barco por el Pacífico**: tardó 4 días, 19 h, 13 min y 37 s a bordo del *Geronimo*.

←**Mayo de 2006:** Dee Caffari (R.U.) navega en el *Aviva* en la **circunnavegación más rápida en solitario y sin escalas hacia el oeste**, en 178 días, 3 h, 5 min y 34 s.

7 de enero de 2009: Un equipo canadiense alcanza el polo Sur tras 33 días, 23 h y 30 min: el **viaje más rápido y sin soporte al polo Sur**.

↓**13 de enero de 2011:** Christian Eide (Noruega) completa el **viaje en solitario más rápido y sin soporte al polo Sur**, tras caminar 24 días y 1 h.

2002	2003	2004	2005	2006	2007	2008	2009	2010	2011

De viaje por el mundo

GWR se globaliza

¿Has preparado la maleta? ¿Tienes a punto el pasaporte? Entonces átate el cinturón de seguridad, pónte cómodo y relájate. ¡Es el momento de hacer un viaje alrededor del mundo con Guinness World Records!

Durante las próximas 12 páginas, te ofreceremos un recorrido por algunos de los lugares-récord más asombrosos de nuestro planeta. Cada récord que veas es un destino que puedes visitar como turista, y juntos conforman una ruta alrededor del mundo que pasa por todos los continentes. Bueno, no te hemos enviado a la Antártida, pues la hemos limitado a lugares en los que es realista esperar pasar unas vacaciones. Mientras tanto, para aventuras polares, ve a la p. 118.

Bon voyage!

Europa

1 Los trilitones más grandes

«Trilitón» es una palabra griega que significa «tres piedras», y describe las estructuras consistentes en dos piedras verticales con una tercera cruzada en lo alto. Los mayores trilitones se encuentran en Stonehenge, al sur de Salisbury Plain (R.U.), y están formados por monolitos de arenisca salificada que pesan más de 45 toneladas. La piedra vertical más alta se alza a 6,7 m sobre el suelo, más otros 2,4 m bajo tierra. El período más antiguo de construcción de la zanja se ha datado en el 2950 a. C.

2 La ciudad con más turistas

La ciudad que recibe mayor número de visitantes internacionales es París (Francia): 31 de cada 150 turistas extranjeros que visitan Francia llegan a la ciudad. Expuesta en el Museo del Louvre parisino, la *Mona Lisa* de Leonardo da Vinci (aproximadamente 1503-1519, arriba) está considerada el **objeto más valioso jamás robado**; se la llevaron del Louvre el 21 de agosto de 1911, pero fue recuperada en Italia en 1913. Vincenzo Perugia (Italia) fue acusado del robo.

3 La habitación de hotel más cara

La Royal Penthouse Suite del Hotel President Wilson de Ginebra (Suiza) cuesta 65.000 dólares al día. Quien la reserve tiene acceso a 1.680 m² y vistas al Mont Blanc a través de ventanas de cristal antibalas de 6 cm de grueso, así como a un *cocktail lounge* privado, un *jacuzzi*, un gimnasio y una sala de conferencias.

4 La mayor pelea anual con comida

El último día de agosto, la localidad de Buñol, cerca de Valencia (España), celebra su fiesta anual del tomate, La Tomatina. En 2004, 38.000 personas se pasaron una hora en esta gigantesca batalla de comida lanzándose 125 toneladas de tomates. Los encargados de la fiesta vierten la fruta madura desde las cajas de los camiones a la calle para que los participantes se la tiren unos a otros.

5 El anfiteatro más grande

El anfiteatro Flavio o Coliseo de Roma (Italia), concluido en el año 80 d. C., ocupa 2 ha y posee un aforo de 87.000 espectadores, con una longitud máxima de 187 m y una anchura máxima de 157 m.

9

La mayor estructura de hielo

El Ice Hotel de Jukkasjärvi (Suecia), que debe reconstruirse cada invierno, tiene una superficie total de 4.000-5.000 m², y en el invierno de 2004-2005 disponía de 85 habitaciones. El hotel posee, además, el teatro Ice Globe –inspirado en el famoso Teatro del Globo de William Shakespeare–, un bar y una iglesia de hielo. Situado a 200 km al norte del Círculo Polar Ártico, el hotel se ha edificado de nuevo cada diciembre desde 1990.

DATO:
La emperatriz Isabel Petrovna, una de las hijas de Pedro el Grande, ordenó la construcción del Palacio de Invierno en 1754 para que sirviera de residencia real.

DATO:
Muchas ciudades grandes de la Europa medieval tenían jardines de recreo con fuegos artificiales, juegos y la mayoría de ellos cerró en el s. XVIII.

3738562
3738562
3738562

8

Más espacio en un museo

Sería preciso caminar 24 km para visitar cada una de las 322 galerías del Palacio de Invierno, en el Museo Estatal del Hermitage de San Petersburgo (Rusia). Las galerías albergan casi 3 millones de obras de arte y objetos de interés arqueológico.

7

El parque de atracciones más antiguo

Bakken, situado en Klampenborg, al norte de Copenhague (Dinamarca), se inauguró en 1583 y es el parque de atracciones en funcionamiento más antiguo del mundo; tiene cinco montañas rusas, entre ellas la «Rutschebanen», de madera y construida en 1932.

6

El mayor festival de la cerveza

La Oktoberfest 99 de Múnich (18 septiembre-5 octubre de 1999) fue visitada por 7 millones de personas, que consumieron 5,8 millones de litros de cerveza en 11 carpas montadas en un terreno donde cabrían más de 1.600 pistas de tenis.

129

Asia

1. Más peregrinos musulmanes

La peregrinación anual a La Meca (Arabia Saudí), el Hajj, atrae a una media de 2 millones de personas, más que ninguna otra islámica. Los fieles entran en un estado de sacralización denominado *ihram*, en el que los hombres deben vestir un hábito sin costuras (como muestra de que todos los musulmanes son iguales ante Alá).

2. El santuario sij más visitado

El Templo Dorado de Amritsar (India) es el santuario sij más importante del mundo, con hasta 20.000 visitantes diarios. Esta cifra alcanza los 200.000 en celebraciones especiales como el Guru Purab (nacimiento de uno de los 10 gurús sij) y el Baisakhi (fundación del sijismo). El segundo piso del templo está recubierto de piedras preciosas y unos 400 kg de pan de oro.

3. La montaña más alta

El monte Everest, en el Himalaya, representa el espíritu humano de aventura. De 8.848 m, fue bautizado en 1865 en honor de Sir George Everest (1790-1866), topógrafo general de la India. No lo coronaron hasta 1953, hazaña del neozelandés Edmund Hillary y del nepalí de India Tenzing Norgay. En la cima nevada, Norgay dejó dulces como ofrenda a los dioses budistas y Hillary, una crucecita.

DATO:
Tras la temporada de escalada de 2010, ya son 5.104 las personas que han coronado el Everest –el 80% de los ascensos, a partir del año 2000– y han muerto 219 escaladores.

5. La mayor estructura religiosa

El Angkor Wat (templo de la ciudad), en Camboya, cubre un área de 1,62 millones de m² y tiene una muralla exterior de 1.280 m. Lo construyó el rey Khmer Suryavarman II para el dios hindú Vishnu en 1113-1150 y antes de ser abandonado en 1432 albergaba 80.000 habitantes.

4. El cuadro más caro pintado por elefantes

Los turistas de Maesa Elephant Camp de Chiang Mai (Tailandia) se deleitan con los cuadros realizados por los paquidermos. El más caro, titulado *Cold Wind, Swirling Mist, Charming Lanna I*, fue comprado por Panit Warin (Tailandia) por 1,5 millones de bahts (32.970 dólares), el 19 de febrero de 2005.

6. La noria más grande

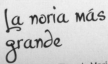

La Singapore Flyer de Marina Bay (Singapur) es una noria de 150 m de alto construida sobre un edificio de tres pisos, por lo que su altura total es de 165 m. Se inauguró el 1 de marzo de 2008.

DATO:
El asentamiento de Angkor, con el Angkor Wat, ocupaba más de 1.000 km², la metrópolis preindustrial más grande del mundo.

El palacio más grande

El Palacio Imperial del centro de Pekín (China) ocupa un rectángulo de 960 × 750 m, de una superficie de 72 ha. Conserva el contorno que ordenó el tercer emperador Ming, Yongle (1402-1424), si bien la mayoría de los edificios datan del s. XVIII.

11

10

9

La montaña rusa más empinada

La atracción Takabisha del parque Fuji-Q Highland, en Fujiyoshida (Japón), tiene una caída libre de 3,4 m y 121° «pasada la vertical». Tras subir los 43 m de la torre, el vagón desciende. Su tramo más empinado empieza a los 29 m y, durante los 0,38 s en que el estómago se encoge, se viaja boca abajo y hacia dentro a la vez.

La muralla más larga

El tramo principal de la Gran Muralla China mide 3.460 km, casi tres veces la longitud de Gran Bretaña. Las ramificaciones y tramos secundarios suman 3.530 km más. Construida para proteger la frontera norte del imperio chino, se extiende desde Shanhaiguan, en el golfo de Bohai, hasta Yumenguan y Yangguan.

DATO:
Antes del reinado de la dinastía Ming en 1368, la muralla se hizo con tapial, piedras y madera. Con los Ming llegaron los ladrillos, que aceleraron las obras.

0084033

0084033

11

10

8

9

1 **2** **3** **4** **5** **6** **7**

El buda más alto

El buda más alto del mundo es el de Zhongyuan, de 127,64 m, situado en el condado de Lushan, provincia de Henan (China). Fue consagrado el 1 de septiembre de 2009, se tardó en construir 12 años y se emplearon 108 kg de oro, 3.300 toneladas de aleación de cobre y 15.000 toneladas de acero para poder crearlo.

8

DATO:
Buda fue un maestro espiritual que vivió unos 500 años antes de Cristo. Nació en Nepal o India y sus enseñanzas son la base del budismo.

7

La mayor reserva de orangutanes

Desde 1964, el Centro de Rehabilitación de Orangutanes de Sepilok, en el estado malayo de Sabah (norte de Borneo), ha devuelto a la naturaleza más de 100 orangutanes huérfanos. Las crías suelen quedarse seis años con la madre, pero a veces hay que rescatarlas de la tala y el desbroce de los bosques o de los cazadores furtivos. En Sepilok, son emparejadas para sustituir las enseñanzas maternas.

África

DATO: Un lateral de la mezquita de Hassan II se posa sobre el mar porque su construcción se inspiró en un verso del Corán: «El trono de Dios se hallaba sobre el agua».

1

El minarete más alto

El minarete más alto es el de la mezquita de Hassan II en Casablanca (Marruecos), de 200 m. Construido entre 1986 y 1993, el templo costó 5.000 millones de dirhams (429 millones de euros) y en su sala de rezos, que tiene un mecanismo de techo de apertura automática, caben 25.000 fieles, más otros 80.000 en el resto del recinto.

2

La mayor edificación de barro

La Gran Mezquita de Djenné (Mali) mide 100 m de largo y 40 m de ancho. La estructura actual data de 1905 y se elaboró con ladrillos de barro secados al sol, asentados con un mortero de base arcillosa; la cubre un revoque de barro para conferirle un aspecto más liso y esculpido. La revisten cada año.

3

Las cataratas más grandes (por cauce anual)

Las cataratas Boyoma (República Democrática del Congo, antiguo Zaire) tienen un cauce medio anual de 17.000 m^3/s. Antes llamadas Stanley, están formadas por siete cataratas que se extienden 100 km a lo largo de un tramo curvado del río Lualaba entre Ubundu y Kisangani.

DATO: David Livingstone (R.U., 1813-1873) bautizó las cataratas Victoria con el nombre de su reina como homenaje, pero los lugareños las llamaban Mosi-oa-Tunya (humo que truena).

5

El mayor jardín aromático para ciegos

Los Jardines Botánicos Nacionales de Kirstenbosch, en la ladera oriental de la Montaña de la Mesa en Ciudad del Cabo (Sudáfrica), tienen un jardín aromático para ciegos de 36 ha. En el área principal hay un sendero con los carteles en braille que empieza y acaba en dicho jardín aromático.

4

Las cataratas más grandes (por superficie vertical)

Las cataratas Victoria, en el río Zambeze entre Zimbabue y Zambia, no son las más altas ni las más anchas del planeta, sino las que tienen una mayor superficie vertical. Con sus 1.708 m de ancho y 108 m de alto, crean una cortina de agua con una superficie aproximada de 184.400 m^2.

DATO:
En 2004, la expedición La Hendrik Coetzee (Sudáfrica) recorrió el Nilo en kayak desde el lago Victoria hasta el Mediterráneo. El viaje duró 126 días.

(10)

La pirámide más alta

La pirámide de Keops (Egipto), también conocida como la Gran Pirámide de Guiza, medía 146,7 m cuando la finalizaron hace 4.500 años, pero la erosión y el vandalismo han reducido su altura a los 137,5 m actuales. En la foto, es la del fondo: por la perspectiva parece más pequeña que la de Kefrén, en medio.

(9)

El río más largo

El manantial principal del Nilo es el lago Victoria, en África centrooriental. Se extiende 6.695 km desde la corriente más lejana en Burundi.

(8)

El mayor sistema de fallas

El Valle del Gran Rift mide unos 6.400 km y su anchura media es de 50-60 km. Empieza en Jordania y se extiende a lo largo del mar Rojo hasta llegar a África oriental. El tramo africano va de Etiopía a Mozambique y en sus 3.500 km de longitud está el volcán Ol Doinyo Lengai, en Tanzania, a la derecha. Los científicos calculan que su formación ha durado unos 30 millones de años.

DATO:
La reserva lleva el nombre del cazador Frederick Selous (R. U.), que murió allí en 1917, a los 66 años, luchando en el ejército británico contra los alemanes.

7725226 7725226

La mayor reserva de caza

Más grande que Suiza, la Reserva de Caza Selous cubre una superficie de 55.000 km^2 de bosques, dehesas pantanosas y selvas en el sur de Tanzania. En 1982 la Unesco la declaró Patrimonio de la Humanidad por su variada fauna, que cuenta con una de las mayores poblaciones de licaones del mundo, y su naturaleza poco alterada, al no haber presencia humana estable a excepción de las instalaciones turísticas.

(7)

(6)

La isla más antigua

Madagascar, en el océano Índico, se formó hace unos 80 a 100 millones de años, cuando se separó del subcontinente indio. Hoy sólo dista 400 km de la costa africana (en el punto más cercano) y se considera parte del continente africano. Los lémures, como el sifaca diademado (*Propithecus diadema*; arriba), son endémicos de la isla.

133

Oceanía

1

El cine al aire libre en funcionamiento más antiguo

El Sun Picture Theatre de Broome (Australia Occidental) se inauguró el 9 de diciembre de 1916. Sólo proyectó películas mudas hasta 1933, año en que programó su primera cinta hablada, *Monte Carlo* (EE.UU., 1930), un musical con Jeanette MacDonald y Jack Buchanan (ambos de EE.UU.).

El mayor monolito de arenisca

Uluru, o Ayers Rock, se alza a 348 m sobre una desértica llanura en el Territorio Norte (Australia). Con 2,5 km de largo y 1,6 km de ancho, el color rojizo que caracteriza a Uluru se debe a la oxidación de los minerales ferrosos de la roca.

2

DATO:
Uluru formaba parte de una cordillera. Los picos que lo rodean se han ido erosionando a lo largo de cientos de millones de años.

5647250   5647250

3

El puente más ancho

El más ancho de los puentes de un solo tramo es el Harbour Bridge de Sídney (Australia), con 48,8 m de anchura, por el que discurren dos vías para un ferrocarril eléctrico elevado, una carretera de ocho carriles, un carril para bicicletas y una acera. El puente fue inaugurado oficialmente el 19 de marzo de 1932.

4

La capital más al sur

La ciudad de Wellington (Isla Norte, Nueva Zelanda), cuya población estaba alrededor de los 393.000 habitantes en junio de 2011, es la capital más meridional de un país independiente (41°17'S). Por otro lado, la capital más meridional de un territorio dependiente es Port Stanley, en las islas Malvinas (51°43'S).

5

La reserva de koalas más antigua

Creada en 1927 por Claude Reid (Australia), la Lone Pine Koala Sanctuary de Brisbane (Queensland, Australia) es la reserva de koalas más antigua del mundo; en la actualidad alberga más de 130 animales: el mayor número de koalas en cautividad.

La pirámide de Carstensz (Indonesia)

(8)

Con 4.884 m, la pirámide de Carstensz (también conocida como Puncak Jaya), en la provincia de Papúa (Indonesia), es el pico más alto de Oceanía; así lo recoge una de las dos listas de las Siete Cumbres (véase debajo). Henrik Kristiansen (Dinamarca) estableció el récord del **menor tiempo en ascender hasta la cima del pico más alto de cada continente (lista de Carstensz)**: 136 días desde el 21 de enero de 2008 hasta el 5 de junio de 2008.

9856460

DATO:
Existen dos listas de las «Siete Cumbres»; en una de ellas aparece el monte Kosciuszko (2.228 m), y no el Carstensz, como el pico más alto del continente australiano.

9856460

DATO:
Hay más de 400 clases de coral en la Gran Barrera de Coral, que sirve de hábitat a unas 1.500 especies de peces y 4.000 clases de moluscos.

El arrecife más largo

(7)

La Gran Barrera de Coral de Queensland, en aguas de la costa nororiental de Australia, tiene 2.027 km de largo; en realidad no se trata de una única estructura, sino que consta de miles de arrecifes independientes. En tres ocasiones (entre 1962 y 1971, 1979 y 1991, y 1995 y el presente), la estrella de mar conocida como corona de espinas (Acanthaster planci) devoró grandes cantidades de coral de la sección central del arrecife.

La mayor isla de arena

(6)

La isla de Fraser, frente a la costa sur de Queensland (Australia), abarca una extensión aproximada de 163.000 ha, con una duna de 120 km de largo y más de 100 lagos de agua dulce. En 1992, la Organización de las Naciones Unidas para la Educación, la Ciencia y la Cultura (UNESCO) declaró la isla Patrimonio Mundial.

Norteamérica

FESTIVAL
INTERNATIONAL
DE JAZZ
DE MONTREAL
RioTinto Alcan

25 JUIN AU 4 JUILLET 2011
JUNE 25 TO JULY 4, 2011

32ᵉ É

① 1

El mayor festival de jazz

El Festival Internacional de Jazz de Montreal (Quebec, Canadá) es el mayor festival de jazz del mundo. En julio de 2004 (su 25.º aniversario) atrajo a 1.913.868 personas.

Las cataratas más visitadas

Entre Canadá y EE.UU., las cataratas del Niágara reciben 22,5 millones de visitantes cada año. Son la quinta atracción turística más popular del mundo; superan a los parques temáticos de Disney, la catedral de Notre Dame en París (Francia) y la Gran Muralla de China.

DATO:
Las Vegas se convirtió en ciudad en 1905. El estado al que pertenece, Nevada, formó parte de México hasta 1864, cuando se convirtió en el 36.º estado de EE.UU.

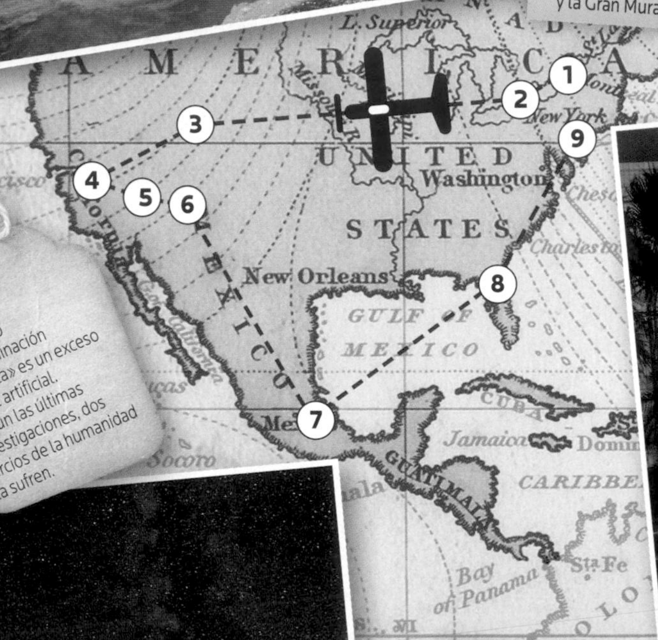

6026523

DATO:
El término «contaminación lumínica» es un exceso de luz artificial. Según las últimas investigaciones, dos tercios de la humanidad la sufren.

La mayor concentración de hoteles temáticos

En Las Vegas (Nevada, EE.UU.) hay 14 hoteles temáticos con extravagantes diseños. El Luxor luce una esfinge, una pirámide negra y un obelisco. El New York New York recrea una versión reducida del perfil de Nueva York, y el hotel París muestra una Torre Eiffel a media escala.

El primer parque de cielo oscuro

La International Dark Sky Association ha nombrado primer parque de cielo oscuro al Natural Bridges National Monument de Utah. En él, el cielo nocturno se ve con claridad porque no hay contaminación lumínica.

El parque nacional más antiguo

Yellowstone National Park (EE.UU.) fue la primera zona del mundo designada parque nacional. El presidente norteamericano Ulysses S. Grant le concedió esta categoría en 1872, y declaró que siempre estaría «dedicado a ser parque público o zona de recreo para el beneficio y disfrute de la gente». Se extiende en un área de 8.980 km², principalmente en el estado de Wyoming.

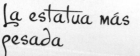

9

La estatua más pesada

Inaugurada el 28 de octubre de 1886, la Estatua de la Libertad pesa 24.635,5 toneladas, de las cuales 28,1 son de cobre, 113,4 de acero y 24.494 toneladas forman la base de cemento. Fue un regalo de Francia a EE.UU. para conmemorar la amistad entre los dos países.

DATO:
El primer parque temático de Walt Disney, Disneylandia, se inauguró en julio de 1955. Sólo tenía 20 atracciones y cinco «zonas», con un tema individual cada una.

DATO: 8465292 8465292
La tablilla que la Estatua de la Libertad sostiene en la mano lleva inscrita la fecha «4 de julio de 1776», el día en que EE.UU. declaró su independencia de Gran Bretaña.

El parque temático más visitado

8

En 2010, Magic Kingdom en Walt Disney World (Florida, EE.UU.) había sido visitado por más de 16,9 millones de visitantes, según un informe recopilado por Themed Entertainment Association (TEA) y Economics Research Associates (ERA). Le seguía Disneyland en Anaheim (California, EE.UU.), que recibió 15,9 millones de visitantes, y Tokyo Disneyland, en Japón, que tuvo 14,4 millones de visitantes.

El monumento más grande

El volumen de la Pirámide Quetzalcóatl, en Cholula de Rivadavia (México Central), se ha estimado en 3,3 millones de m³. La pirámide mide 54 m de altura y su base abarca un área de casi 18,2 ha. En la actualidad, la estructura está en su mayoría cubierta de vegetación (y en la década de 1590 se construyó una iglesia española encima), pero las excavaciones y renovaciones recientes han revelado una parte de la estructura original (recuadro inferior).

7

6

La mayor garganta de tierra

El Gran Cañón se fue creando durante millones de años por el río Colorado, en el norte de Arizona (EE.UU.). Abarca desde Marble Gorge hasta Grand Wash Cliffs, lo que significa la increíble distancia de 446 km. Además, la garganta se extiende a una profundidad de 1,6 km y su anchura varía de 0,5 km a 29 km.

DATO:
El Gran Cañón abarca un área de más de 404.685 ha. Cada año atrae al menos a 5 millones de visitantes.

Sudamérica

El mayor descubrimiento inca

Las dos expediciones a Perú de la Universidad de Yale de 1911-1912 y 1914-1915, dirigidas por el historiador Hiram Bingham (EE.UU.), descubrieron las ciudades incas perdidas de Machu Picchu (izquierda), que es el mayor enclave inca descubierto hasta hoy, y Vitcos. Se consideran los dos hallazgos arqueológicos más importantes del continente americano. Se cree que los conquistadores españoles, que sometieron a los incas, no lograron encontrar el Machu Picchu.

La cascada más alta

El Salto Ángel de Venezuela, situado en un brazo del río Carrao, un afluente del Caroni, tiene una caída total de 979 m y su mayor caída ininterrumpida es de 807 m. Esta catarata lleva el nombre del aviador estadounidense James «Jimmie» Angel, que la avistó y la registró en su cuaderno de a bordo el 16 de noviembre de 1933.

DATOS:
Terminada sobre el año 1450, Machu Picchu sólo fue habitada unos 100 años. Se encuentra en las montañas de los Andes a 2.340 m sobre el nivel del mar.

Los mayores geoglifos

Las denominadas «líneas de Nazca» son un grupo de grandes figuras grabadas en el suelo del desierto de Nazca (Perú) que representan plantas, animales, insectos y diversas figuras geométricas. La mayoría sólo se distinguen desde el aire. Ocupan una superficie de 500 km² y su longitud media es de 180 m.

DATO:
En el Titicaca se encuentran **las mayores islas artificiales de junco**. Como los juncos se pudren, los indígenas uros que viven allí deben reconstruirlas constantemente.

El moái más alto

Los moáis son figuras humanas monolíticas que fueron esculpidas en roca en la Isla de Pascua (Rapa Nui) entre los años 1250 y 1500. Hasta hoy se han descubierto un total de 887. El moái más alto, llamado «Paro», mide 9,8 m y está en Ahu Te Pito Kura (isla de Pascua). Pesa 74,39 toneladas.

DATOS:
El Amazonas tiene unos 6.400 km de longitud, aunque la cifra varía según el sistema de medición utilizado. El Nilo es el **río más largo**, con 6.695 km.

4953588 4953588

El río de mayor caudal

El Amazonas vierte sus aguas al océano Atlántico a razón de una media de 200.000 m³/s, pero puede superar los 340.000 m³/s cuando está crecido. Los 1.450 km de la cuenca baja tienen una profundidad media de 17 m, pero la máxima del río es de 124 m.

10

9

El mayor carnaval

El carnaval anual de Río de Janeiro, que suele celebrarse durante cuatro días de febrero o marzo, atrae a unos 2 millones de personas cada día. En 2004, lo visitaron la cifra récord de 400.000 extranjeros, de los cuales se cree que 2.600 llegaron en el crucero *Queen Mary II*. Las escuelas de samba dedican muchos meses a crear los espléndidos y vistosos trajes que lucen mientras bailan por las calles de la ciudad durante el carnaval.

El lago navegable a mayor altitud

El lago apto para la navegación comercial situado a mayor altitud es el Titicaca, que se localiza en el Altiplano a 3.810 m sobre el nivel del mar, en la frontera andina entre Perú y Bolivia. Su extensión cubre unos 8.300 km² y tiene una profundidad media de 140-180 m, por lo que es apto para el tráfico naval.

8

El tobogán acuático más alto

El tobogán de agua más alto del mundo es el Kilimanjaro, en Águas Quentes Country Club en Barra do Piraí (Río de Janeiro, Brasil). Construido en 2002, sube hasta la vertiginosa altura de 49,9 m –es más alto que la Estatua de la Libertad– y desciende con un ángulo de 60°. Si es es lo bastante valiente para lanzarse por este empinado tobogán, al bajar se alcanzarán velocidades de casi ¡96 km/h!

DATO:
Durante la estación lluviosa (diciembre-mayo), el 80% del Pantanal está inundado y reúne la mayor diversidad de plantas acuáticas del mundo.

6038533 6038533

El mayor pantano

Situado principalmente en el sudoeste de Brasil, aunque con pequeñas áreas pertenecientes a los países vecinos de Bolivia y Paraguay, el Pantanal cubre una superficie de 150.000 km², mayor que la superficie total de Inglaterra.

La mayor piscina

La piscina de agua salada de San Alfonso del Mar, en Algarrobo (Chile), mide 1.013 m de longitud y cubre una superficie total de 8 ha. Se terminó de construir en diciembre de 2006, tras 10 años de obras. Utiliza tecnología avanzada para captar el agua del océano Pacífico y llevarla hasta un extremo de la piscina, filtrarla, tratarla y bombearla hasta otro extremo.

7

La escuela más grande

La escuela más grande en número de alumnos es la City Montessori School, en Lucknow (India), que el 9 de agosto de 2010 tenía inscritos 39.437 niños para el año académico 2010-11. La escuela admite a niños y niñas de entre dos y cinco años de edad, que pueden continuar su educación en cursos superiores. En 2002, ganó el Premio Unesco de Educación para la Paz. La City Montessori ha recorrido un largo camino desde que Jagdish Gandhi y su esposa Bharti la inauguraron en 1959 con el dinero de un préstamo de tan solo 300 rupias (unos 63 dólares). ¡Entonces sólo tenían cinco alumnos!

LÍMITES DE LA RIQUEZA

La incesante búsqueda de riqueza

Hubo una época en que las fortunas en gran parte eran heredadas y estaban vinculadas a la tierra y al derecho de cultivarla. Con el tiempo, la capacidad de aprovechar el petróleo, el gas, los minerales y los metales preciosos que hay bajo la superficie de la tierra, cambió el aspecto de la riqueza. También sirvió para alimentar las demandas de las nuevas industrias, como la siderúrgica y la naviera, y a los hombres poderosos que siguieron amasando fortunas gracias a ellas.

Las viejas industrias todavía crean y mantienen fortunas, pero ha surgido una nueva fuente de riqueza basada en tecnologías que hace 50 años apenas existían. Las telecomunicaciones y la informática, tecnologías convergentes que parecen cambiar casi de un día para otro, son los nuevos motores de la creación de riqueza. Pero ¿podrán los multimillonarios tecnológicos de hoy igualar o superar las altas cotas de los Rockefeller y los Vanderbilt? ¿Hay un límite en la cantidad de dinero que una persona puede llegar a acumular?

1.000 millones de dólares = 758 millones de euros

LAS DIEZ PERSONAS VIVAS MÁS RICAS, 2012

Los más ricos del mundo según *Forbes* (y sus riquezas comparadas con el PIB de diversos países: ¡sí, estas personas son más ricas que algunos países!)

Nombre	Empresa	Valor
1. Carlos Slim Helú (México) *Más rico que: Puerto Rico*	Telmex y América Móvil (telecomunicaciones)	69.000 millones de dólares
2. Bill Gates (EE.UU.) *Más rico que: Eslovenia*	Microsoft (informática)	61.000 millones de dólares
3. Warren Buffett (EE.UU.) *Más rico que: Luxemburgo*	Berkshire Hathaway (comercio minorista, ferrocarril, medios de comunicación y empresas de servicio público)	44.000 millones de dólares
4. Bernard Arnault (Francia) *Más rico que: Corea del Norte*	LVMH (ropa/accesorios)	41.000 millones de dólares
5. Amancio Ortega Gaona (España) *Más rico que: Jordania*	Inditex/Zara (moda)	37.500 millones de dólares
6. Larry Ellison (EE.UU.) *Más rico que: Honduras*	Oracle (informática)	36.000 millones de dólares
7. Eike Batista (Brasil) *Más rico que: Afganistán*	EBX Group (minería, petróleo)	30.000 millones de dólares
8. Stefan Persson (Suecia) *Más rico que: Senegal*	H&M (moda)	26.000 millones de dólares
9. Li Ka-shing (China) *Más rico que: Senegal*	Hutchison Whampoa & Cheung Kong Holdings (diversos)	25.500 millones de dólares
9=. Karl Albrecht (Alemania) *Más rico que: Senegal*	Aldi (supermercados de descuento)	25.500 millones de dólares

---

Las diez personas más ricas de todos los tiempos

QUIÉN: Cornelius Vanderbilt (EE.UU.)
FORTUNA: 170.000 millones de dólares
POR QUÉ: Ferrocarril de Nueva York y Harlem
DETALLES: Cuando murió, a los 82 años (1877), este empresario de la ingeniería poseía una fortuna de 105 millones de dólares, aproximadamente el 1/87 del PIB ¡de todo EE.UU.!

QUIÉN: Basilio II (Imperio bizantino)
FORTUNA: 172.000 millones de dólares
POR QUÉ: Emperador bizantino (976-1025)
DETALLES: Basilio, apodado «el asesino de búlgaros», expandió su imperio despiadadamente, imponiendo a su paso tributos a los nobles; murió a los 67 años, y dejó en herencia un gran tesoro.

QUIÉN: Marco Licinio Craso (Italia)
FORTUNA: 172.500 millones de dólares
POR QUÉ: Cónsul de la República Romana (115-53 a.C.)
DETALLES: El historiador Plinio calculó la fortuna de Craso en 200 millones de sestercios, provenientes de la trata de esclavos, la minería y propiedades inmobiliarias.

QUIÉN: Henry Ford (EE.UU.)
FORTUNA: 191.000 millones de dólares
POR QUÉ: Fundador de la Ford Motor Company
DETALLES: No inventó el automóvil, pero el magnate del Ford T puede ser considerado el creador de la cadena de montaje.

QUIÉN: Andrew W. Mellon (EE.UU.)
FORTUNA: 192.000 millones de dólares
POR QUÉ: Magnate del petróleo, la siderurgia y la industria naviera
DETALLES: Banquero, político, estadista, filántropo y coleccionista de arte; su fortuna alcanzó los 400 millones de dólares en 1930.

Las personas más ricas de la historia

Este gran elenco de multimillonarios es la mejor estimación realizada por GWR de las personas más ricas de todos los tiempos. Incluye a gobernantes, magnates de los negocios y empresarios a lo largo de la historia, cuya fortuna estimada se ha ajustado teniendo en cuenta la inflación, con fines comparativos. ¿En qué se parecen estas personas, hombres todos? ¿Qué tienen en común con los actuales?

DATO: Aunque gastara 1.500 dólares al día, tardaría más de 2.739 años en pulirse 1.500 millones.

¿No están en la lista? Se excluyen de esta relación personajes históricos considerados «poseedores» de naciones o imperios enteros, como los faraones del antiguo Egipto, Alejandro Magno, el emperador mongol Gengis Kan y los reyes de Europa.

DATO:
El lema en latín del escudo de armas de los Rothschild significa «armonía, integridad, industria».

THE COAT OF ARMS

¿La familia más rica?

La Casa Rothschild, una dinastía judeoalemana que fundó bancos e instituciones financieras en la Europa del s. XVIII, puede ser considerada la familia más rica de la historia. Notorias por su secretismo y su filantropía, se calcula que las múltiples generaciones de Rothschild amasaron una fortuna superior a 1 billón de dólares actuales. Sus negocios siguen prosperando, dirigidos todavía por miembros de la familia. El precio del oro, por ejemplo, se fija diariamente en las oficinas londinenses de Rothschild & Sons.

El Banco Mundial cifra el PIB del mundo en 63,04 billones de dólares. No obstante, John D. Rockefeller, la persona más rica de la historia, consiguió adquirir sólo una parte de dicha riqueza, y en el apogeo de su fortuna poseía el 85% del petróleo descubierto en su época y el 95% de las refinerías del mundo. ¿Qué pudo impedirle dar un paso más y hacerse con todo el botín? Para que funcionen adecuadamente, los sistemas económicos necesitan estabilidad. Todo desequilibrio necesita inevitablemente de un reequilibrio del sistema. Esto significa que aunque, en teoría, una persona pueda acumular todo el dinero del mundo, el punto de inflexión de un desequilibrio caótico en el sistema se alcanzaría mucho antes de que lo consiguiera, lo que causaría una crisis financiera que haría que tu dinero no valiera ni el papel en el que está impreso.

PIB:
Producto Interior Bruto; mide la actividad económica total de un país (p. ej., su valor).

QUIÉN: John D. Rockefeller (EE.UU.)
FORTUNA: 322.000 millones de dólares
POR QUÉ: Standard Oil (Esso)
DETALLES: Fundó su compañía petrolera en 1870 y se convirtió en el primer multimillonario americano cuando se disparó la demanda de petróleo y gasolina; como Carnegie, donó gran parte de su fortuna y pasó 40 años retirado dedicado a obras filantrópicas.

QUIÉN: Andrew Carnegie (R.U./EE.UU.)
FORTUNA: 302.000 millones de dólares
POR QUÉ: Magnate de la siderurgia
DETALLES: Nacido en Dunfermline (Escocia), Carnegie emigró a EE.UU. en 1848, donde fundó una empresa siderúrgica que acabaría vendiendo en 1901 por 480 millones de dólares; destinó gran parte de su fortuna a fines filantrópicos.

QUIÉN: Nicolás II (Rusia)
FORTUNA: 257.000 millones de dólares
POR QUÉ: Último (¿y peor?) emperador de Rusia
DETALLES: Monarca más rico de la historia, de quien se dice que a la edad de 48 años, en 1916, poseía 881 millones de dólares; abdicó al año siguiente y en 1918 fue ejecutado por los bolcheviques.

QUIÉN: William Henry Vanderbilt (EE.UU.)
FORTUNA: 235.000 millones de dólares
POR QUÉ: Hijo de Cornelius (ver n.º 10, izquierda)
DETALLES: Heredó alrededor de 100 millones de dólares de su padre, pero consiguió casi duplicar esta cifra en sólo nueve años ampliando el negocio ferroviario familiar. Se sabe que su riqueza no le hizo feliz.

QUIÉN: Osman Ali Khan, Asaf Jah VII (Hyderabad)
FORTUNA: 213.000 millones de dólares
POR QUÉ: Gobernante de Hyderabad (actual India)
DETALLES: Su Alteza Real el Nizam de Hyderabad (reinó entre los años 1911 y 1948) disfrutó de los *royalties* obtenidos por las minas de diamantes de Hyderabad hasta que el país fue anexionado por la India.

DATO:
Rockefeller fue casi cinco veces más rico que la persona actual más adinerada, Carlos Slim Helú.

¡Oro!
Los antiguos egipcios fueron los primeros en extraer oro, pero el 66% del total que circula hoy se extrajo a partir de 1950. Existe una cantidad estimada de 157.000 toneladas de oro en el mundo: si se fundiera, se podrían llenar con él 3,27 piscinas olímpicas.

DATO:
En un año se extrae oro en cantidad suficiente para fabricar un cubo cuyos lados midieran cerca de 5,1 m³, el tamaño de una sala de estar media.

DATO:
¿Vale su peso en oro? Si un hombre de 66 kg estuviera hecho de oro, valdría ¡3.607.560 dólares!

1 = 10.000 millones de dólares de EE.UU.

ANIMALES DE COMPAÑÍA

El conejo vivo más viejo

Do es un Jersey Wooley macho propiedad de Jenna Antol, de Nueva Jersey (EE.UU.). Nacido el 1 de enero de 1996, tenía 16 años, 1 mes y 14 días, el 15 de febrero de 2012.

Warren Dumesney (Australia), se había llevado a *Jimpa* con él 14 meses antes, cuando fue a trabajar a una granja en Nyabing (Australia Occidental). Durante la travesía, el perro tuvo que cruzar el desierto de Nullarbor, en el que apenas hay agua.

La mayor reunión de animales de compañía

Un total de 4.616 animales de compañía salieron a pasear con sus dueños en La Feria de las Flores de Medellín (Colombia), el 7 de agosto de 2007.

El caracol mascota vivo más grande

Un caracol mascota llamado *Homer* medía, totalmente estirado, 26,1 cm desde la punta del caparazón al hocico. La longitud del caparazón era de 18 cm, el 15 de diciembre de 2011. Este caracol de tierra africano, es propiedad de Joseph Billington (R.U.) de Whitstable (Kent, R.U.).

La distancia más larga rastreada por un perro perdido

En 1979, *Jimpa*, un cruce de labrador y boxer, llegó a su antigua casa en Pimpinio (Victoria, Australia) después de recorrer 3.220 km a través de Australia. Su dueño,

Los bigotes de gato más largos

Con una longitud de 19 cm, los bigotes más largos de un gato pertenecen a *Missi*, un Maine Coon que vive con su dueña, Kaija Kyllönen. Sus bigotes fueron medidos en Lisvesi (Finlandia), el 22 de diciembre de 2005.

El animal de compañía fotografiado con más famosos

Un perro maltés blanco llamado *Lucky Diamond* ha sido fotografiado con 363 famosos diferentes, como Kim Kardashian, Richard Branson, Snoop Dogg y Kristen Stewart (todos arriba, de izquierda a derecha). La dueña de *Lucky* es Wendy Diamond (EE.UU.).

El perro con la cola más larga

El 12 de abril de 2012, la cola de perro más larga medía 66,04 cm y pertenecía a *Bentley*, un gran danés de Colorado (EE.UU.), propiedad de Patrick Malcom (EE.UU.) y su familia.

La boda más cara de unos animales de compañía

En septiembre de 1996, dos gatos de la raza Khao Manee u «Ojo de diamante», *Phet* y *Ploy*, se casaron en el marco de una suntuosa ceremonia en Phoebus House, la mayor discoteca de Tailandia. La boda costó al dueño de *Phet*, Wichan Jaratarcha, 16.241 dólares, sin contar los 23.202 dólares de la dote.

La gata más prolífica

Una gata atigrada llamada *Dusty*, de Texas (EE.UU.), dio a luz a 420 gatitos a lo largo de su vida. Su última camada, de un solo cachorro, la tuvo el 12 de junio de 1952.

La gata doméstica viva más baja

La gata viva más baja es *Fizz Girl*, una gata munchkin de dos años, que medía 15,24 cm desde los hombros hasta el suelo, el 23 de julio de 2010. Esta diminuta gatita de compañía es propiedad de Tiffani Kjeldergaard, de San Diego (EE.UU.).

El gato más rico

Cuando Ben Rea (R.U.) murió en mayo de 1988, dejó en herencia su fortuna de 12,5 millones de dólares a *Blackie*, el último gato superviviente de los 15 con los que compartía su mansión. El millonario tratante de antigüedades y ermitaño se negó a reconocer a sus familiares en el testamento.

Del mismo modo, el **perro más rico** fue un caniche común llamado *Toby*, que heredó los 15 millones de dólares que le dejó en testamento Ella Wendel, de Nueva York (EE.UU.), en 1931.

DATO: Los gatos Savannah son un cruce entre el gato doméstico y el serval (*Leptailurus serval*).

DATO: Trouble es 2,4 cm más alto que el anterior poseedor de este récord.

El gato doméstico más alto

El gato *Trouble*, de la gatera Savannah Island, mide 48,3 cm de altura. Es propiedad de Debby Maraspini (EE.UU.) y fue medido en el Silver Cats Cat Show del Grand Sierra Resort de Reno (Nevada, EE.UU.), el 30 de octubre de 2011.

El **gato doméstico más largo** es *Mymains Stewart Gilligan*, con 123 cm de longitud. Es un macho propiedad de Robin Hendrickson y Erik Brandsness (ambos de EE.UU.) y fue medido el 28 de agosto de 2010.

DATO:
Un gran danés suele alcanzar una altura de unos 76-86 cm.

LOS PERROS MÁS POPULARES

La afición de la humanidad por tener compañía canina no muestra signos de decaer. GWR presenta una lista de las razas de perros más populares, basada en los registros realizados en el Kennel Club británico en 2011.

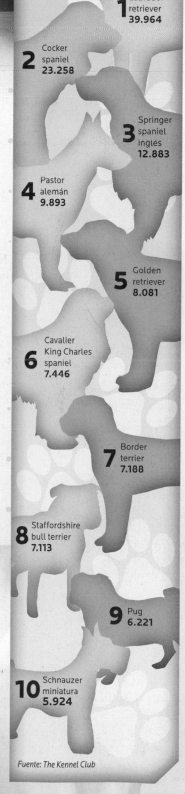

1 Labrador retriever **39.964**

2 Cocker spaniel **23.258**

3 Springer spaniel Inglés **12.883**

4 Pastor alemán **9.893**

5 Golden retriever **8.081**

6 Cavalier King Charles spaniel **7.446**

7 Border terrier **7.188**

8 Staffordshire bull terrier **7.113**

9 Pug **6.221**

10 Schnauzer miniatura **5.924**

Fuente: The Kennel Club

La gata: Una gata llamada *Creme Puff* nació el 3 de agosto de 1967 y murió el 6 de agosto de 2005, cuando tenía ni más ni menos que ¡38 años y 3 días! Vivía con su dueño, Jake Perry, en Austin (Texas, EE.UU.).

El **gato vivo más viejo** es *Pinky*, que nació el 31 de octubre de 1989 y vive con su dueña, Linda Anno (EE.UU.), en Hoyt (Kansas, EE.UU.).

El perro más alto

Un gran danés llamado *Zeus* medía 111,8 cm de altura, el 4 de octubre de 2011, con lo que se convertía en el **perro vivo más alto** y el **perro más alto de la historia**. Este can olímpico es propiedad de Denise Doorlag (en la fotografía) y su familia, de Otsego (Michigan, EE.UU.).

MÁS LONGEVOS...

El dragón barbudo: *Guinness*, un lagarto propiedad de Nik Vernon (R.U.), nació el 26 de julio de 1997, por lo que el 20 de abril de 2012 tenía 14 años y 268 días.

El periquito: *Charlie*, nacido en abril de 1948 y propiedad de J. Dinsey (R.U.), murió el 20 de junio de 1977, cuando tenía 29 años y 2 meses.

La chinchilla: Una chinchilla llamada *Bouncer*, nacida el 1 de julio de 1977 y propiedad de Jenny Ann Bowen (R.U.) de Great Barr (Birmingham, R.U.), murió el 3 de octubre de 2005, a la increíble edad de 28 años y 94 días.

El perro: La mayor edad de un perro, registrada de modo fiable, es de 29 años y 5 meses, los que tenía un perro de raza boyero australiano, llamado *Bluey* (murió en 1939) que vivió desde que era un cachorro en 1910 en casa de Les Hall de Rochester (Victoria, Australia).

El carpín: Un pez carpín de nombre *Tish*, propiedad de Hilda y Gordon Hand (R.U.), vivió 43 años. El hijo de Hilda, Peter, ganó el pez en una caseta de feria en 1956.

La cobaya: La cobaya *Snowball*, que vivía en Nottinghamshire (R.U.), murió el 14 de febrero de 1979 con 14 años, 10 meses y 2 semanas. Las cobayas, o conejillos de Indias, tienen un promedio de vida de 4-8 años.

El ratón: Un ratón doméstico llamado *Fritzy* (nacido el 11 de septiembre de 1977), que pertenecía a Bridget Beard, de Edgbaston (Midlands Occidentales, R.U.), murió a los 7 años y 7 meses, el 24 de abril de 1985. Los ratones suelen vivir entre 1,5 y 2 años.

La rata: Una rata común llamada *Rodney* (nacida en enero de 1983), propiedad de Rodney Mitchell, de Tulsa (Oklahoma, EE.UU.), murió a los 7 años y 4 meses, el 25 de mayo de 1990.

Los perros de menor longitud

En cuando a longitud, los perros más cortos son *Cupcake* (izquierda), una chihuahua miniatura de pelo largo de cinco años, propiedad de Angela Bain de Moorestown (Nueva Jersey, EE.UU.) y *Heaven Sent Brandy* (abajo), un chihuahua que vive con su dueña, Paulette Keller, en Largo (Florida, EE.UU.). ¡Ambos miden sólo 15,2 cm de largo!

EN 3D

ESCUELAS

Clase completa

Éstas son algunas de las clases más multitudinarias sobre algunos de tus temas favoritos

Clase/fecha	Estudiantes	Lugar
Negocios 18 de noviembre de 2011	1.864	DAV Centenary College en Faridabad, Haryana (India)
Química 22 de septiembre de 2011	4.207	Diferentes lugares de todo Israel
Historia 8 de noviembre de 2011	14.257	Niños de tercer grado de Orange County, California (EE.UU.), en el Angel Stadium, California
Hockey 11 de febrero de 2009	459	Streatham & Clapham High School, Londres (R.U.)
Matemáticas 3 de diciembre de 2010	4.076	Múltiples lugares: 30 escuelas de todo R.U.
Meteorología 7 de mayo de 2009	16.110	«School Day at the K», en el Kauffman Stadium, Kansas City, Kansas (EE.UU.)
Pintura 16 de septiembre de 2011	879	Warren Road Primary School, en Orpington, Kent (R.U.)
Física 7 de mayo de 2009	5.401	Coors Field en Denver, Colorado (EE.UU.)

El primer país en establecer la educación obligatoria
Prusia estableció la educación obligatoria en 1819.

La menor ratio alumno-docente
San Marino tiene seis alumnos por profesor en las escuelas de educación primaria. Por su parte, en secundaria, Mónaco presenta la ratio más baja, con 5,8 alumnos por profesor.

El país con más estudiantes en enseñanza superior
Estados Unidos tiene 14.261.800 estudiantes en enseñanza superior (universidades, escuelas y otros centros comparables).

El mayor número de escuelas primarias
En septiembre de 2011, la India contaba con 664.000 escuelas de primaria. China, que poseía anteriormente el récord, tiene ahora 456.900 (por debajo de las 849.123 de 1997), como resultado de su política de hijo único.

La asistencia a un mayor número de escuelas
Wilma Williams, en la actualidad la Sra. R.J. Horton, fue alumna de 265 escuelas entre 1933 y 1943, cuando sus padres trabajaban en el mundo del espectáculo en EE.UU.

La escuela con más alumnos nacidos en partos múltiples en un mismo año
Maine South High School, en Park Ridge, Illinois (EE.UU.), cuenta con 14 parejas de gemelos y tres casos de trillizos. Los 37 estudiantes deberán graduarse en 2014.

La escuela con más gemelos nacidos en un mismo año
El año académico 2011-2012 había un total de 16 parejas de gemelos inscritas en el noveno curso de la Valley Southwoods Freshman High School, en West Des Moines (EE.UU.).

La escuela con más trillizos
Durante el año escolar 1998-1999, el Kirkby Centre School de Ashfield, Nottinghamshire (Reino Unido) contaba con cinco casos de trillizos en su registro de estudiantes.

La persona de más edad en empezar la educación primaria

Kimani Ng'ang'a Maruge (Kenia) tenía 84 años cuando se matriculó en la Kapkenduiyo Primary School, en Eldoret (Kenia), en 2004. ¡Dos de sus 30 nietos asistían en el mismo centro a cursos más avanzados! El Sr. Maruge vestía el uniforme escolar y, después de conseguir una «A» tras sus primeros exámenes trimestrales, fue nombrado delegado de clase. Lamentablemente, el Sr. Maruge murió el 15 de agosto de 2009, con 90 años.

El mayor encuentro de antiguos alumnos
El 16 de septiembre de 2006 se celebró un encuentro al que asistieron 3.299 antiguos alumnos de la Stadium High School, Tacoma, Washington (EE.UU.).

La clase más larga

Kathiravan M. Pethi y otros 36 estudiantes indios asistieron a una clase de derecho titulada «Visión y misión en la vida de Ghandhi» que duró 78 h y 3 min. La clase se impartió en la Asociación de Médicos de la India, Bangalore (India), entre el 31 de octubre y el 3 de noviembre de 2008.

La clase más grande sin faltas de asistencia

Por muy increíble que pueda parecer, durante el curso 1984-1985, los 23 alumnos de la clase de la Sra. Melanie Murray en la David Barkley Elementary School, San Antonio, Texas (EE.UU.), no cometieron ninguna falta de asistencia.

El encuentro anual de antiguos alumnos más duradero

El curso de 1929 de la Cherokee County Community High School celebró su 77.º encuentro anual en Columbus, Kansas (Estados Unidos), el 27 de junio de 2006.

Más años como director de escuela

John Aitkenhead (Reino Unido) fundó la Kilquhanity House School en Dumfries y Galloway, Escocia, en 1940, y trabajó en ese colegio durante 57 años hasta que se cerró en 1997. A pesar de ser el director, la escuela fue un centro libertario que se regía tanto por los alumnos como por sus trabajadores.

La espera más larga para una reunión de clase

El curso de 1929 de Blanche Miller, en la Kindergarten and Continuation School, Bluefield, West Virginia (EE.UU.), celebró su 1.ª reunión pasados 70 años. Diez miembros habían muerto, pero de los vivos, el 55% asistieron.

El profesor de música con más años en activo

Charles Wright (EE.UU.) dio clases de piano durante 76 años, desde 1931 hasta el día de su muerte, el 19 de julio de 2007, a los 95 años.

La carrera docente más larga

Medarda de Jesús León de Uzcátegui (nacida el 8 de junio de 1899), alias la Maestra Chucha, empezó en la enseñanza en la escuela Modelo de Aplicación de Caracas (Venezuela), en 1911. En 1942 empezó la andadura de su propia academia, la Escuela Uzcátegui, con sede en su casa de Caracas. Allí enseñaría hasta 1998, completando 87 años de carrera. Murió en 2002.

La mayor ratio alumno-docente

En la República Centroafricana, hay 95 alumnos por cada profesor de primaria y 92 por cada profesor de secundaria.

Una encuesta dirigida a escolares realizada por la Organización para la Cooperación y el Desarrollo Económicos (OCDE) descubrió algunos aspectos divertidos de la vida escolar en todo el mundo...

Los niños mexicanos tienen los profesores más simpáticos. El
71%
dicen que sus maestros realmente les escuchan.

Los niños australianos son los más populares. El
93%
aseguran que caen bien a sus compañeros.

Los niños letones son los que más respetan la escuela. El
81%
creen que les preparan bien para el futuro.

Los niños uruguayos son los más impuntuales. El
57%
dicen que llegan tarde a clase, al menos una vez cada dos semanas.

Los niños indonesios son los más aplicados en matemáticas. El
70%
dicen que les gusta la asignatura.

SUBASTAS

OBJETOS MÁS CAROS...

La siguiente selección de récords muestra las cantidades más elevadas pagadas por artículos subastados; se presentan en orden ascendente según el precio de venta.

El calendario

Un calendario de pared, con bocetos de diseños de vestuario para los personajes de *Alicia en el País de las Maravillas,* fue vendido a un postor anónimo por 57.848 dólares en una subasta para recaudar fondos en beneficio de la Muir Maxwell Trust y de la Fettes Foundation (ambas de R.U.). El acto se celebró en la Mad Hatter's Tea Party del Queen's Lawn, en Fettes College, Edimburgo (R.U.), el 3 de julio de 2011.

La pelota de béisbol firmada

En una subasta celebrada en Dallas, Texas (EE.UU.), el 5 de mayo de 2006, una pelota de béisbol firmada en 1961 por el legendario jugador de béisbol Joe DiMaggio y por la que fuera su esposa, la estrella de cine Marilyn Monroe (ambos de EE.UU.), fue vendida por Heritage Auction Galleries por 191.200 dólares.

La muñeca

Una rara muñeca francesa realizada por el escultor Albert Marque, alrededor de 1914, alcanzó los 263.000 dólares en una subasta en Theriault's, Atlanta, Georgia (EE.UU.), el 12 de julio de 2009. Vestida con ropa de su época en honor

El traje más caro de una estrella del pop

El mono blanco de Elvis Presley (EE.UU.) –diseñado por Bill Belew (EE.UU.)– se vendió por 300.000 dólares en una subasta por Internet, el 7 de agosto de 2008.

a los Ballets Rusos de París y dados a conocer en 1909 con gran reconocimiento internacional, fue adquirida por un importante coleccionista de Boston (EE.UU.).

El recuerdo de Batman

Un *batmóvil* de la película de Joel Schumacher, *Batman Forever,* (EE.UU., 1995) fue vendido por 335.000 dólares a John O'Quinn (EE.UU.) en la Kruse International, una subasta de coches de coleccionista en Las Vegas, Nevada (EE.UU.), en septiembre de 2006.

Bolso
Precio: 203.150 dólares
Fecha: 9 de diciembre de 2011
Subasta: Heritage Auctions, Dallas, Texas (EE.UU.)
Detalles: Bolso Hermès Diamond Birkin, con un increíble armazón de oro blanco y diamantes

El recuerdo futbolístico

La pieza más valiosa de la historia del fútbol es una copa original de la FA Cup, una de las cuatro producidas para la primera edición de la competición, celebrada en 1871 y que se dio al equipo ganador entre 1896 y 1910. Un anónimo postor telefónico la compró por 773.136 dólares en Christie's (R.U.), el 19 de mayo de 2005.

El recuerdo de James Bond

El 20 de enero de 2006, un hombre de negocios suizo pagó 1,9 millones de dólares por un Aston Martin DB5 cupé de 1965 de color plateado. El coche fue empleado en la promoción de las películas de 007 *James Bond contra Goldfinger* (R.U., 1964) y *Operación Trueno* (R.U., 1965).

Soldado de juguete
Precio: 200.000 dólares
Fecha: 7 de agosto de 2003
Subasta: Heritage Comics Auctions, Dallas, Texas (EE.UU.)
Detalles: Primer prototipo de GI Joe, hecho a mano en 1963

Dentadura postiza
Precio: 23.700 dólares
Fecha: 29 de julio de 2010
Subasta: Keys auctioneers, Aylsham, Norfolk (R.U.)
Detalles: Dentadura postiza que perteneció nada más y nada menos que a Winston Churchill, primer ministro británico durante la Segunda Guerra Mundial

La guitarra

Una guitarra Fender Stratocaster firmada por un gran número de leyendas de la música, como Mick Jagger, Eric Clapton, Paul McCartney, Jimmy Page y Brian May (todos de R.U.), alcanzó los 2,7 millones de dólares en una subasta en beneficio de Reach Out to Asia celebrada en el Hotel Ritz-Carlton de Doha (Qatar), el 17 de noviembre de 2005. La Reach Out to Asia tiene como objetivo apoyar causas solidarias en todo el mundo, en especial en el continente asiático.

Trufa
Precio: 330.000 dólares
Fecha: 1 de diciembre de 2007
Lugar: The Grand Lisboa Hotel, Macao (China)
Detalles: Trufa blanca (*Tuber magnatum pico*) desenterrada en Pisa (Italia), el 23 de noviembre de 2007

El reloj

El mayor precio que nunca haya alcanzado un reloj en una subasta son los 3.001.294 dólares que se pagaron por un Luis XVI Grande Sonnerie Astronomical Perpetual Calendar Regulateur de Parquet, de bronce dorado y montado sobre ébano, en Christie's en Londres (R.U.), el 8 de julio de 1999.

Chaqueta
Precio: 1,8 millones de dólares
Fecha: 26 de junio de 2011
Subasta: Julien's Auction, Beverly Hills (EE.UU.)
Detalles: Chaqueta de cuero de ternera de colores rojo y negro con hombreras aladas. El cantante Michael Jackson (EE.UU.) la vestía en 1983 en el videoclip de *Thriller*

Muñeca Barbie
Precio: 27.450 dólares
Fecha: Mayo de 2006
Subasta: Celebrada por Sandi Holder's Doll Attic (EE.UU.)
Detalles: Barbie original de 1959 en perfecto estado

La fotografía más cara

Rhein II, una fotografía del río Rin bajo un cielo gris hecha por Andreas Gursky (Alemania, 1955), se vendió por 4.338.500 dólares, incluida la prima del comprador, en una subasta celebrada en la sala Christie's de Nueva York (EE.UU.), el 8 de noviembre de 2011. La imagen, que pertenece a una serie de seis, está montada sobre cristal, mide 363,5 × 185,4 cm y fue tomada en 1999. Se desconoce la identidad del nuevo propietario.

La carta (firmada)

Una carta escrita en 1787 por George Washington dirigida a su sobrino Bushrod y en la que se anima a la adopción de la nueva constitución del país, fue vendida por 3,2 millones de dólares el 5 de diciembre de 2009 en la sala Christie's de Nueva York (EE.UU.).

El instrumento musical

Un violín conocido como «Hammer», fabricado en 1707 por Antonio Stradivari en Cremona (Italia), fue vendido por 3,5 millones de dólares a un comprador anónimo en la sala de Christie's de Nueva York (EE.UU.), el 15 de mayo de 2006. Es uno de los 620 instrumentos hechos por Stradivari que se cree que existen.

El vestido

El vestido color marfil de rayón acetato usado por Marilyn Monroe en *La tentación vive arriba* (EE.UU., 1955) alcanzó los 4,6 millones de dólares en una subasta en The Paley Center for Media, en Los Ángeles (EE.UU.), el 18 de junio de 2011.

La moneda

La moneda que más vale es una Double Eagle de 1933: una moneda de oro de 20 dólares que si bien se acuñó nunca circuló oficialmente (la mayoría de esas piezas fueron fundidas poco después de ser fabricadas). Fue subastada en la sala de Sotheby's de Nueva York (EE.UU.), el 30 de julio de 2002, y alcanzó los 7.590.020 dólares, prima incluida.

El diamante

Un diamante de 100,10 quilates con forma de pera, de rango de color «D» y sin defectos en su interior fue vendido por 16.561.171 dólares en la sala de Sotheby's de Ginebra (Suiza), el 17 de mayo de 1995. La pieza también tiene el récord de la **joya más cara vendida en una subasta**.

El sillón

Un sillón construido hacia 1917-1919 por la diseñadora de origen irlandés Eileen Gray y que había pertenecido al diseñador Yves Saint Laurent (Francia) fue subastado por 21,9 millones de euros. El comprador, Cheska Vallois (Francia), fue el mismo comerciante que vendió originalmente el sillón al diseñador francés en la década de los setenta. La subasta tuvo lugar en la sala Christie's de París (Francia) entre el 24 y el 26 de febrero de 2009.

Whisky
Precio: 72.975 dólares
Fecha: 14 de diciembre de 2011
Subasta: Bonhams, Edimburgo (R.U.)
Detalles: Rara botella de whisky de malta de la marca Glenfiddich de 55 años. Lo ganado con la venta fue donado a la organización benéfica WaterAid

Osito de peluche
Precio: 213.720 euros
Fecha: 14 de octubre de 2000
Subasta: Christie's, Mónaco
Detalles: Oso de peluche Steiff de Louis Vuitton. Fue confeccionado en el año 2000 y mide 45 cm de altura

Equipo de radio
Precio: 38.047,50 dólares
Fecha: Abril de 1993
Subasta: Phillips, Londres (R.U.)
Detalles: Curiosa máquina alemana de codificación de mensajes cifrados

Collar de perlas
Precio: 11.842.500 dólares
Fecha: 14 de diciembre de 2011
Subasta: Christie's, Nueva York (EE.UU.)
Detalles: Collar de 50,6 quilates conocido como «La Peregrina». Data del siglo XVI y fue un regalo hecho a la actriz Elizabeth Taylor por su marido de entonces, Richard Burton, que en 1969 lo compró en una subasta por 37.000 dólares

---

LAS COSAS MÁS RARAS VENDIDAS EN EBAY

eBay es el **mayor portal de subastas por Internet** de todo el mundo, con 98,7 millones de usuarios activos en diciembre de 2011. En 2010 fueron expedidos a través de este sitio un total de 24,4 millones de paquetes, por valor de 62.000 millones de dólares. Ésta es una selección de los objetos más extraños vendidos en los últimos años, con los precios de venta o de puja final:

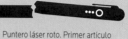

Puntero láser roto. Primer artículo vendido en eBay (por 14,83 dólares)

Jet Gulfstream II. El artículo más caro vendido nunca en eBay (4,9 millones de dólares)

Chicle escupido por (supuestamente) Britney Spears (14.000 dólares)

El par de Levi's más antiguo que se conoce (46.532 dólares)

Esqueleto de mamut de unos 50.000 años de antigüedad (73.300 euros)

Rebanada de pan tostado mordisqueada por (supuestamente) el cantante Justin Timberlake (3.145 dólares)

Sombrero llevado por la princesa Beatriz (R.U.) durante la boda real entre el príncipe Guillermo y Kate Middleton, celebrada en 2011 (97.300 euros)

Copo de maíz con la forma del Estado de Illinois (EE.UU.) (1.350 dólares)

ECONOMÍA

La mayor quiebra bancaria

Según el Fondo Monetario Internacional (FMI), la peor crisis bancaria de un país, relacionada con su economía, fue en 2008-2011 con la quiebra de los tres bancos más importantes de Islandia.

DATO:
Los bancos islandeses concedieron créditos por un importe 9 veces superior a su producto interior bruto.

Más multimillonarios (ciudad)

Según la revista *Forbes*, Moscú presume de contar con 79 multimillonarios entre sus habitantes, una cifra que resulta inaudita. Entre todos, suman un total de 375.300 millones de dólares. El moscovita más rico (que también lo es de toda Rusia) es el magnate del acero Vladimir Lisin. La fotografía superior muestra una feria comercial para millonarios en Moscú.

Estados Unidos es el **país con más multimillonarios:** 412 de los 1.210 totales, en 2011.

La mayor salida a Bolsa (OPI)

La salida al mercado –u «Oferta Pública Inicial» (OPI)– del Banco Agrícola de China (también llamado AgBank) el 13 de agosto de 2010 alcanzó la cifra récord de 22.100 millones de dólares. Las acciones cotizaron en los parqués de Shanghái y de Hong Kong. El banco cuenta con más de 30 millones de clientes y más de 440.000 empleados.

El mayor número de operaciones bursátiles en un día

Fue de 5.799.792.281, una cifra récord lograda en la Bolsa de Nueva York, el 16 de agosto de 2007.

La acción más cara

El 27 de marzo de 2000, el precio de las acciones de Yahoo! Japan llegó a los 120,4 millones de yenes (1,12 millones de dólares). Yahoo! Japan es el principal portal de información del país y la escasez de títulos contribuyó al exorbitante aumento del precio. En 2004, la japonesa Softbank controlaba el 41,93% de la compañía y Yahoo! estadounidense,

DATO:
John es 122 días más joven que el anterior titular del récord, Jason A. Earle (EE.UU.).

el 33,49%. Desde diciembre de 1998, el precio de las acciones de Yahoo! Japan ha aumentado el 4.700%.

El precio de cierre más alto en el FTSE 100

El índice FTSE 100 recoge las cotizaciones de las 100 empresas británicas con mayor valor de mercado. El 30 de diciembre de 1999 cerró con un total de 6.930,2 puntos.

El **precio de cierre más bajo en el FTSE 100** se produjo el 12 de julio de 1984, cuando cayó hasta los 978,7 puntos.

La pérdida neta anual más grande de una compañía

La registró AOL Time Warner (EE.UU.), por un total de 98.700 millones de dólares, el 30 de enero de 2003.

La mayor absorción

En febrero de 2002 el conglomerado alemán Mannesmann se fusionó con Vodafone AirTouch (R.U.). Según el acuerdo de 159.000 millones de dólares, la alemana se hizo con el 49,5% de la empresa resultante y Vodafone pagó 58,96 acciones propias por cada título de Mannesmann.

La mayor empresa que cotiza en Bolsa

Según *Forbes*, en 2010-2011 lo fue la institución bancaria JP Morgan Chase (EE.UU.), un récord logrado por segundo año consecutivo. Los cálculos de *Forbes* se basan en cuatro categorías: ventas, beneficios, activos y valor global de mercado. En 2010-2011, JP Morgan Chase consiguió registrar unas

El inversor bancario más joven

John Wang Clow (EE.UU., nacido el 23 de mayo de 1994) superó el examen de Banca de Inversión (serie 79), administrado por la Autoridad Reguladora de la Industria Financiera (FINRA), el 5 de agosto de 2011. El 8 de agosto de 2011, con 17 años y 77 días, se convirtió en *broker* autorizado.

¿POR QUÉ NO INVERTIR EL TIEMPO EN SUBASTAS? VER P. 148

El multimillonario más joven

En 2008, el cofundador de Facebook Dustin Moskovitz (EE.UU.) dejó la red social y abrió su propia compañía. Hoy, a sus 27 años, Forbes calcula su fortuna en 3.500 millones de dólares.

La cadena de restaurantes más rentable

Si hablamos de restaurantes, McDonald's (EE.UU.) ocupa el primer lugar. En el ejercicio fiscal de 2010-2011, la omnipresente cadena de hamburgueserías amasó unos beneficios de 4.900 millones de dólares, mientras que la compañía en sí fue valorada en 80.100 millones de dólares, una cifra muy jugosa. El primer McDonald's abrió en 1948 en San Bernardino, California (EE.UU.).

ventas de 115.500 millones de dólares, unos beneficios de 17.400 millones de dólares, unos activos de 2.117.600 millones de dólares y un valor de mercado de 182.200 millones de dólares.

La mayor compañía

- **Por activos:** La asociación hipotecaria Fannie Mae (EE.UU.), con un total de 3.222 millones de dólares, según la lista Global 2000 de Forbes de 2010-2011.

- **Por valor de mercado:** El gigante del gas y el petróleo Exxon Mobil, con 407.200 millones de dólares en abril de 2011, según la lista Global 2000 de Forbes de 2010-2011.
- **Por beneficios:** La empresa alimentaria suiza Nestlé, con 36.700 millones de dólares en 2010-2011.

Con unos ingresos totales de 112.000 millones de dólares durante los 12 meses anteriores al 11 de marzo de 2011, Nestlé también es la **mayor compañía alimentaria** en términos de ventas anuales. Entre sus unidades de negocio están comidas y bebidas, Nestlé Aguas y Nestlé Nutrición.
- **Por ventas:** Wal-Mart Stores, Inc., con una cifra récord de 421.800 millones de dólares, según Forbes.

La mayor quiebra corporativa

El 15 de septiembre de 2008 el banco de inversiones estadounidense Lehman Brothers Holdings Inc. se declaró en quiebra con un pasivo de 613.000 millones de dólares. El banco sucumbió

a la crisis de las hipotecas *subprime* (basura), que fue el origen de la recesión mundial en 2008.

La mayor agencia publicitaria (ingresos)

Omnicom Group Inc., con sede en la conocida Madison Avenue en Nueva York (EE.UU.), generó unos ingresos de 12.500 millones de dólares durante el ejercicio fiscal cerrado el 31 de diciembre de 2010.

El inversor más rico

El inversor más rico es Warren Edward Buffett (EE.UU.), presidente de Berkshire Hathaway, con una fortuna personal que estaba valorada en 45.000 millones de dólares en septiembre de 2011.

El magnate de las comunicaciones más rico

En marzo de 2011 el imperio mediático Bloomberg L.P., que pertenece a Michael Bloomberg (EE.UU.), que engloba la cadena de noticias financieras Bloomberg, se valoró en 22.500 millones de dólares.

El mayor plan de rescate financiero

Entre 2008 y 2012, los bancos centrales de EE.UU., R.U., Japón y los 17 países del euro concedieron créditos por un valor de 8,8 billones de dólares para paliar las consecuencias de la crisis financiera global (CFG). La cifra incluye 2,95 billones de dólares de la Reserva Federal de EE.UU. y 3,58 billones de dólares del Banco Central Europeo.

DATO: Para los economistas, la «recesión» son dos o más trimestres fiscales de disminución del PIB.

DATO: La CFG se considera la peor crisis financiera desde la Gran Depresión de la década de 1930.

LA RIQUEZA DEL MUNDO

Las barras de colores representan el producto interior bruto en 2010 de distintos países del mundo, según una media anual calculada por el Banco Mundial de 1990 a 2010. Aquí constan los 10 países más ricos de la lista, de 190 totales, que en conjunto poseen el 66,5% de la riqueza mundial.

10. CANADÁ
1.577.040 millones de dólares

9. INDIA
1.721.111 millones de dólares

8. ITALIA
2.051.412 millones de dólares

7. BRASIL
2.087.890 millones de dólares

6. R.U.
2.248.831 millones de dólares

5. FRANCIA
2.560.002 millones de dólares*

4. ALEMANIA
3.280.530 millones de dólares

3. JAPÓN
5.458.837 millones de dólares

2. CHINA
5.926.612 millones de dólares†

1. EE.UU.
14.586,736 millones de dólares

*incluye los departamentos de ultramar
†no incluye Taipéi, Hong Kong ni Macao

CIUDADES

La ciudad con rascacielos más antigua

Los habitantes de Shibam (Yemen), unas 7.000 personas, viven en edificios de adobe altos y apiñados, algunos de los cuales miden 30 m y tienen hasta 12 pisos. La construcción de rascacielos empezó tras las inundaciones sufridas en Shibam en 1532-1533. La mayor parte de las de 500 torres actuales se construyeron en el s. XVI.

La primera ciudad

La primera ciudad del mundo fue Uruk, situada en el sur de Mesopotamia (actual Iraq) y datada hacia el 3200 a.C. Con sus cerca de 50.000 habitantes, fue el asentamiento más grande de su época, cubría 450 ha y estaba rodeada por unas murallas de 9,5 km. Uruk, que había florecido gracias al comercio y la agricultura, se convirtió también en un importante centro artístico, que produjo abundantes mosaicos y monumentos de gran complejidad.

El primer uso de los códigos postales

En 1857, Sir Rowland Hill (R.U.) dividió Londres en distritos postales, basándose en los puntos cardinales: «N» para el norte, «S» para el sur, etc. La forma actual del código postal británico, una combinación de letras y números descodificada a máquina para permitir una clasificación más rápida, se usó por primera vez en Norwich (Norfolk, R.U.), en octubre de 1959. El código ZIP («Zone Improvement Plan») es muy parecido y se empezó a usar en EE.UU., en julio de 1963.

El mayor proyecto arcológico

Una arcología es una ciudad ecológica diseñada como alternativa a las expansiones urbanas actuales. Propuesta por vez primera por el arquitecto italoamericano Paolo Soleri en la década de 1960, el objetivo de una arcología es ser autosuficiente y evitar el consumo excesivo de tierra, energía y tiempo. La mayor arcología en construcción es Ciudad Masdar, en Abu Dhabi (Emiratos Árabes Unidos). Empezada en 2006, ocupa 6 km² y se calcula que dará cobijo a unas 50.000 personas y 1.500 empresas.

La mayor ciudad sin conexión viaria principal

Iquitos, fundada en la selva tropical peruana en la década de 1750, posee una población de unos 430.000 habitantes y es un importante puerto del río Amazonas. La única carretera que sale de la ciudad termina en el pequeño pueblo de Nauta, a unos 100 km al sur. Por ello, Iquitos sólo es accesible por aire y por el río.

La barriada más grande

Neza-Chalco-Itza es uno de los barrios marginales que existen en Ciudad de México. La mayor parte de sus aproximadamente cuatro millones de habitantes viven de forma ilegal. Hace más de 100 años que las barriadas de Ciudad de México crecen, fomentadas por el ferrocarril que permite crear nuevas industrias en la ciudad.

La ciudad más cara para aparcar

Según un informe de 2011 de Colliers International, las dos zonas urbanas más caras para aparcar el coche están en Londres (R.U.). El promedio de las tarifas mensuales de aparcamiento son de 1.083 dólares en la City, el distrito financiero, y de 1.014 dólares en el West End, el distrito del ocio.

El mayor centro comercial

El Dubai Mall, situado en el centro de Dubái (EAU), tiene cuatro plantas con una superficie total de 548.127 m² y cuenta con 1.200 tiendas y más de 160 bares y restaurantes. Se empezó a construir en 2004 y abrió sus puertas el 4 de noviembre de 2008.

La red de metro con más tráfico

El suburbano de la ciudad de Moscú (Rusia) llega a transportar entre 8 y 9 millones de pasajeros al día. En comparación, el de Nueva York (EE.UU.), transporta 4,5 millones de personas diariamente y en el de Londres (R.U.) viajan un promedio de más de 3 millones.

La red de metro más antigua

El metro de Londres (R.U.) inauguró su primer tramo, desde la estación de Paddington a la de Farringdon, en 1863.

El metro con más estaciones

El metro de Nueva York posee 468 estaciones (277 de las cuales son subterráneas) y su red cubre 370 km.

La mayor red de metro sin conductor

El metro de Dubái (EAU) lo forman dos líneas sin conductor (la roja y la verde), que juntas totalizaban 74,694 km, el 9 de septiembre de 2011, cuando se inauguró oficialmente la línea verde.

La ciudad con más rascacielos

Según el Council on Tall Buildings and Urban Habitat, en 2010 había 2.354 edificios en Hong Kong que medían como mínimo 100 m de altura. Se calcula que la suma de sus alturas daría un total de 330 km, sólo 25 km menos que la altitud a la que orbita alrededor de la Tierra la estación espacial china *Tiangong 1*.

La ciudad con la mayor densidad de población

Manila, capital de las Filipinas, tenía 1.660.714 habitantes según el censo de 2007. Con sólo 38,55 km² de superficie, su densidad de población es de 43.079 personas por kilómetro cuadrado.

La red de autobuses de tránsito rápido más antigua

En Curitiba, capital del estado brasileño de Paraná, viven alrededor de 1,75 millones de personas. En 1974 se convirtió en la primera ciudad del mundo en incorporar una red de autobuses de tránsito rápido. Mejor que las rutas de autobús normales, emplea carriles exclusivos para autobús, autobuses largos articulados y una mayor frecuencia de paso, lo que permite a sus 2,3 millones de usuarios diarios desplazarse a velocidades similares a las redes de tren ligero.

Los primeros parquímetros

Los parquímetros fueron inventados por Carl C. Magee (EE.UU.) e instalados por vez primera en Oklahoma City (Oklahoma, EE.UU.), en julio de 1935. Llegaron a Nueva York en 1951 y a Londres en 1958.

La mayor red urbana de tranvías

Desde 1897 hasta la década de 1960, Buenos Aires (Argentina) contó con una extensa red de tranvías. En su momento de máximo crecimiento, se calcula que tuvo 857 km de vías, incluidas las subterráneas. Los tranvías se reemplazaron por autobuses modernos.

Las escaleras mecánicas de metro más largas

El metro de San Petersburgo (Rusia) posee unas escaleras mecánicas con un ascenso vertical de 50,5 m.

Más escaleras mecánicas en una red de metro

El metro de Washington, DC (EE.UU.) posee 557 escaleras mecánicas, de cuyo mantenimiento se ocupan unos 90 técnicos.

La estación de mayor tráfico

La estación de Shinjuku en Tokio (Japón) registra una media de paso de 3,64 millones de pasajeros cada día. Tiene más de 200 salidas.

La línea circular de metro más larga

La línea de metro Kaluzhskaya de Moscú, desde Medvedkovo a Bittsevsky Park, terminada a principios de 1990, tiene 37,9 km de longitud.

La ciudad con más puentes

Hamburgo (Alemania) está situada a orillas del río Elba y en la confluencia de otros dos ríos: el Bille y el Alster. Sobre los canales, ríos y arroyos de la ciudad hay tendidos un total de 2.302 puentes, más que en las ciudades de Venecia y Ámsterdam juntas.

El mayor aparcamiento para coches

El aparcamiento para coches más grande del mundo tiene capacidad para 20.000 vehículos y está situado en el West Edmonton Mall en Edmonton (Alberta, Canadá). Además, cuenta con unas instalaciones suplementarias en otro aparcamiento anexo con capacidad para 10.000 vehículos más.

DATO: «A Symphony of Lights», un espectáculo de luces y música, ilumina 44 rascacielos de Hong Kong todas las noches.

MÁS RÉCORDS DE EDIFICIOS ALTOS EN LA P. 170

LAS MAYORES CIUDADES

Las 15 mayores áreas urbanas («aglomeraciones urbanas») del mundo, según el último informe de Naciones Unidas sobre Perspectivas de Urbanización en el Mundo, son:

TOKIO (JAPÓN) 36.669.000

DELHI (INDIA) 22.157.000

SÃO PAULO (BRASIL) 20.262.000

BOMBAI (INDIA) 20.041.000

CIUDAD DE MÉXICO (MÉXICO) 19.460.000

NUEVA YORK (EE.UU.) 19.425.000

SHANGHÁI (CHINA) 16.575.000

CALCUTA (INDIA) 15.552.000

DACA (BANGLADÉS) 14.648.000

KARACHI (PAKISTÁN) 13.125.000

BUENOS AIRES (ARGENTINA) 13.074.000

LOS ÁNGELES (EE.UU.) 12.762.000

PEKÍN (CHINA) 12.385.000

RÍO DE JANEIRO (BRASIL) 11.950.000

MANILA (FILIPINAS) 11.628.000

Círculos a escala ● = 10 millones de personas

153

MUNDO MISTERIOSO

La mayor colección de muñecas «encantadas»

Situada al sur de Ciudad de México, en un sistema de canales, la minúscula isla de las Muñecas alberga miles de muñecas rotas, mutiladas y deterioradas. La gente de la zona afirma que por las noches las muñecas vuelven a la vida, animadas por los espíritus de los muertos. Tan grotesca colección se inició en la década de 1950, al establecerse aquí un ermitaño llamado Julián Santana Barrera. Mientras sostenía que lo estaba poseyendo el fantasma de una niña que se había ahogado en los canales en la década de 1920, empezó a colocar muñecas por toda la isla, a manera de un santuario para calmar el alma desasosegada de la pequeña.

DATO:
En 2001, Don Barrera murió en el mismo canal donde se había ahogado la niña…

El primer tratado científico sobre la combustión humana espontánea

La combustión humana espontánea (CHE) se define como la quema de un cuerpo humano vivo sin ninguna fuente de ignición externa claramente definida. Tan sólo en los tres últimos siglos se han registrado unos 200 casos en todo el mundo; incluso Charles Dickens incorporó un episodio de CHE a la trama de su novela *Casa desolada* (1852). La primera investigación científica sobre este fenómeno apareció en 1673; titulada *De Incendiis Corporis Humani Spontaneis*, la escribió Jonas Dupont (Francia) y compilaba casos y estudios relacionados con la CHE.

El primer escenario de batalla «encantado»

La famosa batalla de Maratón, entre los ciudadanos de Atenas y los ejércitos persas, se libró en la llanura de Maratón en el 490 a.C. y la ganaron los griegos; sin embargo, poco después algunos observadores afirmaron haber visto una «reproducción» fantasmal de la contienda, y parece ser que, desde entonces y hasta la época actual, se han atestiguado en varias ocasiones similares representaciones espectrales en el mismo lugar.

El fantasma más antiguo

Ghost Ranch («Rancho Fantasma»), en el condado de Río Arriba (Nuevo México), debe su nombre a los numerosos avistamientos, producidos a lo largo de los años, de un enorme reptil fantasma de 6-9 m de largo, apodado «Vivaron, el demonio-serpiente» por los habitantes de la zona.

En 1947, el paleontólogo Edwin H. Colbert (EE.UU.) desenterró en estos mismos parajes una gran cantidad de esqueletos fósiles pertenecientes a diversos reptiles prehistóricos. Entre ellos se contaban no sólo más de mil especímenes de dinosaurios, sino también una criatura de 9 m de largo, parecida a un cocodrilo, que se conoce como fitosaurio. Su descubrimiento llevó a conjeturar que el «demonio-serpiente» paranormal del que habían informado aquellas gentes era el fantasma de este fitosaurio. De ser cierto, y habida cuenta de que su esqueleto fósil data del período Triásico, hace unos 220 millones de años, el espectro del fitosaurio sería… ¡el fantasma más antiguo del mundo!

La más larga construcción ininterrumpida de una casa

La construcción de Winchester House, en San José (California, EE.UU.), duró 38 años. Antigua casa principal de una finca de 65 ha, su transformación en mansión comenzó en 1886 por deseo de la viuda Sarah Winchester, heredera de la fortuna del rifle Winchester. Se la conoce como la «Misteriosa Casa Winchester» por sus muchas rarezas, como falsos armarios, una ventana en el suelo y una escalera que no lleva a ningún sitio. Algunos creen que tras la muerte del marido (hijo del inventor del famoso rifle), un médium le dijo a la viuda que aquella remodelación incesante confundiría y aplacaría a los espíritus de todas las personas muertas por el «arma que conquistó el Oeste». La casa tiene 13 cuartos de baño, 52 claraboyas, 47 chimeneas, 10.000 ventanas, 40 escaleras, 200 puertas y trampillas y 3 ascensores.

FATE
HAS ATLANTIS BEEN FOUND?

La revista más veterana de temas paranormales

La revista estadounidense *Fate* salió a la calle en 1948 y se publicó con periodicidad mensual durante muchos años. Desde julio de 2009, sólo aparece cada dos meses.

Más participantes en el estudio científico de una casa encantada

Entre el 26 de mayo y el 4 de junio de 2000, el psicólogo Richard Wiseman, de la Universidad de Hertfordshire (R.U.), dirigió un experimento durante el cual 1.027 voluntarios deambularon por Hampton Court Palace, que pasa por ser uno de los lugares del R.U. con más fantasmas. Los voluntarios documentaron cualquier experiencia o sensación inhabitual, y los resultados obtenidos se compilaron para su posterior análisis psicológico.

SASQUATCH XING

El *bigfoot* más alto

Según quienes investigan los informes sobre el *bigfoot* («pie grande» o *sasquatch*), en América del Norte habitan varios tipos claramente diferenciados de este misterioso y velludo primate bípedo. El más alto es el llamado «gigante auténtico», el cual, por lo que afirman los testigos, mide 3-6 m de alto. Los avistamientos más frecuentes se producen en las montañas altas del oeste y los bosques de piceas del norte. En la fotografía aparece Karl Shuker, asesor de GWR, con un molde de la «Huella de Grays Harbor», obtenido a partir de las huellas que se descubrieron en 1982 en el estado de Washington (EE.UU.).

El mayor glifo en un cultivo

Los miembros del equipo XL D-Sign (todos de los Países Bajos) crearon en un campo de cultivo de Zelanda (Países Bajos) la figura de un «hombre-mariposa» de 530 × 450 m en el transcurso de una noche en agosto de 2009; cubría una extensión aproximada de 24 ha y se le denominó «Proyecto Atlas». XL D-Sign lleva más de 10 años creando enormes y complejas figuras en campos de cultivo.

DATO: La imagen es unas 60 veces más grande que el terreno de juego del estadio De Kuip de Rotterdam (izquierda)

La mayor bandada de pájaros que invade una casa

En la noche del 4 de mayo de 1998, el Cuerpo de Bomberos de Pasadena (California, EE.UU.) recibió una llamada para investigar un extraño suceso ocurrido en una casa vacía. Los bomberos descubrieron que más de 1.000 vencejos (familia *Apidae*) habían entrado por la chimenea, esparciendo hollín por todas partes. Algunos estaban muertos, al parecer por haberse estrellado de cabeza contra las paredes, presa del pánico. Los bomberos, mandados por el jefe de escuadrón del Cuerpo, Joe Nestor (EE.UU.), tardaron más de dos horas en ahuyentar de la casa, por puertas y ventanas, al resto de la enorme bandada. No está claro por qué los vencejos entraron en masa por la chimenea.

El lago más mortal

El lago donde se han registrado más muertes no causadas por ahogamiento es el lago Nyos de Camerún, en África occidental, cuyos gases tóxicos se han cobrado casi 2.000 vidas en las últimas décadas; en una sola noche de agosto de 1986 murieron unas 1.700 personas e incontables animales por una gran emisión natural de dióxido de carbono.

La zona más grande de mar brillante

En 1995, un equipo de científicos del Laboratorio de Investigaciones Navales de EE.UU. descubrió una zona de mar luminoso en el océano Índico, frente a las costas de Somalia, utilizando imágenes por satélite. La extensión de agua medía más de 250 km de largo y cubría unos 14.000 km². Se cree que esta singular apariencia del agua se debe a las bacterias bioluminiscentes.

El mayor lago rosa

El lago Retba, más conocido como Lac Rose («Lago Rosa»), es la mayor masa de agua rosa del mundo, con unos 1,5 × 5 km de extensión cuando el agua está baja. El intenso color de esta laguna de aguas someras, situada 30 km al norte de Dakar, en Senegal (famoso por haber sido el último tramo del Rally París-Dakar), es el resultado de la acción de los microorganismos y de una elevada concentración de minerales.

El primer estigmatizado

El término «estigmatizado» hace referencia a una persona que, en apariencia, sufre heridas –estigmas– que constituyen un reflejo de las que infirieron a Jesucristo durante su crucifixión. Aquí aparece Francisco de Asís (1181/2-1226, canonizado en 1228), a quien, según la tradición, visitó un ángel en 1224 mientras oraba. Francisco descubrió después que llevaba una serie de heridas equivalentes a las de Jesús. Los casos de supuestos estigmatizados han continuado hasta la época actual (fotografía del recuadro).

LAS PRECIPITACIONES MÁS EXTRAÑAS

LLUVIA ELÉCTRICA
1 de noviembre de 1844 – París (Francia)
Según el Dr. Morel-Deville, testigo presencial, la lluvia chisporroteaba al caer sobre el suelo y los edificios, despidiendo un olor azufrado.

SANGRE DE AVES
15 de mayo de 1890 – Messignadi (Calabria, Italia)
Cayó una lluvia de sangre que se identificó científicamente como de aves, pero no se hallaron aves muertas.

LLUVIA VERDE
Junio de 2002 – India
Cayó durante dos días; se demostró que eran excrementos con polen de un inmenso enjambre de abejas.

CLAVOS
12 de octubre de 1888 – Texas (EE.UU.)
Una cascada de clavos cayó desde el cielo sobre la esposa del farero de Point Isabel.

LLUVIA AZUL
8 de abril de 1954 – EE.UU.
Una lluvia azul cayó sobre varias poblaciones de EE.UU.; su posterior examen reveló que era radiactiva.

TORTUGA RECUBIERTA DE GRANIZO
11 de mayo de 1894 – Vicksburg (Misisipi, EE.UU.)
Durante una granizada cayó desde el cielo una tortuga de tierra completamente recubierta por un gigantesco granizo y que medía 15,2 × 20,3 cm.

RANAS
28 de agosto de 1977 – Canet-Plage (Francia)
Se vieron caer a miles de ranas del tamaño de un guisante antes del inicio de una llovizna.

PWDRE SER (PODREDUMBRE ESTELAR)
21 de enero de 1803 – Silesia (Alemania)
El día siguiente a que cayera un meteorito sobre la Tierra se encontró en el suelo una masa gelatinosa (*pwdre ser*) cuya naturaleza no ha podido explicarse.

MONEDAS DE PLATA
30 de septiembre de 1956 – Meshehera (Rusia)
Una lluvia de monedas de plata cayó sobre todo el distrito durante una tormenta.

CABELLO DE ÁNGEL
20 de septiembre de 1892 – Florida (EE.UU.)
Unos grandes filamentos de una sustancia similar a las telarañas (conocidos como «cabellos de ángel»), algunos de 45 m o más de longitud, cayeron flotando con la lluvia. Fueron vistos y recogidos por el jefe de correos de Gainesville.

La vigilia más larga del monstruo del lago Ness

DATO: Esta foto de 1934 es la imagen más famosa de Nessie. Su autenticidad continúa siendo polémica.

Steve Feltham (R.U., derecha) llegó al lago Ness (Escocia) en 1991 en busca del legendario monstruo, y desde entonces no se ha movido de allí. Feltham vive en la orilla, en una biblioteca móvil reformada, y se pasa el día escudriñando el lago por si aparece el monstruo. La **persona que ha visto a *Nessie* en más ocasiones** es Alex Campbell, un guarda que trabajó en el lago durante más de 40 años; afirmó haber realizado 17 avistamientos de *Nessie*, el primero en mayo de 1934.

NACIONES

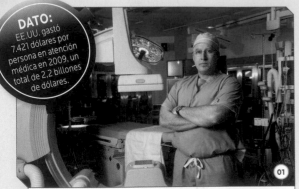

El mayor presupuesto para atención médica EE.UU. gastó el 16,2% de su producto interior bruto (PIB) en atención médica en 2009.

Menos fumadores Según las últimas cifras publicadas en Nationmaster.com, sólo el 17% de los canadienses fumaba al menos un cigarrillo al día.

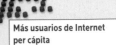

La menor densidad de población Groenlandia tiene una densidad de población aproximada de 0,02 personas por km².

El índice de masa corporal que más ha aumentado El ciudadano medio norteamericano aumentó 1 kg de peso por década desde 1980 a 2008.

Más ordenadores per cápita Los canadienses tenían 108,6 ordenadores por cada 100 habitantes en 2009.

La mayor población emigrante Según el último informe del Banco Mundial, 11,9 millones de ciudadanos mexicanos vivían en el extranjero en 2010.

Más usuarios de Internet per cápita Islandia tenía 93,5 usuarios de Internet por cada 100 habitantes en 2009, según *The Economist*.

Menos divorcios Guatemala registra tan sólo un divorcio por cada 10.000 habitantes, según *The Economist*.

El mayor productor de café Brasil produjo más de 2,36 millones de toneladas de café en 2009-2010.

De un vistazo...

Guía integrada GWR sobre la población mundial:

- **Población global:** alcanzó 7.000 millones el 31 de octubre de 2011

- **Índice de crecimiento de la población:** el índice de natalidad anual fue de 1,915%, lo que significa que nacieron 252 bebés cada minuto; el índice de mortalidad fue de 0,812%, es decir, 107 muertes cada minuto; por tanto, el crecimiento neto fue de 1,092% (basado en cálculos aproximados para 2011)

- **Países:** 195

- **Fronteras terrestres:** 322

- **Mano de obra total:** 3.228 millones (cálculos aproximados para 2010)

- **Refugiados registrados:** al menos 8,8 millones (cálculos aproximados para 2010)

Fuente: CIA Factbook

El menor índice de matrimonios Colombia tiene un promedio de tan sólo 1,7 matrimonios por cada 1.000 habitantes, según *The Economist*.

El mayor índice de asesinatos Las Naciones Unidas registraron 60,87 asesinatos por cada 100.000 habitantes en Honduras en 2008.

El país más feliz En 2009, Costa Rica se situaba en el primer puesto del Índice del Planeta Feliz, con un índice del 76,1%.

¿CUÁNTOS AÑOS PODEMOS VIVIR? AVERÍGUALO EN LA P. 66

GUINNESS WORLD RECORDS

Dejando una gran huella

Con una población de unos 500.000 habitantes, Luxemburgo es una de las naciones más pequeñas del mundo. Sin embargo, en 2009, tenía la **mayor huella ecológica.** Se necesitaría el equivalente a 20,2 ha de tierra para satisfacer las necesidades de cada luxemburgués y absorber sus emisiones de carbono.

El destino turístico más popular
Según las Naciones Unidas, Francia atrajo 76,8 millones de turistas en 2010.

El mayor ratio de ayuda exterior Suecia da el 1,03% de su PIB para ayuda al desarrollo.

El mayor consumo de alcohol Según la Organización Mundial de la Salud (OMS), los moldavos bebieron el equivalente a 19,2 litros de alcohol puro por persona en 2005.

El país más democrático
El informe de *Economist Intelligence Unit* del año 2011 situó a Noruega como el país más democrático, con una puntuación de 9,8 sobre 10.

La mayor diferencia de género en esperanza de vida Los hombres rusos tienen una esperanza de vida de 59,33 años, comparada con 73,14 años para las mujeres, una diferencia de 13,81 años.

DATO:
Un total de 46 naciones y otros territorios no poseen litoral.

Más invidentes
Hay más de 15 millones de invidentes en la India.

Más lenguas oficiales
La República de Sudáfrica tiene 11 lenguas oficiales. Son las siguientes: inglés, afrikaans, isiZulu, isiXhosa, sesotho, setswana, sepedi, xItsonga, siSwati, isiNdebele y tshivenda.

El país independiente más nuevo
El 9 de julio de 2011, Sudán del Sur se separó pacíficamente de Sudán. Un día antes, Sudán se había convertido en el primer país en reconocer a Sudán del Sur como un país por derecho propio.

La mayor población Según las cifras de 2010, la población de China sobrepasó los 1.330 millones de habitantes.

El mayor índice de natalidad Según las cifras de 2005-2010, en Níger hubo 49,5 nacimientos por cada 1.000 habitantes.

El país menos corrupto
Nueva Zelanda puntúa el 95% en el Índice de Percepción de la Corrupción.

DATO:
En 2011, había aproximadamente dos vacas y siete ovejas por cada habitante, en Nueva Zelanda.

ESPERANZA DE VIDA

La esperanza de vida media en el mundo es de 66,57 años: 64,52 para los hombres y 68,76 para las mujeres.

Edad promedio en años

89,73 Mónaco	
	Japón 82,25
81,81 Australia	
81,38 Canadá	Italia 81,77
81,17 España	Francia 81,19
80,95 Israel	Suecia 81,07
80,20 Noruega	Nueva Zelanda 80,59
80,07 Alemania	Irlanda 80,19
79,92 Grecia	Reino Unido 80,05
79,27 Finlandia	Países Bajos 79,68
78,63 Dinamarca	Corea del Sur 79,05
78,37 EE.UU.	Portugal 78,54
77,19 República Checa	Chile 77,70
76,51 EAU	Argentina 76,95
75,77 Paraguay	México 76,47
75,40 Eslovaquia	Polonia 76,28
74,70 Hungría	Croacia 75,35
73,47 China	Líbano 73,66
72,81 Colombia	Estonia 72,82
71,99 Brasil	Egipto 72,12
71,09 Filipinas	Turquía 71,69
70,74 Perú	Indonesia 70,69
	Irak 69,94
69,89 India	
68,20 Belice	Ucrania 68,25
	Mongolia 67,65
66,89 Bolivia	**MUNDO 66,57**
66,03 Rusia	Bahamas 65,78
64,49 Pakistán	Corea del Norte 68,81
63,27 Yemen	Kiribati 63,22
61,85 Botswana	
60,25 Bangladesh	Haití 60,78
	Ghana 59,85
59,00 Senegal	
	Kenia 57,86
55,45 Costa de Marfil	
	R.D. Congo 54,36
53,69 Camerún	Gabón 53,11
52,72 Uganda	Tanzania 52,01
51,42 Sudán	
50,35 Malí	Ruanda 50,52
	Somalia 49,63
48,98 Sudáfrica	
47,70 Chad	Guinea-Bissau 47,90
45,77 Zimbabue	Nigeria 46,94
	Afganistán 45,02
44,47 República Centroafricana	
43,37 Yibuti	Malawi 43,82
41,24 Sierra Leona	Liberia 41,84
40,38 Lesoto	Mozambique 41,18
	Zambia 38,63
38,20 Angola	
Swazilandia 31,88	

Clave

África	Asia	Europa
América del Norte	América del Sur	Oceanía

Fuente: CIA Factbook

LÍDERES MUNDIALES

El jefe de Estado actual más mayor

Es Sir Cuthbert Montraville Sebastian (nacido el 22 de octubre de 1921), de 90 años, gobernador general de San Cristóbal y Nieves, Indias Occidentales Británicas, un reino independiente de la Commonwealth.

DATO: Sir Cuthbert representa a la reina Isabel II (R.U., arriba), jefe de Estado oficial del reino.

El jefe de Estado de más países a la vez

En marzo de 2012, Su Majestad la reina Isabel II (R.U.) era jefa de Estado de 16 países. Aunque el cargo es simbólico y solemne (sin poder político), más de 128 millones de personas de 15 países de la Commonwealth (más el R.U. y sus 14 territorios de ultramar) la reconocen como su reina.

Además, es la monarca más anciana de la historia británica. Coronada el 2 de junio de 1953, en 2012, a sus 85 años sigue en el trono.

La primera presidenta

María Estela Martínez de Perón (conocida popularmente como Isabel o Isabelita), viuda del General Juan Perón (ambos argentinos), fue la primera mujer en tener el título de presidenta. Su marido, el presidente, que murió el 1 de julio de 1974, delegó en ella la presidencia provisional el 29 de junio de 1974. El golpe militar del 24 de marzo de 1976 la derrocó.

El jefe de Estado actual más joven

Kim Jong-un de Corea del Norte asumió el liderazgo del país el 17 de diciembre de 2011, tras la muerte de su padre, Kim Jong-il. Nunca se ha confirmado con exactitud la edad de Kim Jong-un: se especulaba que tenía 27 años en el momento de la sucesión, aunque como fecha de nacimiento constan el 8 de enero de 1982, o 1983 o 1984. El joven Kim también tiene el título de Comandante Supremo del Ejército Popular de Corea y el rango de Daejang (equivalente a general).

El monarca más rico

Según *Forbes*, en julio de 2011 lo era el rey de Tailandia, Bhumibol Adulyadej, rey Rama IX de la dinastía Chakri. Pese a que su riqueza se redujo en unos 5.000 millones de dólares al año siguiente de la crisis global financiera de 2008, sigue apañándoselas con una fortuna valorada en más de 30.000 millones de dólares, en su mayoría procedente de lo que invierte en negocios nacionales.

El presidente más mayor

Joaquín Balaguer (1907-2002) fue presidente de la República Dominicana en 1960-1962, 1966-1978 y 1986-1996. Abandonó el cargo a los 89 años, tras liderar la presidencia durante 23 años.

El **monarca reinante más mayor** es Abdullah bin Abdulaziz Al Saud, rey de Arabia Saudí. Se hizo con el récord el 11 de mayo de 2007, a sus 82 años y 253 días. Ascendió al trono el 1 de agosto de 2005.

Morarji Ranchhodji Desai (India, 1896-1995) tenía 81 años cuando empezó su mandato en India en marzo de 1977; es la **edad más avanzada a la que se ha nombrado por primera vez a un primer ministro.**

El monarca actual más joven

El rey Oyo (también llamado Rukirabasaija Oyo Nyimba Kabamba Iguru Rukidi IV) tiene 20 años y es el gobernante de Toro, un reino de Uganda (África oriental). Nació el 16 de abril de 1992 y ascendió al trono con tres años; hoy reina sobre el 3% de la población del país, de 33 millones de personas.

Los **monarcas más jóvenes de la historia** fueron uno francés y otro español, cuyos mandatos empezaron al llegar al mundo.

El mayor parlamento (órgano legislativo)

La Asamblea Popular Nacional china, o APN, cuenta con un total de 2.987 diputados y se reúne cada año en el Gran Salón del Pueblo de Pekín. A la cabeza está Wu Bangguo, presidente del Comité Permanente de la APN y secretario del Grupo Dirigente del Partido.

DATO: La APN es el único órgano legislativo de China. Sus miembros se eligen cada cinco años.

Mandato más largo de un jefe de Estado (sin realeza)

Fidel Castro (Cuba) ocupó el escalafón político más alto de su país, como primer ministro (1959-1976) y como presidente (1976-2008), durante 49 años, 10 meses y 3 días.

LOS JEFES DE ESTADO ACTUALES CON MANDATOS MÁS LARGOS

Algunos jefes de Estado llevan más tiempo que otros aferrados al poder. GWR presenta una selección de los líderes que todavía seguían a la cabeza de un Estado el 4 de mayo de 2012. No se incluyen los países en conflicto.

El encarcelamiento más largo de un líder derrocado

El exgeneral y Líder Máximo panameño Manuel Noriega (gobernante de facto de Panamá de 1983 a 1989) fue capturado por las fuerzas militares estadounidenses el 4 de enero de 1990. Primero estuvo encarcelado en EE.UU., luego en Francia y actualmente en Panamá; el 4 de marzo de 2012 llevaba detenido 22 años y 2 meses.

Jean I de Francia era el hijo póstumo de Luis X, al que sucedió al nacer el 14 de noviembre de 1316, pero murió cinco días después. Alfonso XIII de España era el hijo póstumo de Alfonso XII, al que sucedió el 17 de mayo de 1886, cuando nació.

El líder mundial más alto
Es el primer ministro canadiense, Stephen Harper, mide 188 cm. Supera por poco al presidente estadounidense, Barack Obama, cuya altura es de 185 cm, y al primer ministro británico, David Cameron, que mide 184 cm.

El **mandatario nacional de menor estatura** fue Benito Juárez (1806-1872), presidente de México durante cinco mandatos, de 1858 a 1872. Medía tan sólo 137 cm. Gobernó el país durante el período conocido como La Reforma. Luchó contra la ocupación francesa de México y encabezó los primeros intentos de liberalización y modernización del país.

La presidencia más breve
Fue la de Pedro Lascuráin, que gobernó en México durante una hora, el 18 de febrero de 1913. Fue el sucesor legal del presidente Madero, asesinado el 13 de febrero de 1913. Entonces, el vicepresidente mexicano había sido incapacitado y estaba bajo arresto, por lo que Lascuráin juró el cargo, acto seguido nombró como su sucesor al general Victoriano Huerta y luego dimitió.

El primer dictador fascista
Benito Mussolini se convirtió en el primer ministro más joven de Italia el 31 de octubre de 1922, como líder del movimiento político fascista de derechas desde 1919. Asimismo, dejó bien claro que gobernaría con mano dura y no tardó en conseguir un poder dictatorial absoluto, que le garantizó su cargo en las elecciones fraudulentas de 1924. Fue el primero de los dictadores fascistas y estuvo en el bando de la Alemania de Adolf Hitler durante la Segunda Guerra Mundial. Cuando intentaba huir a Suiza, lo capturaron sus partisanos italianos y lo asesinaron el 28 de abril de 1945.

El líder embalsamado expuesto más tiempo al público
El cuerpo de Vladimir Ilyich Lenin (1870-1924), que fue el primer dirigente de la Unión Soviética, está en el Mavzoléy Lénina (Mausoleo de Lenin) de la Plaza Roja de Moscú (Rusia); lo colocaron en esa ubicación estratégica para exponerlo a los seis días de su muerte, el 21 de enero de 1924. Le hidratan las facciones a diario y bajo la ropa le inyectan conservantes. Durante la Segunda Guerra Mundial se vieron obligados a retirar el cuerpo por motivos de seguridad.

El mayor número de atentados fallidos

En 2006, un exguardaespaldas declaró que se había intentado atentar contra la vida de Castro 638 veces. Entre las tramas había:

- Puros con explosivos y otros envenenados
- Medicamentos envenenados
- Una estilográfica con una jeringa llena de veneno
- Un traje de buzo de Castro infectado con un hongo mortífero
- Explosivos en caracolas en una de las zonas de buceo preferidas de Castro

- **65** años — El rey Bhumibol Adulyadej: Tailandia
- **60** años — La reina Isabel II: R.U. y la Commonwealth
- **44** años — El sultán Hassanal Bolkiah: Brunéi
- **41** años — El sultán Qaboos bin Said al Said: Omán
- **40** años — La reina Margarita II: Dinamarca
- **38** años — El rey Carlos Gustavo XVI: Suecia
- **36** años — El rey Juan Carlos I: España
- **33** años — El presidente Teodoro Obiang Nguema Mbasogo: Guinea Ecuatorial
- **32** años — El presidente José Eduardo dos Santos: Angola
- **32** años — La reina Beatriz: Países Bajos

Fuentes: Daily Telegraph; World Factbook de la CIA

El encarcelamiento más largo de un futuro jefe de Estado

Nelson Mandela, presidente de Sudáfrica de 1994 a 1999, estuvo recluido en tres cárceles distintas como preso político (la más famosa, la de la isla de Robben) del 5 de agosto de 1962 al 11 de febrero de 1990. En total, 27 años, 6 meses y 6 días.

La primera mujer primera ministra

Fue Sirimavo Ratwatte Dias Bandaranaike (Sri Lanka, 1916-2000), que, además, es **la mujer que ha ejercido dicho cargo durante más tiempo** en la época moderna. Lo ocupó tres veces: 21 de julio de 1960 a 27 de marzo de 1965; 29 de mayo de 1970 a 23 de julio de 1977 (Ceilán cambió su denominación por Sri Lanka en 1972) y 14 de noviembre de 1994 a 10 de agosto de 2000.

SUPERVIVIENTES

Más tiempo en el mar a la deriva y solo

Poon Lim (nacido en Hong Kong) vivió 133 días en una balsa después de que su barco, el SS *Ben Lomond*, se hundiera el 23 de noviembre de 1942. Fue rescatado en la costa norte de Brasil el 5 de abril de 1943.

Más tiempo a la deriva en el mar

El capitán Oguri Jukichi y uno de sus marineros, llamado Otokichi (ambos de Japón), sobrevivieron aproximadamente 484 días después de que su barco se averiara en una tormenta frente a las costas japonesas en octubre de 1813; permanecieron a la deriva en el Pacífico hasta que los rescató un barco de EE.UU. en aguas de California, el 24 de marzo de 1815.

Mayor rescate sin pérdida de vidas

El buque estadounidense *Susan B. Anthony* se hundió frente a Normandía (Francia) el 7 de junio de 1944. Los 2.689 pasajeros que viajaban a bordo lograron sobrevivir.

Supervivencia a más rayos

La única persona que ha sobrevivido siete veces a un rayo fue el exguardabosques Roy C. Sullivan, el llamado «conductor de electricidad humano», natural de Virginia (EE.UU.). Un rayo genera una descarga eléctrica de 100 millones de voltios (con una corriente de pico del orden de 20.000 amperios).

Más tiempo atrapada en un ascensor

Kively Papajon, de Limassol (Chipre), permaneció atrapada en el ascensor de su edificio durante seis días, desde el 28 de diciembre de 1987 hasta el 2 de enero de 1988; en aquel momento tenía 76 años. Kively sobrevivió al frío y evitó la deshidratación racionando la fruta, las verduras y el pan que llevaba en la bolsa de la compra.

La mayor caída vertical en esquí

En abril de 1997, y mientras participaba en el Campeonato Mundial de Esquí Extremo, disputado en Valdez (Alaska), Bridget Mead (Nueva Zelanda) sobrevivió a una caída vertical de casi 400 m; por extraño que parezca, no se rompió ningún hueso: sólo sufrió magulladuras y una grave conmoción cerebral. Los médicos atribuyen su supervivencia a su excelente forma física y a que llevaba casco.

El vuelo a más distancia en un accidente de coche

El sanitario Matt McKnight (EE.UU.) se encontraba ayudando en un accidente, el 26 de octubre de 2001, cuando lo arrolló un coche que circulaba a 112 km/h. A consecuencia del impacto fue lanzado a una distancia de 35,9 m en la Ruta 376, en Monroeville (Pensilvania, EE.UU.). Matt se dislocó los dos hombros (uno con fractura), se le encharcó un pulmón, se desgarró un muslo hasta el hueso y se fracturó la pelvis y las dos piernas. Un año después se había recuperado por completo y volvió al trabajo.

Más distancia en un tornado

Matt Suter (EE.UU.) se vio atrapado en un tornado que lo arrastró 398 m, en Misuri (EE.UU.), el 12 de marzo de 2006.

La primera persona que sobrevive a dos ataques nucleares

Tsutomu Yamaguchi (Japón, 1916-2010) se encontraba en Hiroshima, el 6 de agosto de 1945, cuando el Ejército de EE.UU. lanzó sobre la ciudad la bomba atómica «Little Boy». Tras sufrir quemaduras en la parte superior del cuerpo, regresó a su ciudad natal, Nagasaki, el 8 de agosto. Al día siguiente, las fuerzas estadounidenses arrojaron sobre la ciudad «Fat Man», una bomba de 20-22 kilotones. De puro milagro, Tsutomu sobrevivió de nuevo y sufrió tan sólo heridas menores, aunque el tímpano izquierdo le quedó irreparablemente dañado y, con el tiempo, padecería enfermedades causadas por su exposición a las radiaciones. En ambas ciudades se hallaba a menos de 3 km del hipocentro de la explosión.

Supervivencia a la caída más larga en un ascensor

Betty Lou Oliver (EE.UU.) sobrevivió a una caída de 75 pisos –más de 300 m– dentro de un ascensor, en el Empire State Building de Nueva York (EE.UU.), el 28 de julio de 1945, después de que un bombardero estadounidense B-25 se estrellara contra el edificio en medio de una espesa niebla.

La persona más joven que sobrevive a un accidente de coche

El 25 de febrero de 1999, Virginia Rivero, natural de Misiones (Argentina), se puso de parto en su casa y se dirigió a pie a una calle cercana para hacer autostop hasta el hospital. Después de que dos hombres se ofrecieran a llevarla, dio a luz una niña en el asiento trasero del coche.

Cuando les dijo a los hombres que iba a tener un segundo niño, el conductor adelantó a un coche y chocó contra un tercer vehículo. Virginia y su hija recién nacida salieron proyectadas por la portezuela trasera del coche y sufrieron heridas menores, pero Virginia consiguió parar otro coche que las trasladó al hospital. Una vez allí, dio a luz un niño.

Supervivencia más larga sin pulso

Durante una semana, desde el 14 de agosto de 1998, los cirujanos usaron una bomba de sangre para mantener con vida a Julie Mills (R.U.), con una grave insuficiencia cardíaca. Durante tres de esos días, no le latió el pulso.

Supervivencia a más velocidad en un accidente de moto

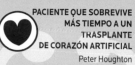

Ron Cook (EE.UU.) chocó con una Kawasaki de 1.325 cc mientras viajaba a una velocidad aproximada de 322 km/h durante las pruebas cronometradas de la SCTA, en El Mirage Dry Lake (California, EE.UU.), el 12 de julio de 1998; se rompió el brazo, la muñeca y la pierna derechos.

Supervivencia con más porcentaje de quemaduras en el cuerpo

Dos personas han conseguido sobrevivir con quemaduras en el 90% de sus cuerpos. David Chapman (R.U.) se quemó cuando la explosión de un bidón de gasolina lo roció de combustible ardiendo, el 2 de julio de 1996.

Después del accidente, los cirujanos pasaron 36 horas desprendiéndole la piel muerta.

Tony Yarijanian (EE.UU.) se sometió a 25 operaciones quirúrgicas, incluidos múltiples injertos de piel, tras sufrir heridas similares a consecuencia de una explosión ocurrida en el *spa* de belleza de su mujer, en California (EE.UU.), el 15 de febrero de 2004.

Supervivencia más larga sin comida

Los médicos han calculado que un individuo bien alimentado puede sobrevivir sin consecuencias médicas a una dieta de azúcar y agua durante 30 días o más. El período más largo de supervivencia sin ingerir alimentos sólidos son 382 días, y fue el caso de Angus Barbieri, de Tayport (Fife, R.U.), que se mantuvo a base de té, café, agua, soda y vitaminas, en el Maryfield Hospital de Dundee (R.U.), desde junio de 1965 hasta julio de 1966. Durante ese período, su peso se redujo desde 214 kg hasta 80,74 kg.

DATO:
Luis Urzúa (izquierda), que aparece aquí con el presidente chileno Sebastián Piñera, fue el último minero rescatado.

DATO:
Se tardó unos 15 minutos en subir a cada minero hasta la superficie en una cápsula de rescate.

Cobertura mundial

• «Cuando salió el último minero de las profundidades de la mina, me sentí tan conmovido como cualquier chileno».
– Presidente Piñera

• «Hemos hecho lo que esperaba el mundo entero. Los 70 días que luchamos no fueron en vano. Teníamos fuerza, teníamos ánimo, queríamos luchar, queríamos luchar por nuestras familias».
– Luis Urzúa, minero

• «Somos religiosos, mi marido y yo, así que Dios siempre estuvo presente. Es un milagro, este rescate era tan difícil... es un milagro grandioso».
– Mónica Ávalos, esposa de minero

Más tiempo atrapados bajo tierra

«Los 33 de San José» (32 chilenos y un boliviano) permanecieron atrapados a 688 m bajo tierra durante 69 días, después del derrumbe de la mina de cobre y oro de San José, cerca de Copiapó (Chile), el 5 de agosto de 2010. Todos los mineros regresaron a la superficie en una cápsula de rescate. El último hombre fue sacado sano y salvo de la cápsula a las 21.55, hora local de Chile, el 13 de octubre de 2010.

MARAVILLAS DE LA MEDICINA

GWR quiere rendir homenaje a las personas que han sobrevivido a complicadas operaciones quirúrgicas...

PACIENTE QUE SOBREVIVE MÁS TIEMPO A UN TRASPLANTE DE CORAZÓN ARTIFICIAL

Peter Houghton (R.U., 1938-2007)

Fecha de la operación: 20 de junio de 2000

Sobrevivió: 7 años, 5 meses y 5 días

PACIENTE QUE SOBREVIVE MÁS TIEMPO A UN TRASPLANTE DE PULMÓN

Wolfgang Muller (Canadá, 1934-2008)

Fecha de la operación: 15 de septiembre de 1987

Sobrevivió: 20 años, 11 meses y 21 días

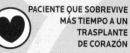

PACIENTE QUE SOBREVIVE MÁS TIEMPO A UN TRASPLANTE DE CORAZÓN

Tony Huesman (EE.UU., 1957-2009)

Fecha de la operación: 30 de agosto de 1978

Sobrevivió: 30 años, 11 meses y 10 días

SUPERVIVENCIA MÁS LARGA CON EL CORAZÓN FUERA DEL TÓRAX

Christopher Wall (EE.UU., nacido el 19 de agosto de 1975)

Sobrevivió: 36 años, 5 meses y 29 días, hasta el 17 de febrero de 2012

PACIENTE QUE SOBREVIVE MÁS TIEMPO A UN DOBLE TRASPLANTE DE RIÑÓN

Brian K. Bourgraf (EE.UU.)

Fecha de la operación: 23 de marzo de 1968

Sobrevivió: 43 años, 10 meses y 25 días, hasta el 17 de febrero de 2012

PACIENTE QUE SOBREVIVE MÁS TIEMPO A UN TRASPLANTE DE RIÑÓN

Johanna Leanora Rempel (de soltera Nightingale, Canadá, nacida el 24 de marzo de 1948)

Fecha de la operación: 28 de diciembre de 1960

Sobrevivió: 51 años, 1 mes y 20 días, hasta el 17 de febrero de 2012

REDES SOCIALES

El vídeo más visto en la Red

DATO:
El 18 de mayo de 2012, Bieber tenía 21.927.059 seguidores en Twitter, cerca del récord de Lady Gaga (ver p. 165).

El vídeo *Baby* de Justin Bieber (Canadá) y dirigido por Ray Kay (Noruega) no sólo es el primero de los vídeos musicales de YouTube, sino que es el más visto de todos los géneros. El 18 de mayo de 2012 ya lo habían visto 738.166.041 personas. Sin embargo, también es el **vídeo con más «No me gusta» de la red,** con 2.563.872 en esa fecha. Antes, este récord era del sencillo *Friday* de la estrella del pop Rebecca Black (EE.UU.), lanzado en 2011 pero retirado temporalmente de YouTube por cuestiones de derechos de autor.

El mayor precio por un desarrollador de redes sociales

El desarrollador de juegos Playdom, que empezó a cosechar su fama con juegos para Myspace, pasó a manos de Walt Disney Company por una cifra récord de 563 millones de dólares en julio de 2010.

Un millón de seguidores en Twitter en menos tiempo

El actor Charlie Sheen (EE.UU.) acumuló un millón de seguidores en Twitter en 25 h y 17 min entre el 1-2 de marzo de 2011. Entonces Sheen ocupaba todos los titulares tras la rescisión de su contrato con la CBS para la exitosa comedia *Dos hombres y medio.*

La mayor compañía de juegos para redes sociales

Zynga (EE.UU.), pese a existir desde julio de 2007, es el desarrollador de juegos para redes sociales más famoso. El 18 de mayo de 2012 contaba con 252.274.991 usuarios activos al mes en Facebook. Su producto más conocido, *CityVille*, en el que los jugadores crean su propia ciudad, alcanzó 26 millones de jugadores a los 12 días de su lanzamiento en 2010, por lo que se convirtió en el **juego de una red social con el crecimiento más rápido**. El 18 de mayo de 2012, *CityVille* tenía 36.900.000 usuarios activos al mes.

La mayor lista de reproducción de música *on-line*

La plataforma social de ocio Myspace.com (lanzada en enero de 2004) cuenta con una lista de más de 200 millones de canciones, a la que se añaden 500 artistas nuevos por semana.

La mayor web donde compartir vídeos

En Internet, YouTube es el rey de los vídeos. En abril de 2012, la página web recibía más de 4.000 millones de visitas al día y se subían más de 60 horas de vídeo por minuto, es decir, más de 250.000 películas completas por semana. En 2010, se cargaron más de 13 millones de horas de vídeo y en 2011 alcanzó 490 millones de usuarios al mes.

Más tuits por segundo

Durante la emisión de *El castillo en el cielo* (Japón, 2009) de Hayao Miyazaki el 9 de diciembre de 2011 en Japón, Twitter se disparó con 25.088 mensajes por segundo. En la película de anime, se lanza un hechizo de destrucción con la palabra «balse» para que la ciudad de Laputa se desmorone. En ese momento, los *fans* de la película bombardearon Twitter con la misma palabra.

El primer juego de burla de una red social

En *Cow Clicker* hay que hacer clic en una vaca cada seis horas, un juego diseñado para mofarse de otros de la red social como *FarmVille*. Su creador, Ian Bogost (EE.UU.), lo describe como «un juego de Facebook sobre los juegos de Facebook». Registró 54.245 usuarios en un mes, una cifra insólita, y ahora también es un puzle, un juego para iPhone y otro de realidad paralela, por lo que es el juego de burla de una red social con más éxito. Además, vende imágenes de vacas nuevas en las que hacer clic: la más cara, la *Roboclicker*, costaba 5.000 «mooney» o 340 dólares.

La primera persona con 1 millón de seguidores en Twitter

En abril de 2009, el actor Ashton Kutcher (EE.UU.) se convirtió en la primera persona con más de 1 millón de seguidores en Twitter. Hoy ya no es el rey de los tuiteros famosos porque, el 18 de mayo de 2012, ocupaba el puesto 17 con 10.668.643 fans. Un número muy por detrás de la primera de la lista, Lady Gaga (ver p. 165).

La mayor red social de Internet

En marzo de 2012, Facebook presumía de sus más de 901 millones de usuarios activos al mes, con más de 125.000 millones de contactos entre amigos. Los usuarios generan a diario 3.200 millones de «Me gusta» y comentarios, y suben más de 300 millones de fotos. El principal accionista es Mark Zuckerberg (derecha), al que Dustin Moskovitz (ambos de EE.UU.), cofundador de Facebook, acaba de desbancar como **multimillonario más joven del mundo** (ver p. 151).

El vídeo con más «Me gusta» de la red

Con 908.668 «Me gusta» en YouTube el 18 de mayo de 2012, *Charlie bit my finger – again!* es el vídeo preferido de la red. En él aparece Harry Davies-Carr, a quien su hermano pequeño Charlie (ambos de R.U.) muerde el dedo, con más fuerza de la esperada.

El primer juego de arcade en incorporar Twitter

Virtua Fighter 5: Final Showdown de Sega es el primer arcade que permite que los jugadores vinculen sus cuentas de Virtua Fighter y Twitter. Eso significa que los jugadores, mientras pelean, no pierden de vista sus peripecias. Los mejores golpes del combate se publican automáticamente en Twitter.

Las redes sociales en números

- **Más comentarios en 24 h sobre una publicación en Facebook:** 80.030, logrados por Greenpeace el 14 de abril de 2011. Greenpeace estaba intentando que Facebook se pasara a las energías alternativas, en vez de emplear electricidad procedente de la combustión del carbón.
- **Más comentarios sobre una publicación en Facebook:** 1.001.552, como respuesta a lo que Tracey Hodgson (R.U.) escribió el 30 de octubre de 2011 en la página de FFG Pioneers. Su publicación era sobre el juego *Frontierville* de Zynga, hoy llamado *The Pioneer Trail*.
- **Más «Me gusta» en una página de Facebook:** 88.051.895, en Facebook for Every Phone, el 18 de mayo de 2012.
- **Más «Me gusta» en 24 h en un artículo de Facebook:** 588.243, como respuesta a una publicación del 15 de febrero de 2011 del rapero Lil Wayne (EE.UU., nombre artístico de Dwayne Carter, Jr.). Competía contra la empresa de galletas Oreo.

Tuits en Twitter...

todos en 140 caracteres o menos:

- Twitter ha permitido que la Biblioteca del Congreso de EE.UU. tenga acceso a todos sus tuits para realizar estudios.
- El nombre Twitter funde perfectamente los significados de la palabra en inglés: «gorjear» y «parlotear».
- El mayor tráfico suele ser a las 21.00 h (16.00 h en la costa este de EE.UU y 13.00 h en la costa oeste de EE.UU.)

Más seguidores en Twitter

A 18 de mayo de 2012, Lady Gaga (EE.UU., nombre artístico de Stefani Germanotta) tenía más de 24.285.376 seguidores de su cuenta @ladygaga. También fue **la primera tuitera en alcanzar los 10 millones de seguidores,** el 15 de mayo de 2011.

Más contenido subido a un servicio de vídeo *on-line*

En la página Ustream.tv, donde se retransmiten eventos en directo, se carga una media de 70,49 h por minuto. La cifra, basada en los 37,05 millones de horas de contenido subido a la página de junio de 2010 a mayo de 2011, gana a las 60 h de contenido por minuto de YouTube.

Los temas más comentados en Facebook

Desde 2009, Facebook rastrea las frases más repetidas en las actualizaciones de estados. En 2009, «Facebook applications» era el tema preferido. En 2010 fueron «HMU» (del inglés «hit me up», llámame) y luego «World Cup» (fútbol). En 2011, fue «Death of Osama bin Laden».

Más fotos descargadas de una web en 24 horas

Erik Kessels (Países Bajos) descargó 950.000 fotos de la página de Flickr para su exposición *What's Next?* en Ámsterdam (Países Bajos) en 2011. Imprimió 350.000 para crear «un mar de fotos en el que ahogarse» y las dejó amontonadas por el suelo. Kessels pretendía mostrar «lo públicas que se han vuelto las fotos privadas», así como desconcertar a los visitantes al obligarles a «pisar recuerdos personales».

EN UN DÍA...

375 Mb de datos consumidos por hogar medio

294.000 millones de correos electrónicos enviados

22.000 millones de mensajes de texto enviados

8 años de metraje añadidos a YouTube: es decir, ¡60 horas de vídeo por minuto!

3.000 millones de vídeos vistos en YouTube; en 2010 ¡se registraron 700.000 millones de reproducciones!

400 millones de personas registradas en Facebook

300 millones de fotos añadidas a Facebook

50 millones de personas registradas en Twitter

230 millones de tuits enviados, es decir, ¡2.662 tuits por segundo!

460.000 nuevas cuentas de Twitter abiertas

4,3 millones de nuevas imágenes subidas a Flickr, ¡como para llenar 540.000 páginas de un álbum de fotos!

INGENIERÍA

T282C

816

8

816

El volquete más grande

El WESTECH Flow Control Body, diseñado y fabricado en Wyoming (EE.UU.), es por volumen el volquete más grande de un vehículo minero. Fue concebido especialmente para el camión Liebherr T 282 C, y el 14 de junio de 2011 se calculó en North Antelope Rochelle Mine, Wyoming, que era capaz de cargar 470,4 m³ de carbón. Eso es aproximadamente la misma capacidad que 5.875 bañeras o 600 cargas de un camión de recogida de basuras. Para mover un peso tan grande, el T 282 C dispone de un motor de 20 cilindros y un depósito para 5.350 litros de carburante. Su precio es de unos 5 millones de dólares.

El conductor tiene que subir 71 escalones para llegar a la cabina...

y va sentado a 6 m del suelo.

La altura total del camión es de 9,3 m...

y la de las ruedas de 3,6 m.

El motor pesa 10.480 kg...

y le permite alcanzar una velocidad máxima de 64 km/h.

¿A QUÉ ALTURA EDIFICAMOS?

¿Cuánto podemos subir?

En la historia de la Torre de Babel (abajo a la izquierda) que aparece en el Antiguo Testamento, la humanidad intenta llegar a Dios construyendo una altísima estructura hasta el cielo.

Pero, ¿existe hoy un límite a nuestras elevadas ambiciones? El siglo xx fue testigo del dominio de los rascacielos en los perfiles de las ciudades. En 1980, más del 80% de los edificios del mundo de más de 150 m se encontraban en Norteamérica. Sin embargo, en la actualidad Asia y Oriente Medio son los primeros constructores de estructuras superaltas. Todos los edificios están a la sombra del Burj Khalifa, de 828 m de altura, el brillante logro de cristal y acero que se inauguró en Dubái (EAU) en 2010. Pero, ¿por cuánto tiempo?

Cemento: Se utilizó una bomba de alta presión para subir el cemento durante la construcción del Burj Khalifa.

DATO: Esta ilustración muestra un diseño de la Kingdom Tower de Arabia Saudí, cuya altura aproximada será de 1 km.

Alquiler de oficinas: El coste del espacio destinado a oficinas aumenta inexorablemente: en la **ubicación más cara** –Hong Kong, China– el precio era de 2.299,41 dólares por m² por año en junio de 2011. Una manera de combatir los elevados costes es construir hacia arriba, en lugar de tomar espacio del suelo.

Logística: Cuanto más alto se construya, más infraestructura mecánica se necesita para soportar el edificio.

DATO: En Hong Kong, la altura de los rascacielos está limitada por ley a la de las montañas circundantes.

2.300 dólares por m²

OFFICE SPACE FOR LEASE
SHOP SPACE FOR LEASE
FOR LEASE
CALL

ALQUILERES Y RASCACIELOS POR LAS NUBES

LOS 100 EDIFICIOS MÁS ALTOS

Nacido en EE.UU., el rascacielos ha alcanzado nuevas alturas espectaculares en Oriente Medio y Asia. Nuestra cronología (derecha) muestra la historia de los 100 edificios más altos construidos desde 1930, así como su ubicación.

Oriente Medio
América
Asia
Europa
Oceanía

Fuente: skyscrapercenter.com

Viento: La cima de un rascacielos puede balancearse 1 m con vientos fuertes. Un edificio alto está diseñado para balancearse no más de 1/500 de su altura. Unos enormes «amortiguadores de masa» ayudan a contrarrestar el movimiento de un edificio, a equilibrar la presión del viento. En la fotografía de la izquierda aparece el amortiguador de masa de 660 toneladas, situado a la vista del público cerca de la cima del rascacielos Taipei 101, de 508 m de altura, en el Taipei chino.

EL CRECIENTE RETO DE ELIMINAR RESIDUOS

Aguas residuales: Los edificios altos tienen que estar situados en un lugar con suficientes depuradoras municipales; si no, hay riesgo de congestión. Hasta hace poco, Dubái tenía un sistema de alcantarillado insuficiente, así que un flujo constante de camiones tenía que transportar los contenidos de los tanques sépticos entre sus edificios altos y la única depuradora de la ciudad.

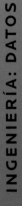

CLAVE DE LAS LÍNEAS

- Hotel
- Hotel/Oficina
- Hotel/Residencial
- Hotel/Oficina/Comercio
- Oficina
- Residencial
- Residencial/Oficina
- Residencial/Oficina/Hotel

DATO: De los 100 edificios que aparecen aquí, 61 han sido construidos en el siglo XXI.

PREVENIR INCENDIOS PRIMERO

Economía: Los edificios superaltos a menudo se empiezan a construir tras un boom económico, cuando hay dinero disponible y la confianza es elevada. Pero los largos plazos de construcción pueden disuadir a los inversores.

5

Evacuación: El fuego y el humo pueden ser letales en un edificio alto, como ocurrió tras los ataques terroristas a las torres World Trade Center, el 11 de septiembre de 2001 (arriba).

Mantenimiento: El tamaño de los edificios superaltos los hace extremadamente vulnerables a los elementos. La fachada del edificio se deteriorará con el tiempo y exigirá un nuevo revestimiento. También es vital un buen drenaje de la superficie. Para evitar la corrosión en las estructuras y los componentes de metal de un edificio, a veces se pasa a través de ellos una corriente eléctrica, un tratamiento conocido como «protección catódica».

En teoría, la altura de un edificio sólo está limitada por la imaginación del arquitecto. Pero un rascacielos es una creación compleja, que implica ingeniería, arquitectura, economía e incluso política, y cada una de ellas tiene sus propias limitaciones. La ubicación también es importante: los edificios altos pueden venirse abajo en regiones proclives a los terremotos, y los materiales sólo pueden resistir cierta cantidad de presión y movimiento estructural.

Todos estos factores podrían explicar por qué la Kingdom Tower es el único edificio con una altura proyectada de 1.000 m al que se ha dado luz verde.

Ascensores: Subir a muchas personas a gran altura y con rapidez es todo un reto. Cuanto más alto se construya, más ascensores se necesitan, pero cada ascensor extra reduce el espacio de alquiler disponible. Los ascensores exprés también tienen un límite de velocidad (unos 64 km/h), más allá del cual los pasajeros comienzan a marearse.

4

DATO: Los ascensores más rápidos son los del mirador del Burj Khalifa; van a 64 km/h.

Altura: El Burj Khalifa es un 60% más alto que el anterior edificio más alto, el Taipei 101. ¡Pero el Kingdom Tower será un 20% más alto que el Burj Khalifa!

Clima financiero: Cuando hay recesión, a menudo se suspende la construcción de edificios altos. El Burj Dubai sólo se terminó (y se le cambió el nombre a Khalifa) cuando el arruinado emirato de Dubái fue rescatado por el presidente del vecino Abu Dabi. En última instancia, los ingresos generados por metro cuadrado deben superar los costes del edificio por metro cuadrado.

Cimientos: Los cimientos más profundos son los de las Torres Petronas de Kuala Lumpur (Malasia), que se hunden 120 m.

RASCACIELOS

La estructura más alta

La punta de la taladradora de la plataforma con «patas traseras» Ursa, una instalación flotante de extracción de petróleo, explotada por Shell en el Golfo de México, se encuentra a 1.306 m sobre el lecho marino. La plataforma está conectada al lecho marino mediante oleoductos y cuatro enormes cadenas de acero en cada esquina, con un peso total aproximado de 16.000 toneladas.

La chimenea más alta

La chimenea n.º 2 de la central eléctrica de carbón, de Ekibastuz (Kazajstán), que se terminó en 1987, mide 420 m de altura y pesa 60.000 toneladas. El diámetro se va estrechando desde los 44 m de la base hasta los 14,2 m de la punta.

El monumento más alto

El Arco Gateway, de St. Louis (Missouri, EE.UU.) se completó el 28 de octubre de 1965 para conmemorar la expansión hacia el oeste tras la compra de la Luisana en 1803. Es un amplio arco de acero inoxidable que se eleva 192 m.

El obelisco más alto

Un obelisco es una columna estrecha de cuatro lados con una punta afilada. El Monumento a Washington (Washington DC, EE.UU.) es un obelisco de 169 m de altura, completado en 1884. Se construyó –sin refuerzo de acero– en honor a George Washington, el primer presidente de EE.UU., y es la estructura de albañilería no reforzada más alta del mundo.

1. Pirámide Roja, Egipto
2. Gran Pirámide, Egipto
3. Catedral de Lincoln, R.U.
4. Iglesia de Santa María, Alemania
5. San Nicolás, Alemania
6. Catedral de Colonia, Alemania
7. Monumento a Washington, EE.UU.
8. Edificio Chrysler, EE.UU.
9. Torre Eiffel, Francia
10. Empire State Building, EE.UU.
11. Torre Ostankino, Rusia
12. Torre CN, Canadá
13. Burj Khalifa, EAU

Las estructuras autoportantes más altas

Estos son los edificios más altos del mundo desde que se construyó la Pirámide Roja, de 104 m de altura, para el faraón Snefru en 2600 a. C. Pronto fue superada por la Gran Pirámide, construida en el 2560 a. C. para el faraón Khufu, a una altura de 146 m. Sin embargo, fueron necesarios otros 3.771 años para volver a batir el récord, cuando la Catedral de Lincoln alcanzó los 160 m con su aguja central (ahora destruida). El edificio más alto en la actualidad, el Burj Khalifa, de 828 m de altura, es casi ocho veces más alto que la Pirámide Roja.

LA ESTATUA DE LA LIBERTAD

Se puede comparar la altura de todos los edificios que aparecen en estas páginas con la de la Estatua de la Libertad, que mide 92,99 m de altura desde la base del pedestal a la punta de la antorcha.

EL HOSPITAL MÁS ALTO

El bloque Li Shu Pui del Hong Kong Sanatorium and Hospital, en Wan Chai (Hong Kong), mide 148,5 m de altura. Este hospital de 38 plantas fue diseñado por Wong & Ouyang (HK) Ltd y se consiguió completar en 2008.

LA PIRÁMIDE MÁS ALTA

La Gran Pirámide de Guiza (Egipto), que también es conocida con el nombre de la pirámide de Khufu, medía 146 m de altura cuando se completó hace alrededor de 4.500 años, pero la erosión y el vandalismo la han reducido hasta los 137,5 m.

LA RUEDA DE OBSERVACIÓN MÁS ALTA

La Singapore Flyer comprende una rueda de 150 m de diámetro, construida sobre un edificio de tres plantas, lo que le da una altura total de 165 m. Está situada en Marina Bay (Singapur), y se abrió al público el 1 de marzo de 2008.

EL MÁSTIL DE BANDERA MÁS ALTO

El mástil más alto del mundo, el Dushanbe Flagpole, mide 165 metros de altura y fue inaugurado el 24 de mayo de 2011 en la ciudad de Dusambé, capital de Tayikistán. Ondea una bandera de Tayikistán de 60 m × 30 m.

LA UNIVERSIDAD MÁS ALTA

La MV Lomonosov Moscow State University, en Lenin Hills (sur de Moscú, Rusia), mide 240 m de altura y tiene nada más y nada menos que 32 plantas y 40.000 salas. Fue construida entre 1949 y 1953.

EL ATRIO MÁS ALTO

El atrio del hotel Burj Al Arab, en Dubái (EAU), mide 180 m de altura. Forma una enorme cavidad central alrededor de la cual se sitúa el edificio del hotel.

LA TORRE MÁS ALTA
La Tokyo Sky Tree, en Sumida (Tokio, Japón), mide 634 m hasta la punta de su antena, lo que la convierte en la torre más alta del mundo. La Sky Tree es una torre de radiodifusión.

EL HOTEL MÁS ALTO
El hotel Makkah Royal Clock Tower, también llamado Abraj Al-Bait Hotel Tower, de 120 plantas, situado en La Meca (Arabia Saudí), mide 601 m de altura. Forma parte de un complejo de siete edificios, con una superficie récord de 1.500.000 m². El **edificio más alto usado exclusivamente como hotel** (a diferencia de un edificio de uso mixto) es el Rose Rayhaan by Rotana, en Dubái, de 333 m de altura.

EL EDIFICIO RESIDENCIAL MÁS ALTO
Completada en 2012, la Torre Princess, en Dubái (EAU), mide 413,4 m de altura y tiene 101 plantas dedicadas a uso residencial.

LAS TORRES GEMELAS MÁS ALTAS
Las torres Petronas, en Kuala Lumpur (Malasia), de 451,9 m de altura son los edificios gemelos más altos del mundo. Estos edificios de oficinas de 88 plantas se inauguraron en marzo de 1996. Las torres se unen en la planta 41 y 42 mediante un puente, o «Skybridge», de dos niveles.

EL EDIFICIO MÁS ALTO
A 828 m de altura, el Burj Khalifa (Torre Khalifa), en Dubái (EAU), se convirtió en el edificio más alto del mundo cuando se inauguró oficialmente el 4 de enero de 2010. El Burj forma parte de un complejo de 2 km², llamado Downtown Dubai, y alberga viviendas, oficinas y un hotel.

DATO:
Se usaron cerca de 26.000 paneles de vidrio, cortados a mano, para el revestimiento exterior del Burj Khalifa.

EDIFICIOS ALTOS
Guinness World Records usa la definición de edificios altos y superaltos, tal como especifica el Council on Tall Buildings and Urban Habitat (CTBUH).

Altos vs. superaltos
El CTBUH define «superalto» como más alto de 300 m. A finales de 2011 sólo había 59 estructuras en todo el mundo.

300 m

Alto   *Superalto*

¿Cómo se mide un edificio alto?
GWR sólo reconoce edificios medidos hasta su «extremo arquitectónico», que el CTBUH define como la altura, «incluidas las agujas, pero no las antenas, las señalizaciones, los mástiles u otro equipamiento funcional-técnico».

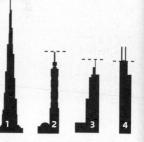

1. Burj Khalifa, EAU: 828 m
2. Taipéi 101, Taiwán: 508 m
3. Torre Zifeng, China: 450 m*
4. Torre Willis, EE.UU.: 442 m†

381 m hasta el techo, pero la aguja se considera parte de la estructura
†527 m hasta el extremo de las antenas (no consideradas parte de la altura estructural del edificio)

Edificios vs. torres
GWR define una «torre» como un edificio donde la superficie útil ocupa menos del 50% de su altura (la superficie útil se muestra en color azul).

1. Torre Oriental Pearl, China
2. Torre Jin Mao, China

AEROPUERTOS

La pista de hielo más larga

Las dos pistas de hielo de la estación McMurdo en la Antártida son las más largas del mundo dentro de su clase, con 3.048 m de largo y 67 m de ancho cada una. Estas pistas se forman excavando en el hielo marino todos los años, antes del deshielo de diciembre, y pueden recibir aviones grandes como el Lockheed C-5 Galaxy (arriba).

El aeropuerto más grande

El aeropuerto internacional Rey Fahd (DMM), cerca de Dammam, en la Arabia Saudí oriental, es el más grande por su extensión, pues ocupa una superficie de 780 km², más que todo el territorio nacional de Bahréin (que tiene tres aeropuertos).

El mayor parque aeroportuario

Un parque del aeropuerto Schiphol de Ámsterdam (AMS; Países Bajos), inaugurado el 11 de mayo de 2011 por la princesa Irene de Holanda, es el mayor parque del mundo (y por ahora el único) instalado dentro de un aeropuerto. El parque, con espacios cubiertos y al aire libre, mide 2.000 m² y ofrece proyecciones de mariposas y sonidos de timbres de bicicleta y de niños jugando. La gente puede recargar sus teléfonos móviles pedaleando en bicicletas estáticas.

La mayor biblioteca aeroportuaria

Schiphol cuenta también con la biblioteca de aeropuerto más grande en cuanto a extensión, con una superficie de 90 m²; fue inaugurada en julio de 2010.

El mayor campo de golf en un aeropuerto

El aeropuerto internacional Don Mueang (DMK) de Bangkok (Tailandia), dispone de un campo de golf de 18 hoyos que ocupa buena parte del espacio comprendido entre sus dos pistas, de 3.700 y 3.500 m de largo.

El aeropuerto playero con más tráfico

Pese a que la marea lo inunda a diario, el aeropuerto de la playa de Barra (BRR), en las islas occidentales escocesas, registra un tráfico de más de 1.000 vuelos al año, el único aeropuerto playero del mundo con servicios de líneas aéreas regulares.

El aeropuerto a más altitud

Situado a 4.334 m sobre el nivel del mar, el aeropuerto Qamdo Bangda (BPX), en el Tíbet, es el más alto del mundo de los que ofrecen servicios regulares. Como los aviones necesitan mayor distancia de frenado cuando operan a gran altitud (debido a la disminución de la resistencia atmosférica), el aeropuerto precisa una pista extralarga de 4.204 m.

La mayor maqueta de aeropuerto

El aeropuerto Knuffingen de Miniatur Wunderland, en Hamburgo (Alemania), es una maqueta de 45,9 m² del de Fuhlsbüttel hamburgués. Con una escala 1:87, se tardó siete años en hacer y costó unos 4,8 millones de dólares. Un ordenador mueve los aviones (que pueden volar con cables) y coches.

LOS 10 AEROPUERTOS MÁS EXTREMOS

En 2010, el History Channel elaboró una lista de los aeropuertos más dificultosos para los pilotos. Encabeza la clasificación el Tenzing-Hillary, donde el accidente del avión de Yeti Airlines que aquí se muestra (derecha) arrojó un saldo de 18 víctimas mortales en 2008.

Aeropuerto	Peligros
1. Tenzing-Hillary (LUA) (Lukla, Nepal)	Emplazamiento abrupto, con vientos fuertes y visibilidad cambiante
2. Toncontín (TGU) (Tegucigalpa, Honduras)	Aproximación difícil entre montañas, pista corta
3. Gustaf III (SBH) (St Barthélemy, Caribe)	Aproximación difícil y pista de aterrizaje corta; los aviones suelen terminar en la playa
4. Princess Juliana (SXM) (St Maarten, Caribe)	Pista corta; los aviones vuelan a pocos metros sobre la playa (foto de la derecha)
5. Gibraltar (GIB)	Una carretera atraviesa la pista, vientos fuertes, corredores aéreos restringidos
6. Kai Tak, Hong Kong (HGK, ahora cerrado)	Edificios altos cercanos que obligan a aproximarse a baja altitud
7. Courchevel (CVF) (Francia)	La pista, en lo alto de una montaña, es corta y empinada y termina en un precipicio
8. Eagle County (EGE) (Gypsum, Colorado, EE.UU.)	Aproximación difícil entre montañas y tiempo variable
9. Madeira (FNC) (Funchal, Madeira, Portugal)	Vientos fuertes, terreno montañoso, pista de aterrizaje construida sobre el océano
10. San Diego (SAN) (California, EE.UU.)	Espacio aéreo congestionado, aparcamiento de varias plantas cerca del final de la pista

F-GETA

Los códigos aeroportuarios de tres letras son identificadores asignados por la Asociación Internacional del Transporte Aéreo.

DATO:
En el aeropuerto Princess Juliana, los aviones vuelan a escasos metros sobre la playa. Una carretera de dos carriles separa la playa de la pista.

DATO:
En horas punta, cada minuto aterriza un avión en el aeropuerto internacional de Hong Kong.

La aviación de un vistazo

• El tráfico aéreo mundial aumentó el 6,6% en 2010, rebasando por primera vez los 5.000 millones de pasajeros.

• Según la Asociación Nacional de Controladores Aéreos de EE.UU. (NATCA, por sus siglas en inglés), unos 5.000 aviones (no militares) surcan en todo momento los cielos de EE.UU.

• Es imposible dar una cifra exacta del número de personas que vuelan a la vez en el mundo, pero se calcula que oscila entre 100.000 y 2 millones de pasajeros.

• La NATCA sostiene que las posibilidades de morir en un vuelo que salga de EE.UU. son de 1 entre 14 millones; los cerebros del Instituto Tecnológico de Massachusetts han calculado que volar resulta 22 veces más seguro que conducir.

El aeropuerto con más tráfico de carga

El aeropuerto internacional de Hong Kong (HKG), también conocido como aeropuerto Chek Lap Kok, es el que tiene **más tráfico del mundo en cuanto a carga**. Según el Consejo Internacional de Aeropuertos, superó al aeropuerto internacional de Memphis (MEM) en 2010, año en que registró un tráfico de 4.168.852 toneladas de mercancías. Con una superficie total de 280.500 m², su SuperTerminal 1 es la **terminal de carga más grande** del mundo bajo techo.

El aeropuerto más septentrional

El aeropuerto Svalbard (LYR), nudo del transporte para un grupo de islas noruegas del océano Ártico, es el aeropuerto público más septentrional del mundo, situado a 78,2° de latitud y 15,4° de longitud. Terminada en 1975, la pista de aterrizaje mide 2.319 m y está construida sobre una capa de permagel.

Los aeropuertos más próximos

La distancia entre los aeropuertos de Papa Westray (PPW) y Westray (WRY), dos destinos cercanos de las islas Orcadas escocesas, se reduce a 2,83 km. Los vuelos entre ambos duran por término medio 96 segundos (dos minutos contando el tiempo de rodaje).

La pista más empinada de un aeropuerto internacional

El aeropuerto de Courchevel (CVF) en los Alpes franceses posee la pista de aterrizaje más empinada del mundo; con tan sólo 525 m de largo y una pendiente de 18,5°, queda claro que no es aconsejable para timoratos.

La pista más larga en una isla artificial

El aeropuerto internacional Kansai (KIX), construido en una isla artificial de 4,8 km frente a la bahía de Osaka (Japón), cuenta con una pista de aterrizaje de 4.000 m de largo. La isla se halla unida a tierra firme por una carretera y un puente ferroviario.

El aeropuerto con la prolongación de pista más larga sustentada por un puente

Ampliada hasta el mar para recibir aviones grandes como el Boeing 747, la pista de aterrizaje de Madeira (FNC), en Portugal, mide 2.781 m de largo con una sección de 1.020 m de largo y 180 m de ancho sustentada por un puente.

La pista más corta utilizable para el tráfico comercial

El aeropuerto Juancho E. Yrausquin (SAB), en la isla caribeña de Saba (Antillas Holandesas), tiene la pista más corta en condiciones de servicio para el tráfico comercial. Con apenas 396 m de largo, es sólo un poco más larga que las pistas de casi todos los portaaviones. En cada uno de sus extremos, los acantilados caen a pico hasta el mar.

La terminal más grande
Con 1.185.000 m², la terminal 3 del aeropuerto internacional de Dubái (DXB) es el mayor edificio aeroportuario del mundo en cuanto a superficie total.

LOS AEROPUERTOS CON MÁS TRÁFICO

El Consejo Internacional de Aeropuertos da a conocer cifras anuales de los aeropuertos con más tráfico del mundo, basadas en tres criterios:

ATL (89,33 millones)
PEK (73,94 millones)
ORD (66,77 millones)
LHR (65,88 millones)
HND (64,21 millones)

= 10 millones de pasajeros que llegan, salen o en transbordo

HKG (4,16 millones de toneladas)
MEM (3,91 millones de toneladas)
PVG (3,22 millones de toneladas)
ICN (2,68 millones de toneladas)
ANC (2,57 millones de toneladas)

= 1 millón de toneladas de mercancías cargadas y descargadas

ATL (950.119)
ORD (882.617)
LAX (666.938)
DFW (652.261)
DEN (630.063)

= 100.000 despegues y aterrizajes

CLAVE DE LOS CÓDIGOS AEROPORTUARIOS

ANC	Ted Stephens Anchorage (EE.UU.)
ATL	Hartsfield Jackson Atlanta (EE.UU.)
DEN	Denver (EE.UU.)
DFW	Dallas/Fort Worth (EE.UU.)
HND	Tokio (Japón)
LAX	Los Ángeles (EE.UU.)
LHR	London Heathrow (R.U.)
ICN	Incheon (Corea del Sur)
MEM	Memphis (EE.UU.)
ORD	Chicago O'Hare (EE.UU.)
PEK	Beijing Capital (China)
PVG	Shanghái Pudong (China)

TRENES Y FERROCARRILES

DATO: La línea ha reducido la duración del viaje entre Pekín y Tianjin de 70 a 30 minutos.

El tranvía en funcionamiento más antiguo

La St. Charles Avenue Line de Nueva Orleans, Luisiana (EE.UU.), sigue operativa desde que empezó a funcionar en septiembre de 1835. Fue uno de los primeros tranvías de pasajeros del país. Hasta que se adoptaron las líneas eléctricas aéreas en 1895, los vagones fueron arrastrados por varios medios, incluidas mulas y máquinas de vapor.

• Diésel: La antigua British Rail inauguró su servicio de tren de alta velocidad diario entre Londres, Bristol y el sur de Gales (R.U.) el 4 de octubre de 1976, con trenes del modelo InterCity 125. Uno de ellos llegó a 238 km/h en una prueba entre Darlington y York (R.U.) el 1 de noviembre de 1987.

• Vapor: La locomotora de vapor más rápida es la *Mallard* 4468 «clase A4» de la London North Eastern Railway. El 3 de julio de 1938 alcanzó los 202,8 km/h arrastrando siete vagones que pesaban 243 toneladas, por un tramo descendiente de Stoke Bank, cerca de Essendine, entre Grantham y Peterborough (R.U.).

La mayor velocidad prevista entre dos paradas de tren

Entre Lorraine y Champagne-Ardenne (Francia), los trenes consiguen llegar a una velocidad media de 279,4 km/h, según el informe sobre la Velocidad Ferroviaria en el Mundo de la revista *Railway Gazette International*.

El tren más rápido en una red nacional

La mayor velocidad registrada en una red nacional (y no en una vía de pruebas) son 574,8 km/h, y fue lograda el 3 de abril de 2007 por una versión modificada de un TGV de la SNCF francesa. La hazaña se realizó entre las estaciones de Meuse y Champagne-Ardenne en la línea de alta velocidad LGV Est, en el este de Francia.

El tren más rápido – velocidad máxima

En la línea Intercity Pekín-Tianjin (China), de 114 km, los trenes circulan a una velocidad máxima operativa (VMO) de 350 km/h. Con pruebas se ha demostrado que los trenes, sin modificarlos, pueden alcanzar los 394 km/h, pero por seguridad se ha limitado su velocidad.

La velocidad más rápida de un tren

• Velocidad media: Un tren TGV de la SNCF registró una velocidad media de 306,37 km/h el 26 de mayo de 2001, entre Calais y Marsella. Se trataba de un modelo idéntico al Eurostar, que cubrió los 1.067 km entre las dos ciudades en 3 h y 29 min, con una velocidad máxima de 366 km/h.

• Levitación magnética: La mayor velocidad alcanzada por un tren superconductor de levitación magnética (maglev), conducido por personas son la nada despreciable cifra de 581 km/h, proeza del MLX01 de la empresa ferroviaria Central Japan y el Railway Technical Research Institute, sobre la línea de ensayo Yamanashi Maglev, en la prefectura de Yamanashi (Japón), el 2 de diciembre de 2003.

• De reacción: El M-497 Black Beetle fue un prototipo de tren experimental que llevaba incorporados dos motores de reacción General Electric J47-19. Se desarrolló y se probó en EE.UU. en 1966 y llegó a alcanzar una velocidad de hasta 296 km/h.

El viaje en tren más rápido (velocidad media)

Los trenes bala *Nozomi* («Shinkansen») serie 500 de la empresa ferroviaria West Japan circulan a una velocidad media de 261,8 km/h por la línea de 192 km, entre Hiroshima y Kokura, en la isla de Honshu.

Japón cuenta con la **red ferroviaria con más usuarios del mundo,** unos 23.000 millones de pasajeros en 2010, entre todas las compañías de trenes. Ese año la principal del país, Japan Railway, registró unos 8.900 millones de viajeros.

Los trenes nipones van abarrotados –sobre todo en las horas punta–; por eso unos trabajadores con guantes blancos se dedican a empujar a los pasajeros para que ocupen todo el espacio disponible (izquierda).

La mayor red ferroviaria

Es la de EE.UU., con 224.792 km de líneas.

El país con **la red más pequeña** es Ciudad del Vaticano, con un ramal de 862 m que se adentra en la Santa Sede desde Italia. Sólo se transportan bienes y mercancías.

La estación de tren más antigua

La de Liverpool Road en Manchester (R.U.) se inauguró el 15 de septiembre de 1830 y la cerraron definitivamente el 30 de septiembre de 1975. Una parte de ella se ha adecuado hoy en día en un museo.

La **empresa ferroviaria independiente más antigua** es la Ffestiniog Railway (R.U.), fundada por una ley parlamentaria el 23 de mayo de 1832. Hoy, aún en activo, sus trenes turísticos recorren los 21,6 km de vía estrecha de 597 cm entre Porthmadog y Blaenau Ffestiniog, en Gwynedd, Gales.

La **cochera de locomotora más antigua** es la Derby Roundhouse, construida en 1839 por North Midland Railway (R.U.). La estructura restaurada actualmente forma parte del campus del Derby College.

El primer ferrocarril eléctrico público

El ferrocarril eléctrico público más antiguo se inauguró el 12 de mayo de 1881 en Lichterfelde cerca de Berlín (Alemania). Cubría una línea de 2,5 km, con una corriente de 100 V, y transportaba a 26 pasajeros a 48 km/h.

El viaje en tren más largo sin transbordos

El viaje de tren más largo sin transbordos cubre un recorrido de 10.214 km, desde Moscú (Rusia) hasta Pyongyang (Corea del Norte). Cada semana lo realiza un tren y el trazado incluye tramos del famoso Transiberiano. La duración prevista del viaje son 7 días, 20 h y 25 min.

FABRICACIÓN

El mayor fabricante de chips de silicio
En 2011, los ingresos de la empresa norteamericana Intel alcanzaron los 54.000 millones de dólares. Es la empresa de chips de silicio que más factura desde 1991.

La primera fábrica en usar piezas estandarizadas

Construido originariamente alrededor del año 1104, pero ampliado en el 1320, el Arsenal de Venecia era un grupo de astilleros de Venecia (Italia). Fue la primera fábrica del mundo moderno que usó piezas estandarizadas e intercambiables para construir sus productos. En su época de máximo esplendor daba empleo a unas 16.000 personas y podía hacer casi un barco diario. Las nuevas técnicas permitieron construir barcos más ligeros, rápidos y rentables.

La primera fábrica de coches

René Panhard y Émile Levassor comenzaron su trayectoria profesional como trabajadores de la madera, pasaron a la construcción de diligencias y, en 1889, construyeron la primera fábrica de coches de gasolina. Su primer coche, con un motor Daimler, salió de su taller en 1890. Durante aquella década,

Panhard-Levassor ideó el «sistema Panhard», que consistía en colocar el motor frente al chasis y, mediante un sistema de cadena, transmitir la tracción al árbol de las ruedas posteriores. Este sistema se convirtió en el patrón a seguir por los fabricantes de automóviles.

El robot de fabricación más fuerte a la venta

El robot KR 1000 Titan, de Kuka Robotics, diseñado para trabajos pesados y tareas de colocación en las industrias del automóvil, de la construcción y la fundición, tiene una capacidad de carga de 1.000 kg. Puede moverse en seis direcciones independientes a la vez y tiene nueve motores que le permiten manipular con una precisión de +/- 0,1 milímetro. El robot pesa 4.950 kg y tiene un alcance de 3,2 m.

El coche más vendido

El Toyota Corolla es el coche más vendido del mundo, con más de 35 millones (en febrero de 2011) durante 10 generaciones desde 1966. También fue el primer coche del mundo que superó los 30 millones de ventas. Sin embargo, el Volkswagen Sedán es el coche más vendido de un único diseño (su estructura y forma apenas cambió entre 1938 y 2003). El total de Volkswagen Sedán vendidos cuando terminó su producción fue de 21.529.464.

La mayor producción de aviones (empresa)

Cessna Aircraft Company de Wichita (Kansas, EE.UU.) es la empresa aeroespacial más productiva, con un total de 192.991 aviones fabricados hasta finales de 2009. El fundador de la empresa, Clyde Cessna, construyó y pilotó su primer avión en 1911.

La mayor fábrica automatizada

El cervecero Grupo Modelo ha construido una fábrica de embotellamiento en Piedras Negras, en el estado de Coahuila (norte de México), con 37 robots que permiten una capacidad de embotellamiento total de hasta 10 millones de hectolitros anuales. Junto a los robots, hay carretillas de transporte automatizadas guiadas por láser. La planta costó 520 millones de dólares y alcanzó su máxima capacidad de producción en 2011.

La mayor producción de aviones de reacción militares

Se calcula que se han fabricado más de 11.000 aviones de combate MIG-21 «Fishbed» rusos desde que el primer prototipo voló en 1955, lo que lo convierte en el avión militar con motor de reacción más común de todos los tiempos, y en el avión militar más fabricado tras la Segunda Guerra Mundial. Se ha fabricado en más de 30 variantes y ha servido en unas 50 fuerzas aéreas de todo el mundo.

MAYOR...

Fundición de campanas

La empresa John Taylor & Co. forja campanas en Loughborough (Leicestershire, R.U.) desde 1839. Tiene la mayor fundición de campanas por área y ocupa la mitad de unas instalaciones de 10.000 m²; el resto está dedicado al museo Taylor de fundición y afinación de campanas. John Taylor & Co. ha forjado muchas campanas famosas, entre ellas la «Great Paul» en la catedral de San Pablo (Londres, R.U.), la mayor campana del país y que pesa 17.002 kg. La empresa es propiedad de la familia Taylor desde 1784.

EL ESCOCÉS ROBERT WILLIAM THOMSON INVENTÓ EL NEUMÁTICO EN 1846

El mayor fabricante de neumáticos

En 2010, Lego fabricó 381 millones de neumáticos, derrotando con facilidad al resto de fabricantes de neumáticos. Puede que los neumáticos Lego no se adecuen a un coche ordinario, pero se parecen mucho a los reales. Incluso el componente de caucho usado para los productos Lego sería adecuado para un coche doméstico.

La maqueta de tren más antigua

Hecha antes de 1868 no se sabe dónde, se expone en el Bowes Museum de Barnard Castle, en el condado de Durham (R.U.).

El tren eléctrico más pequeño del mercado

La escala «T», desarrollada por K K Eishindo de Japón, tiene un ancho de vías de tan sólo 3 mm. Las piezas son 450 veces más pequeñas que en la realidad.

TAMAÑO REAL

El tren más largo

La empresa BHP Iron Ore (Australia) ensambló un tren de 7,35 km de largo, formado por 682 vagones de mineral de hierro arrastrados por ocho locomotoras diésel-eléctricas. El tren recorrió 275 km desde las minas Newman y Yandi hasta Port Hedland, en Australia occidental, el 21 de junio de 2001.

El tren de pasajeros más largo

El 27 de abril de 1991 la Sociedad Nacional de Ferrocarriles Belgas creó un increíble tren de 1.732,9 m, formado por nada más y nada menos que 70 vagones y una locomotora eléctrica, para una organización benéfica contra el cáncer. Viajó 62,5 km, de Gante a Ostende (ambas en Bélgica).

La primera línea de tren rehabilitada

La línea Talyllyn Railway de Gwynedd (R.U.), de 11,6 km, se construyó en 1865 para transportar pizarra desde las canteras locales. Con los años, el tren se deterioró hasta que un grupo de aficionados y voluntarios lo recuperaron, fundaron la Talyllyn Railway Preservation Society y volvieron a abrir la línea como atracción turística. Los primeros viajes tras su restauración se iniciaron el 14 de mayo de 1951.

La mayor distancia recorrida por un tren fuera de control

El 26 de marzo de 1884, un fortísimo viento puso en marcha ocho vagones de carbón en Akron, Colorado (EE.UU.). La consecuencia del fortuito evento fue el recorrido más largo de un tren fuera de control: una distancia de 160 km por la línea Chicago, Burlington y Quincy al este de Denver, Colorado.

El andén más largo

Es el de la estación de Kharagpur en Bengala Occidental (India), de 1.072 m.

India también tiene la **línea de pasajeros más larga del mundo sobre vía de 660 mm**; se extiende 199,8 km entre Gwalior y Sheopur Kalan.

La línea más larga en un muelle de recreo

La línea que recorre el muelle de Southend-on-Sea, Essex (R.U.) mide 1.889,8 m de longitud.

La última parada más septentrional de un tranvía

La última parada más septentrional de un tranvía es la de la Puerta de San Olaf en Trondheim, en la línea Gràkallbanen (Noruega). La ciudad está ubicada a una latitud de 63° 36'N y una longitud de 10° 23'E.

La revista de maquetas de trenes publicada más tiempo sin interrupción

Desde que apareció el primer número de la revista *Model Railroader* en enero de 1934, todos los meses publican puntualmente uno nuevo. En abril de 2012, la revista editada por Kalmbach Publishing (EE.UU.), había publicado 940 ejemplares mensuales sobre maquetas de trenes de todo tipo de escalas y anchos de vía.

La línea de tren a mayor altitud

La Qinghai-Tíbet (China) mide 1.956 km y en su mayoría está a 4.000 m sobre el nivel del mar. El punto más alto se halla a 5.072 m. Los vagones son presurizados, como la cabina de un avión, y disponen de máscaras de oxígeno.

A 5.068 m sobre el nivel del mar, la parada de Tanggula en el Tíbet es la **estación de tren a mayor altitud del mundo.** Inaugurada el 1 de julio de 2006, carece de personal y es el punto más elevado de la línea Qinghai-Tíbet.

DATO: El primer tren bala japonés empezó a funcionar en octubre de 1964.

LAS 10 REDES FERROVIARIAS MÁS EXTENSAS

EE.UU.	224.792 km
Rusia	87.157 km
China	86.000 km
India	63.974 km
Canadá	46.552 km
Alemania	41.981 km
Australia	38.445 km
Argentina	36.966 km
Francia	29.640 km
Brasil	28.538 km

= 10.000 km

HABITANTES POR KM DE VÍA FERROVIARIA

Estos son los 10 primeros países según el número de ciudadanos por kilómetro de vía ferroviaria:

1. **Canadá:** 468
2. **Australia:** 572
3. **Suecia:** 732
4. **Rumanía:** 854
5. **Namibia:** 877
6. **Finlandia:** 911
7. **Ciudad del Vaticano:** 969
8. **Letonia:** 978
9. **San Cristóbal y Nieves:** 1.040
10. **Nueva Zelanda:** 1.070

Canadá cuenta con la red **más larga per cápita,** con 2,13 m de vía por persona; los australianos son los segundos, con 1,74 m.

EE.UU. tiene **la red ferroviaria más larga del mundo** (sumando todos los tipos de vía: ancha, estándar, estrecha y mixta). Hay 1.379 personas por kilómetro de vía.

Fuente: World Factbook de la CIA; Unión Internacional de Ferrocarriles

La mayor producción nacional

Fabricante de miembros artificiales

La Artificial Limbs Manufacturing Corporation of India (ALIMCO), cuya sede se encuentra en Kanpur (Uttar Pradesh), es una organización sin ánimo de lucro que fabrica 355 tipos de miembros artificiales y prótesis. En el año financiero 2008-2009 la empresa fabricó la increíble cantida de 1.644.232 miembros artificiales.

Fabricante de cojinetes

Svenska Kullagerfabriken (SKF), una empresa sueca que fue fundada en 1907 y cuya sede se instaló en Gotemburgo, es el fabricante de cojinetes que más factura de todo el mundo. En 2011, SKF, que da empleo a unas 40.000 personas, facturó nada más y nada menos 49.285 millones de coronas suecas (6.830 millones de dólares).

En 2010, China produjo el 19,8% de los productos manufacturados de todo el mundo, ligeramente por delante de EE.UU., con el 19,4%. Así concluyó el liderazgo norteamericano de 110 años como líder de la producción mundial. China tiene unos 100 millones de trabajadores industriales, cifra bastante superior a la de cualquier otro país.

Fabricante de instrumentos musicales

Aunque Yamaha Corporation es conocida por sus motos y sus motores, también es el mayor fabricante del mundo de instrumentos musicales en cuanto a ingresos. En 2011, los ingresos procedentes de los instrumentos musicales fueron de 271.100 millones de yenes, lo que representa el 72,5% de la facturación del grupo Yamaha. Torakusu Yamaha fundó la empresa en 1887 con el nombre de Japan Musical Instrument Manufacturing Corporation.

Fabricante de tablas de nieve

Con una facturación media anual de 230 millones de dólares entre los años 2006 y 2010, Burton Snowboards es el fabricante de tablas de nieve que más factura. La empresa, cuya tienda principal se encuentra en la localidad de Burlington (Vermont, EE.UU.), fue fundada en 1977 por Jake Burton Carpenter. Construyó la primera fábrica de tablas de nieve del mundo en Burlington, aunque desde marzo de 2010 las tablas se fabrican en Austria.

Las fábricas longevas

• The Royal Mint (R.U.) fabrica monedas desde el reinado de Alfredo el Grande (871-899). De 1279 a 1812, estuvo en la Torre de Londres. Ahora se encuentra en Llantrisant (Gales, R.U.).

• La familia Marinelli creó su fundición de campanas en Agnone (Italia) en 1339. En 2009, el 90% de sus pedidos procedían de la Iglesia católica.

• La empresa italiana Beretta fabrica pistolas desde 1526, cuando Bartolomeo Beretta recibió 296 ducados del Arsenal de Venecia como pago por 185 cañones de escopeta.

Fabricante de inodoros

Toto Ltd, una empresa japonesa fundada en 1917, vende unos inodoros llamados Washlets. Con unas ventas anuales que sobrepasan 4.200 millones de dólares en 2006, la empresa es el mayor fabricante de inodoros del mundo.

Fábrica abandonada

La fábrica de coches Packard (Detroit, EE.UU.), de 325.160 m², es la mayor fábrica abandonada en cuanto a tamaño. La fábrica, que produjo el 75% de los coches en el mundo, cerró en 1956 y se encuentra vacía desde entonces.

LAS UNIDADES PRODUCIDAS EN UN AÑO...

Ladrillos Lego
36.000.000.000

Teléfonos móviles
1.600.000.000

Neumáticos
1.400.000.000

Ordenadores
364.000.000

Bicicletas
105.000.000

Coches
51.971.000

Lavadoras
50.100.000

iPads
19.500.000

Libros publicados
1.004.725

La mayor fábrica (volumen)

La fábrica Boeing Everett, situada en el estado de Washington (EE.UU.), tiene un volumen total de 13.385.378 m³ y una superficie de 399.483 m². Las instalaciones se usan para construir los Boeing 747, 767, 777 y el nuevo avión 787 «Dreamliner».

DATO: Boeing ofrece visitas a su fábrica; el 14 de noviembre de 2007 recibieron el visitante número 3 millones.

ARMAS

El rifle de francotirador más avanzado

El L115A3, fabricado por Accuracy International (R.U.) y utilizado por el Ejército Británico desde 2008, es el rifle de francotirador (o de largo alcance) más avanzado. Esta arma de calibre 8,59 mm, pesa 6,8 kg y lleva una mira telescópica de visión diurna con 25 aumentos, así como un dispositivo de visión nocturna y un localizador láser. Puede alcanzar un blanco a 600 m y disparar fuego de hostigamiento a más de 1.100 m.

PRIMER/A...

Bumerán

Habitualmente, el bumerán se asocia con los aborígenes australianos, pero también se usó en el antiguo Egipto y en Europa. El bumerán más antiguo tiene unos 23.000 años. Estaba hecho de colmillo de mamut y se encontró en una cueva de Oblazowa Rock (sur de Polonia).

Pistola

Se cree que las primeras pistolas se construyeron tanto en China como en el norte de África, alrededor del año 1250. La invención de la pistola data de antes de 1326. La pólvora se inventó en China, India, Arabia o Europa en el siglo XIII; la pistola más antigua se encontró en las ruinas del castillo de Monte Varino (Italia), que fue destruido en 1341.

Llave de chispa

Marin le Bourgeoys (Francia), un fabricante de pistolas de la corte del rey Luis XIII de Francia, inventó el primer mecanismo de llave de chispa a principios del siglo XVII. La llave de chispa es el mecanismo de disparo empleado en los mosquetes y en los rifles. Incluye un dispositivo que acciona un percutor para que impacte y encienda el detonador del cartucho. Le Bourgeoys combinó y adaptó mecanismos de disparo anteriores para que el martillo y el gatillo actuaran verticalmente, en lugar de horizontalmente. Sus pistolas también incorporaron una posición semiamartillada que permitía cargarlas sin disparar, lo que proporcionaba mayor seguridad al usuario.

Ametralladora

En 1862, Richard Gatling (EE.UU.) fabricó la primera ametralladora de cargador múltiple, con accionamiento manual mediante manivela. Los cartuchos disparados caían en la apertura desde un dispositivo de embudo, montado en la parte superior. Era esta característica, más que los cargadores multigiratorios, lo que permitía que los tiradores inexpertos consiguiesen altos ritmos de tiro. Se utilizó por primera vez durante la Guerra de Secesión de 1861-1865. Aunque era capaz de disparar de forma ininterrumpida, no fue un arma verdaderamente automática, pues precisaba de la participación humana para ser accionada.

Arma automática

Sir Hiram Maxim construyó su primera arma automática, con un solo cañón en 1883, en el R.U., y la mostró en 1884. Usaba la fuerza del retroceso para eyectar

La última arma B53 en ser desmantelada

La bomba nuclear US B53, que entró en servicio en 1962 y fue desmantelada en 1997, tenía 9.000 kilotones de potencia explosiva. Fue un arma importante en la Guerra Fría, usada con frecuencia en el avión B-52 Stratofortress. El 25 de octubre de 2011, se anunció que se había desmantelado la última B53. Se extrajeron 136 kg de material explosivo del corazón de la bomba, enriquecido con uranio.

El casco de piloto más avanzado

El último casco de piloto de combate, diseñado por BAE Systems (R.U.), proyecta la imagen del avión enemigo en el visor; también rastrea los movimientos oculares del piloto, lo que permite que los sistemas de armas se acoplen rápidamente al blanco que el piloto está mirando.

El nuevo misil balístico lanzado desde un submarino

Tras probarlo con éxito en el mes de diciembre de 2011, la Armada Rusa utilizará el Bulava Intercontinental Ballistic Missile (ICBM). Este espectacular misil puede albergar varias ojivas individuales y tiene un alcance aproximado de 8.000 km. Está previsto, además, que forme parte del nuevo submarino ruso de clase Burei.

el casquillo disparado e insertar otro nuevo en la recámara, repitiendo la acción en ese proceso. Al apretar el gatillo, la ametralladora disparaba de forma ininterrumpida o hasta que se sobrecalentaba o atascaba. En la Primera Guerra Mundial se usaron varios diseños de la pistola Maxim, y siguió en servicio de formas distintas durante la Segunda Guerra Mundial.

Uso a gran escala de gas tóxico en una guerra

Aunque el primer uso documentado de un agente biológico en una guerra se remonta al siglo VI a.C., la primera vez que se usó gas tóxico a gran escala fue durante la Primera Guerra Mundial. El ejército alemán usó sin éxito una forma de gas lacrimógeno contra los rusos, en la Batalla de Bolimov, en Polonia, el 31 de enero de 1915. Más tarde usaron gas cloro durante la Segunda Batalla de Ypres, en Francia, entre el 22 de abril y el 25 de mayo de 1915, cuando arrojaron 171 toneladas de gas tóxico sobre un frente de 6,4 km. Los británicos usaron gas tóxico por primera vez en la Batalla de Loos, en Francia, el 25 de septiembre de 1915.

Arma de rayos utilizada en un campo de batalla

Los americanos usaron una pistola de rayos, o arma de energía directa, por primera vez en Iraq, en 2008. «Zeus», llamada así en honor del dios griego del trueno, está diseñada para neutralizar bombas improvisadas y artillería sin detonar a una distancia prudente de 300 m. La forma convencional de neutralizar las bombas es usando explosivos, por ejemplo con una granada propulsada por cohete. Sin embargo, comparado con otras armas de energía directa, este método puede resultar poco preciso y, a menudo, más caro.

MÁS AVANZADO A...

Arma para *drones*

En 2011, la empresa norteamericana de defensa Raytheon probó con éxito la bomba Small Tactical Munition, diseñada específicamente para ser disparada desde un *drone*, o vehículo aéreo no tripulado (VANT). Usando un buscador láser junto con un GPS, el arma de 60 cm de largo es capaz de impactar en blancos fijos y en movimiento, independientemente de las condiciones atmosféricas.

La primera vez que se usó un avión furtivo en un combate

El radar enemigo no detecta aviones furtivos. El primero que se usó en operaciones militares fue el norteamericano F-117 Nighthawk, de Lockheed Martin. Voló por primera vez en 1981 y permaneció en secreto hasta noviembre de 1988; en total, se construyeron 64. Su primer combate fue en la invasión norteamericana de Panamá, en diciembre de 1989. Bombardeó el campo de aviación Río Hato, cerca de la costa sur de Panamá.

DATO: En la Guerra del Golfo de 1991, el F-117 voló durante un total de 6.905 horas en casi 1.300 salidas de combate.

Material de las cubiertas de las ojivas

El 2 de diciembre de 2011 se mostró un nuevo material que sustituye al acero en las cubiertas de las ojivas, en el US Naval Surface Warfare Center (NSWC), de Dahlgren (Virginia, EE.UU.). El material se denomina Material Reactivo de Alta Densidad (MRHD) y consiste en metales y polímeros que se combinan para explotar sólo al impactar con el blanco. La fuerza cinética del impacto y la desintegración de la cubierta dentro del blanco, con una liberación adicional de energía química, crea una explosión hasta cinco veces mayor que la de las cubiertas convencionales. Puede usarse con las nuevas ojivas o incorporarse a las actuales.

El camuflaje electrónico más adaptable

El sistema de camuflaje electrónico Adaptiv, de BAE Systems (R.U.), consiste en una cubierta exterior de paneles hexagonales que puede usarse en tanques, aviones y barcos. Puede hacer pasar un tipo de vehículo por otro, como se muestra a la derecha, donde un tanque parece un coche ordinario, y también puede «fusionar» un vehículo con su entorno para que se haga invisible a los sensores termovisuales. Funciona alterando la temperatura de los paneles, que convierte el exterior del vehículo en una gran «pantalla de televisión» termal infrarroja, en la que cada panel representa un píxel.

System OFF

System ON

DATO: El sistema Adaptiv también puede enviar señales que le permiten ser identificado por fuerzas amigas.

LOS 10 PRIMEROS PAÍSES POR POSESIÓN DE ARMAS

El Small Arms Survey anual calcula el número de armas de fuego y pequeñas armas en circulación en el mundo. A continuación, enumeramos los 10 primeros países por posesión de armas por parte de civiles (cifras principales en millones).

EE.UU. 270,0
83-97 armas de fuego por cada 100 habitantes

INDIA 46,0
3-5,6 por cada 100 habitantes

CHINA 40,0
2,3-3,9 por cada 100 habitantes

FRANCIA 19,0
30-34 por cada 100 habitantes

ALEMANIA 25,0
24-35 por cada 100 habitantes

PAKISTÁN 18,0
12 por cada 100 habitantes

MÉXICO 15,5
15 por cada 100 habitantes

BRASIL 15,3
8,8 por cada 100 habitantes

RUSIA 12,7
5-13 por cada 100 habitantes

YEMEN 11,5
32-90 por cada 100 habitantes

Mayor posesión de armas de fuego por parte de civiles en millones (**negrita**), con número promedio de armas de fuego por cada 100 habitantes (*cursiva*)
Fuente: Small Arms Survey 2007

VEHÍCULOS DE COMBATE

DATO: El Buffalo desactiva bombas y minas mediante un brazo robótico de 9 m con una cuchara de hierro y una cámara.

Primer tanque

El tanque británico N.º 1 Lincoln, convertido en «Little Willie», circuló por primera vez el 6 de septiembre de 1915 y entró en acción el 15 de septiembre de 1916 en la Primera Guerra Mundial.

La tasa más alta de producción de un tanque

Diseñado para ser producido y mantenido de forma sencilla, el tanque principal M-4 Sherman, se fabricó por primera vez en EE.UU. en 1942, durante la Segunda Guerra Mundial. En un período de tres años se produjeron más de 48.000 unidades.

El vehículo aéreo no tripulado más mortífero

El Predator C Avenger Unmanned Aerial Vehicle puede volar a 740 km/h y a una altitud de 18.288 m durante más de 20 horas. Su capacidad para transportar 1.360 kg de armamento y el diseño furtivo (sin ángulos agudos, para reducir su firma radárica) lo convierten actualmente en el vehículo no tripulado más mortífero. Su primer vuelo fue el 4 de abril de 2009.

El desarrollo más prolongado de un tanque principal

En 1972 se empezó a trabajar en el desarrollo del tanque principal Arjun para el Ejército indio. En 1996, el Gobierno indio decidió fabricarlo en serie, pero las pruebas efectuadas por el Ejército pusieron de relieve su mal rendimiento y su escasa fiabilidad, por lo que las primeras entregas no se produjeron hasta 2004, 32 años después de su concepción. En 2011, había 124 Arjuns en servicio en el Ejército indio.

Más Spitfires pilotados

Alex Henshaw (R.U.) pilotó y probó más de 3.000 Spitfires, entre abril de 1932 y octubre de 1995, cuando piloto el último en un vuelo conmemorativo de la Batalla de Inglaterra en Coningsby (Lincolnshire, R.U.).

El sistema de armamento más caro

El USS *Ronald Reagan*, de la clase CVN 76, un portaaviones nuclear lanzado en 2001, vale unos 4.500 millones de dólares, incluida la tripulación, el armamento, 85 aviones y los sistemas de defensa y comunicación.

El vehículo limpiador de rutas más pesado

El Buffalo del Ejército de EE.UU. pesa 24.267 kg en vacío y tiene una capacidad de carga de 10.205 kg, con lo que llega a pesar en total casi 34,47 toneladas. Forma parte de la familia de vehículos Mine Resistant Ambush Protected (MRAP) y fue desarrollado para contrarrestar la amenaza de las minas terrestres, artefactos explosivos improvisados (AEI) y emboscadas en Iraq y Afganistán. Fabricado por Force Protection Inc., el Buffalo tiene un chasis en forma de «V» para desviar las explosiones. Puede transportar hasta 13 soldados, además del conductor y el copiloto.

PRIMEROS...

El escuadrón de vehículos blindados

El 3 de diciembre de 1914 se entregaron tres vehículos blindados al British Royal Naval Air Service. Cada uno estaba formado por un chasis de Rolls-Royce Silver Ghost, con una ametralladora Vickers montada en una sola torreta. Se utilizaron en la Primera Guerra Mundial para reconocer y rescatar pilotos derribados. En la década de 1920, la Royal Air Force empleó vehículos Rolls-Royce blindados para salvaguardar el abastecimiento de petróleo en Mesopotamia (actual Iraq).

El ala de combate para un vehículo aéreo no tripulado

El 1 de mayo de 2007, las fuerzas aéreas de EE.UU. (USAF) crearon la primera ala de combate de un vehículo aéreo no tripulado: la 432.ª Wing of Air Force Special

Víctimas de minas terrestres

En 2006, el Department of Social and Spatial Inequalities de la Universidad de Sheffield (R.U.) realizó un cálculo de los países más afectados por minas terrestres, realizado sobre los muertos y heridos por año y millón de habitantes de cada país.

1. Camboya		69
2. Iraq		50
3. Burundi		42
3=. Afganistán		42
5. Laos		33
6. Colombia		19
7. Guinea-Bissau		14
7=. Angola		14
9. Bosnia y Herzegovina		12
9=. Eritrea		12

El vehículo blindado más pesado

Pesa 62.500 kg

El Titán, un vehículo británico lanzapuentes que facilita el cruce de ríos a los ejércitos terrestres, pesa 62.500 kg y puede transportar un puente de 26 m de longitud o dos de 12 m. Es el **sistema para colocar puentes más rápido** del mundo: puede instalar un puente de 26 m en 2 minutos. Equipado con chasis del tanque principal Challenger 2, el Titán posee circuitos cerrados de TV operados por control remoto que facilitan la colocación de los puentes, y una pala de bulldozer para retirar obstáculos. El Ejército británico posee 33 Titanes, el último de los cuales fue entregado en 2008.

Operations Command. El ala de combate lanza los vehículos no tripulados Predator y Reaper desde la Creech Air Force Base de Nevada (EE.UU.). Pueden armarse con misiles y volar por control remoto sobre cualquier parte del mundo.

La aeronave de combate con láser

El 4 de diciembre de 2007, en la Kirkland Air Force Base de Nuevo México (EE.UU.), Boeing terminó la instalación de un láser químico de alta energía en un avión Hércules C-130H. La acción formaba parte del desarrollo del Advanced Tactical Laser del Ejército de EE.UU., que podrá destruir objetivos terrestres con más precisión y ocasionar menos daños colaterales que las armas y los misiles convencionales.

La batalla aérea con la participación de un vehículo aereo no tripulado

En diciembre de 2002, un RQ-1 Predator de las fuerzas aéreas de EE.UU. que vigilaba el espacio aéreo iraquí fue atacado por un avión de combate iraquí MiG-25. Ambos lanzaron misiles aire-aire; el MiG abatió al Predator.

MÁS RÁPIDOS...

El vehículo todoterreno blindado

El Kombat T-98, un vehículo VIP blindado que Kombat Armouring fabrica en San Petersburgo (Rusia) desde 2003, puede alcanzar los 180 km/h. Posee un motor V8, de 8,1 litros y puede equiparse con troneras y una ametralladora.

El mayor vehículo logístico no tripulado

Desarrollado por Lockheed Martin, el Squad Mission Support System (SMSS), vehículo no tripulado del Ejército de EE.UU., está diseñado para transportar suministros militares por control remoto. Mide 3,68 m de longitud, 1,8 m de ancho y 2,15 m de alto, y puede transportar 540 kg de equipo para más de 13 hombres. El SMSS se utilizó por primera vez en Afganistán en 2011 para compensar las muertes en vehículos tripulados, causadas por artefactos explosivos improvisados (AEI). Se orienta automáticamente con la tecnología Global Positioning System (GPS).

El avión de combate

El caza ruso Mikoyan MiG-25 (nombre cifrado de la OTAN: «Foxbat») entró en servicio en 1970 y tuvo una versión de reconocimiento, el «Foxbat-B», que fue rastreado por el radar a unos 3,2 mach (3.395 km/h).

El hidroavión

El Martin XP6M-1 SeaMaster, sembrador de minas con cuatro motores a reacción de la Marina estadounidense, que voló en 1955-59, tenía una velocidad máxima de 1.040 km/h.

El submarino militar

Los submarinos nucleares rusos de la clase Alfa, fabricados entre 1974 y 1981, tenían una velocidad máxima declarada de más de 40 nudos (74 km/h). Se fabricaron siete de esta clase.

El tanque

El S 2000 Scorpion Peacekeeper, un tanque de serie desarrollado por Repaircraft PLC (R.U.), alcanzó los 82,23 km/h en la pista de pruebas de QinetiQ en Chertsey (R.U.), el 26 de marzo de 2002.

El buque de guerra

El buque de pruebas de efecto superficie SES-100B de la Marina de EE.UU. alcanzó los 91,9 nudos (170 km/h) el 25 de enero de 1980 en la bahía de Chesapeake (Maryland, EE.UU.). Con un aerodeslizador, estos buques navegan sobre un colchón de aire con dos cascos rígidos afilados tocando el agua. Unos grandes ventiladores debajo del navío crean una presión de aire atrapada entre los cascos y eleva el buque.

La familia más numerosa de vehículos para el transporte de tropas

El BAE M113, de fabricación estadounidense, es el vehículo oruga blindado para el transporte de tropas más utilizado y todavía en servicio en todo el mundo. Hay más de 80.000 M113 desplegados, con más de 40 variantes, y se utilizan en más de 50 países. El Ejército de EE.UU. lo retirará en 2018.

La mayor producción de tanques principales

Producido por primera vez en 1945, el tanque principal soviético T54/55 empezó a fabricarse en 1947 y llegó a convertirse en el tanque más fabricado del mundo, pues no sólo fue suministrado a la Unión Soviética, sino también a sus aliados de la Europa Oriental y otros países. Se calcula que las cifras de fabricación superaron las 80.000 unidades y que se ha desplegado por casi 80 países.

DATO: Tanques T55 fueron utilizados por ambos bandos en la Guerra Civil libia que terminó con el régimen de Gadafi, en 2011.

CIFRAS MUNDIALES

POTENCIA EN TANQUES

La República Popular China posee el ejército con el mayor número de tanques principales. Según los cálculos más recientes, China tiene 7.050 unidades, el Ejército de FF.UU., 5.795 (sin contar los 447 del Cuerpo de Marines) y el Ejército ruso, 2.800 (3.319 incluyendo la Infantería de Marina, las Fuerzas de Defensa de Costas y las Tropas de Interior), sin contar los 18.000 de reserva.

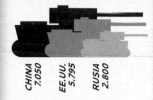

CHINA 7.050 · EE.UU. 5.795 · RUSIA 2.800

NÚMERO DE PORTAAVIONES

Fuente: Haze Gray & Underway
Lista mundial de portaaviones

EE.UU. - 11
España - 2
Italia - 2
Brasil - 1
India - 1
R.U. - 1
Francia - 1
Rusia - 1
Tailandia - 1

AVIONES DE COMBATE

Fuente: Haze Gray & Underway

País	Cazas	Bombarderos	De ataque
Egipto	644	25	–
India	1.130	118	370
Israel	233	10	264
Corea del Norte	899	60	211
Pakistán	325	30	250
PLAAF (China)	901	91	110
Rusia	1.264	166	1.267
Corea del Sur	648	60	352
R.U.	345	50	209
EE.UU.	3.043	171	1.185

HELICÓPTEROS

EL PRIMER...

Diseño de un «helicóptero»

Leonardo da Vinci (Italia, 1452-1519) planteó en 1493 la idea de un aparato para un pasajero similar a un helicóptero. El llamado «tornillo aéreo» consistía en una plataforma con un tornillo helicoidal diseñado para despegar y aterrizar verticalmente. El boceto de da Vinci fue descubierto en el siglo xix.

Vuelo de un helicóptero

El 13 de noviembre de 1907, Paul Cornu (Francia) realizó el primer vuelo libre en un helicóptero experimental en Lisieux, Calvados (Francia). Este vuelo está ampliamente reconocido como el primero realizado de modo libre por un aparato con rotor, aunque es probable que no hubiese dado más que un salto o una serie de saltos en el aire. Se construyeron otras dos máquinas, pero el sistema de control resultó ineficaz y no fue más allá.

Helicóptero en entrar en producción

Igor Sikorsky (Rusia, hoy Ucrania), diseñó el primer helicóptero del mundo que llegó a entrar en fase de producción. La patente americana de Sikorsky, la n.º 1.994.488, se presentó el 27 de junio de 1931, marcando un avance crucial en la tecnología de helicópteros que llevaría hasta el Sikorsky R-4. El aparato fue puesto a prueba en el servicio activo por el ejército de EE.UU. durante la Segunda Guerra Mundial, y se convirtió en el primer helicóptero producido a gran escala.

Helicóptero impulsado por una turbina

El helicóptero Kaman K-225 fue construido en 1949 para ser usado principalmente como fumigador. En 1951, su motor de explosión se cambió por una turbina de gas (de propulsión a chorro) Boeing 502-2, para así destacar su reducido peso, la mejor relación peso-potencia (lo que permite mayores cargas útiles) y la mayor fiabilidad y más fácil mantenimiento que ofrecen este tipo de motores. El 11 de diciembre de 1951, el K-225 modificado se convirtió en el primer helicóptero en volar con una turbina de transmisión.

Después del desarrollo de su K-225, el ingeniero aeronáutico Charles Kaman (EE.UU.) presentó el **primer helicóptero del mundo impulsado por una doble turbina (a reacción)**, en marzo de 1954.

El helicóptero más grande de todos los tiempos

El aparato ruso Mil Mi-12 medía 37 m de largo, con un peso máximo en el momento del despegue de 103,3 toneladas. Impulsado por cuatro motores turboeje de 4.847 kW, el diámetro de su rotor llegaba a los 67 m. El Mil Mi-12 realizó su primer vuelo en 1968, pero nunca llegó a fabricarse.

El mayor helicóptero en activo

El aparato ruso para cinco tripulantes, Mil Mi-26, realizó su primer vuelo en 1977. El peso máximo en el momento del despegue es 56.000 kg y mide 40,025 m de largo.

Helicóptero en el polo Sur

Los primeros helicópteros en aterrizar en el polo Sur fueron tres Bell UH-1B Iroquois turboalimentados, procedentes de Mount Weaver, Antártida. Llegaron el 4 de febrero de 1963 después de un vuelo de 2 h 24 min, con la intención de volar de regreso a McMurdo Station por el polo. A pesar de llegar, fueron desmontados y llevados de vuelta a McMurdo en un Lockheed Martin LC-130.

DATO: El A/MH-6X se puede pilotar y programar para volar de forma autónoma.

Vuelo autónomo de un helicóptero tripulado

En junio de 2010, la Piasecki Aircraft Corporation, junto con la Carnegie Mellon University (ambas de EE.UU.), dieron a conocer un sistema de navegación y de sensores que permite volar a un helicóptero de tamaño real, sin tripulación y a baja altitud. También puede evitar obstáculos y evaluar y seleccionar los lugares adecuados de aterrizaje en un terreno inexplorado.

Los sensores, que fueron montados en un helicóptero de pruebas no tripulado Little Bird, pueden elaborar mapas del suelo en tres dimensiones e identificar los obstáculos en la ruta del helicóptero.

Con el tiempo, el sistema será empleado para permitir que helicópteros no tripulados puedan evacuar a soldados heridos del campo de batalla y de otras situaciones peligrosas.

Helicóptero de carga no tripulado

El 17 de diciembre de 2011, la US 2nd Marine Air Wing empleó un Kaman K-Max para realizar la primera entrega de carga a tropas en un campo de batalla por medio de un helicóptero no tripulado. En enero de 2010 se había realizado con éxito una prueba de demostración de un helicóptero no tripulado de reabastecimiento, dirigido por control remoto, para el US Marine Corps. Unos 1.590 kg de carga fueron trasladados desde Camp Dwyer hasta Combat Outpost Payne, en la provincia de Helmand (Afganistán), en 1 h 30 min.

Helicóptero eléctrico

El 4 de agosto de 2011 se realizó el primer vuelo de un helicóptero tripulado, movido por un motor eléctrico, en Venelles (Francia). El aparato fue pilotado por Pascal

El primer helicóptero híbrido tripulado/no tripulado

El 20 de septiembre de 2006, el A/MH-6X, un helicóptero ligero de turbina construido en el Boeing Rotorcraft Facility, en Mesa, Arizona (EE.UU.) hizo su primer vuelo. Combina las características de los Boeing A/MH-6M Mission Enhanced Little Bird (MELB) y del pequeño aparato no tripulado Little Bird (ULB) Demonstrator, un helicóptero civil MD 530F modificado. El A/MH-6X fue diseñado para uso militar y civil.

Helicóptero por control remoto

El 30 de julio de 1957, un helicóptero Kaman modificado, el HTK-1K, se convirtió en la primera aeronave de rotor en volar por control remoto. Fue desarrollado como parte de un programa del Ejército y la Armada de EE.UU. y diseñado para su uso en situaciones difíciles y peligrosas. El 23 de mayo de ese año, se le hizo volar desde el buque USS *Mitscher*, con un piloto a bordo como medida de seguridad.

El helicóptero militar más común

Desde 1959, se han fabricado más de 16.000 helicópteros UH-1 Iroquois («Huey») de Bell Helicopter Textron (EE.UU.).

DATO:
El GEN H-4 alcanza una altitud de 1.000 m y una velocidad máxima de 90 km/h

El helicóptero más pequeño

En dimensiones de su rotor, el helicóptero más pequeño es el GEN H-4, que fabrica Gen Corporation (Japón). La longitud de su rotor es de sólo 4 m, pesa 70 kg y está compuesto por un asiento, un tren de aterrizaje y un motor. Cuenta con una pareja de rotores contrarrotatorios coaxiales, sin necesidad de que un rotor de cola tradicional actúe como contrapeso.

El mayor fabricante de helicópteros
En 2011, Eurocopter tenía el 43% del mercado global de helicópteros civiles y privados, con más de 11.300 aparatos en servicio en 149 países.

Chretien (Francia) y se mantuvo a unos 50 cm de altura durante 2 min 10 s. En su primer vuelo estuvo amarrado al suelo, pero el 12 de agosto de 2011 la máquina realizó

su primer vuelo libre. En julio y agosto de 2011, el aparato voló 99,5 min repartidos en 29 vuelos; algunos de ellos se prolongaron 6 minutos.

VER EN 3D

CÓMO APRENDIMOS A SOSTENERNOS EN EL AIRE
En el siglo IV a.C., los niños de China ataban plumas a pequeños palos, los hacían girar y veían cómo se elevaban en el aire. Pasaron casi 2.000 años para elaborar los primeros planos de un auténtico helicóptero. GWR hace un repaso de los más destacados de la historia:

1493
Leonardo da Vinci (Italia) concibe un «tornillo aéreo» movido por la fuerza de un hombre.

1784
Launoy y Bienvenu (ambos de Francia) presentan frente a la Academia Francesa de las Ciencias un pequeño modelo de helicóptero, propulsado por la fuerza de una cuerda retorcida.

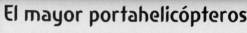

El primer multicóptero eléctrico tripulado

El 21 de octubre de 2011 fue el día elegido en el sudoeste de Alemania para realizar el primer vuelo tripulado del «e-volo», un multicóptero eléctrico. Duró 1 min 30 s y su piloto fue Thomas Senkel (Alemania). Este artilugio lo impulsan 16 baterías de iones de litio, que alimentan sus motores eléctricos, cada uno de los cuales mueve su propia hélice. De momento, el multicóptero puede volar 20 min. Pesa 80 kilogramos.

Enjambre de minihelicópteros
Un equipo del General Robotics, Automation, Sensing and Perception (GRASP) Laboratory, de la Universidad de Pennsylvania (EE.UU.), ha desarrollado una flota de minihelicópteros con cuatro hélices que reciben el adecuado nombre de «quadrotors». Con el tamaño aproximado de una mano humana, están diseñados para volar de modo autónomo y sincronizado. Trabajando juntos como un enjambre, pueden transportar objetos a través de pequeñas aberturas y se prevé que operen en contextos peligrosos para los seres humanos, tales como plataformas petrolíferas y escenarios bélicos o catastróficos. A principios de 2012, se demostró que estos minihelicópteros podían operar como «enjambres» (formaciones múltiples) de hasta 20 aparatos.

1907
El autogiro n.º 1 –creado por Louis y Jacques Breguet, bajo la dirección de Charles Richet (todos de Francia)– se convierte en el primer aparato tripulado de ala rotatoria. Resulta ingobernable y apenas se eleva 60 cm.

1907
El fabricante de bicicletas Paul Cornu (Francia) realiza el primer vuelo «libre» en un helicóptero tripulado.

1931
Igor Sikorsky (Rusia) patenta el primer helicóptero que entra en producción, el Sikorsky R-4.

El mayor portahelicópteros

Sólo hay unos pocos tipos de buque dedicados al transporte de helicópteros. Los más grandes, en tonelaje y capacidad, en servicio son los de la clase US Wasp, como el USS *Boxer* (debajo), de los que hay ocho en uso. Cuando no cargan con aeronaves de ala fija pueden transportar 42 helicópteros CH-46 Sea Knight o 22 MV-22 Osprey.

1959
Empieza a producirse el helicóptero militar Bell UH-1 Iroquois «Huey».

DETALLE:
Longitud: 253,2 m
Manga: 31,8 m
Calado: 8,1 m
Desplazamiento: 41.150 toneladas

¿BUSCAS UN AEROPUERTO? ATERRIZA EN LA P. 172

VEHÍCULOS DE LOCURA

El primer coche volador

El Terrafugia Transition representa el no va más en vehículos todoterreno, pues se trata del primer avión «de carretera», o coche volador. Los «coches voladores» precedentes necesitaban equipamiento extra o bien alas, pero, en el caso de este avión biplaza, basta con tocar un botón para que el aparato pliegue sus alas y se convierta en un coche. El Transition despegó por primera vez en marzo de 2009 desde el aeropuerto internacional de Plattsburgh, en el estado de Nueva York (EE.UU.) y alcanza en el aire una velocidad máxima de 100 nudos (185 km/h), aunque sus creadores no han aclarado aún a qué velocidad puede desplazarse en tierra. La empresa está fabricando ahora una versión de serie que promocionan con esta frase: «Aterrice en el aeropuerto, pliegue sus alas y regrese a casa en coche».

La furgoneta más pequeña

La furgoneta más pequeña apta para circular es la *Wind Up*, que mide 104,14 cm de alto, 66,04 cm de ancho y 132,08 cm de largo. Perry Watkins (R.U.) la fabricó a partir de un cochecito de feria como el de Pat el Cartero durante siete meses, hasta mayo de 2011. El vehículo dispone de seguro, permiso de circulación y todo el equipamiento habitual, como faros, intermitentes, luces de freno y limpiaparabrisas.

El scooter más veloz

Colin Furze (R.U.) ha modificado un scooter eléctrico para que alcance una velocidad máxima de 115,21 km/h; tardó tres meses en adaptar el vehículo, que está equipado con un motor de 125 cc con caja de cambios de cinco velocidades y doble tubo de escape.

El primer coche submarino

La compañía suiza Rinspeed creó el primer coche sumergible del mundo, al que llamó «sQuba». Presentado en el Salón del Automóvil de Ginebra en marzo de 2008, está propulsado eléctricamente con tres baterías de litio ionizado recargables; puede desplazarse sobre ruedas hasta el mar y flotar después hasta que se abre una compuerta para que el agua inunde el habitáculo y el coche se hunda poco a poco. Una vez bajo el agua, «vuela» a una profundidad de 10 m.

La bicicleta más larga

La bicicleta más larga (con dos ruedas y sin estabilizadores) mide 35,79 m. La construyó el Mijl van Mares Werkploeg (un grupo de trabajadores) en Maarheeze (Países Bajos) y fue montada por primera vez el 5 de agosto de 2011. La conducen dos personas: una controla el manillar y la otra pedalea desde atrás.

Distancia en el monociclo más alto

Sem Abrahams (EE.UU.) recorrió una distancia de 8,5 m en un monociclo de 35 m de altura en el Silverdome de Pontiac (Michigan, EE.UU.) el 29 de enero de 2004.

El triciclo más grande

Fabricado por Kanyaboyina Sudhakar (India) y probado en Hyderabad (India) el 1 de julio de 2005, el triciclo de pedales más grande tiene 11,37 m de largo y una altura total de 12,67 m.

Más transformaciones de un vehículo

Un Ellert –vehículo de tres ruedas– fue transformado en Dinamarca en un coche trucado, un hidrodeslizador propulsado por cohete y, por último, el 8 de septiembre de 2006, en un avión. Cada una de estas transformaciones requirió dos semanas de trabajo.

El coche más bajo para circular

El *Mirai* –«futuro» en japonés– mide 45,2 cm desde el suelo hasta la parte más alta del vehículo; fue creado el 15 de noviembre de 2010 por Hideki Mori (en la imagen) y sus alumnos durante un curso de ingeniería impartido en el instituto de enseñanza media Okayama Sanyo de Asakuchi (Japón). Otros proyectos anteriores del curso fueron un coche anfibio y un enorme planeador.

DATO: **El coche más ligero** lo construyó Louis Borsi (R.U.), pesaba 9,5 kg e iba equipado con un motor de 2,5 cc.

El baño más veloz

El *Bog Standard*, creado por Edd China (R.U.), consta de una motocicleta y un sidecar que van ocultos bajo un cuarto de baño con bañera, lavamanos y cesta para la ropa sucia. Utilizando los mandos escondidos bajo el lavamanos, Edd ha alcanzado con su vehículo una velocidad máxima de 68 km/h.

68 km/h

DATO: Edd China posee además los récords del cobertizo, la cama y la oficina más veloces.

de *The Gadget Show* en Bentwaters Parks, en Suffolk (R.U.), el 9 de agosto de 2011. El trineo era un monopatín propulsado por un motor con combustible líquido y sin frenos. Jason pegó con supercola trozos de neumático a sus botas para frenar.

NEUMÁTICOS TITÁNICOS
Si alguien anda buscando un neumático para un gigantesco camión de minería, lo que necesita es el nuevo Titan 63, **el neumático más grande fabricado en serie:**

4,26 m | **5.670 kg**

Pero eso no es nada: ¡el neumático **más alto** de todos —el Uniroyal Giant, de Michigan (EE.UU.), de 24 m— es casi seis veces mayor!

MÁS RÁPIDOS...

El coche propulsado por aire comprimido
El coche KU:RIN de Toyota, de tres ruedas, alcanzó una velocidad máxima de 129,2 km/h en la pista de pruebas del Japan Automobile Research Institute, en Ibaraki el 9 de septiembre de 2011. El coche lleva un «depósito de combustible» con aire comprimido que, al liberarse, genera propulsión.

El vehículo propulsado por una herramienta eléctrica
Jon Bentley (R.U.) alcanzó los 117 km/h en un *dragster* propulsado por una sierra de cadena para el programa n.º 200 de *The Gadget Show* en el circuito de carreras Santa Pod Raceway, en Northamptonshire (R.U.), el 22 de agosto de 2011.

La bicicleta propulsada por turbinas eléctricas
Ortis Deley (R.U.) se anotó una velocidad máxima de 115,87 km/h en una bicicleta equipada con turbinas eléctricas como las que se emplean en aeromodelismo. Las turbinas, junto con las baterías, de

unos 10 kg de peso, iban acopladas al portabultos trasero de la bicicleta. Ortis realizó su hazaña durante el programa n.º 200 de *The Gadget Show* en el circuito de carreras Santa Pod Raceway, en Northamptonshire (R.U.), el 24 de agosto de 2011.

El trineo de asfalto motorizado
Tumbado en su trineo de asfalto con motor de propulsión por chorro, Jason Bradbury (R.U.) alcanzó los 186,41 km/h en el programa n.º 200

El coche propulsado por chorro de agua
Jason Bradbury (R.U.) consiguió llegar a los 26,8 km/h en un coche propulsado por chorro de agua para *The Gadget Show* en el aeródromo de Wattisham, en Ipswich (R.U.), en marzo de 2010.

La bicicleta más pesada apta para montar

Construida por Wouter van den Bosch (Países Bajos), la *Monsterbike* pesa 750 kg y fue montada por primera vez en Arnhem (Países Bajos) en mayo de 2010; está fabricada con tubos de acero, piezas de bicicleta, cuatro neumáticos pequeños detrás y, por delante, un descomunal neumático Michelin de tractor que mide 1,95 m de altura. Wouter construyó la bicicleta para titularse en Bellas Artes, pero no está seguro de si es arte o no.

INSTANTÁNEA
• El fotógrafo Ranald Mackechnie estuvo a punto de terminar en uno de los canales de Arnhem cuando retrocedió demasiado para que toda la bicicleta entrara en el encuadre.

• Durante la sesión fotográfica, un furgón policial se detuvo y todos los agentes que iban dentro se fotografiaron con la bicicleta.

• Al dar una vuelta con su bicicleta, Wouter advierte que casi todo el mundo se para, se queda mirando y sonríe; sin embargo, unos cuantos ciclistas se molestan porque la bicicleta bloquea los carriles bici.

CARRETERAS

La calle más corta

La longitud de Ebenezer Place, en Wick (Caithness, Escocia), era de tan sólo 2,05 m cuando se midió el 28 de octubre de 2006. La diminuta calle tiene una dirección postal (n.º 1), un portal e incluso una placa con el nombre de la calle sobre la puerta.

La carretera continua más larga

La autopista Uno de Australia recorre todo el país a través de una red de carreteras totalmente interconectadas. Su longitud total es de 14.523 km, 3.500 km más larga que su rival más cercana, la autopista Transiberiana.

La carretera más larga en línea recta

Construida originalmente como una carretera privada para el Rey Fahd de Arabia Saudí, la carretera que conecta la zona Harad con Badha, en Arabia Saudí, mide 240 km de largo. Atraviesa el desierto sin curvas, tanto a la derecha como a la izquierda, y tampoco tiene ninguna cuesta o pendiente significativa.

La carretera de sentido único más larga

La M2 Southern Expressway de Adelaida (Australia del Sur) tiene 21 km de largo y sólo permite el tráfico en una dirección. Por la mañana el tráfico circula en dirección a Adelaida y, por la tarde, cambia en dirección sur.

La circunvalación más larga

La M25 London Orbital Motorway tiene 195,5 km de largo. Las obras comenzaron en 1972 y finalizaron en 1986, y se calcula que costaron 1.330 millones de dólares.

Más carriles en una carretera

El Toll Plaza del San Francisco-Oakland Bay Bridge tiene 23 carriles que atraviesan los peajes en dirección este.

El pavimento más antiguo en uso

La construcción original de algunos tramos de la Via Appia, en Italia, data del año 312 a. C. La carretera formaba la principal conexión entre Roma y Brindisi, al sudeste de Italia. En las partes mejor conservadas, cerca de Roma, se puede caminar o ir en bicicleta sobre la antigua carretera de piedra. En la zona de Velletri aún es posible conducir sobre el pavimento romano original.

La primera autopista

En 1924 se inauguró la primera autopista de dos carriles del mundo, construida para el tráfico veloz, entre las ciudades italianas de Milán y Varese. Tiene un único carril en cada sentido, separado por una valla protectora. Hoy forma parte de la red de autopistas A8 y A9.

La primera carretera solar

La autopista A18 Catania-Siracusa, en Sicilia, incorpora tres túneles cubiertos con más de 80.000 paneles solares individuales que proporcionan energía para la iluminación, los ventiladores de los túneles, los teléfonos de emergencia y la señalización. Se estima que la carretera produce 12 millones de kWh anuales a lo largo de los 2,8 km de túneles.

La carretera más fría

La Kolyma Highway (M56), en Rusia, atraviesa algunos de los lugares habitados más fríos de la Tierra. Tiene 2.031 km de longitud y va desde Nizhny Bestyakh, en el oeste, hasta Magadan, en el este. En esta carretera se han llegado a registrar temperaturas de hasta −67,7 °C.

La carretera más meridional

La autopista McMurdo-Polo Sur es una carretera de 1.450 km, construida en la Antártida, desde la estación McMurdo hasta la base Amundsen-Scott en el polo Sur. Está hecha de hielo y nieve alisados.

El semáforo más antiguo en funcionamiento

El semáforo más antiguo en funcionamiento se instaló por primera vez en 1932 en un cruce de Ashville (Ohio, Estados Unidos), y funcionó hasta 1982. La señal tiene cuatro caras, y en el interior lleva instalada una lámpara giratoria roja/verde que ilumina cada cara de forma alterna.

Diseñado por el residente de Ashville, Teddy Boor, todavía funciona, pero lo retiraron del servicio solamente porque a los daltónicos les resultaba más difícil de interpretar que los semáforos modernos.

La carretera más empinada

Situada en Dunedin (Nueva Zelanda), Baldwin Street es la carretera pavimentada más empinada del mundo con una distancia continua de más de 10 m. La carretera, que tiene 350 m de longitud y 34 casas situadas a lo largo de ella, asciende un total de 69,2 m a un ritmo de 1 m verticalmente por cada 2,86 m recorridos horizontalmente. Está pavimentada con un cemento especial para que los coches no resbalen.

DATO:
La «Baldwin Street Gutbuster» es una carrera anual que consiste en subir y bajar la empinada calle.

La carretera más sinuosa

Lombard Street comprende ocho curvas cerradas en su serpenteante descenso por una colina de San Francisco (EE.UU.), lo que la convierte en la carretera más sinuosa del mundo. Muchas carreteras serpentean y giran, pero sólo un tramo de 400 m de longitud de Lombard Street, que desciende una pendiente del 27%, tiene tantas curvas cerradas en una distancia tan corta: un total de 1.440 grados dispuestos en zigzag.

Caída de 4.700 m

El cruce más complejo

La Judge Harry Pregerson Interchange en Los Ángeles (EE.UU.) es una intersección de un montón de capas de puentes que conecta la Interstate Highway 105 y la Interstate Highway 110 con la zona Harbor Gateway North de Los Ángeles. Se trata de una autovía de intercambio de cuatro niveles que permite entrar y salir en todas las direcciones. Además, posee carriles de acceso restringido para vehículos de alta ocupación. El carril superior está situado a una altura de 36,5 m.

La primera muerte por accidente de tráfico

El 31 de agosto de 1869, Mary Ward (Irlanda) fue atropellada al caerse del coche de vapor experimental de su primo y se rompió el cuello. Se estima que la velocidad del vehículo era de 5,6-6,4 km/h.

La rotonda más compleja

La «Rotonda Mágica», en Swindon, (R.U.) consiste en una gran rotonda que comprende otras cinco más pequeñas en su interior. Se puede conducir en ambos sentidos por la rotonda grande para salir por la carretera elegida.

Cada una de las rotondas más pequeñas tiene tres carriles de entrada y tres de salida.

El túnel de carretera más profundo

El túnel Eiksund, en Noruega, conecta la península noruega con la isla Hareidlandet y se encuentra a 287 m bajo el nivel del mar. Tiene 7.765 m de longitud y fue inaugurado en 2008.

DATO: La carretera de los Yungas es conocida como El Camino de la Muerte.

¡EN LA ROTONDA HAY UN HOTEL DE CINCO ESTRELLAS!

La mayor rotonda
Una rotonda, en Putrajaya, (Malasia) tiene 3,4 km de circunferencia. Rodeada por la carretera Persiaran Sultan Salahuddin Abdul Aziz Shah, tiene 15 puntos de entrada y salida.

La carretera más peligrosa

La carretera que muchos consideran la más mortífera del mundo es la de los Yungas, que discurre a lo largo de 69 km desde La Paz a Coroico (Bolivia), y tiene en su haber hasta 300 muertes anuales: 4,3 por km. A lo largo de casi todo su trazado, esta carretera de tierra de un solo carril (pero con dos sentidos de circulación) tiene un desfiladero sin valla protectora que mide 4.700 m en su punto más alto, lo que la vuelve aún más letal en la estación de las lluvias.

GUINNESS WORLD RECORDS

= 300.000 km

LAS 10 REDES DE CARRETERAS MÁS LARGAS

384.000 km: distancia de la Tierra a la Luna.

10. España 681.298 km

9. Australia 818.356 km

8. Francia 951.200 km

7. Rusia 982.000 km

6. Canadá 1.042.300 km

5. Japón 1.203.777 km

1.390.000 km: diámetro del Sol.

4. Brasil 1.751.868 km

DATO: Los peruanos conducen más que cualquier otra nacionalidad; ¡el peruano medio conduce 38.553 km cada año!

Sobre 3.000.000 km: distancia recorrida por la luz en 10 segundos.

3. India 3.320.410 km

2. China 3.860.800 km

4.667.097 km: distancia recorrida hasta diciembre de 2010 por un Volvo P-1800S (1966) propiedad de Irvin Gordon (EE.UU.), **la mayor distancia recorrida** por un solo coche.

4.830.086 km: distancia recorrida por el camionero profesional William Coe, Jr. (EE.UU.) entre 1986 y 2009, la **mayor distancia recorrida sin accidentes en un vehículo comercial**.

5.565.600 km: distancia total recorrida anualmente por los conductores por cada kilómetro de carretera en Hong Kong, la nación con la **red de carreteras más usada** del mundo. Las **carreteras más congestionadas**, sin embargo, se encuentran en Kuwait, ¡donde hay casi 271 vehículos por kilómetro de carretera!

1. EE.UU. 6.506.204 km

Fuente: The Economist.

HITOS DE LA INGENIERÍA

La mayor presa de hormigón

La Presa de las Tres Gargantas, en el río Yangtze (China) empezó a construirse el 14 de diciembre de 1994, y está en funcionamiento desde 2005. Se han empleado 14,86 millones de m³ de hormigón, mide 2.335 m de largo y su parte superior está a 185 m sobre el nivel del mar. La presa sigue todavía en construcción, pero se calcula que será el proyecto constructivo más caro del mundo, con un coste no oficial estimado de más de 75.000 millones de dólares.

La presa más alta
La presa de Nurek, en el río Vakhsh (Tayikistán), mide 300 m de alto y fue terminada en 1980.

La presa más larga
Terminada en 1964, el embalse de Kiev, en el río Dnieper (Ucrania), tiene una presa de 41,2 km de largo.

El dique de goma más largo
El dique de goma Xiaobudong, construido en el río Yihe en la provincia de Shandong (China), mide 1.135 m de largo y consta de 16 secciones, cada una de ellas de 70 m de largo. Se acabó de construir el 1 de julio de 1997.

La presa más robusta
La presa de Sayano-Shushenskaya, en el río Yenisei (Rusia), está diseñada para soportar la carga récord de 18 millones de toneladas que ejerce el embalse completamente lleno, de 31.300 millones de m³ de capacidad. La presa, que se completó en 1987, mide 245 m de alto.

EN EL MAR

El puente más largo en mar abierto
Los 36 km de largo del puente de la bahía de Hangzhou, que une las ciudades de Cixi y Zhapu en la provincia de Zhejiang (China), es el puente que salva una mayor distancia en aguas abiertas. La construcción de esta obra de 1.400 millones de dólares empezó en junio de 2003 y terminó en 2007. Fue inaugurado oficialmente en 2008.

Los puentes colgantes más largos

1. Puente Akashi-Kaikyò
Longitud: 1.990,8 m
Conecta: la isla principal de Japón (Honshu) con la isla de Shikoku
Año de construcción: 1998

2. Puente Xihoumen
Longitud: 1.650 m
Conecta: China continental con el archipiélago de Zhoushan
Año de construcción: 2009

3. Great Belt Bridge
Longitud: 1.624 m
Conecta: las islas danesas de Zealand y Funen
Año de construcción: 1998

EN TIERRA

El puente más largo
El Gran Puente Danyang-Kunshan, en la línea de alta velocidad de Jiangsu (de Pekín a Shanghái), mide 164 km de largo. La línea, que entró en servicio en junio de 2011, también pasa por el viaducto de 114 km de Langfang-Qingxian, que es el segundo puente más largo del mundo.

El puente más largo sobre una superficie continua de agua
El Second Lake Pontchartrain Causeway, terminado en 1969, une Mandeville con Metairie, en Luisiana (EE.UU.) y mide 38,42 km de largo.

La pasarela más larga
El Poughkeepsie Bridge (también conocido como el «Paseo sobre el Hudson State Historic Park»), en Nueva York (EE.UU.), fue reabierto al público el 3 de octubre de 2009 y es el puente peatonal más largo del mundo, con 2,06 km.

El puente más largo para tráfico rodado
Los seis carriles elevados del Bang Na Expressway (también conocido como el Burapha Withi Expressway) discurren por Bangkok (Tailandia) a lo largo de 54 km. Para su construcción se emplearon 1,8 millones de m³ de hormigón. Fue inaugurado el 7 de febrero de 2000 y sus obras costaron mil millones de dólares.

El canal más largo
El Belomorsko-Baltiysky Kanal, o Canal Blanco del mar Báltico, va de Belomorsk a Povenets (Rusia). Mide 227 km de largo y tiene 19 esclusas. Fue construido por mano de obra forzada entre 1930 y 1933.

El canal más largo para grandes barcos
El Canal de Suez, en Egipto, que une el mar Rojo con el Mediterráneo, mide 162,2 km de largo desde el faro de Port Said hasta la ciudad de Suez. Fue inaugurado el 17 de noviembre de 1869, y para construirlo fueron necesarios 10 años y 1,5 millones de trabajadores, de los cuales 120.000 murieron durante las obras. Tiene una anchura máxima de 365 m,

El puente atirantado a más altura

Un puente atirantado se caracteriza por disponer de unos cables que sujetan su tablero a uno o más pilares (a menudo llamados torres o pilones). El tablero de 1.124 m de largo del Puente Baluarte Bicentenario de México está, en su punto más elevado, a 402,57 m sobre el nivel medio del agua del río Baluarte. El puente está sostenido por 12 torres de hormigón, la más alta de las cuales mide 153 m desde la base de sus cimientos hasta el nivel de la carretera.

El puente colgante a más altura

El tablero del puente sobre el río Si Du, en el condado de Badong, Hubei (China), está a 472 m de altura sobre el fondo del valle, más que suficientes para acomodar debajo al Empire State Building.

Los barcos con mayor capacidad de carga

El MV *Fairplayer* y el MV *Javelin*, ambos elaborados por Jumbo Shipping, de Rotterdam (Países Bajos), son megabuques de clase «J» con dos grúas Huisman capaces cada una de cargar 900 toneladas de una sola vez, lo que supone una capacidad de carga de 1.800 toneladas. Ambos cargueros tienen una capacidad de transporte (tonelaje de peso muerto o TPM) de 12.673 toneladas. Las cargas pesadas van soldadas a la cubierta.

El objeto más pesado levantado en el mar

La grúa marina *Saipem 7000*, la segunda más grande del mundo, batió el récord de levantamiento de peso en el mar cuando en octubre de 2004 movió una carga de 12.150 toneladas desde un carguero de transporte pesado hasta la plataforma Sabratha, en el yacimiento de gas libio de Bahr Essalam. El traslado se completó en tan sólo cuatro horas. La capacidad de carga de sus dos grúas giratorias Amhoist, de 140 m de largo y 11.630 kW de potencia, es de 14.000 toneladas.

El crucero más grande

Con 362 m de largo, 66 m de ancho y un peso bruto de 225.282 toneladas, el MS *Allure of the Seas* (EE.UU.), es el buque de pasajeros más grande. Dispone de 16 cubiertas para los viajeros y puede llevar a 6.318 personas.

El mayor buque portacontenedores

Con una longitud de 397 m, una manga de 56 m y una profundidad desde la cubierta hasta la quilla de 30 m, el MV *Emma Maersk* (Dinamarca) es el mayor buque portacontenedores. Podría llenar un tren de mercancías de más de 70 km de largo.

El vehículo terrestre más grande

La máquina más grande capaz de moverse por sí misma es la excavadora de rodete RB293, fabricada por MAN TAKRAF, de Leipzig (Alemania). Con sus 14.196 toneladas, se emplea para hacer movimientos de tierra en una mina de carbón a cielo abierto en el estado alemán de Renania del Norte-Westfalia. Mide 220 m de largo, 94,5 m de alto y es capaz de mover 240.000 m³ de tierra cada día.

La mayor máquina tuneladora

La máquina tuneladora Mixshield, fabricada por Herrenknecht AG (Alemania), mide 15,43 m de diámetro y pesa 2.300 toneladas. Dos Mixshields fueron empleadas para excavar dos túneles bajo el río Yangtze en China, uniendo Shanghái con la isla de Changxing. Los túneles, construidos entre 2006 y 2008, miden 7,47 km de largo y se hallan a 65 m de profundidad.

TIPOS DE PUENTES

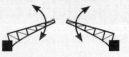

El puente levadizo (basculante)

Tiene dos «hojas» que pueden elevarse para permitir el paso de los barcos; el **puente levadizo más largo** es el Charles Berry Bridge, sobre el río Negro, en Lorain, Ohio (EE.UU.), que mide 101,5 m.

El puente colgante

El tablero está suspendido de unos cables sujetos a los soportes verticales; el **puente colgante más largo para tráfico viario y ferroviario,** con un vano principal de 1.377 m, una anchura de 40 m y una longitud de 2,2 km, es el puente Tsing Ma, en Hong Kong (China).

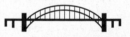

El puente en arco de acero

El tablero pasa por debajo de un arco de acero y (a menudo) entre unos soportes de hormigón. El **puente en arco de acero más largo** es el puente Chongqing-Chaotianmen, sobre el río Yangtze, en China, con un vano principal de 552 m.

El puente giratorio

Es un puente móvil que gira horizontalmente (al contrario al movimiento en vertical de un puente levadizo). El puente de ferrocarril Ferdan, que cruza el Canal de Suez cerca de Ismailia (Egipto), tiene un tramo central de 340 m que gira 90° a fin de permitir el paso de los barcos. Es el **puente giratorio más largo** del mundo.

El puente tibetano

Se trata de un estrecho paso peatonal sujetado por cables o cuerdas con poca tensión; el **puente tibetano más largo** del mundo tiene una longitud de 374 m sobre el río Po, en Turín (Italia).

CIENCIA

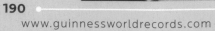

El mayor acelerador de partículas

El Gran Colisionador de Hadrones –un túnel circular subterráneo de 27 km de longitud en la frontera franco-suiza, cerca de Ginebra (Suiza)– es la máquina más grande y compleja de la historia. Su propósito es hacer colisionar dos haces opuestos de protones a muy alta energía para estudiar los resultados. Cuando está en uso, los 9.300 imanes del colisionador son congelados a una temperatura de –271,3 °C, lo que supone un frío más intenso que el que se da en el espacio profundo. ¡Eso convierte al colisionador en **el frigorífico más grande** del mundo!

¿CUÁL ES LA VELOCIDAD MÁXIMA?

¿Puede viajar algo a mayor velocidad que la luz?

La noticia más importante de la física en 2011 fue la revelación de que podía haberse superado la **mayor velocidad posible.** Uno de los puntales de la ciencia es que nada puede viajar más rápido que la luz en el vacío. Esta velocidad límite afecta a: el calor, la gravedad, las ondas de radio... Sin embargo, un experimento en el que unas partículas minúsculas llamadas neutrinos se lanzaron a través de la Tierra hacia un detector, parecía demostrar que estas partículas subatómicas viajaban a una velocidad ligeramente superior a la de la luz. ¿Eran erróneos nuestros conocimientos sobre el universo?

Borexino

La finalidad del experimento Borexino es detectar los neutrinos de baja energía que emanan del Sol. Situado en unas instalaciones subterráneas en el Gran Sasso (Italia), está protegido de los rayos cósmicos pero no de los neutrinos, capaces de atravesar las montañas de roca que lo rodean. Los tubos fotomultiplicadores detectan los protones individuales producidos cada vez que un neutrino solar interactúa con un átomo en el fluido interno del detector (en la imagen pequeña, líquido que llena el detector).

CERN

El Centro Europeo de Investigaciones Nucleares (CERN) es un laboratorio internacional situado a las afueras de Ginebra. Se fundó en 1954 y está integrado por 21 países. Su proyecto más importante es el Gran Colisionador de Hadrones.

1. Piones y kaones

Para crear los neutrinos, el Super Proton Synchrotron (SPS) del CERN genera primero un haz de protones. Éste, a su vez, golpea en un blanco de grafito que da lugar a unas partículas subatómicas llamadas piones y kaones.

Interior del acelerador de partículas

A diferencia de los protones y los electrones, los neutrinos carecen de carga eléctrica. Los neutrinos pueden atravesar fácilmente la materia. Cada segundo, el Sol produce más de doscientos billones de billones de billones de neutrinos; también cada segundo, nuestro cuerpo es atravesado por miles de millones de neutrinos.

Los sensacionales resultados de 2011 se debieron a un haz de neutrinos artificiales que fueron disparados desde el CERN en Suiza, donde se encuentra el Gran Colisionador de Hadrones. Dicho haz se dirigió a través de la Tierra hacia el detector OPERA del Gran Sasso, en Italia, a 732 km de distancia. El misterio fue que los neutrinos del CERN aparentemente llegaron 60,7 milmillonésimas de segundo antes de lo que debían viajando a la velocidad de la luz.

2. Neutrinos

Las partículas subatómicas producidas por el SPS entran en un túnel de 1 km de longitud, donde se descomponen en muones y neutrinos muón. Entonces son concentrados en un haz y disparados en dirección al detector del Gran Sasso. Cuando estas partículas encuentran roca firme, sólo la atraviesan los neutrinos muón.

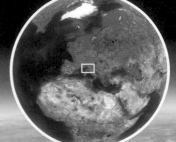

CERN

SUIZA

FRANCIA

3. A través de la Tierra

Los neutrinos viajan en línea recta a través de la Tierra a una profundidad máxima de 11,4 km y recorren un total de 732 km hasta Italia. Mediante un GPS se monitoriza incluso el cambio más sutil que experimenta la Tierra.

No está a escala

Del Sol a la Tierra:
8 min y 19 s

De la Luna
a la Tierra:
1,3 s

La velocidad de la luz

La Teoría de la Relatividad Especial de Albert Einstein propone que la velocidad de la luz es la velocidad máxima a la cual cualquier energía o materia puede viajar. La idea de que la luz posee una «velocidad» fue demostrada por primera vez por el danés Ole Christensen Rømer (1644-1710), cuyas investigaciones sobre las lunas de Júpiter le llevaron a comprender mejor la forma en que la luz viaja. Actualmente, la velocidad es ratificada como una constante por la Conferencia General de Pesas y Medidas, el organismo que controla el Sistema Internacional de Medidas.

DATO:
$E = mc^2$ es la ecuación más famosa de Einstein. Es una consecuencia directa de su Teoría de la Relatividad Especial.

La medición de la velocidad de la luz

La tabla siguiente muestra cómo, a lo largo de la historia, los científicos han conseguido determinar la velocidad de la luz cada vez con mayor precisión.

Fecha:	Científico:	Velocidad de la luz (km/s):
1675	Ole Rømer (Dinamarca) y Christiaan Huygens (Países Bajos)	220.000
1729	James Bradley (R.U.)	301.000
1849	Hippolyte Fizeau (Francia)	315.000
1862	Léon Foucault (Francia)	298.000±500
1907	Edward Rosa y Noah Dorsey (ambos de EE.UU.)	299.710±30
1926	Albert Michelson (EE.UU.)	299.796±4
1950	Louis Essen y A. C. Gordon-Smith (ambos de R.U.)	299.792,5±30
1958	Keith Davy Froome (R.U.)	299.792,5±0,10
1972	K. M. Evenson (EE.UU.) y colaboradores	299.792,4562±0,0011
1983	17.ª Conferencia General de Pesas y Medidas	299.792.458 (cifra exacta)

El equipo OPERA midió 16.000 veces la velocidad de los neutrinos del CERN, y en cada resultado las partículas llegaban más rápido de lo esperado. El paso siguiente fue medir las velocidades de los neutrinos de forma independiente; si un laboratorio diferente podía confirmar los resultados, la barrera de la velocidad de la luz podría haberse roto.

En el experimento ICARUS, llevado a cabo también en el Gran Sasso, se empleó argón líquido para detectar los neutrinos que llegaban en el haz procedente del CERN y no se encontraron signos de la anomalía que superaba la velocidad de la luz. Mientras tanto, el equipo OPERA descubrió una conexión defectuosa entre un cable de fibra óptica y un receptor GPS empleados para sincronizar las mediciones del tiempo entre el CERN y el Gran Sasso. Parece ser que los científicos, incluidos Albert Einstein y James Clerk Maxwell, estaban en lo cierto al afirmar que la velocidad de la luz, efectivamente, es la **más rápida que existe en el universo,** incluso para los neutrinos.

5. El detector OPERA

El detector OPERA está integrado por 150.000 «bloques» de película fotográfica, separados por placas de plomo. Está situado en el subsuelo debajo del macizo del Gran Sasso, de modo que está aislado de otras partículas y radiaciones que no pueden atravesar la materia tan fácilmente como los neutrinos. Cuando un neutrino interactúa con la materia con la que están construidos los bloques, la película fotográfica registra el suceso, que entonces puede ser analizado revelando por separado la película de cada bloque.

Laboratorio Nacional del Gran Sasso

4. Gran Sasso

En el Gran Sasso, los neutrinos llegan y son detectados por OPERA después de viajar 732 km a través de la corteza terrestre en sólo 0,0024 segundos. Parece ser que llegaban 0,000000067 segundos antes de lo que deberían haberlo hecho si hubieran viajado a la velocidad de la luz.

ITALIA

GRAN SASSO

732 km

FRONTERAS DE LA CIENCIA

El mapa más detallado de la base rocosa de la Antártida

El BEDMAP2, elaborado por el British Antarctic Survey (BAS), permite ver cómo es la Antártida bajo el hielo. Es un mapa digital creado a partir de unos 27 millones de datos captados mediante radar, aparato que puede «ver» a través del hielo. Aviones, satélites y equipos de trineos tirados por perros tomaron unas medidas con las que luego se hizo el mapa. El BEDMAP2 se mostró por primera vez en diciembre de 2011 y actualizaba el primer BEDMAP, del año 2000.

La cámara más rápida

En diciembre de 2011, el Massachusetts Institute of Technology (EE.UU.) dio a conocer una cámara capaz de captar datos visuales de eventos repetitivos a una velocidad de medio billón de imágenes por segundo. La cámara, que acumula los datos de las muchas repeticiones de los eventos, tiene, por tanto, una velocidad de obturación efectiva de dos billonésimas de segundo. Puede captar un rayo de luz en movimiento atravesando una botella.

La vida multicelular a más profundidad

En junio de 2011, unos científicos anunciaron el descubrimiento de una nueva especie de gusano nematodo, que vive por lo menos 1,3-1,6 km por debajo de la superficie de la Tierra. Este nematodo (*Halicephalobus mephisto*) sobrevive en grietas de rocas llenas de líquido, donde se alimenta de bacterias. *Más información en la p. 114.*

El primer láser viviente

En junio de 2011, Malte Gather y Seok Hyun Yun, del Wellman Center for Photomedicine del Massachusetts General Hospital (EE.UU.), anunciaron que habían empleado una célula proveniente de un riñón humano para crear luz láser. Los científicos inyectaron en esa célula de riñón ADN de una medusa luminiscente, lo que hacía que la célula brillara de color verde cuando se proyectaba luz azul sobre ella. Mediante el uso de espejos, consiguieron que la célula emitiera luz láser de color verde. La célula sobrevivió al proceso, incluso después de varios minutos emitiendo luz láser.

La más alta frecuencia de un dispositivo microelectrónico

En enero de 2012, investigadores de la Technische Universität Darmstadt (Alemania) anunciaron que habían creado un diodo túnel resonante experimental de menos de 1 mm^2, que puede transmitir a 1,111 THz, o 1 billón 111.000 millones de ciclos por segundo. El diminuto transmisor, que funciona a temperatura ambiente, podría conducir a nuevos métodos de diagnóstico médico.

La captura de antimateria más prolongada

El 5 de junio de 2011, científicos que trabajan en el experimento ALPHA en el CERN de Ginebra (Suiza), informaron de que habían capturado 112 átomos de antihidrógeno durante 16 minutos. El experimento ALPHA mezcló antiprotones y positrones en una cámara al vacío donde se combinaron para formar antihidrógeno. Entonces éste fue capturado dentro de una botella magnética. Los átomos de antihidrógeno se detectaron al apagar el campo magnético dentro de la botella magnética y observar unos destellos luminosos en el momento en que cada átomo de antihidrógeno se reunía con materia normal. Los átomos normales y los de antimateria fueron destruidos.

El reloj más preciso

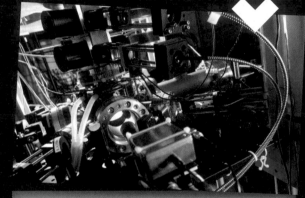

El CsF2, un reloj atómico con fuente de emisión de cesio que se encuentra en el National Physical Laboratory del R.U., en Teddington, Londres, forma parte de una red global de relojes atómicos de muy alta precisión que miden de modo constante el paso del tiempo en el mundo. El 26 de agosto de 2011, el reloj CsF2 tenía un margen de error de una fracción de tiempo por cada 4.300 billones, lo que significa que necesitaría 138 millones de años para perder o ganar menos de un segundo.

El mayor telescopio Cherenkov

El telescopio Major Atmospheric Gamma-ray Imaging Cherenkov (MAGIC) está formado por un par de telescopios casi idénticos ubicados en la isla de La Palma, en las Islas Canarias (España). Cada telescopio tiene un diámetro de 17 m y una superficie de 236 m^2. Detectan la radiación de Cherenkov, de un color azul pálido y que se produce en la atmósfera de la Tierra por la llegada de rayos gamma de muy alta energía producidos por distantes acontecimientos cósmicos. El primer telescopio empezó a funcionar en 2004 y el segundo en 2009.

DATO: Las superficies activas de los espejos están compuestas por 974 piezas de aluminio pulidas con polvo de diamante y recubiertas de cuarzo.

La energía láser más alta (sobre un solo objetivo)

El láser de la National Ignition Facility, en Lawrence Livermore National Laboratory de San Francisco (EE.UU.), consta de 192 haces de rayos láser. En octubre de 2010, se disparó un rayo de un megajulio contra una bolita del tamaño de un grano de pimienta de combustible nuclear. La energía aplastó la bolita al instante, liberando unos 10 billones de neutrones y logrando la fusión exitosa de algunos átomos de tritio y deuterio. El objetivo final es crear una reacción de fusiones que ofrezca energía ilimitada y no contaminante.

La primera imagen de distribución de carga en una sola molécula

El 27 de febrero de 2012, los científicos del IBM Research de Zúrich (Suiza), anunciaron que habían utilizado la «microscopia de sonda Kelvin» para tomar imágenes y medir la distribución de carga positiva y negativa en una molécula de naftalocianina. Este avance debería hacer posible investigar las cargas a nivel molecular cuando se forman los enlaces químicos.

La sustancia más oscura creada por el hombre

Una matriz de nanotubo de carbono de baja densidad, creada por investigadores del Rensselaer Polytechnic Institute y de la Rice University (ambas de EE.UU.), mostró una reflectancia del 0,045% cuando fue testada en el Rensselaer Polytechnic Institute, el 24 de agosto de 2007.

El bit magnético de memoria más pequeño

En enero de 2012, IBM y el Centro Alemán para la Ciencia del Láser de Electrones Libres, anunciaron que habían logrado almacenar un bit de datos en un dispositivo de almacenamiento consistente en tan sólo 12 átomos de hierro de 4 × 16 nanómetros. En comparación, un PC moderno necesita alrededor de un millón de átomos para hacer lo mismo. El dispositivo fue creado átomo a átomo utilizando un microscopio de efecto túnel, en el Almaden Research Center de IBM en San Jose, California (EE.UU.).

La computadora más rápida

La computadora K del Instituto Avanzado de Ciencias de la Computación RIKEN, en Kobe (Japón), es la supercomputadora más rápida del mundo, con 10.510 billones de operaciones por segundo, según el sistema LINPACK de evaluación comparativa. Construida en colaboración con Fujitsu, alcanzó por segundo año consecutivo el primer lugar en la lista TOP500 –que clasifica a las supercomputadoras más potentes– en 2011.

El robot humanoide más rápido

ASIMO (acrónimo de Advanced Step in Innovative Mobility) es el último de una serie de prototipos de robots humanoides desarrollados por Honda (Japón) desde el año 2000. El 8 de noviembre de 2011, Honda dio a conocer el último ASIMO, que puede correr a 9 km/h manteniendo ambos pies separados momentáneamente del suelo.

Más robots en la página siguiente.

El mayor vehículo de exploración planetaria

El 26 de noviembre de 2011, la NASA lanzó la misión Mars Science Laboratory hacia el planeta Marte. A bordo se encontraba el vehículo explorador *Curiosity*, de 3 m de largo y 900 kg de peso, incluyendo los 80 kg del instrumental científico. Está diseñado para viajar a velocidades de hasta 0,09 km/h, mientras explora la geología del cráter Gale de Marte.

Láser y cámara para analizar las rocas y el suelo

Sensor meteorológico

Espectrómetro y cámara en un brazo robótico para estudiar las rocas de cerca

Suspensión diseñada para moverse sobre las rocas de Marte

Ruedas y tren de aterrizaje

EVOLUCIÓN DE LAS SUPERCOMPUTADORAS

El cerebro humano sólo hace hasta cinco cálculos por segundo; la más rápida de las computadoras (véase izquierda) puede realizar hoy más de 10.000 billones a la vez. Aquí vemos el número de cálculos (operaciones) por segundo que las computadoras han sido capaces de realizar en diferentes épocas:

OPS *Operaciones por segundo*	1943	5.000 OPS
	1944	100.000 OPS
	1955	400.000 OPS
MFLOPS *Millones de operaciones de coma flotante por segundo (FLOPS)*	1960	1,2 MFLOPS
	1964	3 MFLOPS
	1969	36 MFLOPS
	1974	100 MFLOPS
	1976	250 MFLOPS
	1981	400 MFLOPS
	1983	941 MFLOPS
GFLOPS *Gigaflops: 10^9 -1.000.000.000 (mil millones) - FLOPS*	1984	2,4 GFLOPS
	1985	3,9 GFLOPS
	1989	10 GFLOPS
	1990	23,2 GFLOPS
	1993	43 GFLOPS
	1994	170 GFLOPS
	1996	368 GFLOPS
TFLOPS *Teraflops: 10^{12} -1.000.000. 000.000 (un billón) - FLOPS*	1997	1,34 TFLOPS
	1999	2,38 TFLOPS
	2000	7,23 TFLOPS
	2002	35,8 TFLOPS
	2004	70,7 TFLOPS
	2005	280 TFLOPS
	2007	478 TFLOPS
PFLOPS *Petaflops: 10^{15} -1.000.000. 000.000.000 (mil billones) - FLOPS*	2008	1,1 PFLOPS
	2009	1,76 PFLOPS
	2010	2,5 PFLOPS
	2011	10,51 PFLOPS

Fuentes: Peer1 Hosting; Top500

IA Y ROBÓTICA

perfeccionaron el *software* necesario para describir el comportamiento de una «columna neocortical» humana, una subunidad del cerebro formada por unas 10.000 neuronas. En 2011, 100 de dichas columnas neocorticales se unieron para formar una red de un millón de neuronas artificiales. Se trata del *software* de emulación de un cerebro humano más sofisticado hasta el momento.

El robot antipersonas más mortífero

En 2010, Corea del Sur incorporó armamento robótico avanzado con el Super aEgis 2, una torreta robótica equipada con una pesada ametralladora de 12 mm, un lanzagranadas de 40 mm e incluso misiles tierra-aire. Esta arma utiliza sensores de infrarrojos y una cámara para rastrear objetivos humanos a una distancia de hasta 3 km con luz de día y de 2,2 km por la noche. Los objetivos se reconocen y son seguidos utilizando complejos algoritmos de inteligencia artificial. Un telémetro láser permite al ordenador ajustar la puntería y un giroscopio ayuda a corregir el retroceso.

El primer crítico cinematográfico informático

La empresa británica Epagogix ha desarrollado un programa de ordenador de inteligencia artificial que puede predecir con exactitud los ingresos de taquilla de una película. En primer lugar, unos lectores humanos evalúan un guión prospectivo, asignando valores

El primer juego de sigilo con IA colectiva
En *Metal Gear Solid 2* (2001) aparecían unos guardias que trabajaban en equipo y se comunicaban con otros fuera de la escena. Tal nivel de IA forma parte de los juegos de sigilo.

El cerebro humano sintético más avanzado

Los investigadores del proyecto Blue Brain, coordinado por el Federal Institute of Technology de Lausana (Suiza), están construyendo un cerebro humano artificial que simula el funcionamiento de células cerebrales individuales, o «neuronas», en el interior de una supercomputadora. En 2008, los científicos del proyecto

El androide más real

En marzo de 2011, un equipo de científicos de la Universidad de Osaka y la empresa de robótica Kokoro (ambos de Japón), presentaron un androide (robot con rasgos que imitan a los humanos) que es el más real hasta la fecha. Su nombre es Geminoid DK y se ha fabricado a imagen y semejanza del profesor de tecnología Henrik Scharfe, de la Universidad de Aalborg (Dinamarca). Su desarrollo ha costado 200.000 dólares.

El primer juguete robótico de IA

Furby, fabricado por Tiger Electronics (Japón), fue la primera cibermascota robótica con inteligencia artificial (IA). Salió a la venta en 1998 y su aspecto era el de un muñeco de peluche, parecido al Gizmo de las películas de los *Gremlins*. Los Furbys tenían que alimentarse (colocándoles objetos en la boca para activar un botón), podían «aprender» a hablar y dormían (roncando). En tres años se vendieron más de 40 millones de unidades.

numéricos a centenares de variables que describen su contenido. Después, el *software* compara estos números con los de películas estrenadas anteriormente, junto con los ingresos que generaron en taquilla, lo cual arroja una previsión de lo que podría obtenerse con una producción completa del nuevo guión. La empresa asegura que su *software* puede calcular la recaudación en taquilla con un margen de error de +/– 10 millones de dólares.

El mayor derrumbe bursátil provocado por una operación automatizada

n Clo e Buy Imbalance: Shrs 5790

11,809
11,339
10,86
10,7

10 11 12 1 2 3

DJI 10,519.50 -348.63

El 6 de mayo de 2010, el Dow Jones, un índice de valores bursátiles de EE.UU., se desplomó más de 600 puntos (cerca del 6%), pero se recuperó 20 minutos más tarde. Se cree que el llamado «desplome relámpago» fue causado por una «contratación algorítmica», término que se refiere a los ordenadores de IA que contratan automáticamente, según ciertas reglas programadas de antemano.

DATO: Geminoid DK tiene la «piel» de goma. Unos dispositivos neumáticos le permiten mostrar expresiones y movimiento.

DATO: Un algoritmo es una serie de instrucciones que un ordenador puede seguir para hacer un cálculo.

Más puntuación de un ordenador en un concurso

En 2011, IBM presentó un ordenador llamado «Watson» en el concurso televisivo de EE.UU. *Jeopardy!* contra dos concursantes de alto nivel; derrotó a ambos de forma aplastante y ganó 77.147 dólares. En muchas de las preguntas, los concursantes no pudieron pulsar con la suficiente rapidez el botón de respuesta. Antes de iniciarse el juego, los ingenieros cargaron un gran volumen de datos en Watson, enseñándole cómo se comunican los humanos y convirtiéndole en un genio en conocimientos generales.

El primer ordenador en vencer a un campeón mundial de ajedrez (con control de tiempo convencional)

El 11 de mayo de 1997, el campeón mundial de ajedrez Garry Kasparov (Rusia) fue vencido por el ordenador de ajedrez *Deep Blue* de IBM, un procesador paralelo superpotente capaz de evaluar en cada segundo 200 millones de posiciones del tablero y que almacenaba en su memoria los detalles de 700.000 partidas jugadas por los grandes maestros.

El primer robot de póquer en vencer a profesionales humanos en un torneo en directo

En 2008, un programa llamado «Polaris», escrito por científicos informáticos de la Universidad de Alberta (Canadá), venció a un equipo de seis profesionales humanos en un torneo celebrado en Las Vegas

(EE.UU.). El programa jugó contra cada uno de los profesionales una partida de 500 manos de la versión de Texas Holdem limitado («limitado» significa que se fija un límite en el tamaño de las apuestas), cuyo ganador es el que termina cada partida con más fichas. Polaris ganó tres partidas, perdió dos y empató una.

El menor tiempo en resolver un cubo de Rubik por un robot

Un robot ya puede resolver el cubo de Rubik más rápido que una persona. El 11 de noviembre de 2011, CubeStormer II terminó un cubo revuelto de 3 × 3 en 5,27 segundos en las oficinas de la revista *Wired*, en Londres (R.U.). El robot fue encargado por ARM Holdings y construido por Mike Dobson y David Gilday (todos del R.U.), con cuatro kits LEGO Mindstorms NXT y un teléfono móvil.

Samsung Galaxy S2. El récord humano de 5,66 segundos lo consiguió Feliks Zemdegs (Australia), el 18 de febrero de 2012.

El primer científico de IA

En 2009, investigadores del Creative Machines Lab de la Cornell University de Nueva York (EE.UU.) presentaron un *software* llamado Eureqa. Si se carga con datos de casi cualquier tema, el programa busca una ley matemática que explique cómo se relacionan entre ellos. Como prueba, el equipo alimentó el programa con datos sobre el movimiento de un péndulo. Su respuesta fue el «descubrimiento» de la segunda ley de Newton sobre el movimiento y la energía.

Cerebro que aprende de los errores

DATO:
A diferencia de los androides, los robots humanoides no necesariamente tienen rostro humano.

Un solo ojo lo bastante potente para imitar la visión estereoscópica humana

Tendones, músculos y huesos hechos de un plástico especial

DATO:
El nombre de Ecci deriva del latín «ecce», que significa «he aquí».

El robot humanoide más avanzado

En junio de 2011, científicos de la Universidad de Zúrich (Suiza) presentaron un sorprendente robot humanoide llamado Ecci. Está dotado del equivalente electromecánico en músculos, tendones y nervios para mover los huesos de su esqueleto. Éstos son controlados por un cerebro sintético altamente avanzado, un ordenador que aprende de sus experiencias. De esta forma Ecci puede desarrollar habilidades de coordinación y no repite sus errores. En el desarrollo de Ecci participaron 25 científicos durante tres años.

Motores que mueven las articulaciones

Antebrazos giratorios

VER P. 204, DONDE LA CIENCIA ES CIENCIA FICCIÓN

LA EVOLUCIÓN DE LOS ROBOTS

La idea de una máquina capaz de moverse de forma independiente data de tiempos remotos. Los mecanismos de entretenimiento, como muñecos, juguetes de cuerda y cajas de música, existen desde hace siglos. Pero robots realmente funcionales, o máquinas capaces de procesar cálculos, son inventos mucho más recientes...

CALCULADORA MECÁNICA
Definición: cualquier aparato automático de cálculo
Primer ejemplo: mecanismo de Antícitera, considerado el **ordenador analógico más antiguo** (principios s. I a.C.)

ROBOT INDUSTRIAL
Definición: máquina no humanoide utilizada para realizar tareas de fabricación industrial
Primer ejemplo: robot Unimate, introducido por General Motors (1961)

HUMANOIDE
Definición: robot más autónomo; estructura antropomórfica: cabeza, brazos, tronco y, a veces, piernas
Primer ejemplo: WABOT-1 (1973)

ANDROIDE
(equivalente femenino: «ginoide»)
Definición: robot con rasgos que imitan de forma convincente los humanos, y que puede procesar información y responder a ella
Primeros ejemplos: principios del s. XX, los robots Actroid y EveR-1 (ambos de 2003)

CIBORG
Definición: ser formado por partes mecánicas y partes orgánicas, y equipado con tecnología integral y avanzada*
Primer ejemplo: científico británico Kevin Warwick, que se implantó un chip electrónico en el sistema nervioso (2002)

* no incluye personas con dispositivos artificiales, como prótesis auditivas, oculares o de miembros

NÚMEROS

El número más irracional

Un número se considera «irracional» si no puede escribirse como fracción o en forma decimal; necesitaríamos un número infinito de dígitos. La constante geométrica pi es un ejemplo (véase debajo).

El número más irracional es 1 más la raíz cuadrada de 5 dividido entre 2, una cifra aproximadamente igual a 1,618. Este número se conoce como el «Número Áureo». Las formas con lados en esta proporción tienden a ser especialmente agradables a la vista, un hecho conocido por los artistas y arquitectos ya desde el siglo V a. C. El cuadro de arriba, que usa el «Número Áureo», es *Un baño en Asnières* (1884), de Georges Pierre Seurat.

El valor más exacto de pi

Pi (π) es un número que a menudo se usa en geometría para expresar la longitud de una circunferencia con relación a su diámetro. Tiene un valor de 3,141592, pero éste es sólo el valor de seis decimales; de hecho, puesto que es un número «irracional», es imposible escribir su valor completo. La mayor cantidad de dígitos de pi calculada hasta la fecha la realizaron Shigeru Kondo (Japón) y el estudiante Alexander J. Yee (EE.UU.) en 2011. Kondo, usó un programa informático escrito por Yee para calcular pi hasta 10 billones de decimales, ¡un cómputo que le llevó 371 días!

El número irracional más antiguo

El primer número irracional descubierto fue la raíz cuadrada de 2, por Hipaso de Metaponto (entonces parte de la Magna Grecia, al sur de la Italia actual), alrededor del año 500 a. C.

El mayor número bautizado

El mayor número lexicográficamente aceptado en el sistema de potencias sucesivas de 10 es el «centillón», registrado por primera vez en 1852. Es la 100.ª potencia de un millón, o 1 seguido de 600 ceros (aunque sólo en Europa).

Las palabras googol (10^{100}) y googolplex (10^{googol}) se han incorporado al lenguaje para describir números elevados, pero sólo se usan en un contexto informal.

El mayor número primo

Un número «primo» es cualquier número natural divisible sólo por 1 y por sí mismo. El mayor número primo encontrado hasta la fecha fue descubierto por el Great Internet Mersenne Prime Search Proyect, el 23 de agosto de 2008. Es un primo de Mersenne, lo que significa que puede escribirse como 2^n-1, donde «n» es una potencia; $2^{43112609}-1$ contiene unos 12.978.189 dígitos.

El **número primo más pequeño** es el 2.

El número compuesto más pequeño

Un número «compuesto» es un número mayor que 1 que puede dividirse entre números distintos a 1 y a sí mismo. Ejemplos son el 22 (2×11) y el 20 (2×10, 4×5). El número compuesto más pequeño es el 4.

El mayor ganchillo hiperbólico

El antiguo filósofo griego Euclides afirmaba que las líneas paralelas siempre serán paralelas. Posteriormente, sin embargo, los matemáticos descubrieron que sus leyes sólo pueden aplicarse en el espacio plano. Por ejemplo, en la superficie curvada de la Tierra las líneas de longitud son paralelas en el ecuador, pero se cruzan en los polos. Los matemáticos también han imaginado espacios curvos teóricos en los que las líneas comienzan paralelas pero luego divergen; dichos espacios «hiperbólicos» tienen forma de silla de montar. Daina Taimina, un matemático letón, ha hecho maquetas de ganchillo de formas hiperbólicas: la más grande mide $70 \times 70 \times 50$ cm y pesa 6,3 kg. Se ha tejido con 7,8 km de hilo.

El menor número perfecto

Se dice que un número es «perfecto» si es igual a la suma de todos sus divisores sin incluirse él mismo. Por ejemplo, el 28 es perfecto: $1 + 2 + 4 + 7 + 14 = 28$. Los dos siguientes números perfectos son el 496 y el 8.128. Por tanto, el número perfecto más pequeño es el 6: $1 + 2 + 3 = 6$.

El problema numérico más antiguo no resuelto

Todos los números perfectos descubiertos hasta la fecha son pares. Pero, ¿podría un número perfecto ser impar? Este enigma ya desconcertaba a los antiguos griegos en la época de Nicómaco de Gerasa en el siglo I, e incluso en tiempos de Euclides, que vivió 500 años antes. Desde entonces, otros matemáticos, entre los que se encuentran Pierre de Fermat y René Descartes, han intentado encontrar una solución, pero ninguno lo ha conseguido.

El número más nuevo

La mayoría de números no se inventan ni se descubren; sencillamente «son». Pero el número 0 tuvo que inventarse. Fue introducido por los babilonios en el

DATO:
El coral crece «hiperbólicamente», y extiende su superficie para abarcar más nutrientes.

Menos tiempo en completar un Sudoku fácil

Thomas Snyder (EE.UU.) completó un Sudoku fácil en 2 min 8,53 s en BookExpo America (Washington DC, EE.UU.) el 20 de mayo de 2006. Sudoku es uno de los pasatiempos de números más populares. En la imagen redonda aparecen algunos de los 1.714 estudiantes de Fairfield Methodist Primary School, en Singapur, que lograron el récord del **mayor número de personas jugando a Sudoku simultáneamente**, el 1 de agosto de 2008.

siglo IV a. C. para indicar nada, la ausencia de cualquier otro número. Originalmente, los babilonios usaban un espacio (y más tarde un marcador de posición) entre numerales para indicar la falta de un dígito o valor; el símbolo actual «0» no surgió hasta el siglo VIII en India.

La prueba más larga

Originalmente propuesto en 1971 por Daniel Gorenstein, el «Teorema Enorme» se refiere a la simetría de las formas geométricas. Fueron necesarios 100 matemáticos y unas 15.000 páginas de trabajos para demostrarlo, una tarea que se completó en 2004.

La cultura con menos números

La tribu Pirahã, que vive en la región amazónica de Brasil (Sudamérica), tiene un vocabulario muy especial: no tiene números. En consecuencia, los Pirahã no pueden contar (aunque tienen expresiones para «más que» y «menos que»). Otras sociedades lingüísticamente incompetentes en el cálculo aritmético (como los aborígenes australianos) toman prestados sistemas numéricos de otros idiomas, pero los Pirahã no parecen tener interés en aprender a contar.

La mayor esponja de Menger

Una esponja de Menger (cuyo nombre proviene de su creador, el matemático austriaco Karl Menger) es un conjunto fractal que se construye de la siguiente manera: se divide cada cara de un cubo en nueve cuadrados (como un cubo de Rubik), y de cada cara se elimina el cubo central y todo el material de debajo. Luego se repite el proceso en el resto de cuadrados. La mayor maqueta de una esponja de Menger mide 1,4 m por lado y pesa 70 kg. Fue construida por la experta en informática Dra. Jeannine Mosely (EE.UU.), con 66.048 tarjetas de visita. Pasó 10 años realizando esta tarea, que terminó en 2005.

DATO: Un fractal es una forma geométrica. Las regiones pequeñas parecen copias del fractal original.

El número más popular

De los números 1-9, el más común es el 1. Podría parecer que todos los números ocurren con la misma frecuencia, pero los estudios de datos en muchas formas, desde horarios de trenes a constantes fundamentales de la naturaleza, demuestran que el 1 ocurre con una probabilidad del 30%, y que los números más elevados ocurren con una frecuencia cada vez menor.

El número binario más largo memorizado en cinco minutos

Los números cotidianos que usamos se denominan «base-10», lo que significa que hay 10 números básicos (0, 1, 2, 3, 4, 5, 6, 7, 8, 9) a partir de los cuales se construyen todos los demás. Por ejemplo, 625 significa seis cientos, dos decenas y cinco unidades.

El término «binario» es otro nombre para los números de base-2. En los números binarios sólo hay dos números básicos: 0 y 1. El número 6 se escribiría 110; un 4, un 2 y cero unidades. En 2008, Ben Pridmore (R.U.) logró el récord mundial al memorizar el mayor número de dígitos binarios en cinco minutos: recitó con precisión cada dígito de una secuencia de 930 dígitos generada al azar. Ben logró este impresionante récord en los 2008 UK Memory Championships, celebrados en Londres (R.U.), y también fue el ganador total del evento. A la derecha hay una propuesta de récord binario que puedes intentar batir tu mismo.

Menos tiempo en escribir de 1 a 1.000.000

Les Stewart (Australia, derecha) escribió de 1 a 1.000.000 de palabras, en 19.990 folios tamaño holandesa. Comenzó en 1982, y el 7 de diciembre de 1998 se convirtió en «millonario».

En un intento de récord parecido en 2007, Jeremy Harper (EE.UU., imagen redonda) contó en voz alta hasta un millón, en una serie de programas emitidos en directo por Internet. Comenzó el 18 de junio de 2007, y alcanzó 1.000.000 el 14 de septiembre de 2007, tras 89 días, un promedio de 11.200 números por día, la **mayor secuencia de números contados en voz alta**.

DATO: En marzo de 2012, las últimas fases de la hazaña de Jeremy aún podían verse en: http://bit.ly/cOT1IC

PON A PRUEBA TU CEREBRO Y BATE UN RÉCORD

Jayasimha Ravirala (India) memorizó una secuencia de números binarios consistente en un récord de 264 números, en sólo un minuto, en el Holy Mary Institute of Technology en Hyderabad (India), el 8 de marzo de 2011. (¡Tardó 9 minutos en repetir con precisión cada número!) ¿Puedes batir este récord? Abajo tienes una secuencia de 265 números, y si puedes memorizarlos en sólo un minuto serás un plusmarquista. ¡¡Inténtalo!!

```
11110110010110011111101110
01101111110010010100100
00001110010010000010100
10011001001111000110
01000110100001000110
11111000101100011000001011
10101101011110010010000
00011011110100011000111011101
10010011010010000010000
00101010101110000101
00100011100100101000
```

Atletismo matemático

Si lo tuyo son las matemáticas, ¿puedes batir la hazaña del francés Alex Lemaire (abajo)? El 10 de diciembre de 2007, en un evento organizado por el Science Museum de Londres (R.U.), este «matleta» fue capaz de calcular mentalmente la 13.ª raíz de un número de 200 dígitos generado al azar (es decir, encontró un número que multiplicado por sí mismo 13 veces daba la respuesta de 200 dígitos original).

Lemaire completó esta hazaña en tan sólo 70,2 segundos, y calculó un valor para la raíz 13.ª de:

83,689,466,882,369,569, 398,373,286,622,256,452, 247,267,804,664,938,366, 774,973,575,581,573,035, 075,704,089,625,288,023, 857,831,568,376,802,934, 938,201,056,343,363,855, 595,931,514,150,415,149, 490,709,419,097,704,449, 305,660,268,402,771,869, 624,155,688,082,648, 640,933

2,407,899,883,032,220

Y ésta es la respuesta, ¡por si te estaba resultando demasiado difícil!

LUZ FANTÁSTICA

La bombilla más tiempo encendida

La Livermore Centennial Light Bulb del Parque de Bomberos 6 de Livermore, California (EE.UU.), lleva encendida desde que se instaló, allá por el lejano año de 1901. La bombilla soplada a mano funciona a unos 4 vatios, 24 horas al día, iluminando los camiones de bomberos. En 2011, la ciudad de Livermore organizó una fiesta para celebrar el 110.º aniversario.

El cable submarino de fibra óptica más largo

Los cables de fibra óptica, pilar de las comunicaciones modernas, transmiten la luz. Miles de kilómetros de estas «tuberías de luz» recorren el fondo de los océanos; la más larga es la Sea-Me-We-3 (Sudeste asiático-Oriente medio-Europa occidental), de 39.000 km. En funcionamiento desde finales del año 2000, la compañía india Tata Communications explota esta red de conexión de alta velocidad de Alemania a Australia y Japón. Desde Alemania, el cable recorre Europa por el mar del Norte, el Atlántico, el Mediterráneo para volver al mar Rojo y al océano Índico. Al sur de Tailandia se divide en dos: un ramal va hacia Japón y el otro se dirige hacia Australia.

El cable de fibra óptica de un solo núcleo más rápido

En abril de 2011, NEC Laboratories de Princeton, en Nueva Jersey (EE.UU.), logró transmitir 101,7 terabits de datos a lo largo de 165 km de fibra óptica. Sería como transmitir el contenido de 250 discos *Blu-ray* por segundo y fue posible al enviar los pulsos de 370 láseres separados de distinta longitud de onda por la fibra. Cada láser emitía su banda de luz infrarroja de distintas polaridades, fases y amplitudes para codificar la información.

La luz más antigua

La luz más antigua del universo es la radiación cósmica de microondas (CMB en inglés), creada por el Big Bang y enfriada y extendida por la expansión. Está por todas partes, distribuida casi uniformemente. La descubrieron en 1964 los astrónomos Arno Penzias y Robert Wilson (ambos de EE.UU.), que advirtieron un resplandor tenue en el espacio que no procedía de ninguna estrella, galaxia u otro objeto. Se calcula que la CMB, y por tanto el universo, tiene 13.750 ± 130 millones de años ($4,336 \times 10^{17}$ s en medidas del SI, o 13,75 giga-año).

El primer cálculo con un ordenador óptico

En 2009, los científicos de la Universidad de Bristol (R.U.) emplearon un chip de silicio con cuatro fotones de luz para ejecutar un algoritmo que calculara la factorización de 15 (3 y 5). Aunque fue una operación de cálculo sencilla, allanará el camino de los ordenadores ópticos superrápidos que, en el futuro, realizarán cálculos a la velocidad de la luz.

El primer holograma

La primera imagen 3D capturada en una superficie 2D (holograma) la lograron Emmett Leigh y Juris Upatnieks de la Universidad de Michigan (EE.UU.), en 1962. Era de un tren de juguete y un pájaro, plasmada en una emulsión fotográfica de haluro de plata sobre cristal. La imagen se veía al proyectar un láser por detrás. Más tarde ese mismo año, el físico soviético Yuri Denisyuk (1927-2006) inventó el holograma de reflexión, que se veía a la luz de una simple bombilla. La primera persona que pensó en capturar una imagen 3D en una placa fotográfica fue el físico británico-húngaro Dennis Gabor (1900-79) en 1947. Sin embargo, los hologramas no llegaron hasta los años sesenta con el desarrollo del láser, que a través de una luz coherente genera un patrón de interferencias.

La primera foto de infrarrojos

La luz infrarroja es una radiación electromagnética con mayor longitud de onda que la luz visible –en el espectro, está después del rojo–. El catedrático Robert Williams Wood (EE.UU., 1868-1955) desarrolló las primeras emulsiones fotográficas que capturaron estos rayos. Publicó las primeras fotografías de los IR en el número de octubre de 1910 de la revista *Photographic* de la Royal Photographic Society. Hoy, la fotografía infrarroja tiene muchos usos artísticos y prácticos, como la detección de cambios en el flujo sanguíneo, el calentamiento de

La luz más brillante jamás observada

En marzo de 2008, el satélite SWIFT vio la explosión de una galaxia que produjo una luz con una potencia de varios cientos de millones, miles de millones mayor que la del Sol.

DATO: La explosión de la galaxia a 7.500 millones de años luz de la Tierra produjo tanta luminiscencia que se observó a simple vista.

La mayor sensibilidad cromática

Los crustáceos estomatópodos, como la mantis marina, tienen ocho tipos distintos de fotorreceptores del color. La mayoría de los pájaros y los reptiles tienen cuatro, los humanos y los primates, tres, y casi todos los mamíferos, dos. Los estomatópodos pueden distinguir muchas tonalidades del espectro electromagnético en la banda de ondas UV, invisible al ojo humano. Con la vista identifican a las presas (a menudo semitransparentes) o esquivan a los depredadores.

La bioluminiscencia más brillante

El cocuyo (*Pyrophorus noctilucus*), de las zonas tropicales de América, produce una luz de 45 mililamberts (como una linterna moderna con un led).

TAMAÑO REAL

aparatos eléctricos y las fugas de calor en los edificios. Los dispositivos de visión nocturna del ejército se basan en la iluminación por infrarrojos, igual que muchos electrodomésticos como estufas, mandos a distancia y láseres de estado sólido de los CD.

La mayor medición óptica
Los medidores ópticos, que emplean un láser en vez de una cinta métrica física, se usan en el sector de la construcción. Sin embargo, la mayor medición

realizada con este tipo de dispositivo óptico alcanzó la Luna. La luz de los láseres situados en EE.UU., Francia y Rusia rebota en los reflectores que los astronautas de las misiones estadounidenses del *Apolo* 11, 14 y 15 colocaron en la superficie lunar, entre 1969 y 1971. Gracias a estos láseres puede calcularse la distancia entre la Luna y la Tierra. Hoy la media es de 384.400 km, un récord que se renueva continuamente porque la Luna se aleja 38 mm de la Tierra al año. La luz tarda 2,5 s en ir y volver.

El primer rótulo de «neón» vivo

Los científicos de la Universidad de California, San Diego (EE.UU.), han creado unas bacterias bioluminiscentes programadas biológicamente para sincronizar sus destellos azules como un neón. Los científicos esperan usar las bacterias como biosensores de bajo coste; por ejemplo, en presencia de organismos contaminantes o causantes de enfermedades, la velocidad de los destellos cambiaría.

La primera estrella guía artificial

El 1 de junio de 1992, los científicos del Observatorio Lick y de Lawrence Livermore National Labs (ambos en California, EE.UU.), lanzaron un rayo láser al cielo para crear una «estrella» artificial de iones de sodio brillantes. Los astrónomos la usaron para observar la «distorsión» que la atmósfera terrestre producía en las imágenes del telescopio. Al observar objetos en el espacio, podían corregir dicha distorsión y crear imágenes más precisas. La tecnología láser se desarrolló a partir del sistema estadounidense de defensa antimisiles «Star Wars», en los años ochenta y noventa.

La mayor bombilla

Como era de esperar, corona la Thomas Alva Edison Memorial Tower, un monumento en honor al inventor de la bombilla eléctrica. Mide 3,96 m de alto, pesa 7.257 kg y la encienden solamente por las noches. La torre, que mide 40 m de altura, se construyó en el año 1937, precisamente donde Edison tenía su laboratorio, en Menlo Park, en el estado de Nueva Jersey (EE.UU.).

ESPECTRO CROMÁTICO
La luz blanca está formada por muchos colores distintos, o longitudes de onda, de luz. El espectro visible es una banda continua de radiación electromagnética cuya longitud de onda disminuye (y cuya frecuencia aumenta).

590–620 nm **NARANJA**

Naranja – *por la fruta (antes llamado amarillo-rojo).*

570–590 nm **AMARILLO**

Amarillo – *Del latín* amarus, *«amargo». De color semejante al oro. Es el tercer color del espectro solar.*

520–570 nm **VERDE**

Verde – *Del latín* viridis, *y éste de* virere *(«brotar»), el color verde está muy presente en la naturaleza por la clorofila, el pigmento de las plantas que les permite absorber la energía del sol.*

450–470 nm **AZUL**

Azul – *el color del cielo de día. ¿Por qué? Porque las partículas de la atmósfera dispersan la luz del Sol; las porciones del espectro con una longitud de onda más corta (como los azules) se dispersan más que las que tienen una longitud mayor (los rojos), de ahí el color del cielo.*

Violeta – *el último color que percibe el ojo humano en el extremo UV del espectro; las consecuencias del UV se observan al broncearnos.*

380–420 nm **VIOLETA**

CIENCIA LOCA

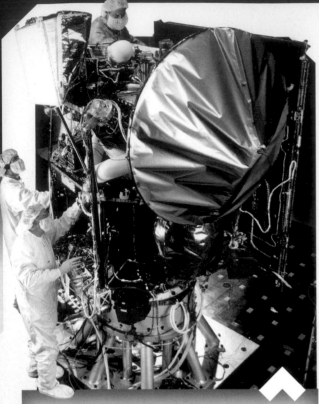

El error de conversión más caro

El 23 de septiembre de 1999, la sonda de la NASA *Mars Climate Orbiter* pasó por detrás del planeta Marte y se desintegró en la atmósfera marciana. ¿La causa? Un error humano. El programa informático de a bordo había sido escrito usando unidades métricas de empuje, pero desde la Tierra se usaron unidades imperiales para insertar los parámetros de corrección de la trayectoria. La misión había costado 327,6 millones de dólares.

La célula más rápida

El 3 de diciembre de 2011, la Sociedad Americana para la Biología Celular anunció los resultados de su primera Carrera Mundial de Células: unos 50 laboratorios de todo el mundo eligieron diferentes tipos de células para competir en una pista de carreras de 0,4 mm. La ganadora fue una línea de células fetales mesenquimales de la médula ósea, de Singapur, que fueron cronometradas a 5,2 micras por minuto, o 0,000000312 km/h.

El mayor premio ofrecido por aportar una prueba científica de habilidad paranormal

En 1968, el mago y escéptico norteamericano, James Randi, ofreció por primera vez el James Randi Educational Foundation Million Dollar Paranormal Challenge, que al principio era un premio de 100 dólares. El 5 de marzo de 2012, la cantidad había aumentado a 1 millón de dólares, y lo ganará el primer grupo que demuestre científicamente la existencia de habilidades paranormales o sobrenaturales. Entre 1997 y 2005, se recibieron unas 360 solicitudes. Nadie ha ganado todavía el premio.

El número de Bacon más pequeño

En 1994, apareció un trivial basado en la «teoría del mundo pequeño», que relacionaba a la gente de la industria del cine con el actor norteamericano Kevin Bacon (abajo a la derecha). El número de Bacon de una persona indica el número de saltos que la separan de Bacon, y se establece a partir de sus apariciones cinematográficas. Por ejemplo, el actor británico Sir Patrick Stewart apareció en *Star Trek Generations* (EE.UU., 1994) con Glenn Morshower (EE.UU.), quien apareció en *X-Men: Primera Generación* (EE.UU., 2011) con Bacon. Esto da a Stewart un número de Bacon de 2. Kevin Bacon tiene el número de Bacon más pequeño: cero.

El número de Erdös-Bacon más pequeño

Un número de Erdös-Bacon es la suma de un número de Erdös (los saltos que separan a un académico del prolífico matemático húngaro, Paul Erdös) y un número de Bacon. Dos personas tienen el récord al número de Erdös-Bacon más pequeño. Daniel Kleitman (EE.UU., a la derecha) es coautor de múltiples artículos de investigación con Erdös, lo que le da un número de Erdös de 1. También fue consultor y extra en la película *El indomable Will Hunting*

El primer experimento PES en el espacio

En la misión del *Apolo 14*, del 31 de enero al 9 de febrero de 1971, el piloto del módulo lunar Edgar Mitchell realizó un experimento de percepción extrasensorial (PES) en privado. Miró cinco formas en unas cartas Zener elegidas al azar, pensó en ellas y esperó a que sus pensamientos fueran recibidos por cuatro amigos en la Tierra. De 200 intentos, sus amigos acertaron 51.

(EE.UU., 1997), que protagonizó Minnie Driver (R.U.), que trabajó con Bacon en *Los hijos de la calle* (EE.UU., 1997). Esto le da un número de Bacon de 2 y un número de Erdös-Bacon de 3.

Bruce Reznick (EE.UU.) actuó como extra en *Querido profesor* (EE.UU., 1972) con Roddy McDowall (R.U.), quien protagonizó *The Big Picture* (EE.UU., 1989) con Bacon, lo que le da un número de Bacon de 2. Reznick también tiene un número de Erdös de 1. Esto le da un número de Erdös-Bacon de 3.

DATO: Daniel Kleitman (arriba) enseña matemáticas aplicadas en el Massachusetts Institute of Technology.

El primer toro por control remoto

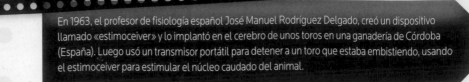

En 1963, el profesor de fisiología español José Manuel Rodríguez Delgado, creó un dispositivo llamado «estimoceiver» y lo implantó en el cerebro de unos toros en una ganadería de Córdoba (España). Luego usó un transmisor portátil para detener a un toro que estaba embistiendo, usando el estimoceiver para estimular el núcleo caudado del animal.

100.000 dólares a los científicos de Goddard Space Flight Center, en Greenbelt, Maryland (EE.UU.), para estudiar tres posibles métodos de manipulación y transporte de partículas por medio de la luz láser. La NASA espera utilizar la tecnología del rayo tractor para tareas que incluyen el muestreo extraterrestre y la retirada de basura espacial.

La mayor competición de tricorder

Ciencia ficción: El tricorder médico de *Star Trek* es un dispositivo portátil empleado por los médicos para hacer diagnósticos sobre el terreno.
Ciencia: El 10 de enero de 2012, la X-Prize Foundation y la Qualcomm Foundation anunciaron un premio de 10 millones de dólares para la primera versión de un tricorder médico. El premio se dará al grupo de investigación que desarrolle una plataforma móvil que diagnostique un total de 15 enfermedades en 30 personas en tres días.

El sistema de control automatizado de armas nucleares más antiguo

Ciencia ficción: En las películas de *Terminator*, Skynet es una «Red Global Digital de Defensa» controlada por ordenador, que maliciosamente lanza el arsenal nuclear de EE.UU. contra Rusia. Esto inicia una guerra mundial nuclear que acaba con media humanidad.

DATO: En 2007 se confirmó la existencia de mandíbulas faríngeas (marcadas aquí en azul) en las morenas.

Mandíbulas faríngeas

El primer caso documentado de uso de mandíbulas faríngeas para la captura de presas

Ciencia ficción: Los xenomorfos de las películas de *Alien* tienen un segundo –y fiero– conjunto de mandíbulas.
Ciencia: Conocidas como mandíbulas faríngeas, están en las gargantas de unas 30.000 especies de peces. Aunque la mayoría las emplean como ayuda para tragarse los alimentos, las morenas las usan para capturar a sus presas.

Ciencia: Cuando el presidente de EE.UU. Ronald Reagan anunció en 1983 su Iniciativa de Defensa Estratégica, la Unión Soviética lo vio como la señal de que EE.UU. podría estar planeando darles el «primer golpe» con armas nucleares. En respuesta a ello, desarrollaron «Perímetro», un arma de destrucción masiva que tomaría represalias de modo automático. Entró en servicio en 1985 y fue diseñada para detectar las señales sísmicas de un ataque nuclear en la URSS.

La señal de radio más potente transmitida deliberadamente al espacio

Ciencia ficción: En *Encuentros en la tercera fase*, y un sinnúmero de historias de ciencia ficción, los humanos contactan con alienígenas.
Ciencia: En 1974, científicos del Radio Telescopio de Arecibo, en Puerto Rico, lanzaron una señal de radio en código binario de 2.380 MHz con información básica sobre la humanidad. La señal fue dirigida al cúmulo globular M13, en la constelación de Hércules. El mensaje, de 169 s, llegará en unos 25.000 años, aunque serán necesarios otros 25.000 años para recibir una respuesta...

El primer robot astronauta en el espacio

Ciencia ficción: La ciencia ficción está llena de androides inteligentes, como los C-3PO y R2-D2 de *La guerra de las galaxias*.
Ciencia: En febrero de 2011, el transbordador espacial *Discovery* partió rumbo a la *Estación Espacial Internacional*. Parte de su carga era Robonaut 2, un robot humanoide diseñado para comprobar cómo los robots pueden ayudar a los astronautas en el espacio. El 15 de febrero de 2012, en su última prueba, le estrechó la mano al comandante de la *ISS*, Daniel Burbank.

DATO: Robonaut 2 tiene unos brazos y unas manos tan hábiles que maneja herramientas, tal como lo haría un humano.

La mochila contiene las baterías y un sistema de conversión de energía

Cuatro cámaras tras el visor

Cámara de infrarrojos para la percepción profunda

Cada brazo puede sostener 9 kg

Estómago con 38 procesadores PowerPC

Dedos controlados con tendones

Pulgar con 4 articulaciones

REALIDAD VS FICCIÓN

La *Estación Espacial Internacional* (ISS) es la **estación más grande** jamás construida, mientras que el transbordador espacial es, hasta la fecha, la **mayor nave espacial reutilizable**. ¿Pero qué pasaría si comparásemos estos ejemplos del mundo real con sus equivalentes en la ciencia ficción? Presentamos algunas naves clásicas ficticias. ¿Cuántas conoces? (*Respuestas en la p. 283.*)

Transbordador espacial: 37,2 m de largo

ISS: 105,8 m de ancho

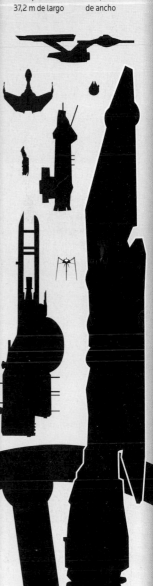

205

SONIDO

El eructo más fuerte

Paul Hunn (R.U., arriba a la derecha con el representante del GWR, Craig Glenday) emitió un eructo de 109,9 decibelios (dB). Los decibelios miden la intensidad de los sonidos; el silencio equivale a 0 dB; una conversación normal, a 60 dB, y el sonido de una gran orquesta a 98 dB. Hunn se hizo valedor de su récord del eructo más fuerte producido por un hombre en Butlins, en Bognor Regis (R.U.), el 23 de agosto de 2009.

La nota más grave del universo

La nota más grave del universo la dan unas ondas acústicas generadas por un agujero negro supermasivo en el centro del cúmulo de galaxias de Perseo, a 250 millones de años luz de distancia. El sonido, que se propaga a través de una capa de gas extremadamente delgada que rodea al agujero negro, da un si bemol 57 octavas por debajo del do central. Se estima que el agujero negro lleva produciendo de modo constante ese sonido de las ondas desde hace unos 2.500 millones de años.

El sonido más fuerte

La isla volcánica de Krakatoa, en el estrecho de Sonda, entre Sumatra y Java (Indonesia), entró en erupción el 27 de agosto de 1883.

El estruendo se pudo oír a 5.000 km de distancia, y se estima que se percibió en el 8% de la superficie terrestre. Tenía 26 veces la potencia de la bomba H, la más grande con la que se ha ensayado.

El sonido subacuático más fuerte de origen desconocido

En la década de 1960, la Marina de EE.UU. comenzó a instalar una serie de micrófonos submarinos en el Pacífico Sur y en las regiones del Atlántico Norte para seguir los movimientos de los submarinos soviéticos. En verano de 1997 se captó un sonido que durante un minuto fue aumentando de frecuencia y que fue lo bastante potente como para ser detectado por varios sensores de la red de hidrófonos autónomos del océano Pacífico Ecuatorial. El análisis de la señal sugirió que el sonido había sido provocado lejos de la costa oeste del sur de Sudamérica, en un radio de unos 5.000 km. Apodado «El Bloop», este sonido fue captado varias veces durante el verano y desde entonces nunca ha vuelto a oírse. Su origen sigue siendo desconocido, aunque algunos científicos sugirieron que pudo haber sido causado por un desprendimiento de hielo en la Antártida o incluso por alguna especie marina gigante desconocida.

La explosión sónica más fuerte causada por un avión

En 1967, el Gobierno de EE.UU. ordenó realizar una serie de pruebas para descubrir si existía una explosión sónica causada por un avión que pudiese ser utilizada como arma. Para descubrirlo, un F-4 Phantom realizó una serie de vuelos a gran velocidad y a muy baja altitud en Nevada, uno de los cuales dio lugar a una explosión sónica de 703 kg-fuerza/m². Los investigadores presentes no comunicaron haber sufrido ninguna lesión, a pesar de haber estado expuestos a una explosión sónica producida por un avión de combate que volaba a una velocidad de Mach 1,26 y a tan sólo 29 m por encima del suelo.

El sonido más ruidoso producido por un animal

Las ballenas azules (*Balaenoptera musculus*) y los rorcuales comunes (*B. physalus*) emiten un pulso a baja frecuencia cuando se comunican entre ellos. Estas llamadas alcanzan unos sorprendentes 188 dB en la escala de decibelios, el sonido más fuerte causado por cualquier ser vivo.

El sonido más alto que puede propagarse en el aire

Los sonidos toman la forma de ondas, y el volumen de cualquier sonido tiene relación con lo altos y bajos que sean los picos y los valles de las mismas. Los picos y valles de una onda sonora oscilan con una presión media de una atmósfera. Los valles más bajos posibles para una onda son las 0 atmósferas, o presión cero. Los más altos serían las 2 atmósferas. Una onda sonora con una amplitud de 2 atmósferas corresponde a 194 dB. Cualquier evento sonoro de más de 194 dB se considera una onda de choque.

La primera grabación de una voz humana

La grabación de una voz humana más antigua es un fragmento de 10 segundo de la canción popular francesa *Au Clair de la Lune*. Fue grabada el 9 de abril de 1860 por el inventor Édouard-Léon Scott de Martinville (Francia, 1817-1879). Descubierta en 2008 por unos investigadores en París, la grabación fue registrada sobre papel utilizando un fonoautógrafo, un dispositivo que hacía registros visuales de los sonidos, sin permitir su reproducción. El papel fue analizado por científicos del Lawrence Berkeley National Laboratory (EE.UU.), que emplearon esa representación óptica como una «aguja de tocadiscos virtual», permitiendo que la grabación pudiera reproducirse por primera vez.

Los sonidos más extraños del lenguaje oral

El sonido menos común es la «ř» checa –técnicamente hablando, una «fricativa postalveolar sonora»–. Existe en muy pocos idiomas, y es el último sonido que los niños checos aprenden a pronunciar.

En el lenguaje de los bosquimanos del sur, hablantes de lenguas «clic», existe un chasquido articulado con ambos labios que se escribe «Å». Este carácter suele recibir el nombre de «ojo de buey», y su sonido, esencialmente como el de un beso, se define como una «oclusiva bilabial velar ingresiva».

La sirena más potente

Las sirenas antiaéreas de Chrysler son las más ruidosas que jamás se hayan construido, y pueden alcanzar los 138 dB a 30 m de distancia. Son tan potentes que una persona situada en un radio de 60 m ensordecería.

El sonido más común del lenguaje oral

Ningún lenguaje carece de la vocal «a» (como en el término castellano «padre»).

CHRYSLER AIR RAID SIREN

El mayor espejo acústico

Los espejos acústicos fueron desarrollados por los británicos como un sistema experimental de alerta para detectar aviones enemigos. Las dos instalaciones más grandes fueron construidas en las décadas de 1920 y 1930 cerca de Dungeness, R.U. (arriba), y en Maghtab (Malta). Ambos tenían el mismo diseño: una pared curva de hormigón de 61 m de largo y 8,2 m de alto, que concentraba el sonido en un foco detector en el que se habían instalado micrófonos. La invención del radar hizo que estos espejos quedaran obsoletos.

La primera hiperlente acústica

En octubre de 2009, científicos del US Department of Energy's Lawrence Berkeley National Laboratory anunciaron que habían creado una hiperlente acústica, que es un dispositivo que da una mejor definición a las imágenes obtenidas mediante ondas sonoras, como las del sónar submarino o las ecografías

Primer objeto hecho por el hombre que rompe la barrera del sonido
Los látigos han sido usados por la humanidad durante milenios. El fuerte restallido que hace un látigo cuando se emplea se produce porque su punta ha roto la velocidad del sonido.

DATO:
En la foto de arriba, Adam Winrich (EE.UU.) manejando **el látigo más largo que se ha hecho restallar:** 65,83 m.

fetales. Su hiperlente consta de 36 aletas de latón dispuestas en forma de abanico. Esta disposición permite la manipulación física de las imágenes captadas mediante ondas sonoras, con el fin de conseguir un nivel de detalle que es una sexta parte del tamaño de las ondas.

Grito más fuerte de un animal terrestre
Los monos aulladores machos (*Alouatta*) de Centroamérica y Sudamérica tienen una estructura ósea más grande en la parte superior de la tráquea, permitiendo que el sonido reverbere. A pleno pulmón, se les oye a 4,8 km.

El lugar más tranquilo de la Tierra

Es la cámara anecoica de los Orfield Laboratories, en Minneapolis, Minnesota (EE.UU.). Las pruebas ultrasensibles realizadas, el 21 de enero de 2004, en esta sala de diseño especial dieron un nivel de ruido de fondo de tan sólo –9,4 dBA (decibelios ponderados).

La cámara anecoica más grande

El Benefield Anechoic Facility, en la Edwards Air Force Base en California (EE.UU.), es una gran cámara libre de ecos con un volumen de 130.823 m³. La cámara está aislada del ruido exterior y sus superficies interiores no reflejan sonidos ni ondas electromagnéticas. Construida entre 1988 y 1989, se utiliza en pruebas de proyectos aeroespaciales y de defensa para la mejora de tanques, aviones y sistemas de defensa aérea.

DATO:
La velocidad del sonido, en un ambiente seco y a 20 °C, es de 342.3 m/s.

SI PREFIERES EL SONIDO DE LA MÚSICA, VE A LA P. 218

El órgano de tubos más potente

El órgano Vox Maris logró 138,4 dBA cuando se probó en Urspringen (Alemania), el 21 de octubre de 2011.

El sonido menos atractivo

Una investigación de un año de duración realizada por Trevor Cox, profesor de ingeniería acústica en la Salford University (R.U.), descubrió que el sonido más repelente para el oído humano es el de alguien vomitando. Este sonido batió a otros como el llanto de un bebé o el del taladro de un dentista.

El insecto más ruidoso

La cigarra africana (*Brevisana brevis*) lanza una llamada de apareamiento con un nivel medio de presión sonora de 106,7 dB a una distancia de 50 cm. Sus llamadas son un elemento vital para su comunicación y reproducción.

DATO:
El término «dBA» cubre los niveles de sonido audibles para el hombre; excluye los extremos más altos y bajos.

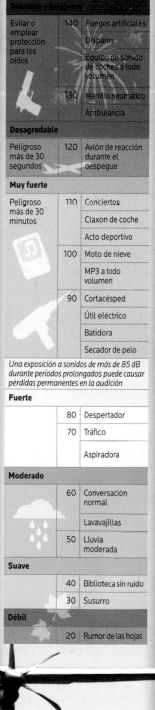

ESPECTRO SONORO

GWR explora los extremos del sonido, desde el más ligero rumor de las hojas hasta las ensordecedoras explosiones de las armas de fuego y de los fuegos artificiales.

Escala de decibelios

Categoría	dB	Sonido
Doloroso y Peligroso		
Evitar o emplear protección para los oídos	140	Fuegos artificiales
		Disparos
		Equipo de sonido de coches a todo volumen
	130	Martillo neumático
		Ambulancia
Desagradable		
Peligroso más de 30 segundos	120	Avión de reacción durante el despegue
Muy fuerte		
Peligroso más de 30 minutos	110	Conciertos
		Claxon de coche
		Acto deportivo
	100	Moto de nieve
		MP3 a todo volumen
	90	Cortacésped
		Útil eléctrico
		Batidora
		Secador de pelo

Una exposición a sonidos de más de 85 dB durante períodos prolongados puede causar pérdidas permanentes en la audición

Categoría	dB	Sonido
Fuerte		
	80	Despertador
	70	Tráfico
		Aspiradora
Moderado		
	60	Conversación normal
		Lavavajillas
	50	Lluvia moderada
Suave		
	40	Biblioteca sin ruido
	30	Susurro
Débil		
	20	Rumor de las hojas

Fuente: American Academy of Audiology; South Carolina Department of Health and Environmental Control

Más ingresos generados por un producto de entretenimiento en 24 horas

A las 24 horas de su lanzamiento, el 8 de noviembre de 2011, el videojuego de acción bélica *Call of Duty: Modern Warfare 3* había vendido más de 6,5 millones de copias en EE.UU. y el Reino Unido. Según el editor del juego, Activision Blizzard, las ventas generaron unos 400 millones de dólares.

LOS LÍMITES DE LA FAMA

¿Quién es la persona más famosa sobre la faz de la Tierra?

Fama, renombre, reputación, gloria: existen muchas palabras para describir cuando uno es conocido o el centro de todas las conversaciones. Pero, ¿qué es la fama? ¿Cómo podemos medirla? ¿Acaso tiene límites?

En nuestros días, la línea que separa la fama y la notoriedad es difusa. Si antes alguien alcanzaba la fama por un acto extraordinario, hoy se alaba a mucha gente por el simple hecho de ser conocida.

El gran Julio César (100-44 a.C.) fue conocido en todo el Imperio Romano y más allá de sus confines, al ampliar el poder de Roma hacia el oeste, al otro lado del canal de La Mancha, y al norte, hacia Renania. Incluso entonces, su fama (tanto la buena como la mala) no podría compararse con la de Justin Bieber, que ha conquistado Internet colocando tres vídeos en YouTube entre los diez más populares de todos los tiempos (ver p. 219) y ha llegado a más de mil millones de personas. Cabe decir que Bieber también cosechó una cantidad récord de «No me gusta», pero la cosa le salió mejor que a Julio César, ia quien sus «críticos» asestaron varias puñaladas!

Las 10 personas más influyentes de la historia

1	Mahoma	Profeta de Dios, fundador del islamismo
2	Isaac Newton	Científico inglés, autor de las leyes del movimiento
3	Jesucristo	Hijo de Dios, figura principal del cristianismo
4	Buda	Maestro y filósofo indio, fundador del budismo
5	Confucio	Maestro y filósofo chino, fundador del confucianismo
6	San Pablo	Apóstol y misionero cristiano, colaborador de La Biblia
7	Cai Lún	Inventor chino del proceso de fabricación del papel
8	Johannes Gutenberg	Inventor alemán de la imprenta de tipos móviles
9	Cristóbal Colón	Navegante y explorador italiano que lideró la colonización europea del Nuevo Mundo
10	Albert Einstein	Físico alemán, autor de la teoría de la relatividad

Fuente: The 100: A Ranking of the Most Influential Persons in History, Michael H. Hart

Básicamente, podríamos diferenciar dos eras de la fama: la anterior y la posterior a Internet. Entre las diez primeras posiciones del libro *The 100*, que clasifica a las personas que han desempeñado un papel clave en la historia de la humanidad, no consta ni una sola nacida después de principios del siglo XX.

Las cinco figuras más destacadas son Mahoma, Isaac Newton, Jesucristo, Buda y Confucio: personas evidentemente importantes. Y sin embargo, ¿quién de nosotros podría citar más de Confucio que de alguna canción de Michael Jackson: el hombre al que Guinness World Records consideró (en 2006) la persona viva más famosa del mundo? ¿Cuántos conocemos las limitaciones de las leyes de Newton mejor que el estribillo de *Poker Face,* de Lady Gaga, el rostro más famoso de nuestra instantánea de celebridades 2011-2012 (derecha)?

INSTANTÁNEA DE LOS FAMOSOS 2011-2012

Aquí aparecen los 25 personajes más famosos que protagonizan todas las noticias (respecto al año pasado, cerrado el 14 de marzo de 2012); se han tenido en cuenta los resultados de coincidencias en Google, páginas de noticias y de fotos, así como la lista de *Forbes* de las personas más poderosas, la de imdb de las estrellas de cine y los resultados de búsqueda por nombre de pila (en Google, sin añadir apellidos).

Puntuando cada uno de estos criterios sobre un total de 100, se ha obtenido la siguiente clasificación de los famosos –y el correspondiente tamaño de su cabeza–. Cuanto mayor es ésta, más «famoso» es el rostro...

Resulta curioso que si efectuamos la media entre la edad, profesión y nacionalidad de una lista de las 50 personas más famosas, el resultado es un músico estadounidense de 34 años. Entre los 25 personajes más célebres, iel perfil del rapero/compositor/productor Kanye West es el que más se acerca (y eso que está en el puesto n.º 12)!

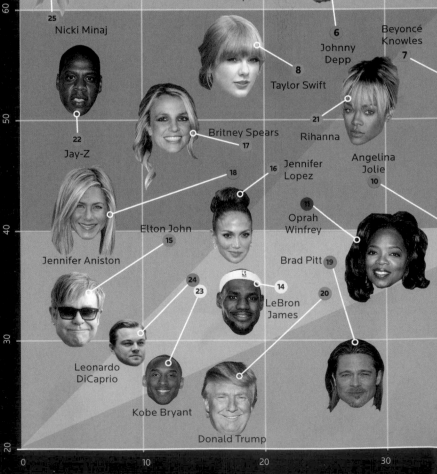

Nicki Minaj **25**

Kanye West **12**

Katy Perry **5**

Johnny Depp **6**

Beyoncé Knowles **7**

Taylor Swift **8**

Rihanna **21**

Jay-Z **22**

Britney Spears **17**

Jennifer Lopez **16**

Angelina Jolie **10**

Jennifer Aniston **18**

Elton John **15**

Oprah Winfrey **11**

Brad Pitt **19**

Leonardo DiCaprio **23**

24

LeBron James **14**

20

Kobe Bryant

Donald Trump

TOPS EN GOOGLE/FOTOS/NOMBRE

DATO:
La búsqueda que se multiplicó más rápido en Google en 2011 fue «Rebecca Black» – la cantante de EE.UU. de 13 años cuyo sencillo pop *Friday* se convirtió en un fenómeno en YouTube.

3 Madonna

El famoso más famoso

Según nuestros datos, Lady Gaga es hoy la celebridad más famosa del planeta. El peso del Primer Mundo en la lista refleja la omnipresencia de Internet en todo Occidente. Un cambio en este equilibrio, ¿cómo afectará en el futuro para determinar cuál es el rostro del más famoso?

9 Adele

1 Lady Gaga

George Clooney **2**

4 Justin Bieber

DATO:
En marzo de 2012 George Clooney llenó titulares tras su arresto en Washington, DC, ante la embajada de Sudán por manifestarse a favor de los derechos humanos en ese país.

DATO:
De las 50 personas más famosas, más de la mitad son músicos.

Roger Federer **13**

DATO:
Población total en tiempos de Julio César (hacia 50 a.C.): 100 millones; audiencia semanal de *Los vigilantes de la playa* en 1996: 1.100 millones.

Actualmente Facebook tiene 845 millones de usuarios, y entre ellos los más fieles contribuyeron a generar unos ingresos por encima de los 3.700 millones de dólares en 2011.

Esta red social encauza gran parte del tráfico de la red, ya que sus usuarios se pasan información sobre lo nuevo que se sube a Internet, ya sea de músicos, actores o gente normal y corriente. Por un instante, estas personas atraen la fama que fue esquiva con Julio César, simplemente por darse contra una puerta andando, caerse de un monopatín o por el mordisco de un bebé.

Igual que crece el acceso a la red, como es inevitable, también crecerán los límites de la fama: en junio de 2011 las Naciones Unidas declararon el libre acceso a Internet como derecho humano fundamental, igual que el acceso al agua potable. Pero no se alcanzarán tales límites hasta que todo el mundo pueda conectarse y entonces, quizá, *todos* podremos disfrutar de nuestros 15 minutos, o al menos 15 megábytes, de gloria.

40 50 60 70 80 90 100

● Música   ● Cine   ● TV   ● Deportes   ● Negocios

¿QUIÉN HA TENIDO MÁS «ME GUSTA» EN FACEBOOK ESTE AÑO? VER P. 165

CÓMICS

La página de cómic más cara

El 10 de mayo de 2009, un coleccionista desconocido pagó 461.503 dólares por una página original del álbum de Tintín de 1963, *Las joyas de la Castafiore*. El precio de venta fue tres veces mayor al estimado en el catálogo.

El primer cómic

La mayoría de los expertos coinciden en que la *Histoire de M. Vieux Bois*, del dibujante suizo Rodolphe Töpffer, creada en 1827 y editada por primera vez una década después, es el primer cómic de la historia. Fue publicado en Norteamérica en 1842 con el título *The Adventures of Obadiah Oldbuck*, y consistía en unas 30 páginas de tiras cómicas. Las páginas estaban divididas en seis viñetas, con un texto narrativo debajo de cada una.

La primera tira cómica en un periódico

Hogan's Alley, de Richard Felton Outcault (EE.UU.), está acreditada como la primera tira cómica que apareció regularmente en un periódico. La protagonizaba Mickey Dugan, más conocido como «Yellow Kid» («El chico amarillo») debido a su característica camisa de dormir, larga y amarilla. La versión en tira cómica de *Hogan's Alley* apareció en el *New York Journal* de Randolph Hearst el 25 de octubre de 1896 y se siguió publicando tres años.

La primera novela gráfica

Las novelas gráficas son cómics que tienen la longitud de un libro. El término «novela gráfica» apareció por primera vez en 1976 en la sobrecubierta de *Bloodstar*, del ilustrador Richard Corben y el guionista Robert E. Howard (ambos de EE.UU.). Ese mismo año, el cómic de George Metzger (EE.UU.), *Beyond Time and Again*, llevaba el subtítulo de «Una novela gráfica», y la *Marea Roja* de Jim Steranko (EE.UU.) fue presentada como «novela visual» y «novela gráfica».

El cómic más vendido (edición única)

Creado por Chris Claremont (R.U.) y Jim Lee (EE.UU.), *X-Men 1*, publicado por Marvel Comics, ha vendido un total de 8,1 millones de copias. Lee también dibujó cuatro variantes de la portada, todas ellas aparecidas de forma simultánea con fecha de octubre de 1991, y que combinadas forman una sola imagen.

El cómic más caro

Un comprador anónimo se hizo con un ejemplar del número 1 de *Action Comics*, en la web de subastas de EE.UU., ComicConnect.com, por 2,161 millones de dólares, el 30 de noviembre de 2011. Este cómic, en el que aparece Superman por primera vez, fue calificado como «muy bueno/casi impecable: 9,0» por la Certified Guaranty Company (CGC).

El cómic más caro de la edad de Plata

Los años que van de 1956 a 1970 son la «edad de Plata» del cómic. Una copia del n.º 15 de *Amazing Fantasy*, publicado por primera vez en 1962, fue adquirida en marzo de 2011 por un comprador anónimo a través del sitio web de subastas de EE.UU., ComicConnect.com, por 1,1 millones de dólares. Ese número supuso el debut de Spiderman.

El cómic más traducido

Las aventuras de Astérix, creado en 1959 por René Goscinny y Albert Uderzo (ambos de Francia), ha sido traducido a 111 idiomas y dialectos, entre los que se incluye el galés, el latín, el alemán suizo y el esperanto. Ha vendido 320 millones de copias en todo el mundo y ha sido adaptado tres veces al cine y otras nueve como dibujo animado para la televisión.

DATO:
La «edad de Oro» del cómic empezó en la década de 1930 y duró hasta mediados/finales de los cincuenta.

DATO:
Astérix debutó en el primer número de la revista Pilote, el 29 de octubre de 1959.

El mayor festival de cómic

El Comiket de Japón, un festival de tres días que todos los años se celebra en Tokio en verano e invierno, atrajo a 560.000 visitantes el verano de 2009. Su último día –domingo, 16 de agosto– fue el más activo, con alrededor de 200.000 visitantes. El récord fue igualado en la edición de verano del Comiket de 2010. Se trata de un evento especialmente conocido por sus *dojinshi* (historias japonesas dibujadas por aficionados).

El cómic semanal más duradero

El cómic de humor británico *The Beano* se publicó por primera vez el 30 de julio de 1938, y desde entonces ha seguido apareciendo todas las semanas –excepto un período durante la Segunda Guerra Mundial, cuando su frecuencia se redujo debido a la escasez de papel–. Hasta el 11 de febrero de 2012 habían aparecido 3.622 números de *The Beano*, lo que le convierte en el cómic semanal de toda la historia que más tiempo ha conservado su nombre y sistema de numeración. Lo edita DC Thompson & Co. (R.U.).

El cómic con más ediciones

El cómic mexicano *Pepín* apareció por primera vez el 4 de marzo de 1936 como una antología de cómics semanal. Con el tiempo pasó a ser diario, y se publicó hasta el 23 de octubre de 1956. En total aparecieron 7.561 números.

La mayor editorial de cómics

Marvel Comics es la mayor editorial de cómics, con una cuota de mercado mayor a la de cualquier otra, que alcanzaba un sorprendente 45,63% del mercado total a finales de 2009. La segunda más grande es DC Comics, con el 35,22%.

El primer superhéroe

En contra de lo que popularmente se cree, Superman no fue el primer cómic de superhéroes. Ese honor recae en *El Hombre Enmascarado*, creado en 1936 por el dibujante americano Lee Falk, anticipándose dos años a Superman. La tira de periódico de *El Hombre Enmascarado* ofrecía las aventuras de Kit Walker, que lucía una máscara y un traje ajustado de color morado y era también conocido como «El espíritu que camina».

La producción más rápida de un cómic

Kapow! Comic Con produjo un cómic en 11 h, 19 min y 38 s en Londres (R.U.), el 9 de abril de 2011.

DATO:
Inspirado por los ojos en blanco de las estatuas clásicas, Falk dibujó sin pupilas a El Hombre Enmascarado.

PREMIOS EISNER – LOS MÁS GALARDONADOS

Categoría	Ganador	Detalles
Mejor escritor	Alan Moore (R.U.)	Nueve veces ganador (1988-2006)
Mejor dibujante	P. Craig Russell y Steve Rude (ambos de EE.UU.)	Cuatro veces ganadores cada uno
Mejor colorista/artista multimedia (arte interior)	Alex Ross y Jill Thompson (ambos de EE.UU.)	Cinco veces ganadores cada uno
Mejor rotulación	Todd Klein (EE.UU.)	Ha ganado 16 veces desde que se creó la categoría en 1993
Mejor artista de cubierta	James Jean (EE.UU.)	Ganó seis veces de modo consecutivo entre 2004 y 2009

Más profesionales contribuyendo a una novela gráfica

En septiembre de 1991, un grupo de 133 dibujantes compartieron una jornada de trabajo en el museo de Guinness World of Records, en el Trocadero, Londres (R.U.), para crear una tira cómica de 76 m de largo titulada *The Worm*. La historia de la tira –que trata de un dibujante que viaja a través del tiempo– fue concebida por el legendario escritor Alan Moore (R.U.). El resultado final fue publicado en 1999 por Slab-O-Concrete Press para ayudar a recaudar dinero para la Cartoon Art Trust.

La mayor colección de cómics en un museo

La Serial and Government Publications Division de la Biblioteca del Congreso, en Washington DC (EE.UU.), alberga más de 100.000 ejemplares y más de 5.000 títulos. El libro de historietas más antiguo de la colección es *Popular Comics*, publicado por primera vez en febrero de 1936.

El autor de cómics llevado más veces al cine

En marzo de 2012, Hollywood había llevado a la pantalla las creaciones de Stan Lee (EE.UU.), en 15 ocasiones.

La mayor subasta de cómics

El 5 y 6 de mayo de 2011, se celebró una subasta de cómics, arte y recuerdos relacionados con los cómics en Nueva York, (EE.UU.). Organizada por Heritage Auction Galleries, se recaudaron 6.077.355 dólares.

¿PREFIERES LOS BATEADORES A BATMAN? ENTONCES VUELVE A LA P. 244

El personaje de cómic llevado más veces al cine
Batman ha sido protagonista de ocho largometrajes con actores reales, desde *Batman* (EE.UU., 1996) hasta *Batman: El caballero de la noche asciende* (EE.UU., 2012).

No. 1 SPRING ISSUE
BATMAN 10¢
ALL BRAND NEW ADVENTURES OF THE BATMAN AND ROBIN, THE BOY WONDER

El cómic más pequeño

Agent 327, dibujado y escrito por Martin Lodewijk (Holanda), fue publicado en junio de 1999 por la tienda de cómics «Sjors». Tan sólo medía 2,58 × 3,7 cm, y estaba impreso a todo color, con 100 líneas por centímetro. Se vendieron 2.000 copias de este cómic de 16 páginas, cada una de ellas acompañada de una lupa gratuita.

CRONOLOGÍA DE LOS SUPERHÉROES

El Hombre Enmascarado (1936)

Superman (1938)

Batman (1939)

Linterna Verde (1940)

Robin, el Chico Maravilla (1940)

Capitán América (1941)

Catwoman (1941)

La Mujer Maravilla (1941)

Supergirl (1959)

Los 4 fantásticos (1961)

Hulk (1962)

Spiderman (1962)

Thor (1962)

Iron Man (1963)

Nick Fury (1963)

X-Men (1963)

Los vengadores (1963)

Daredevil (1964)

Estela Plateada (1966)

Motorista fantasma (1972)

Punisher (1974)

Wolverine (1974)

Watchmen (1986)

Hellboy (1993)

Kick-Ass (2008)

Humano · Dios · Mutante · Extraterrestre · Héroe · Antihéroe · Compañero · Protagonista · Superpoderes · Gadgets

EN EL CINE

La sesión de medianoche más taquillera

Dirigida por David Slade (R.U.), *La saga Crepúsculo: Eclipse* (EE.UU., 2010), la tercera película de la serie *Crepúsculo*, se estrenó con sesiones de medianoche (incluida una en Los Ángeles, EE.UU., derecha) en más de 4.000 cines norteamericanos, el 30 de junio de 2010, y recaudó unos 30 millones de dólares.

MÁS...

Dinero perdido con una película

La isla de las cabezas cortadas (EE.UU., 1995), cuya producción costó unos 98 millones de dólares y sólo recaudó 10.017.322 en las taquillas norteamericanas; perdió un total de 104.982.678 dólares.

Oscar al mejor «Guión Original»

En la 84.ª ceremonia de los Oscars, celebrada en febrero de 2012, Woody Allen (EE.UU.) ganó el premio al mejor «Guión Original» por *Medianoche en París* (España/EE.UU., 2011), su tercer premio en esta categoría, tras haberlo ganado anteriormente por sus películas *Hannah y sus hermanas* (EE.UU., 1986) y *Annie Hall* (EE.UU., 1977). También posee el récord al **mayor número de nominaciones al mejor «Guión Original»**, con 15.

La mayor recaudación en un fin de semana de estreno

Durante el fin de semana en Norteamérica, del 4 al 6 de mayo de 2012, *Los vengadores* (EE.UU., 2012) recaudó 207.438.708 de dólares, batiendo el récord logrado por *Harry Potter y las reliquias de la muerte - Parte 2* en 2011. La película, inspirada en el cómic de Marvel, alcanzó 150 millones de dólares a las 48 h de su estreno en Norteamérica, y al finalizar el sábado 5 de mayo recaudó 150.371.975 de dólares.

La serie de películas más taquillera

El 19 de julio de 2011, las ocho películas de la serie Harry Potter habían recaudado 6.853.594.569 dólares en las taquillas de todo el mundo. La primera película, *Harry Potter y la piedra filosofal* (EE.UU./R.U.), se estrenó en 2001.

El actor más longevo en ganar un Oscar

En la 84.ª edición de los Premios de la Academia, celebrada el 26 de febrero de 2012, Christopher Plummer (Canadá) ganó el Oscar en la categoría de Mejor Actor de Reparto por su papel en *Beginners* (EE.UU., 2010). A los 82 años y 65 días de edad, se convirtió en el actor más longevo en ganar un Oscar de interpretación.

La alfombra roja más larga en un estreno

En el estreno mundial de *Harry Potter y las reliquias de la muerte – Parte 2* (EE.UU./R.U., 2011), en Londres (R.U.), el 7 de julio de 2011, Warner Bros creó una alfombra roja de 455 m, desde Trafalgar Square a Leicester Square.

Nominaciones «Razzie» en un año

Adam Sandler (EE.UU.) ostenta el dudoso honor de haber ganado 11 nominaciones separadas a los premios «Razzie» 2012 (también conocidos como Golden Raspberries), que reflejan su trabajo como actor, productor o guionista en 2011 por películas tan criticadas como *Bucky Larson*, *Sígueme el rollo* y su comedia *Jack y su gemela* (todas de EE.UU.).

El largometraje *spin-off* de más éxito

La línea de juguetes Transformers de Hasbro apareció en la pantalla como una serie de dibujos animados en la década de 1980. Se han hecho tres películas *spin-offs* en imágenes reales, y la de más éxito ha sido *Transformers 3: El lado oscuro de la Luna* (EE.UU., 2011): recaudó más de 1.000 millones de dólares a principios de 2012. También ostenta el récord al **mayor número de vehículos destruidos en una filmación:** se «destrozaron» 532 coches, lo que superó con creces el récord de 150 en *The Junkman* (EE.UU., 1982). Según el director, Michael Bay (EE.UU.), los coches estaban dañados por inundaciones y los había donado la aseguradora de la película: «Por ley, los coches tienen que ser aplastados, así que yo soy el tipo perfecto para hacerlo.»

DATO: Técnicamente, «El lado oscuro de la Luna» son los últimos días del ciclo lunar, cuando el cielo nocturno no tiene luz de Luna.

...MOMIAS Y BORGS

...aje más ...ado

...a aparecido en ...ulas hasta marzo de 2012. ... personaje más ...Papá Noel, con ...retaciones, el tercero ...te, con 290; el cuarto, ...con 239, y el quinto es ...31. El Conde Drácula **...naje literario más ... en el cine**, con ...elaciones, seguido ...ck Holmes, con 147

...s de mayor ...dación

...reno de *Harry Potter ... reliquias de la muerte – Parte 2* ...E.UU./R.U.), *Capitán América*, *Transformers 3: El lado oscuro de la Luna* y *Cars 2* (todas de EE.UU., 2011) hicieron que julio de 2011 se convirtiera en el mes de mayor recaudación en el mundo, con una taquilla total de 1.395.075.783 dólares.

Secuelas estrenadas en un año

En 2011, Hollywood batió su propio récord del mayor número de secuelas estrenadas en un año. Según Box Office Mojo, 27 películas estrenadas en 2011 fueron secuelas, lo que batió el récord de 24 en el 2003. Esto supone una película cada dos semanas y, una quinta parte del total de estrenos.

Posicionamientos de productos en una película

La historia más grande jamás vendida, dirigida por Morgan Spurlock (EE.UU.) y estrenada el 22 de abril de 2011, tenía un total de 3.463 posicionamientos de productos. La película es un documental sobre la publicidad y el posicionamiento de productos, e, irónicamente, su financiación provino de la publicidad y el posicionamiento de productos. El récord a los **mayores Ingresos**

obtenidos por **el posicionamiento de productos en una película** lo tiene la película de James Bond *Muere otro día* (R.U./ EE.UU., 2002), que reportó 71 millones de dólares a MGM. En total, 20 empresas publicitaron sus productos: Ford, British Airways, Sony y Finlandia Vodka, entre otras.

DATO: Jean Dujardin se convirtió en el primer francés en ganar el Oscar al Mejor Actor por *El Artista* (Francia/ Bélgica, 2011).

La actriz con más nominaciones al Oscar
Meryl Streep (EE.UU.) ha sido nominada 17 veces al Oscar. Ha ganado tres estatuillas, incluida la de Mejor Actriz en 2012 por su interpretación de la primera ministra británica, Margaret Thatcher, en *La Dama de Hierro* (R.U./Francia, 2011).

Personajes SFX

El 6 de mayo de 2011, Bill Blair (EE.UU.) había interpretado a 202 personajes SFX (efectos especiales) en películas y series de televisión norteamericanas. Interpretó a un hombre de las cavernas en *Dinosaur Valley Girls* (1996), a una mascota humana capturada en *Masked and Anonymous* (2003), a una momia en *Monster Night* (2006), a zombis en *Voodoo Moon* (2006) y *Resident Evil: Afterlife* (2010), y a klingons, bajoranos, asoths, cardasianos, vulcanos y borgs en la serie de TV *Star Trek: Espacio profundo 9* (1993-1999).

DATO: En la foto, Tom Cruise aparece colgado del **edificio más alto del mundo**, el Burj Khalifa (Dubái, EAU).

LA «LISTA-A» DE ACTORES

Según una investigación publicada en 2011 por la empresa de comunicación norteamericana *Forbes*, los actores y actrices de Hollywood que más dinero ganan son...

	Actor/Actriz	Ganancias anuales
01	Leonardo DiCaprio	77 millones de dólares
02	Johnny Depp	50 millones de dólares
03	Adam Sandler	40 millones de dólares
04	Will Smith	36 millones de dólares
05	Tom Hanks	35 millones de dólares
06	Ben Stiller	34 millones de dólares
07	Robert Downey, Jr.	31 millones de dólares
08 =	Angelina Jolie	30 millones de dólares
08 =	Sarah Jessica Parker	30 millones de dólares
10 =	Jennifer Aniston	28 millones de dólares
10 =	Mark Wahlberg	28 millones de dólares
10 =	Reese Witherspoon	28 millones de dólares

El estreno limitado que más ha recaudado

El fin de semana de su estreno en 425 cines norteamericanos, el 16-18 de diciembre de 2011, *Misión Imposible: Protocolo Fantasma* (EE.UU./EAU) recaudó 13 millones de dólares, la mayor cifra por un estreno limitado (en menos de 600 cines). El récord anterior lo tenía *Bridget Jones: Sobreviviré* (R.U./Francia/Alemania/ Irlanda/EE.UU., 2004).

GANADORES DE OSCARS

Películas con más estatuillas: 11
Ben-Hur (1959), *Titanic* (1997), *El Señor de los anillos: el retorno del rey* (2003)

Películas que han ganado los «Cinco Grandes» (Mejor Película/Director/ Actor/Actriz/Guión): 3

• *Sucedió una noche* (1934) Frank Capra/Clark Gable/Claudette Colbert/Robert Riskin

• *Alguien voló sobre el nido del cuco* (1975) Miloš Forman/Jack Nicholson/Louise Fletcher/Lawrence Hauben y Bo Goldman

• *El silencio de los corderos* (1991) Jonathan Demme/Anthony Hopkins/ Jodie Foster/Ted Tally

Más oscars al Mejor Director: 4
John Ford por *El delator* (1935), *Las uvas de la ira* (1940), *Qué verde era mi valle* (1941), *El hombre tranquilo* (1952)

Más oscars al Mejor Actor: 2
Spencer Tracy, Fredric March, Gary Cooper, Marlon Brando, Dustin Hoffman, Tom Hanks, Jack Nicholson, Daniel Day-Lewis, Sean Penn

Más oscars a la Mejor Actriz: 4
Katharine Hepburn por *Gloria de un día* (1934), *Adivina quién viene esta noche* (1967), *El león en invierno* (1968), *En el estanque dorado* (1981)

Más oscars a la Mejor Fotografía: 4
• Leon Shamroy por *El cisne negro* (1942), *Wilson* (1944), *Que el cielo la juzgue* (1945), *Cleopatra* (1963)
• Joseph Ruttenberg por *El gran vals* (1938), *La señora Miniver* (1942), *Marcado por el odio* (1956), *Gigi* (1958)

Ganadora de Mejor Actor/Actriz y Mejor Guión: 1
Emma Thompson por *Regreso a Howards End* (1992) y *Sentido y sensibilidad* (1995)

215

ÉXITOS DE TAQUILLA

Fantasía
*El señor de los anillos:
el retorno del rey*
(EE.UU./Nueva Zelanda,
2003)
1.100 millones
de dólares

Anime
El viaje de Chihiro
(Japón, 2001)
275 millones
de dólares

**Saga
de animación**
Shrek (EE.UU.,
2001-2007)
2.200 millones
de dólares
recaudación total

Gánsteres
Infiltrados
(EE.UU./Hong Kong,
2006)
290 millones
de dólares

Crimen
Ocean's Eleven
(EE.UU., 2001)
451 millones
de dólares

Zombis
*Resident evil:
ultratumba*
(Alemania/Francia/
EE.UU., 2010)
296 millones
de dólares

Desastres
2012
(EE.UU., 2009)
770 millones
de dólares

Bond
Casino Royale
(R.U./República Checa/
EE.UU./Alemania/
Bahamas, 2006)
587,6 millones
de dólares

Horror
*La saga
Crepúsculo: luna
nueva*
(EE.UU., 2009)
710 millones
de dólares

Animación
Toy Story 3
(EE.UU., 2010)
1.063 millones
de dólares

**Spin-off de un
videojuego:**
*Prince of Persia:
las arenas del tiempo*
(EE.UU., 2010)
326,8 millones
de dólares

Ciencia ficción (y la más taquillera de todos los tiempos)
Avatar
(EE.UU./R.U., 2009)
2.710 millones de dólares

Postapocalíptica
Soy leyenda
(EE.UU., 2007)
585 millones de dólares

Comedia estudiantil
Supersalidos
(EE.UU., 2007)
170 millones de dólares

Musical
Mamma Mía
(EE.UU./R.U./Alemania, 2008)
610 millones de dólares

Espías
El ultimátum de Bourne
(EE.UU./Alemania, 2007)
443 millones de dólares

Superhéroes
El caballero oscuro
(EE.UU./R.U., 2008)
1.002 millones de dólares

Cine mudo
El Artista
(Francia/Bélgica, 2011)
105,5 millones de dólares

Artes marciales
Karate kid
(EE.UU./China, 2010)
359 millones de dólares

Aventuras
Piratas del Caribe: el cofre del hombre muerto
(EE.UU., 2006)
1.066 millones de dólares

Comedia
Resacón 2, ¡Ahora en Tailandia!
(EE.UU., 2011)
581 millones de dólares

Lengua extranjera
La pasión de Cristo
(EE.UU., 2004)
604,3 millones de dólares

EL MÁXIMO ÉXITO DE TAQUILLA

Las películas que aparecen en estas páginas fueron las más taquilleras en su género. Pero, ¿qué elementos debería incluir un éxito de taquilla ideal? GWR ha creado una película combinada que *debería* ser la gallina de los huevos de oro de las taquillas. Los cálculos están basados en las recaudaciones *promedio* de las películas y directores con más éxito desde 1995.*

GÉNERO: Superhéroes
Recaudación: 131,7 millones de dólares

DIRECTOR: Steven Spielberg (EE.UU.)
Recaudación: 150,9 millones de dólares

PRODUCTOR: David Heyman (R.U.)
Recaudación: 192,7 millones de dólares

ACTOR PRINCIPAL: Daniel Radcliffe (R.U.)
Recaudación: 244,4 millones de dólares

ACTRIZ PRINCIPAL: Emma Watson (R.U.)
Recaudación: 245,6 millones de dólares

GUIÓN: George Lucas (EE.UU.)
Recaudación: 224,9 millones de dólares

COMPOSITOR: John Williams (EE.UU.)
Recaudación: 139 millones de dólares

MÉTODO DE PRODUCCIÓN: Animación/acción real
Recaudación: 138,4 millones de dólares

DISTRIBUIDA POR: DreamWorks SKG
Recaudación: 77,7 millones de dólares

CLASIFICACIÓN: PG-13
Recaudación: 42,3 millones de dólares

FUENTE: Cómic/novela gráfica
Recaudación: 86,5 millones de dólares

ESTRENO: Verano

*Fuentes: the-numbers.com; boxofficemojo.com. La recaudación de cada categoría está basada en un mínimo de 10 películas

LO MEJOR DEL POP

La más joven en aparecer en una lista de éxitos (EE.UU.)

El llanto y la respiración, de Blue Ivy Carter, hija de Beyoncé y Jay-Z (ambos de EE.UU.) se oyen en *Glory*, de Jay-Z. El tema saltó a las listas tras nacer el bebé, el 7 de enero de 2012.

DATO:
Katy Perry es la primera intérprete en conseguir cuatro millones de ventas digitales de cinco canciones en EE.UU.

Adele, acaparadora de récords

Adele acumula récords desde que apareció su álbum *21*, en enero de 2011. He aquí algunos:

El álbum de una solista más vendido en el R.U. El 7 de abril de 2012, *21* había vendido 4.181.000 copias.

La intérprete con más ventas de álbumes en el R.U. en un año. En 2011 se vendieron 3.772.346 unidades de *21* y 1.207.600 de *19*, lo que totaliza 4.979.946 unidades.

El tema con más ventas digitales en EE.UU. en un año. Fue *Rolling in the Deep*, el primer tema de *21*, con 5,81 millones de descargas en 2011.

El álbum en llegar antes a un millón de ventas digitales en EE.UU. *21* registró 1 millón de ventas digitales en EE.UU. el 16 de julio de 2011, sólo 19 semanas tras ser número 1, el 12 de marzo de 2011.

El álbum con más ventas digitales en EE.UU. y R.U.

En 2011, Adele (nombre artístico de Adele Adkins, R.U.) subió el listón de las ventas digitales de un álbum, tanto en EE.UU. como en el R.U. A los cinco meses de salir al mercado, en febrero de 2011, *21* superó a *Recovery*, de Eminem, como el álbum con más ventas digitales de la historia en EE.UU., tras vender 1,1 millones de unidades. A finales de año ya había vendido 1,8 millones. En el R.U., *21* superó las 700.000 ventas digitales en 2011, con lo que sustituyó a *The Fame*, de Lady Gaga, como el álbum con más ventas digitales en ese país.

El primer cantante solista menor de 18 años en tener tres álbumes en el n.º 1 en EE.UU.

Justin Bieber (Canadá, nacido el 1 de marzo de 1994) consiguió colocar tres álbumes en el primer puesto de las listas de éxitos de EE.UU. antes de cumplir 18 años: la canción *My World 2.0* se estrenó en el n.º 1 el 10 de abril de 2010 y en su primera semana vendió 283.000 copias; *Never Say Never: The Remixes* llegó al n.º 1 el 5 de marzo de 2011 y de él se vendieron 165.000 unidades, y *Under the Mistletoe* fue el primer álbum de Navidad de un intérprete masculino en ocupar el n.º 1 en la lista de álbumes más vendidos de EE.UU. *Under the Mistletoe* alcanzó la primera posición el 19 de noviembre de 2011 después de vender 210.000 unidades en su primera semana.

La primera intérprete en ganar dos premios Mercury

Let England Shake, octavo álbum de estudio de la cantante británica de rock alternativo PJ Harvey, consiguió el prestigioso premio Mercury el 6 de septiembre de 2011. Se convirtió así en la única intérprete en ganar dos veces este premio. En 2001, Harvey fue la primera mujer en llevarse el premio con su quinto álbum de estudio, *Stories from the City, Stories from the Sea*.

Más tiempo entre dos álbumes situados entre los 10 mejores (R.U.)
Cuando Leonard Cohen (Canadá) ocupó el n.º 2, el 11 de febrero de 2012, con su 12.º álbum de estudio, *Old Ideas*, fue la primera vez que llegaba a los 10 mejores desde su *Songs of Love and Hate* de 1971.

Más éxitos simultáneamente en la lista de sencillos del R.U. (mujer solista)

El 25 de febrero de 2012, Whitney Houston (EE.UU.) tenía 12 nuevos temas entre los 75 mejores, incluidos tres entre los 40 mejores: *I Will Always Love You* (n.º 14), *I Wanna Dance with Somebody (Who Loves Me)* (n.º 20) y *One Moment in Time* (n.º 40).

La poseedora de tantos récords fue hallada sin vida en el Beverly Hilton Hotel, de Beverly Hills (California, EE.UU.).

La primera mujer con cinco sencillos n.º 1 en EE.UU. (de un mismo álbum)

Cuando *Last Friday Night (T.G.I.F.)* llegó al primer puesto de las listas de sencillos en agosto de 2011, tras *California Gurls*, *Teenage Dream*, *Firework* y *E.T.*, Katy Perry (EE.UU., nombre artístico de Katheryn Hudson) consiguió el récord de tener cinco temas de su álbum *Teenage Dream* en el n.º 1 en EE.UU. El único cantante que lo había conseguido antes fue Michael Jackson (EE.UU.), con su álbum *Bad* (1987).

DATO:
Clear as Day vendió 197.000 copias en su primera semana de llegar al n.º 1 de las listas de álbumes.

El cantante más joven en llegar al n.º 1 en la lista de álbumes de EE.UU.

Scotty McCreery (EE.UU.), ganó la 10.ª edición de *American Idol*; tenía 18 años y 13 días al lograr el primer puesto en álbumes con *Clear as Day*, el 22 de octubre de 2011. Fue el sexto participante de *American Idol* en llegar al primer puesto del *Billboard 200* y el primer cantante *country* en llegar al n.º 1 con su primer álbum.

El primer grupo del R.U. en llegar al n.º 1 en EE.UU. con su primer álbum

El grupo masculino británico One Direction (Niall Horan, Zayn Malik, Liam Payne, Harry Styles y Louis Tomlinson) se convirtió en el primero del R.U. en ocupar el primer puesto en la lista de álbumes *Billboard 200*, con *Up All Night's* (176.000 ventas en su primera semana), el 31 de marzo de 2012. La banda quedó tercera en la edición de 2010 del concurso de talentos *The X Factor* (R.U., desde 2004).

Más temas a la vez de un solista en una lista de sencillos de EE.UU.

El rapero americano ganador de un Grammy, Lil Wayne (nombre artístico de Dwayne Carter, Jr., alias Weezy) colocó la insólita cifra de 12 canciones en el *Billboard Hot 100*, el 17 de septiembre de 2011. Weezy consiguió añadir ocho temas a los cuatro que ya tenía en el Hot 100 la misma semana que su álbum *Tha Carter IV* debutaba en el n.º 1 del *Billboard 200*.

El álbum digital de venta más rápida en EE.UU.

El álbum *Born this Way*, de Lady Gaga (EE.UU., nombre artístico de Stefani Germanotta), es el álbum digital vendido con más rapidez desde que existe Nielsen SoundScan (sistema adoptado en marzo de 1991 para controlar las cifras de ventas en EE.UU.), con 662.000 ventas en su primera semana en el n.º 1 el 11 de junio de 2011. *Born this Way* –el **primer álbum en debutar en un juego de una red social** (*GagaVille*)– vendió 1,1 millones de copias en su primera semana (se podía comprar en Amazon por sólo 99 centavos).

La gira con más beneficios brutos
La monumental gira mundial de U2 (Irlanda) tuvo unos beneficios brutos de 736.137.344 dólares por los 110 conciertos ofrecidos, entre el 30 de junio de 2009 y el 30 de julio de 2011, a los que asistieron un total de 7.268.430 espectadores.

DATO:
La actuación de Madonna en la Super Bowl tuvo más audiencia que el partido en sí.

Más audiencia de TV de un show en la Super Bowl

114 millones de espectadores vieron el show de Madonna (EE.UU., nombre artístico de Madonna Ciccone) en el descanso de la Super Bowl XLVI, en el Lucas Oil Stadium de Indianápolis (Indiana, EE.UU.), el 5 de febrero de 2012. Actuaron el rapero británico M.I.A. (nombre artístico de Mathangi Arulpragasam) y la estrella del *hip-hop* de EE.UU., Nicki Minaj (Onika Minaj) que intervienen en el sencillo de Madonna *Give Me All Your Luvin*.

La intérprete con más ventas digitales en EE.UU.

A finales de 2011, Rihanna (Barbados, nombre artístico de Robyn Rihanna Fenty) había vendido la increíble cifra de 47,57 millones de temas digitales en EE.UU., según datos de Nielsen SoundScan. Esta cantante de 24 años que debutó en 2005 superaba así a The Black Eyed Peas (42,4 millones de ventas digitales en su carrera), Eminem (42,29 millones), Lady Gaga (42,08 millones) y Taylor Swift (41,82 millones).

Los conciertos de rock de venta más rápida en la historia del R.U.

El 21 de octubre de 2011, The Stone Roses (R.U.) vendieron en 68 minutos 220.000 entradas para las tres actuaciones de su reaparición en el Heaton Park de Manchester (R.U.) del 29 de junio al 1 de julio de 2012. Las 150.000 entradas para los dos primeros conciertos se vendieron en sólo 14 minutos desde las 9.30 h; las 70.000 entradas para el tercero, que se pusieron a la venta a las 10.00 h, se vendieron en 38 minutos. La recaudación bruta de las tres actuaciones fue de más de 19,04 millones de dólares.

SENSACIÓN EN YOUTUBE

He aquí los 10 vídeos musicales más vistos en YouTube. El número total de visitas (eje y) se representa gráficamente en el tiempo (eje x) para mostrar la rapidez con que las canciones alcanzan su cifra máxima de visitas (registro del 24 de marzo de 2012). También se ofrecen las cifras de «me gusta» y «no me gusta».

Visitas

Fecha

1 Justin Bieber con Ludacris
Baby (2010)
720.020.324 visitas
1.139.137 «me gusta» — «no me gusta»

2 Jennifer Lopez con Pitbull
On the Floor (2011)
512.466.800 visitas
929.039 «me gusta» — 71.191 «no me gusta»

3 Shakira con Freshlyground
Waka Waka (This Time for Africa) (2010)
456.150.127 visitas
471.495 «me gusta» — 25.877 «no me gusta»

4 Lady Gaga
Bad Romance (2009)
454.870.832 visitas
584.025 «me gusta» — 128.366 «no me gusta»

5 Eminem con Rihanna
Love the Way You Lie (2010)
444.146.358 visitas
992.029 «me gusta» — «no me gusta»

6 Eminem
Not Afraid (2010)
326.439.734 visitas
1.061.097 «me gusta» — 27.102 «no me gusta»

7 Don Omar con Lucenzo
Danza Kuduro (2010/2011)
325.290.637 visitas
405.014 «me gusta» — 29.529 «no me gusta»

8 Justin Bieber con Jaden Smith
Never Say Never (2010/2011)
307.746.944 visitas
549.818 «me gusta» — 241.69 «no me gusta»

9 Justin Bieber
One Time (2009/2010)
288.637.158 visitas
400.707 «me gusta» — 391.422 «no me gusta»

10 Miley Cyrus
Party in the U.S.A. (2009)
277.926.168 visitas
443.677 «me gusta» — 99.653 «no me gusta»

2010 2011 2012

LA ERA DEL ROCK

WHITE CHRISTMAS
BING CROSBY

Más sencillos consecutivos en el n.º 1 de EE.UU.

Whitney Houston (EE.UU., 1963-2012) colocó siete sencillos consecutivos en el n.º 1 del *Billboard* Hot 100 entre 1985 y 1988: *Saving All My Love for You* (1985), *How Will I Know* (1986), *Greatest Love of All* (1986), *I Wanna Dance with Somebody (Who Loves Me)* (1987), *Didn't We Almost Have it All* (1987), *So Emotional* (1987) y *Where Do Broken Hearts Go* (1988).

La banda sonora de la taquillera película *El guardaespaldas* (1992), protagonizada por Whitney Houston y ganadora de un Grammy, sigue siendo la **banda sonora más vendida**, con más de 44 millones de copias vendidas en todo el mundo. Se ha confirmado que se distribuyeron 17 millones de copias del álbum sólo en EE.UU. y estuvo 20 semanas no consecutivas en el n.º 1, entre el 12 de diciembre de 1992 y el 29 de mayo de 1993.

El primer vídeo en MTV

El primer vídeo musical emitido por la cadena Music Television (con sede en la ciudad de Nueva York, EE.UU. y fundada el 1 de agosto de 1981) llevaba el apropiado título de *Video Killed the Radio Star*, un sencillo de The Buggles (R.U.) que fue n.º 1 en el R.U. en 1979.

El primer vídeo que emitió MTV Europa (cadena creada el 1 de agosto de 1987) fue *Money for*

Nothing, de Dire Straits (R.U.), que encabezó el *Billboard* Hot 100 en 1985. La letra de la canción empieza y termina con la frase: «I want my MTV» («Quiero mi MTV»).

La mayor audiencia televisiva de un concierto de rock

El 13 de julio de 1985, una audiencia televisiva mundial estimada de 1.900 millones de personas en 150 países vieron los conciertos benéficos Live Aid realizados en dos estadios para recaudar fondos para Etiopía, país azotado por la hambruna. Organizado por los músicos Bob Geldof (Irlanda) y Midge Ure (R.U.), el acto fue retransmitido simultáneamente desde el Wembley Stadium de Londres (R.U.) y el John F. Kennedy Stadium de Filadelfia (Pennsylvania, EE.UU.) y en él

actuaron muchas de las principales figuras del rock, como The Beach Boys, David Bowie, Bob Dylan, Elton John, Led Zeppelin, Paul McCartney, Queen y U2. Los conciertos recaudaron unos 50 millones de dólares.

El sencillo más vendido

Se cree que en todo el mundo se han vendido 50 millones de copias de *White Christmas*, de Bing Crosby (EE.UU.). Escrita por Irving Berlin (EE.UU.) en 1940, llegó al n.º 1 de EE.UU. en octubre de 1942 y estuvo ahí 11 semanas seguidas.

El **primer álbum en debutar en el n.º 1 en EE.UU.** fue *Captain Fantastic and the Brown Dirt Cowboy*, de Elton John (nombre artístico de Reginald Dwight, R.U.), que alcanzó el primer puesto el 7 de junio de 1975. El segundo álbum en subir directo al n.º 1 fue el siguiente de Elton, *Rock of the Westies*.

The Beatles (R.U.) poseen el récord de **más semanas consecutivas en el n.º 1 en la lista de álbumes del R.U. (grupo, un álbum)**, con su exitoso primer álbum *Please Please Me* (1963). Se mantuvo en el primer puesto 30 semanas, desde el 11 de mayo al 30 de noviembre de 1963.

ABBA (Suecia), junto con Led Zeppelin (R.U.) (derecha), tienen el récord de **más álbumes consecutivos en el n.º 1 del R.U.**, con ocho. ABBA llegó por primera vez al n.º 1 con su recopilatorio *Greatest Hits* (arriba) en mayo de 1976. *The Singles: The First Ten Years* fue su octavo álbum consecutivo en el n.º 1 (noviembre de 1982).

A la venta en noviembre de 1982, *Thriller*, de Michael Jackson (EE.UU., 1958-2009) es el **álbum más vendido del mundo**. Aunque las cifras fluctúan, sin duda *Thriller* ha sobrepasado los 65 millones de copias vendidas.

El récord de **más semanas acumuladas en una lista de EE.UU. (un álbum)** lo posee el álbum *The Dark Side of the Moon* (1973) de Pink Floyd (R.U.). El 28 de abril de 2012 llegó a la cifra récord de 802 semanas (más de 15 años) en el *Billboard* 200.

DATO: Las afirmaciones hechas en internet de que *Dark Side* fue escrito como banda sonora de *El mago de Oz* han sido desmentidas por el grupo.

Más versiones de la misma canción en el n.º 1 del R.U.

Cuatro versiones diferentes de *Unchained Melody* han ocupado el primer puesto de las listas del R.U. Jimmy Young (R.U., 1955), The Righteous Brothers (EE.UU., 1990), Robson Green y Jerome Flynn (R.U., 1995) y Gareth Gates (R.U., 2002) han llegado todos al n.º 1 con esta balada de 1955, escrita por Alex North y Hy Zaret (ambos de EE.UU.).

Más éxitos simultáneos en la lista de sencillos del R.U. (grupo)

Dos meses después de que el grupo The Jam (R.U.) anunciara su ruptura en diciembre de 1982, se reeditó todo el catálogo de sencillos de este trío de la New Wave. El 5 de febrero de 1983, trece temas se situaron entre los 75 mejores; de ellos cabe destacar un sencillo con dos caras A, *Going Underground/Dreams of Children*, en el n.º 21.

El álbum con más n.º 1 en las listas

Lanzado el 14 de noviembre de 2005, *Confessions on a Dance Floor* de Madonna (EE.UU.) llegó al n.º 1 en 40 países de todo el mundo. El primer sencillo, *Hung Up*, subió al n.º 1 de las listas de sencillos en 41 países.

Más sencillos en el n.º 1

En poco más de seis años, entre 1964 y 1970, The Beatles (R.U.) llegaron al primer puesto del *Billboard* Hot 100, la cifra récord de 20 veces, incluidas seis veces en 1964 y cuatro en 1965. Su primer n.º 1 fue *I Want to Hold Your Hand*, en enero de 1964, y el último, *The Long and Winding Road*, en junio de 1970.

El primer grupo incluido en el Songwriters Hall of Fame

Queen (Freddie Mercury –nacido en Zanzíbar–, Brian May, Roger Taylor y John Deacon, de R.U.) fue el primer grupo en pleno en ser incluido en el Songwriters Hall of Fame (en 2003). La primera ceremonia de nominación se celebró en 1969; desde entonces se han incorporado a él 389 músicos.

ROCK around the clock
BILL HALEY and his COMETS

El primer sencillo en vender un millón de copias

En 1955, *Rock Around the Clock*, de Bill Haley and the Comets (EE.UU.) fue el primero en vender un millón de copias en el R.U. Es el único que ha vuelto a los 20 mejores, cinco veces.

Oasis (R.U.) batió el récord del **álbum de venta más rápida en la historia de las listas de éxitos del R.U.** cuando se vendieron 663.389 copias de su tercer álbum de estudio, *Be Here Now*, en tan sólo tres días, entre el 21 y el 23 de agosto de 1997 (350.000 copias sólo el primer día). A los 17 días de su lanzamiento alcanzó el millón de copias vendidas.

Lanzado el 21 de marzo de 2000, *No Strings Attached*, de *NSync (EE.UU.), el grupo que dio a conocer al mundo a Justin Timberlake, es el **álbum de venta más rápida en EE.UU.** Alcanzó la vertiginosa cifra de 2,42 millones de copias en la primera semana, con lo que duplicaba con creces los 1,13 millones de copias de *Millennium* que habían vendido los Backstreet Boys en 1999.

Rumours, de Fleetwood Mac, es el LP con **más semanas en las listas de álbumes del R.U.** Entre el 26 de febrero de 1977 y el 28 de abril de 2012, sumó 490 semanas entre los 75 mejores (de 1981 a 1989 fue de los 100 mejores).

Led Zeppelin (R.U.) comparte con ABBA (Suecia) (izquierda) el récord de **más álbumes consecutivos en el n.º 1 del R.U.,** con ocho. La carrera de éxitos de Led Zeppelin empezó con *Led Zeppelin II* (en la foto) en febrero de 1970 y terminó con *In Through the Out Door*, grabado en los Polar Studios de ABBA, en Estocolmo (Suecia), en septiembre de 1979.

DATO: De jovencito, el futuro miembro de *NSync, Justin Timberlake, participó en concursos de belleza.

GUINNESS WORLD RECORDS

LOS ÁLBUMES MÁS VENDIDOS DE LA HISTORIA EN TODO EL MUNDO

Thriller (1982) – Michael Jackson
65 millones

The Dark Side of the Moon (1973) – Pink Floyd
50 millones

Back in Black (1980) – AC/DC
49 millones

The Bodyguard (1992) – Whitney Houston/Varios
44 millones

Bat out of Hell (1977) – Meat Loaf
43 millones

Their Greatest Hits (1971-1975) (1976) – Eagles
42 millones

Dirty Dancing (1987) – Varios
42 millones

Saturday Night Fever (1977) – Bee Gees /Varios
40 millones

Rumours (1977) – Fleetwood Mac
40 millones

Come On Over (1997) – Shania Twain
40 millones

Todas las cifras de ventas son estimadas.

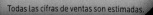

TEATRO

La obra de teatro más tiempo en cartel

A fecha 23 de abril de 2012, se han hecho 24.757 representaciones continuas de *La Ratonera*, de Dame Agatha Christie (R.U.). La obra se estrenó en el Ambassadors Theatre del West End londinense el 25 de noviembre de 1952, y se trasladó al St. Martin's Theatre en 1974. La legendaria obra de teatro policíaca celebrará su aniversario de diamantes (60 años), el 25 de noviembre de 2012.

El primer teatro permanente

El Teatro de Dionisio fue el teatro más antiguo del mundo, construido en la antigua Atenas hacia 500 a. C. Con un aforo de 17.000 espectadores, este teatro redondo al aire libre tenía filas de piedra construidas sobre una pendiente que daba al escenario.

Se representaron tanto comedias como tragedias y se usó para «competiciones», en las que el público hacía de juez y otorgaba un premio a la mejor obra.

El teatro cubierto más antiguo

El teatro Olímpico de Vicenza (Italia) fue diseñado al estilo romano por Andrea di Pietro, alias Palladio (1508-1580). Las obras del teatro comenzaron tres meses antes de su muerte, y las terminó su alumno Vicenzo Scamozzi en 1583. Hoy se preserva en su forma original.

El teatro más grande

El Gran Auditorio forma parte del Gran Salón del Pueblo (Renmin Dahuitang) en la plaza de Tiananmen (Pekín, China), y se completó en 1959. El Auditorio mide 76 m de largo, 60 m de ancho y 33 m de alto. Cuando se usa como teatro, tiene un aforo de 10.000 espectadores.

El teatro profesional más pequeño en funcionamiento

es el Kremlhof de Villach (Austria), que tiene un aforo máximo de ocho asientos. Está gestionado por las organizaciones VADA y kärnöl (ambas de Austria) y presenta obras de forma regular desde el 12 de enero de 2010.

El escenario más grande

El Hilton Theater en el hotel Reno Hilton de Reno (Nevada, EE.UU.) mide 53,3 × 73,4 m. El escenario tiene tres elevadores principales, que pueden transportar a 1.200 artistas cada uno (hasta un peso total de 65,3 toneladas), así como dos plataformas giratorias con una circunferencia de 19,1 m cada una de ellas.

El mayor reparto

Un total de 2.100 niños aparecieron en la última escena de *Rolf Harris Schools Variety Spectacular*, celebrado en Sydney Entertainment Centre (Sídney, Australia) en noviembre de 1985.

El teatro nacional más antiguo

Fundado en 1680 por Luis XIV de Francia, la Comédie Française es el teatro nacional más antiguo del mundo. Durante la revolución francesa de 1789, la compañía de teatro se separó: los actores conservadores se fueron al Théatre de la Nation, mientras que los actores revolucionarios se convirtieron en el Théatre de la République en el Palais Royal. En 1803, la Comédie Française fue reformada y existe desde entonces.

El dramaturgo más vendido

El dramaturgo inglés William Shakespeare (1564-1616) es el dramaturgo más vendido del mundo: se cree que las ventas de sus obras de teatro y poesía superan los 4.000 millones de copias desde su muerte. También es el tercer autor más traducido de la historia, después de Agatha Christie (R.U.) y Julio Verne (Francia).

La **edición más valiosa de una obra de Shakespeare** es una de las únicas cinco copias del *First Folio*, que data de 1623, y que se vendió en Christie's (Nueva York, EE.UU.) el 8 de octubre de 2001 por 6.166.000 dólares. También es el precio más alto jamás pagado por un libro del siglo XVII.

La representación teatral más larga en solitario

Adrian Hilton (R.U.) recitó las obras completas de Shakespeare en 110 h y 46 min en una «Bardathon» en el Shakespeare Festival de Londres y la Gold Hill Baptist Church en Chalfont St. Peter (ambos de R.U.), del 16 al 21 de julio de 1897.

DATO: *Spiderman* fue creado por el escritor Stan Lee y el dibujante Steve Ditko (ambos de EE.UU.) en 1962.

La producción teatral más cara

Cuando *Spiderman: Turn Off the Dark*, el musical basado en el legendario superhéroe del cómic, se estrenó el 14 de junio de 2011 en el Foxwoods Theatre de Broadway, su coste había ascendido a 75 millones de dólares. Es la mayor inversión en una producción teatral en todo el mundo. Con 182 preestrenos (representaciones antes del estreno oficial), del 28 de noviembre de 2010 hasta su estreno oficial el 14 de junio de 2011, también ha registrado el **mayor número de preestrenos de una obra de Broadway.**

La organización de gestión teatral más tiempo en funcionamiento

La Theatrical Management Association (TMA) se fundó en Londres (R.U.) hace 108 años, el 24 de enero de 1894, aunque con otro nombre. Entre sus creadores estaban los grandes actores-directores ingleses Sir Henry Irving y Sir Herbert Beerbohm. Irving fue el primer presidente de la organización.

La ópera más antigua

La ópera china, *Kunqu*, apareció en el siglo XIV durante la Dinastía Yuan (1271-1368). Combinaba la ópera y el ballet, el drama con los recitales de poesía y música, y se inspiraba en formas de teatro chinas más antiguas, como el mimo y la acrobacia. «Kun» se refiere a Kunshan (el distrito donde se originó la ópera, cerca de Suzhou, en la moderna provincia de Jiangsu, China) y «qu» significa música.

El dramaturgo contemporáneo más prolífico

Sir Alan Ayckbourn (R.U.) ha escrito 76 obras de teatro desde 1959. Su primer trabajo, *The Square Cat*, se estrenó en el Library Theatre de Scarborough (North Yorkshire, R.U.), cuando Ayckbourn tenía tan sólo 20 años. Su última obra, *Surprises*, se estrena en 2012.

Ágil Ayckbourn

La producción de Sir Alan también incluye dos obras cortas de un solo acto, 11 revistas musicales, siete obras para niños, cinco adaptaciones (también obras completas), un guión cinematográfico y un libro, *The Crafty Art of Playmaking*.

DATO:
Hugh Jackman hizo su debut teatral en 2002, en el musical *Carousel*.

La mayor recaudación semanal de una obra de Broadway con un solo actor

Hugh Jackman (Australia) recaudó 2.057.354 dólares durante la semana del 27 de diciembre de 2011 al 1 de enero de 2012, representando *Hugh Jackman, Back on Broadway* en el Broadhurst Theater (Nueva York, EE.UU.).

Jackman también logró el récord a la **mayor recaudación de una obra de Broadway para fines benéficos:** 1.789.580 dólares para Broadway Cares/Equity Fights AIDS.

Ha producido una nueva obra de teatro casi cada año durante 53 años. Sólo seis de estos años no han visto el estreno de una nueva obra de Ayckbourn.

Más representaciones de una obra de Broadway

George Lee Andrews (EE.UU.) hizo 9.382 representaciones de *El*

La obra de Broadway más tiempo en cartel

El musical *El fantasma de la ópera*, del compositor teatral, Andrew

fantasma de la ópera en Broadway. La obra se estrenó el 26 de enero de 1988 en el Majestic Theater, y Andrews interpretó diferentes papeles hasta el 3 de septiembre de 2011.

Más representaciones de una obra con un solo actor

Hasta el 26 de febrero de 2012, Hal Holbrook (EE.UU.) ha representado *Mark Twain Tonight!* 2.237 veces. Holbrook comenzó a representar la obra en 1954, ¡2012 marca su **récord de 58 años consecutivos** interpretando al escritor norteamericano!

La obra de Broadway más taquillera

En abril de 2012, *El Rey León*, de Disney, había recaudado 853,8 millones de dólares desde su estreno en Broadway en octubre de 1997. Superó a *El Fantasma de la ópera*, que ha recaudado 853,1 millones de dólares desde enero de 1988.

Pasaporte a Broadway

• El famoso distrito teatral de Broadway en Nueva York incluye Times Square y se extiende desde West 41st Street a West 54th Street, entre la 6.ª avenida (avenida de las Américas) y la 8.ª avenida. Incluye 39 teatros profesionales.

• Su apodo, «Great White Way», alude a la adopción de los letreros publicitarios iluminados y a la luz eléctrica a finales del siglo XIX.

• Los teatros «Off Broadway» tienen habitualmente un aforo de entre 100 y 499 asientos. En «Off Off Broadway» se puede asistir a producciones profesionales todavía más pequeñas, con un aforo de menos de 100 espectadores. El teatro más pequeño de Broadway tiene 650 asientos.

Lloyd Webber (R.U.), es la obra que más tiempo lleva en cartel en la historia de Broadway –musical u obra de teatro–. El 11 de febrero de 2012 había alcanzado las 10.000 representaciones en el Majestic Theater de Nueva York (EE.UU.).

El **musical del West End londinense que más tiempo lleva en cartel** es *Les Misérables*, de Claude-Michel Schönberg (Francia), que se estrenó el 4 de diciembre de 1985 y actualmente se encuentra en su 27.º año. Celebró su representación número 10.000, el 5 de enero de 2010.

Y EL GANADOR ES...

Los Premios británicos Laurence Olivier y los Premios norteamericanos Tony son referentes de excelencia teatral. El GWR sube el telón para presentarte las producciones y los intérpretes más premiados.

Más Premios Tony a una obra de teatro
The Coast of Utopia, de Tom Stoppard (R.U.) – 7

Intérprete con más nominaciones al Tony
Julie Harris (EE.UU.) – 10

Más Premios Tony a un actor
Boyd Gaines (EE.UU.) – 4

Más Premios Tony a un actor/actriz en un musical
Julie Harris (EE.UU.) y Angela Lansbury (EE.UU., nacida en R.U.) – 5 (Julie Harris también ha ganado un Tony al Logro de toda una Vida)

Más Premios Tony (individual)
Harold Prince (EE.UU.) – 21

Más Premios Tony a un compositor
Stephen Sondheim (EE.UU.) – 8

Más Premios Olivier a un espectáculo
Matilda the Musical, del libro de Roald Dahl (R.U.) – 7

Más Premios Olivier a un actor
Sir Ian McKellen (R.U.) – 6

Más Premios Olivier a una actriz
Dame Judi Dench (R.U.) – 7 (incluido el Premio Especial por su extraordinaria contribución al teatro británico)

Más Premios Olivier (individual)
Dame Judi Dench y el diseñador William Dudley (ambos de R.U.) – 7

Por lo general, el GWR sólo tiene en cuenta récords mundiales. Sin embargo, el West End de Londres y el Broadway de Nueva York son piedras angulares del teatro, por lo que también hemos incluido récords específicos de dichos distritos.

STAR WARS

Mayor fortuna de derechos cinematográficos

En vez de aceptar los honorarios de director por *La guerra de las galaxias* (EE.UU., 1977), George Lucas (EE.UU.) adquirió los derechos de todas las secuelas y el *merchandising*. En 2011, *Forbes* le atribuyó un patrimonio neto de 3.200 millones de dólares.

El promedio más alto de recaudación de un director

Los seis largometrajes dirigidos por George Lucas, desde *THX 1138* (EE.UU., 1971) hasta *La guerra de las galaxias: Episodio III – La venganza de los Sith* (EE.UU., 2005), han recaudado en taquilla 1.740 millones de dólares, con un promedio de 290,6 millones por película.

(De los directores de cine que han realizado 10 o más películas, Steven Spielberg (EE.UU.) posee el récord de la mayor recaudación promedio; ver pág. 216.)

Las 15 películas *escritas* por George Lucas han producido unos beneficios de 3.330 millones de dólares de recaudación en taquilla en todo el mundo y suponen el récord de la **mayor recaudación en taquilla obtenida por un guionista.**

La mayor recaudación de una *space-opera* cinematográfica

La guerra de las galaxias: Episodio I – La amenaza fantasma (EE.UU., 1999) había recaudado 924 millones de dólares en todo el mundo el 3 de febrero de 2000.

El mayor estreno simultáneo (territorios)

La guerra de las galaxias: Episodio III – La venganza de los Sith (EE.UU., 2005) de 20th Century Fox se estrenó simultáneamente en 115 territorios de todo el mundo, el 19 de mayo de 2005. Siguió proyectándose hasta acumular unos beneficios mundiales de 303 millones de dólares.

El mayor proyecto de entretenimiento con voz en off

Para el videojuego de LucasArts *Star Wars: The Old Republic* (Electronic Arts, BioWare y LucasArts, 2011), varios centenares de actores de doblaje grabaron más de 200.000 frases de diálogo. Este MMORPG (videojuego de rol multijugador masivo *on-line*) se lanzó por primera vez el 20 de diciembre de 2011. Arriba, varios miembros del equipo creador del juego.

El primer videojuego de *La guerra de las galaxias*

El primer videojuego de la serie, *El imperio contraataca* (Parker Brothers, 1982), estaba basado en la segunda película y se realizó para Atari 2600 e Intellivision.

La mejor semana de estreno de la historia para una película reestrenada

Proyectada en cines en 1997 como la primera de las ediciones especiales de la trilogía original de *La guerra de las galaxias* lanzadas con motivo del 20.º aniversario de Lucasfilm, el *Episodio IV – Una nueva esperanza* (EE.UU.) recaudó 35.906.661 dólares en cines de EE.UU. durante la semana del 31 de enero al 2 de febrero de 1997. *Una nueva esperanza* había recaudado 579.646.015 dólares en todo el mundo en junio de 1997, lo que constituye la **mayor recaudación de una película de reestreno.**

Más Oscars ganados por efectos especiales

Dennis Muren (EE.UU.) obtuvo el premio de la Academia a los mejores efectos especiales un total de seis veces entre 1983 y 1994. También recibió dos premios especiales, en 1981 por *La guerra de las galaxias: Episodio V – El imperio contraataca* (EE.UU., 1980) y en 1984 por *La guerra de las galaxias: Episodio VI – El retorno del Jedi* (EE.UU., 1983), así como el premio de la Academia a la Técnica en 1982 «por el desarrollo de un motor de muñecos cinematográficos para la fotografía de animación». Además, Muren posee el récord de **más nominaciones al Oscar por efectos especiales.**

Ha sido nominado 13 veces, la primera en 1982 por *El dragón del lago de fuego* (EE.UU., 1981) y la más reciente en 2006 por *La guerra de los mundos* (EE.UU., 2005).

El sencillo de música instrumental más vendido

El tema musical discotequero de 1977 basado en la banda sonora compuesta por John Williams (EE.UU.) para *La guerra de las galaxias*, titulado *Star Wars Theme/Cantina Band* y realizado por el productor musical Meco (alias de Domenico Monardo, EE.UU.), sigue siendo el único sencillo instrumental que ha obtenido un disco de platino, según la Recording Industry Association of America (RIAA), al haber vendido más de 2 millones de unidades. La canción se editó en el álbum *Star Wars and Other Galactic Funk* (1977), que superó en ventas a la banda sonora original de la película y fue también disco de platino.

DATO: *Star Wars Theme / Cantina Band* fue n.º 1 en las listas de éxitos de EE.UU. en 1977.

UNA GALAXIA DE ORO

Considerando las películas originales, los reestrenos y las ediciones especiales, las seis películas de La guerra de las galaxias constituyen la **serie de ciencia ficción más taquillera de la historia.** Basta con echar un vistazo a las cifras de recaudación en todo el mundo...

La guerra de las galaxias: Episodio VI – El retorno del Jedi

475,1 millones de dólares

La guerra de las galaxias: Episodio V – El imperio contraataca

538,4 millones de dólares

La guerra de las galaxias: Episodio II – El ataque de los clones

649,4 millones de dólares

La guerra de las galaxias: Episodio IV – Una nueva esperanza

775,4 millones de dólares

La guerra de las galaxias: Episodio III – La venganza de los Sith

848 millones de dólares

La guerra de las galaxias: Episodio I – La amenaza fantasma

1.026 millones de dólares

La serie cinematográfica más parodiada

Ha habido referencias directas a la serie de La guerra de las galaxias en más de 170 largometrajes y en infinidad de programas televisivos, cómics, anuncios y vídeos on-line. Un episodio de la comedia de dibujos animados Padre de Familia (Family Guy, «Blue Harvest») (Fox, 2007, izquierda), fue una parodia de la película, de una hora de duración.

De los largometrajes paródicos de La guerra de las galaxias, el más conocido es La loca historia de las galaxias (EE.UU., 1987, abajo izquierda). Otras parodias de escenas de la serie han aparecido en comedias cinematográficas durante más de 30 años, desde Aterriza como puedas 2 (EE.UU., 1982) y Volverse loco (EE.UU., 1983) hasta Austin Powers: La espía que me achuchó (EE.UU., 1999) y Los Simpson: La película (EE.UU., 2007).

La serie de libros de mayor éxito basada en una serie cinematográfica

Lucas Licensing ha registrado más de 100 millones de ventas en libros relacionados con La guerra de las galaxias, con más de 850 novelizaciones, novelas originales, libros de referencia, libros infantiles y complementos para juegos de rol, incluidos 80 best sellers en el New York Times. La primera novela original basada en personajes de La guerra de las galaxias fue El ojo de la mente (1978), escrita por Alan Dean Foster (EE.UU.).

La mayor campaña de comercialización cinematográfica

En mayo de 1996, PepsiCo (propietaria de Pepsi, Pizza Hut, KFC, Taco Bell y Frito Lay) firmó un contrato con Lucasfilm por los derechos de vincular sus productos a La guerra de las galaxias durante el relanzamiento de la trilogía original como edición especial, que desembocó en el estreno, en 1999, del Episodio I – La amenaza fantasma. Con un presupuesto de 2.000 millones de dólares, es el mayor acuerdo de promoción mutua de la historia.

La serie de videojuegos más prolífica basada en una licencia de explotación

En abril de 2012 se habían lanzado al mercado, a través de 41 plataformas distintas, un total de 279 videojuegos de La guerra de las galaxias.

La línea de muñecos articulados de mayor éxito

En 2007, las líneas de muñecos de La guerra de las galaxias de Kenner/Hasbro llevaban generados más de 9.000 millones de dólares en ventas. Sólo en 1978 se vendieron más de 40 millones de unidades de la primera línea de muñecos de La guerra de las galaxias lanzada por Kenner, que ganó más de 100 millones de dólares.

Los derechos de comercialización más productivos de una película

En 2012, el valor de la franquicia de La guerra de las galaxias se calcula en 30.570 millones de dólares, de los cuales las recaudaciones de taquilla de las seis películas de la serie suponen sólo 4.270 millones de dólares. Lucas Licensing, en representación de Lucasfilm, ha registrado más de 20.000 millones de dólares en ventas mundiales de comercialización vinculada, más de 3.000 millones de dólares de los videojuegos de La guerra de las galaxias y 2.500 millones de dólares en ventas de DVD.

Fuentes de las cifras de recaudación: boxofficemojo.com; imdb.com

VIDEOJUEGOS

La jugadora de videojuegos de baile más prolífica y con mayor puntuación

Elizabeth «Kitty McScratch» Bolinger (EE.UU.) es la jugadora con más récords a la mayor puntuación por *Dance Central*, *Just Dance* y *Just Dance 2*, de Twin Galaxies. Es la primera clasificada en más de 85 canciones diferentes. Su puntuación más alta es por la canción del juego *Dance Central* «C'mon Ride It (The Train)», de Quad City DJs, por la cual obtuvo 432.793 puntos, el 5 de diciembre de 2010.

DATO:
The International Video Game Hall of Fame se encuentra en la ciudad natal de Kitty, Ottumwa (Iowa, EE.UU.).

La videoconsola más vendida

La PlayStation 2 (PS2), fabricada por Sony y lanzada en 2000, había vendido más de 153,6 millones de unidades, el 21 de noviembre de 2011. La segunda videoconsola más vendida es la Nintendo DS, lanzada en 2004. La DS superó a la PS2 en enero de 2011, cuando registró 147 millones de ventas, pero desde entonces ha perdido popularidad.

El videojuego de música más vendido

En mayo de 2011, se habían vendido más de 7,32 millones de copias del juego *Just Dance 2* (2010), de Ubisoft Wii, en todo el mundo. Esto lo hace más popular que las versiones de plataforma única de los demás videojuegos de música. El segundo título más vendido del género es el *Just Dance* original (Ubisoft, 2009), con unas ventas de 5,78 millones.

El mayor pirateo de MMO

En abril de 2011, Sony reveló que unos piratas informáticos podrían haber robado los detalles de 24,6 millones de cuentas en su sección de videojuegos multijugador masivo en línea (MMO), perteneciente a Sony Online Entertainment (SOE). Los juegos afectados eran *EverQuest I y II*, *Free Realms*, *Vanguard*, *Clone Wars Adventures* y *DC Universe Online*. Podrían haber peligrado los números y las fechas de caducidad de unas 12.700 tarjetas de crédito y de débito, además de 10.700 registros de domiciliaciones, lo que obligó a SOE a desconectar su MMO durante 12 días.

El primer juego de ejercicio físico

En 1979, 25 años antes de que Nintendo popularizara los juegos de ejercicio físico, Mattel Intellivision fue pionero de los programas de forma física con *Physical Conditioning*, de Jack LaLanne. El juego incluía la voz grabada del veterano norteamericano fanático del ejercicio LaLanne (que entonces ya tenía 65 años), en la que animaba a los jugadores a practicar varios ejercicios, mientras unas animaciones básicas mostraban los movimientos en la pantalla.

La mayor colección de videojuegos

Richard Lecce (EE.UU.) tenía un total de 8.068 videojuegos diferentes cuando se contabilizaron en Delray Beach (Florida, EE.UU.), el 22 de diciembre de 2011.

La mayor cantidad pagada por una aparición en un anuncio de videojuegos

Helen Mirren (R.U.) cobró 800.000 dólares por aparecer en una serie de anuncios de televisión para *Wii Fit* (Nintendo, 2007), en octubre de 2010.

El mayor juego de *Angry Birds*

La edición del 3 de marzo de 2011 de *Conan*, el programa de entrevistas norteamericano presentado por Conan O'Brien, ofreció una versión de tamaño natural de *Angry Birds* (Rovio, 2009). El juego fue recreado por el personal de producción del programa e incluía obstáculos hechos con muebles y se usaron pelotas inflables para representar a los pájaros y los cerdos del juego.

La mayor fiesta de juegos para teléfonos móviles

El 13 de abril de 2011, un total de 316 participantes se unieron a una fiesta de juegos para teléfonos móviles organizada por Kick Energy (R.U.), en *Gadget Show Live*, en NEC (Birmingham, R.U.).

DATO:
Para usar este controlador como si fuera una almohadilla estándar, tendrías que medir 51 m de altura.

El mayor controlador de videojuegos

Certificado oficialmente en agosto de 2011 como el controlador de videoconsola más grande, este pad de Nintendo Entertainment System (NES), totalmente funcional mide 366 cm × 159 cm × 51 cm. Su principal creador es el estudiante de ingeniería Ben Allen (abajo a la derecha), quien recibió ayuda de Stephen van't Hof y Michel Verhulst, todos ellos estudiantes de la Delft University of Technology (Países Bajos). El fantástico facsímil es 30 veces mayor que el tamaño de un controlador NES estándar, y son necesarios dos jugadores para navegar por sus enormes botones.

La primera canción de un videojuego que gana un premio Grammy

El 13 de febrero de 2011, *Civilization IV* se convirtió en el primer juego que incluye una canción ganadora de un Grammy. El compositor Christopher Tin (EE.UU.) ganó en la categoría de Mejor arreglo instrumental con acompañamiento vocal, con *Baba Yetu*.

El juego de PlayStation 3 más caro vendido en una subasta

El 2 de agosto de 2011, Damian Fraimorice (Israel) vendió una copia precintada de *NBA Elite 11* (EA, 2011) a un comprador de EE.UU. por 1.500 dólares. Damian también tiene el récord del **juego de Xbox 360 más caro vendido en una subasta**. El 2 de febrero de 2011, vendió una copia de *Dead Space Ultra Limited Edition* a un comprador de Nueva York (EE.UU.), por 2.999 dólares.

Más jugadores votando en un premio de videojuegos

En una encuesta realizada por el servicio de noticias de entretenimiento IGN en la exhibición Gamescom 2011, celebrada en Colonia (Alemania), un total de 258.367 personas votaron por su juego preferido. El ganador, *DOTA 2* (2012), de Valve Software, obtuvo 68.041 votos.

Más pistolas en un videojuego

Borderlands (Gearbox Software, 2009) tiene un eslogan que alardea de incluir «tropecientas mil» pistolas en el juego. En realidad, la cifra es de 17.750.000; con diferencia el mayor número de pistolas de cualquier videojuego. Las armas se generan al azar, con diferente munición, componentes y efectos elementales.

Los videojuegos con mejores desenlaces

Según una encuesta online realizada por Guinness World Records en 2011, los videojuegos con mejores desenlaces son:

1. *Call of Duty: Black Ops*
2. *Halo: Reach*
3. *The Legend of Zelda: Ocarina of Time*
4. *Call of Duty: Modern Warfare 2*
5. *God of War*
6. *Red Dead Redemption*
7. *Portal*
8. *Metal Gear Solid 4*
9. *Final Fantasy VII*
10. *Heavy Rain*

La revista de videojuegos más prolífica

Enterbrain, Inc. (Japón) había publicado 1.120 números de *Famitsu*, el 1 de diciembre de 2011. El primer número apareció el 20 de junio de 1986.

La Xbox más valiosa vendida en una subasta

Sin incluir premios excepcionales y consolas que no están a la venta, la Xbox más rara es la Panzer Dragoon blanca original, lanzada para promocionar *Panzer Dragoon Orta* (Sega, 2002). Sólo se fabricaron 999. El 10 de junio de 2011, se vendió una en eBay por 1.250 dólares.

DATO: Ryan se vistió como el personaje Ryu para una foto especial de Guinness World Records en Chinatown, (Londres).

Más victorias internacionales de *Street Fighter*

Ryan Hart (R.U.) ganó más de 450 eventos de *Street Fighter*, en 13 países de 1998 a 2011. También tiene el récord al **mayor número de victorias seguidas en *Street Fighter IV*** (Capcom/Dimps, 2009). Ryan permaneció invicto durante 169 partidas en el evento GAME, en Prospect Centre (Hull, R.U.), el 27 de marzo de 2010.

El más rápido en completar un Circuito 1 de *Mario Kart*

Speedy Sami Çetin (R.U.) ha sido un elemento omnipresente en la competición de *Mario Kart* durante más de 10 años, pero 2010 fue su mejor temporada. Fue el más rápido en completar el icónico Circuito 1 en el primer juego de la serie, *Super Mario Kart* (Nintendo, 1992). Tiene el récord tanto en la versión PAL como en la NTSC, con tiempos de 58,34 segundos y 56,45 segundos, respectivamente, en agosto de 2011.

MARATONES DE VIDEOJUEGOS

Algunos jugadores no pueden dejar de jugar a sus juegos preferidos, como demuestran estos maratones de resistencia...

Juego con sensor de movimiento:
(*Dance Central 2*)
Christopher Lawrence
Trasmaño (Filipinas)
16 h 21 min 44 s

Juego de baile:
(*Dance Dance Revolution*)
Chris McGivern (R.U.)
20 h 24 min 43 s

Juego para móviles:
(Varios)
Martin Fornleitner,
Hans Peter Glock y Stefan
Reichspfarrer (todos de
Austria) y Paul Dahlhoff
(Alemania)
24 h 10 min

Juego de supervivencia de terror:
(serie *Resident Evil*)
Tim Turi (EE.UU.)
27 h 8 min

Juego de carreras:
(*Need for Speed Shift*)
Sebastian Giessler
y Marcus Wiessala
(ambos de Alemania)
30 h

Juego de lucha:
(*Mortal Kombat*)
Melissa Estuesta,
Cristopher Bryant, Paul
Chillino y Jameson Moose
(todos de EE.UU.)
32 h 5 min 47 s

RPG japonés:
(serie *Final Fantasy*)
Philip Kollar (EE.UU.)
34 h

Juego de fútbol:
(*Pro Evolution Soccer 2012*)
Marco Ramos y Efraim Ie
(ambos de Portugal)
38 h 49 min 13 s

RPG:
(*Elder Scrolls: Oblivion*)
Bryan Vore
(EE.UU.)
43 h 21 min

Juego de espionaje:
(serie *Metal Gear Solid*)
Ben Reeves (EE.UU.)
48 h

Juego de plataformas:
(*LittleBigPlanet*)
David Dino, Lauren
Guiliano y Sean Crowley
(todos de EE.UU.)
50 h 1 min

Juego de acción-aventuras: (*Assassin's Creed: Brotherhood*)
Tony Desmet, Jesse
Rebmann y Jeffrey Gamon
(todos de Bélgica)
109 h

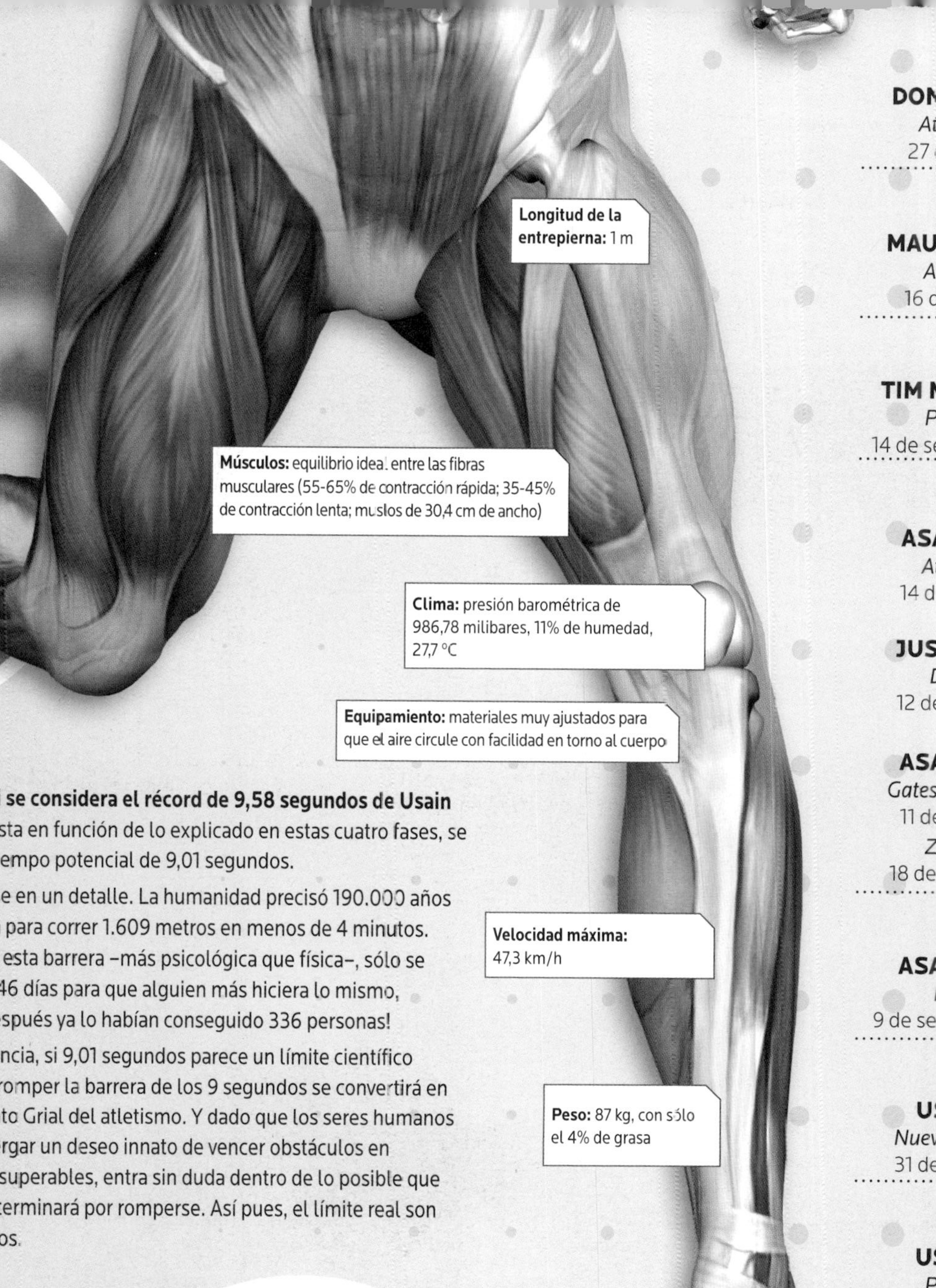

9,84
DONOVAN BAILEY
Atlanta (EE.UU.)
27 de julio de 1996

9,79
MAURICE GREENE
Atenas (Grecia)
16 de junio de 1999

9,78
TIM MONTGOMERY
París (Francia)
14 de septiembre de 2002

9,77
ASAFA POWELL
Atenas (Grecia)
14 de junio de 2005

JUSTIN GATLIN*
Doha (Qatar)
12 de mayo de 2006

ASAFA POWELL
Gateshead (Inglaterra)
11 de junio de 2006

Zúrich (Suiza)
18 de agosto de 2006

9,74
ASAFA POWELL
Rieti (Italia)
9 de septiembre de 2007

9,72
USAIN BOLT
Nueva York (EE.UU.)
31 de mayo de 2008

9,69
USAIN BOLT
Pekín (China)
16 de agosto de 2008

9,58
USAIN BOLT
Berlín (Alemania)
16 de agosto de 2009

Longitud de la entrepierna: 1 m

Músculos: equilibrio idea; entre las fibras musculares (55-65% de contracción rápida; 35-45% de contracción lenta; muslos de 30,4 cm de ancho)

Clima: presión barométrica de 986,78 milibares, 11% de humedad, 27,7 °C

Equipamiento: materiales muy ajustados para que el aire circule con facilidad en torno al cuerpo

Velocidad máxima: 47,3 km/h

Peso: 87 kg, con sólo el 4% de grasa

Calzado: zapatilla ligera de 87 g con tacos (véase a la izquierda)

USAIN BOLT

Estos récords fueron anulados posteriormente

ASAFA POWELL

CARL LEWIS

3. Acelerar hasta la velocidad máxima:
La resistencia del aire aumenta en proporción al cuadrado de la velocidad, lo que significa que, si se dobla la velocidad, la resistencia al avance se multiplica por cuatro. A 40 km/h, esto equivale al cuádruple de la resistencia que un maratonista ha de vencer. Por suerte, el Comité Olímpico permite vientos de cola de hasta 2 m/s. (Bolt batió su récord sin viento de cola; de haberlo tenido, ¡imagínate en cuánto habría superado su velocidad!) Si la pista está a una altitud de 1.000 m, el aire es menos denso y opone menos resistencia; a altitudes superiores, el récord no cuenta.

4. Reducir la velocidad lo menos posible: La dificultad final consiste en no desacelerar con demasiada rapidez. La resistencia del aire continúa actuando sobre los corredores, pero llegados a este punto sus músculos empezarán a cansarse y no podrán alcanzar el ritmo de cada paso, razón por la cual se debe aumentar el largo de la zancada para cubrir la máxima distancia posible.

Por tanto, si se considera el récord de 9,58 segundos de Usain Bolt y se ajusta en función de lo explicado en estas cuatro fases, se obtiene un tiempo potencial de 9,01 segundos.

Pero repárese en un detalle. La humanidad precisó 190.000 años de evolución para correr 1.609 metros en menos de 4 minutos. Una vez rota esta barrera –más psicológica que física–, sólo se necesitaron 46 días para que alguien más hiciera lo mismo, ¡y 10 años después ya lo habían conseguido 336 personas!

En consecuencia, si 9,01 segundos parece un límite científico absoluto, el romper la barrera de los 9 segundos se convertirá en el nuevo Santo Grial del atletismo. Y dado que los seres humanos parecen albergar un deseo innato de vencer obstáculos en apariencia insuperables, entra sin duda dentro de lo posible que esta barrera terminará por romperse. Así pues, el límite real son 8,99 segundos.

FÚTBOL AMERICANO

Más primeros downs de un equipo en una temporada

Darren Sproles (EE.UU., fotografía superior derecha) ayudó a los New Orleans Saints a batir un récord de la National Football League (NFL) de más primeros downs en una temporada, con 416 en 2011.

Más goles de campo transformados (50 yardas o más)

Jason Hanson (EE.UU.) comparte el récord de la NFL de más goles de campo de 50 yardas o más en una temporada regular, que quedó establecido en ocho; lo consiguió en 2008, pateando el balón para los Detroit Lions. Jason igualó el récord de 1995 de Morten Andersen (Dinamarca) con los Atlanta Falcons.

El gol de campo más largo de la NFL

El récord en la NFL del gol de campo (field goal) más largo son 63 yardas, marcado por Sebastian Janikowski (Polonia) de los Oakland Raiders contra los Denver Broncos el 12 de septiembre de 2011; con ese tanto igualó los récords establecidos por Jason Elam (EE.UU.), de los Denver Broncos contra los Jacksonville Jaguars el 25 de octubre de 1998, y Tom Dempsey (EE.UU.), de los New Orleans Saints contra los Detroit Lions el 8 de noviembre de 1970.

Más pases lanzados sin intercepción

El mariscal de campo (quarterback) Tom Brady (EE.UU.) consiguió un récord, en una temporada normal de la NFL, al lanzar 358 pases consecutivos sin que se interceptara ninguno, mientras jugaba para los New England Patriots del 17 de octubre de 2010 al 12 de septiembre de 2011. Brady, que se incorporó al equipo en 2000, batió el récord de

319 intentos sin intercepción que había fijado Bernie Kosar (EE.UU.) cuando jugaba con los Cleveland Browns en 1990 y 1991.

Más pases completados en un partido de Super Bowl

El récord de la NFL de más pases completados en un partido de Super Bowl son 32, anotados por Tom Brady con los New England Patriots en la Super Bowl XXXVIII en 2004; su récord fue igualado por Drew Brees (EE.UU.), para los New Orleans Saints, en la Super Bowl XLIV de 2009. Los equipos de ambos jugadores se alzaron después con la victoria: los Patriots derrotaron a los Carolina Panthers por 32-29, y los Saints se impusieron a los Indianapolis Colts por 31-17.

TEMPORADAS DE LA NFL

Más recepciones de un ala cerrada (tight end)

Tony Gonzalez (EE.UU.) completó 102 recepciones jugando con los Kansas City Chiefs en 2004, marca que constituye el mayor número conseguido por un ala cerrada en una temporada; también batió el récord de **más recepciones por un ala cerrada en la NFL en la carrera de un jugador,** al anotar un total de 1.149 jugando para los Kansas City Chiefs y los Atlanta Falcons.

Más yardas de penalización de un equipo

Los Oakland Raiders batieron el récord de la NFL de más yardas de penalización en una temporada, con 1.358 en 2011; ese mismo año batieron también el récord de la NFL de **más penalizaciones cometidas por un equipo en una temporada,** con 163.

Más yardas de recepción por un ala cerrada

Rob Gronkowski (EE.UU.) acumuló 1.327 yardas de recepción mientras jugó con los New England Patriots en la temporada 2011. Gronkowski conquistó, además, el récord de la NFL de **más recepciones de touchdown por un ala cerrada durante una temporada,** al anotar 17 para los Patriots ese mismo año.

Más yardas ofensivas de un equipo

Los New Orleans Saints consiguieron el mayor número de yardas ofensivas en una temporada, con 7.474 en 2011. Los Saints establecieron también un récord de la NFL de **más yardas de pase de un equipo en una temporada,** que fueron 5.347 en 2011.

El **mayor número de yardas de pase de ambos equipos en un solo**

Más pases completados en un play-off

Drew Brees (EE.UU.) fijó el récord de la NFL de más pases completados en un partido de play-off: 39 en total, jugando con los New Orleans Saints contra los Seattle Seahawks el 8 de enero de 2011; también posee el récord de la NFL de **mayor porcentaje de pases completados por un quarterback en una temporada:** 71,2% jugando para los New Orleans Saints en 2011. Brees completó 468 de 657 intentos, superando así su propia marca del 70,6% en 2009.

Victorias en campeonatos, touchdowns y estadios

Más victorias en Super Bowl	6	Pittsburgh Steelers	Más touchdowns en la NFL	208	Jerry Rice (San Francisco 49ers, Oakland Raiders)
	5	Dallas Cowboys San Francisco 49ers		175	Emmitt Smith (Dallas Cowboys, Arizona Cardinals)
	4	Green Bay Packers New York Giants		162	LaDainian Tomlinson (San Diego Chargers, New York Jets)
Más victorias en campeonatos de la AFC	8	Pittsburgh Steelers	Estadios más grandes (aforo)	109.901	Michigan Stadium Sede de los Michigan Wolverines Ann Arbor, Michigan
	7	New England Patriots			
	6	Denver Broncos		107.282	Beaver Stadium Sede de los Penn State Nittany Lions University Park, Pennsylvania
Más victorias en campeonatos de la NFL	8	Dallas Cowboys			
	5	Washington Redskins New York Giants San Francisco 49ers		102.455	Neyland Stadium Sede de los Tennessee Volunteers Knoxville, Tennessee

Estadísticas correctas hasta el 19 de marzo de 2012

Más yardas de pase en una primera temporada

El récord de la NFL de más yardas de pase por un quarterback en su primera temporada son 3.893, y lo batió Cam Newton (EE.UU.) jugando para los Carolina Panthers en 2011.

Newton estableció también el récord de la NFL de **más yardas de pase en un debut en la NFL:** 432 contra los Green Bay Packers el 18 de septiembre de 2011. Ese mismo año le correspondió además el récord de la NFL de **más touchdowns por tierra de un quarterback en una temporada,** con 14.

La recepción de touchdown más larga

Una recepción de touchdown de 99 yardas sólo se ha conseguido en 13 ocasiones, la más reciente por Victor Cruz, de los New York Giants, tras lanzar su compañero Eli Manning. El récord se cuando los Giants se enfrentaron los New York Jets (todos de EE.UU.) el 24 de diciembre de 2011.

partido son 971, récord batido cuando los Green Bay Packers (469) vencieron a los Detroit Lions (502) por 45-41, el 1 de enero de 2012.

Más temporadas en un mismo equipo de la NFL

El récord de más temporadas jugadas con un mismo equipo son 20, compartido por tres jugadores:
• El tacleador ofensivo (offensive tackle) Jackie Slater (EE.UU.) jugó con Los Angeles Rams de 1976 a 1995.
• El esquinero (cornerback) Darrell Green (EE.UU.) jugó con los Washington Redskins entre 1983 y 2002.
• El pateador (place-kicker) Jason Hanson (EE.UU.), activo en la actualidad, lleva jugando con los Detroit Lions desde 1992.

CARRERAS EN LA NFL

Más puntos anotados

Morten Andersen (Dinamarca) anotó 2.544 puntos a lo largo de su carrera como pateador desde 1982 hasta 2007. Andersen jugó con los New Orleans Saints, los Atlanta Falcons, los New York Giants, los Kansas City Chiefs y los Minnesota Vikings.

Andersen posee el récord de la NFL de **más goles de campo a lo largo de una carrera,** con 565.

Más retornos de patada (kick returns) para un touchdown

Devin Hester (EE.UU.) batió el récord de touchdowns de retorno de la NFL, con 17; 12 de ellos fueron retornos de patadas de despeje y cinco de patadas de salida.

También posee el récord de la NFL de **más touchdowns de retorno de patada de salida por un jugador en un partido de temporada regular,** con 2 contra los St. Louis Rams, el 11 de diciembre de 2006.

Más touchdowns por devolución con balón suelto

Jason Taylor (EE.UU.) consiguió seis touchdowns por devolución con balón suelto (fumble return), jugando como ala defensiva (defensive end) y apoyador (linebacker) de los Miami Dolphins, los Washington Redskins y los New York Jets entre 1997 y 2011.

Más yardas de recepción de un ala cerrada

Tony Gonzalez (EE.UU.) acumuló 13.338 yardas con los Kansas City Chiefs y los Atlanta Falcons desde 1997 hasta la temporada 2011.

Más despejes (punts)

El récord de la NFL de más despejes a lo largo de una carrera profesional asciende a 1.713, anotados por Jeff Feagles (EE.UU.) durante sus 22 años jugando con los New England Patriots, los Philadelphia Eagles, los Arizona Cardinals, los Seattle Seahawks y los New York Giants (1988-2009). Feagles tiene también el récord de **más yardas por despeje,** con 71.211.

El porcentaje más alto de goles de campo

El porcentaje de goles de campo marcados por Nate Kaeding (EE.UU.) a lo largo de su carrera profesional se sitúa en el 86,5%, jugando para los San Diego Chargers desde 2004.

Más retornos de patada de despeje

El récord de la NFL de más retornos de patada de despeje está fijado en 12 y le corresponde a Devin Hester (EE.UU.), que lleva jugando en los Chicago Bears desde 2006. Devin, posee además el récord de **más retornos de patada de despeje en una temporada de la NFL,** con cuatro en 2007. trick Peterson (EE.UU.) igualó la marca con los Arizona Cardinals en 2011.

Más goles de campo en una temporada

David Akers (EE.UU.) estableció el récord de la NFL de más goles de campo en una temporada: 44 en total, que anotó para los San Francisco 49ers en 2011. Akers marcó sus 44 goles en 52 intentos, el **mayor número de intentos de gol de campo en una sola temporada de un individuo.** Akers se incorporó a los 49ers en julio de 2011, tras 11 años con los Philadelphia Eagles.

DEPORTES DE PELOTA

Más pases completados durante una carrera en la CFL

Anthony Calvillo (EE.UU.) completó 5.444 pases en la Liga de Fútbol Canadiense (CFL) con los equipos Las Vegas Posse (EE.UU.), Hamilton Tiger-Cats y Montreal Alouettes (ambos de Canadá); batió el récord de 1994 a 2011, cuando también superó las marcas de **más pases de touchdown en una carrera en la CFL,** con 418, y **más yardas de pase en una carrera en la CFL,** con 713.412.

FÚTBOL GAÉLICO

Más victorias en el All-Ireland Ladies Championship

El Kerry batió un récord al ganar el All-Ireland Ladies Gaelic Football Championship 11 veces, entre 1976 y 1993. Los primeros campeonatos se organizaron en 1974, año en que se creó la Ladies Gaelic Football Association.

Más jugadores en un partido amistoso

El Whitehall Colmcille GAA Club (Irlanda) organizó un partido amistoso de fútbol gaélico con 399 jugadores en Dublín (Irlanda), el 22 de mayo de 2011. Los participantes variaban en edad, desde los miembros del club menores de 8 años hasta los jugadores más veteranos.

Más recepciones de pase en la historia de la Copa Grey

La Copa Grey se concede a los ganadores de la Liga de Fútbol Canadiense (CFL). Ben Cahoon (EE.UU.) es el receptor más destacado en toda la historia de la Copa Grey, con 46 paradas en los campeonatos. Jugando con los Montreal Alouettes (Canadá) desde 1998 hasta 2010, batió el récord de la CFL de **más recepciones de pase en una carrera,** con 1.017. El **récord de más recepciones de pase en una sola temporada de la CFL** lo elevó Derrell Mitchell (EE.UU.) a 160, jugando con los Toronto Argonauts (Canadá) en 1998.

DATO:
El premio a la Jugadora del Año de las Ladies Gaelic Football Players se concedió por primera vez en 2011. La ganadora fue Juliet Murphy (Irlanda), que juega en el Cork.

Campeones y premiados

Fútbol canadiense

Más Copas Grey (se concedió por primera vez en 1909)	15	Toronto Argonauts (Canadá)
	13	Edmonton Eskimos (Canadá)
	10	Winnipeg Blue Bombers (Canadá)
Premios al MVP de la Copa Grey (se concedió por primera vez en 1959)	3	Sonny Wade (EE.UU.)
		Doug Flutie (EE.UU.)
		Damon Allen (EE.UU.)

Fútbol australiano

Más primeros puestos en la VFL/AFL (la VFL se instituyó en 1897; fue sustituida por la AFL en 1990)	16	Carlton (Australia), última vez en 1995
		Essendon (Australia), última vez en 2000
	15	Collingwood (Australia), última vez en 2010

Fútbol gaélico

Más Copas Sam Maguire (se concede a todos los ganadores del All-Ireland Championship desde 1928)	36	Kerry (Irlanda)
	23	Dublín (Irlanda)
	9	Galway (Irlanda)
Estadios más grandes (por aforo)	82.300	Croke Park, Dublín (Irlanda)
	53.500	Semple Stadium, Tipperary (Irlanda)
	50.000	Gaelic Grounds, Limerick (Irlanda)

Estadísticas válidas el 12 de abril de 2012

11 ocasiones, entre 1929 y 2009. Instituida en 1925, la Irish National Football League es una competición que se organiza entre condados, al igual que los más prestigiosos All-Ireland Championships.

El Kerry ha ganado la liga 19 veces entre 1928 y 2009, lo que representa el **mayor número de victorias en la National Irish Football League conseguidas por un solo equipo;** su victoria más reciente se produjo en 2009 frente al Derry.

Más público

Una multitud de 90.556 personas vieron como el Down vencía al Offaly en la final del All-Ireland disputada en Croke Park (Dublín), en 1961.

La clase más numerosa

Un total de 528 alumnos participaron en la clase más numerosa de fútbol gaélico, organizada por el St. Joseph's Gaelic Athletic Club en Glenavy (Irlanda del Norte, R.U.), el 9 de mayo de 2010.

Más dobles

El Kerry ha ganado el doblete de la All-Ireland Football Championship y la National Football League en

Más Medallas Jock McHale ganadas consecutivamente

Las Medallas Jock McHale se conceden al entrenador del equipo vencedor de la primera división, y la han ganado dos entrenadores tres años seguidos: Norm Smith con el Melbourne entre 1955 y 1957, y Leigh Matthews (en la fotografía) con el Brisbane desde 2001 hasta 2003.

Más Grand Finals de la AFL jugadas

Michael Tuck (Australia) ha tomado parte en 11 grandes finales, más que ningún otro jugador; fichó por el Hawthorn en 1972 y estableció su récord de apariciones entre 1975 y su despedida como jugador en 1991, tras su nombramiento como capitán del equipo en 1986.

La árbitra de fútbol más joven

Cuando Daisy Goldsmith (R.U.) cumplió 14 años el 10 de marzo de 2010 en Puriton (Somerset, R.U.), recibió también su cualificación de grado nueve de la Football Association, convirtiéndose en la más joven de los 25.502 árbitros cualificados del país en el momento de su nombramiento. Tan sólo 407 de sus colegas eran también mujeres.

FÚTBOL AUSTRALIANO

Más victorias consecutivas en la Grand Final

Los Brisbane Lions ganaron la gran final de la Liga de Fútbol Australiano (AFL) tres veces seguidas, en 2001-2003. El equipo perdió frente al Port Adelaide la cuarta vez consecutiva, en la gran final de 2004.

Más Medallas Michael Tuck

Nick Stevens ha ganado dos Medallas Michael Tuck: la primera jugando con el Port Adelaide en 2002, y despúes con el

Más partidos consecutivos marcando goles

Peter McKenna marcó al menos un gol en cada uno de los 120 partidos consecutivos en que jugó con el Collingwood desde 1968 hasta 1974; fue miembro del equipo entre 1965 y 1975.

Más goles marcados en una sola Grand Final

Dos jugadores han conseguido el récord de anotar nueve goles en una gran final de la AFL. Gordon Coventry batió la marca jugando en el Collingwood contra el Richmond en 1928, y Gary Ablett repitió la proeza 61 años después, jugando con el Geelong contra el Hawthorn en 1989.

Carlton en 2007. La Medalla Michael Tuck se concede al futbolista cuyo juego se considera el mejor y el más limpio en la final de la copa de pretemporada de la AFL.

Más Trofeos Leigh Matthews

A Gary Ablett Jr. se le concedieron tres Trofeos Leigh Matthews en años consecutivos, mientras jugó en el Geelong de 2007 a 2009. Este trofeo lo entrega todos los años la AFL Players Association al jugador más valioso de la liga.

Más copas de pretemporada

Hawthorn ganó cuatro copas de pretemporada de la AFL: en 1988, 1991-1992 y 1999, un récord igualado por Essendon con otras tantas victorias en 1990, 1993-1994 y 2000.

La copa de pretemporada de la AFL empezó en 1988. Los 18 clubes de la AFL juegan cuatro partidos, y los dos equipos con mejores resultados se enfrentan en la final.

FÚTBOL CANADIENSE

Más yardas por tierra

Mike Pringle (EE.UU.) acumuló 16.425 yardas por tierra a lo largo de su carrera profesional con los Edmonton Eskimos (Canadá), los Sacramento Gold Miners (EE.UU.), los Baltimore Stallions (EE.UU.) y los Montreal Alouettes (Canadá) en 1992-2005.

Más patadas bloqueadas

Barron Miles (EE.UU.) bloqueó 13 patadas en 1998-2009, jugando en la CFL con los Montreal Alouettes y después con los BC Lions (Canadá).

Más puntos anotados

Lui Passaglia (Canadá) anotó 3.991 puntos, lo que constituye un récord de carrera deportiva en la CFL; jugó 408 partidos con los BC Lions de 1976 a 2000: **el mayor número de partidos jugados en la temporada regular de la CFL.**

Más victorias en la Champions League (mujeres)

El FFC Frankfurt (Alemania) ha ganado el principal torneo del fútbol femenino europeo tres veces: 2002, 2006 y 2008. Antes conocida como Women's Cup de la UEFA, la competición pasó a denominarse Women's Champions League de la UEFA en 2009-2010 y se celebra desde el 2001.

HABILIDAD CON EL BALÓN

Más tiempo girando un balón de baloncesto en un cepillo de dientes

Thomas Connors (R.U.) hizo girar un balón de baloncesto durante 13,5 s manteniéndolo en equilibrio sobre un cepillo de dientes que sostenía en la boca. Connors batió el récord en Cardiff Bay (Cardiff, R.U.), el 16 de febrero de 2012.

Más círculos con un balón de baloncesto en torno a la cintura en 30 segundos

Thaneswar Guragai (Nepal) hizo pasar un balón de baloncesto alrededor de la cintura 56 veces, en 30 s en Katmandú (Nepal), el 4 de abril de 2012, superando así en tres vueltas al poseedor anterior del récord.

Más pelotas de béisbol en un guante de béisbol

Ashrita Furman (EE.UU.) consiguió sostener 24 pelotas de béisbol en un guante de béisbol de tamaño normal. Furman se apuntó el récord el 28 de diciembre de 2011, en Nueva York (Nueva York, EE.UU.).

Fútbol freestyle

John Farnworth (R.U., izquierda) posee el récord de **más toques de balón con los dedos de los pies en un minuto,** con 109; batió la marca en el *Match of the Day Kickabout* de la BBC en Londres (R.U.), el 16 de septiembre de 2011.

Ash Randall (R.U., derecha) estableció el récord de **más toques de balón con la espinilla en un minuto,** con 138, a las puertas del Wales Millennium Centre de Cardiff (R.U.), el 16 de febrero de 2012. Ash forma parte de un grupo de freestylers de deportes callejeros denominado SBX Entertainment. Para validar ambos récords era preciso que el balón no tocara el suelo.

FÚTBOL

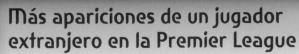

El primer gol de la Premier League inglesa

El primer gol de la Premier League inglesa lo marcó Brian Deane (Inglaterra) para el Sheffield United, que derrotó al Manchester United por 2-1, el 15 de agosto de 1992.

Más hat-trick consecutivos

Masashi Nakayama (Japón) anotó un hat-trick en cuatro partidos consecutivos, jugando con el Júbilo Iwata en la Japanese J. League: marcó cinco goles al Cerezo Osaka en el Nagai Stadium el 15 de abril de 1998; cuatro al Sanfrecce Hiroshima en el Júbilo Iwata Stadium el 18 de abril de 1998; otros cuatro al Avispa Fukuoka en el Kumamoto City Stadium el 25 de abril de 1998, y tres al Consadole Sapporo en el Júbilo Iwata Stadium el 29 de abril de 1998.

Más goles en propia puerta en un partido de liga nacional

El 31 de octubre de 2002, y durante un encuentro de liga en Madagascar, el Stade Olympique l'Emyrne (SOE) perdió por 149-0 frente al AS Adema: ¡marcando todos los goles en propia puerta! Esta peculiar táctica se adoptó para protestar contra una decisión arbitral que había perjudicado al SOE en un partido de play-off anterior.

Más goles en la UEFA Champions League

El anotador más prolífico de la UEFA Champions League es Raúl González Blanco (España), que marcó 71 veces en 144 partidos jugando en el Real Madrid (España) y el Schalke 04 (Alemania) desde 1992 hasta el final de la temporada 2011.

El mayor torneo (por jugadores)

En la Copa Telmex 2011 participaron 181.909 jugadores y un total de 10.799 equipos. Esta competición se celebró en México desde el 2 de enero hasta el 11 de diciembre de 2011.

Más goles en la Copa del Mundo de la FIFA (equipo)

Brasil ha marcado 210 goles en finales de la Copa del Mundo de la FIFA.

Brasil es la única selección nacional que se ha clasificado para los 19 torneos de la Copa del Mundo celebrados desde 1930, lo que representa el **mayor número de apariciones en finales de la Copa del Mundo de la FIFA.**

Más goles en una Copa del Mundo de la FIFA (jugador)

Just Fontaine (Francia, nacido en Marruecos) anotó 13 goles en la Copa del Mundo de 1958 en Suecia, en tan sólo seis partidos.

Más apariciones de un jugador extranjero en la Premier League

El mayor número de apariciones de un jugador extranjero en la Premier League inglesa son 468, y las acumuló el portero Mark Schwarzer (Australia) jugando para el Middlesbrough y el Fulham entre 1998 y el final de la temporada 2011-2012.

Más goles en una Copa del Mundo de la FIFA (equipo)

Hungría marcó 27 goles en el torneo de 1954 celebrado en Suiza, en el que quedó en segundo puesto.

Más partidos sin goles en la Copa del Mundo de la FIFA

Dos porteros han jugado en 10 partidos sin encajar ningún gol a lo largo de sus carreras en finales de la Copa del Mundo. Peter Shilton (Inglaterra) consiguió tal proeza jugando con Inglaterra entre 1982 y 1990. Fabien Barthez igualó el récord entre 1998 y 2006 jugando con Francia, en cuyas filas ganó la Copa del Mundo en 1998.

DATO: Schwarzer ha jugado 94 veces para Australia: ¡más que ningún otro de sus compatriotas!

Más goles en la fase final de la Copa del Mundo de la FIFA (jugador)

Tocayo de Ronaldo, el delantero brasileño Ronaldo Luís Nazário de Lima anotó 15 goles en partidos de la fase final de la Copa del Mundo entre 1998 y 2006.

El futbolista más caro

El traspaso del extremo Cristiano Ronaldo dos Santos Aveiro (Portugal) desde el Manchester United (Inglaterra) al Real Madrid (España) el 1 de julio de 2009 costó nada más y nada menos que 92,27 millones de euros (131,86 millones de dólares). Ronaldo posee también el **récord de los traspasos combinados más caros pagados por un futbolista:** 106,4 millones de euros (152,10 millones de dólares) desde el Sporting de Lisboa (Lisboa) al Manchester United y luego al ser traspasado al Real Madrid.

Más apariciones en la Premier League

Ryan Giggs (Gales) jugó 598 veces para el Manchester United en la Premier League inglesa entre 1992 y el final de la temporada 2011-2012. Giggs es el **único jugador que ha aparecido en todas las temporadas de la Premier League –20 en total– y el único jugador que ha anotado en todas las temporadas de esa competición.** También ha obtenido **más medallas al ganador de la Premier League: 12.**

Principales torneos de fútbol

Más Copas del Mundo de la FIFA (primera vez celebrada en 1930)	5	Brasil (1958, 1962, 1970, 1994, 2002)
	4	Italia (1934, 1938, 1982, 2006)
	3	Alemania (1954, 1974, 1990)
Más Eurocopas (se celebró por primera vez en 1960)	3	Alemania (1972, 1980, 1996)
	2	España (1964, 2008)
		Francia (1984, 2000)
Más Copas de Europa (se celebró por primera vez en 1956; en 1992 pasó a denominarse Champions League)	9	Real Madrid (España) (1956, 1957, 1958, 1959, 1960, 1966, 1998, 2000, 2002)
	7	AC Milan (Italia) (1963, 1969, 1989, 1990, 1994, 2003, 2007)
	5	Liverpool (Inglaterra) (1977, 1978, 1981, 1984, 2005)
Más Copas América (se celebró por primera vez en 1916)	15	Uruguay (1916, 1917, 1920, 1923, 1924, 1926, 1935, 1942, 1956, 1959, 1967, 1983, 1987, 1995, 2011)
	14	Argentina (1921, 1925, 1927, 1929, 1937, 1941, 1945, 1946, 1947, 1955, 1957, 1959, 1991, 1993)
	8	Brasil (1919, 1922, 1949, 1989, 1997, 1999, 2004, 2007)

Estadísticas correctas el 8 de abril de 2012

Más público en un partido de Copa del Mundo

Una multitud de 174.000 espectadores asistió al partido entre Uruguay y Brasil, en el estadio Maracaná de Río de Janeiro (Brasil), el 16 de julio de 1950. Uruguay ganó por 2-1.

Más victorias en la Copa del Mundo femenina de la FIFA

Alemania ganó la Copa del Mundo femenina en 2003 y en 2007, igualando así el récord conseguido por EE.UU., que se hizo con el torneo inaugural en 1991 y triunfó por segunda vez en 1999.

Más goles en la Copa del Mundo femenina de la FIFA

Birgit Prinz (Alemania) ha anotado 14 goles en partidos de la Copa del Mundo femenina de la FIFA;

el último tanto lo marcó en la final disputada en el Hongkou Stadium de Shanghái (China), el 30 de septiembre de 2007.

El récord de **más goles de una jugadora en un torneo de la Copa del Mundo femenina** son 10, marcados por Michelle Akers (EE.UU.) en 1991.

Más expulsiones en la Copa del Mundo de la FIFA

Dos jugadores fueron expulsados dos veces en partidos de la Copa del Mundo. El récord lo compartieron Rigobert Song (Camerún), que fue expulsado en un partido contra Brasil en 1994 y otra vez contra Chile en 1998, y Zinedine Zidane (Francia), a quien le mostraron la tarjeta roja en un partido que enfrentaba a Francia contra Arabia Saudí en 1998, y de nuevo contra Italia en 2006.

Más goles en propia puerta en un partido de la Copa del Mundo de la FIFA

Dos goles se marcaron en propia puerta en un partido de la Copa del Mundo disputado entre EE.UU. y Portugal, en Suwon (Corea del Sur) el 5 de junio de 2002: el primero lo metió Jorge Costa (Portugal), y el segundo, Jeff Agoos (EE.UU.). Estados Unidos ganó el partido por 3-2.

Más títulos de fútbol olímpico

El mayor número de títulos de fútbol olímpico son tres, obtenidos por Gran Bretaña en 1900 (competición no oficial), 1908 y 1912, y por Hungría en 1952, 1964 y 1968.

El fútbol femenino se introdujo en los Juegos Olímpicos en 1996. El **mayor número de títulos en fútbol olímpico femenino** son tres, conquistados por EE.UU. en 1996, 2004 y 2008.

Más goles en un partido olímpico

El récord de más goles en un partido de fútbol olímpico por ambos equipos son 18, marcados en el partido entre Francia y Dinamarca en Londres (R.U.) el 22 de octubre de 1908. Dinamarca ganó por 17-1.

El **mayor número de goles marcados por un jugador en un torneo de fútbol olímpico** son 12, por Ferenc Bene (Hungría) en 1964, en Tokio (Japón). Hungría se alzó con el título aquel año al vencer a Checoslovaquia por 2-1.

El récord de **más goles marcados por una jugadora en un torneo de fútbol olímpico** se sitúa en cinco, marcados por Cristiane (Brasil) y Birgit Prinz (Alemania) en la final de 2004 en Atenas (Grecia).

El equipo deportivo más valioso

El Manchester United (Inglaterra) vale 2.240 millones de dólares según la revista *Forbes*, lo que lo convierte en el más valioso de todos los equipos deportivos.

La cifra se basa en el valor (patrimonio más deuda) y los ingresos de la empresa correspondientes a 2010-2011. El segundo es el Real Madrid (España), con un valor de 1.880 millones de dólares, y en tercer lugar figuran los equipos de béisbol New York Yankees y Dallas Cowboys (ambos de EE.UU.) de la NFL, ambos valorados en 1.850 millones de dólares.

El futbolista mejor pagado

David Beckham (Inglaterra) ostenta todavía este récord, con unos ingresos anuales de 40 millones de dólares hasta mayo de 2011. *The Sunday Times* (R.U.) cifra su valor global neto en 219 millones de dólares.

DATO:
En marzo de 2012, Messi llevaba 234 goles con el FC Barcelona (España). Es el máximo goleador de la historia del club.

Más victorias en el Balón de Oro

El menudo y fulgurante Lionel Messi (Argentina) ha sido galardonado con el trofeo al futbolista más destacado del año en tres ocasiones. Johan Cruyff, Marco van Basten (ambos de Países Bajos) y Michel Platini (Francia) han igualado esta hazaña. Los triunfos de Messi se han producido en años consecutivos, desde 2009 hasta 2011. (El trofeo pasó a denominarse Balón de Oro de la FIFA en 2010.)

Messi anotó también el **mayor número de goles en un partido de la UEFA Champions League** al marcar cinco, cuando el FC Barcelona pulverizó 7-1 al Bayer Leverkusen (Alemania) el 7 de marzo de 2012.

DATO:
El 2 de mayo de 2012, Messi marcó su 68.º gol de la temporada 2011-2012: el mayor número de goles en una temporada europea.

RUGBY

El árbitro más joven en una final de la Copa del Mundo

Craig Joubert (Sudáfrica, nacido el 8 de noviembre de 1977) tenía 33 años y 349 días cuando arbitró la final de la Copa del Mundo de rugby a 15, disputada entre Nueva Zelanda y Francia, en Auckland (Nueva Zelanda), el 23 de octubre de 2011.

RUGBY UNION (A 15)

La victoria más amplia en la Copa del Mundo

El 25 de octubre de 2003, Australia venció a Namibia por 142-0 en Adelaida (Australia). Los Wallabies batieron un récord de 22 ensayos (tries) en la Copa del Mundo; el zaguero Chris Latham anotó seis, y el ala Lote Tuqiri y el medio de apertura Matt Giteau, tres cada uno. Mat Rogers ejecutó 16 conversiones.

El botepronto más largo

Gerald Hamilton «Gerry» Brand marcó un puntapié de botepronto (drop goal) desde 77,7 m para Sudáfrica contra Inglaterra en Twickenham (R.U.) el 2 de enero de 1932.

Más público en un partido internacional

Una multitud de 109.874 espectadores fueron testigos de la victoria de Nueva Zelanda frente a Australia por 39-35 en el Stadium Australia de Sídney (Australia) el 15 de julio de 2000. El ala Jonah Lomu sentenció el triunfo con un ensayo.

Más público en un partido de clubes

Un total de 83.761 personas asistieron a la victoria de los Harlequins frente a los Sarracens por 24-19 en la English Aviva Premiership, disputada en el Wembley Stadium de Londres (R.U.) el 31 de marzo de 2012.

Puntuación más alta

En Dinamarca, el Comet venció al Lindo por 194-0, el 17 de noviembre de 1973. La puntuación más alta en suelo británico es de 177-3, obtenida por el Norwich contra el Eccles and Attleborough en un partido de la Copa Norfolk disputado en 1996.

Más apariciones en una carrera de Super Rugby

Desde que debutó en 1999, Nathan Sharpe (Australia) ha jugado en 157 ocasiones para los equipos Queensland Reds y Western Force hasta el 9 de mayo de 2012.

Más circuitos como capitán de los British and Irish Lions

Tan sólo un jugador ha capitaneado el equipo de rugby British and Irish Lions en dos circuitos independientes: Martin Johnson (R.U.) en 1997 y 2001. En 1997, los Lions ganaron 2-1 en Sudáfrica, mientras que en 2001 perdieron frente a Australia 2-1. Johnson efectuó también un circuito con los Lions en 1993.

Más victorias en la Copa Heineken

La Copa Heineken es la principal competición entre clubes europeos, y el Toulouse (Francia) la ha ganado en cuatro ocasiones (1996, 2003, 2005 y 2010), la última al derrotar al Biarritz Olympique (Francia) por 21-19 en el Stade de France de París.

Más puntos en una final de la Copa Heineken

La máxima puntuación de un jugador son 30 tantos, logrados por Diego Domínguez (Italia), jugando con el Stade Français contra el Leicester en París (Francia), el 19 de mayo de 2001.

El anotador de ensayos más joven de la Copa del Mundo

George North (R.U.) tenía sólo 19 años y 166 días cuando marcó para Gales en la Copa del Mundo de rugby a 15 contra Namibia (fotografía de la derecha; North es el segundo por la izquierda) en New Plymouth (Nueva Zelanda) el 26 de septiembre de 2011. Es el tercer jugador más joven de esta selección: debutó internacionalmente contra Sudáfrica el 13 de noviembre de 2010 en el Millennium Stadium de Cardiff (Gales) a los 18 años y 214 días.

RUGBY LEAGUE (A 13)

El triplete más rápido

El 19 de mayo de 2002, Chris Thorman (R.U.) anotó tres ensayos tan sólo en 6 min 54 s tras el comienzo del partido; jugaba con los Huddersfield Giants contra los Doncaster Dragons en la semifinal de la Buddies National League Cup, disputada en Doncaster (South Yorkshire, R.U.).

La puntuación más alta en un partido internacional

Francia derrotó a Serbia y Montenegro por 120-0 durante la Copa del Mediterráneo que se jugó en Beirut (Líbano), el 22 de octubre de 2003.

El mayor número de espectadores

Un total de 107.558 personas asistieron a la gran final de la National Rugby League, celebrada en el Stadium Australia de Sídney (Nueva Gales del Sur, Australia), el 26 de septiembre de 1999 y en la que el Melbourne venció al St. George Illawarra por 20-18.

Más público en una final de la Copa del Mundo

El 24 de octubre de 1992, un total de 73.631 personas asistieron a la final de la Copa del Mundo que enfrentó a Australia con Gran Bretaña, en el Wembley Stadium de Londres (R.U.).

El botepronto más largo

El 25 de marzo de 1989, Joe Lydon (R.U.) anotó un puntapié de botepronto a 56 m para el Wigan contra el Warrington en una semifinal de la Challenge Cup en Maine Road (Manchester, R.U.).

DATO: Hasta febrero de 2012, North es también el jugador más joven que ha marcado 10 ensayos en partidos internacionales.

Más apariciones para el mismo club

El mayor número de apariciones para un club son 774, acumuladas por Jim Sullivan (R.U.) en las filas del Wigan (R.U.), desde 1921 hasta 1946; en total jugó la cifra récord de 928 partidos de primer nivel.

Más títulos de la liga australiana

El South Sydney ha ganado 20 títulos de la liga australiana desde 1908. Esta competición fue conocida como la New South Wales Rugby League, entre 1908 y 1994; la Australian Rugby League, entre 1995 y 1997, y la National Rugby League (NRL), a partir de 1998.

Los Brisbane Broncos han ganado el **mayor número de títulos de la NRL:** tres (1998, 2000 y 2006), que se suman a los triunfos ligueros de 1992, 1993 y 1997.

Más apariciones en la primera división australiana

Darren Lockyer (Australia) contabilizó 355 apariciones en partidos de liga, jugando con los Brisbane Broncos desde 1995 hasta 2011 en la Australian Rugby League, la Super League y la National Rugby League.

Más títulos consecutivos de la Super League

Los Leeds Rhinos conquistaron tres títulos de la Super League entre 2007 y 2009; en las tres ocasiones derrotaron al St. Helens en la final.

DATO: La foto recoge el partido entre Australia y Nueva Zelanda en la primera ronda del torneo de las Cuatro Naciones 2011.

Más títulos de las Cuatro Naciones

El mayor número de victorias en el torneo de las Cuatro Naciones son dos, obtenidas por Australia en 2009 y 2011. La competición se disputa entre Australia, Inglaterra, Nueva Zelanda y una cuarta selección clasificada, y sustituyó al torneo de las Tres Naciones, en el que participaban Australia, Gran Bretaña y Nueva Zelanda. Australia posee además el récord de **más victorias en el Tres Naciones,** con tres. Nueva Zelanda lo ha ganado una vez, en 2005.

Más internacionales...

Rugby Union (a 15)		
Convocatorias	139	George Gregan (Aus, 1994–2007)
	123	Brian O'Driscoll (Irl/Lions, 1999–)
	123	Ronan O'Gara (Irl/Lions, 2000–)
Puntos	1.250	Dan Carter (NZ, 2003–)
	1.246	Jonny Wilkinson (Ing/Lions, 1998–2011)
	1.090	Neil Jenkins (Gal/Lions, 1991–2002)
Ensayos	69	Daisuke Ohata (Jap, 1996–2006)
	64	David Campese (Aus, 1982–1996)
	60	Shane Williams (Gal/Lions, 2000–2011)
Rugby League		
Convocatorias	59	Darren Lockyer (Aus, 1998–2011)
	55	Ruben Wiki (NZ, 1994–2006)
	46	Mick Sullivan (R.U., 1954–1963)
		Garry Schofield (R.U., 1984–1994)
		Mal Meninga (Aus, 1982–1994)
Puntos	278	Mal Meninga (Aus, 1982–1994)
	228	Neil Fox (R.U., 1959–1969)
	204	Darren Lockyer (Aus, 1998–2011)
Ensayos	41	Mick Sullivan (R.U., 1954–1963)
	35	Darren Lockyer (Aus, 1998–2011)
	33	Ken Irvine (Aus, 1959–1967)

Estadísticas correctas hasta el 19 de marzo de 2012

Más puntos en un partido internacional (jugador)

Hazem El Masri, de Líbano, anotó 48 tantos (16 goles, 4 ensayos) contra Marruecos en un partido clasificatorio para la Copa del Mundo jugado en Aviñón (Francia), el 17 de noviembre de 1999.

Más hermanos jugando en un partido internacional

Los cuatro hermanos Keinhorst –James, Kristian, Markus y Nick– representaron a Alemania frente a la República Checa, en el European Rugby League Shield de Praga (República Checa), el 4 de agosto de 2007.

Más equipos en un torneo de la Copa del Mundo

Un total de 16 equipos participaron en la Copa del Mundo 2000, que se celebró en distintas sedes de R.U. y Francia.

El jugador más veterano de la Challenge Cup

A la edad de 52 años, Sid Miller (R.U.) jugó en las filas del Littleborough contra el Redhill en un partido de copa de primera ronda en diciembre de 1993.

BÉISBOL

El jugador mejor pagado

El 13 de diciembre de 2007, Alex Rodriguez (EE.UU.) firmó con los New York Yankees un contrato de 275 millones de dólares por 10 años. Según datos de los expertos en finanzas de *Forbes* referidos a marzo de 2012, se calcula que las ganancias de Rodriguez dentro y fuera del estadio alcanzarán en 2012 los 32 millones de dólares, 5 más que el siguiente jugador por cuantía de ingresos de la MLB, Joe Mauer (EE.UU.).

El jugador de más edad que batea un home run

A los 48 años y 254 días, Julio Franco (República Dominicana) se convirtió en el jugador de más edad de la MLB que bateaba un home run, cuando conectó contra Randy Johnson (EE.UU.), una de las dos carreras que ayudó a los New York Mets a ganar 5-3 a los Arizona Diamondbacks en el Chase Field de Phoenix (Arizona, EE.UU.), el 4 de mayo de 2007.

Más público

El 29 de marzo de 2008 se congregaron 115.300 espectadores para ver un partido amistoso disputado entre Los Angeles Dodgers y los Boston Red Sox, en el Memorial Coliseum de Los Ángeles, en California (EE.UU.). El partido se organizó para conmemorar el 50 aniversario de los Dodgers en Los Ángeles; con anterioridad la sede del equipo había estado en Brooklyn (Nueva York).

Más telespectadores en una World Series

El promedio más alto de telespectadores por partido en una World Series son 44.278.950, en las de 1978 entre los New York Yankees y los LA Dodgers, entre el 10 y el 17 de octubre. Transmitidos por la NBC, los partidos alcanzaron una cuota de pantalla del 56% y se vieron en casi 24,5 millones de hogares. Los Yankees ganaron la serie por 4-2.

El diamante (campo) más antiguo

Labatt Park, en London (Ontario, Canadá), se inauguró en 1877 y es el diamante más antiguo que se ha utilizado de forma ininterrumpida.

Promedio de bateo más alto de un receptor

El promedio de bateo de 0,365 alcanzado por Joe Mauer (EE.UU.), jugando con los Minnesota Twins durante la temporada 2009, estableció el récord para un receptor de la MLB; aquél fue el 3.er título de bateo de Mauer en 4 temporadas.

DATO:
Pujols ha bateado 30 o más home runs por temporada desde el comienzo de su carrera en 2001.

Récords de bateo en una carrera deportiva

• Barry Bonds (EE.UU.) es quien ha bateado **más home runs** en la MLB: 762 en los Pittsburgh Pirates y los San Francisco Giants desde 1986 hasta 2007. El siguiente de la lista es Henry Aaron, con 755 home runs, y en el tercer puesto figura «Babe» Ruth, con 714.

• Ty Cobb (EE.UU.) alcanzó el **promedio de bateo más alto:** 0,367 con los Detroit Tigers y los Philadelphia Athletics desde 1905 hasta 1928. El segundo es Rogers Hornsby, con un promedio de 0,358, y el tercero Ed Delahanty, con un promedio de 0,350.

Más grand-slams en un partido

Los New York Yankees anotaron tres grand-slams al vencer a los Oakland Athletics por 22-9 el 25 de agosto de 2011; los anotadores fueron Robinson Canó (República Dominicana), Russell Martin (Canadá) y Curtis Granderson (EE.UU., arriba). Un grand-slam se produce cuando las bases están «llenas» –es decir, cada una con un corredor–, de manera que el equipo anota cuatro carreras.

Más temporadas consecutivas perdiendo

Los Pittsburgh Pirates soportaron 19 temporadas de la MLB perdiendo desde 1993 hasta 2011. En la fotografía superior, Ronnie Cedeno, de los Pirates, discute con un árbitro durante otra derrota del equipo: 9-1 frente a los St. Louis Cardinals en 2010.

Más hits en un partido de World Series

Dos bateadores han anotado cinco hits en un partido de World Series: Paul Molitor (EE.UU.) con los Milwaukee Brewers en el primer partido de World Series de 1982 contra los St. Louis Cardinals el 12 de octubre de 1982 y Albert Pujols (República Dominicana, foto de la izquierda) con los St. Louis Cardinals en el tercer partido de World Series 2011 jugado contra los Texas Rangers el 22 de octubre de 2011. Durante su partido, Pujols estableció además el récord de **más bases totales en un partido de World Series,** con 14; bateó en total tres home runs (12 bases totales) y dos sencillos (dos bases totales).

MÁS...

Turnos al bate sin un hit

Eugenio Vélez (República Dominicana), de Los Angeles Dodgers, estableció en la MLB posterior a 1900 un récord como jugador de campo al acumular 46 turnos al bate consecutivos sin un hit en 2010 y 2011. Vélez superó así el récord de 45 turnos al bate sucesivos que habían fijado Bill Bergen (EE.UU.) de los Brooklyn Superbas en 1909, Dave Campbell (EE.UU.) de los San Diego Padres y los St. Louis Cardinals en 1973 y Craig Counsell (EE.UU.) de los Milwaukee Brewers en 2011.

Más carreras impulsadas por un bateador designado a lo largo de una carrera profesional
David Ortiz (R. Dominicana) ha impulsado 1.097 carreras como bateador designado, jugando con los Minnesota Twins y los Boston Red Sox desde 1997.

DATO: Ortiz posee el récord de **más home runs de un bateador designado** en su carrera, con 333

Récords de la Major League Baseball (MLB)

Equipo		
Más títulos de World Series (se concedió por primera vez en 1903)	27	New York Yankees
	11	St. Louis Cardinals
	9	Philadelphia/Kansas City/Oakland Athletics
Estadios más grandes hoy en día (por aforo)	56.000	Dodger Stadium (Los Ángeles, California, EE.UU.), sede de Los Angeles Dodgers
	50.490	Coors Field (Denver, Colorado, EE.UU.), sede de los Colorado Rockies
	50.291	Yankee Stadium (Bronx, Nueva York, EE.UU.), sede de los New York Yankees
Clubes más antiguos (año de fundación)	1870	Chicago Cubs
	1871	Boston/Milwaukee/Atlanta Braves
	1882	St. Louis Cardinals
		Cincinnati Reds
		Pittsburgh Pirates
Jugador		
Más premios al MVP del Año (se concedió por primera vez en 1911)	7	Barry Bonds
	3	Jimmie Foxx, Joe DiMaggio, Stan Musial, Roy Campanella, Yogi Berra, Mickey Mantle, Mike Schmidt, Albert Pujols, Alex Rodriguez

Estadísticas correctas hasta el final de la temporada 2011

Partidos consecutivos sin ganar de un lanzador abridor
Tres lanzadores abridores de la MLB han conseguido encadenar 28 partidos consecutivos sin ganar: Jo-Jo Reyes (EE.UU.) con los Atlanta Braves y los Toronto Blue Jays desde 2008 hasta 2011; Matt Keough (EE.UU.) con los Oakland Athletics en 1978-1979; y Cliff Curtis (EE.UU.) con los Boston Braves en 1910-1911.

Home runs anotados en una serie de postemporada
Nelson Cruz (República Dominicana) anotó seis home runs jugando con los Texas Rangers contra los Detroit Tigers en la American League Championship Series de 2011.

En esta serie, Cruz estableció también un récord en la MLB de **más carreras impulsadas (RBI) en una serie de postemporada,** con un total de 13.

Hits de un short-stop
Derek Jeter (EE.UU.) ha conseguido 3.053 hits con los New York Yankees desde 1995; en hits ha sido el jugador más destacado en la historia de los Yankees.

Partidos jugados como short-stop
Omar Vizquel (Venezuela) jugó 2.699 partidos de la MLB como short-stop con los Seattle Mariners, los Cleveland Indians, los San Francisco Giants, los Texas Rangers y los Chicago White Sox desde 1989. Vizquel posee también el récord de **más temporadas jugando en el short-stop,** con 23.

Partidos jugados como receptor
Iván Rodríguez (Puerto Rico) ha jugado como receptor en 2.427 partidos de la MLB con los Texas Rangers, Florida Marlins, Detroit Tigers, New York Yankees, Houston Astros y Washington Nationals desde que debutó en la MLB a los 19 años, el 20 de junio de 1991.

Carreras impulsadas (RBI) en una sola postemporada
David Freese (EE.UU.) impulsó 21 carreras durante la postemporada 2011 con los St. Louis Cardinals.

RBI en un inning
Fernando Tatís (República Dominicana) bateó en ocho carreras jugando con los St. Louis Cardinals el 23 de abril de 1999. Tatís asentó un récord de dos home runs de grand slam en el inning, ambos contra Chan Ho Park (Corea del Sur), lanzador de Los Angeles Dodgers.

Partidos consecutivos
Cal Ripken Jr. jugó 2.632 partidos de la MLB con los Baltimore Orioles, desde el 30 de mayo de 1982 hasta el 19 de septiembre de 1998.

Victorias consecutivas en la World Series
Los New York Yankees ganaron la World Series cinco veces desde 1949 hasta 1953.

Más partidos lanzando con un equipo
Mariano Rivera (Panamá) lanzó en 1.042 partidos con los New York Yankees, desde 1995 hasta el final de la temporada 2011. Rivera posee también el récord de **más salvados en una carrera,** con 603; se acredita un salvado cuando un lanzador relevo entra al juego con una ventaja no superior a tres carreras.

DATO: Rivera posee también el récord de **más partidos terminados en una carrera,** con 883.

Más partidos salvados por un lanzador debutante
Craig Kimbrel (EE.UU.) salvó 46 partidos con los Atlanta Braves en 2011, su primera temporada completa en la MLB. Tanta impresión causó su juego que Bruce Bochy, mánager de los San Francisco Giants, lo seleccionó para el All-Star Game de 2011.

Partidos ganados por un lanzador
Denton True «Cy» Young (EE.UU.) ganó 511 partidos de la MLB desde 1890 hasta 1911 con los Cleveland Spiders, St. Louis Cardinals, Boston Red Sox, Cleveland Indians y Boston Braves.

Premios Cy Young
El Premio Cy Young se concede todos los años, desde 1956 al lanzador más destacado de las grandes ligas. Roger Clemens (EE.UU.) ha ganado siete Premios Cy Young jugando con los Boston Red Sox en 1986, 1987 y 1991; los Toronto Blue Jays en 1997-1998; los New York Yankees en 2001, y los Houston Astros en 2004.

Wild pitches tirados en un inning
Varios lanzadores han realizado cuatro wild pitches en un inning; el más reciente fue R. A. Dickey (EE.UU.) jugando con los Seattle Mariners el 17 de agosto de 2008.

Récords de pitcheo en una carrera profesional
• Nolan Ryan (EE.UU.) ha fijado la marca de **más ponchados,** con 5.714 desde 1966 hasta 1993 con los New York Mets, los California Angels, los Houston Astros y los Texas Rangers. El segundo de la lista es Randy Johnson, con 4.875, y el tercero, Roger Clemens, con 4.672.

• Ed Walsh (EE.UU.) registró el **promedio más bajo de carreras limpias,** con 1,82 en los Chicago White Sox y los Boston Braves desde 1904 hasta 1917; le sigue Addie Joss, con un promedio de 1,89, y el tercero de la lista es Mordecai Brown, con 2,06.

CRÍQUET

El partnership más alto en un partido de test

Mahela Jayawardene y Kumar Sangakkara anotaron conjuntamente 624 jugando para Sri Lanka contra Sudáfrica en Colombo (Sri Lanka) el 27-29 de julio de 2006. Jayawardene consiguió 374 –el cuarto innings de test más alto de un jugador– y Sangakkara, 287 mientras Sri Lanka anotaba 756 por 5 declarados.

Sri Lanka ganó el partido por un innings y 153 carreras.

La media de bateo más alta en test

Sir Don Bradman (Australia) alcanzó una media de 99,94 jugando para Australia en 52 partidos de test disputados entre 1928 y 1948; en su último innings contra Inglaterra, en The Oval, tan sólo necesitaba cuatro para obtener un promedio de 100 a lo largo de su carrera profesional... ¡pero fue eliminado por un duck!

La puntuación más alta en un innings de test (equipo)

Sri Lanka anotó 952 frente a 6 jugando contra India, en Colombo, en agosto de 1997, con lo cual superó la puntuación de 903 a 7 obtenida por Inglaterra contra Australia en The Oval (Londres, R.U.) en agosto de 1938.

El partido de test más largo

Antes de la Segunda Guerra Mundial, los partidos de test eran con frecuencia «eternos»; es decir, el juego se prolongaba hasta que perdía un equipo. El partido «eterno» de test más largo se disputó entre Inglaterra y Sudáfrica, en Durban (Sudáfrica) entre el 3-14 de marzo de 1939;

Más «palizas» en series de test

El país con más «palizas» en su haber en series de test es Australia, que ha acumulado 19 entre 1920 y la zurra de 4-0 que le propinó a India en 2011-2012 (fotografía de arriba); este récord incluye las series con un mínimo de tres partidos.

duró 43 h y 16 min y se alcanzó una puntuación total de 1.981 carreras, lo que suponía un récord en un partido de test. No obstante, y por capricho de la suerte, el partido no tuvo un resultado positivo: al octavo día no se jugó por la lluvia, y al final se suspendió tras 10 días, porque el barco en que regresaba el equipo inglés debía zarpar.

El partido de test más corto

En el primer partido de test entre Inglaterra y Australia, disputado en Trent Bridge el 12 de junio de 1926, sólo se jugó durante 50 min por la lluvia. Inglaterra anotó 32 a 0.

Más triunfos consecutivos en críquet de test

Australia cosechó una tanda récord de 16 victorias sucesivas en partidos de test al vencer a India por 10 wickets en Mumbai (India), en marzo de 2001. Australia

estaba lista para anotar la número 17 frente a India en el Eden Gardens (Kolkata, India) en el mismo mes; sin embargo, aunque en el primer inning tomó la delantera con 274 carreras y forzó el follow-on, al final India ganó el partido por 171 carreras. Esto constituye el **más amplio margen de victoria después de un follow-on.** Australia repitió su hazaña de 16 victorias seguidas desde el 26 de diciembre de 2005 hasta el 2 de enero de 2008.

La puntuación más baja de un equipo en un innings de test

El total más bajo de carreras en un inning jugando en críquet de test son 26, anotadas por Nueva Zelanda contra Inglaterra, en Auckland el 28 de marzo de 1955.

Más carreras en un partido de test

Graham Gooch (Inglaterra) anotó en total 456 carreras (333 en el primer innings y 123 en el segundo) jugando contra India, en Lords (Londres, Inglaterra) entre el 26 y el 31 de julio de 1990. El **récord del mayor número de**

Carreras, wickets y victorias en la Copa del Mundo

Críquet de test		
Más carreras	15.470	Sachin Tendulkar (Ind, 1989–)
	13.288	Rahul Dravid (Ind, 1996–2012)
	13.200	Ricky Ponting (Aus, 1995–)
Más wickets	800	Muttiah Muralitharan (SL, 1992–2010)
	708	Shane Warne (Aus, 1992–2007)
	690	Anil Kumble (Ind, 1990–2008)
Internacionales de un día		
Más carreras	18.342	Sachin Tendulkar (Ind, 1989–)
	13.704	Ricky Ponting (Aus, 1995–2012)
	13.430	Sanath Jayasuriya (SL, 1989–2011)
Más wickets	534	Muttiah Muralitharan (SL, 1993–2011)
	502	Wasim Akram (Pak, 1984–2003)
	416	Waqar Younis (Pak, 1989–2003)
Más victorias en la Copa del Mundo	4	Australia (1987, 1999, 2003, 2007)
	2	India (1983, 2011)
		Antillas (1975, 1979)
	1	Pakistán (1992)
		Sri Lanka (1996)

Estadísticas correctas hasta el 1 de abril de 2012

La puntuación individual más alta en un ODI

El capitán y opener de India Virender Sehwag consiguió 219 carreras de 149 pelotas, jugando contra Antillas en el Holkar Cricket Stadium de Indore (India) el 8 de diciembre de 2011. El extraordinario innings de Sehwag, que duró 208 min e incluyó 25 cuatros y siete seises, batió la puntuación récord en ODI de Sachin Tendulkar (India): 200 not out. India logró 418 frente a cinco, su puntuación más alta en ODI, y ganó el partido por nada menos que 158 carreras.

DATO: Gayle anotó 6, 6 (menos un no-ball), 4, 4, 6, 6, 4; es decir, que contando la carrera del no-ball, anotó 37 carreras en el over.

Más carreras en un over en la IPL

Chris Gayle (Jamaica), de los Royal Challengers, anotó 37 en un over de Prasanth Parameswaran (India), de los Kochi Tuskers, en Bangalore (India) el 8 de mayo de 2011.

Jugadores más rápidos en anotar 1.000 carreras en un ODI

Tres jugadores han logrado 1.000 carreras en un ODI en sólo 21 innings: Viv Richards (Antillas) el 22 de enero de 1980, Kevin Pietersen (Inglaterra) el 31 de marzo de 2006 y Jonathan Trott (Inglaterra, arriba), el 27 de agosto de 2009. Trott anotó un duck en su primer ODI contra Irlanda, en Belfast, el 21 de agosto de 2009.

carreras anotadas por una jugadora en un partido de test lo batió la opener paquistaní Kiran Baluch, que consiguió un total de 264 (242 en el primer innings y 22 en el segundo) en el partido de test contra Antillas, que se celebró en Karachi (Pakistán) el 15-18 de marzo de 2004.

Más dismissals a lo largo de una carrera en partidos de test

Mark Boucher (Sudáfrica) ha conseguido 555 dismissals en partidos de test (532 paradas y 23 stumpings). Boucher posee también el récord de **más dismissals en críquet internacional,** con 998 (952 paradas y 46 stumpings). Todas las cifras corresponden al 24 de abril de 2012.

Más seises de un jugador en un innings de primera clase

Tres bateadores han marcado 16 seises en un innings de primera clase: Andrew Symonds (Australia) para Gloucestershire contra Glamorgan, en Abergavenny (Gales, R.U.) el 24-25 de agosto de 1995; Graham Napier (R.U.) para Essex contra Surrey en Whitgift (Surrey, R.U.) el 19 de mayo de 2011, y Jesse Ryder (Nueva Zelanda) para Nueva Zelanda contra Australia, en Brisbane (Australia) el 27 de noviembre de 2011.

El partnership más alto en un ODI

Rahul Dravid y Sachin Tendulkar marcaron 331 en un One-Day International (ODI) para India contra Nueva Zelanda, en Hyderabad (Andhra Pradesh, India) el 8 de noviembre de 1999. Dravid consiguió 153 y Tendulkar 186 not out del total de 376 anotadas por India. India ganó por 174 carreras.

Más partidos en ODI (mujer)

Charlotte Edwards ha jugado 155 partidos para Inglaterra en un ODI desde 1997, anotándose 4.755 carreras de ODI con una puntuación máxima de 173 not out.

Más seises de un jugador en un internacional de Twenty20

Tan sólo en su segundo partido internacional Twenty20, Richard Levi anotó 13 seises para Sudáfrica al destrozar el ataque de Nueva Zelanda, en Hamilton (Nueva Zelanda) el 19 de febrero de 2012; marcó 117 not out, igualando así la **puntuación individual más alta en un internacional Twenty20,** del total de Sudáfrica de 174 por 2.

El jugador más caro de la IPL

Gautam Gambhir (India) costó 2,4 millones de dólares a los Kolkata Knight Riders en la temporada 4 de la Indian Premier League (IPL), el 8 de enero de 2011.

Más centuries en internacionales

Al anotarse 114 jugando contra Bangladesh en un ODI el 16 de marzo de 2012, el «Pequeño Maestro» Sachin Tendulkar (India) se convirtió en el primer jugador que alcanzaba 100 centuries internacionales.

DATO: Tendulkar posee el récord de **más carreras totales (ODI, test y Twenty20):** 33.906 hasta el 25 de abril de 2012.

Los 100 «cientos» de Sachin

- El primer century internacional de Sachin lo conquistó el 14 de agosto de 1990 en Old Trafford (Manchester) frente a Inglaterra.

- De sus 100 «cientos», Sachin se anotó 51 en críquet de test y 49 en críquet de ODI (la mayoría en ambas modalidades de críquet).

- Los australianos son sus víctimas predilectas; ha marcado 20 de sus 100 centuries jugando contra ellos.

- Alcanzó su 99.º century contra Sudáfrica el 12 de marzo de 2010, pero tuvo que esperar 1 año y 4 días para su 100.º contra Bangladesh; ese fue el segundo período más largo entre sus centuries: el más largo de todos se produjo después de su primer century.

Más ducks en internacionales Twenty20

El récord de más ducks conseguido por un bateador en partidos internacionales Twenty20 son seis, y lo batió Jean-Paul Duminy (Sudáfrica, fotografía de la izquierda) entre 2007 y 2011. El récord de **más ducks en críquet Twenty20 de la IPL** son siete, establecido por Shane Warne (Australia) jugando para los Rajasthan Royals entre 2008 y 2011.

HOCKEY SOBRE HIELO

El jugador con más partidos ganados en la prórroga

Joe Sakic (Canadá) posee el récord de la NHL de haber marcado más goles decisivos en tiempo de descuento, un total de ocho, todos para los Colorado Avalanche (EE.UU.) de 1996 a 2008.

Más finales de la Stanley Cup arbitradas

Bill McCreary (Canadá) ha arbitrado 44 partidos de la fase final de la Stanley Cup de la NHL a lo largo de su carrera. Su 44.º arbitraje fue el quinto partido de la fase final de 2010 celebrada el 6 de junio, aunque el anterior récord de 42 partidos que poseía Bill Chadwick (EE.UU.) ya lo había superado en su arbitraje 43.º

Los primeros en la NHL

• Marcus Vinnerborg (Suecia) se convirtió en el **primer árbitro de formación europea en arbitrar un partido de la NHL,** en el que se enfrentaron los Dallas Stars y los Anaheim Ducks como equipo visitante (ambos de EE.UU.) y que terminó con el resultado de 2-1, el 16 de noviembre de 2010.

• Evgeni Nabokov (Rusia) se convirtió en **el primer portero en marcar un gol en ventaja numérica** para los San Jose Sharks (EE.UU.), que jugaban con un hombre más ante los Vancouver Canucks (Canadá), el 10 de marzo de 2002.

• Esta lista de los primeros no estaría completa sin Martin Brodeur (Canadá), el **primer portero de la NHL en ganar 600 partidos en su carrera,** récord que consiguió cuando los New Jersey Devils derrotaron a los Atlanta Thrashers (ambos de EE.UU.) por 3-0, el 6 de abril de 2010.

en el tercer partido de la fase final de 2010 celebrado el 3 de junio. McCreary ha arbitrado más de 1.600 partidos desde que debutó en la temporada 1984-1985; su primera actuación en una final de la Stanley Cup fue en 1994.

El tiro a mayor velocidad en hockey sobre hielo

El tiro más potente en hockey sobre hielo fue el tiro de golpe a 177,5 km/h lanzado por Denis Kulyash (Rusia), del Avangard Omsk, en la competición de habilidad Kontinental Hockey League's All-Star, celebrada en San Petersburgo (Rusia) el 5 de febrero de 2011. Por este tiro Kulyash ha recibido el apodo de «Cañón del zar», nombre de un cañón de 1586 que preside el Kremlin.

Con su gesta, Kulyash superó a Zdeno Chára (Eslovaquia) de los Boston Bruins (EE.UU.), que lanzó un tiro de golpe a 170,4 km/h durante la competición All-Star SuperSkills de la NHL disputada en Raleigh (Carolina del Norte, EE.UU.), el 29 de enero de 2011.

El maratón más largo de hockey sobre hielo

Brent Saik (Canadá) y sus amigos jugaron a hockey durante 242 horas en el Saiker's Acres de Sherwood Park (Alberta, Canadá) del 11 al 21 de febrero de 2011. Los 40 jugadores que formaban el grupo se dividieron en dos equipos: Azules y Blancos. Los Blancos resultaron ganadores con una puntuación final de 2.067-2.005. Era la cuarta vez que Saik y sus compañeros intentaban batir este récord. El partido sirvió para recaudar fondos para la lucha contra el cáncer.

Más victorias profesionales consecutivas

Los Cardiff Devils (R.U.) tuvieron una racha de 21 victorias en la Elite Ice Hockey League (R.U.) desde el 31 de octubre de 2010 al 15 de enero de 2011.

DATO:
En 2011, Thomas realizó el **mayor número de paradas en una sola postemporada** (798) en los play-offs de la Stanley Cup, así como **en una sola final de la Stanley Cup** (238), jugando contra los Vancouver Canucks.

El mayor porcentaje de paradas de un portero

Tim Thomas (EE.UU.) evitó 1.699 goles siendo portero de los Boston Bruins (EE.UU.) en la temporada regular 2010-2011 y estableció un récord del mayor porcentaje de paradas en la NHL: 93,8%. Ídolo de la afición, Thomas también batió el récord del **mayor porcentaje de paradas de un portero en las finales de la Stanley Cup de la NHL,** con el 96,7%.

Los Devils superaron a sus oponentes con una puntuación total de 111-38 durante su racha ganadora.

El menor número de victorias en una temporada de la NHL

El menor número de victorias anotadas por un equipo en una sola temporada de la NHL, jugando como mínimo 70 partidos, es de ocho, las que consiguieron los Washington Capitals (EE.UU.) en 1974-1975. Aquella temporada, los «Caps» encajaron el **mayor número de derrotas consecutivas en la historia de la NHL,** con 17.

Más temporadas consecutivas anotando más de 100 puntos

Los Detroit Red Wings (EE.UU.) llegaron a los 100 puntos en nueve temporadas consecutivas, un récord que lograron desde

la temporada 1999-2000 a la 2008-2009.

PORTEROS

El ganador más veterano del trofeo Conn Smythe

Tim Thomas (nacido el 15 de abril de 1974), de los Boston Bruins, ha sido el jugador de más edad de la historia de la National Hockey League en ganar el trofeo Conn Smythe al jugador más valioso de los play-offs de la Stanley Cup. Cuando recibió el trofeo el 15 de junio de 2011, tenía 37 años y 62 días.

Más partidos de la temporada regular jugados a lo largo de una carrera en la NHL

A finales de la temporada regular, el 7 de abril de 2012, Martin Brodeur, portero de los New Jersey Devils, poseía el récord de más partidos de

Más goles marcados por un jugador en la NHL a lo largo de su carrera

Mike Modano (EE.UU.) marcó la increíble cantidad de 561 goles en su carrera con los Minnesota North Stars, los Dallas Stars y los Detroit Red Wings (todos de EE.UU.) desde la temporada 1989-1990 hasta el final de la 2010-2011. Sólo otros tres jugadores nacidos en EE.UU. han marcado 500 goles o más: Jeremy Roenick, Joe Mullen y Keith Tkachuk. Wayne Gretzky (Canadá) posee el **récord de más goles en la historia de la NHL,** con 894.

DATO:
Modano es el jugador nacido en EE.UU. que más puntos ha acumulado en la historia de la NHL, con 1.374 a lo largo de su carrera: 561 goles y 813 asistencias.

la temporada regular en una carrera profesional, con 1.191 desde 1993-1994.

Brodeur también posee el récord de **más minutos en la temporada regular de la NHL en una carrera,** con 70.029. En la temporada 2006-2007 acumuló 48 victorias, el récord de **más partidos ganados por un portero en la temporada regular.** En conjunto ha acumulado 371 derrotas, el récord de **más derrotas en la temporada regular de la NHL en una carrera,** pero también ha conseguido el de **portero de más partidos imbatidos en la temporada regular de la NHL,** con 119.

Más partidos imbatido en los play-offs de la NHL

Patrick Roy (Canadá) registró 23 partidos imbatido en su carrera con los Montreal Canadiens (Canadá) y los Colorado Avalanche desde 1985-1986 hasta 2002-2003. Su imbatibilidad fue igualada por Martin Brodeur en su carrera con los New Jersey Devils.

Más goles encajados en temporada regular en una carrera

Durante la temporada 1999-2000, Grant Fuhr (Canadá) recibió su gol 2.756, con lo que empató el récord (probablemente uno de los menos codiciados de la NHL) de más goles encajados por un portero en temporada regular en una carrera.

National Hockey League		
Más títulos de la Stanley Cup (primera celebración 1893-1894)	24	Montreal Canadiens (Canadá)
	13	Toronto Maple Leafs (Canadá)
Más partidos en la temporada regular	1.767	Gordon «Gordie» Howe (Canadá)
	1.756	Mark Messier (Canadá)
Más goles en la temporada regular	894	Wayne Gretzky (Canadá)
	801	Gordon «Gordie» Howe (Canadá)
Estadio con mayor capacidad	21.273	Bell Centre, Montreal (Montreal Canadiens)
	20.066	Joe Louis Arena, Detroit (Detroit Red Wings)

Estadísticas correctas el 5 de abril de 2012

DATO:
Mike Sillinger (Canadá) jugó con la cifra récord de 12 equipos durante su carrera en la NHL desde 1990-1991 hasta 2008-2009.

Fuhr jugó con los Edmonton Oilers, los Toronto Maple Leafs (ambos de Canadá), los Buffalo Sabres, Los Angeles Kings, los St. Louis Blues (todos de EE.UU.) y los Calgary Flames (Canadá) desde 1981-1982 hasta 1999-2000. El récord lo consiguió por primera vez Gilles Meloche (Canadá), que jugó entre 1970-1971 y 1987-1988.

El más joven en salir imbatido de un partido

Con 18 años y 65 días, Harry Lumley (Canadá, 1926-1998) se convirtió en el portero más joven de la NHL en terminar un partido sin encajar goles. Lumley jugaba con los Detroit Red Wings cuando evitó que los Toronto Maple Leafs (Canadá) marcaran en un partido que terminó 3-0, el 14 de enero de 1945. Fue su único partido imbatido en la temporada 1944-1945.

Lumley también tiene el récord del **portero más joven en jugar un partido de la NHL.** Tenía 17 años y 42 días cuando pisó la pista de hielo por primera vez como principiante con los New York Rangers (EE.UU.) en la temporada 1943-1944.

Más partidos ganados en la prórroga en una carrera

Roberto Luongo (Canadá) de los Vancouver Canucks estableció el récord del portero de la NHL que más partidos ha ganado en la prórroga a lo largo de su carrera, con 49.

El primer equipo de la NHL en ganar tres series a siete partidos en una postemporada

Durante los play-offs de la NHL de 2011, los Boston Bruins se convirtieron en el primer equipo en la historia de la liga en ganar el séptimo partido tres veces en la misma postemporada. Los Bruins obtuvieron una victoria decisiva en el séptimo partido ante los Montreal Canadiens (Canadá) en la primera vuelta, ante los Tampa Bay Lightning (EE.UU.) en la fase final de la Eastern Conference y ante los Vancouver Canucks en la fase final de la Stanley Cup.

Más paradas de un portero a lo largo de su carrera

El brillante Martin Brodeur no puede evitar batir récords como portero. En abril de 2012 estableció uno más en la NHL, el de más paradas de un portero en temporada regular en toda una carrera, con 27.312. Brodeur, que ha jugado toda su carrera con los New Jersey Devils (EE.UU.), debutó en la temporada 1993-1994. También posee el récord del **portero con más victorias en la temporada regular de la NHL a lo largo de una carrera,** con 656.

DATOS:
A Brodeur le han lanzado 28.919 tiros desde la temporada 1993-1994, otro récord para la carrera de un portero en la NHL.

TRABAJO EN EQUIPO

Más goles marcados en un partido internacional de waterpolo

Debbie Handley contribuyó con 13 goles en la victoria de Australia frente a Canadá por 16-10 en el Campeonato Mundial de Guayaquil (Ecuador) de 1982.

NETBALL

El club más antiguo

El Poly Netball Club fue fundado en 1907 en Londres (R.U.) por un equipo de la Regent Street Polytechnic, y desde entonces no ha cesado en su actividad. El primer partido del club del que se tiene constancia, en enero de 1909, supuso una victoria por 40-4 sobre el Northampton Institute.

Más puntos anotados en un Campeonato del Mundo

Irene van Dyk (Nueva Zelanda, nacida en Sudáfrica), anotó 543 puntos en el Campeonato del Mundo de 1995, la mayor anotación conseguida en un solo torneo. También tiene el récord de **más participaciones en partidos internacionales,** con 202 a fecha de 20 de abril de 2012. Éstos se reparten en 72 internacionalidades con Sudáfrica y otras 130 con Nueva Zelanda (van Dyk se trasladó a Nueva Zelanda en 2000 y se nacionalizó en 2005).

Victorias en netball, waterpolo y hockey

Netball

Más Campeonatos del Mundo (se compitió por primera vez en 1963, se celebran cada cuatro años)	10	Australia (1963, 1971, 1975, 1979*, 1983, 1991, 1995, 1999, 2007, 2011)
	4	Nueva Zelanda (1967, 1979*, 1987, 2003)
*triple empate	1	Trinidad y Tobago (1979*)

Waterpolo

Más oros olímpicos (hombres) (se compitió por primera vez en 1900)	9	Hungría (1932, 1936, 1952, 1956, 1964, 1976, 2000, 2004, 2008)
	4	Gran Bretaña (1900, 1908, 1912, 1920)
	3	Italia (1948, 1960, 1992)
Más oros olímpicos (mujeres) (se compitió por primera vez en 2000)	1	Australia (2000)
		Italia (2004)
		Países Bajos (2008)

Hockey

Más Copas del Mundo (hombres) (se compitió por primera vez en 1971)	4	Pakistán (1971, 1978, 1982, 1994)
	3	Países Bajos (1973, 1990, 1998)
	2	Alemania (2002, 2006)
		Australia (1986, 2010)
Más Copas del Mundo (mujeres) (se compitió por primera vez en 1974)	6	Países Bajos (1974, 1978, 1983, 1986, 1990, 2006)
	2	Argentina (2002, 2010)
		Alemania (1976, 1981)
		Australia (1994, 1998)
Más oros olímpicos (hombres) (se compitió por primera vez en 1908)	8	India (1928, 1932, 1936, 1948, 1952, 1956, 1964, 1980)
	3	Alemania (1972, 1992, 2008)
		Gran Bretaña (1908, 1920, 1988)
Más oros olímpicos (mujeres) (se compitió por primera vez en 1980)	3	Australia (1988, 1996, 2000)
	2	Países Bajos (1984, 2008)

Marcas vigentes a 3 de abril de 2012

El partido más largo

Netball Alberta organizó un partido entre Team Rockers y Team Rollers que duró 61 h. Se celebró en el complejo recreativo de South Fish Creek de Calgary, Alberta (Canadá) entre el 16 y el 19 de septiembre de 2011. Team Rockers venció por 2.759-1.405.

Más victorias en la World Series

Nueva Zelanda ha ganado la World Series en dos ocasiones, en 2009 y 2010.

Más victorias en la Champions League de balonmano

La European Handball Federation (EHF) Champions League, que comenzó a celebrarse en 1956, es la principal competición de balonmano de Europa. El equipo de balonmano del FC Barcelona (España) ha ganado la Champions League en ocho ocasiones: 1991, en el período 1996-2000, 2005 y 2011. El 29 de mayo de 2011, el Barça venció al BM Ciudad Real (España) por 27 a 24 en Colonia (Alemania), con László Nagy como capitán (arriba, besando el trofeo). El VfL Gummersbach (Alemania) es el segundo equipo más laureado, con cinco títulos.

VOLEY PLAYA

Mayores ingresos de una jugadora

En abril de 2012, Misty May-Treanor (EE.UU.) había ganado la cantidad de 2.078.083 dólares en el voley playa profesional. Ganó 1.062.945 dólares en partidos internacionales y 1.015.138 dólares en nacionales. También ostenta el récord de **más torneos ganados,** con 110 (69 victorias nacionales y 41 internacionales).

La persona de más edad en ganar un título

Con 44 años y 284 días, Karch Kiraly (EE.UU.) ganó el Huntington Beach Abierto, en California (EE.UU.), el 13 de agosto de 2005.

La persona más joven en ganar un título

Con 17 años y 99 días, Xue Chen (China) ganó el China Shanghai Jinshan Abierto de Shanghai (China), el 28 de mayo de 2006.

Más victorias en la Netball Superleague

La Netball Superleague, que se celebra desde 1996, es la primera competición de clubes de netball de Gran Bretaña. El Bath (izquierda), un equipo formado en la Universidad de Bath (R.U.), tiene el récord de victorias en la competición, que ha ganado en cuatro ocasiones: 2006-2007 y 2009-2010. Los Hertfordshire Mavericks han ganado dos títulos, en 2008 y 2011.

DATO:
El brasileño Leandro Vissotto Neves golpea al balón en un partido contra Japón durante la Grand Champions Cup de 2009.

Más victorias en la Volleyball World Grand Champions Cup

La Volleyball World Grand Champions Cup empezó a celebrarse en 1993, y cada cuatro años reúne a seis equipos: el país anfitrión, cuatro campeones continentales y un equipo invitado. Brasil ha logrado tres victorias en la competición masculina, en 1997, 2005 y en 2009, año en el que fue el primer equipo en defender título.

La competición femenina, que también se celebra desde 1993, ha sido ganada en una ocasión por Cuba, Rusia, China, Brasil e Italia.

LACROSSE

Más victorias en el Campeonato del Mundo (hombres)
EE.UU. ha ganado nueve de los 11 Campeonatos del Mundo, en 1967, 1974, 1982, 1986, 1990, 1994, 1998, 2010 y 2011. Canadá ha ganado los otros dos títulos, en 1978 y 2006.

Más victorias en la Copa del Mundo (mujeres)
EE.UU. ha ganado seis Copas del Mundo, en 1982, 1989, 1993, 1997, 2001 y 2009. Canadá es el único otro país ganador, en 1978 y 2006.

El disparo más rápido en lacrosse
Paul Rabil (EE.UU.) lanzó un disparo a 178 km/h en la Major League Lacrosse All-Star Game's Fastest Shot, en Boston, Massachusetts (EE.UU.), el 8 de julio de 2010, igualando la velocidad de un disparo que realizó en 2009. Durante la competición, cada participante golpea a 9 m de la portería, y sólo cuentan los disparos que entran en ella.

Más victorias en la Water Polo World League

Serbia ha ganado en seis ocasiones la FINA Water Polo League, en el período 2005-2008 y en el 2010-2011. En la edición de 2011, venció a Italia por 8-7 en una dramática final en Florencia (Italia), el 26 de junio (imagen de la derecha).

El **mayor número de victorias en la FINA Water Polo World League de un combinado nacional femenino** es también de seis. Fueron conseguidas por los EE.UU. en 2004, 2006-2007 y en el período 2009-2011. La World League masculina se lleva celebrando anualmente desde 2002 y la femenina desde 2004.

KORFBALL

Más victorias en la Europa Cup
El korfball es un deporte en el que compiten equipos formados por cuatro hombres y cuatro mujeres, que se parece al netball y al baloncesto. La Europa Cup se lleva celebrando desde 1967. El mayor número de victorias en la Europa Cup son las seis del PKC (Países Bajos), conseguidas en 1985, 1990, 1999-2000, 2002 y 2006.

Mayor puntuación en una final de la Europa Cup
La puntuación más alta conseguida por un equipo en una final de la Europa Cup son los 33 puntos anotados por el Koog Zaandijk (Países Bajos) en Budapest (Hungría), el 22 de enero de 2011. El Koog Zaandijk venció al Royal Scaldis SC (Bélgica) por 33-23: los 56 puntos anotados en este partido suponen también la **mayor anotación total conseguida en una final de la Europa Cup.**

HOCKEY

La puntuación más alta en un partido internacional de hockey (mujeres)
El 3 de febrero de 1923, Inglaterra derrotó a Francia por 23-0 en Merton, Londres (R.U.).

Más victorias en la EuroHockey Nations Championship (hombres)
La EuroHockey Nations Championship, que se celebra desde 1970, es la competición internacional de hockey más importante en Europa. Entre 1970 y 2011, Alemania ha ganado el campeonato en siete ocasiones (sumando las victorias de la antigua RFA).

FLOORBALL

Más Campeonatos del Mundo
Floorball es un tipo de hockey en pista cubierta. Suecia ha ganado el Campeonato del Mundo masculino en seis ocasiones entre 1996 y 2006. Finlandia es el otro equipo ganador (en 2008 y 2010). Suecia también ostenta el récord de **más victorias en el Campeonato del Mundo femenino**, con cinco entre 1997 y 2011. Finlandia, en 1999 y 2001, y Suiza, en 2005, son los otros equipos que han ganado alguna vez.

HURLING

Más victorias en los All-Ireland Championships
El hurling es un deporte de origen gaélico en el que compiten 15 jugadores por equipo. Éstos intentan anotar golpeando con un stick, conocido como *hurley*, una pelota que tienen que introducir o hacer pasar por encima de la meta contraria. Entre 1904 y 2011, Kilkenny ha ganado en 33 ocasiones en los All-Ireland Championships. Las cuatro victorias de Kilkenny entre 2006-2009 es el récord de **más All-Ireland Championships ganados de forma consecutiva,** igualando el récord de Cork conseguido entre 1941 y 1944.

Más victorias como capitana en la All-Ireland Camogie Championship
El camogie es la versión femenina del hurling. Sophie Brack (Irlanda, fallecida en 1996) ostentó el mayor número de victorias en la Camogie Championship conseguidas como capitana de un equipo, con seis entre 1948 y 1955.

Dublín es el equipo con **más victorias en los All-Ireland Senior Camogie Championships,** con 26 entre 1932 y 1984.

Más victorias en la Super Globe masculina de balonmano

La International Handball Federation Super Globe es una competición de balonmano que disputan los clubes campeones de cada confederación continental. El BM Ciudad Real (España) es el equipo con más victorias, con dos, en 2007 y 2010. Arriba, el jugador del BM Ciudad Real Luc Abalo trata de marcar frente al Qatar's Al-Sadd en el torneo de 2010 celebrado en Doha (Catar).

DATO:
El serbio Filip Filipovic (derecha) y el italiano Stefano Luongo compitiendo en la final de 2011 de la World League.

BALONCESTO

Más triples transformados por un equipo de la NBA en un play-off

Los Seattle SuperSonics transformaron 20 triples jugando contra los Houston Rockets el 6 de mayo de 1996, una proeza igualada por los Dallas Mavericks contra Los Angeles Lakers el 8 de mayo de 2011. Aquí aparece (arriba a la derecha) Peja Stojaković (Serbia), de los Mavericks, con Derek Fisher (EE.UU.), de los Lakers.

NBA

El promedio más alto de triples en una carrera profesional

Jugando en seis equipos distintos desde 1988-1989 hasta 2002-2003, Steve Kerr (EE.UU., nacido en Líbano) anotó un promedio de triples del 45,4 %. Kerr consiguió 726 de 1.599 intentos.

Más campeonatos ganados por un entrenador

Phil Jackson (EE.UU.) consiguió hacerse con 11 campeonatos de la NBA: seis títulos como entrenador de los Chicago Bulls en 1991-1993 y 1996-1998, más otros cinco con Los Angeles Lakers en 2000-2002 y 2009-2010.

Jackson posee también el récord de **más partidos de play-off de un entrenador durante una carrera en la NBA**: 333 en total conseguidos como entrenador de los Chicago Bulls de 1989 a 1998 y de Los Angeles Lakers de 1999 a 2011. Durante ese mismo período, estableció un nuevo récord de **más victorias de un entrenador en play-offs de la NBA.** Y sus 229 victorias de 333 play-offs arrojaron un promedio de triunfos del 68,8 %, el **promedio de victorias más alto de un entrenador en play-offs de la NBA.**

Más público

Una multitud de 108.713 espectadores asistieron al NBA All-Star Game, en el Cowboys Stadium de Dallas (Texas, EE.UU.) el 14 de febrero de 2010.

Más triples en una carrera profesional

Ray Allen (EE.UU.) anotó el triple n.º 2.561 de su carrera profesional durante el primer cuarto de un partido jugando en los Boston Celtics contra Los Angeles Lakers el 10 de febrero de 2011, con lo cual superó la marca anterior de 2.560 que poseía Reggie Miller (EE.UU.), de los Indiana Pacers. Allen, que también ha jugado con los Milwaukee Bucks y los Seattle SuperSonics desde 1996, llevaba anotados un total de 2.718 triples hasta el 23 de abril de 2012.

Allen tiene el récord de **más triples intentados por un jugador en su carrera,** con 6.788 hasta el 23 de abril de 2012; también anotó ocho triples jugando con los Boston Celtics contra Los Angeles Lakers, en el Staples Center de Los Ángeles (California, EE.UU.) el 6 de junio de 2010, lo que representa el **mayor número de triples anotados jamás por un jugador en un partido de NBA Finals.**

Por último, Allen batió asimismo el récord de **más triples de un jugador en una serie de NBA Finals:** 22, contra Los Angeles Lakers en 2008.

Más victorias en una temporada

Los Chicago Bulls sumaron

Más transformaciones de tiros libres sin fallos en un play-off de la NBA

Dirk Nowitzki (Alemania), de los Dallas Mavericks, fijó un récord en los play-offs de la NBA al transformar 24 tiros libres durante la derrota del Oklahoma City Thunder por 121-112 en el primer partido de los play-offs de la Western Conference, el 17 de mayo de 2011.

72 victorias y tan sólo 10 derrotas en la temporada 1995-1996.

Más derrotas en una temporada

Los Philadelphia 76ers protagonizaron la temporada regular más desastrosa de todos los tiempos, con 73 derrotas y tan sólo nueve victorias en 1972-1973. El **mayor número de derrotas consecutivas de un equipo** se sitúa en 26, récord batido por los Cleveland Cavaliers entre el 20 de diciembre de 2010 y el 11 de febrero de 2011.

El jugador más joven

El 2 de noviembre de 2005, Andrew Bynum (EE.UU., nacido el 27 de octubre de

Más temporadas con el promedio más alto de canastas conseguidas

Shaquille O'Neal (EE.UU.) conservó el récord del promedio de canastas más alto de la NBA durante un período récord de 11 temporadas, hazaña que consiguió jugando para los Orlando Magic en 1993-1994, Los Angeles Lakers de 1997-1998 a 2003-2004, los Miami Heat de 2004-2005 a 2005-2006, y los Phoenix Suns en 2008-2009; también alcanzó el **promedio más alto de canastas en una carrera** de la NBA, con 0,582 entre 1992 y 2011. O'Neal transformó 11.330 de 19.457 intentos.

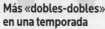

El promedio más alto de rebotes por partido (WNBA)

Tina Charles (EE.UU., arriba a la derecha) ha registrado un promedio de 11,4 rebotes por partido de la WNBA jugando en los Connecticut Sun desde 2010. Charles estableció, además, un récord de 398 rebotes en una sola temporada en 34 partidos al final de la temporada 2011.

1987) tenía 18 años y 6 días de edad cuando jugó en Los Angeles Lakers contra los Denver Nuggets.

El **ganador más joven del premio al Jugador Más Valioso de la NBA** es Derrick Rose (EE.UU.), de los Chicago Bulls. Rose contaba sólo 22 años cuando recibió este galardón por su temporada 2010-2011.

WNBA

Más partidos jugados en una carrera

Tangela Smith (EE.UU.) ha jugado en 448 partidos durante su carrera en la Women's National Basketball Association (WNBA) con los Sacramento Monarchs, Charlotte

Sting, Phoenix Mercury e Indiana Fever desde 1998.

Más tiros de campo en una carrera

Tina Thompson (EE.UU.) ha anotado 2.385 tiros de campo jugando con los Houston Comets y Los Angeles Sparks desde 1997 hasta el final de la temporada 2011.

La prolífica Thompson ha jugado 14.561 minutos, el récord de **más minutos jugados en una carrera en la WNBA,** y también comparte el de **más minutos jugados por partido en una carrera en la WNBA** –33,6– con Katie Smith (EE.UU.).

Katie Smith es quien ha conseguido **más triples a lo largo de una carrera en la WNBA:** 834 durante sus períodos con los equipos Minnesota Lynx, Detroit Shock, Washington Mystics y Seattle Storm desde 1999 hasta el final de la temporada 2011.

Más asistencias en una carrera

Desde 1998, Ticha Penicheiro (Portugal) ha realizado 2.560 asistencias en 435 partidos con los Sacramento Monarchs y Los Angeles Sparks; también posee el récord de **más asistencias por partido:** 5,9.

Más robos en una carrera

Tamika Catchings (EE.UU.) –que en 2011 fue designada una de las 15 mejores jugadoras en la historia de la WNBA– lleva anotados 775 robos con los Indiana Fever en 313 partidos desde 2002.

Más «dobles-dobles» en una temporada

El mayor número de «dobles-dobles» (conseguir puntos y rebotes de dos cifras en un mismo partido) son 23 y lo fijó Tina Charles con los Connecticut Sun en 2011.

Menos puntos anotados en un período por un equipo

El récord de la WNBA de menos puntos en un partido es uno, anotado por los Chicago Sky en el cuarto período del partido que perdió por 59-49 frente a los New York Liberty, el 4 de agosto de 2011.

Más derrotas consecutivas de un equipo

Los Tulsa Shock empezaron la temporada 2011 ganando sólo uno de sus primeros 10 partidos; el entrenador y su sustituto provisional fueron reemplazados, pero el equipo terminó la temporada batiendo un récord de 22 derrotas seguidas.

Todos los récords de la WNBA son válidos hasta el final de la temporada 2011.

DATO: La NBA agrupa actualmente a 29 equipos de EE.UU. y uno de Canadá: los Toronto Raptors. La WNBA está integrada por 12 equipos; todos juegan en EE.UU.

La NBA de un vistazo

• Creada el 6 de junio de 1946, la NBA es la principal liga de baloncesto del mundo. En su primer partido, que se jugó el 1 de noviembre de 1946, los New York Knickerbockers derrotaron a los Toronto Huskies por 68-66.

• Los jugadores deben tener al menos 19 años durante el año de su ingreso, y debe haber pasado como mínimo una temporada desde el año de su graduación en el instituto.

• Dos de los tres atletas mejor pagados del mundo son jugadores de la NBA. En 2011, y según *Forbes*, Kobe Bryant ganó la increíble cantidad de 53 millones de dólares; LeBron James se embolsó 48 millones de dólares.

FIBA, NBA Y WNBA

FIBA (International Basketball Federation)

Más Campeonatos del Mundo de la FIBA (él primero se celebró en 1950)	5	Yugoslavia/Serbia
	4	EE.UU.
	3	Unión Soviética
Más Campeonatos del Mundo Femeninos de la FIBA (el primero se celebró en 1953)	8	EE.UU.
	6	Unión Soviética
	1	Australia

NBA (National Basketball Association)

Más títulos de la NBA (el primero se celebró en 1946-1947)	17	Boston Celtics
	16	Minneapolis/Los Angeles Lakers
	6	Chicago Bulls
Más apariciones en una carrera de la NBA	1.611	Robert Parish (EE.UU.)
	1.560	Kareem Abdul-Jabbar (EE.UU.)
	1.504	John Stockton (EE.UU.)
Más puntos en una carrera de la NBA	38.387	Kareem Abdul-Jabbar (EE.UU.)
	36.928	Karl Malone (EE.UU.)
	32.292	Michael Jordan (EE.UU.)

WNBA (Women's National Basketball Association)

Más títulos de la WNBA (el primero se celebró en 1997)	4	Houston Comets
	3	Detroit Shock
	2	Los Angeles Sparks
		Phoenix Mercury
		Seattle Storm
Más apariciones en una carrera de la WNBA	448	Tangela Smith (EE.UU.)
	435	Ticha Penicheiro (Portugal)
	433	Tina Thompson (EE.UU.)
Más puntos en una carrera de la WNBA	6.751	Tina Thompson (EE.UU.)
	6.263	Lisa Leslie (EE.UU.)
	6.015	Katie Smith (EE.UU.)

Estadísticas correctas hasta el 2 de abril de 2012

El promedio más alto de triples en una temporada de NBA

Kyle Korver (EE.UU.) consiguió un promedio del 53,6 % en tiros triples jugando con los Utah Jazz durante la temporada 2009-2010. Korver transformó 59 de 110 intentos.

DATO: Korver debe de llevar la puntería en sus genes; su madre anotó 74 puntos en un partido de instituto.

ATLETISMO - HOMBRES

El triple salto más largo

El 7 de agosto de 1995 el atleta Jonathan Edwards (R.U.) saltó 18,29 m en el Campeonato del Mundo de Gotemburgo (Suecia). Con anterioridad, Edwards ya había establecido un récord mundial con un salto de 18,16 m, y, además, comparte el récord de **más premios de Atleta Europeo del Año,** que ha conseguido en dos ocasiones (1995 y 1998), con el lanzador de jabalina Jan Železný (República Checa, abajo) y el triplista Christian Olsson (Suecia), que también tienen dos galardones.

JUEGOS OLÍMPICOS

Los primeros JJ.OO. en contar con atletas de todos los continentes

Los primeros Juegos Olímpicos modernos se celebraron en Atenas (Grecia) en 1896, pero hasta los quintos Juegos celebrados en Estocolmo (Suecia) en 1912, no se contó con atletas originarios de todos los continentes (excepto la Antártida). Al hacer su debut olímpico,

Japón se convirtió en la primera nación asiática en competir en unos Juegos, y fue representada por el corredor de maratón Shizo Kanakuri y por el velocista Yahiko Mishima.

El medallista de más edad en una prueba de atletismo

Tebbs Lloyd Johnson (R.U., 1900-1984) tenía 48 años y 115 días cuando quedó tercero en los 50 km marcha, en los Juegos Olímpicos de Londres de 1948 (R.U.).

El **medallista de oro de más edad en una prueba de atletismo** es el estadounidense de origen irlandés Patrick «Babe» McDonald (1878-1954), que con 42 años y 26 días ganó la prueba de lanzamiento de peso de 25,4 kg, en Amberes (Bélgica), el 21 de agosto de 1920.

Más medallas de oro olímpicas ganadas por un atleta

Paavo Nurmi (Finlandia) ganó nueve medallas de oro en las pruebas de 1.500 m, 3.000 m, 5.000 m, 10.000 m y campo a través entre 1920 y 1928. Carl Lewis (EE.UU.) repitió la hazaña con nueve oros en los 100 m, 200 m, relevo 4 × 100 m y salto de longitud entre 1984 y 1996.

Más medallas de oro en los 1.500 m

Sebastian Coe (R.U.) ganó dos medallas en la prueba masculina de 1.500 m, en 1980 y 1984. Como presidente del Comité Organizador de los Juegos Olímpicos de Londres (LOCOG, en sus siglas inglesas), Coe encabezó más tarde la candidatura de Londres para los Juegos Olímpicos de 2012.

El relevo 4 × 100 m más rápido

El 4 de septiembre de 2011, Jamaica (arriba, de izquierda a derecha,) con Nesta Carter, Michael Frater, Yohan Blake y Usain Bolt, corrió el relevo 4 × 100 m en 37,04 s en el Campeonato del Mundo de Daegu (Corea del Sur). Los corredores batieron el récord de 37,10 s de 2008 del equipo olímpico jamaicano en el que estaba Asafa Powell en lugar de Blake.

CAMPEONATOS DEL MUNDO

Más participaciones

Entre 1991 y 2009, Jesús Ángel García Bragado (España) compitió en pruebas de marcha en 10 Campeonatos del Mundo.

Más medallas de oro

Carl Lewis y Michael Johnson (ambos de EE.UU.) ganaron cada uno de ellos ocho medallas de oro en Campeonatos del Mundo: Lewis entre 1983 y 1991 en 100 m, 4 × 100 m y salto de longitud; Johnson entre 1991 y 1999 en los 200 m, 400 m y 4 × 400 m.

Más victorias en los 100 m

Carl Lewis y Maurice Greene (ambos de EE.UU.) han ganado tres veces la prueba de los 100 m lisos en Campeonatos del Mundo: Lewis en 1983, 1987 y 1991; Greene en 1997, 1999 y 2001.

Más victorias en los 1.500 m

Hicham El Guerrouj (Marruecos) –el ganador de **más premios de la IAAF al Atleta Mundial del Año** (tres, entre 2001 y 2003)– ha ganado en cuatro ocasiones la prueba de 1.500 m en Campeonatos del Mundo: 1997, 1999, 2001 y 2003.

Más victorias en maratón

Tres atletas han ganado dos veces la prueba de maratón en Campeonatos del Mundo: Abel Antón (España) en 1997 y 1999, Jaouad Gharib (Marruecos) en 2003 y 2005, y Abel Kirui (Kenia) en 2009 y 2011.

Más medallas de oro olímpicas en lanzamiento de jabalina

Jan Železný (República Checa) ganó tres oros consecutivos en los Juegos Olímpicos de 1992, 1996 y 2000. Tiene también el récord de **más victorias en Campeonatos del Mundo en lanzamiento de jabalina masculino,** con tres, en 1993, 1995 y 1997. Y el único que ha lanzado la nueva jabalina, introducida en 1986, más allá de los 94 m.

DATO: Jan ha realizado los cinco mejores lanzamientos de jabalina de todos los tiempos, el mejor de ellos de 98,48 m.

Pruebas en pista al aire libre

PRUEBA	TIEMPO	NOMBRE Y NACIONALIDAD	LUGAR	FECHA
100 m	9,58	Usain Bolt (Jamaica)	Berlín, Alemania	16 ago 2009
200 m	19,19	Usain Bolt (Jamaica)	Berlín, Alemania	20 ago 2009
400 m	43,18	Michael Johnson (EE.UU.)	Sevilla, España	26 ago 1999
800 m	1:41,01	David Lekuta Rudisha (Kenia)	Rieti, Italia	29 ago 2010
1.000 m	2:11,96	Noah Ngeny (Kenia)	Rieti, Italia	5 sep 1999
1.500 m	3:26,00	Hicham El Guerrouj (Marruecos)	Roma, Italia	14 jul 1998
1 milla	3:43,13	Hicham El Guerrouj (Marruecos)	Roma, Italia	7 jul 1999
2.000 m	4:44,79	Hicham El Guerrouj (Marruecos)	Berlín, Alemania	7 sep 1999
3.000 m	7:20,67	Daniel Komen (Kenia)	Rieti, Italia	1 sep 1996
5.000 m	12:37,35	Kenenisa Bekele (Etiopía)	Hengelo, Países Bajos	31 may 2004
10.000 m	26:17,53	Kenenisa Bekele (Etiopía)	Bruselas, Bélgica	26 ago 2005
20.000 m	56:26,00	Haile Gebrselassie (Etiopía)	Ostrava, República Checa	26 jun 2007
25.000 m	1:12:25,40	Moses Cheruiyot Mosop (Kenia)	Eugene, Oregón, EE.UU.	3 jun 2011
30.000 m	1:26:47,40	Moses Cheruiyot Mosop (Kenia)	Eugene, Oregón, EE.UU.	3 jun 2011
3.000 m obstáculos	7:53,63	Saif Saaeed Shaheen (Catar)	Bruselas, Bélgica	3 sep 2004
110 m vallas	12,87	Dayron Robles (Cuba)	Ostrava, República Checa	12 jun 2008
400 m vallas	46,78	Kevin Young (EE.UU.)	Barcelona, España	6 ago 1992
Relevo 4 × 100 m	37,04	Jamaica (Yohan Blake, Nesta Carter, Michael Frater, Usain Bolt)	Daegu, Corea del Sur	4 sep 2011
Relevo 4 × 200 m	1:18,68	Santa Monica Track Club, EE.UU. (Michael Marsh, Leroy Burrell, Floyd Heard, Carl Lewis)	Walnut, EE.UU.	17 abr 1994
Relevo 4 × 400 m	2:54,29	EE.UU. (Andrew Valmon, Quincy Watts, Harry Reynolds, Michael Johnson)	Stuttgart, Alemania	22 ago 1993
Relevo 4 × 800 m	7:02,43	Kenia (Joseph Mutua, William Yiampoy, Ismael Kombich, Wilfred Bungei)	Bruselas, Bélgica	25 ago 2006
Relevo 4 × 1.500 m	14:36,23	Kenia (Geoffrey Rono, Augustine Choge, William Tanui, Gideon Gathimba)	Bruselas, Bélgica	4 sep 2009

Pruebas de campo al aire libre

PRUEBA	RÉCORD	NOMBRE Y NACIONALIDAD	LUGAR	FECHA
Salto de altura	2,45 m	Javier Sotomayor (Cuba)	Salamanca, España	27 jul 1993
Salto con pértiga	6,14 m	Sergei Bubka (Ucrania)	Sestriere, Italia	31 jul 1994
Salto de longitud	8,95 m	Mike Powell (EE.UU.)	Tokio, Japón	30 ago 1991
Triple salto	18,29 m	Jonathan Edwards (R.U.)	Gotemburgo, Suecia	7 ago 1995
Lanzamiento de peso	23,12 m	Randy Barnes (EE.UU.)	Los Ángeles, EE.UU.	20 may 1990
Lanzamiento de disco	74,08 m	Jürgen Schult (Rusia)	Neubrandenburg, Alemania	6 jun 1986
Lanzamiento de martillo	86,74 m	Yuriy Sedykh (Rusia)	Stuttgart, Alemania	30 ago 1986
Lanzamiento de jabalina	98,48 m	Jan Železný (República Checa)	Jena, Alemania	25 may 1996
Decatlón	9.026 puntos	Roman Šebrle (República Checa)	Götzis, Austria	27 may 2001

Estadísticas válidas el 30 de marzo de 2012

Los 30 km más rápidos

El 3 de junio de 2011, Moses Cheruiyot Mosop (Kenia) corrió los 30 km en 1 h, 26 min y 47,4 s, en Eugene, Oregón (EE.UU.). Camino a la meta de los 30 km, también corrió **los 25 km más rápidos,** logrando una marca de 1 h, 12 min y 25,4 s. El japonés Toshihiko Seko había tenido previamente ambos récords, después de que el 22 de marzo de 1981 consiguiera en Christchurch (Nueva Zelanda), las marcas de 1 h, 13 min y 55,8 s en los 25 km y 1 h, 29 min y 18,8 s en los 30 km. Mosop fue el primer hombre en 30 años que conseguía batir ambas marcas.

Más victorias en salto de longitud en Campeonatos del Mundo

Dos atletas han ganado en cuatro ocasiones la prueba de salto de longitud en los Campeonatos del Mundo: Iván Pedroso (Cuba) y Dwight Phillips (EE.UU., abajo). Pedroso ganó sus títulos de forma consecutiva en 1995, 1997, 1999 y 2001; y también ganó tres veces consecutivas la medalla de oro en los Juegos Panamericanos, en 1995, 1999 y 2003.

Phillips ganó sus medallas de oro en los Campeonatos del Mundo de 2003, 2005, 2009 y 2011. En 2011, se le asignó al azar el dorsal «1111». Después de ganar, Phillips señaló con orgullo el número que reflejaba su posición en los cuatro campeonatos y comentó: «desde el momento en que vi el dorsal, me dije que el campeonato era mío».

Más victorias en campeonatos de Europa de campo a través

Serhiy Lebid (Ucrania) ha ganado el Campeonato de Europa de campo a través en nueve ocasiones, desde que lo hiciera en 1998 en Ferrara (Italia) hasta 2010, en Albufeira (Portugal).

DATO: Serhiy ha competido en la cifra récord de 18 Campeonatos de Europa de campo a través.

ATLETISMO - MUJERES

Más participaciones en un Campeonato del Mundo

Susana Feitor (Portugal) compitió en la prueba de marcha atlética en 11 Campeonatos del Mundo, celebrados entre 1991 y 2011. En 2005, se llevó el bronce en la prueba de 20 km.

Más campeonatos de Europa de campo a través

Paula Radcliffe (R.U.) en 1998 y 2003, y Hayley Yelling (R.U.) en 2004 y 2009, han ganado dos veces el Campeonato de Europa de campo a través.

Los 20 km marcha más rápidos

Vera Sokolova (Rusia) completó el recorrido de 20 km marcha en 1 h, 25 min y 8 s en el Campeonato de Rusia de Invierno de Marcha, celebrado en Sochi (Rusia), el 26 de febrero de 2011. La antigua campeona mundial júnior batió, a sus 23 años, la anterior marca de 1 h, 25 min y 41 s que su compatriota Olimpiada Ivanova había establecido en el Campeonato del Mundo de 2005, celebrado en Helsinki (Finlandia).

La plusmarquista mundial de más edad en atletismo

Marina Stepanova (URSS) tenía 36 años y 139 días cuando estableció un récord mundial de 52,94 s en la prueba de los 400 m obstáculos, en Tashkent (URSS), el 17 de septiembre de 1986.

JUEGOS OLÍMPICOS

La medallista de oro más joven en atletismo

Con apenas 15 años y 123 días, Barbara Pearl Jones (EE.UU.) formó parte del equipo ganador en la prueba de relevo 4 × 100 m en los Juegos Olímpicos de Helsinki (Finlandia), el 27 de julio de 1952. También ganó el oro en los 4 × 100 m en los Juegos de Roma de 1960.

Más medallas de atletismo

Entre 1980 y 2000, Merlene Ottey (Jamaica) ganó nueve medallas olímpicas, tres de plata y seis de bronce, en los 100 m, 200 m y en el relevo 4 × 100 m. También ha ganado el **mayor número de medallas en Campeonatos del Mundo**, con 14. Ottey consiguió tres medallas de oro, cuatro de plata y siete de bronce entre 1983 y 1997.

La poseedora más joven de un récord del mundo

Con 14 años y 334 días, Wang Yan (China) completó los 5 km marcha en 21 min y 33,8 s, en Jinan (China), el 9 de marzo de 1986, se convirtió en la plusmarquista mundial más joven de una prueba atlética individual.

CAMPEONATOS DEL MUNDO

Más medallas de oro

Entre 2005 y 2011, Allyson Felix (EE.UU.) ganó ocho medallas de oro en Campeonatos del Mundo, en los 200 m en Helsinki (Finlandia), en 2005; en los 200 m, 4 × 100 m y 4 × 400 m en Osaka (Japón), en 2007; en los 200 m y 4 × 400 m en Berlín (Alemania), en 2009, y en los 4 × 100 m y 4 × 400 m en Daegu (Corea del Sur), en 2011.

Más victorias en los 1.500 m

Dos atletas han ganado el campeonato del mundo de 1.500 m en dos ocasiones: Tatyana Tomashova (Rusia) en 2003 y 2005, y Maryam Yusuf Jamal (Bahréin, nacida en Etiopía) en 2007 y 2009.

El medio maratón más rápido

Mary Keitany (Kenia) pulverizó el récord mundial de medio maratón en Ras Al-Khaimah (EAU) el 18 de febrero de 2011, con 1 h, 5 min y 50 s. Esta marca superaba en unos increíbles 35 s el récord de 2007 de Lornah Kiplagat (Países Bajos), que ésta había establecido al ganar el Campeonato Mundial de Medio Maratón en Udine (Italia). En la prueba Keitany también corrió los **20 km más rápidos**, en 1 h, 2 min y 36 s.

Más victorias en jabalina

Trine Hattestad (Noruega), en 1993 y 1997, y Mirela Manjani (Grecia), en 1999 y 2003, han ganado dos veces la prueba de lanzamiento de jabalina.

Más victorias en salto de altura

Stefka Kostadinova (Bulgaria) en 1987 y 1995, Hestrie Cloete (Sudáfrica), en 2001 y 2003, y Blanka Vlašić (Croacia) en 2007 y 2009, han ganado dos veces la prueba de salto de altura en un Campeonato del Mundo.

DATO: Gulnara ya había batido el récord de los 3.000 m en 2003, con un tiempo de 9 min y 8,33 s.

Los 3.000 m obstáculos más rápidos

Al tiempo que ganaba la medalla de oro en los 3.000 m obstáculos en los Juegos Olímpicos de Pekín 2008, Gulnara Samitova-Galkina (Rusia) lograba un nuevo récord mundial con una marca de 8 min y 58,81 s. La medallista de plata, Eunice Jepkoir (Kenia), terminó muy por detrás de ella, a 8,6 s de distancia.

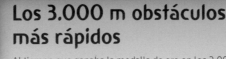

Pruebas en pista al aire libre

PRUEBA	TIEMPO	NOMBRE Y NACIONALIDAD	LUGAR	FECHA
100 m	10,49	Florence Griffith-Joyner (EE.UU.)	Indianápolis, EE.UU.	16 jul 1988
200 m	21,34	Florence Griffith-Joyner (EE.UU.)	Seúl, Corea del Sur	29 sep 1988
400 m	47,60	Marita Koch (RDA)	Canberra, Australia	6 oct 1985
800 m	1:53,28	Jarmila Kratochvilová (República Checa)	Múnich, Alemania	26 jul 1983
1.000 m	2:28,98	Svetlana Masterkova (Rusia)	Bruselas, Bélgica	23 ago 1996
1.500 m	3:50,46	Qu Yunxia (China)	Pekín, China,	11 sep 1993
1 milla	4:12,56	Svetlana Masterkova (Rusia)	Zúrich, Suiza	14 ago 1996
2.000 m	5:25,36	Sonia O'Sullivan (Irlanda)	Edimburgo, Reino Unido	8 jul 1994
3.000 m	8:06,11	Wang Junxia (China)	Pekín, China	13 sep 1993
5.000 m	14:11,15	Tirunesh Dibaba (Etiopía)	Oslo, Noruega	6 jun 2008
10.000 m	29:31,78	Wang Junxia (China)	Pekín, China	8 sep 1993
20.000 m	1:02,36	Mary Keitany (Kenia)	Ras Al-Khaimah, EAU	18 feb 2011
25.000 m	1:27:05,90	Tegla Loroupe (Kenia)	Mengerskirchen, Alemania	21 sep 2002
30.000 m	1:45:50,00	Tegla Loroupe (Kenia)	Warstein, Alemania	6 jun 2003
3.000 m obstáculos	8:58,81	Gulnara Samitova-Galkina (Rusia)	Pekín, China	17 ago 2008
100 m vallas	12,21	Yordanka Donkova (Bulgaria)	Stara Zagora, Bulgaria	20 ago 1988
400 m vallas	52,34	Yuliya Pechonkina (Rusia)	Tula, Rusia	8 ago 2003
Relevo 4 × 100 m	41,37	RDA (Silke Gladisch, Sabine Rieger, Ingrid Auerswald, Marlies Göhr)	Canberra, Australia	6 oct 1985
Relevo 4 × 200 m	1:27,46	Estados Unidos «Blue» (LaTasha Jenkins, LaTasha Colander-Richardson, Nanceen Perry, Marion Jones)	Filadelfia, EE.UU.	29 abr 2000
Relevo 4 × 400 m	3:15,17	URSS (Tatyana Ledovskaya, Olga Nazarova, Maria Pinigina, Olga Bryzgina)	Seúl, Corea del Sur	1 oct 1988
Relevo 4 × 800 m	7:50,17	URSS (Nadezhda Olizarenko, Lyubov Gurina, Lyudmila Borisova, Irina Podyalovskaya)	Moscú, Rusia	5 ago 1984

Pruebas de campo al aire libre

PRUEBA	RÉCORD	NOMBRE Y NACIONALIDAD	LUGAR	FECHA
Salto de altura	2,09 m	Stefka Kostadinova (Bulgaria)	Roma, Italia	30 ago 1987
Salto con pértiga	5,06 m	Yelena Isinbayeva (Rusia)	Zúrich, Suiza	28 ago 2009
Salto de longitud	7,52 m	Galina Chistyakova (URSS)	San Petersburgo, Rusia	11 jun 1988
Triple salto	15,50 m	Inessa Kravets (Ucrania)	Gotemburgo, Suecia	10 ago 1995
Lanzamiento de peso	22,63 m	Natalya Lisovskaya (URSS)	Moscú, Rusia	7 jun 1987
Lanzamiento de disco	76,80 m	Gabriele Reinsch (RDA)	Neubrandenburg, Alemania	9 jul 1988
Lanzamiento de martillo	79,42 m	Betty Heidler (Alemania)	Halle, Alemania	25 may 2011
Lanzamiento de jabalina	72,28 m	Barbora Špotáková (República Checa)	Stuttgart, Alemania	13 sep 2008
Heptatlón	7.291 puntos	Jackie Joyner-Kersee (EE.UU.)	Seúl, Corea del Sur	24 sep 1988
Decatlón	8.358 puntos	Austra Skujyteité (Lituania)	Columbia, EE.UU.	15 abr 2005

Marcas vigentes a 30 de marzo de 2012

Más victorias en salto de longitud en Campeonatos del Mundo

Tres atletas han ganado el Campeonato del Mundo en dos ocasiones: Jackie Joyner-Kersee (EE.UU.) en 1987 y 1991; Fiona May (Italia) en 1995 y 2001, y Brittney Reese (EE.UU., arriba) en 2009 y 2011. Reese también ganó dos medallas de oro en los Campeonatos del Mundo en Pista Cubierta, en Doha (Catar), en 2010, y en Estambul (Turquía) en 2012.

COPA DEL MUNDO

Más puntos conseguidos

Marita Koch (Alemania Oriental) competía representando a Europa cuando consiguió 46 puntos en las pruebas de 200 m y 400 m entre 1979 y 1985. En cada Copa del Mundo participan al menos ocho equipos, cinco continentales y tres nacionales (ocasionalmente, el país anfitrión también compite, con lo que los participantes son nueve). El evento fue rebautizado en 2010 como Copa Continental, y está limitado a cuatro equipos: África, las Américas, Asia/Pacífico y Europa.

La **mayor cantidad de puntos obtenidos en una única prueba** son los 33 que consiguió Maria Mutola (Mozambique) en los 800 m, entre 1992 y 2002. La única persona que ha conseguido más puntos es Javier Sotomayor (Cuba), que obtuvo 35 en la prueba masculina de salto de altura, entre 1985 y 1998.

Más triunfos de un equipo

El mayor número de victorias en la Copa del Mundo conseguidas por un equipo femenino son cuatro, que de modo consecutivo obtuvieron las representantes de Alemania Oriental en las Copas del Mundo de 1979, 1981, 1985 y 1989.

Más tiempo entre dos participaciones

El lapso de tiempo más largo entre la primera y la última participación en las competiciones de la Copa del Mundo es de 15 años, marca de Tessa Sanderson (R.U.), que representó a Europa en la prueba de lanzamiento de jabalina entre 1977 y 1992. El récord de Sanderson supera el masculino, que con 14 años está en manos del saltador de pértiga Okkert Brits (Sudáfrica).

DATO:
La primera mujer en lanzar el martillo más allá de 70 m fue Olga Kuzenkova (Rusia), en 1997.

El lanzamiento de martillo más lejano

Betty Heidler (Alemania) lanzó el martillo hasta los 79,42 m en Halle (Alemania), el 25 de mayo de 2011. Heidler, que ganó el Campeonato del Mundo de 2007, superó la marca anterior de 78,30 m establecida por la campeona del mundo de 2009, Anita Wlodarczyk (Polonia), en Bydgoszcz (Polonia).

PARA VER LO RÁPIDO QUE CORREN LOS HUMANOS, VE A LA P. 232

CICLISMO

DATO:
En 2011, Sarah se convirtió en la primera americana en ganar tres medallas en los Campeonatos del Mundo.

Más participantes en una Furnace Creek 508

La carrera Furnace Creek 508 de California (EE.UU.) atrajo a 217 participantes los días 8-10 de octubre de 2011. Se anuncia como «Las 48 horas deportivas más duras» y su recorrido es de 817,5 km, desde Santa Clarita (al norte de Los Ángeles) hasta Twentynine Palms pasando por el desierto de Mojave, el Valle de la Muerte y 10 puertos de montaña.

Más premios Vélo d'Or

Otorgado anualmente desde 1992 por la revista *Vélo Magazine* (Francia) al mejor ciclista del año, el Vélo d'Or (bicicleta de oro) es considerado como el galardón más prestigioso del ciclismo. Lance Armstrong (EE.UU.) ganó cinco Vélo d'Or en 1999-2001 y 2003-2004.

El equipo femenino más rápido en 3 km en salida parada

El 5 de abril de 2012, Laura Trott, Danielle King y Joanna Rowsell terminaron la carrera de 3 km de persecución por equipos en 3 min y 15,720 s y ganaron el oro para Gran Bretaña en los Campeonatos Mundiales celebrados en Melbourne (Australia).

El equipo masculino más rápido en 750 m en salida parada

René Enders, Maximillian Levy y Stefan Nimke (todos de Alemania) recorrieron la pista de 750 m en tres vueltas, en 42,914 s, en Cali (Colombia) el 1 de diciembre de 2011.

Ganadores del Tour de Francia

Más victorias en el Tour de Francia (celebrado por primera vez en 1903; maillot amarillo para el vencedor de la general, otorgado formalmente por primera vez en 1919)	7	Lance Armstrong (EE.UU.)
	5	Jacques Anquetil (Francia)
		Bernard Hinault (Francia)
		Miguel Indurain (España)
		Eddy Merckx (Bélgica)
	3	Louison Bobet (Francia)
		Greg LeMond (EE.UU.)
		Philippe Thys (Bélgica)
Más maillots verdes del Tour de Francia (mejor velocista, otorgado por primera vez en 1953)	6	Erik Zabel (Alemania)
	4	Sean Kelly (Irlanda)
	3	Jan Janssen (Países Bajos)
		Eddy Merckx (Bélgica)
		Freddy Maertens (Bélgica)
		Djamolidine Abdoujaparov (Uzbekistán)
		Robbie McEwen (Australia)
Más maillots de lunares rojos del Tour de Francia (rey de la montaña, otorgado por primera vez en 1933)	7	Richard Virenque (Francia)
	6	Federico Bahamontes (España)
		Lucien Van Impe (Bélgica)
	3	Julio Jiménez (España)

Ganadores del Giro de Italia

Más victorias en el Giro de Italia	5	Alfredo Binda (Italia)
		Fausto Coppi (Italia)
		Eddy Merckx (Bélgica)
	3	Giovanni Brunero (Italia)
		Gino Bartali (Italia)
		Fiorenzo Magni (Italia)
		Felice Gimondi (Italia)
		Bernard Hinault (Francia)
	2	11 ciclistas

Estadísticas correctas con fecha 2 de abril de 2012

Los 3 km más rápidos en salida parada (mujeres)

Sarah Hammer (EE.UU.) recorrió los 3 km de la prueba en 3 min y 22,269 s en el Campeonato Panamericano, celebrado en Aguascalientes (México) el 11 de mayo de 2010.

Menor tiempo en recorrer 10.000 km en bicicleta

Guus Moonen (Países Bajos) recorrió 10.000 km en bicicleta en 22 días, 15 h, 34 min y 9 s por tres circuitos del pueblo de Oisterwijk (Países Bajos), desde el 5 al 28 de junio de 2010.

Los 500 m lanzados más rápidos (mujeres)

Olga Streltsova (Rusia) recorrió los 500 m de esta prueba en 29,481 s en Moscú (Rusia), el 29 de mayo de 2011.

La mayor distancia recorrida en 48 horas en bicicleta de montaña

Dave Buchanan (R.U.) recorrió 571 km por pista de tierra, entre Cardiff y Caernarfon (Gales, R.U.), del 13 al 15 de mayo de 2011.

La mayor distancia recorrida en bicicleta en un año

Thomas Godwin (R.U.) recorrió 120.805 km en 1939, con una media diaria de 330,97 km. Después siguió pedaleando hasta totalizar 160.934 km en 500 días, hasta el 14 de mayo de 1940.

Realizó esta hazaña montado en una bicicleta de acero de cuatro marchas de más de 13,5 kg.

El maratón más largo en bicicleta estática

Patrizio Sciroli (Italia) pedaleó durante 224 h, 24 min y 24 s, del 6 al 15 de mayo de 2011 en una bicicleta estática en Teramo (Abruzzo, Italia). Para conseguir el récord, Patrizio tuvo que mantener una velocidad mínima de 20 km/h.

La persecución masculina por equipos más rápida (4 km)

El 4 de abril de 2012 en el Hisense Arena de Melbourne (Australia), los británicos Ed Clancy, Peter Kennaugh, Steven Burke y Geraint Thomas consiguieron el oro en los campeonatos mundiales con un tiempo de 3 min y 53,295 s. Superaron así el récord de 3 min y 53,31 s establecido por el equipo británico (Ed Clancy, Bradley Wiggins, Paul Manning y Geraint Thomas) al ganar el oro en los Juegos Olímpicos de Pekín 2008 (China).

En la persecución masculina por equipos, dos equipos compiten entre sí empezando desde extremos opuestos del velódromo. El objetivo es alcanzar al equipo contrario o registrar el crono más corto, fijado por el tiempo del tercer ciclista.

Los 200 m lanzados más rápidos (mujeres)

El 5 de abril de 2012, Anna Meares (Australia) recorrió los 200 m de esta prueba en 10,782 s en la primera ronda de clasificación de los Campeonatos Mundiales, celebrados en el Hisense Arena de Melbourne (Australia).

Más Copas del Mundo de ciclocross

Sven Nys (Bélgica) ganó seis copas del mundo de ciclocross entre 1999 y 2009. Esta modalidad ciclista consiste en realizar numerosas vueltas en un circuito corto, de unos 2,5-3,5 km, con montes bajos y empinados, ángulos cerrados y obstáculos en los que el ciclista debe cargar con la bicicleta. El terreno es muy diverso y puede incluir asfalto, tierra dura, hierba, barro y arena. Daphny van den Brand (Países Bajos, derecha) es quien ha ganado **más Copas del Mundo de ciclocross femenino,** con tres victorias entre 2005 y 2012.

TOUR DE FRANCIA

La velocidad media más alta

Lance Armstrong (EE.UU.) resultó vencedor del Tour de 2005 con una velocidad media de 41,654 km/h. Realizó los 3.607 km del Tour en 86 h, 15 min y 2 s. Tras la carrera, Armstrong anunció que se retiraba, pero en 2009 volvió al ciclismo y quedó en tercera posición del Tour de aquel año.

La escapada en solitario más larga

Separarse del pelotón es arriesgado, pues el ciclista escapado no tiene posibilidad de ir a rebufo, es decir, aprovechar el vacío de aire que se forma detrás de otro corredor. La escapada en solitario más larga fue de 253 km, conseguida por Albert Bourlon (Francia) en 1947 y que le permitió ganar la 14.ª etapa entre Carcasona y Luchon.

El mayor margen de victoria

Fausto Coppi (Italia) ganó el Tour de 1952 con una ventaja de 28 min y 27 s sobre Stan Ockers (Bélgica).

El ganador más joven

Henri Cornet (Francia) tenía 19 años y 350 días cuando ganó la segunda edición del Tour, en 1904. En realidad, Cornet terminó la carrera en el 5.º lugar, pero obtuvo la victoria al ser descalificados los cuatro corredores que le precedían: Maurice Garin, Lucien Pothier, César Garin e Hippolyte Aucouturier (todos de Francia). En este controvertido Tour, asaltaban a los corredores para detenerlos y echaban clavos en la carretera para que pincharan. También se acusó a los ciclistas de utilizar automóviles para avanzar.

El ganador de más edad

Firmin Lambot (Bélgica) ganó el Tour de Francia con 36 años y 4 meses en 1922.

El Tour de Francia más largo

En la actualidad, el Tour de Francia recorre unos 3.200 km, pero en 1926 cubrió una distancia de 5.745 km, equivalente a ir de París a Moscú y volver. Aquel año el vencedor fue Lucien Buysse (Bélgica).

Más Tours terminados

Hendrik «Joop» Zoetemelk (Países Bajos) terminó 16 Tours en 1970-1973 y 1975-1986. En estas 16 carreras, Joop obtuvo una victoria (en 1980) y seis segundos puestos. En 1985, a los 38 años, también ganó el Campeonato Mundial de Ciclismo en Ruta.

Más rapidez en sprint femenino por equipos (500 m)

El 4 de abril de 2012 en el Hisense Arena de Melbourne (Australia), Miriam Welte y Kristina Vogel (ambas de Alemania) registraron un tiempo de 32,549 s y vencieron a las australianas Anna Meares y Kaarle McCulloch en la final de los **Campeonatos Mundiales** de sprint femenino por equipos. Welte y Vogel ya habían batido un récord mundial aquel mismo día (32,630 s) en la ronda de clasificación contra Lituania. En el sprint femenino por equipos, ambas corredoras realizan dos vueltas: en la primera, una va delante y otra detrás, a pocos centímetros, aprovechando el rebufo, y en la segunda vuelta, la corredora de detrás acelera sola hasta la meta.

DEPORTES DE CARRERAS

El remero más rápido en scull individual ligero

El 24 de julio de 2011, Jeremie Azou (Francia) completó la regata en scull individual (es decir, usando dos remos) en 6 min y 46,93 s en el Campeonato Mundial de Remo Sub-23 de Ámsterdam (Países Bajos).

ESQUÍ

Más rápido

Simone Origone (Italia) descendió a 252,40 km/h en Les Arcs (Francia), el 20 de abril de 2006.

La **mayor velocidad lograda por una mujer** son 242,59 km/h, récord de Sanna Tidstrand (Suecia), también en Les Arcs (Francia), el 20 de abril de 2006.

El esquiador alpino más joven con un oro olímpico

Kjetil André Aamodt (Noruega) tenía 20 años y 167 días cuando ganó el primero de sus cuatro oros en Albertville (Francia), el 16 de febrero de 1992.

También es el **esquiador más veterano en ganar un oro olímpico:** con 34 años y 169 días se hizo con su cuarto oro en el eslalon supergigante de Turín (Italia), el 18 de febrero de 2006.

La carrera más larga

La Vasaloppet es una carrera de esquí de fondo de 90 km celebrada en marzo en el noroeste de Dalarna (Suecia). La marca más rápida es de 3 h, 38 min y 41 s, lograda por Jörgen Brink (Suecia) en 2012. El ganador de la primera edición en 1922, Ernst Alm (Suecia), ¡tardó 7 h, 32 min y 49 s!

El descenso más largo

La carrera anual «Schlag das ASSinger», organizada por la localidad de Nassfeld Hermagor (Austria), cubre una distancia de 25,6 km. Empieza en Gartenkofel y acaba en Tröpolach.

El maratón de esquí más largo

Nick Willey (Australia) estuvo esquiando sin parar 202 h y 1 min en Thredbo, una estación de Nueva Gales del Sur (Australia), del 2 al 10 de septiembre de 2005.

BOBSLEIGH

Más oros olímpicos

Tres deportistas han ganado tres oros. Meinhard Nehmer y Bernhard Germeshausen (ambos de la RDA, hoy Alemania) lo ganaron en 1976 en el bobs a dos y en 1976 y 1980 en el bobs a cuatro, mientras que André Lange (Alemania), ganó el oro en 2006 en el bobs a dos y en 2002 y 2006 en el bobs a cuatro.

El campeón olímpico más veterano

Jay O'Brien (EE.UU.) tenía 47 años y 357 días cuando ganó el oro con el equipo de bobsleigh a cuatro en los Juegos Olímpicos de Invierno de Lake Placid, Nueva York (EE.UU.), de 1932.

LUGE

Más victorias del Campeonato Mundial (dobles)

El Campeonato Mundial de Luge se celebra cada año desde 1977 y Hansjörg Raffl y Norbert Huber (ambos de Italia) han ganado en la categoría de dobles ocho veces, de 1983 a 1993. En el luge, los deportistas se colocan en el trineo con los pies por delante y boca arriba.

Más victorias del Campeonato Mundial femenino

Silke Kraushaar-Pielach (Alemania) cuenta con un total de cinco campeonatos, logrados entre 1998 y 2007.

El triatlón más numeroso

El Nation's Triathlon de Washington, DC (EE.UU.), es un triatlón de distancia olímpica y el 12 de septiembre de 2010 contó con 4.546 participantes. En un triatlón internacional, u olímpico, hay que cubrir 1,5 km nadando, 40 km en bicicleta y 10 km corriendo. El evento recaudó más de 3 millones de dólares para la Sociedad contra la Leucemia y el Linfoma.

SKELETON

Más rápido

En el skeleton, los deportistas se colocan en el trineo con la cabeza por delante y boca abajo. Alexander Tretyakov (Rusia) y Sandro Stielicke (Alemania) alcanzaron una velocidad de 146,4 km/h en los Juegos Olímpicos de Invierno de Whistler en Columbia Británica (Canadá), el 19 de febrero de 2010. Ese mismo día, Marion Trott (Alemania) batió el **récord femenino de velocidad en skeleton individual** con 144,5 km/h.

El deportista de más edad en unos Juegos Olímpicos de Invierno

James Coates (G.B.) compitió en skeleton en la cita de 1948 de St. Moritz (Suiza) a sus 53 años y 328 días. En la final acabó séptimo, a 5,4 s del ganador.

PATINAJE DE VELOCIDAD

Los 5.000 m relevos en pista corta más rápidos (hombres)

Jon Eley, Richard Shoebridge, Paul Stanley y Jack Whelbourne (G.B.) acabaron los 5.000 m relevos en 6 min y 37,877 s en la Copa del Mundo de Patinaje en pista corta de la ISU, celebrada en Dresde (Alemania), el 20 de febrero de 2011. En esta disciplina, la pista mide 111 m, en vez de los 400 m de la larga.

Más oros olímpicos (hombres)

Dos hombres han ganado cinco medallas de oro: Clas Thunberg (Finlandia) en 1924 y 1928, y Eric Arthur Heiden (EE.UU.) en los Juegos Olímpicos de Lake Placid, Nueva York (EE.UU.), en 1980.

ASCENSO DE ESCALERAS

Más victorias en el ascenso del Empire State (hombres)

La Empire State Building Run-Up consiste en subir a pie los 1.576 escalones desde la planta baja hasta la terraza panorámica del piso 86. Esta carrera anual nació en 1978 y Thomas Dold (Alemania) la ha ganado siete veces seguidas, de 2006 a 2012.

El mayor premio en una carrera hípica

La Copa Mundial de Dubái, en el hipódromo Meydan de Dubái (EAU), premia al caballo ganador con 10 millones de dólares. La carrera de 2012, celebrada el 31 de marzo, la ganó *Monterosso*, un caballo no favorito que en las apuestas estaba 20/1. Lo montaba Mickael Barzalona (Francia), de 20 años.

DATO: Barzalona celebró su victoria de 2012 poniéndose de pie sobre los estribos y blandiendo la fusta antes de cruzar la meta.

Alemania ha ganado la copa
10 veces, entre 1998 y 2011.
Gran Bretaña, cuatro seguidas,
de 2007 a 2010. Suiza ganó la
competición inaugural.

El increíble Phelps

• Michael Phelps (EE.UU.) es el
nadador con más triunfos de la
historia. Empezó a nadar a los siete
años y se clasificó a los 15 para los
Juegos Olímpicos de Sídney, donde
acabó quinto en la final de 200 m
mariposa.

• En los Juegos Olímpicos de Atenas
de 2004, aún adolescente, ganó
ocho medallas –seis oros y dos
bronces– e igualó el récord de **más
medallas logradas en unos
Juegos.**

• Michael ganó otras ocho en los
Juegos Olímpicos de 2008, pero
entonces todas de oro, por lo que
batió el récord de **más oros en unos
Juegos.** Logró cinco récords
individuales y tres por equipos en
relevos.

• Es el nadador con **más oros del
Campeonato Mundial** –uno en 2001,
cuatro en 2003, cinco en 2005, siete
en 2007, cinco en 2009 y cuatro en
2011– en total, 26.

• Además, ha recibido más veces el
premio al Nadador del Año, seis,
en 2003-2004 y 2006-2009.

Los 1.500 m estilo libre más rápidos en piscina larga

El 31 de julio de 2011, en el Campeonato Mundial de Natación
de la FINA, Sun Yang (China) ganó la medalla de oro en 1.500 m
estilo libre con un tiempo de 14 min y 34,14 s en el Oriental Sports
Center de Shanghái (China). Además, batió el récord de natación
masculino más antiguo fijado en 14 min y 34,56 s por Grant
Hackett (Australia) en el Campeonato Mundial de 2001 de
Fukuoka, Japón.

(Los récords en piscina larga son en piscinas de 50 m.)

El ciclista Paul Crake (Australia)
batió el récord de **ascenso más
rápido del mundo** en 9 min y 33 s
en 2003 y además es el único que
no ha superado los 10 min. De sus
cinco victorias entre 1999 y 2003,
las cuatro últimas fueron en menos
de 10 min.

**Más victorias en el ascenso
del Empire State (mujeres)**
Cindy Moll-Harris (EE.UU.) cuenta
con cuatro victorias, en 1998,
2000-2001 y 2003. En 2006, Andrea
Mayr (Austria) batió el **récord
femenino de ascenso más rápido**
en 11 min y 23 s.

REMO

**Más premios al Entrenador
de Remo del Año**
Richard Tonks (Nueva Zelanda) en
2005 y 2010, y Gianni Postiglione
(Italia, entrenando a Grecia) en
2006 y 2011, han recibido dos veces
el galardón de Entrenador de Remo
del Año.

**Más victorias de la Copa
Mundial de Remo**
Este campeonato anual se celebra
desde 1997 y lo gana el país que
logra más puntos en tres regatas.

Los 40.075 km (Ecuador) de remo indoor más rápidos

David Holby (R.U.) remó
40.075 km –como la longitud del
Ecuador terrestre– durante 2 años,
6 meses y 20 días en el centro
comercial The Malls de
Basingstoke, Hampshire (R.U.).
Holby, al que los comerciantes
llamaban «Dave el remero», remó
una media de 300,34 km por
semana de mayo de 2008 a
diciembre de 2010.

**La regata más larga
en mar abierto**
La Indian Rowing Race cubre una
distancia de 3.140 millas náuticas
(5.820 km), desde Geraldton,
Australia Occidental, hasta Port
Louis (Mauricio). Se ha celebrado
dos veces, en 2009 y 2011.

NATACIÓN

Los 200 m espalda más rápidos en piscina corta (mujeres)

El 22 de octubre de 2011, Melissa
«Missy» Franklin (EE.UU.)
–Nadadora del Año en 2011 por la
FINA– acabó en 2 min y 0,03 s los
200 m espalda en piscina corta de
los Mundiales de Berlín (Alemania).
Seis semanas después, el 16 de
diciembre, la campeona de 16 años
y sus compañeras del equipo de
EE.UU. **batieron el récord en
relevos 4 × 100 m estilos en
piscina corta,** con un tiempo de
3 min y 45,56 s, durante el torneo
«Duel in the Pool» celebrado en
Atlanta, Georgia (EE.UU.).

Los 200 m estilos más rápidos en piscina larga (hombres)

Ryan Lochte (EE.UU.) marcó
un tiempo de 1 min
y 54,00 s en los
200 m estilos en
Shanghái (China),
el 28 de julio
de 2011.

Más victorias en el Campeonato Mundial de Luge clásico

El street luge consiste en bajar por una carretera o pista
asfaltada sobre una tabla con ruedas. El corredor toma
las curvas inclinándose a los lados y frena con los pies
contra el asfalto. Entre 2007 y 2011, Michael Serek
(Austria) ganó cinco copas de luge clásico de la
Asociación Internacional de
Deportes de Gravedad (IGSA).

DEPORTES DE FUERZA

DATO: Behdad ganó el oro en los Juegos Asiáticos de 2010, a pesar de haberse visto afectado por la gripe porcina y caerse en un levantamiento.

El mayor levantamiento en arrancada en la categoría de más de 105 kg (hombres)

El 13 de noviembre de 2011, Behdad Salimikordasiabi (Irán), levantó 214 kg en la prueba de arrancada en la categoría de más de 105 kg en el Campeonato Mundial de Halterofilia, en París (Francia). Batía el récord de 213 kg logrado en 2003 por su compatriota, y dos veces campeón olímpico Hossein Rezazadeh.

23 años retirado, entre 1987 y 2010. Volvió a pelear tres veces en 2010 y 2011, en combates todos ellos aprobados por la European Boxing Federation.

El ganador de más edad de un gran Campeonato Mundial

Con 46 años y 126 días, Bernard «The Executioner» Hopkins (EE.UU.) derrotó a Jean Pascal (Canadá, nacido en Haití) en Montreal (Canadá), el 21 de mayo de 2011, haciéndose con los cinturones del WBC, el IBO y The Ring en la categoría de pesos semipesados.

El campeón del mundo de pesos pesados con más peso

Nikolay Valuev (Rusia) pesaba unos impresionantes 148,7 kg el día que combatió contra Monte Barrett (EE.UU.) por el título del WBA en el Allstate Arena, en Rosemont, Illinois (EE.UU.), el 7 de octubre de 2007. Valuev ganó el combate por nocaut técnico en el asalto 11.

Más premios de boxeador del año

Muhammad Ali (EE.UU.) ganó cinco premios de boxeador del año, que le entregó la revista *The Ring*, en 1963, 1972, 1974-1975 y 1978.

Más premios de entrenador del año

Freddie Roach (EE.UU.) ha ganado cinco premios de entrenador del año, en 2003, 2006 y 2008-2010.

DATO: Riner fue el ganador más joven de un Campeonato del Mundo. Con 18 años y 192 días logró la medalla de oro en los pesos pesados en 2007.

Más títulos de campeón del mundo de judo

Teddy Riner (Francia) ganó seis oros en los mundiales de judo entre 2007 y 2011, cuatro en la categoría de pesos pesados (más de 100 kg), otra en la de peso abierto y otra en la competición masculina por equipos. Riner también tiene una medalla de plata en peso abierto y comparte el récord de **más medallas ganadas en Campeonatos del Mundo** con Naoya Ogawa (Japón), con cuatro de oro y tres de bronce entre 1987 y 1995, y Robert Van de Walle (Bélgica), con dos de plata y cinco de bronce entre 1979 y 1989.

BOXEO

Reinado más largo como campeón del mundo

Joe Louis (EE.UU.) fue campeón invicto de la categoría de los pesos pesados durante 11 años y 252 días, desde el 22 de junio de 1937, al derrotar a Jim Braddock (EE.UU.), hasta el día de su retirada, el 1 de marzo de 1949. Floyd Mayweather Jr. (EE.UU.) fue campeón del mundo por primera vez el 3 de octubre de 1998 y, hasta su victoria ante Miguel Cotto (Puerto Rico), el 5 de mayo de 2012, se mantuvo invicto 13 años y 214 días. Sin embargo, durante esos años Floyd estuvo un tiempo retirado.

Más combates como profesional (mujeres)

Stephanie M. Dobbs (EE.UU.) compitió en 62 combates profesionales entre el 2 de marzo de 2002 y el 5 de junio de 2010.

El boxeador de más edad en activo

Steve Ward (R.U.) tenía 55 años y 219 días cuando compitió en su combate más reciente, celebrado el 19 de marzo de 2011 en Chesterfield, Derbyshire (R.U.). Ward compitió como aficionado entre los 11 y los 21 años antes de emprender una carrera profesional de 10 años de duración. Estuvo

LUCHA

Más Campeonatos del Mundo de lucha libre (hombres)

Dos luchadores han ganado el Campeonato del Mundo de lucha libre masculino en siete ocasiones: Aleksandr Medved (Bielorrusia) en las categorías de 97 kg, más de 97 kg y más de 100 kg entre 1962 y 1971, y Valentin Jordanov (Bulgaria) en la categoría de 52 kg entre 1983 y 1995.

Más oros olímpicos

Cinco luchadores han ganado tres títulos olímpicos: Carl Westergren (Suecia) en 1920, 1924 y 1932; Ivar Johansson (Suecia) en 1932 (dos) y 1936; Aleksandr Medved (Bielorrusia) en 1964, 1968 y 1972; Aleksandr Karelin (Rusia) en 1988, 1992 y 1996, y Buvaysar Saytiev (Rusia) en 1996, 2004 y 2008.

El mayor levantamiento en arrancada en la categoría de 63 kg (mujeres)

El 8 de noviembre de 2011, Svetlana Tsarukaeva (Rusia), levantó 117 kg en la categoría de 63 kg en la prueba de arrancada en el Campeonato Mundial de Halterofilia 2011, celebrado en París (Francia). Aquí se muestra a Svetlana compitiendo en la modalidad de dos tiempos, en la que la barra se levanta primero hasta la altura de la clavícula. En la arrancada, se levanta con un movimiento suave y continuo.

DATO: Saori ha ganado nueve Campeonatos del Mundo en la categoría de 55 kg, entre 2002 y 2011.

La mayor racha de victorias en lucha libre (mujeres)

Saori Yoshida (Japón) ganó 119 combates consecutivos entre 2002 y 2008. Yoshida puso punto final a su récord de imbatibilidad el 20 de enero de 2008, tras un combate contra Marcie Van Dusen (EE.UU.) en una competición de la Team World Cup celebrada en Pekín (China). En la foto de arriba, se muestra a Saori compitiendo con Tonya Verbeek (Canadá) en su camino al oro en la categoría de 55 kg durante los Juegos Olímpicos de Pekín de 2008.

Récords de halterofilia establecidos en 2011

Hombres

105 kg, dos tiempos
238 kg, de David Bejanyan (Rusia) en Belgorod (Rusia), el 17 de diciembre de 2011.

Mujeres

53 kg, dos tiempos
130 kg, de Zulfiya Chinshanlo (Kazajastán) en París (Francia), el 6 de noviembre de 2011.

75 kg, dos tiempos
163 kg, de Nadazda Evstyukhina (Rusia) en París (Francia), el 10 de noviembre de 2011.

75 kg, total
296 kg, de Natalya Zabolotnaya (Rusia) en Belgorod (Rusia), el 17 de noviembre de 2011.

Más de 75 kg, arrancada
148 kg, por Tatiana Kashirina (Rusia) en Belgorod (Rusia), el 18 de diciembre de 2011.

Más de 75 kg, total
328 kg, por Zhou Lulu (China) en París (Francia), el 13 de noviembre de 2011.

Más victorias consecutivas en combates de la UFC

Anderson «The Spider» Silva (Brasil) ganó 15 combates de la UFC entre 2006 y 2011. Su 15.ª victoria fue contra Yushin Okami (Japón), el 27 de agosto de 2011, después de derrotarlo con un gancho corto de derecha, lo remató con un «ground-and-pound».

SUMO

Más combates ganados en una temporada

En 2009, *Yokozuna* Hakuhō Shō (Mongolia, cuyo nombre de nacimiento es Mönkhbatyn Davaajargal) ganó 86 de 90 combates de la temporada regular, en la que todos los años participan los mejores *rikishi* (luchadores de sumo).

El luchador más pesado

El 3 de enero de 1994, en el Ryōgoku Kokugikan de Tokio, el samoano-americano Saleva'a Fuauli Atisano'e (también conocido como Konishiki), pesaba 267 kg. Alcanzó este impresionante peso gracias a un guiso muy rico en proteínas llamado *chankonabe*.

Más victorias en primera división

El mayor número de victorias conseguidas por un *rikishi* en *makuuchi*, o primera división del sumo, es de 815, récord de Kaiō Hiroyuki (Japón, cuyo nombre de nacimiento es Hiroyuki Koga), alcanzados entre 1993 y 2010. Hay 42 luchadores en el *makuuchi*, repartidos en cinco categorías.

TAEKWONDO

Más Campeonatos del Mundo ganados en la categoría de menos de 54 kg

Yeon-Ho Choi (Corea del Sur) ha ganado cuatro medallas de oro en Campeonatos del Mundo en la categoría de menos de 54 kg, en 2001, 2003, 2007 y 2009.

JUDO

Más medallas en Campeonatos del Mundo (mujeres)

Ingrid Berghmans (Bélgica) ganó 11 medallas (seis de oro, cuatro de plata y un bronce) en distintos Campeonatos del Mundo entre 1980 y 1989.

La campeona mundial de judo más joven

Ryoko Tani (cuyo apellido de soltera es Tamura, Japón) tenía 18 años y 27 días cuando ganó el título mundial en la categoría de menos de 48 kg, en Hamilton (Canadá), en 1993.

Un hombre con muchos talentos

- En mayo de 2010, Manny fue elegido congresista por Sarangani, en la isla filipina de Mindanao. Es el primer boxeador profesional en ocupar un cargo público nacional mientras sigue en activo en el ring.

- Manny ha protagonizado películas, entre ellas *Wapakman* (2009), sobre un superhéroe del boxeo, que participó en el Metro Manila Film Festival.

- Manny es también cantante aficionado. Ha grabado el álbum *Pac-Man Punch* (2007) para MCA Records, y en 2011 realizó un dueto con el cantautor Dan Hill en el tema *Sometimes when we touch*, que alcanzó el n.º 19 en el US *Billboard* Adult Contemporary Top 20 list.

Más títulos mundiales de boxeo en diferentes categorías por peso

Manny Pacquiao (Filipinas) ganó su octavo título mundial en diferentes categorías por pesos cuando derrotó a Antonio Margarito (EE.UU.) haciéndose con el WBC en los superwelter, el 13 de noviembre de 2010. También ha ganado cinturones del WBC en peso mosca, peso superpluma (que ganó contra el mexicano Juan Manuel Márquez, a la izquierda) y peso ligero, además de ser campeón de peso pluma de The Ring, de supergallo de la IBF, de peso welter ligero de la IBO y The Ring, y de peso welter de la WBO.

GOLF

El golpe a mayor distancia

El ingeniero de vuelo Mikhail Tyurin (Rusia), asistido por su caddy el comandante Michael Lopez-Alegria (EE.UU.), golpeó una pelota durante un paseo espacial por el exterior de la *Estación Espacial Internacional* el 23 de febrero de 2006. Según cálculos de la NASA, la pelota debió de orbitar tres días y viajar 2,02 millones de km antes de desintegrarse en la atmósfera.

El **golpe más largo a una altitud inferior a 1.000 m** es de 373,07 m y lo consiguió Karl Woodward (R.U.) en Golf del Sur (Tenerife, España), el 30 de junio de 1999.

El campo de golf a mayor altura

El Yak golf course, que forma parte de una base militar india, está a 3.970 m sobre el nivel del mar en Kupup (Sikkim oriental, India). Algunos de los obstáculos son charcas naturales y arroyos de montaña.

El mayor campo de prácticas de golf

El SKY72 Golf Club Dream Golf Range de Jung-gu (Incheon, Corea del Sur) posee 300 puestos de tiro individuales.

Las mayores instalaciones de golf

El Mission Hills Golf Club de Shenzhen (China) posee 12 campos de 18 hoyos en pleno funcionamiento.

El mayor búnker

El búnker Hell's Half Acre del séptimo hoyo (535 m) del campo de golf Pine Valley, en Clementon (Nueva Jersey, EE.UU.) empieza a 265 m del tee y se extiende 137 m calle arriba.

El hoyo más largo

El séptimo hoyo (par 7) del campo de golf Satsuki de Sano (Japón) mide 881 m.

El putt embocado más largo en un torneo de máximo nivel

Jack Nicklaus (EE.UU.) en el Torneo de Campeones de 1964 y Nick Price (Zimbabue) en el campeonato de la PGA de EE.UU. de 1992, metieron putts de 33,5 m. Bob Cook (EE.UU.) embocó un putt de 42,74 m en el 18.º en St. Andrews (Escocia) en el International Fourball Pro Am Tournament, el 1 de octubre de 1976.

La puntuación más baja respecto al par después de 72 hoyos en un torneo de máximo nivel

Chapchai Nirat (Tailandia) se anotó 32 bajo par en el SAIL Abierto de 2009 (circuito asiático), celebrado en el Classic Golf Resort de Gurgaon (India), el 21 de marzo de 2009.

DATO: Rory tenía 16 años y 42 días cuando ganó el Irish Amateur Close Championship de 2005.

Más victorias en el circuito europeo

El mayor número de victorias conseguidas en el circuito europeo de golf es de 50, incluidos cinco grandes torneos, récord logrado por Severiano «Seve» Ballesteros (España, 1957-2011) entre 1976 y 1995. Seve también posee el récord de **más años consecutivos con al menos una competición ganada en el circuito europeo:** 17, de 1976 a 1992.

Más birdies consecutivos en un torneo del circuito de la PGA

Mark Calcavecchia (EE.UU.) se anotó nueve birdies en la tercera ronda del Abierto Canadiense en Oakville (Ontario, Canadá), el 25 de julio de 2009. Los nueve putts de Calcavecchia quedaron a una distancia máxima de 4,72 m del hoyo. A pesar de este inicio increíble, terminó el tercer recorrido con una puntuación de 71 (uno bajo par).

La racha individual más larga sin perder en la Ryder Cup

Lee Westwood (R.U.), de 2002 a 2008, y Arnold Palmer (EE.UU.), de 1965 a 1971, se mantuvieron 12 competiciones imbatidos en la Ryder Cup. Westwood perdió dos pruebas al final de la Ryder Cup de 2008, pero remontó en la edición de 2010, en la que ganó tres competiciones y empató una, con lo que ayudó a Europa a volver a ganar el trofeo.

Más victorias consecutivas en los grandes torneos

Tiger Woods (EE.UU.) se anotó cuatro títulos consecutivos en los grandes torneos en 2000-2001: el Abierto de EE.UU., el Abierto Británico y el campeonato de la PGA en 2000, y el Másters de EE.UU. en 2001. Este logro ha sido bautizado como el «Tiger Slam»; el auténtico Grand Slam consiste en ganar todos los grandes torneos en un año natural.

El mayor premio en metálico de un torneo de golf

El Players Championship que se disputa en Sawgrass (Florida,

La puntuación total más baja en un Abierto de EE.UU.

Rory McIlroy (R.U.) ganó el Abierto de EE.UU. en el Congressional Country Club de Bethesda (Maryland, EE.UU.), los días 16-19 de junio de 2011 con sólo 268 puntos (65-66-68-69). Con 16 bajo par, fue también la **puntuación más baja respecto al par en un Abierto de EE.UU.** Esta victoria fue la primera de Rory en un gran torneo; con 22 años y 46 días, se convirtió en el campeón más joven del Abierto de EE.UU. desde Bobby Jones (EE.UU.), en 1923, y en el ganador más joven de un gran torneo desde que Tiger Woods (EE.UU.) ganara el Másters de EE.UU. en 1997.

El ganador de más edad del circuito europeo

Des Smyth (Irlanda) tenía 48 años y 34 días cuando ganó el Madeira Island Abierto en Santo da Serra (Portugal) el 17 de marzo de 2001. Se anotó un recorrido de 270 (18 bajo par) y ganó por dos golpes.

Más victorias, mayores ganancias, rondas más bajas

Más victorias Abierto británico, Másters de EE.UU., Abierto de EE.UU. y campeonato PGA de EE.UU.	18	Jack Nicklaus (EE.UU.), 1962-1986
	14	Tiger Woods (EE.UU.), 1997-2008
	11	Walter Hagen (EE.UU.), 1914-1929
Mayores ganancias de una carrera (circuito de EE.UU.)	95.516.542 dólares	Tiger Woods (EE.UU.)
	65.944.204 dólares	Vijay Singh (Fiyi)
	65.286.308 dólares	Phil Mickelson (EE.UU.)
Mayores ganancias de una carrera (circuito europeo)	26.985.651 €	Lee Westwood (R.U.)
	26.472.392 €	Ernie Els (Sudáfrica)
	24.387.862 €	Colin Montgomerie (R.U.)
Rondas más bajas (sólo grandes torneos)	58 (-12)	Ryo Ishikawa (Japón), Crowns tournament, 2010, circuito japonés
	59 (-13)	Al Geiberger (EE.UU.), Danny Thomas Memphis Classic, 1977, circuito PGA de EE.UU.
	59 (-13)	Chip Beck (EE.UU.), Las Vegas Invitational, 1991, circuito PGA de EE.UU.

Estadísticas correctas el 19 de marzo de 2012

El circuito de EE.UU.

El circuito de EE.UU. fue el pionero del sistema de circuitos y ofrece el mayor premio en metálico.

• Tiger Woods y Jack Nicklaus (ambos de EE.UU.) han sido **los golfistas con mayores ganancias más veces**, al batir ambos el récord en ocho ocasiones. Ben Hogan y Tom Watson (ambos de EE.UU.) comparten el tercer puesto, al haber encabezado la lista cinco veces.

• Luke Donald (R.U.) se convirtió en el primer británico en encabezar la lista de mayores ganancias, en 2011. Los demás golfistas no americanos que han conseguido este récord son: Greg Norman (Australia) en 1986, 1990 y 1995; Nick Price (Zimbabue) en 1993 y 1994; Gary Player (Sudáfrica) en 1961, y Vijay Singh (Fiyi) en 2003, 2004 y 2008.

• El **mayor número de victorias en torneos del circuito de EE.UU. en un año** es de 18, las que obtuvo Byron Nelson (EE.UU.) en 1945. El **mayor número de victorias en un año en la era moderna** (desde que el recorrido adoptó el nombre de PGA en 1975) es de nueve, las logradas por Tiger Woods en 2000 y Vijay Singh en 2004.

EE.UU.) ofrece un total de 9.500.000 dólares en premios, 1.710.000 de ellos para el ganador. K. J. Choi (Corea del Sur) lo ganó en 2011.

Las mayores ganancias por temporada en el circuito europeo femenino

Laura Davies (Inglaterra) ganó 471.727 euros (698.084 dólares) en el circuito europeo de 2006.

Las mayores ganancias por temporada en el circuito de EE.UU. femenino

En 2007, Lorena Ochoa (México) ganó la cantidad de 4.364.994 dólares en el circuito femenino de la PGA de EE.UU.

Más Abiertos de EE.UU. consecutivos empezados

Jack Nicklaus (EE.UU.) empezó los 44 Abiertos de EE.UU. que se han celebrado desde 1957 a 2000.

Más hoyos jugados en un año

Richard Lewis (EE.UU.) jugó 11.000 hoyos, todos en el Four Seasons Resort and Club de Irving (Texas, EE.UU.), desde el 1 de enero al 31 de diciembre de 2010. Lewis realizó 611 recorridos completos, más dos hoyos adicionales, lo que supone una increíble media de 30 hoyos al día.

Más Abiertos Británicos celebrados

El Royal and Ancient Golf Club de St. Andrews, fundado en Fife (Escocia, R.U.) en 1754 y patrocinado por el rey Guillermo IV en 1834, posee el récord de haber celebrado los campeonatos del Abierto de golf 28 veces, entre 1873 y 2010.

Más victorias en el Abierto Británico femenino

Karrie Webb (Australia) y Sherri Steinhauer (EE.UU.) comparten el récord de haber ganado el Abierto Británico tres veces: Webb en 1995, 1997 y 2002, y Steinhauer en 1998, 1999 y 2006.

La mujer más joven en jugar en la Curtis Cup

Michelle Wie (EE.UU.) tenía 14 años y 244 días cuando terminó la Curtis Cup en el Formby Golf Club de Merseyside (R.U.), celebrada los días 11-12 de junio de 2004. La Curtis Cup es el trofeo por equipos más conocido para mujeres golfistas *amateurs*. En él se han enfrentado EE.UU. y Gran Bretaña-Irlanda desde 1932.

El ganador más joven en el circuito europeo

Cuando tenía 17 años y 188 días, Matteo Manassero (Italia) ganó su primera competición del circuito europeo, el Castelló Másters en el Club de Campo del Mediterráneo, en la costa de Azahar (España) el 24 de octubre de 2010. Pronto demostró que su victoria no había sido por casualidad. El 17 de abril de 2011 ganó su segunda prueba del circuito europeo, el Abierto de Malasia en el Kuala Lumpur Golf & Country Club, con 17 años y 363 días, y se convirtió en el único golfista en ganar dos pruebas del circuito europeo antes de cumplir los 18 años.

Las mayores ganancias de toda una carrera en el circuito asiático

Thongchai Jaidee (Tailandia) ganó 4.472.290 dólares en el circuito asiático de golf desde 1999 hasta el 19 de marzo de 2012. Jaidee también posee el récord de **más competiciones ganadas en el circuito asiático** (13), la primera de las cuales fue el Kolon Korea Abierto en 2000.

DEPORTES DE RAQUETA

Más Campeonatos del Mundo masculinos en silla de ruedas

Entre 1995 y 2004, David Hall (Australia) ganó seis Campeonatos del Mundo masculinos en silla de ruedas de la Federación Internacional de Tenis, que se conceden por el rendimiento a lo largo del año. A David le amputaron las dos piernas después de que lo atropellara un coche a los 16 años, el 11 de octubre de 1986. En 1987 empezó a jugar al tenis con silla de ruedas y en 1992 representó a Australia en los Juegos Paralímpicos.

TENIS

Más semanas consecutivas en el n.º 1 (hombre)

Roger Federer (Suiza) pasó 231 semanas en el primer puesto de la clasificación de individuales, desde el 2 de febrero de 2004 hasta el 7 de julio de 2008; perdió la posición de honor frente a Rafael Nadal (España) tras caer derrotado por éste en una final de cinco sets en Wimbledon. El récord anterior fue de 160 semanas y lo conservó Jimmy Connors (EE.UU.), desde el 29 de julio de 1974 hasta el 22 de agosto de 1977.

El primer tenista en conseguir el Grand Slam «dorado»

En 1988, Steffi Graf (Alemania) ganó los cuatro Grand Slams –el Abierto de Australia, el Abierto de Francia, Wimbledon y el Abierto de EE.UU.– y la medalla de oro olímpica, completando así el Grand Slam «dorado». Es la única persona que ha logrado tal proeza en individuales en un año natural; otros dos jugadores –Andre Agassi (EE.UU.) y Rafael Nadal (España)– han completado un Grand Slam «dorado» a lo largo de sus carreras profesionales.

El servicio más rápido

Ivo Karlović (Croacia), de 2,08 m de estatura, sirvió una pelota a 251 km/h en un partido de dobles jugado contra Alemania en la Copa Davis, el 5 de marzo de 2011.

El **servicio más rápido de una mujer** quedó fijado en 209 km/h por Brenda Schultz-McCarthy (Países Bajos) en la primera ronda del Abierto Femenino del Western & Southern Financial Group, el 15 de julio de 2006. Esta marca fue igualada por Venus Williams (EE.UU.) en la final del Abierto de Zúrich de 2008.

Más público

Un total de 35.681 espectadores vieron como Kim Clijsters (Bélgica) derrotaba a Serena Williams (EE.UU.) por 6-3, 6-2, en Bruselas (Bélgica) el 8 de julio de 2010 en un partido de exhibición. Este tanteo superó al del partido «Batalla de los Sexos» disputado entre Billie Jean King y Bobby Riggs (ambos de EE.UU.), que congregó a 30.472 personas en el Astrodome de Houston (Texas, EE.UU.), el 20 de septiembre de 1973.

La multa más elevada en un Grand Slam

Serena Williams (EE.UU.) fue multada con 82.500 dólares por insultos durante la semifinal del Abierto de EE.UU., que se disputó en Flushing Meadows (Nueva York, EE.UU.) el 12 de septiembre de 2009. El exabrupto de Williams se produjo como consecuencia del punto de partido anotado en su contra después de que cometiera una falta de pie; el punto de penalización que se le impuso concedió la victoria a su oponente, Kim Clijsters.

Más victorias en dobles masculinos en los Campeonatos del Mundo de bádminton

El mayor número de victorias de una pareja en dobles masculinos son cuatro: Cai Yun y Fu Haifeng (China) en 2006 y 2009-2011; su triunfo en la final de 2011 se produjo en sets seguidos contra Ko Sung-Hyun y Yoo Yeon-Seong (ambos de Corea del Sur).

El partido profesional más largo

El partido de primera fase de Wimbledon en 2010 entre John Isner (EE.UU.) y Nicolas Mahut (Francia) duró 11 h y 5 min y se prolongó tres días. Después de jugar 183 juegos, Isner acabó derrotando a Mahut por 70-68 en el set final. Curiosamente, la pareja volvió a enfrentarse en Wimbledon en 2011, pero en esta ocasión Isner ganó en sets seguidos en tan sólo 34 juegos.

El peloteo más largo

Los gemelos idénticos, Ettore y Angelo A. Rossetti (EE.UU.) se intercambiaron 25.944 golpes en el North Haven Health & Racquet de North Haven (Connecticut, EE.UU.), el 9 de agosto de 2008. El intento duró 15 horas.

DATO:
En 2010, Nadal se convirtió en el séptimo jugador de la historia que ganaba los cuatro Grand Slams.

La final más larga de Grand Slam en tenis masculino

Rafael Nadal (España, izquierda) y Novak Djokovic (Serbia, derecha) jugaron durante 5 h y 53 min en la final del Abierto de Australia, celebrada en Melbourne (Australia) el 29 de enero de 2012, lo que constituye un récord de la era Abierta. Djokovic ganó

BÁDMINTON

El golpe más rápido

Mientras probaba unas raquetas Yonex, Tan Boon Heong (Malasia) golpeó un volante a 421 km/h en el Tokyo Metropolitan Gymnasium de Tokio (Japón), el 26 de septiembre de 2009. El **golpe más rápido documentado en competición** son los 332 km/h de Fu Haifeng (China) en la Copa Sudirman de 2005.

El partido más largo

La final de los individuales masculinos de los Campeonatos del Mundo de 1997, celebrada en Glasgow (R.U.) el 1 de junio, duró 124 min; Peter Rasmussen (Dinamarca) derrotó a Sun Jun (China) por 16-17, 18-13 y 15-10.

Más victorias en el Campeonato del Mundo (individuales masculinos)

Lin Dan (China) ha ganado cuatro Campeonatos del Mundo: en 2006, 2007, 2009 y 2011.

Más victorias en Campeonatos del Mundo (dobles mixtos)

Dos parejas mixtas han ganado los Campeonatos del Mundo en dos ocasiones: Park Joo-Bong y Chung Myung-Hee (Corea del Sur) en 1989 y 1991, y Nova Widianto y Lilyana Natsir (Indonesia) en 2005 y 2007.

Más victorias en Campeonatos del Mundo (dobles femeninos)

Gao Ling y Huang Sui (China) han ganado los Campeonatos del Mundo tres veces: en 2001, 2003 y 2006.

Tenis, squash y tenis de mesa

Tenis

Más individuales masculinos de Grand Slam	16	Roger Federer (Suiza)
	14	Pete Sampras (EE.UU.)
	12	Roy Emerson (Australia)
Más individuales femeninos de Grand Slam	24	Margaret Court (Australia)
	22	Steffi Graf (Alemania)
	19	Helen Wills Moody (EE.UU.)
Más aforo en un estadio (ATP Tour y Grand Slam)	23.200	Arthur Ashe Stadium (Nueva York, EE.UU.) (usado para el Abierto de EE.UU.)
	17.500	O2 Arena (Londres, R.U.) (usado para las finales del ATP World Tour)
	16.100	Indian Wells Tennis Garden (California, EE.UU.) (usado para el Indian Wells Masters)

Squash

Más Abiertos Británicos masculinos (el primero se celebró en 1930)	10	Jahangir Khan (Pakistán)
	8	Geoff Hunt (Australia)
	7	Hashim Khan (Pakistán)
Más Abiertos Británicos femeninos (el primero se celebró en 1922)	16	Heather McKay (Australia)
	10	Janet Morgan (Inglaterra)
	8	Susan Devoy (Nueva Zelanda)
Más abiertos del Mundo masculinos (el primero se celebró en 1976)	8	Jansher Khan (Pakistán)
	6	Jahangir Khan (Pakistán)
	4	Geoff Hunt (Australia)
Más abiertos del Mundo femeninos (el primero se celebró en 1979)	6	Nicol David (Malasia)
	5	Sarah Fitz-Gerald (Australia)
	4	Susan Devoy (Nueva Zelanda)

Tenis de mesa

Más Campeonatos del Mundo en individuales masculinos (el primero se celebró en 1926)	6	Viktor Barna (Hungría)
	4	Richard Bergmann (Inglaterra, nacido en Austria)
	3	Zhuang Zedong (China)
		Wang Liqin (China)
Más Campeonatos del Mundo en individuales femeninos (el primero se celebró en 1926)	6	Angelica Rozeanu (Rumanía)
	5	Mária Mednyánszky (Hungría)
	3	Gizella Farkas (Hungría)
		Deng Yaping (China)
		Wang Nan (China)

Correcto hasta el 27 de marzo de 2012

Más Abiertos del Mundo consecutivos en squash femenino

Nicol David (Malasia, arriba a la derecha) ganó cuatro Abiertos del Mundo consecutivos desde 2008 hasta 2011. El título de 2011 lo obtuvo al vencer a Jenny Duncalf (Inglaterra, nacida en los Países Bajos) en la final en sets consecutivos (arriba). David posee también el récord de **más Abiertos del Mundo femeninos** en total, seis, tras haber triunfado en 2005 y 2006, y es, además, quien ha ganado **más premios al Jugador del Año de la Asociación Internacional de Jugadores de Squash**, con seis desde 2005 hasta 2010.

TENIS DE MESA

El peloteo más largo

Brian y Steve Seibel (EE.UU.) intercambiaron golpes durante 8 h, 15 min y 1 s en el Christown YMCA de Phoenix (Arizona, EE.UU.) el 14 de agosto de 2004.

El **peloteo más largo en una competición** ocurrió en un partido de la Copa Swaythling de 1936 jugado en Praga entre Alojzy «Alex» Ehrlich (Polonia) y Paneth Farkas (Rumanía); duró 2 h y 12 min y fue el primero del partido.

SQUASH

Más victorias en Campeonatos del Mundo (equipo femenino)

El título femenino lo ha ganado Australia en nueve ocasiones: 1981, 1983, 1992, 1994, 1996, 1998, 2002, 2004 y 2010.

El partido de competición más largo

Jahangir Khan (Pakistán) tardó 2 h 45 min en derrotar a Gamal Awad (Egipto) por 9-10, 9-5, 9-7 y 9-2, en la final del Patrick International Festival, disputada en Chichester (West Sussex, R.U.) el 30 de marzo de 1983; tan sólo el primer partido duró 1 h y 11 min.

el partido (5-7, 6-4, 6-2, 6-7 y 7-5), y muchos la consideraron una de las finales más emocionantes. Nadal había perdido frente a Djokovic en las dos finales anteriores de Grand Slam (Wimbledon y el Abierto de EE.UU.), estableciendo así un récord no deseado de **más derrotas en finales de tenis en Grand Slam.** (La era Abierta empezó en 1968, cuando se permitió por primera vez la participación de tenistas profesionales en torneos de Grand Slam, el primero de los cuales fue el de Francia ese mismo año.)

DEPORTES DE PUNTERÍA

Mongolia Interior, China). El torneo se rigió por las normas del tiro con el arco mongol.

La distancia certera más larga (hombres)

Siguiendo las normativas de la FITA, Peter Terry lanzó una flecha a 200 m en el club Kalamunda Governor Stirling Archers, en Perth (Australia Occidental) el 15 de diciembre de 2005. Terry consiguió su hazaña utilizando un arco de poleas, y acertó dos tiros de seis en una diana FITA de 122 cm.

La máxima puntuación en pista cubierta (18 m)

El 6 de marzo de 2011, el arquero de poleas, Christopher Perkins (Canadá) batió los récords júnior y sénior de tiro con arco a 18 m en pista cubierta con 599 puntos, en los campeonatos canadienses en pista cubierta.

Más participaciones en la copa Weber

La Weber Cup es una competición de bolos americanos disputada entre Europa y EE.UU. desde 2000. Tim Mack ha representado a EE.UU. en 10 ocasiones entre 2000 y 2010 y posee el récord de más participaciones en dicha competición.

Mack ganó la copa seis veces entre 2000 y 2008, récord de **más victorias individuales en la copa Weber**. El de **más victorias por equipo de la copa Weber** es de siete y lo posee EE.UU., que la ganó en 2000-2002, 2006-2008 y 2011.

DATO: Johnny Archer ha sido dos veces campeón del mundo WPA de billar americano de nueve bolas, en 1992 y 1997.

El participante más asiduo en la Copa Mosconi

Johnny Archer (EE.UU.) ha participado 15 veces en el torneo de billar americano de nueve bolas, en la Copa Mosconi (apodada la «Ryder Cup of Pool») con el equipo de EE.UU., entre 1997 y 2011. Comparte este récord con Ralf «The Kaiser» Souquet (Alemania), que también ha participado en 15 ocasiones, jugando con el equipo Europeo.

DARDOS

Más puntuaciones de 180 en una partida de la Premier League Darts

Gary Anderson (R.U.) se anotó un total de 11 puntuaciones máximas de 180, jugando contra Simon Whitlock (Australia) el 21 de abril de 2011. Esta exhibición de puntería de Anderson tuvo lugar durante una partida de dardos de la Premier League Darts en el National Indoor Arena de Birmingham (R.U.).

El maratón individual más largo

Ryne Du Shane y Dylan Smith (ambos de EE.UU.) jugaron una partida maratoniana de dardos que duró 41 h, en el Itty Bitty Bar de Holland (Michigan, EE.UU.)

del 16 al 18 de mayo de 2011. Jugaron a una variante de los dardos llamada «cricket» y Du Shane ganó 105 a 66.

Menos dardos para puntuar 1.000.001

El 21-23 de agosto de 2010, un equipo de ocho hombres, integrado por Mickey Mansell, Mickey Taggart, Felix McBrearty, Daryl Gurney, Campbell Jackson, Ronan McMahon, Eamonn McGovern y Thomas Stoga (todos de R.U.), lanzó 35.698 dardos durante más de 46 h para conseguir una puntuación de 1.000.001, en el bar The Weigh Inn, en Omagh (condado de Tyrone, R.U.).

TIRO CON ARCO

La puntuación más alta en 24 horas FITA (equipo de dos)

Los sargentos Martin Phair y Jamie Fowler (ambos de R.U.) anotaron 37.359 puntos en rondas de 18 m FITA (Federación Internacional de Tiro con Arco) en el gimnasio del Royal Air Force Benson, en Benson

(Oxfordshire, R.U.) los días 17 y 18 de junio de 2009. Phair incluso consiguió el excepcional tiro «Robin Hood», en el que una flecha se clava en otra por detrás.

El torneo de tiro con el arco más largo

El 4 de agosto de 2010, 1.024 arqueros tomaron parte en una competición organizada por el Gobierno Popular del condado de Xiwuzhumuqin, en Balaga'ergaole (región autónoma de

La diana a mayor distancia

La estrella del cricket Andrew «Freddie» Flintoff (R.U.) hizo diana desde 5,05 m en el marco de su BT Sport Relief Challenge, Flintoff's Record Breakers, celebrado en Londres (R.U.) el 19 de marzo de 2012.

DATO: Entre otros récords del Sport Relief 2012 que Freddie estableció aquel día, figura el del menos tiempo en beber una taza de chocolate caliente: 5,45 segundos.

Más victorias en tiro con arco recurvado (hombres)

Brady Ellison (EE.UU.) ha ganado dos títulos masculinos utilizando un arco recurvado en la Copa del Mundo de la FITA, en 2010 y 2011. La otra categoría de la Copa del Mundo, creada en 2006, es la del arco de poleas; el récord de **más victorias en arco de poleas masculino en la Copa del Mundo** es también de dos, conseguidas por Sergio Pagni (Italia) en 2009 y 2010.

La puntuación más alta de dardos en una hora (equipo masculino)

Martin Cotter, Damian O'Driscoll, Steven Coveney, John O'Shea, Craig Sproat, Jason Kavanagh, Kevin McDonnell y James Corcoran (todos de Irlanda), de la Cork Darts Organisation, lograron 35.087 puntos en una hora en el St. Vincent's GAA Club del condado de Cork (Irlanda), el 20 de marzo de 2010.

BILLAR AMERICANO

Más victorias en la Copa del Mundo de billar americano

La Copa del Mundo de billar americano, una competición de dobles con nueve bolas, ha sido ganada en dos ocasiones por dos países. Filipinas, con los billaristas Efren Reyes y Francisco Bustamante, se hizo con el título en 2006 y 2009, y China, representada por Li Hewen y Fu Jianbo, venció en 2007 y 2010.

El mayor torneo

La modalidad de bola 8, en el 2010, en el American Poolplayers Association National Team Championships fue la mayor competición de billar americano de la historia, al registrar un total de 5.361 participantes, en Las Vegas (Nevada, EE.UU.) del 19 al 28 de agosto de 2010.

El maratón individual más largo

Colin Pilcher y Marc Murray (ambos de R.U.) le dieron al taco durante 72 h y 2 min, un récord conseguido en un maratón benéfico celebrado en el bar deportivo Stateside, en Consett (condado de Durham, R.U.) del 31 de julio al 3 de agosto de 2011.

El campeón mundial de billar más joven

Wu Chia-Ching (Taipei Chino, nacido el 9 de febrero de 1989) ganó los campeonatos mundiales de billar con 16 años y 121 días. El campeonato se celebró en Kaohsiung (Taipei Chino) el 10 de junio de 2005.

BILLAR INGLÉS

El profesional más joven en anotar un break de 147

Thanawat Thirapongpaiboon (Tailandia) tenía 16 años y 312 días cuando entroneró un break máximo en el Euro Players Tour Championship, en Rüsselsheim (Alemania) el 22 de octubre de 2010.

El récord del **jugador más joven en anotar una puntuación máxima de 147 en una partida de billar** televisada lo batió Ding Junhui (China), que tenía 19 años 288 días cuando jugó el torneo Masters en Wembley (R.U.), el 14 de enero de 2007.

El maratón individual más largo

Gerry Cunningham y Gary McDonald (ambos de R.U.) establecieron el récord del maratón de billar inglés individual más largo cuando jugaron durante 50 horas en el Chatham Pool & Snooker Club, en Chatham (Kent, R.U.) entre el 27 de febrero y el 1 de marzo de 2009. McDonald acudió en sustitución del compañero de Cunningham, que había enfermado.

BOLOS AMERICANOS

Más strikes en un minuto

Colin Champion (EE.UU.) realizó en un minuto ocho strikes de bolos americanos en el Kegel Training Center, en Lake Wales (Florida, EE.UU.), el 24 de enero de 2011.

Champion, miembro del equipo de bolos de la Universidad Internacional Webber, necesitó 10 tiradas para conseguir este récord.

El maratón más largo

Stephen Shanabrook (EE.UU.) jugó a bolos con fines benéficos durante 134 h y 57 min (¡más de cinco días!) en la Plano Super Bowl, en Plano (Texas, EE.UU.) del 14 al 19 de junio de 2010. En esta sesión récord, Shanabrook realizó 643 partidas completas de bolos.

El campeón mundial de bolos más joven

Paeng Nepomuceno (Filipinas, nacido el 30 de enero de 1957) ganó la Copa del Mundo de Bowling de 1976 en Teherán (Irán), tenía 19 años y 292 días. Nepomuceno, apodado el «Atleta internacional de bolos del milenio», también posee el récord de haber ganado **más copas del mundo de bolos americanos** (cuatro: en 1976, 1980, 1992 y 1996) y **más títulos de bolos americanos** en una carrera (124).

El arte de los dardos

- El tablero de la diana mide 45,7 cm de diámetro y se divide en 20 secciones, puntuadas del 1 al 20. Cada número tiene divisiones de dobles y triples.

- La diana vale 50 puntos y debe estar colocada a 1,73 m del suelo. La diana exterior vale 25 puntos.

- Para lanzar los dardos, los jugadores deben situarse por detrás de la línea de tiro, también llamada «oche», que debe estar a 2,37 m del tablero.

- En la competición, los jugadores suelen empezar por 501 y deben ir restando puntos hasta llegar a cero. El dardo final, llamado el «check-out», debe ser una diana o un doble.

DATO: Phil ha ganado el mayor número de títulos World Matchplay de dardos, con 12 victorias, entre 1995 y 2011.

Más participaciones en la Premier League Darts

La Premier League Darts se juega semanalmente de febrero a mayo en todo el R.U.. El fenómeno de los dardos, Phil Taylor (R.U.) es el único jugador que ha tomado parte en las ocho ediciones de esta competición desde su inicio en 2005. El 23 de abril de 2012, había ganado el título en cinco ocasiones, récord de **más títulos conseguidos en la Premier League Darts.** También posee el de **más victorias del World Grand Prix,** con 10 desde 1998 hasta 2011. El World Grand Prix se celebra en Dublín (Irlanda) todos los meses de octubre.

Campeonatos de billar inglés y dardos

Billar inglés		
Más campeonatos mundiales de billar inglés de la WPBSA (el primero, en 1969)	7	Stephen Hendry (R.U.)
	6	Ray Reardon (R.U.)
		Steve Davis (R.U.)
Más campeonatos de billar inglés del R.U. (el primero, en 1977)	6	Steve Davis (R.U.)
	5	Stephen Hendry (R.U.)
	4	Ronnie O'Sullivan (R.U.)
Dardos		
Más campeonatos mundiales de dardos masculinos (British Darts Organisation y Professional Darts Corporation)	15	Phil Taylor (R.U.)
	5	Eric Bristow (R.U.)
		Raymond van Barneveld (Países Bajos)
Más campeonatos mundiales de dardos femeninos (British Darts Organisation, el primero, en 2001)	9	Trina Gulliver (R.U.)
	2	Anastasia Dobromyslova (Rusia)
	1	Francis Hoenselaar (Países Bajos)

Estadísticas correctas el 1 de abril de 2012

Más títulos de la Snooker Premier League

Ronnie O'Sullivan (R.U.) posee el récord de haber ganado el título de la Snooker Premier League en 10 ocasiones, entre 1997 y 2011. Esta competición circular de todos contra todos se llamó en un principio Matchroom League, desde sus inicios en 1987 hasta 1998. Stephen Hendry (R.U.) es el rival inmediato de O'Sullivan, con seis victorias (1987-2004).

O'Sullivan también posee el récord de **más breaks 147 en competiciones de billar inglés,** con un total de 11. Hendry igualó su récord consiguiendo un 147 contra Stuart Bingham (R.U.) en la primera vuelta del Campeonato del Mundo de 2012.

ALTOS VUELOS

DATO: Las primeras competiciones de canopy-piloting se organizaron en EE.UU. en 1996.

Más velocidad en una carrera de 70 m de canopy-piloting (mujeres)

En el canopy-piloting, también conocido como swooping, un saltador despliega su paracaídas (canopy) a 1.525 m de altitud, para, acto seguido, entrar en un fuerte descenso en tirabuzón, antes de estabilizarse y completar un recorrido. El 31 de julio de 2011, Jessica Edgeington (EE.UU., arriba), completó la carrera de 70 m en 2,301 s en Longmont, Colorado (EE.UU.), lo que equivale a una velocidad media de 109,55 km/h.

El **mejor tiempo en la competición masculina de los 70 m** es de 2,093 s, marca lograda por Greg Windmiller (EE.UU.) en Johannesburgo (Sudáfrica), el 5 de diciembre de 2009, lo que equivale a una velocidad media de 120,38 km/h.

ACROBACIAS

Más rolls consecutivos de un avión
Zoltán Veres (Hungría) realizó 408 vertiginosos rolls consecutivos en un avión durante el Al Ain Aerobatic Show, en Al Ain (EAU), el 29 de enero de 2007.

El vuelo invertido más largo
El vuelo más largo mantenido con el avión al revés duró 4 h, 38 min y 10 s y fue realizado por Joann Osterud (Canadá), que voló desde Vancouver hasta Vanderhoof (Canadá), el 24 de julio de 1991.

VUELO SIN MOTOR

Mayores distancias
• **Distancia libre** (una etapa en línea recta): 2.192,9 km, por Terence Delore (Nueva Zelanda) en El Calafate (Argentina), el 4 de diciembre de 2004.

• **Ida y vuelta** (dos etapas en línea recta, con un punto desde el que se regresa): 2.247,6 km, por Klaus Ohlmann (Alemania), en Chapelco (Argentina), el 2 de diciembre de 2003.
• **Distancia total** (con al menos un cambio de dirección, pero no más de tres): 3.009 km, por Klaus Ohlmann (Alemania), en Chapelco (Argentina), el 21 de enero de 2003.

La mayor velocidad
La velocidad más alta alcanzada en un planeador para establecer un récord oficial de la Fédération Aéronautique Internationale (FAI) es de 306,8 km/h. La logró Klaus Ohlmann (Alemania), el 22 de diciembre de 2006 en Zapala (Argentina), en una carrera de ida y vuelta de 500 km. Volaba en un Schempp-Hirth Nimbus-4DM.
La **velocidad media más alta alcanzada en un planeador por una mujer** para establecer un récord mundial oficial de la FAI es de 227,8 km/h. Fue lograda por Ghislaine Facon (Francia) en Chos Malal (Argentina), el 22 de noviembre de 2005.

La mayor velocidad (en una carrera de ida y vuelta)
El 26 de diciembre de 2009, los pilotos Jean-Marie Clement (Francia) y Bruce Cooper (R.U.) establecieron el récord mundial de velocidad en una carrera de ida y vuelta, cuando a bordo de su Schempp-Hirth Nimbus-4DM recorrieron una distancia de 1.000 km a una velocidad media de 208,19 km/h. La pareja comenzó y terminó su vuelo en Bariloche (Argentina).

Los fundamentos del salto BASE

• Los saltadores BASE realizan temerarios saltos desde estructuras fijas (en lugar de aviones), cayendo al suelo en paracaídas.

• «BASE» deriva de «Buildings, Aerials, Spans and Earth». «Spans» se refiere a los puentes, y «Earth» a acantilados o paredes rocosas. Los saltadores BASE saltan desde todos ellos, a menudo ilegalmente.

• A diferencia de los paracaidistas, los saltadores BASE no llevan un segundo paracaídas, sobre todo porque sus saltos son relativamente bajos y no hay tiempo para desplegarlo.

• En caída libre, un saltador BASE alcanza una velocidad de unos 190 km/h.

• ¡Es peligroso! Un estudio de 2008 concluyó que uno de cada 60 saltos BASE terminan en fallecimiento.

• La causa más común de fallecimiento es el *offheading*, volar en un sentido no deseado y chocar contra un objeto sólido.

Los primeros World Air Games

La primera edición de los World Air Games se celebró entre el 15 y el 21 de septiembre de 1997, en seis lugares diferentes en Turquía. El evento incluyó pruebas de paracaidismo, carreras aéreas, acrobacias aéreas, aeromodelismo, ultraligeros, ala delta, parapente y globos aerostáticos. Estos juegos se celebran cada cuatro años. La edición de 2001 se celebró en España y la de 2009 en Italia. La de 2005 fue cancelada debido a dificultades de organización.

ALA DELTA

Más loops consecutivos
Chad Elchin (EE.UU.) realizó 95 loops consecutivos en el Highland Aerosports flight park de Ridgely, Maryland (EE.UU.), el 16 de julio de 2001. Elchin fue remolcado hasta 4.846 m de altitud, desde donde hizo girar sin descanso a su Aeros Stealth Combat hasta los 213 m de altitud, a velocidades entre 28-128 km/h.

Más Campeonatos del Mundo
El primer Campeonato Mundial de Ala Delta masculino se celebró en 1976. El mayor número de victorias individuales lo tienen con tres, Tomas Suchanek (República Checa), en 1991, 1993 y 1995, y Manfred Ruhmer (Austria), en 1999, 2001 y 2003.

El **mayor número de victorias en Campeonatos del Mundo de Ala Delta femeninos** son las cuatro de Corinna Schwiegershausen (Alemania), logradas en 1998, 2004, 2006 y 2008. La competición empezó a celebrarse en 1987.

ULTRALIGEROS

La mayor velocidad
Pavel Skarytka (República Checa) alcanzó una velocidad media de 194,2 km/h en un ultraligero B-612 durante una carrera de 15 km cerca de Bubovice (República Checa), el 11 de octubre de 2003.

La mayor altitud
La mayor altitud alcanzada por un ultraligero es de 9.720 m, marca lograda por Serge Zin (Francia) en Saint-Auban (Francia), el 18 de septiembre de 1994.

La mayor formación de ultraligeros volando al mismo tiempo
Un grupo de 30 ultraligeros completó dos circuitos (en sentido contrario a las agujas del reloj) en un radio de 3,7 km sobre Wrekin hill, en Shropshire (R.U.). El evento fue organizado el 6 de mayo de 2000 por la Shropshire Microlight Flying School y el Telford Business Club (ambos de R.U.) para recaudar dinero para obras de benéficas.

ENCONTRARÁS MÁS DESAFÍOS ÉPICOS EN LA P. 122

PARACAIDISMO

La caída libre más rápida

En la disciplina de caída libre, los paracaidistas deben completar un determinado conjunto de maniobras en el menor tiempo posible. El tiempo más rápido empleado por un hombre para lanzarse en paracaídas en caída libre es de 5,18 s, marca lograda por Marco Pflueger (Alemania) en Eisenach (Alemania), el 15 septiembre de 2007.

El **menor tiempo empleado por una mujer para lanzarse en paracaídas en caída libre** es de 6,10 s, marca lograda por Tatiana Osipova (Rusia) en el cielo de Békéscsaba (Hungría), el 19 de septiembre de 1996.

El vuelo sin escalas más largo en un paracaídas con motor

El récord oficial de la FAI de la mayor distancia recorrida en un paracaídas con motor es de 1.105 km, marca de Juan Ramón Morillas Salmerón (España), que viajó desde Jerez de la Frontera, Cádiz, hasta Lanzarote, en las Islas Canarias (España), el 23 de abril de 2007.

La mayor formación de canopy

La mayor formación de canopy constaba de 100 paracaídas, y pudo verse en el cielo de Lake Wales, Florida (EE.UU.), el 21 de noviembre de 2007.

Más saltos en tándem en 24 horas

El 10 de julio de 2011, se realizaron un total de 130 saltos en paracaídas en tándem, durante un evento organizado por Khalsa Aid y Skydive Hibaldstow (ambas de R.U.) en Hibaldstow Airfield, en Lincolnshire (R.U.).

El récord de **más saltos en paracaídas en tándem realizados por una misma pareja en 24 horas** es de 105 y lo ostentan Luther Kurtz y Angela Bishop (ambos de EE.UU.), que lo consiguieron en el Harbor Springs Airport, en Harbor Springs, Michigan (EE.UU.), los días 29 y 30 de junio de 2010. Kurtz actuó como instructor en todos los saltos, con Bishop (su hermana) como compañera.

PARAPENTE

El trayecto más largo de ida y vuelta

La distancia más larga recorrida en parapente en trayecto de ida y vuelta son los 259,7 km que Aljaz Valic (Eslovenia) cubrió en Soriska Planina (Eslovenia), el 20 de julio de 2006.

El 19 de agosto de 2009, Nicole Fedele (Italia) cubrió 164,6 km en parapente, entre Sorica (Eslovenia) y Piombada (Italia), la **mayor distancia recorrida en parapente por una mujer en trayecto de ida y vuelta.**

El vuelo más largo en un parapente biplaza

Richard Westgate y Phillip Bibby (ambos de R.U.) recorrieron 356,2 km sin tomar tierra entre Vosburg hasta Krompoort Farm (Sudáfrica), el 7 de diciembre de 2006.

La mayor altitud

La mayor altitud alcanzada en parapente son los 4.526 m, conseguidos por Robbie Whittall (R.U.) en Brandvlei (Sudáfrica), el 6 de enero de 1993. Como comparación, un Boeing 747 vuela normalmente a unos 10.000 m de altitud.

La **mayor altitud alcanzada en parapente por una mujer** es de 4.325 m, marca de Kat Thurston (R.U.) lograda en Kuruman (Sudáfrica), el 1 de enero de 1996.

Más loops

Raúl Rodríguez (España) realizó 108 loops seguidos con su parapente en el cielo de Passy Plaine-Joux (Francia), el 15 de junio de 2006.

PARACAIDISMO

La mayor velocidad

El suizo Christian Labhart alcanzó una velocidad de 526,93 km/h en Utti (Finlandia), durante la International Speed Skydiving Association (ISSA) World Cup, celebrada entre el 4 y el 6 de junio de 2010.

La **máxima velocidad alcanzada por una mujer en una competición de paracaidismo** es de 442,73 km/h, marca de Clare Murphy (R.U.) lograda en Utti (Finlandia), durante la ISSA World Cup, entre el 15 y el 17 de junio de 2007.

La mayor formación con trajes aéreos

El 16 de noviembre de 2009, 68 paracaidistas con trajes aéreos saltaron desde cuatro aviones sobre Lake Elsinore, California (EE.UU.). Compusieron una compleja creación de formas durante 3,2 km a una velocidad media de 160 km/h. Se trata de la mayor formación reconocida por la United States Parachute Association (USPA).

El más largo salto banzai en paracaídas

El 2 de septiembre de 2000, en el cielo de Davis, California (EE.UU.), Yasuhiro Kubo (Japón) saltó desde un avión a 3.000 m de altitud sin paracaídas. ¡En 50 segundos, se unió a un paracaídas que había sido lanzado antes de su salto!

Más Copas del Mundo de Parapente

Los participantes en la Copa del Mundo de Parapente tienen que competir en unas pruebas que se celebran en distintos lugares de todo el mundo. En cada prueba se establecen una serie de puntos de paso y una línea de meta. El ganador es el parapentista que la alcanza en menos tiempo. Christian Maurer (Suiza, a la derecha) ha ganado tres Copas del Mundo de Parapente, entre 2005 y 2007.

DATO:
Los paracaidistas generalmente realizan entre 200 y 500 saltos antes de intentar volar con un traje aéreo.

La mayor velocidad en traje aéreo

El 28 de mayo de 2011, en el cielo del Yolo County, California (EE.UU.), Shinichi Ito (Japón) alcanzó una velocidad de 363 km/h. También recorrió 23,1 km, la **mayor distancia horizontal recorrida en traje aéreo.**

Más victorias en la World BASE Race

La World BASE Race se celebra anualmente en Innfjorden, en Rauma (Noruega), desde agosto de 2008. Vestidos con trajes aéreos, los competidores saltan desde la ladera de una montaña y planean durante 760 m. El ganador es el corredor BASE que llega antes al suelo, y, por supuesto, sin lesiones. Frode Johannessen (Noruega, arriba a la izquierda) ha ganado en dos ocasiones la World BASE Race, en 2009 y 2011.

DATO:
Normalmente, los saltadores descienden con sus trajes aéreos a una velocidad de 80-100 km/h.

271

SOBRE UNA TABLA

SKATEBOARD

Más medallas en los Summer X Games

El mayor número de medallas de skateboard ESPN Summer X Games ganadas hasta la fecha es de 19, por Andy Macdonald (EE.UU.). Ganó la primera en 1999.

El hippy jump más alto

Un «hippy jump» es un truco en el que el skater salta del monopatín por encima de un obstáculo mientras el monopatín pasa por debajo.
El hippy jump más alto fue de 102,87 cm, y lo logró Patrick Neal Rushing (EE.UU.) en el Fish Creek Park de Arlington (Texas, EE.UU.), el 12 de noviembre de 2011.

Más kickflips consecutivos

El mayor número de kickflips consecutivos realizados en un monopatín es de 1.546, por Zach Kral (EE.UU.) en el 4 Seasons Skate Park de Milwaukee (Wisconsin, EE.UU.), el 30 de noviembre de 2008.

El board slide más largo

Rob Dyrdek (EE.UU.) realizó un board slide de 30,62 m en el programa de la MTV *Rob & Big* show en Los Ángeles (California, EE.UU.), el 17 de septiembre de 2007.

Menos tiempo en hacer un eslalon de 50 conos

El 28 de agosto de 2011, Janis Kuzmins (Letonia) hizo un eslalon de 50 conos en tan sólo 10,02 segundos en Nike Riga Run, en Mežaparks (Riga, Letonia).

Más ollies consecutivos

Eric Carlin (EE.UU.) realizó 242 ollies consecutivos en Mount Laurel (Nueva Jersey, EE.UU.), el 16 de julio de 2011. Carlin hizo tres intentos fallidos (de 55, 122 y 20 ollies consecutivos) antes de batir el récord en su cuarto intento del día.

Más shove-its en 30 segundos

En un «shove-it», el skater mantiene el pie delantero en el monopatín mientras lo impulsa con el otro pie. El mayor número de shove-its consecutivos ejecutados en 30 segundos es 26, por Nicholas Hunter Heath (EE.UU.) en Ocoee (Florida, EE.UU.), el 4 de septiembre de 2011.

Más trucos inventados

Considerado el skater más influyente de todos los tiempos, el freestyler Rodney «The Mutt» Mullen (EE.UU.) inventó al menos 30 trucos de skateboard, entre 1997 y 2008.

El ollie más alto en skateboard

Un «ollie» consiste en levantar las cuatro ruedas del monopatín simultáneamente en un terreno plano. El ollie más alto medía 114,3 cm y lo logró Aldrin García (EE.UU.) en el Maloof High Ollie Challenge celebrado en Las Vegas (Nevada, EE.UU.), el 15 de febrero de 2011. García tuvo que hacer un ollie saltando por encima de una barra rígida sin tocarla con ninguna parte de su cuerpo ni con el monopatín.

El ollie tiene un lugar especial en el paseo de la fama del skateboarding: fue el **primer truco de skateboard** realizado. Su pionero fue Alan Gelfand (EE.UU.) en 1976, y originalmente se conocía como «aéreo sin manos».

SNOWBOARD

Más medallas de oro en los Winter X Games

A fecha de enero de 2012, Shaun White (EE.UU.) ha ganado un récord de 12 medallas de oro en los Winter X Games. White ganó su 12.ª medalla de oro en los Winter X Games 16 en 2012, cuando logró el **primer 100 perfecto en la modalidad snowboard superpipe.**
Todas sus medallas de oro fueron en las modalidades de snowboard superpipe y snowboard slopestyle.
White ha ganado 17 medallas en total, es la **mayor cantidad en los X Games ganadas por un individuo.**
Shaun, que ganó dos medallas de oro en los Juegos Olímpicos, también tiene el récord de snowboard al **air más alto en superpipe**, con 7 m en los Winter X Games 14, celebrados en Aspen (Colorado, EE.UU.) en 2010.

Más títulos masculinos en TTR World Snowboard Tour

Peetu Piiroinen (Finlandia) ganó tres títulos TTR World Snowboard Tour consecutivos. De 2008-2009 a 2010-2011.

Más World Snowboarding Championships

El mayor número de títulos de World Snowboarding Championships ganados (incluyendo títulos olímpicos) es siete, por Karine Ruby (Francia, 1978-2009). Ganó un eslalon gigante en 1996, snowboard cross en 1997, oro olímpico en 1998, eslalon gigante, eslalon paralelo y snowboard cross en 2001, y snowboard cross en 2003.
Ruby también ganó el **mayor número de Fédération Internationale de Ski (FIS) Snowboard World Cups,** con 20 victorias en las siguientes categorías: general (1996-1998, 2001-2003); eslalon/eslalon paralelo (1996-1998, 2002); eslalon gigante (1995-1998, 2001); snowboard cross (1997, 2001, 2003-2004), y big air (2004).
El **mayor número de FIS Snowboard World Cups masculinas ganadas** es seis, por Mathieu Bozzetto (Francia), con victorias en las categorías general (1999-2000) y eslalon/eslalon paralelo (1999-2002).

La mayor velocidad

La mayor velocidad de un snowboarder la logró Darren Powell (Australia) y es 201,907 km/h, en Les Arcs (Saboya, Francia), el 2 de mayo de 1999.

Más títulos femeninos en TTR World Snowboard Tour

Hasta la fecha, Jamie Anderson (EE.UU.) ha recogido dos títulos Ticket To Ride (TTR) World Snowboard Tour, en 2007-2008 y 2010-2011.

Huellas del snowboard

• El precedente del snowboard moderno se llamó «Snurfer» (una referencia a la nieve y el surf). Fue creado en 1965 por Sherman Poppen (EE.UU.).

• Al ganar en popularidad desde su nacimiento en los años 60, el snowboard terminó por convertirse en deporte olímpico en 1998.

• El snowboard forma parte de la Fédération Internationale de Ski (FIS).

• La Snowboard World Cup comenzó en 1995. Los Campeonatos del Mundo de este deporte se inauguraron al año siguiente.

Más velocidad sobre un monopatín

La mayor velocidad alcanzada de pie fue de 113 km/h, por Douglas da Silva (Brasil) en Teutonia (Rio Grande do Sul, Brasil), el 20 de octubre de 2007.

de olas durante 3 h, 55 min y 2 s durante el evento, y también batió el récord del **mayor tiempo surfeando una ola.**

El maratón más largo

Kurtis Loftus (EE.UU.) surfeó durante 29 h y 1 min, en Jacksonville Beach (Florida, EE.UU.) el 26-27 de octubre de 2011. Loftus, de 50 años, surfeó 313 olas durante el tiempo que estuvo en el océano, y usó la misma tabla todo el tiempo.

La competición big-wave más antigua

El Eddie Aikau Memorial inaugural se celebró en Hawái (EE.UU.) en 1984. El primer evento se celebró en Sunset Beach, en Oahu's North Shore, antes de trasladarse el año siguiente a su ubicación actual, en Waimea Bay. El evento sólo se ha celebrado ocho veces debido a la condición de que el mar de fondo debe alcanzar 20 m.

(EE.UU.) ganó el título en 1998 y 2002, Meaghan Major (EE.UU.) en 1999 y 2000.

Más invertidos (salto mortal) en un minuto

El 30 de agosto de 1999, Julz Heaney (R.U.) logró 15 invertidos (saltos mortales) en un minuto, en un wakeboard en el John Battleday Water Ski centre de Chertsey (Surrey, R.U.).

Más victorias en la Wakeboarding World Series

Phillip Soven (EE.UU.) ganó la Wakeboarding World Series (WWS) cuatro veces consecutivas, entre 2007 y 2010. En 2011 terminó segundo.

El rail grind más largo

Calum Paton (R.U.) realizó un rail grind que medía 78,7 m en Milton Keynes Xscape (Buckinghamshire, R.U.), el 2 de diciembre de 2011. Logró el récord en un evento organizado por la revista de snowboard *Whitelines*, en el que tanto profesionales como aficionados del snowboard intentaron batir el récord anterior. Nadie logró batirlo hasta el final del evento, cuando fue superado en más de 10 m.

SURF

Más victorias en el ASP Longboard World Championship

Nat Young (Australia) ha ganado el Association of Surfing Professionals (ASP) Men´s Longboard World Championship cuatro veces, en 1986 y 1988-1990.

El **mayor número de victorias femeninas en el ASP Longboard World Championship** son dos,

por Jennifer Smith (EE.UU.), en 2007 y 2009.

La mayor ola surfeada (ilimitada)

El 1 de noviembre de 2011, Garrett McNamara (EE.UU.) surfeó una ola que medía 23,77 m hasta la cresta, en Praia do Norte (Nazaré, Portugal). El término «ilimitada» denota que el surfista es remolcado a la ola, lo que le permite atrapar olas que serían demasiado fuertes si las cogiera sólo con la fuerza de los brazos.

Gary Saavedra (Panamá) surfeó una ola durante 66,47 km en el Canal de Panamá el 19 de marzo de 2011, la **ola más larga surfeada.**

Saavedra siguió a un barco generador

WAKEBOARD

Más títulos mundiales

El wakeboarding consiste en deslizarse sobre el agua subido a una tabla, normalmente arrastrado por un barco, y utilizando técnicas del esquí acuático, el snowboard y el surf. Los World Wakeboard Association (WWA) World Championships se celebraron por primera vez en 1994, y Darin Shapiro (EE.UU.) ha ganado el mayor número de títulos masculinos: tres veces en 1999, 2001 y 2002. Dos surfistas comparten el récord del **mayor número de campeonatos en la categoría femenina.**

Tara Hamilton

Más victorias X Games skateboard vert (hombres)

Pierre-Luc Gagnon (Canadá) ganó cinco veces la competición skateboarding vert (en una rampa vertical) en los Summer X Games, de 2002 a 2010.

El rail slide más largo

El rail slide más largo en wakeboard midió 46,87 m, y lo logró Borij Levski (Eslovenia), en Ptuj (Eslovenia) el 2 de julio de 2011. Borij usó un elevador de cable (similar a un remontador de esquí) para remolcarse.

El ramp jump más largo

Jérôme Macquart (Francia) realizó un ramp jump de 15 m en un wakeboard en el plató de *L'Été De Tous Les Records* en Argelés-Gazost (Francia), el 14 de julio de 2004.

El **ramp jump más largo en un wakeboard efectuado por una mujer** es 13 m, por Sandrine Beslot (Francia) en el mismo programa de TV, y en la misma ubicación, el 7 de julio de 2005.

Más títulos mundiales ASP (hombres)

Kelly Slater (EE.UU.) ha ganado el título mundial ASP en la categoría masculina 11 veces, en 1992, 1994-1998, 2005-2006, 2008 y 2010-2011.

También ha registrado el **mayor número de victorias consecutivas en el título mundial ASP en la categoría masculina,** con cinco victorias en 1994-1998.

El **mayor número de títulos mundiales ASP en la categoría femenina** es siete, por Layne Beachley (Australia), en 1998-2003 y 2006.

¿PREFIERES SURFEAR LA WEB? VE A LA P. 164

DEPORTES ACUÁTICOS

La campeona mundial más joven

Fu Mingxia (China, nacida el 16 de agosto de 1978) tenía 12 años y 141 días cuando el 4 de enero de 1991 ganó el título femenino en salto de palanca de 10 m en Perth, Australia Occidental. Al año siguiente, con 13 años, ganó en la misma disciplina en los Juegos Olímpicos de Barcelona.

KITE SURF

La campeona mundial más joven

Gisela Pulido (España, nacida el 14 de enero de 1994) tenía 10 años y 294 días cuando ganó su primer Campeonato Mundial Kiteboard Pro World Tour (KPWT), el 4 de noviembre de 2004. A sus 13 años y 224 días, el 26 de agosto de 2007 logró su primer campeonato de la Professional Kiteboard Riders Association (PKRA).

La mayor velocidad (hombres)

El 28 de octubre de 2010, Rob Douglas (EE.UU.) alcanzó 55,65 nudos (103 km/h) en el Lüderitz Speed Challenge 2010 en Lüderitz (Namibia).

Más distancia buceando sin respirar

Carlos Coste (Venezuela) recorrió 150 m bajo el agua en el sistema del Cenote Dos Ojos, en Quintana Roo (México), el 3 de noviembre de 2010. Tras una única inspiración en superficie, estuvo sumergido durante 2 min y 32 s, más tiempo que nadie.

Más victorias en el Campeonato Mundial de Salto de Trampolín de 3 m (hombres)

Qin Kai (China) ha ganado cuatro veces el Campeonato Mundial de Salto de Trampolín de 3 m de la Fédération Internationale de Natation (FINA/Midea); en 2007 y 2009-2011.

MOTOS DE AGUA

Más victorias en el Campeonato Mundial Offshore (hombres)

Cyrille Lemoine (Francia) ha ganado el campeonato de la Union Internationale Motonautique (UIM) tres veces, en 2006, 2008 y 2010.

SALTOS

Más victorias en el Campeonato Mundial de Salto de Trampolín de 3 m (mujeres)

El número máximo de victorias en el Campeonato Mundial de salto FINA son tres, logradas por He Zi (China), en 2009-2011.

Más victorias en el Campeonato Mundial de Salto de Palanca de 10 m (hombres)

Qui Bo (China) encadenó tres victorias consecutivas en el Campeonato Mundial de Salto FINA desde la palanca de 10 m, en 2009-2011.

El primer «10 perfecto» en un Campeonato Mundial

El 5 de agosto de 1982, en Guayaquil (Ecuador), Greg Louganis (EE.UU.) realizó un salto que le valió 10 puntos, la primera vez que se concedían en un Campeonato Mundial de Natación. Louganis ganó el oro en las disciplinas de trampolín de 3 m y palanca de 10 m.

Más Campeonatos Mundiales

La saltadora Guo Jingjing (China) posee 10 títulos de campeona mundial de la FINA, en las categorías de trampolín de 3 m individual y sincronizado, logrados en 2001, 2003, 2005, 2007 y 2009.

El **récord de velocidad femenino** son 50,43 nudos (93 km/h), logrado por Charlotte Consorti (Francia) en el Lüderitz Speed Challenge 2010, en el mismo lugar y el mismo día.

Más distancia en 24 horas

Rimas Kinka (Lituania) recorrió 504,8 km por la costa de Islamorada, Florida (EE.UU.), el 13 de noviembre de 2011.

ESQUÍ NÁUTICO

El salto más largo

El salto más largo lo realizó Freddy Krueger (EE.UU.), que fue de 75,2 m en Seffner, Florida (EE.UU.), el 2 de noviembre de 2008.

June Fladborg (Dinamarca) logró el **salto más largo realizado por una mujer**, de 57,1 m, en Lincoln (R.U.), el 24 de agosto de 2010.

Más piruetas (en 30 segundos)

Nicolas Le Forestier (Francia) dio 16 piruetas de 360° sobre un esquí en 30 segundos en el plató de *L'Été De Tous Les Records*, en el lago de Biscarrosse (Francia), el 5 de agosto de 2003.

El **mayor número de piruetas logrado por una mujer (en 30 segundos)** son ocho, récord logrado por Duan Zhenkun y Han Qiu (ambas de China) en Xichang, provincia de Sichuan (China), el 17 de noviembre de 2011.

Eslalon descalzo

Keith St Onge (EE.UU.) cruzó la estela del agua 20,6 veces, en 30 segundos, en el Campeonato Mundial Gauteng North Barefoot Waterski de Bronkhorstspruit (Sudáfrica), el 6 de enero de 2006.

El **mayor número de veces que una mujer ha cruzado la estela en 30 segundos** son 17, logrado por Nadine De Villiers (Sudáfrica), el 5 de enero de 2001 en Wolwekrans (Sudáfrica).

Más victorias en el Campeonato Mundial femenino de Moto Acuática

Julie Bulteau (Francia) cuenta con tres Campeonatos Mundiales de Moto Acuática de la Union Internationale Motonautique (UIM), que logró en 2009-2011.

SOBRE RUEDAS

DATO:
Bad Habit pesa 4.626,6 kg. El grosor de cada neumático es de 167,6 cm.

de España) subieron una pared vertical y coronaron una plataforma a 3,22 m en el plató del *Guinness World Records*, en Madrid (España).

El viaje marcha atrás más largo
Hou Xiaobin (China) condujo una moto marcha atrás durante 150 km en Binzhou (China), el 4 de octubre de 2006.

El caballito invertido más largo en motocross
Gary Harding (EE.UU.), en una Kawasaki KX250T8F, hizo un caballito invertido durante 86,2 m en el Mason Dixon Dragway de Boonsboro, Maryland (EE.UU.), el 22 de agosto de 2010. Tras la hazaña, le propuso matrimonio a su novia en plena pista. ¡Ella aceptó sin dudarlo!

El salto en rampa más grande de un monster truck
Joe Sylvester (EE.UU.) dio un salto de 63,58 m en rampa a bordo de su monster truck profesional *Bad Habit*, en el 10th Annual Cornfield 500 de Columbia, Pensilvania (EE.UU.), el 5 de septiembre de 2010. En el primer intento de los tres que hizo, destrozó la suspensión delantera al aterrizar con el morro.

BMX

El mayor salto vertical
El 20 de marzo de 2001, Mat Hoffman (EE.UU.) dio un salto de 8,07 m de altura en una bicicleta BMX desde una rampa quarter pipe de 7,31 m, en Oklahoma City, Oklahoma (EE.UU.). Para coger impulso le remolcó una moto.

El **salto más alto en una half-pipe** son 5,8 m, logrado por Dave Mirra (EE.UU.), desde una rampa de 5,4 m de alto en San Diego, California (EE.UU.), en enero de 2001.

Más backflips (único salto)
El 28 de mayo de 2011, Jed Mildon (Nueva Zelanda) dio un triple backflip en bicicleta de un solo salto, en el Unit T3 Mindtricks BMX Jam de Spa Park en Taupo (Nueva Zelanda). En su BMX, Mildon cogió impulso descendiendo por una rampa de 45° a 20 m de altura antes de saltar desde la rampa de ascenso.

Más rotaciones en flatland en un minuto
Takahiro Ikeda (Japón) dio 59 rotaciones en un minuto en el plató de *100 Handsome Men and Beautiful Women*, en el estudio Kojimachi NTV en Tokio (Japón), el 13 de noviembre de 2011.

MOTO

El front flip más largo
El 17 de noviembre de 2008, Jim DeChamp (EE.UU.) dio una voltereta hacia delante de 14,52 m de largo en moto, en el circuito Godfrey Trucking/Rocky Mountain de Salt Lake City, Utah (EE.UU.), para el programa de MTV *Nitro Circus*. Fue la primera vez que alguien logró un front flip en moto.

El primer backflip (doble)
Travis Pastrana (EE.UU.) logró el primer backflip doble en moto en los ESPN X Games 12 de Los Ángeles, California (EE.UU.), el 4 de agosto de 2006.

El recorrido a más altura sobre la cuerda floja
El 16 de octubre de 2010, Mustafa Danger (Marruecos) recorrió 666,1 m en moto sobre una cuerda floja a 130 m de altura, en Benidorm (España).

El mayor ascenso por una pared en moto trial
El 21 de enero de 2009, Jordi Pascuet y Marcel Justribó (ambos

DATO:
Tanja Romano, de Trieste (Italia), empezó a patinar con sólo cinco años.

Más victorias en el Campeonato de Patinaje Artístico sobre ruedas (figuras)
Tanja Romano (Italia) ganó nueve veces el Campeonato de Patinaje Artístico sobre ruedas en figuras combinadas, de 2002 a 2010.
El **mayor número de victorias masculinas en figuras combinadas** son cinco, logradas por Karl-Heinz Losch (Alemania), de 1958 a 1966, y Sandro Guerra (Italia), de 1987 a 1992.

SILLA DE RUEDAS

El primer backflip (completo)
Aaron Fotheringham (EE.UU.) realizó el primer backflip completo en el skate park Doc Romeo de Las Vegas, Nevada (EE.UU.), el 25 de octubre de 2008.

Más tiempo en posición estacionaria
En esta posición la silla de ruedas se mantiene en equilibrio únicamente sobre las ruedas traseras. Hermann van Heerden (Sudáfrica) aguantó así 10 h y 1 s en Bloemfontein (Sudáfrica), el 11 de octubre de 2011.

El caballito más largo
Eliza McIntosh (EE.UU.) recorrió 19,93 km haciendo un caballito seguido en la pista de atletismo de la East High School de Salt Lake City, Utah (EE.UU.), el 8 de octubre de 2011.
Dio 48 vueltas sin que las ruedas delanteras de la silla tocaran el suelo.

Más giros manuales
El 23 de febrero de 2011, Gulshan Kumar (India) completó 63 giros en una silla de ruedas en un minuto, impulsado manualmente, en el plató del *Guinness World Records – Ab India Todega* de Mumbai (India).

DEPORTES DE MOTOR

Más pole positions de F1 en una temporada

Sebastian Vettel (Alemania), piloto de Red Bull-Renault (R.U./Austria), consiguió 15 pole positions en 19 carreras de Fórmula 1 en la temporada 2011. Vettel ganó 11 grandes premios (nueve de ellos partiendo de la pole position) y también el Campeonato de Pilotos, con 392 puntos, la **máxima puntuación en una temporada de F1.**

COCHES

Más puntos anotados por un piloto de F1

Michael Schumacher (Alemania) se anotó 1.517 puntos entre el 25 de agosto de 1991 y el final de la temporada 2011.

Más victorias consecutivas de un fabricante en grandes premios de F1

McLaren (R.U.) ganó 11 grandes premios sucesivos en la temporada 1988. Ayrton Senna (Brasil, 1960–1994) ganó siete de las carreras, y su compañero en McLaren y máximo rival Alain Prost (Francia) ganó cuatro. Senna ganó al final el Campeonato del Mundo de Pilotos al arrebatárselo a Prost por tres puntos.

La vuelta más rápida en Le Mans

Loï Duval (Francia) conducía un Peugeot 908 Hdi FAP en la carrera de las 24 Horas de Le Mans cuando registró una vuelta de 3 min y 19,07 s, el 12 de junio de 2010.

La final más reñida en carreras de la NASCAR

Se conocen dos casos en que se haya ganado una carrera de la NASCAR por tan sólo 0,002 segundos. Ricky Craven venció a Kurt Busch (ambos de EE.UU.) por 0,002 segundos en Darlington Raceway, en Darlington (Carolina del Sur, EE.UU.), el 16 de marzo de 2003. Jimmie Johnson venció a Clint Bowyer (ambos de EE.UU.) por el mismo margen cuando ganó la carrera Aaron's 499 de 2011 en Talladega Superspeedway, en Talladega (Alabama, EE.UU.), el 17 de abril.

Más títulos de la NASCAR de una marca de coche

Chevrolet (EE.UU.) ha proporcionado el coche al campeón de la NASCAR 35 veces, entre 1957 y 2011, entre ellas todos los años desde 2003.

Más Campeonatos Mundiales de fabricantes de MotoGP

Yamaha (Japón) ha ganado cinco Campeonatos Mundiales de Moto Grand Prix en 2004-2005 y 2008-2010. Honda ha ganado cuatro campeonatos (2003-2004, 2006 y 2011) y Ducati uno (2007).

Más velocidad en carreras de drags de la NHRA (top-fuel)

Los coches «top-fuel» son los más rápidos de las carreras de drags; montan el motor detrás y presentan un estilizado diseño «de ferrocarril». La velocidad terminal más alta de un coche top-fuel al final de una pista de 402 m son 543,16 km/h, alcanzados por Tony Schumacher (EE.UU.) en Brainerd (Minnesota, EE.UU.), el 13 de agosto de 2005 en su dragster del Ejército de EE.UU.

Más velocidad en carreras de drags de la NHRA (funny car)

Los «funny cars» llevan el motor delante y su carrocería se parece a la de un coche de serie. Mike Ashley (EE.UU.) alcanzó una velocidad terminal de 538,04 km/h desde salida parada en 402 m con un Dodge Charger en Las Vegas (Nevada, EE.UU.), el 13 de abril de 2007.

La primera ganadora del IndyCar

Danica Patrick (EE.UU.) ganó el Indy Japan 300 en Motegi (Japón) el 20 de abril de 2008. Danica empezó su carrera deportiva en competiciones de karts y Fórmula Ford.

Más Campeonatos Mundiales de Supersport

Sébastien Charpentier (Francia) ha ganado dos Campeonatos Mundiales de Supersport (SWC) en 2005-2006. En los SWC los pilotos utilizan modelos de motocicletas disponibles en el mercado.

Fórmula 1		
Más Campeonatos Mundiales de Pilotos (el primero se concedió en 1950)	7	Michael Schumacher (Alemania, 1994-1995, 2000-2004)
	5	Juan Manuel Fangio (Argentina, 1951, 1954-1957)
	4	Alain Prost (Francia, 1985-1986, 1989, 1993)
Más Campeonatos Mundiales de Fabricantes (el primero se concedió en 1958)	16	Ferrari (Italia, 1961, 1964, 1975-1976, 1977, 1979, 1982-1983, 1999-2004, 2007-2008)
	9	Williams (R.U., 1980-1981, 1986-1987, 1992-1994, 1996-1997)
	8	McLaren (R.U., 1974, 1984-1985, 1988-1991, 1998)
NASCAR (Asociación Nacional de Carreras de Stock Cars)		
Más Campeonatos de Pilotos de la Sprint Cup Series (el primero se concedió en 1949)	7	Richard Petty (EE.UU., 1964, 1967, 1971-1972, 1974-1975, 1979)
		Dale Earnhardt (EE.UU., 1980, 1986-1987, 1990-1991, 1993-1994)
	5	Jimmie Johnson (EE.UU., 2006-2010)
	4	Jeff Gordon (EE.UU., 1995, 1997-1998, 2001)
Rally		
Más Campeonatos del Mundo de Rally (el primero se concedió en 1977)	8	Sébastien Loeb (Francia, 2004-2011)
	4	Juha Kankkunen (Finlandia, 1986-1987, 1991, 1993)
		Tommi Mäkinen (Finlandia, 1996-1999)
	2	Walter Röhrl (Alemania, 1980, 1982)
		Miki Biasion (Italia, 1988-1989)
		Carlos Sainz (España, 1990, 1992)
		Marcus Grönholm (Finlandia, 2000, 2002)

Estadísticas correctas hasta el 3 de abril de 2012

MOTOCICLETAS

Más Campeonatos de Superbike de la AMA (fabricante)

Suzuki (Japón) ganó 13 títulos de AMA (American Motorcyclist Association) Superbike entre 1979 y 2009.

Más Campeonatos Mundiales de Superbike (fabricante)

Ducati ha ganado 17 Campeonatos Mundiales de Superbike: en 1991-1996, 1998-2004, 2006, 2008-2009 y 2011.

Más velocidad en carreras de drags de la NHRA (pro-stock)

Las motocicletas «pro-stock» no pueden utilizar inducción artificial como turboalimentación, sobrealimentación u óxido nitroso. La velocidad terminal más alta de una motocicleta pro-stock son 318,08 km/h, alcanzados por Michael Phillips (EE.UU.) en Baton Rouge (Luisiana, EE.UU.), el 18 de julio de 2010.

El circuito más largo en carreras de motos

El circuito de «montaña» de 60,72 km de la isla de Man, donde se llevan celebrando las principales carreras del TT (Tourist Trophy) desde 1911 (con mejoras de poca importancia en 1920), tiene 264 curvas y recodos.

Más victorias en la época moderna de la NASCAR

La Sprint Cup Series de la NASCAR se concede desde 1949, pero la época moderna de la NASCAR suele fecharse a partir de 1972, año en que la temporada se acortó, pasando de 48 carreras (dos de ellas en pistas de tierra) a 31. Jeff Gordon (EE.UU.) es quien ha conseguido más victorias de la NASCAR en la época moderna, con 85 en total; ganó su 85.ª carrera (en la fotografía) en la AdvoCare 500 Race disputada en la Atlanta Motor Speedway, en Hampton (Georgia, EE.UU.), el 6 de septiembre de 2011.

Más victorias en F1 (fabricante)

El mayor número de victorias en grandes premios de Fórmula 1 de un fabricante son 216, conseguidas por la firma italiana Ferrari entre 1961 y 2011. Ferrari posee también el récord de **más participaciones en F1:** 830 desde 1950 hasta 2011.

Más victorias en Motocross des Nations

El motocross se practica en circuitos por terreno accidentado, y el Motocross des Nations, conocido también como los «Juegos Olímpicos del Motocross», se disputa anualmente entre equipos nacionales desde 1947. EE.UU. ha ganado la competición 22 veces. Gran Bretaña en el 2.º puesto, con 16 victorias, y Bélgica en el 3.º, con 14.

Más victorias en el festival Isle of Man TT

Ian Hutchinson (R.U.) ganó las cinco carreras en solitario en el festival Isle of Man TT en 2010.

La vuelta más rápida en el festival Isle of Man TT

John McGuinness (R.U.), montando una Honda en 2009, completó el «circuito de montaña» en 17 min y 12,30 s, alcanzando una velocidad media de 211,754 km/h.

La primera mujer en el Campeonato Británico de Superbike

En 2011, Jenny Tinmouth (R.U.) compitió en el Campeonato Británico de Superbike con el equipo Splitlath Motorsport.

Los más jóvenes y los más mayores

- El **ganador más joven de un gran premio de F1** fue Sebastian Vettel (Alemania), que ganó el Gran Premio de Italia en Monza el 14 de septiembre de 2008, a la edad de 21 años y 73 días. En dicha carrera, Vettel fue también el **piloto más joven de un gran premio de F1** que alcanzaba la pole position.

- El **ganador más mayor de un gran premio de F1** es Tazio Nuvolari (Italia), que ganó el Gran Premio de Albi, en Albi (Francia) el 14 de julio de 1946, a la edad de 53 años y 240 días.

- Troy Ruttman (EE.UU.) es el **ganador más joven de las 500 Millas de Indianápolis;** ganó la carrera a la edad de 22 años y 80 días, el 30 de mayo de 1952.

- A los 19 años y 93 días, Graham Rahal (EE.UU.) se convirtió en el **ganador más joven en la historia de las carreras open-wheel** cuando ganó el Gran Premio IndyCar Honda de St. Petersburg, en Florida (EE.UU.), el 6 de abril de 2008.

Los coches de carreras «open-wheel» tienen las ruedas fuera del cuerpo principal de la carrocería (y con frecuencia un solo asiento), por lo cual incluyen a los vehículos de Fórmula 1.

Más Campeonatos del Mundo de Rally consecutivos

El récord de más títulos consecutivos en el Campeonato del Mundo de Rally (WRC) se eleva a ocho, ganados por Sébastien Loeb (Francia) entre 2004 y 2011. El segundo puesto lo ocupa Tommi Mäkinen (Finlandia), con cuatro victorias entre 1996 y 1999. Loeb ganó sus ocho títulos en un Citroën, lo que constituye un récord de **más títulos consecutivos en el Campeonato del Mundo de Rally ganados por un fabricante.**

Guinness World Records desea expresar su agradecimiento a las siguientes personas, empresas e instituciones por la ayuda prestada en la edición de este año:

Actors' Equity Association; Ruth Adams y Smokey; Dr. John Andrews, OBE; Ascent Media; Eric Atkins; competición mundial de espalda contra espalda; Nigel Baker (Boxing Monthly); Josh Balber; Patrick Barrie (English Tiddlywinks Association); BBC Sport Relief; Sarah Bebbington; Dr. George Beccaloni (Natural History Museum; Bender Helper Impact; Morty Berger (NYC Swim); Justin Bieber; Dra. Janet Birkett; Bleeding Cool; Chelsea Bloxsome; Bolina; Boneau/Bryan-Brown; Bonhams; Michael Borowski; Catherine Bowell; The British Library; Broadway League; Lindsey Brown; Matt Burrows; Karumi Bustos (Zone Diet); Ronald «Ron» Byrd Akana; Cameron Mackintosh Limited; Hayley Campbell; The Cartoon Museum (Londres); Jennifer Cartwright; CCTV China (Guo Tong, Liu Ming, Wang Wei, Lin Feng, Liu Peng); Alan Cassidy, OBE (British Aerobatic Association); Clara y Camille Chambers; Georgina Charles; David Checkley (British Cave Research Association); Leland Chee; Mark Chisnell; Simone Ciancotti; City Montessori School; CITVC China (Wang Qiao); Joyce Cohen; Collaboration (Mr. Suzuki, Miho, Masumi); Adam Cloke; Comic Connect; Connection Cars (Rob y Tracey Dunkerley); Don Coulson; Council on Tall Buildings and Urban Habitat; Kenneth y Tatiana Crutchlow; Andrew Currie; Dr. Patrick Darling; Anastassia Davidzenka; Walter Day (Twin Galaxies); DC Thomson; Denmaur Independent Papers Limited; Mrs. M. E. Dimery; The Dock Museum, Barrow-in-Furness; Joshua Dowling; Helen Doyle; Europroduzione/Veralia (Marco, Stefano, Gabriel, Renato, Carlo); Toby y Amelia Ewen; Eyeworks Germany (Kaethe, Andi, Michael, Oliver, Martin); Eyeworks Australia and New Zealand (Julie, Alison); F. J. T. Logistics Limited (Ray Harper, Gavin Hennessy); Benjamin Fall; Rebecca Fall; Joanna Fells; Rebecca Fells; Simon Fells; Hannah Finch (Virgin London Marathon); Noah Fleisher; Patrik Folco; Esteve Font Canadell; Formulation Inc. (Marcus, Ayako, Kei); Justin Garvanovic (director, European Coaster Club); Gerontology Research Group; Gerosa Group; Stewart Gillies; Sean Glover; Paul Gravett; Jackie Green; Martin Green; Victoria Grimsell; Alyson Hagert; Megan Halsband; Kristin Mie Hamada; Hampshire Sports and Prestige Cars (Richard Johnston); Carmen Alfonzo de Hannah; Stuart Hendry; Heritage Auctions; High Noon Entertainment (Pam, Jim, Andrew, Fred, Peter, Rachel); HighestBridges.com; Graham Hill (Aerobatics); Deb Hoffmann; Hal Holbrook; Marsh K. Hoover; Alan Howard (Archives Director, International Jugglers Association); Dora Howard; Matilda Howard; Katherine Howells; Colin Hughes; Paul Ibell; ICM (Michael y Greg); INP Media (Bryn Downing); Integrated Colour Editions Europe (Roger Hawkins, Susie Hawkins, Clare Merryfield); International Planetarium Society; Amy Isobel; Itonic (Lisa Bamford y Keren Turner); Nicolas Janberg (Structurae); Melanie Johnson; Roger Johnson (The Sherlock Holmes Journal); Rich

Johnston; Barbara Jones (Lloyds Register Reference Library); Eberhard Jurgalski (8000ers.com); Mark Karges; Yuriko Katsumata; Alex Keeler; Iryna Kennedy (Irish Long Distance Swimming Association); Siobhan Kenney (Protected Areas Programme, UNEP-WCMC); Anne B. Kerr; Erik Kessels; Keys; Rishi Khanna; Christopher Knee (International Association of Department Stores); Dr. Jennifer Krup; Siddharth Lama; Orla Langton; Thea Langton; The Library of Congress; Martin Lindsay; Ashley Fleur Linklater; Lion Television; Nickie Lister (Shiver Productions); Ashley Lodge; David Lotz; Peter Lowell; Dave McAleer; Sean Macaulay; Ewen Macdonald (Sea Vision R.U.); Eshani Malde; Albert, Stan y Sami Mangold; Steve Marchant; Duane Marden (Roller Coaster Database); Clodomiro Marecos; Mike Margeson; Missy Matilda; Clare «Babes» McLean (Flawless Files); Alex Meloy; Metropolis Collectibles, Inc. & ComicConnect.com); Miditech (Niret, Nivedith, Tarun, Alphi, Nikita); Jerry Mika (Asian Trekking); Mark Millar; Tamsin Mitchell; Harriet Molloy; Sophie y Joshua Molloy; Anikó Németh Móra (International Weightlifting Federation); Mark Muir (GRG); Steven Munatones (Open Water Source); Simon Murgatroyd; Kevin Murphy (Channel Swimming and Piloting Federation); National Maritime Museum (Claire Hyde, Sheryl Twigg, Rosie Linton); Captain Dexter Nelson (Oklahoma City Police Department); Forrest Nelson (Catalina Channel Swimming); Gemma Nelson; New Jersey Performing Arts Center; Jessica Nichols; Greg O'Connor (The Boston Light Swim Association); Nicola Oakey (Virgin London Marathon); Ralph Oates (boxeo); Shaun Opperman (Battersea Dog Refuge); Michael Oram; Rubén Darío Orué Melgarejo; Tiffany Osborne (Virgin London Marathon); Peace One Day; Andrew y Charlotte Peacock; Daniel Phillips; Dra. Clara Piccirillo; Elena Polubochko; Sarah Prior; Dr. Robert Pullar; Shawn Purdy; Miriam Randall; Lauren Randolph; Dr. Donald Rau; Simon Raw; Robert Reardon; Amnon Rechter; Dra. Ofra Rechter; Re:fine Group; John Reed (WSSR Council); Rachel Reiner; Brian Reinert; Tom Richards; Fran Ridler (Virgin London Marathon); Jenny Robb (conservador y profesor adjunto en la Billy Ireland Cartoon Library & Museum, Ohio State University); Gus y Dan Robertson; Jennifer Robson; Royal Shakespeare Company; Rosy Runciman; Richard Salisbury (The Himalayan Database); Tore Sand; Santa Barbara Channel Swimming Association (Scott Zornig y Evan Morrison); Schleich; Shaun Scarfe (Four One Four Ltd (BMX)); The Shakespeare Guild; Sean Shannon; Bill Sharp (Billabong XXL Global Big Wave Awards); Ang Tshering Sherpa; Appa Sherpa; Dawa Sherpa; Elisa Shevitz; Samantha Shutts (Columbus Zoo and Aquarium); Richard Sisson; Tom Sjogren (ExplorersWeb); Lottie, Jemima y Emma Skala; SLATE PR; Ben Smith; Society of London Theatres (SOLT); Maria Somma; Lyle Spatz; Spectratek Technologies, Inc. (Mike Foster, Mike Wanless); Square Four; Peter Stanbury; Jennifer Stewart (The Broadway League); Stora Enso Veitsiluoto; Storyvault Films (Olivia Lichtenstein, Kieran Carruthers, Georgia Cheales); Strongman Champions League (Ilkka Kinnune y Marcel Mostert);

Tej Sundher; Amy Taday; Emily Taday; Daina Taimina; Charlie, Daisy y Holly Taylor; John Taylor (Skyhawk Aerobatics); Theatrical Management Association (TMA, Londres); Themed Entertainment Association; Spencer Thrower; TNR; Julian Townsend; truTV (Marissa, Adam, Angel, Marc, Stephen, Michael); UIM (Union Internationale Motonautique); V&A Theatre & Performance Enquiry Service; Alex Valerio; Pedro Vázquez; Lorenzo Veltri; Gabriela Ventura; Viacom18 (Sandhya, Romil); Anneka Wahlhaus; Charley Wainwright; Adam West; Beverley Williams; Adam Wilson; Stewart Wolpin; Lydia Wood; Dan Woods; base de datos del World Planetarium – APLF (Francia); Tobias Hugh Wylie-Deacon; X-Leisure y West India Quay; Nada Zakula; Cherry Zhu; Zippy Production (Mitsue); Zodiak Rights; Eric Zuerndorfer; Vincent Zurzolo. Y a los niños y al personal del St Thomas' Hospital, y a todos nuestros increíbles poseedores de récords.

CRÉDITOS FOTOGRÁFICOS

Huwiler/Getty Images; Ariadne Van Zandbergen/Getty Images **134:** Roger Smith; Getty Images; Alamy; Getty Images; Lone Pine Koala Sanctuary **135:** Robert Cameron; Jeff Hunter/Getty Images; James D. Morgan/Rex Features **136:** Getty Images; George Rose/Getty Images; Enrique R. Aguirre Aves/Getty Images; Mark Ralston/Getty Images **137:** A. & L. Sinibaldi/Getty Images; Mark Ashman/ Getty Images; David Muench/Getty Images; Gordon Sinclair/Photoshot; John Mitchell/Alamy **138:** Jan Cobb/Getty Images; Jacob Halaska/Getty Images; Getty Images; Fabio Filzi/Getty Images; Danita Delimont/Getty Images; Martin Bernetti/Getty Images **139:** Ingo Arndt/ Getty Images; Jon Arnold/Alamy; Vanderlei Almeida/Getty Images; Theo Allofs/Getty Images; Richard Thomas/ iStockphoto **140:** Rishi Khanna/ Montessori School **142:** Peter Foley/Getty Images; Scott Olson/Getty Images; Scott Olson/Getty Images; Eric Piermont/Getty Images; Xurxo Lobato/Getty Images; Stephen Lam/Getty Images; Chris Goodney/Getty Images; Nick Harvey/Getty Images; Ed Jones/Getty Images; Yury Kuzmin/Getty Images; Getty Images; Getty Images; Alamy; Getty Images; Getty Images **143:** AP/PA; Corbis; Getty Images; AP/PA; AP/PA **144:** James Ellerker/GWR **145:** Kevin Scott Ramos/GWR; Philip Robertson/GWR **146:** Gili Yaari; Africa 24 Media/Peter Greste **147:** David Lewis/ Reuters **148:** Alamy; Sandi Holder's Doll Attic, Inc.; Rex Features; Justin Sullivan/ Getty Images; Peter Brooker/Rex Features; Tony Gentile/Reuters **149:** Rex Features; Ted Thai/Getty Images; The Teddy Bear Museum (Corea); Christie's Images **150:** Getty Images; Denis Sinyakov/Getty Images; James Ellerker/ Guinness World Records **151:** Jason Alden/Bloomberg a través de Getty Images; Araya Díaz/Getty Images; Hannelore Foerster/Bloomberg a través de Getty Images **152:** Aldo Pavan/4Corners; Ken Mackay/Rex Features; Getty Images **153:** iStock; Ingolf Pompe/Getty Images **154:** Anne Lewis/ Alamy; Jubilo Haku/Getty Images; Alamy; C. McIntyre/Getty Images **155:** Joop van Houdt/XL D-Sign; PA; Getty Images; Getty Images; Rex Features **156:** Warren Diggles/Getty Images; Alamy; Peter Adams/Alamy; Peter Dazeley/Getty Images; Danita Delimont/Alamy; Mark Ralston/Getty Images; Danny Ramirez/ Reuters; Mayela Lopez/Getty Images **157:** Shaun Egan/Getty Images; Nils-Johan Norenlind/Getty Images; Gleb Garanich/Reuters; Subir Halder/Getty Images; Roberto Schmidt/Getty Images; Gareth Jones/Getty Images; Alan Boswell/ Getty Images; John Nicholson/Getty Images; iStockphoto **158:** Fiona Hanson/ AFP; AFP/Getty Images; Nelson Ching/ Getty Images **159:** Bob Sullivan/Getty Images; Adalberto Roque/AFP/Getty Images; Robert Nickelsberg/Getty Images; Keystone/Getty Images; Walter Dhladhla/ AFP/Getty Images **160:** Paula Bronstein/ Getty Images; Getty Images; Royal Navy; Alamy **161:** Romeo Gacad/Getty Images; Getty Images **162:** Jemal Countess/Getty Images; Getty Images; Ben Hider/Getty Images; Ernie Sisto/Eyevine **163:** Ho New/ Reuters; Ho New/Reuters; Ho New/ Reuters **164:** YouTube: Brian To/ FilmMagic/Getty Images: Studio Ghibli: Henry S. Dziekan III/Getty Images: Justin Sullivan/Getty Images **165:** YouTube: Kim White/Greenpeace: Andrew H. Walker/ Getty Images: 24 Hrs Photos Installatie Erik Kessels Gijs van den Berg/Caters News: Shutterstock **166:** James Ellerker/ GWR **168:** Imagno/Austrian Archives/ Getty Images: AFP/Getty Images: AFP/ Getty Images: Reuters: AFP/Getty Images **169:** Kuni Takahashi/Getty Images: AFP/ Getty Images: David Handschuh/NY Daily News Archive/Getty Images: Jeddah Economic Company/Adrian Smith + Gordon Gill Architecture **170:** Cliff Tan Anlong **172:** USAF/Getty Images; Stuart Franklin/Getty Images; Suraj Kunwar/AP/ PA; Angelo Cavalli/Photoshot **173:** Vincent Yu/AP/PA; Alamy **174:** Veolia Transportation, al servicio de la Regional Transit Authority of New Orleans, Mu Xiang Bin/Redlink/Corbis; SuperStock; AFP/Getty Images **175:** Syd Neville; Yuriko Nakao/Reuters; Donald Nausbaum/ Corbis; China Photos/Getty Images **176:** Aaron M. Sprecher/Getty Images; Chealion **177:** Aly Song/Reuters; Stephen Brashear/Getty Images **178:** Chris Ison/ PA; Rex Features; Ho New/Reuters; BAE Systems; BAE Systems; Paul Bratcher **179:** Lockheed Martin Aeronautics; BAE Systems; Rex Features; BAE Systems **180:** Andrew Skudder; Defense Imagery; Defense Imagery; Crown Copyright, Crown Copyright **181:** Lockheed Martin; USAF; Sasa Kralj/AP/PA **182:** Sergey Riabsev/ JetPhotos.net; Pavel/Planespotters.net **183:** Beate Kern; Shinsuke Kamioka/GWR; Oscar Espinoza/US Navy **184:** Ben Stansall/Getty Images; Paul Michael Hughes/Guinness World Records; Shinsuke Kamioka/Guinness World Records; Paul Michael Hughes/Guinness World Records **185:** Ranald Mackechnie/ Guinness World Records **186:** Robert MacDonald; Stefan Wermuth/Reuters; Natacha Pisarenko/AP/PA **187:** SuperStock; PA; Alamy; Spencer Platt/Getty Images **188:** Str/Reuters; Handout/Reuters **189:** Richard Bradbury/ GWR; Herrenknecht AG **192:** Paolo Lombardi/INFN-MI; KAMIOKA; Cern; NASA **193:** NASA; NASA; AFP/Getty Images; AFP/Getty Images **194:** Dr. Hamish Pritchard; Dr. Hamish Pritchard; Robert Wagner/Max-Planck-Institut/Múnich **195:** Tomohiro Ohsumi/Getty Images; Yoshikazu Tsuno/Getty Images; NASA; NASA **196:** Nichlas Hansen; Tim Boyle/ Getty Images; Lucas Jackson/Reuters **197:** Seth Wenig/AP/PA **198:** Georges Seurat; Daina Taimina **199:** Dan Everett; Rick Friedman/Corbis; Solkoll; YouTube; Francois Nascimbeni/Getty Images **200:** Dick Jones; NASA; NASA; NHPA; Alamy; NHPA **201:** Jeff Hasty Lab/UC San Diego; Jeff Hasty Lab/UC San Diego; Laurie Hatch; Laurie Hatch; AP/PA; James Nesterwitz/Alamy **202:** NASA; Getty Images; Andy Crawford/Getty Images; Mario Anzuoni/Reuters; Rex Features **204:** Ethan Miller/Getty Images; Murray Close/Getty Images; Ronald Cohn/The Gorilla Foundation; 20th Century Fox; Skyvision Entertaiment; Shamil Zhumatov/Reuters; Charles Eshelman/ Getty Images **205:** Science Photo Library; 20th Century Fox/Moviestore, Lucasfilm/ Moviestore; NASA **206:** Ranald Mackechnie/GWR; Dr. Gary Settles/ Science Photo Library; Chrysler Group LLC **207:** Andrew Grantham; Andrew Grantham; Thomas Marent/Ardea; Thomas Powell/USAF **210:** Danny Martindale/ Getty Images; Frazer Harrison/Getty Images; Steve Granitz/Getty Images; Frederick M. Brown/Getty Images; AFP/ Getty Images; Nick Harvey/Getty Images; Steve Granitz/Getty Images; Noel Vasquez/Getty Images; Jason LaVeris/ Getty Images; Steve Granitz/Getty Images; Mike Ehrmann/Getty Images; Cindy Ord/ Getty Images; Dominique Charriau/Getty Images; Dave M. Benett/Getty Images; Bruce Glikas/Getty Images; Jeffrey Mayer/ Getty Images **211:** Mike Marsland/Getty Images; Pascal Le Segretain/Getty Images; Rob Kim/Getty Images; Dan MacMeda/ Getty Images; Matthew Stockman/Getty Images; X Factor/Getty Images; Steve Granitz/Getty Images; Lester Cohen/Getty Images; Paul Morigi/Getty Images **212:** Hachette; Getty Images; Stormstill; Rex Features **213:** King Features; Kazam Media/Rex Features; Dominic Winter/Rex Features; Rex Features; Rex Features **214:** Summit Entertainment; John Sciulli/ Rex Features; Paramount Pictures; Marvel/Paramount Pictures **215:** Jeff Kravitz/Getty Images; Frazer Harrison/ Getty Images; Francois Durand/Getty Images; Paramount Pictures **216:** Dreamworks; Studio Ghibli; New Line Cinema; Warner Bros.; Warner Bros.; Columbia; MGM; Sony Pictures; Pixar; Summit Entertainment; Walt Disney Pictures **217:** 20th Century Fox; Warner Bros.; Columbia; Universal; Warner Bros.; La Petite Reine; Universal; Walt Disney Pictures; Warner Bros.; Columbia; Icon Productions; WireImage/Getty Images; WireImage/Getty Images **218:** Ed Burke/ AP/PA; Kevork Djansezian/Getty Images; Eamonn J. McCabe; David Wolff/Getty Images **219:** Ernesto Ruscio/Getty Images; Jeff Kravitz/Getty Images; Universal Music; Getty Images; Getty Images; Getty Images; Getty Images; Getty Images; Getty Images; Getty Images **220:** MCA Records; Epic Records; Parlophone/EMI; Epic Records; Harvest/ Capitol; MCA Records **221:** Warner Bros. Records; Creation; Atlantic Records; Jive Records; Decca **222:** Ranald Mackechnie/ GWR; Paul Brown/Rex Features; Redux/ eyevine; Redux/eyevine **223:** Redux/ eyevine; Rex Features; Michael Stravato/ The New York Times/Eyevine; WireImage/ Getty Images **224:** Matt Hoyle/Getty Images, Vince Valitutti/Fox; Fox; Paul Michael Hughes/GWR; ITV/Rex Features **225:** Doug Hyun/Turner Network Television; Frederick M. Brown/Getty Images; Bobby Bank/Getty Images **226:** Lucasfilm/20th Century Fox/Kobal Collection; Electronic Arts/Bioware/ Lucasfilms; Lucasfilm/20th Century Fox/ Kobal Collection **227:** Lucasfilm/20th Century Fox/Kobal Collection; 20th Century Fox/Everett/Rex Features; Brooks Films/Ronald Grant; Hasbro/Getty Images; David Crausby/Alamy **228:** Ryan Schude/GWR; Ranald Mackechnie/ GWR **229:** Richard Bradbury/GWR **230:** Stan Honda/Getty Images **231:** Clive Brunskill/Getty Images **232:** Getty Images; iStockphoto; Gunnar Berning/Getty Images **233:** Tiziana Fabi/ Getty Images; Getty Images; Getty Images **234:** Kevin C. Cox/Getty Images; Al Messerschmidt/Getty Images; Otto Greule, Jr./Getty Images **235:** Jim McIsaac/Getty Images; Ronald Martinez/ Getty Images; Brian D. Kersey/Getty Images; Michael Zagaris/Getty Images **236:** Nathan Denette/AP/PA; Fred Greenslade/Reuters; Darren England/ Getty Images; Tony Feder/Getty Images **237:** Bongarts/Getty Images **238:** Michael Steele/Getty Images; Jasper Juinen/Getty Images **239:** Mike Hewitt/Getty Images; Jeff Gross/Getty Images; David Ramos/Getty Images **240:** Gabriel Bouys/Getty Images; Lionel Bonaventure/Getty Images; Stu Forster/ Getty Images **241:** Dave Howarth/PA **242:** Rob Carr/Getty Images; Chris Trotman/Getty Images; Dilip Vishwanat/ Getty Images **243:** Elsa/Getty Images; Daniel Shirey/Getty Images; Jim McIsaac/ Getty Images **244:** Getty Images; Hamish Blair/Getty Images; Getty Images **245:** Getty Images; Getty Images; Getty Images **246:** Barry Chin/Getty Images; Claus Andersen/Getty Images **247:** John Tlumacki/Getty Images; Andy Marlin/ NHLI/Getty Images **248:** Martin Meissner/AP/PA; Clare Green/Team Bath **249:** AFP/Getty Images; Mohammed Dabbous/Reuters; Fabrizio Giovannozz/ AP **250:** Andrew D. Bernstein/NBAE/ Getty Images; MCT/Getty Images; David Sherman/NBAE/Getty Images **251:** Scott Cunningham/NBAE/Getty Images; Melissa Majchrzak/NBAE/Getty Images **252:** Eric Feferberg/AFP/Getty Images; AP/PA; Angelos Zimaras/Demotix/PA; Simon Bruty/Getty Images **253:** Don Ryan/AP/PA; Ermindo Armino/AP/PA; Bob Martin/Getty Images **254:** Alexander Hassenstein/Bongarts/Getty Images; www.photorun.NET; Gary Hershorn/ Reuters **255:** Peter Parks/AFP/Getty Images; Andreas Rentz/Bongarts/Getty Images **256:** AFP/Getty Images; Michael Steele/Getty Images **257:** AFP/Getty Images; Allsport/Getty Images; GWR **258:** Attila Kisbenedek/AFP; Joe Castro/ AAP/PA **259:** Rick Rycroft/AP/PA; Offside; Offside; Quinn Rooney/Getty Images **260:** Olaf Kraak/Getty Images; AFP/Getty Images **261:** AFP/Getty Images; Dilip Vishwanat/Getty Images; IGSA; Stefano Rellandini/Reuters **262:** AFP/Getty Images; Stephane Reix/ Corbis; AFP/Getty Images **263:** Jeff Gross/Getty Images; Jim Kemper/Zuffa LLC/Getty Images; Robert Beck/Sports Illustrated/Getty Images **264:** Jim Watson/Getty Images; David Cannon/ Getty Images; Stephen Munday/Getty Images; Reuters **265:** Domenech Castello/Corbis; Ian Walton/Getty Images **266:** Robert Cianflone/Getty Images; Julian Finney/Getty Images; Mark Blinch/ Reuters **267:** AFP/Getty Images; AFP/ Getty Images; AFP/Getty Images **268:** AFP/Getty Images; MATCHROOM SPORTS; Comic Relief; Paul Gilham/Getty Images **269:** MATCHROOM SPORTS; AFP/Getty Images **270:** Ori Kuper; Reuters **271:** Martin Scheel; Ivar Brennhovd **272:** AFP/Getty Images **273:** Carols Hauck; Bo Bridges/Getty Images; Pierre Tostee/ASP/Getty Images **274:** Ezra Shaw/Getty Images; Vittorio Ubertone/Aquabike Promotion Ltd. **275:** RISPORT **276:** Mark Thompson/ Getty Images; Koichi Kamoshida/Getty Images; AFP/Getty Images **277:** Jeff Burke/Getty Images; AFP/Getty Images; Massimo Bettiol/Getty Images **279:** Benjamin Fall **286:** Mario Tama/ Getty Images: Geoff Caddick/PA **287:** Sam Christmas/GWR: Matt Lingo/ Red Bull Content Pool **288:** José Luis Peláez/Getty Images: Apple inc.: Amazon: Barnes and Noble

GUARDAS

DELANTERAS: Más personas lanzando sombreros a la vez; la mayor reunión de personas con pijamas de una pieza; el salto Berani más largo; los juegos malabares con más bolas de bolos; la mayor figura de ajedrez; el menor tiempo en escalar la altura del Everest por un muro de escalada en un recinto cerrado (equipo); la primera función de títeres grabada; el medio maratón más rápido con vestimenta de una fruta (mujer); más gemelos en el mismo curso académico en una escuela; más fichas de dominó apiladas sobre una sola ficha; más tapas de botellas de cerveza arrancadas con los dientes: 1 min; el soporte atlético (suspensorio) más grande; la galleta más grande rellena de crema; el maratón más rápido con equipamiento de fútbol americano; más gente haciendo enjuagues bucales; más patadas de artes marciales en tres minutos (con una pierna) (hombre); más botellas de plástico recicladas (ocho horas); la pieza más larga tejida con los dedos; más rabos de cereza atados en un minuto; el instructor de Zumba® más joven; más personas jugando a sacar manzanas del agua con la boca; Karting: la mayor distancia en 24 horas en circuito abierto (individual); la mayor distancia vertical escalada sobre roca en 24 horas; más personas generando electricidad en 24 horas: un solo sitio; el perrito caliente más caro; la mayor cata de ron; el mayor juego de la búsqueda del tesoro; más castillos de arena construidos en una hora; más peso levantado con haltera, en posición vertical, en una hora; el mayor mosaico de botones

TRASERAS: La travesía más rápida por el canal de la Mancha en moto acuática; el maratón de silbidos más largo; el mayor conjunto de acordeonistas; la mayor escultura con latas de aluminio; el maratón de arpa más largo; el maratón de planchado más largo; más personas bailando la danza de la lluvia; el kimono más largo; la mayor ración de berenjenas a la parmesana; el viaje más largo conduciendo; más luces en una vivienda; la mayor colección de objetos de Winnie The Pooh; las mayores tablas de los Diez Mandamientos; la cadena más larga de suéteres escolares; subida por escalera: altura vertical (12 horas); más rapidez en empujar un coche a lo largo de una milla; el mayor conjunto de tambores de manos; el maratón de baloncesto más largo; el baile más largo de «Carolina shag»; más gente lustrando zapatos; la mayor distancia recorrida con un balón de fútbol en equilibrio sobre la cabeza; la mayor reunión de personas vestidas de gnomos de jardín; la mayor estrella humana; más personas para escribir un historia; el mayor mosaico de donuts, más personas haciendo «planking» a la vez; el mayor tablero de Twister (para jugar); más cometas voladas a la vez; más rapidez en cruzar el canal de la Mancha en un escúter acuático: relevos; la mayor reunión de personas llevando gorros de natación

IN MEMORIAM

Vasiliy Alekseyev **(más récords de levantamiento de peso batidos);** Leila Denmark **(la Dra. en ejercicio más mayor de todos los tiempos);** Whitney Houston **(álbum de banda sonora más vendido, el 1.er álbum de una cantante solista que entra en el n.º 1 de EE.UU.);** Steve Jobs **(el presidente de una compañía con el salario más bajo, la mayor concesión de acciones con opción);** Evelyn Bryan Johnson **(más horas de vuelo recorridas);** Ken LeBel **(más toneles saltados por un hombre sobre patines de hielo);** Patrick Musimu **(la inmersión a más profundidad a pulmón libre con peso variable);** William Lawlis Pace **(más tiempo con una bala en la cabeza);** István Rózsavölgyi **(más rapidez en los 1.500 m);** Maria Gomes Valentim **(la mujer más mayor);** Park Young-Seok **(la primera persona que completa el grand slam de los exploradores)**

ÚLTIMA HORA

DATO: Peter, un comilón de campeonato, tiene otros dos récords GWR. Descúbrelos en pp. 92-93.

Más Jaffa Cakes en un minuto

El 1 de mayo de 2012, Peter Czerwinski (Canadá, arriba) comió 13 galletas Jaffa Cakes en sólo un minuto en Londres (R.U.). El 6 de mayo de 2012, Stijn Vermaut (Bélgica) igualó la hazaña de Peter, en Vichte (Bélgica).

La conducción en coche a mayor altitud
El 21 de abril de 2007, Gonzalo Bravo y Eduardo Canales (ambos de Chile) condujeron un Suzuki Samurai de 1986 modificado, por las laderas del volcán chileno Ojos Del Salado, a una altitud de 6.688 m.

La primera mujer en escalar todos los 8.000 m sin oxígeno
Gerlinde Kaltenbrunner (Austria) coronó el K2 el 23 de agosto de 2011, su 14.° ochomil (cimas a más de 8.000 m sobre el nivel del mar) sin oxígeno adicional.

El manto de abejas más pesado
El 6 de mayo de 2012, Ruan Liangming (China) se cubrió con un manto de abejas que pesaba 62,1 kg en la provincia de Jiangxi (China).

El vuelo más largo con un traje de alas
El 20 de abril de 2012, Jhonathan Florez (Colombia) sobrevoló La Guajira (Colombia) durante 9 min y 6 s vestido con un traje de alas.

Al día siguiente, de nuevo en La Guajira, cubrió la **mayor distancia en horizontal volando con un traje de alas** –26,25 km. Ese día voló 28,91 km– la **mayor distancia volando con un traje de alas.**

La obra literaria más larga en «pilish»
El «pilish» es un estilo de escritura inglesa en el que la longitud de las palabras equivale a los dígitos del número π (pi, 3,14159...). El texto más largo escrito en «pilish» es *Not a Wake*, de Michael Keith (EE.UU.), que coincide con los primeros 10.000 dígitos de la constante matemática. Empieza así: «Now I fall, a tired suburbian in liquid under the trees/Drifting alongside forests simmering red in the twilight over Europe», que representan los dígitos 3,14159265358979323846...

La hamburguesa más calórica a la venta
En Heart Attack Grill, en Las Vegas, Nevada (EE.UU.), ofrecen la hamburguesa Quadruple Bypass de 1,4 kg, que contiene 9.982 calorías, o 6,91 calorías por gramo. En abril de 2012, costaba 16,63 dólares, beicon incluido, impuestos aparte.

La empresa más antigua que suministra medallas olímpicas
La Royal Mint (R.U.), que produjo las medallas de los Juegos Olímpicos de Verano de 2012, se fundó en el año 886 d. C., es decir, que tiene más de 1.100 años.

La obra de arte más cara

El grito, un cuadro pintado en pastel por Edvard Munch (Noruega) en 1895, fue vendido a un comprador anónimo por 119,9 millones de dólares en Sotheby's, Nueva York (EE.UU.), el 2 de mayo de 2012. El precio incluía la prima del comprador.

El concursante más anciano del Festival de Eurovisión (hombre)
Engelbert Humperdinck (R.U., nombre artístico de Arnold Dorsey, nacido en India, 2 de mayo de 1936) tenía 76 años y 24 días cuando representó a R.U. en el Festival de Eurovisión de 2012. Humperdinck cantó *Love Will Set You Free* en la 57.ª edición del festival, celebrada en Bakú (Azerbaiyán) el 26 de mayo de 2012.

El cerdo más viejo
Peeper (también llamado *Pete*) nació el 20 de diciembre de 1990 y vivió con sus dueños Ed y Denise Stottmann (EE.UU.) en Louisville, Kentucky (EE.UU.), hasta los 21 años y 30 días.

La mujer más anciana en escalar el Everest
Tamae Watanabe (Japón, nacida el 21 de noviembre de 1938) coronó los 8.848 m del Everest por segunda vez el 19 de mayo de 2012, con 73 años y 180 días.

La mujer más anciana en lanzarse en parapente en tándem
Margaret «Peggy» Mackenzie McAlpine (R.U.) tenía 104 años, 5 meses y 16 días, cuando se lanzó en parapente en tándem en el norte de Chipre el 14 de abril de 2012. Así revalidó su título, que había logrado ya a los 100 años.

DATO: En China, el trío alcanzó los 5.225,4 m: una altura récord para un taxi.

La carrera de taxi más larga

Leigh Purnell, Paul Archer y Johno Ellison (todos de R.U.) cogieron un taxi en Covent Garden, Londres (R.U.) el 17 de febrero de 2011 y viajaron 69.716,12 km alrededor del globo, hasta llegar al punto de partida el 11 de mayo de 2012. Viajaban en el *Hannah* –un taxi LTI Fairway FX4 londinense negro de 1992– y el taxímetro ascendió a 127.530 dólares.